McGraw Hill Education

经济学经典译丛

商务与经济统计学

Basic Statistics for Business & Economics

(*Eighth Edition*) (第8版)

[美] 道格拉斯·A.林德(*Douglas A.Lind*)
威廉·G.马夏尔(*William G.Marchal*) 著
塞缪尔·A.沃森(*Samuel A.Wathen*)

王维国 主译

东北财经大学出版社
Dongbei University of Finance & Economics Press
大连

辽宁省版权局著作权合同登记号：图字06-2013-180号
Douglas A.Lind，William G.Marchal，Samuel A.Wathen：Basic Statistics for Business & Economics，Eighth Edition，Original ISBN：978-0-07-131807-5

图书在版编目（CIP）数据

商务与经济统计学：第8版 /（美）道格拉斯·A.林德（Douglas A.Lind）等著；王维国主译．—大连：东北财经大学出版社，2017.1（2017.11重印）
（经济学经典译丛）
ISBN 978-7-5654-2501-1

Ⅰ．商… Ⅱ．①道… ②王… Ⅲ．①商业统计学 ②经济统计学 Ⅳ．①F712.3 ②F222

中国版本图书馆CIP数据核字（2016）第223522号

东北财经大学出版社出版发行
大连市黑石礁尖山街217号 邮政编码 116025
网 址：http：//www. dufep. cn
读者信箱：dufep @ dufe. edu. cn
大连永盛印业有限公司印刷

幅面尺寸：185mm×260mm 字数：851千字 印张：41.25
2017年1月第1版 2017年11月第2次印刷
责任编辑：李 季 刘东威 刘 佳 王 玲 杨紫旋 责任校对：合 力
封面设计：张智波 版式设计：钟福建
定价：82.00元

教学支持 售后服务 联系电话：（0411）84710309
版权所有 侵权必究 举报电话：（0411）84710523
如有印装质量问题，请联系营销部：（0411）84710711

作者的自述

在过去的这些年里，该书获得一致好评，并受到广大学生的喜爱。我们倍感荣幸，唯有不懈努力，不断完善本书，方能名副其实。

《商务与经济统计学》的目标是为管理、市场营销、金融、会计、经济及其他相关学科的学生介绍统计描述与推断的应用。我们着重关注统计在商务方面的应用，同时我们还运用了许多与大学生密切相关的练习和例子。学习本课程并不要求读者具备统计课程方面的知识，仅需要掌握基础代数方面的数学知识。

本课程的每一部分知识均会向初学者们介绍所需要掌握的基础统计课程方面的知识。这种循序渐进的方法有效地提高了学习的效率，节省了准备的时间，显著地提高了学习本课程的积极性。掌握基础概念，完成大量的例子与练习，并理解统计方法在商务与经济中的应用是本书的重点。

《商务与经济统计学》的第一版是在1994年出版的。在1994年，定位相关的商务数据是非常困难的。现在这一状况已有改变，数据的定位不再是一个难题。你在杂货店买的商品数量将会自动地记录在收银台。手机公司记录我们通话的时间、时长及通话对象的身份。信用卡公司记录我们消费的数量、金额及时间。遥远地方的医疗器械自动地监测我们的心率、血压及体温。大量的商务信息几乎是同时被记录和报道的。例如，CNN、USA和MSNBC都有自己的网站来记录股票的价格，且延时不超过20分钟。

今天，我们需要技巧来处理海量的数字信息。第一，我们需要在获得的信息中确定关键的消费者。第二，我们需要具备将大量的信息进行简化与提炼的能力，简化的信息能够有效地帮助我们进行理解、判断和决策。在计算机普及的年代，几乎所有的计算机都安装了Microsoft Excel或Minitab等统计软件。本书的每一章节都包含统计软件的相关命令代码来呈现软件的结果。通过理论与上机操作结合的方式，学生能够有效地熟悉和掌握软件输出结果的本质。

由于计算机和软件的普及，计算已不再成为我们的苦恼。我们通过计算多个例子来帮助学生理解和掌握同一个知识点及相应的统计结果。此外，我们现在更加强调各个统计专题的概念抽象，通过理论与实践、抽象概念与实际例子相结合的方式来展现本书的内容。

第八版的新颖之处？

我们已经在这一版本中作了许多改进。我们相信你和你的学生会及时地发现这些变动的实用性。

• 修改了原有的学习目标，修改后的目标变得更加具体；增加了新的学习目标，它们将直接罗列在相应的章节中。

• 替换了第1~4章里的主要例子。新的例子不仅包含更多的变量和观测样本，而且呈现了一个真实的商务状态。这些例子将应用于本书的第13章和15章。

• 我们在许多章节中增加或者修改一些新的内容：

■对第9章进行了重新组织，增强了标题的连贯性。

■对第13章进行重新组织，并增加了一个关于回归方程斜率的假设检验。

■对第15章分别增加了一个正态假设检验的图表检验和卡方检验。

• 增添了使用2010版Excel屏幕截图和最新Minitab软件的练习和例子。我们同时增加了这些屏幕截图的大小，提高了截图的清晰度。

• 在课本的章节后面有许多新的2010版Excel命令，以及更新的Minitab命令。

• 我们仔细地审读了练习，并添加了许多新的或修正的练习。读者可以仍然沿用老的习题，或者使用新的例子。

• 添加了节号，以便更加清晰地识别主题，方便参考。

• 用图标来标识含有数据的练习。

• 每一章后的数据习题已经被修改。篮球数据已经更新到最新的赛季。增加了一个新的商务应用，涉及布埃纳学校地区的校车队的使用和维护。

• 在章节的开场部分增加了许多新的照片提及更新的习题。

章节安排

每章学习目标

每章以一系列学习目标开头。学习目标提供了本章的重点，激发学生学习的兴趣，指导学生学完该章后所需要掌握的知识点。

章开篇习题

每章以一个代表性习题开始，展示本章内容如何被应用于现实问题中。

介绍标题

每章以回顾前一章的重要概念开始，并且指出与本章的关联之处。这种循序渐进的方法有助于学生通过概念系统、连贯地理解全书。

例子/答案

在介绍重要概念之后，用一个例子及其答案来说明统计方法如何被应用于解决商务或经济方面的现实问题，帮助学生回答“我如何应用这些统计方法”。所有的例子将实际问题与数学工具相结合的方式介绍给学生。

自主复习

通过学生自主完成习题方式，及时得到有关学生对重要问题和概念的理解程度的反馈信息。

吸引学生并促进学习

实践中的统计

这些实践中的统计文章分散在全书中，每章大约两个。这些文章提供了统计领域的独特有趣的应用和历史性的见解。

定义

新术语或统计领域专业术语的定义被单独列在书中，以便参考与复习。

公式

用数字标注第一次被使用的公式。此外，一张列出所有重要公式的公式卡附在书本背后。

习题

习题包括节习题与章习题。节习题列在每一节结束处，包含本节的主要知识点。章习题列在每一章结束处，包含本章的主要知识点。

电脑输出结果

全书包含了许多使用Excel、MegaStat®和Minitab等软件的例子。

本书如何加强学生的学习？

本章总结

每章包含一个章总结，对本章内容进行简要的概括，章总结包括关键性词汇和公式。

发音要领

这一内容列出了数学符号的含义及发音。这有助于学生理解符号的含义，并提高课程的学习交流。

本章练习题

一般来讲，每章的练习是最具有挑战性的，它们融合了整章的概念。所有章练习的答案出现在全书结尾部分。对于习题中超过20个观测样本的数据可以在课本网站上找到。这些数据文件可以通过Excel和Minitab软件打开。

数据集练习题

每章习题的最后几个习题均基于三大数据库。这些数据库被列在附录A中和课本网站上。这些数据库给学生呈现现实的世界和更加复杂的应用。

实践测试

每章的结尾部分均有实践测试。实践测试的目的在于帮助学生了解哪些内容会出现在测试中，以及以何种方式出现。实践测试以客观题和主观题的方式考查本章的知识点。

软件命令说明

全书包含使用Excel、MegaStat®和Minitab等软件的例子，但是针对如何利用计算机对软件进行操作实现输出结果只出现在每章节的结尾。这样的安排有助于学生关注统计技术，而不是如何实现数据的输入与软件的操作。

自测题答案

每章的结尾部分提供了自测题的答案。

哪些技术可以帮助学生学好商务统计？

麦格劳-希尔“连接商务统计”是一个在线作业布置与评价的系统，它能够给学生提供所需要的工具和资源。学生通过该系统能够更便捷、更有效地学习，更好地掌握知识。根据专题和学习的目标，学生按照系统的工具指导能够迅速地选择他们重点强调的作业目录。

在线作业。“连接商务统计”通过提供练习材料和必要的反馈来帮助学生更有效地学习。“连接商务统计”自动地给家庭作业打分，并针对学生难以解决的问题提供及时的反馈。

整合Excel数据库。一个方便的特点是“连接商务统计”包含一个Excel数据文件，连接许多使用数据文件来计算的问题。这种连接允许学生容易地进入

Excel，解决问题，并将关键答案回复到“连接商务统计”，获得问题答案的反馈信息。

引导式的例子。这些带有配音视频的演练为学生提供循序渐进的指导来解决选择的习题。通过应用章节呈现的概念，学生被给予个性化的指导来如何解决一个问题。带有配音视频显示解决一个习题的步骤。学生亦可以反复地练习同一个习题。

简单的作业管理和智能评分。“连接商务统计”通过提供反馈和练习材料能够帮助学生更加有效地学习。对于教学而言，智能评分功能够：

- 自动对作业进行评分，对学生的作业及时地给予反馈，并将学生的作业答案与正确答案进行比较。
- 评估和回顾每个回答；手动地改变评分或者留下评论供学生查看。

学生报告。“连接商务统计”使教师能够对每一位学生、每一章节和课堂的表现情况都有所了解，更加有效地使用课堂和办公时间。进度追踪能够：

- 通过作业和评分报告及时查看学生得分情况并记录个人或团体表现。
- 及时地评估学生在课堂对有关话题和学习目标掌握情况的成绩。
- 收集数据，生成报告，满足许多认证机构的需求。例如，AACSB。

教师图书馆。“连接商务统计”的教师图书馆是教师为提高学生课内和课外参与的积极性而附加的资源知识库。你可以选择和使用任何可以提高你的讲课能力的资源。“连接商务统计”的教师图书馆包括：

- 电子书
- PPT演示
- 试题库
- 教师答案手册
- 数字图像图书馆

“连接商务统计”包含对一个电子书和连接商务统计的无缝整合，具有丰富的功能。

整合的多媒体电子书。一个整合的多媒体电子书允许学生有机会通过多媒体来学习各章内容。学生可以突出重点，做笔记，获得教师的重点/笔记来学习课程材料。

动态链接。动态链接能够在你安排给学生的作业和这些作业在电子书相关部分之间提供一个链接。

强大的搜索功能。一个强大的搜索功能能够立马精确找到并链接关键的概念。更多有关“连接商务统计”的信息，可以访问www.mcgrawhillconnect.com或者联系你当地的麦格劳-希尔销售代表。

Tegrity校园：7天24小时的授课

“Tegrity校园”被整合在“连接商务统计”系统里，它可以使你在7天24小时内都能上课。通过“Tegrity校园”，你的学生在使用“连接商务统计”系统学习和完成作业时，可以通过可搜索的格式获得你的每一堂授课来进行复习。通过简单的一个单击开始和停止过程，你可以通过电脑获得你授课时所展现的一切内容。学生可以通过PC或者Mac来重放你授课的任何一部分内容。

教育者明白学生更多地看、听和体验课程资源，他们可以学习得更好。事实上，学习证明了这个观点。通过"Tegrity校园"，学生可以迅速地回想整个学期上课记录的关键时刻，实现将学生所有的学习时间转换为上课的时间。学习更多有关"Tegrity校园"，请查看http：//tegritycampus.mhhe.com网站上的两分钟的视频演示。

哪些软件适用于本教材？

在Microsoft Excel®2003、2007和2010版（及Excel：Mac 2011版）中的MegaStat®统计插件

- 光盘国际标准书号：0077496442
- 注意：只读光盘仅适用于Windows用户
- 访问卡国际标准书号：0077426274
- 注意：使用Windows或Mac系统是最优的选择。

由巴特勒大学的J.B.Orris研发的MegaStat®统计插件可以通过光盘安装，也可以通过MegaStat网站www.mhhe.com/megastat进行下载。该统计插件与Excel 2003、2007和2010版结合使用。在网站上，学生有10天的时间来完成下载和在他们自己的电脑上安装。一旦MegaStat®统计插件安装成功，它将一直保留在Excel里，没有截止日期或使用时间限制。MegaStat®统计插件在Excel工作手册中进行统计分析，它具有基础的功能。例如，统计性描述、频率分布、概率计算、假设检验、方差分析和回归。

MegaStat的输出结果有良好的格式且操作简单，包含用于快速选择数据的自动扩展功能和自动标注检测功能。MegaStat使用方便，学生可以专注于统计知识的学习，而不需要为软件而分心。MegaStat可以在Excel的主菜单中找到。选择MegaStat的一个菜单项，均会弹出一个对话窗口。用户可以通过视频教程、帮助菜单及用户使用手册的方式来学习和掌握MegaStat商务统计专题的相关操作。

- Minitab®（国际标准书号：007305237X）
- SPSS®（国际标准书号：0077327144）
- JMP®（国际标准书号：007739030X）

软件工具，包括Minitab®的学生版本14、SPSS®的学生版本18.0和JMP®的学生版本8，都可以帮助学生解决课本中出现的商务统计习题。任何一本麦格劳-希尔商务统计教材均含有上述软件工具的程序包。

商务与经济统计学第八版的改进之处

各章主要变化：

- 变更学习目标并指出各章节学习目标的位置
- 对每一主要标题添加章节序号
- 标注哪些习题的数据文档可以在教材网站上查找
- 修改主要的美国职业棒球大联盟数据，反映最新完整的2010赛季
- 修改房地产数据，确保输出结果尽量靠近现实经济
- 添加一个关于公共教育系统的校车数据集
- 更新软件截图到Excel2010版、Minitab和MegaStat
- 修改1～4章的核心例子，修改的例子也将在第13章和第15章讨论
- 第13章新增加一节，讨论如何检验回归方程斜率是否为零
- 全书图像文字更加清晰

第1章　什么是统计？

- 新的图片与章开篇习题"巴诺书店销售"
- 新的定序尺度例子：州商业环境的排序
- 更新美国人口普查数据、波音飞机销售数据及福布斯数据
- 新的本章练习题17（2010年汽车销售数据）和19（埃克森美孚国际公司在墨西哥湾漏油事故前的销售数据）

第2章　数据描述：频率表、频率分布和及图形展示

- 新特征的数据集，苹果木汽车集团
- 使用苹果木汽车集团数据集新演示频率表、直方图和饼图
- 新的Excel数据透视表应用演示，强调频率表、相对频率表、频率分布、直方图、饼图及柱状图
- 新的自测题（巴里·邦德的本垒打）
- 新的本章练习题45（新娘挑选婚礼场所）和本章练习题46（佐治亚州的收入）

第3章　描述数据：数值型指标

- 关于均值介绍的新数据：每家电视的平均台数、婚礼的平均花费和戏票的平均价格
- 总体均值的计算和理解的新例子：肯塔基州I-75州际公路出口之间的距离数据
- 描述中位数的新例子：使用Facebook账号的时间
- 更新拉斯维加斯地区人口例子/答案

• 新的练习题22（房地产佣金），本章练习题53（洗衣习惯），本章练习题58（血糖值），本章练习题60（俄亥俄州公立大学招生人数），本章练习题64（肯德基赛马会回报）

第4章　描述数据：显示数据与探索数据

• 练习题14（2010年纽约扬基队的薪酬数据）

• 新的本章练习题26（美国全国性护士协会组成成员）

第5章　概率论概念审视

• 练习题31（成功进攻的次数），本章练习题52（职业棒球大联盟的击中次数），本章练习题53（赢得比赛冠军）以及本章练习题54（赢得Jeopardy游戏）

第6章　离散型概率分布

• 新的自测题6-4

• 本章练习题34（抽奖券），本章练习题45（美味沐浴露），本章练习题50（房屋贷款中丧失抵押品赎回权）

第7章　连续概率分布

• 新的自测题7-2（水消费量）

• 新的自测题7-4和7-5（咖啡的温度）

• 练习题26（SAT推理测试）

• 练习题29（经济投资的最低报酬率）

• 一些术语的更新和澄清

第8章　抽样方法及中心极限定理

• 新的本章练习题44（牛奶的价格）

第9章　估计与置信区间

• 新的"实践中的统计"例子（二十碳五烯酸燃料的经济性）

• 新独立节（均值的点估计）

• 中心极限定理及其应用

• 以一个新修正的模拟理解置信水平

• 使用t表查找z值的新例子

• 一个修正的讨论（关于总体均值的置信区间）

• 新扩展节（选择合适的样本容量）

• 练习题12（牛奶消费），本章练习题29（密尔沃基公寓成本），本章练习题43（流行产业的滞销检测），本章练习题44（卫生保健的小型公司调查）

第10章　单样本假设检验

- 新例子/答案（机场停车场）
- 修正软件答案，并解释p值
- 新的练习题17（日水消费量），新的练习题19（青少年手机短信数量），新的本章练习题33（美国家庭规模），新的本章练习题47（美国橄榄球超级杯大赛掷硬币结果），新的本章练习题52（博彩业自动销售机的失败），新的本章练习题55（美国人不吃早餐人数比例调查），新的本章练习题58（日水使用量）

第11章　两样本假设检验

- 新的练习题15（2011年纽约扬基队的薪酬），新的本章练习题33（消费信任度调查），新的本章练习题35（宠物闺蜜），新的本章练习题49（贸易营业额），新的本章练习题50（儿童津贴）

第12章　方差分析

- 修正单边方差分析例子里的航空公司名字
- 新的练习题22（洛杉矶到旧金山的起飞时间），练习题31（投资）

第13章　线性回归与相关

- 重写本章的介绍部分
- 增加一节（使用1~4章的Applewood汽车集团数据）
- 增加一节（关于回归线斜率的检验）
- 增加利用Excel例子讨论方差分析表
- 重写和编排系数决定部分
- 修正数据变换部分（使用价格与需求间的关系）
- 新的练习题35（数据转换），练习题36（Masters和得分），本章练习题43（2010年美国职业棒球联赛得分与积分），本章练习题44（商店规模与销售），本章练习题61（航线距离与费用）

第14章　多元回归分析

- 重写多元回归方程估计部分
- 增加方差分析表部分篇幅
- 增加讨论p值在决策中的作用
- 单独增加关于回归分析中定性变量部分
- 增加逐步回归法
- 本章末新增问题总结部分，回顾主要概念

第15章　非参数方法：拟合优度检验

- 修订例子/答案（关于卡方拟合优度检验）
- 新增一节（利用拟合优度检验样本数据是否来源于正态分布）
- 新增一节（使用图示法检验样本数据是否来源于正态分布）

目　录

第1章 什么是统计学?

本章学习目标

当你学完本章内容，你应该能够:

1.列示统计方法的应用领域。

2.区分描述统计和推断统计。

3.理解样本和总体的区别。

4.描述定性变量和定量变量的差异。

5.区分离散变量和连续变量。

6.区分数据的测量尺度。

邦诺（Barnes & Noble）书店最近开始销售一款叫作Nook Color的电子书阅读器。有了这个装置，你可以下载多达200多万种的全彩电子书、报纸和杂志。假设你知道位于加利福尼亚河滨购物广场的Barnes & Noble商店上个月每天销售Nook Color的数量。对这些信息进行描述可以认为是样本，但不同的情境下，相同的数据也可以被视为总体（详见练习题11）。

1.1 导言

100多年前，英国作家、历史学家H.G.Wells曾预言说，将来会有一天，定量推理能力对所有公民的重要性就像阅读能力一样。Wells先生的预言非常正确，由于当时工业革命才刚刚开始，他并没有提及统计对于商业的重要性。虽然“商业经验”“完善的售后服务”“直觉”是成功管理者的重要特征，但现今的商业问题越来越复杂，以至于很难单独制定决策。

统计学是一种用来制定决策的重要工具。统计学不仅对商业人士有用，我们每个人在日常生活中也会用到统计概念。比如说，早晨起床之后，你打开热水器让水先流淌一会儿，然后你用手试一试水的温度，再决定该多加点热水还是冷水，亦或者是现在的水温正好可以洗浴。再比如，假设你正在食杂店里准备购买冷冻的披萨，每个披萨制作师都有一个架子，架子上面放着一小块他们所制作的披萨。通过比较样品，你决定要不要买某一种披萨。在以上两个例子中，其实你都是基于样品做出了决策。

在商业活动中也会面临相类似的情况。比如，Kellogg公司为了保证其25.5克装的葡萄干麦片产品的重量符合标签中的规格，它需要把目标重量设得略高于标签中设定的重量。每个盒子在装满后都需要称重，称重机器会报告每小时包装袋重量的分布情况以及由于达不到标签规定的重量而被淘汰的产品数量。质检部门还会从生产线上随机抽取样本，检查产品质量和包装重量，如果产品的平均重量与规格重量相差太大或者被淘汰产品所占比重过大，就需要对生产线进行调整。

作为一名工商管理或者经济学专业的学生，你需要掌握组织、分析和转换数据以及展现信息的基本知识和技能。本书将向你介绍一些有助于提高你决策能力的基本统计技术和方法。

1.2 为什么要学习统计学？

如果你浏览一下你所在大学的课程名录，就会发现许多学院的课程表中都列有统计学。工学院、文科学院中的心理学部或社会学部以及商学院均会开设统计学课程，课程内容也基本相同，最大的差别仅是所使用案例的不同。虽然商学院的人关注的是利润、工作时间、工资收入等内容，心理学者关注的是测试得分，工程师关注的是一台特定机器有多少个零件，但他们都共同关注数据的平均值和变异程度。另外，对需要具备的数学基础也有差别，工程统计学课程通常需要微积分基础，而商学院统计学课程的讲授则更多侧重于应用，只要学过高中的代数课程，就可以解决本章的计算问题。

为什么众多专业都会涉及统计学？第一个原因是数字信息随处可见。报纸（《今日美国》）、新闻杂志（《时代》《新闻周刊》《美国新闻与世界报道》）、商业杂志（《商业周刊》《福布斯》）、大众娱乐杂志（《人民》）、女性杂志（《妇女家庭）》《世界时装之苑》）、体育杂志（《体育画报》《ESPN杂志》）中，到处都充斥着让你眼花缭乱的数据信息。

下面是几个例子：

■2010年5月每小时平均工资为10.39美元，消除通货膨胀因素影响后，2011年5月下降了0.17美元，为10.22美元。

■平均每个家庭的信用卡债务是9 858美元。美国联邦储备委员会（Federal

Reserve Board）估计，75%的美国人至少拥有一张信用卡。

■下表概括了2006—2010年期间波音公司销售商用飞机的订单数量。

波音飞机的订单（架）					
	飞机类型				
年份	737	747	767	777	787	总计
2006	733	72	8	77	160	1 050
2007	850	25	36	143	369	1 423
2008	488	4	29	54	94	669
2009	197	5	7	30	24	263
2010	508	1	3	76	37	625

■网站 www.youtube.com/watch？ v=pMcfrLYDm2U，可以查询到很多关于国家、商业、地理和政治的有趣的数字信息。

■《今日美国》杂志（www.usatoday.com）经常刊登各种研究组织、基金会以及联邦政府的调查研究结果的“快照”。下图汇总了招聘人员在雇用季节工时注重的因素。

By Jae Yang and Paul Trap, USA TODAY
Source: SnagAJob.com
Reprinted with permission (April 29, 2010) USA TODAY.

《今日美国》快照

学习统计学课程的第二个原因是统计技术被广泛应用在影响我们日常生活的决策制定之中，即与我们的个人福利休戚相关。下面是几个这方面的例子。

■保险公司依据统计分析结果来设定家庭、汽车、人寿和健康保险的费率。比如，在网页 www.ssa.gov/OACT/STATS/table4c6.html（请注意这里的大写字母必须为大写）上可以查到人口预期寿命表，据此可以估算出20岁的女孩还可以生存60.30年，87岁的老太太还可以生存5.54年，50岁的男性还可以生存27.92年。

■环境保护署非常关注伊利湖以及其他湖泊的水质情况。他们定期抽取水样，测量污染水平，以保持良好的水质。

■医学研究者研究不同药物和不同治疗方式的治愈率。比如，对某种特定的膝伤，外科手术和物理疗法哪种更为有效？每天吃一片阿司匹林，能降低心脏病发作的风险吗？

学习统计学课程的第三个原因是统计方法有助于你理解如何做出决策以及决策将会对你产生的影响。

不论你选择什么领域的工作，你都会发现当你面对决策时，进行数据分析将会很有帮助。为了能够做出科学的决策，需要做到以下几点：

1.判定现有的信息是否充分以及还需要补充哪些信息。

2.为了使结果易于理解，如果有必要，适当收集一些附加的信息。

3.以恰当、明了的方式汇总信息。

4.分析现有的信息。

5.得出结论，并对结论错误的风险性进行推断。

本书中所介绍的统计方法将为你提供一个制定决策过程的框架。

综上所述，学习统计学至少有三个原因：（1）数据无处不在；（2）统计技术被用来制定关乎我们日常生活的众多决策；（3）不论你从事什么行业，你所做出的专业决策都会涉及数据，而了解统计方法能帮助你更有效地进行决策。

1.3 统计的含义

如何定义我们每天都会谈及的“统计”一词？它实际上有两层含义。广义上说，统计就是统计数据。比如，大学毕业生的平均起薪，上一年度因酗酒引起的死亡人数，道琼斯工业平均指数的变化，芝加哥小熊队在2011赛季打出的本垒打数目。在这些例子中，“统计”就是一个具体的值或百分比。其他的例子还有：

■在美国，轿车平均每年行驶11 099英里，公共汽车平均每年行驶9 353英里，卡车平均每年行驶13 942英里。而在加拿大，相应的信息分别是，轿车10 371英里，公共汽车19 823英里，卡车7 001英里。

■技术维修的平均等待时间是17分钟。

■2011年6月份的失业率是9.2%。

以上都是统计数据的例子。收集到的数值性信息就是统计数据（复数）。

我们通常是以图形的形式来呈现统计结果。图形不仅能够吸引读者的注意，而且还能直观地提供大量信息。比如，图1-1反映的是菲多利（Frito-Lay）食品公司的点心和薯片类产品在美国超市中的销售量和所占的市场份额。只需要扫一眼就可以看出，美国超市中每年售出的薯片接近8亿英镑，其中菲多利公司的产品占到总量的64%。同样也可以看出，菲多利公司拥有82%的玉米片市场份额。

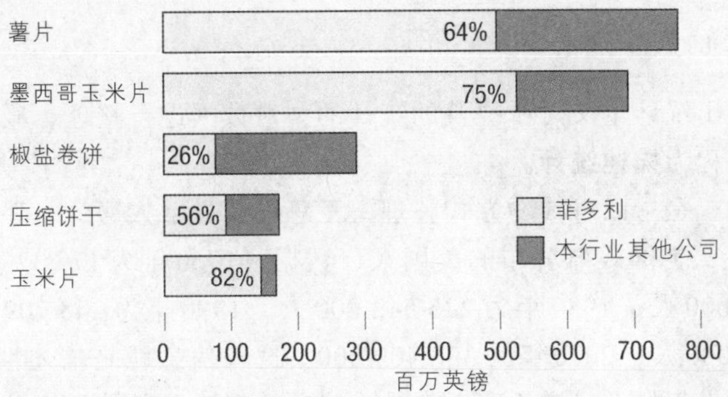

图 1-1　菲多利公司点心和薯片类产品在美国超市中的销售量与市场份额

本书所探讨的“统计”，远不止收集和发布数字信息。具体定义为：

统计学　是指收集、整理、显示、分析和解释数据，以帮助做出有效决策的一门科学。

由上述定义可知，解决问题的第一步是收集相关数据。对收集到的数据，需要按照一定的方式进行整理，有时还需要用图形的形式来展现（比如图 1-1）。数据只有经过整理，才能够进行分析和解释。下面是几个关于数据收集需求的例子。

- 美林证券（Merrill Lynch）的研究分析师们在做出“买进”或“卖出”某一只股票的推荐建议前，都会先从多个方面对该股票进行综合评价。他们收集该公司的历史销售数据，估算其预期收入情况。同时，公司产品的全球需求量、公司的竞争力以及联合经营合同的影响等因素，也都在考虑范围之内。
- 高露洁公司（Golgate-Palmolive Co.）新研制出了一系列水果味的洗面皂（比如葡萄味、橙子味、菠萝味等），公司市场部负责依据这些产品的潜在收益情况制定推广决策。在做出最终的决策之前，经销商会选择诸如托皮卡（堪萨斯州）、提坦市（佛罗里达州）等城市进行广告宣传和销售的试点，然后基于在这两个区域市场的测试销售结果，决定是否在全国范围内推广该产品。
- 管理者需要对他们的产品或服务质量进行评价。例如，当软件公司的客户遇到无法解决的软件问题时，就会给软件公司打电话以寻求技术帮助。而衡量客户服务质量的一个重要指标就是顾客等待技术顾问回应的时间。软件公司可能会设定“一分钟响应”的服务目标，该公司接下来会收集和分析响应时间数据。平均响应时间会随着工作日不同或每天时间的不同而变化吗？如果响应时间呈增加趋势，经理就可能会在特定的日期或时间段增加技术顾问人数。

1.4　统计的类型

统计研究通常被分为两种类型：描述统计和推断统计。

1.4.1 描述统计

在前面给出统计定义时所提及的统计的“对数据进行整理、显示和分析”等方面，通常被称为**描述统计**。

描述统计 是指以有效的方式整理、汇总以及显示数据的一套方法。

举例来说，美国政府公布的美国人口数据，1960年为179 323 000人，1970年为203 302 000人，1980年为226 542 000人，1990年为248 709 000人，2000年为265 000 000人，2010年为308 400 000。这些信息就是描述性的统计数据，据此计算每隔十年的人口增长率，就是描述统计方法。但是，如果利用上述数据预测美国2020年的人口数或者2010—2020年间的人口增长率，就不再是描述统计方法，这是因为这些方法不是对已有数据的简单汇总，而是对未来人口数量的推算。下面几个例子是其他关于描述统计的。

- 美国州际间高速公路总长度为46 837英里。州际高速公路仅占全国道路系统的1%，却承载了超过20%的运输量。最长的州际高速公路是从波士顿延伸到西雅图的I-90号高速公路，全长3 099英里。最短的是在纽约市内的I-878号高速公路，全长仅0.70英里。阿拉斯加州没有州际公路；得克萨斯州拥有的州际公路里程最长，总计3 232英里；纽约拥有的州际公路线路最多，达28条。
- 2010年情人节人均购买商品花费为103.00美元，比2009年增长了0.50美元。同往年一样，节日时男士的支出是女士的近2倍，男士平均花费135.35美元，而女士仅花费72.28美元。家里的宠物也会感受到爱意，平均每个人在他们毛茸朋友上的花费由去年的2.17美元提高到3.27美元。

没有经过整理的大量原始数据一般是没有价值的，如人口普查数据、成千上万计算机程序员的周薪、选民个人对2000年美国大选的反应。不过，统计技术可以把这类数据整理成频数分布等有效的形式（这个过程将在第2章中介绍），统计表和统计图也常被用来描述数据（几种基本的统计表将会在第4章中加以介绍）。

为描述一组数值型数据的中心值，需要用到特定的中心位置测度指标，比如均值等；为描述数据相对于平均水平的聚集程度，也需要使用一些特定的测度指标。这些关于数据的集中趋势和离散程度的测度指标都将在第3章中介绍。

1.4.2 推断统计

第二种统计类型为**推断统计**，也被称为**统计推断**。推断统计主要关注的是如何根据从总体抽出的样本得到关于总体的信息。举例来说，最近的一项调查显示，高中生中只有46%的学生能够解决涉及分数、小数和百分数的问题，只有77%的学生能够正确地算出餐厅菜单上一份沙拉、一个汉堡、一份炸薯条和一罐可乐的总费用。因为这些数据是基于样本数据推断得到的总体特征，所以被称为推断统计。你可以把推断统计理解为基于样本数据对总体特征“最好的猜测”。

推断统计 是指根据样本对总体特征做出估计的方法。

请注意上述推断统计定义中的“总体（population）”和“样本（sample）”两个概念。我们经常提及美国有3.088亿人口，中国有13.361亿人口。但是，相对于英语中的“人口”，统计学里的“总体”有更深层次的含义。一个总体可能由多个个人构成，比如犹他州州立大学的所有注册在校生，或者会计学201班的所有学生，或者《财富》500强企业的所有首席执行官。一个总体也可能由多个物体构成，比如Cobra轮胎橡胶公司在俄亥俄州芳德利市工厂生产的全部眼镜蛇G/T轮胎，Lorrange塑料股份有限公司在10月底的应收款，东北地区农业保险办事处在2010年第一季度的汽车保险索赔额。我们关注的测度值可能是会计学201班所有同学第一次考试的成绩、Cooper公司轮胎的耐久性、Lorrange塑料公司应收账款的金额或者是State Farm的汽车保险索赔额。

总体 是指全部个体或全部研究对象的集合，或者说，总体是指所获得的对全部个体或全部研究对象的测量结果。

为了推断出总体的特征，我们需要从总体中抽取样本。

样本 是指所关注总体的一个部分。

为什么不是对总体的全部组成部分直接进行研究而是要抽取样本呢？接下来的几个例子可以解释其中的一些原因。在大选前，由于直接接触数百万选民的成本过高，为预测选举结果，就需要从注册选民中抽取样本进行调查。测试小麦中水分的含量会破坏小麦，所以也只能抽取小麦样本进行调查。如果品酒师把所有的葡萄酒都品尝完，那么就不可能有用来出售的葡萄酒了。海洋生物学家捕捉全部海洋生物并一一做上标志牌也是不可能的（我们还将在第8章中继续讨论抽取样本的原因）。

如前所述，利用样本来获取总体特征被广泛地应用于商业、农业、政治以及政府工作中，比如下面的几个例子。

- 电视广播公司需要经常聘请尼尔森和其他市场调研公司监测它们电视节目的受欢迎程度。比如，在一个由800名电视黄金时段观众组成的样本中，有320人或者说40%的人表示自己上周观看了CBS电视台的《CSI：犯罪现场调查》节目。这些节目的收视率被用来设定广告费率或作为是否撤销节目的依据。
- Gamous and Associates会计师事务所正在对Pronto印刷公司进行审计。会计师事务所会首先随机抽取100张发票进行逐一仔细检查，如果发现有5张发票中至少存在一处错误，那么它们可以据此认为在全部票据中有5%的票据至少存在一处错误。
- 从四年制高校的市场营销专业毕业生中随机抽取1 260人进行调查，显示他们的平均起始年薪为42 694美元，据此我们可以认为所有四年制高校市场营销专业毕业生的平均起始年薪约为42 694美元。

样本和总体的关系如下图所示。举例来说，为推算SUV汽车每加仑耗油量行驶里程（MPG）的平均水平，可以从总体中随机选出6辆SUV汽车作为样本，然后利用这6辆车的MPG的平均值估计SUV汽车总体MPG的水平。

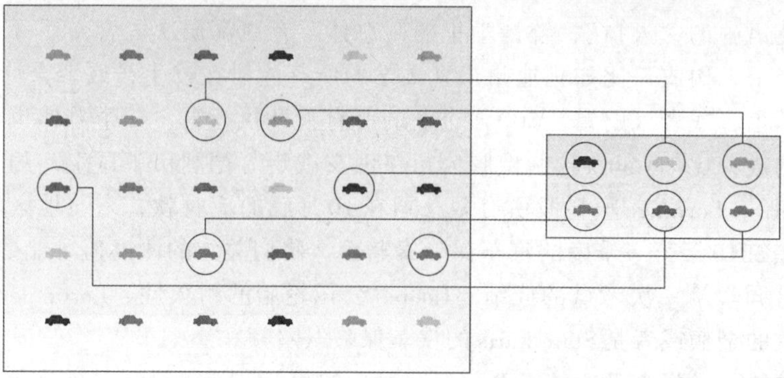

下面是自测题。本书的每一章都有一定数量的这样的测试题，用于测试你对前面内容的理解。答案和解决思路列于每章的最后。我们建议你先做再对答案。

自测题1-1（答案在本章的最后）

总部设在亚特兰大市的Brandon and Associates广告公司让1 960位消费者品尝了一款由Boston Market新推出的鸡肉饭。在这1 960位被调查者中，有1 176人表示，如果这种鸡肉饭有售，他们愿意购买。

(a) 关于消费者总体对这种鸡肉饭的接受情况，Brandon and Associates广告公司应该向Boston Market提供怎样的调查结论？

(b) 本案例是属于描述统计还是推断统计？试解释说明。

1.5 变量的类型

变量有两种基本类型，即定性变量和定量变量（见图1-2）。当所研究的变量特征为非数值型时，该变量就是**定性变量**。例如，性别、宗教信仰、汽车的类型、出生地、肤色等。对于定性变量数据，我们通常关注的是每一类别的数量或所占比例。比如说，总人口中蓝色眼睛的人所占的百分比是多少，美国有多少天主教徒和新教徒，上个月汽车销售总量中SUV车所占的百分比是多少，定性变量通常用图表或柱形图来概括（见第2章）。

当所研究的变量可以用数值表示时，该变量就是**定量变量**。例如，支票账户的余额、公司总裁的年龄、汽车电池的使用寿命（比如42个月）、一个家庭的孩子数等。

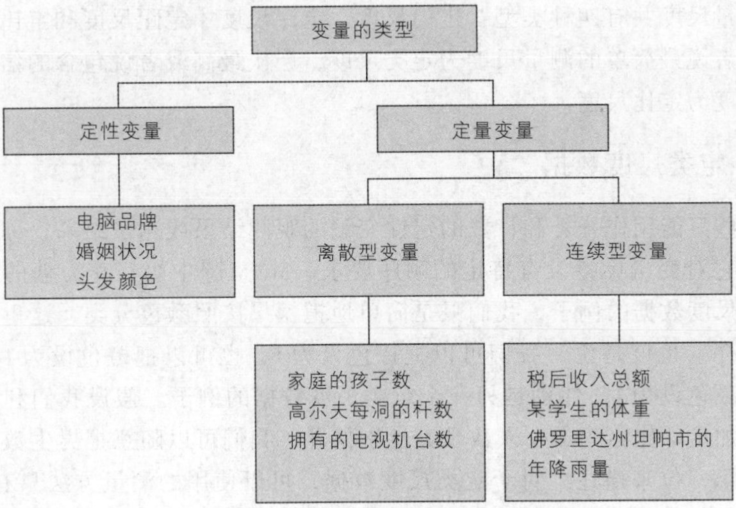

图1-2　变量类型汇总

定量变量可以是离散型的，也可以是连续型的。**离散型变量**一般只能取某些值，而且值与值之间是有间隔的。例如，一套房子中的房间个数（比如1，2，3，4等），靠近迪斯尼的佛罗里达州I-4号公路的62号出口一小时内通过的汽车数目（比如326，421等），每一节统计学课程上课的学生数等。请注意，一套房子可以有3间或4间卧室，但不可能有3.56间卧室。因此，在可能的取值之间存在一个间隔。通常来说，离散型变量是计数的结果。

连续型变量可以在一个特定的区间内取任意值。例如，一个轮胎内部的气压、一船货物的重量、一盒葡萄干麦片的重量、从奥兰多到圣地亚哥的飞行时间。学生的平均成绩（Grade Point Average，GPA）也是一个连续型变量。比如说，某个学生的平均绩点是3.2576952，但通常的做法是保留三位小数，即3.258。连续型变量一般通过测量得到。

1.6　测量的尺度

数据可以依据测量尺度的不同进行分类。数据的测量尺度规定了汇总及展现数据时可以采用的方法，也决定着需要采用的统计检验形式。举例来说，一袋M&M糖果中共有6种不同颜色的巧克力豆，假定把棕色设定为1，黄色为2，蓝色为3，橙色为4，绿色为5，红色为6，然后把每个巧克力豆的颜色值相加，再除以糖果的数量，得到的颜色平均值为3.56。这是不是意味着这袋糖果的平均颜色是蓝色或橙色呢？当然不是！再举一个例子，在某高校的田径运动会上，有8名选手进行400米赛跑。我们会公布完成比赛的选手的名次，并且也可以计算出平均名次为4.5，但这个平均名次其实没有任何意义。在上述两个例子中，都没有正确地运用测量尺度。

测量尺度共有四种类型：定类尺度、定序尺度、定距尺度和定比尺度。层次最低或者说最简单的测量尺度为定类尺度，层次最高或者说包含的信息量最多的测量尺度为定比尺度。

1.6.1 定类尺度数据

那些只能用作分类和计数的定性变量的观测结果或测量结果，称为**定类尺度数据**。它对变量标签没有特定的顺序要求。M&M牌牛奶巧克力糖的六种颜色就是定类尺度数据的例子，我们只是简单地把糖果按照颜色分类，这里并没有什么自然顺序。也就是说，我们可以把棕色设为1，也可以把橙色设为1，或者把其他任何颜色设为1。性别是另一个定类尺度数据的例子。假设我们利用学生证来统计参加足球比赛的学生人数及其性别情况，我们可以随意把男生数量或女生数量放到第一位来描述。对于定类尺度数据，可以使用的测量方法只有计数一种。有时为了更好地理解，也可以把数目转化为百分数。下面这份来自《今日美国》的“快照”是一项关于“工人们期望得到什么”的调查结果。这里关注的变量是“额外补贴”，共有5种可能的情况：“更多的钱”“更好的卫生保健”“更好的退休待遇”“工作与家庭的平衡”“其他”。图中并没有显示出“其他”项调查的结果，但为保证总应答率为100%，这一项是必要的。各选项之间并没有自然顺序的差别，我们完全可以把“更好的卫生保健”项放在首位。

《今日美国》快照

为了处理诸如工人补贴、性别、职业类别、学生的出生地等定类尺度数据，通常需要对信息进行编码。也就是说，可以把来自阿拉巴马州的学生编码设为1，阿拉斯加州的学生编码设为2，亚利桑那州的学生编码设为3，依此类推，威斯康星州的学生编码设为49，怀俄明州的学生编码设为50。这种编码工作可以利用计算机来方便快捷地完成。不过，因为是对变量的不同类别进行赋值，所以不能对编号进行运算。具体地说就是，1+2不等于3，即阿拉巴马州+阿拉斯加州不等于亚利桑那州。

综上所述，定类尺度数据具有以下特征：

1.所研究的变量只能被分为不同的类别或结果。

2.不同类别或结果之间不存在自然顺序。

1.6.2 定序尺度数据

定序尺度数据是一种比定类尺度数据更高一级别的测量结果。表1-1给出的是学生对詹姆斯·布鲁纳（James Brunner）教授所讲授初级财政学课程的等级评价结果。该班级每个学生都回答了“总的说来，你如何评价这门课的授课教师”这个问题，其实这就是一个定序测量尺度应用的例子。表中的每一个类别都要“高于”或“好于”下一个类别，也就是说，“优秀”好于“良好”，“良好”又好于“一般”，诸如此类。不过我们并不能区分各类别之间差异的大小。我们无法判断“优秀”与“良好”之间的差别和“较差”与“很差”之间的差别是否一样。如果我们用5来替代“优秀”，用4来替代“良好”，可以断定“优秀”的等级比“良好”要高，但是我们不能随意增加一个“优秀”等级或“良好”等级，因为这里的结果是有意义的。更进一步说，我们不能断定“良好”（等级4）是“较差”（等级2）的两倍，我们只能判断“良好”比“较差”要好，但是无法判断会好多少。

表1-1　　　　财政学教授的等级评价结果

等级	频数
优秀	6
良好	28
一般	25
较差	12
很差	3

定序尺度数据也会用于对项目进行排名。例如，企业进行设备安置决策，也就是选择最佳的经营地点时，往往会依据定性和定量经济数据进行决策。事实上，商业设施（business facilities）（www.businessfacilities.com）公布了“最佳商业环境”排名前10位地区的名单。2010年排名如下表所示。它基于20个不同的因素进行评价，包括劳动力、营业税环境、生活质量、交通运输基础设施、劳动力受教育程度和经济增长潜力等。

商业环境最好
1.得克萨斯
2.弗吉尼亚
3.犹他
4.南卡罗来纳
5.田纳西
6.北卡罗来纳
7.佛罗里达
8.路易斯安那
9.南达科塔
10.怀俄明

这是定序测量尺度的一个例子，因为我们知道各个州的相对顺序。例如，2010年得克萨斯有最好的商业环境。田纳西排名第五，比佛罗里达的商业环境好，但是不如犹他。请注意，我们不能说，得克萨斯的商业环境比田纳西好5倍，因为各个州之间的差异大小是未知的。

综合说来，定序尺度数据具有以下特征：

1. 数据用某一个属性表示。例如，学生对教授的评价、一个州的“商业环境”。

2. 因为定序尺度数据具有相对的等级差别，例如：高、中、低，好、更好、最好，所以只可以对数据进行排序。

1.6.3 定距尺度数据

定距尺度数据是一种比定序尺度数据更高级别的测量结果，它除了能提供变量的分类信息和排序信息外，还能提供变量分类和排序结果之间的距离信息。比如，温度值就是典型的定距尺度数据。假定波士顿连续三个冬日的最高气温（华氏度）分别是28℉，31℉和20℉，我们不仅能够很容易地对这些温度值排序，还可以计算出各温度值之间的差异，之所以可以这样做，是因为1华氏度代表的是一个常数度量单位。相同的温度差是一样的，不管它们在温度计上的位置如何。也就是说，10℉和15℉之间的温度差是5℉，50℉和55℉之间的温度差也是5℉。特别需要注意的是，0仅仅是温度计上的一个点，它不代表状态的缺失。0℉不是说一点热量没有，只是表示天气很冷！实际上，如果按照摄氏温度标准来衡量，0℉大约相当于-18℃。

女式服装号码也是一个定距尺度数据的例子。下表给出了美国标准女式服装的常用尺寸及相关信息。

号码	胸围（英寸）	腰围（英寸）	臀围（英寸）
8	32	24	35
10	34	26	37
12	36	28	39
14	38	30	41
16	40	32	43
18	42	34	45
20	44	36	47
22	46	38	49
24	48	40	51
26	50	42	53
28	52	44	55

为什么说“号码”是定距尺度数据呢？通过观察可以发现，号码每增加2个单位（比如，从10号到12号或者从24号到26号），胸围、腰围和臀围的尺寸也

都相应地增加2英寸，换句话说就是各个间隔是相同的。

服装号码并没有绝对意义上的零点，一件“0号”服装不是没有一点材料，相反，它有24英寸的胸围、16英寸的腰围和27英寸的臀围。另外，号码的比值是没有意义的，28号除以14号与20号除以10号的结果并不一样，它们也都与2号号码代表的尺寸不同。简而言之，定距尺度数据的不同测量结果之间的距离具有实际意义，但比值不具有实际意义。

综合说来，定距尺度数据具有以下特征：

1.数据的类别可以依据其所拥有特征的数量大小进行排序。

2.不同测量结果之间的差异相等，表明特征之间的差异相同。

1.6.4 定比尺度数据

实践中，所有的数值型数据都是按照定比尺度进行度量的。**定比尺度数据**是最高级别的测量结果，它除了拥有定类尺度数据、定序尺度数据和定距尺度数据的所有信息外，基点0对定比尺度数据来说是一个有意义的值，而且不同测量值结果之间的比值也是有意义的。比如收入、产量、体重、股票价格变化、两个办公室之间的距离以及身高等，都是定比尺度数据。货币数量是一个非常好的例子，如果你拥有0美元，那么就说明你没有钱。再比如体重，如果一台已经校准过的体重计刻度盘上的指针在0刻度的位置，那么就说明完全没有重量。两个测量结果之间的比值也是有意义的。如果吉姆每年卖保险能赚40 000美元，罗布每年卖汽车能赚80 000美元，那么罗布的收入就是吉姆的2倍。

表1-2是定比尺度的具体应用，它表明了四对父子的收入对比关系。

表1-2　　父子收入水平的对比　　单位：美元

姓氏	父亲	儿子
Lahey	80 000	40 000
Nale	90 000	30 000
Rho	60 000	120 000
Steele	75 000	130 000

可以看出，Lahey的收入是他儿子的2倍，在Rho家中，儿子的收入是他父亲的2倍。

综合说来，定比尺度数据的特征是：

1.数据的类别可以依据其所拥有特征的数量大小进行排序。

2.不同测量结果之间的差异相同，表明特征之间的差异相同。

3.零点意味着性质的缺失，两个不同测量结果之间的比值具有实际意义。

下面的图1-3是对四种测量尺度特征的总结。

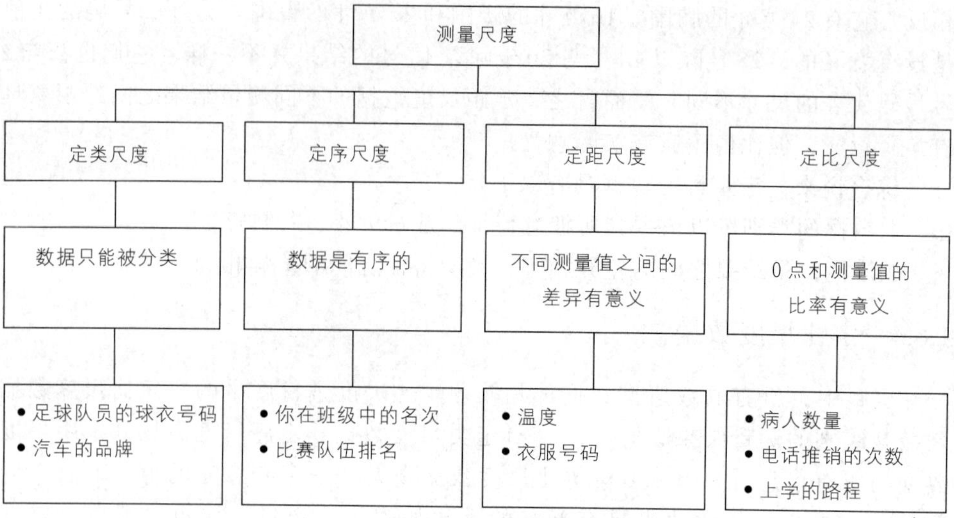

图1-3 测量尺度特征的汇总图

自测题1-2

下面的数据反映的是什么测量尺度？

(a) 在50名收听过美国1 230个脱口秀节目之一的成人样本中，每一位听众的年龄情况如下：

35	29	41	34	44	46	42	42	37	47	30	36	41	39
44	39	43	43	44	40	47	37	41	27	33	33	39	38
43	22	44	39	35	35	41	42	37	42	38	43	35	37
38	43	40	48	42	31	51	34						

(b) 在一项关于200名豪华车主的调查中，100人来自加利福尼亚，50人来自纽约，30人来自伊利诺伊，还有20人来自俄亥俄。

练习题

1.以下各变量的测量尺度是什么？

a.学生的智商等级。

b.学生上学的路程。

c.联谊会足球队的球衣号码。

d.一个学生的出生地。

e.按照年级的不同，把学生依次分为大学一年级、二年级、三年级和四年级。

f.学生每周的学习时间（小时）。

2.《旧金山纪事报（San Francisco Chronicle）》是一家大型日报。下列与报纸行业相关的数据分别属于何种测量尺度?

a.2011年每个周日售出的报纸数量。

b.不同的专栏，如社论、广告专栏、体育专栏等。

c.分地区汇总的报纸销售数量。

d.每位雇员从事报业工作的时间（年）。

（答案：a.定比尺度 b.定类尺度 c.定比尺度 d.定比尺度）

3.在最新版的《今日美国》或当地报纸上查找各类测量尺度的例子，总结你的发现并记录下来。

4.请判定下面各个集合是样本还是总体。

a.参与一种新的胆固醇药物实验的志愿者。

b.堪萨斯城上个月收到超速罚单的司机。

c.伊利诺伊州库克县接受福利救济的人。

d.道琼斯工业平均指数公布的30只股票。

（答案：a.样本 b.总体 c.总体 d.样本）

1.7 道德规范与统计数据

继华尔街金融经纪人伯尼·麦道夫的庞氏骗局骗取了投资人数十亿美元，以及安然（Enron）、泰科（Tyco）、南方保健（HeathSouth）、世通（WorldCom）等公司的舞弊事件之后，商学院的学生需要认识到，这些事件的发生均是基于对商业和财务数据的严重歪曲。在每一个事件中，组织内部的员工向投资者虚报财务数据，使账面情况看起来远远好于公司实际；当真实的财务状况被曝光之后，公司的价值会大大低于宣传的情况。随之而来的结果就是，很多投资者损失了投入这些公司的全部或大部分资金。

在2003年第1期《美国统计学家》（总第57期）上发表的一篇文章——“统计数据与道德规范：给年轻统计员的建议”为我们提出了一些相应的指导。作者建议我们应该带着一颗诚实、正直的心从事统计工作，同时要求我们在收集、整理、汇总、分析以及解释数据信息的时候要“做正确的事情”。统计对社会的贡献是道德层面上的，财务分析师需要提供真正体现公司经营情况的信息，以免误导个人投资者，对人可能有危害的产品缺陷要能够被真实地分析和报道出来。作者还进一步指出，从事统计工作时，还需要保持“独立自主的职业操守”。

当你读完这篇文章之后，我们再次强调在收集、分析、展现以及解释统计数据过程中一定要遵守职业道德。我们同时也希望，在学习了统计学知识之后，你能够成为一名更加见多识广的数据使用者。比如说，你能够对缺乏总体代表性的报告、相关信息不全的报告、没能正确使用统计方法的报告以及带有明显的企图误导或扭曲事实的报告提出质疑。

1.8 计算机应用

在大多数高校中，学生已经普遍使用计算机。大多数计算机实验室中都安装有电子制表软件（比如Excel）和统计软件包（比如Minitab），很多家用电脑也都捆绑有微软的Excel软件。在本书中，我们将同时利用Excel和Minitab进行数据处理。另外，还会应用一个名为MegaStat的Excel扩展程序，以生成一些附加的统计报告。

下面的例子是计算机软件在统计研究中的应用。在第2、3、4章中，将“上个月在苹果木汽车集团（Applewood Auto Group）卖出的180辆汽车的利润及其他变量”为例，举例说明汇总和描述数据的方法。下面Excel表格形式的输出结果中反映出以下几点：（1）上个月共售出了180辆汽车；（2）汽车的平均利润为1 843.17美元；（3）每辆汽车利润在294美元到3 292美元之间变动。

APPLEWOOD AUTO GROUP 2011

	A	B	C	D	E	F	G	H
1	Age	Profit	Location	Vehicle-Type	Previous		*Profit*	
2	33	$1,889	Olean	SUV	1			
3	47	$1,461	Kane	Sedan	0		Mean	1843.17
4	44	$1,532	Tionesta	SUV	3		Standard Error	47.97
5	53	$1,220	Olean	Sedan	0		Median	1882.50
6	51	$1,674	Sheffield	Sedan	1		Mode	1915.00
7	41	$2,389	Kane	Truck	1		Standard Deviation	643.63
8	58	$2,058	Kane	SUV	1		Sample Variance	414256.61
9	35	$1,919	Tionesta	SUV	1		Kurtosis	-0.22
10	45	$1,266	Olean	Sedan	0		Skewness	-0.24
11	54	$2,991	Tionesta	Sedan	0		Range	2998
12	56	$2,695	Kane	Sedan	2		Minimum	294
13	41	$2,165	Tionesta	SUV	0		Maximum	3292
14	38	$1,766	Sheffield	SUV	0		Sum	331770
15	48	$1,952	Tionesta	Compact	1		Count	180

下面是Minitab系统的输出结果，它包含的信息和上面Excel表格形式基本相同。

如果用计算器通过手工计算来实现上述汽车售出利润和根据其他相关变量分析汽车售出价格，恐怕会需要花费数小时的时间，而且需要处理的数据规模越大，运算错误的可能性就会越大。但是统计软件包和电子表格却可以在几秒钟内得出精确的运算结果。

如果有现成的软件操作系统，我们建议利用统计软件包来完成每章“**数据集练习题**”。这将可以减少繁重的计算量，使你能集中精力进行数据分析。

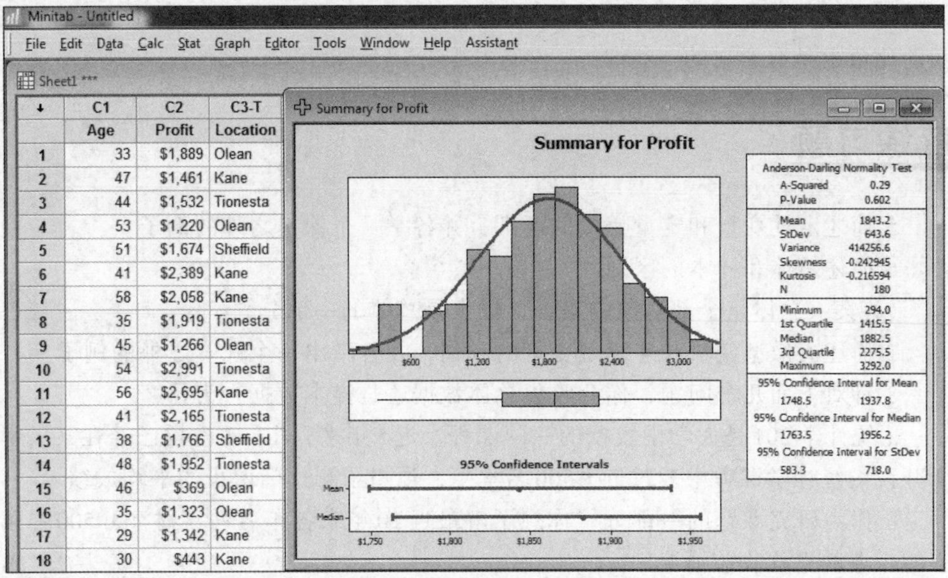

本章总结

Ⅰ.统计学是指收集、整理、显示、分析和解释数据，以帮助做出有效决策的一门科学。

Ⅱ.统计研究通常分为描述统计和推断统计两种类型。

A.描述统计是整理和概括数据的过程。

B.推断统计是从总体中抽取样本，然后依据样本结果估计总体特征的过程。其中，总体是指所研究的全部个体或全部对象的集合，或者说总体是指所获得的全部个体或全部研究对象的测量结果；样本是指总体的一个部分。

Ⅲ.变量分为定性变量和定量变量两种类型。

A.定性变量是非数值型的变量。定性变量通常关注的是每一类别观测的个数或所占比例，一般用图表或柱形图来概括。

B.定量变量可分为离散型变量和连续型变量两种类型，是可以用数值表示的变量。离散型变量一般只能取某些值，而且值与值之间是有间隔的；连续型变量可以在一个特定的区间内取任何值。

Ⅳ.有四种测量尺度。

A.定类尺度把数据分为不同的类别或结果，各类别或结果之间不存在特定的顺序。

B.定序尺度假定不同类别的排序有高低之分。

C.定距尺度除了能提供变量的分类信息和排序信息外，还能提供变量分类和排序结果之间的距离信息。

D.定比尺度除了拥有以上测量尺度的所有信息外，基点0和不同测量结果之间的比值也是有意义的。

本章练习题

5.简述定性变量和定量变量的区别，并各举一个课本之外的例子。

6.简述总体和样本的区别。

（答案：总体是全部对象的集合，样本是总体的一部分）

7.简述离散型变量和连续型变量的区别，并各举出一个课本之外的例子。

8.针对下面几个问题，你会收集总体数据还是样本数据？为什么？

a.统计学201是大学中教授的一门课程。近5年来，Rauch教授已经在某大学所开设的统计学课程中教过近1 500名学生，你想了解这门课程的平均成绩。

b.作为研究课题的一部分，你想了解最近10年来各年名列《财富》500强第一的企业的平均收益情况。

c.你正面临毕业，你的第一份工作是到五家大型制药公司中的一家去做推销员。为了准备面试，你需要了解每一家公司的目标、利润率、产品和市场情况。

d.假设你正在购买一款诸如苹果iPod的新MP3播放器，商家会告诉你这款MP3能储存多少首歌曲。通常状况下，商家会采用简短、流行的歌曲来测试能储存歌曲的数量，而你喜欢的是超长的百老汇歌曲。你想测试一下你的新MP3到底能储存多少首百老汇歌曲。（答案：见教师手册）

9.以前，州际高速公路的出口均以州的西部或南部边界开始进行连续编号。然而，近期交通部改变了原来大多数出口的编号，开始用高速公路的英里数作为出口标记。

a.以前连续的出口编号是什么类型的测量尺度？

b.英里数编号是什么类型的测量尺度？

c.分析新的高速公路出口标记系统的优势。

10.一项民意调查征求了一定数目大学本科生的下列变量信息：他们手机供应商的名称（AT&T，Verizon等），上个月使用的分钟数（200，400等），以及他们对服务的满意度（糟糕的、胜任的、优秀的等）。这三个变量的数据测量尺度分别是什么？

（答案：定类尺度，定比尺度，定序尺度）

11.邦诺书店最近开始销售一款叫作Nook Color的电子书阅读器。有了这个装置，你可以下载高达200多万种的全彩电子书、报纸和杂志。假设你知道位于加利福尼亚河滨购物广场的邦诺书店上月每天销售Nook Color的数量。对这些信息进行描述可以认为是样本，尝试阐述另外一种情境，将相同的数据视为总体。

12.尝试利用样本和总体的概念，解释总统大选中最终全部选民的投票结果与民意调查结果看起来并不完全一致的原因。

（答案：见教师手册）

13.把以下变量按要求分别填入下面的两张分类表中。以薪金变量为例，它既是连续型的定量变量，同样也是连续型的定比变量。

a.薪金　b.性别　c.MP3播放器的销售量　d.偏好的软饮料　e.温度

f.学术能力测试（SAT）成绩　g.班级学生排名　h.财政学教授的评级

i.家用电脑数量

	离散型变量	连续型变量
定性变量		
定量变量		a.薪金

	离散	连续
定类尺度		
定序尺度		
定距尺度		
定比尺度		a.薪金

14.从《美国统计摘要》《世界年鉴》《福布斯》或者当地的报纸上找一些定类、定序、定距、定比尺度数据的例子。

（答案：答案是多样的）

15.Struthers Wells公司在其美国、欧洲、亚洲的销售部门和生产企业里雇用的白领员工超过10 000名。从这些员工中随机抽取300人进行调查，有120人表示可以接受调转到美国以外的其他地区去工作。根据以上调查结果，给人力资源部的副部长旺达·卡特女士写一份报告，简要分析一下全公司白领员工的调转意愿。

16.AVX音响设备股份有限公司最近实施了一项“无条件”退货政策。在一个由最近退过货的500名消费者组成的样本中，有400人表示这项政策令人满意，有32人认为退货需要的时间太长，其他人没有发表意见。根据以上信息，对消费者对该项新政策的反应情况做出推断。

（答案：AVX消费者相信政策是公平的）

17.下表是2009年1—2月和2010年1—2月8家最大的汽车制造商售出的轿车和轻型载重卡车的数量。

制造商	年累计销售量（辆）	
	2010年1—2月	2009年1—2月
通用	287 242	252 701
福特	249 514	185 825
克莱斯勒	141 592	146 207
丰田	198 823	226 870
本田	148 150	142 606
尼桑	132 761	108 133
现代	64 507	55 133
马自达	32 748	31 821

a. 比较这8家汽车制造商的总销售量。与2009年相比，2010年同期销售量是增加了还是下降了？

b. 比较每个制造商的市场份额。每个制造商的市场份额是否发生了显著的变化？

c. 比较8家制造商销售量所占比例的变动。哪个制造商的销售量发生了显著的变化？

18. 下表描述了消费者用于购买节日礼物的花费情况。请写一篇关于节日期间消费情况的简短报告，报告中需要包括花费的总金额以及每组花费在总花费中所占的比例。

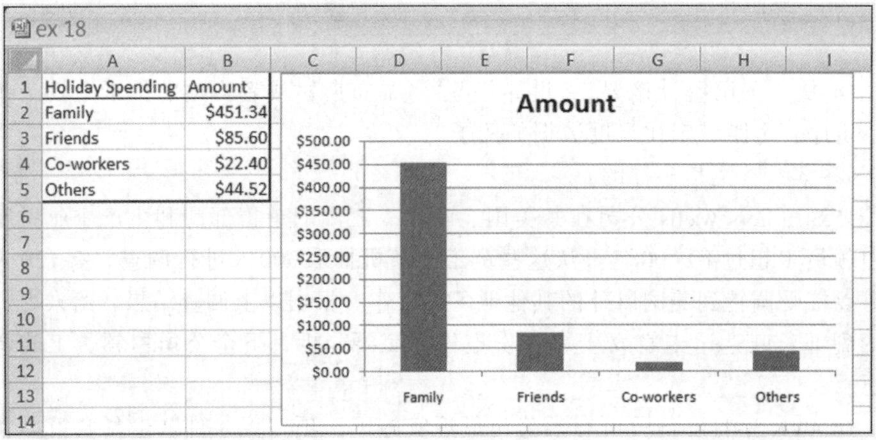

（答案：见教师手册）

19. 下图描述了2003—2010年埃克森美孚公司的收益情况（以10亿美元为单位）。请写一篇关于埃克森美孚公司此期间收益的简短报告。是否有某一年的收益高于其他年份？在整个期间，公司收益是否始终保持增长、降低或者不变的状态？

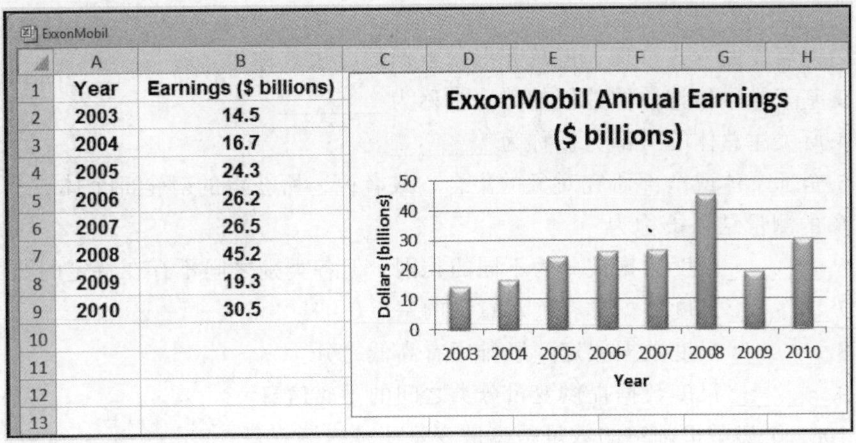

数据集练习题

20. 查阅本书最后的房地产数据，即“去年在科罗拉多州丹佛市的房屋出售信息”。请对出售价格、卧室数目、区域以及到市中心的距离等变量进行如下判断：

a. 哪些变量是定性变量，哪些变量是定量变量？

b. 判断每一个变量的测量尺度。

（答案：a. 区域是定性变量，其他都是定量变量　b. 区域是定类尺度数据，其他都是定比尺度数据）

21. 查阅美国棒球大联盟30支队伍在2010赛季的相关数据。请对获胜场数、球队工资、赛季比赛场次、全垒打次数等变量进行如下判断：

a. 哪些变量是定性变量，哪些变量是定量变量？

b. 判断每一个变量的测量尺度。

22. 根据布埃纳学区公交车运行情况数据，进行判断：

a. 哪些变量是定性变量，哪些变量是定量变量？

b. 判断每一个变量的测量尺度。

实践测试

本书每章结束都会有模拟测试。测试包括两个部分：第一部分包括10～15道客观题，通常为填空形式；第二部分包括解答题。一般情况下，需要花费30～45分钟完成测试。解答题部分需要使用计算器。请根据本书附录C提供的参考答案核对你的答案。

第一部分——客观题

1. 收集、整理、显示、分析和解释数据，以帮助做出有效决策的科学被称为________。

2.以启发的方式整理、汇总和展示数据的方法被称为________。

3.基于样本估计总体数值的方法被称为________。

4.所关注总体的一部分被称为________。

5.全部个体或全部研究对象的集合，或者说，所获得的对全部个体或全部研究对象的测量结果被称为________。

6.________尺度数据被分为不同的类别，但各类别之间不存在特定的顺序。

7.________尺度数据具有绝对意义的基点0。

8.________尺度数据假定等级排序有高低之分。

9.________尺度数据提供变量分类之间的距离信息。

10.一个房子里卧室的数量是离散变量还是连续变量？________。

11.棒球制服的球衣号码是________尺度数据。

12.将学生按照眼睛颜色分类需要利用什么类型的尺度数据？________。

第二部分——解答题

1.在最近的一个超级碗星期天（Super Bowl Sunday）活动中观众消费了3 000万磅的零食，详细信息见下图。

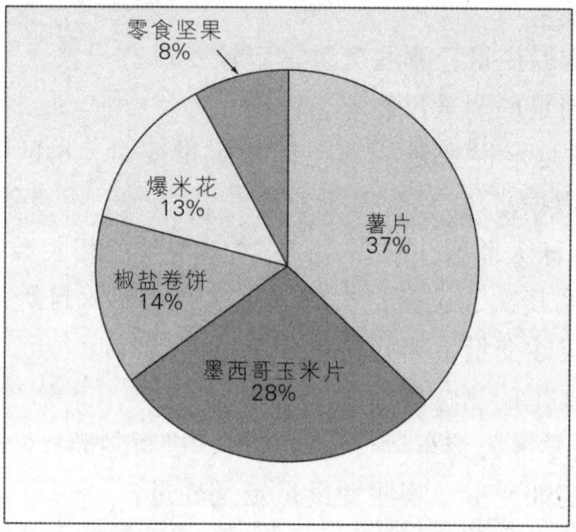

a.估计这场比赛中薯片的消费数量（以百万磅为单位）。

b.大致估算所消费的薯片与爆米花的比例（两倍、一半、三倍等）

c.薯片和玉米片各占消费总体的百分比是多少？

2.有14个大一新生、18个大二学生、10个大三学生和6个大四学生选修了金融入门课程，请回答下列问题。

a.学生人数数据是什么尺度数据？

b.大一和大二学生所占百分比各是多少？

自测题答案

1-1 a. 基于对1 960名消费者的调查可以推断出，如果产品上市，将有60%的消费者愿意购买这种鸡肉饭。

1 176÷1 960×100%=60%

b. 推断统计。因为这里是利用样本数据推断，如果鸡肉饭上市，所有消费者的反应情况。

1-2 a. 年龄是定比尺度数据。一个40岁的人的年龄是20岁人的年龄的两倍。

b. 定类尺度数据。因为我们可以随意排列州的顺序。

第2章

描述数据：频数表、频数分布及图形展示

本章学习目标

当你学完本章内容，你应该能够：

1.编制频数表。

2.用条形图展示数据。

3.用饼形图展示数据。

4.制作频数分布。

5.理解频数分布的含义。

6.利用直方图、频数多边图展现数据的频数分布。

7.建立和解释累积频数分布。

2.1 导言

近年来，美国竞争激烈的汽车零售业发生了根本性的改变，导致了2009年通用汽车和克莱斯勒的破产、庞蒂亚克和土星等知名品牌的消失、超过1 500家当地经销商的关闭、消费信贷可用性的崩溃以及经销商团体的兼并等事件。在过去，一些地区性家族所拥有和经营的社区经销机构，通常包括一个或两个工厂，比如庞蒂亚克（Pontiac）、通用（GMC）卡车或者克莱斯勒汽车，还有流行的吉

普车生产线。然而近年来，一些管理经验丰富、财务状况良好的公司已经取得遍布全国各大区域的地区经销代理权。它们取得地方性经销代理权后，通常会带来标准化的销售实践、大众化的软硬件技术平台和管理报告技术。它们的目标就是在提高扩大经销机构收益的同时，也为消费者提供改良性的消费体验。在纽约证券交易所和全国证券交易商协会自动报价表（NASDAQ）进行交易的经销商，雇用1万多名员工、每年的销售额高达几十亿美元、拥有100多项特许权的情况非常普遍。如今，最大的经销商是全美汽车租赁公司（AutoNation，股票代码AN)，其他还包括第二大的潘世奇汽车集团（Penske Auto Group，PAG）、艾斯博瑞汽车集团（Asbury Automotive Group，ABG）以及私营的亨德里克汽车集团(Hendrick Auto Group，HAG)。

苹果木汽车集团是一家拥有4家经销商的集体所有制公司。该集团经营的车型种类繁多，既包括价格低廉且受欢迎的韩国品牌现代（Hyundai）和起亚(Kia)，也有宝马（BMW）、沃尔沃（Volvo）、豪华越野车以及全系列的福特(Ford）和雪佛兰（Chevrolet）全系列的汽车、卡车。

Kathryn Ball女士是苹果木汽车集团高级管理团队中的一员，她负责跟踪和分析集团的汽车销售价格情况。Ball女士每个月都利用图表来分析汽车销售价格的变动，从中她可以观察到典型价格以及最低、最高价格等信息。利用统计图表，她还可以对购买者群体的细分特征进行描述与分析：他们的年龄有多大？他们有几辆车？他们购买的是哪种车型？

苹果木汽车集团的4家经销商经营的车型信息如下：Tionesta Ford Lincoln Mercury经营福特、林肯、水星汽车和卡车，Olean Automotive拥有尼桑、雪佛兰、卡克以及通用卡车的经营权，Sheffield Motors经营别克、通用卡车、现代和起亚，Kane Motors经营克莱斯勒、道奇以及宝马和沃尔沃的吉普车系列。

Ball女士每个月都从4家经销商处收集数据并整理成Excel表。上个月，Applewood汽车集团的4家经销商共售出180辆汽车，下面的Excel表格显示了该数据集的部分内容，包含的变量如下：

APPLEWOOD AUTO GROUP 2011

	A	B	C	D	E
1	Age	Profit	Location	Vehicle-Type	Previous
2	33	$1,889	Olean	SUV	1
3	47	$1,461	Kane	Sedan	0
4	44	$1,532	Tionesta	SUV	3
5	53	$1,220	Olean	Sedan	0
6	51	$1,674	Sheffield	Sedan	1
7	41	$2,389	Kane	Truck	1
8	58	$2,058	Kane	SUV	1
9	35	$1,919	Tionesta	SUV	1
10	45	$1,266	Olean	Sedan	0
11	54	$2,991	Tionesta	Sedan	0
12	56	$2,695	Kane	Sedan	2
13	41	$2,165	Tionesta	SUV	0
14	38	$1,766	Sheffield	SUV	0
15	48	$1,952	Tionesta	Compact	1

Age：购车时购买者的年龄

Profit：经销商售出每一辆车获得的利润

Location：经销商名称

Vehicle type：车型（SUV、sedan、compact、hybrid、truck）

Previous：购买者此前在4家经销商处购车的数量

完整的数据集可以在麦格-劳希尔集团网站（www.mhhe.com/lindbasic8e）获取，或见本书附录A.4。

2.2 构建频数表

回顾第1章可知，描述一组数据的方法叫描述统计。描述统计是通过整理数据来显示数据的基本分布形态和集中趋势值，揭示是否存在极端值或异常值。构建**频数表**是整理和汇总数据的首要步骤。

频数表 是把定性数据分成若干相互排斥的组，各组中显示该组的观测值个数。

在第1章中，介绍了如何区分定性变量和定量变量。回顾一下，定性变量是非数值的变量，即它只能被分成不同的类别，而且各类别间没有特定的顺序。例如，政治背景（民主党派、无党派人士）、出生地（阿拉巴马州……怀俄明州）、在美国邦诺书店支付价款的方式（现金、支票或赊账）。而定量变量则是数值型变量，与大学生密切相关的，比如书本的价格、学生的年龄、学生每周学习时间等都是定量变量。

在苹果木汽车集团数据集中，包含每辆已售汽车的5个变量：购买者年龄、利润额、经销商、车型以及购买者此前购车数量。其中，经销商和车型是定性变量，购买者年龄、利润额和购买者此前购车数量是定量变量。假设Ball女士想汇总上个月不同经销商的销售情况。对该定性数据进行汇总，首先需要对上个月销售的汽车按照经销商进行分类，包括Tionesta、Olean、Sheffield和Kane4个类别。经销商类型频数表包含4个互斥组，这意味着每辆汽车只能属于一个类别，只能特定地划分到4个互斥组中的一个。编制的频数表如表2-1所示。各个组的观测值个数称为**组的频数**，从表中可以看出经销商Kane卖出了52台车。

表2-1　　苹果木汽车集团上月按经销商分类的汽车销售频数表

排名	汽车销售数量（辆）
Kane	52
Olean	40
Sheffield	45
Tionesta	43
合计	180

2.2.1 相对组频率

在频数表中，可以把组频数转换成**相对组频率**，以反映各组中的组频数占全部观测值个数的比重，这样的表称为相对频率表。因此，相对频率表反映的是组观测值之和与全部观测值之和之间的关系。仍以汽车销售情况为例，我们想了解在全部已售汽车中，4个经销商中的每一个经销商销售汽车数量所占的比例。

相对频率表是用各组的观测值个数除以总观测值个数得到的。比如，52除以180得到0.289，即为上月经销商Kane销量所占比重。相对频率分布见表2-2。

表2-2　　苹果木汽车集团上月不同经销商汽车销售相对频率表

排名	汽车数量（辆）	相对频率
Kane	52	0.289
Olean	40	0.222
Sheffield	45	0.250
Tionesta	43	0.239
合计	180	1.000

2.2.2 定性数据的图形表示

柱形图是最常用的描述定性变量各组分布状况的图示方法。通常情况下，横轴表示拟研究的变量，纵轴表示每一种可能结果的数量、数目或比率。柱形图最显著的特征是“柱”与“柱”之间有空隙。这是由于变量是定性的，“柱”与“柱”之间不能连接在一起。各组的频数或者频率要与柱形的高度成比例，即各个柱形的高度代表各组的频数或频率。

柱形图　柱形图将定性变量的各组标识在横轴，各组的频数或频率标识在纵轴，各个柱形的高度代表各组的频数或频率。

以**苹果木汽车集团**数据为例（见图2-1）。销售汽车的经销商是研究变量，每个经销商处的汽车销量是组频数。把经销商名称标在X轴，汽车销量标在Y轴，柱形或长方形的高度代表每个经销商的汽车销量。由图可以看出，经销商Kane上个月的汽车销量为52台，因此条形图的高度为52；经销商Olean上个月的汽车销量为40台，因此条形图的高度为40。同时由于经销商是定性变量，X轴上4个经销商的排列顺序并没有先后差别。在图2-1中，将经销商名称按照首字母顺序进行排列。当然，按照频数降序排列也是可以的。

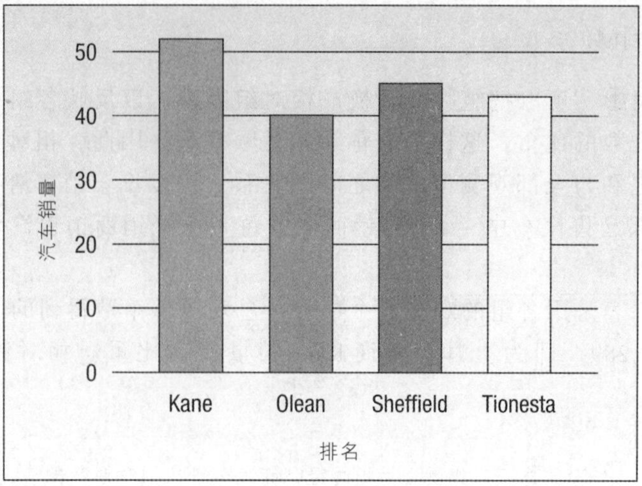

图2-1　苹果木汽车集团上个月不同经销商汽车销量柱形图

饼图是描述定性变量分类信息的另一种常用图形。

饼图　饼图是用来表示定性变量各组的频数占观测值总频数的比重或百分比的图形。

结合表2-3中的内容说明绘制饼图的具体方法，该表反映的是**苹果木汽车集团**上个月每种车型的销售情况。

表2-3　　苹果木汽车集团上个月每种车型的销售情况

汽车类型	销量（辆）	销售百分比（%）
小轿车	72	40
SUV	54	30
紧凑型汽车	27	15
卡车	18	10
混合动力汽车	9	5
总计	180	100

绘制饼图的第一步是按0，5%，10%，15%，…，100%在圆周上进行标记（见图2-2）。为了绘制小轿车汽车销量所占的份额40%，先绘制一条连接圆心和0的直线，再绘制另一条连接圆心和40%的直线，由此形成的扇面区域即代表小轿车汽车销量占总销量的百分比。接下来，在40%的基础上增加代表SUV汽车销量的30%的份额，二者之和是70%。连接圆心和圆周上的70%，则40%和70%之间的扇面区域即代表SUV汽车销量所占份额。依此类推，再加上紧凑型汽车销量所占的15%的份额，即得到份额总计为85%。连接圆心和圆周上的85%，则70%和85%之间的扇面区域代表紧凑型汽车销量。剩下的10%是卡车的销量、5%是混合动力汽车的销量，按照同样的方法将其画到饼图中。

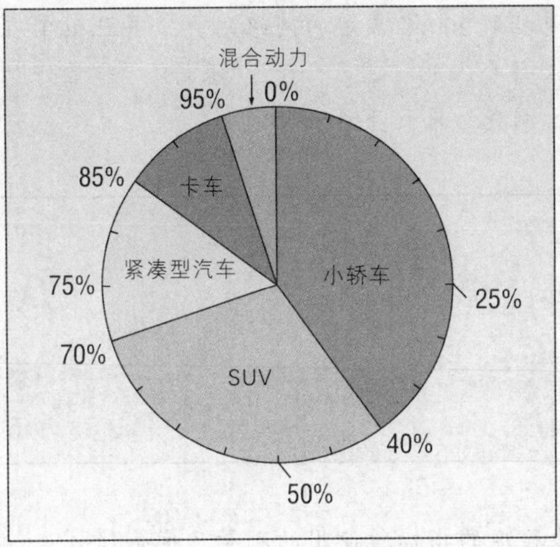

图2-2　不同车型汽车销量饼图

由于饼图的每一扇面都代表各组成部分的相对份额，我们可以很容易地通过比较得到以下结论：

■销量最大的是小轿车车型；

■小轿车和SUV两种车型销量合计达到总销量的70%；

■尽管混合动力汽车上市仅仅几年，销量也占据了5%的份额。

可以利用Excel电子表格快速地统计每类车型的数量，并构建频数分布表和绘制柱形图、饼图（如下所示）。Excel电子表格被称为数据透视表，本章末给出了用其计算描述性统计量、绘制图表的具体操作过程。

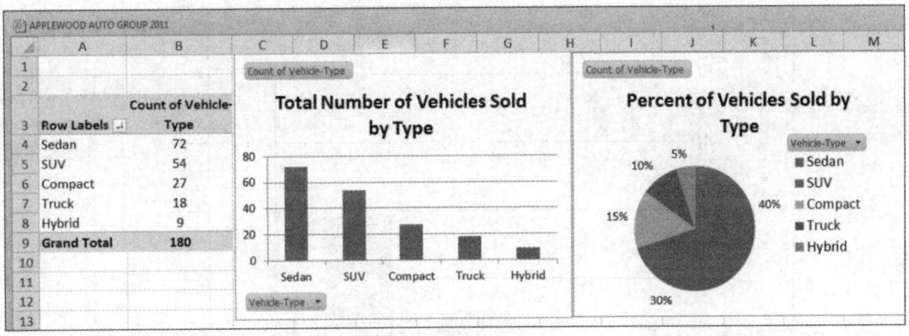

饼图和柱形图都可以用来呈现描述性统计量，那么，在什么情况下饼图会优于柱形图呢？在大多数情况下，饼图用来比较定性变量中每一个类别对应的观测值所占百分比的相对差异。而当研究目标是比较定性变量中每一个类别对应的观测值的频数时，柱形图更有优势。

举例：

SkiLodges.com正在测试其新网站的营销情况，关注点是所设计浏览网页操作的便捷性。随机地抽取200名常规的网络用户，并让他们在该网页上执行一项搜索任务，然后要求每个人用“差”“好”“很好”“非常好”对网页操作的相对便捷程度进行评价。调查结果如下表所示：

非常好	102
很好	58
好	30
差	10

1.描述操作便捷程度的指标所使用的测量尺度是什么？

2.依据调查结果绘制柱形图。

3.依据调查结果绘制饼图。

解答：

操作便捷程度为定序测量尺度指标，即操作便捷程度从“差”到“非常好”依次排列。但由于各等级之间的间距未知，因此不能得出诸如“‘级别好’是‘级别差’的两倍”等结论。

可以用柱形图来描述这组数据，纵轴表示相对频率，横轴表示操作便捷程度的等级。

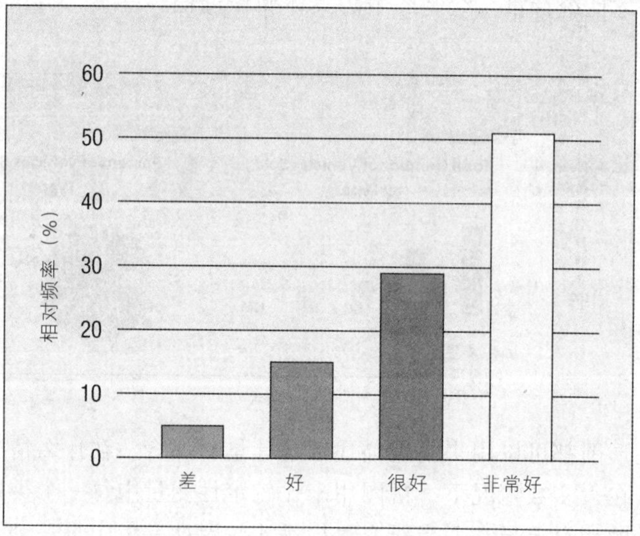

也可以用饼图来描述这组数据。由饼图可以直观地看出，有超过50%的调查者认为使用这个网站的操作便捷程度“非常好”。

SkiLodges.com网站的操作便捷程度

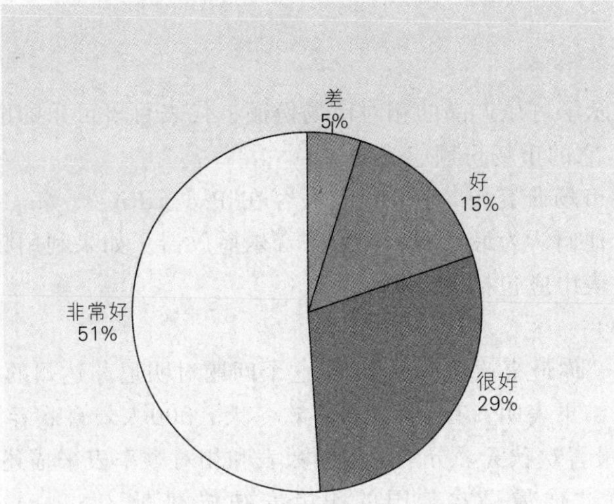

自测题2-1（参考答案在本章的最后）

DeCenzo特色食品和饮料公司正在供应一种加味可乐（Cola-Plus），这种饮料很受消费者欢迎。公司想了解相对于可口可乐、百事可乐、柠檬饮料来说，顾客对加味可乐的偏好程度。公司随机抽取100名顾客，请他们品尝上述四种饮料，然后选出他们最喜欢的一种。调查结果见下表。

饮料	人数
加味可乐	40
可口可乐	25
百事可乐	20
柠檬饮料	15
总计	100

a．这组数据是定性数据还是定量数据？为什么？

b．这是张什么表？它反映了什么内容？

c．绘制柱形图来描述以上信息。

d．绘制相对频率饼图。

练习题

1.饼图显示了可乐产品的相对市场份额，代表百事可乐的扇形区域对应的圆心角为90度，它的市场份额应为多少？

2.在一项市场研究中，让100名顾客在iPod，iRiver，Magic Star三种品牌的MP3中挑选出他们认为最好的一种数字音乐播放器。如果利用频数表描述上述调查结果，频数表中应包括多少种？

（答案：3）

3.有人就“你最喜欢哪个季节？”这个问题对明尼苏达州的1 000位居民进行了调查。调查结果表明：有100人最喜欢冬天，300人最喜欢春天，400人最喜欢夏天，200人最喜欢秋天。分别绘制频数表和相对频率表来描述这些信息。

4.有人就“你最喜欢美国的印第安纳波利斯（Indianapolis）、圣路易斯（Saint Louis）、芝加哥（Chicago）、密尔沃基（Milwaukee）四个中西部城市中的哪个城市？”这个问题，对经常去这些城市的2 000位商务旅游者进行了调查。调查结果表明：有100人最喜欢印第安纳波利斯，450人最喜欢圣路易斯，1 300人最喜欢芝加哥，其他人最喜欢密尔沃基。分别绘制频数表和相对频率表来描述这些信息。

（答案：见教师手册）

5.Wellstone股份有限公司生产和销售各种颜色的备用手机盖。公司计划推出5种不同颜色的产品：亮白色、金属黑色、磁石灰色、橘红色、柔合红色。公司在美国商业街设立了一个几小时的临时销售点，随机抽取顾客调查他们最喜欢的手机盖颜色。调查结果见下表。

亮白色	130
金属黑色	104
磁石灰色	325
橘红色	455
柔合红色	286

a.这是一张什么表？

b.依据表中数据绘制柱形图。

c.依据表中数据绘制饼图。

d.如果Wellstone股份有限公司计划生产100万个手机盖，则各种颜色的手机盖应分别生产多少？

6.一名商业顾问正在调查几家公司的经营情况。下表是这几家公司去年第四季度的销售额资料。

公司	第四季度的销售额（单位：千美元）
Hoden Building Products	1 645.2
J & R Printing , Inc.	4 757.0
Long Bay Concrete Construction	8 913.0
Mancell Electric and Plumbing	627.1
Maxwell Heating and Air Conditioning	24 612.0
Mizelle Roofing & Sheet Metals	191.9

该顾问准备在分析报告中利用图形来直观比较这6家公司的销售情况。请绘制这些公司第四季度销售情况的比较柱形图，并对柱形图所呈现出来的特点进行简要分析。

（答案：见教师手册）

2.3 构建频数分布：定量数据

在第1章以及本章的前面部分，介绍了如何区分定性数据和定量数据，并基于苹果木汽车集团数据集，通过编制频数表、相对频率表和绘制柱形图、饼图，描述了经销商和车型这两个定性变量的特点。

苹果木汽车集团数据集中还包括购买者年龄、每辆车的利润和此前购车数量三个定量数据。假设Ball女士打算利用利润来反映上个月的销售情况，为实现这个目的，可以用频数分布来描述利润。

2.3.1 频数分布

频数分布 把定量变量的原始观测数据分成若干个相互排斥的组，以反映每组中观测值的个数。

构建一个频数分布的关键问题，是要把数据归入到一张能够反映全部分组和各组观测值的个数的表格中。下面举例说明构建频数分布的具体步骤。记住，我们的目的是构建能够直观反映数据的集中趋势、极值和分布特征的数据表和统计图形。

实践中的统计学

1788年，詹姆斯·麦迪逊、约翰·杰伊和亚历山大·汉密尔顿匿名联合发表了论文集《联邦党人文集》，这些关于联邦党人的论文试图说服纽约的政客批准宪法。在这个历史进程中，论文的大多数作者已得到确认，但仍有12篇论文的作者存有争论。通过运用统计学方法分析，尤其是根据对各种措辞的使用频数研究，我们可以断定詹姆斯·麦迪逊很有可能是这12篇论文的作者。事实上，麦迪逊是这些论文的作者，统计学的证明是压倒性的。

举例：

回到前面所提及的情况，苹果木汽车集团的Ball女士想利用图表来反映销售利润情况。表2-4中给出了苹果木汽车集团公司4家经销商上个月售出的180辆汽车的利润数据。试确定有代表性的利润额，以及最高销售利润、最低销售利润和销售利润的集中趋势。

表2-4　　　　　　苹果木汽车集团上个月汽车销售价格表

最大值

$1 387	$2 148	$2 201	$963	$820	$2 230	$3 043	$2 584	$2 370
1 754	2 207	996	1 298	1 266	2 341	1 059	2 666	2 637
1 817	2 252	2 813	1 410	1 741	3 292	1 674	2 991	1 426
1 040	1 428	323	1 553	1 772	1 108	1 807	934	2 944
1 273	1 889	352	1 648	1 932	1 295	2 056	2 063	2 147
1 529	1 166	482	2 071	2 350	1 344	2 236	2 083	1 973
3 082	1 320	1 144	2 116	2 422	1 906	2 928	2 856	2 502
1 951	2 265	1 485	1 500	2 446	1 952	1 269	2 989	783
2 692	1 323	1 509	1 549	369	2 070	1 717	910	1 538
1 206	1 760	1 638	2 348	978	2 454	1 797	1 536	2 339
1 342	1 919	1 961	2 498	1 238	1 606	1 955	1 957	2 700
443	2 357	2 127	294	1 818	1 680	2 199	2 240	2 222
754	2 866	2 430	1 115	1 824	1 827	2 482	2 695	2 597
1 621	732	1 704	1 124	1 907	1 915	2 701	1 325	2 742
870	1 464	1 876	1 532	1 938	2 084	3 210	2 250	1 837
1 174	1 626	2 010	1 688	1 940	2 639	377	2 279	2 842
1 412	1 762	2 165	1 822	2 197	842	1 220	2 626	2 434
1 809	1 915	2 231	1 897	2 646	1 963	1 401	1 501	1 640
2 415	2 119	2 389	2 445	1 461	2 059	2 175	1 752	1 821
1 546	1 766	335	2 886	1 731	2 338	1 118	2 058	2 487

最小值

解答：

表2-4中没有经过整理的数据被称为原始数据或者未归类数据。通过直接观察，可以找到最低销售利润（294美元）和最高销售利润（3 292美元），但是却很难直接发现代表性的价格，也很难预测销售价格的集中趋势。如果把原始数据绘制成频数分布表，将会很容易地解答上述问题。

第一步：确定组数。组数或类别数要恰当，要能够反映频数分布的特征，这需要一些判断标准，组数太多或太少都无法反映数据的分布特征。在本例中，如果只将数据分成三组，将无法深入地了解数据的分布特征（见表2-5）。

确定组数（k）的一个有效方法就是2^k法则，该法则是选择使2^k大于观测值个数的最小k值。

在苹果木汽车集团这个例子中，销售了180辆汽车，则n=180。如果令k=7，意味着把全部数据分成7组，这样$2^7=128$，比180要小，所以分7组是不够的。如果令k=8，则$2^8=256$，256比180要大，所以最终应该把全部数据分成8组。

表 2-5 组数过少的情况

汽车利润（美元）	汽车数量（辆）
200～1 400	42
1 400～2 600	115
2 600～3 800	23
总计	180

第二步：确定组距或组宽。通常情况下各组的组距应该相同，全部组的区间长度合计必须大于或至少等于最大观测值与最小观测值之差。用公式表述为：

$$i \geq \frac{H-L}{k}$$

其中，i是组距。

H是最大观测值。

L是最小观测值。

k是组数。

在苹果木汽车集团这个例子中，最小观测值是294美元，最大观测值是3 292美元。如果划分为8组，组距最小应为：(3 292−294) /8=374.75（美元）。实践中，通常会把计算得到的组距向上近似为某一方便的数值（比如10或100的整数倍），在本例中，组距取400美元比较恰当。

在构建频数分布时，通常认为相等的组距更好。然而，在某些情况下，为了避免出现空白组或近乎空白组，就需要用到不等组距。表2-6是美国国税局报告的基于个人纳税申报单调整后的个人总收入频数表，表中使用的即为不等组距形式。如果使用相等组距，比如以1 000美元为组距，那么将需要分成1 000多组才能对所有的收入水平进行描述。含有1 000组的频数分布将很难解释，这种情况下使用不等组距则会相对容易理解一些。

第三步：设定各组的组限。只有界定清楚组限后，才能使每一个观测值归入到某个特定组中，这意味着必须避免出现重叠组限或模糊组限。比如，不能使用像"1 300～1 400美元"和"1 400～1 500美元"这样的分组，因为不清楚1 400美元是应该归为第一组还是第二组；而像"1 300～1 400美元"和"1 500～1 600美元"这样的分组，如果没有等于或高于1 450美元的利润归为第二组和低于1 450美元的利润归为第一组的附加说明，也会出现困惑。因此本书一般使用"1 300～1 400美元""1 400～1 500美元"等等这样的表述方式，基于这种形式，就可以很清楚地把1 399美元归入到第一个组，而把1 400美元归入到第二个组（译者注：一般来说，如果使用重叠组限的表示方式，则需遵循"上组限不计入的原则"，这样也同样可以避免组限重叠处变量值的模糊归属问题）。

表2-6　　调整后总收入的个人纳税申报情况

调整后的国民收入	利润额（千美元）
调整后的国民收入（美元）	178.2
$　1 ~ 5 000	1 204.6
5 000 ~ 10 000	2 595.5
10 000 ~ 15 000	3 142.0
15 000 ~ 20 000	3 191.7
20 000 ~ 25 000	2 501.4
25 000 ~ 30 000	1 901.6
30 000 ~ 40 000	2 502.3
40 000 ~ 50 000	1 426.8
50 000 ~ 75 000	1 476.3
75 000 ~ 100 000	338.8
100 000 ~ 200 000	223.3
200 000 ~ 500 000	55.2
500 000 ~ 1 000 000	12.0
1 000 000 ~ 2 000 000	5.1
2 000 000 ~ 10 000 000	3.4
10 000 000以上	0.6

因为确定组距时，需要向上近似为某一恰当的组宽度，因此分组后的覆盖范围要比实际数据的变动范围大。比如，在苹果木汽车集团案例中，分为8个组，组距为400美元，这样全部分组所覆盖的范围为3 200美元（400×8），而实际的变动范围为2 998美元（3 292−294），与3 200美元相比少了202美元。由于需要覆盖最大值与最小值之差这段距离，因此在两端加上大致相等的多余的值是合理的。当然必须选择恰当的组限，原则是第一组的下限是组距的倍数，通常这是不可能的，但下限至少要四舍五入。下表即为使用上述方法得到的该组数据的分组情况。

分组
200 ~ 600美元
600 ~ 1 000美元
1 000 ~ 1 400美元
1 400 ~ 1 800美元
1 800 ~ 2 200美元
2 200 ~ 2 600美元
2 600 ~ 3 000美元
3 000 ~ 3 400美元

第四步：把汽车的销售利润划归到各组中。回到表2-4，表中第一个数据是1 387美元，应记入“1 000 ~ 1 400美元”组；第一列的第二个数据是2 148美元，应记入“18 00 ~ 2 200美元”组。依此类推，当把所有的数据都归到相应的组后，就会形成如下所示的表。

利润（美元）	频数
200 ~ 600	卌 III
600 ~ 1 000	卌 卌 I
1 000 ~ 1 400	卌 卌 卌 卌 III
1 400 ~ 1 800	卌 卌 卌 卌 卌 卌 卌 III
1 800 ~ 2 200	卌 卌 卌 卌 卌 卌 卌 卌 卌
2 200 ~ 2 600	卌 卌 卌 卌 卌 卌 II
2 600 ~ 3 000	卌 卌 卌 IIII
3 000 ~ 3 400	IIII
总计	

第五步：计算各组中观测值的个数。每组观测值的个数称为组频数。可以看出，在“200～600美元”组中有8个观测值，在“600～1 000美元”中有11个观测值。因此，第一组的频数是8，第二组的频数是11。全部数据集中共有180个观察值（频数）（见表2-7）。

表2-7　　苹果木汽车集团公司上个月汽车销售利润频数分布表

利润（美元）	频数
200 ~ 600	8
600 ~ 1 000	11
1 000 ~ 1 400	23
1 400 ~ 1 800	38
1 800 ~ 2 200	45
2 200 ~ 2 600	32
2 600 ~ 3 000	19
3 000 ~ 3 400	4
总计	180

到现在为止，已经把数据编制成了频数分布，据此可以得出苹果木汽车集团公司上月汽车销售利润的特点：

1. 销售利润的变动范围是200～3 400美元。

2. 销售利润集中在1 000～3 000美元区间，共有157辆汽车的销售利润在这个价格范围之内，占87%。

3. 频数最高的组是“1 800～2 200美元”，有45个观测值，其组中值为2 000美元，可以认为是该组销售利润的代表值。

这样通过把这些信息介绍给Ball女士，即为其提供了一幅清晰的上月销售利润分布图。

构建销售利润的频数分布时，会导致部分详细信息的丢失。把数据整理成频数分布后，就无法找到诸如1 378美元、2 148美元、2 201美元这样精确的销售价格，甚至都无法找到最低的汽车销售利润（294美元）和最高的汽车销售利润（3 292美元），不过，第一组的下限和最高组的上限基本上可以代表相同的含义。对于Ball女士来说，她知道最低利润大约是200美元，并且如果她知道真实的最低利润是294美元，很可能会做出相同的判断。数据经过整理后，所具有的易于理解和描述的优点远远抵消了信息损失的不足。

自测题2-2

下面这组数据是Master Chemical公司11名销售人员去年第一季度的奖金情况（单位：美元）。

1 650	1 475	1 510	1 670	1 595	1 760	1 540	495	1 590	1 625	1 510

a.像1 650美元、1 475美元这样的数值是什么类型数据？

b.以"1 400～1 500美元"作为第一组，以"1 500～1 600美元"作为第二组，依此类推，构建销售人员季度奖金的频数分布表。

c.频数分布表中右栏的数据叫什么？

d.依据频数分布表，描述季度奖金的频数分布情况，指出奖金最集中的组以及奖金的最大值、最小值和代表值。

2.3.2 组距和组中值

组中值和组距是频数分布表中的两个重要概念。组中值是两个相邻组的下限的中间点。计算方法是将两个相邻组的下限相加，其结果再除以2。以表2-7为例，第一组的下限是200美元，第二组的下限是600美元，则组中值是400美元，由（200＋600）/2计算得到。组中值400美元可以认为是该组汽车销售利润最具代表性的值。

组距的求法有两种。第一种方法是用下一组的下限减去本组的下限而得。比如，可以用第二组的下限600美元减去第一组的下限200美元，得到汽车销售利润的组距是400美元。第二种方法是通过相邻两组的组中值的差值来求得。比如，第一组的组中值是400美元，第二组的组中值是800美元，那么组距就是两者之差，即400美元。

2.4 相对频率分布

有时为了说明定量数据中每组观测值个数占全部观测值总数的比重，需要把各组的频数转换为相对频率。在前面汽车销售利润的例子中，有时会需要了解销售利润在"1 000～1 400美元"范围内的汽车所占的百分比。再比如，在另一项研究中，也可能会想知道去年个人休假时间在"5～10天"范围内的员工所占的百分比。

把频数分布转换成相对频率分布的方法是：用每组的频数去除总的观测值的

个数。仍以汽车销售利润频数分布为例（见表2-7），“1 000～1 400美元”组的相对频率是0.128（=23/180），表明已售汽车中，12.8%的销售利润在“1 000～1 400美元”范围内。其他各组的相对频率如表2-8所示。

表2-8　苹果木汽车集团上个月已售汽车销售利润的相对频率分布

利润（美元）	频数	相对频率	得自于
200～600	8	0.044	8/180
600～1 000	11	0.061	11/180
1 000～1 400	23	0.128	23/180
1 400～1 800	38	0.211	38/180
1 800～2 200	45	0.250	45/180
2 200～2 600	32	0.178	32/180
2 600～3 000	19	0.106	19/180
3 000～3 400	4	0.022	4/180
总计	180	1.000	

我们在第1章提到，有很多软件包可以用来计算统计量，本书将向大家展示Excel，MegaStat和Minitab软件的输出结果。在2.2.2中，使用Excel中的数据透视表工具创建了一个频数分布表，也可以使用同样的工具为苹果木汽车集团数据集中的利润变量创建如下图所示的频数分布和相对频率分布。具体操作步骤见本章末给出的相应软件操作命令。

APPLEWOOD AUTO GROUP 2011

	A	B	C
1	Profit Class	Frequency	Relative Frequency
2	200-600	8	4.44%
3	600-1000	11	6.11%
4	1000-1400	23	12.78%
5	1400-1800	38	21.11%
6	1800-2200	45	25.00%
7	2200-2600	32	17.78%
8	2600-3000	19	10.56%
9	3000-3400	4	2.22%
10	Grand Total	180	100.00%

自测题2-3

在2001年赛季中，旧金山的巴里·邦德凭借73次全垒打而创下了新的记录。下表列出了排序后的73次全垒打长度。请回答以下问题：

(a) 将这些数据分为7组，并构建频数分布。

(b) 将组距设定为30英尺，然后描述7组数据的分布情况。

(c) 创建频数分布和相对频率分布，其中第一组的下限为300，组距为

30，组数为7。

(d) 长度在“360~390英尺”区间的击打有多少次？

320	320	347	350	360	360	360	361	365	370
370	375	375	375	375	380	380	380	380	380
380	390	390	391	394	396	400	400	400	400
405	410	410	410	410	410	410	410	410	410
410	410	411	415	415	416	417	417	420	420
420	420	420	420	420	420	429	430	430	430
430	430	435	435	436	440	440	440	440	440
450	480	488							

(e) 长度在“360~390英尺”区间的击打次数所占比重为多少？

(f) 长度大于390英尺的击打次数所占比重为多少？

练习题

7.对于一组含有38个观测值的数据，构建频数分布时应该分成几组？

8.对于一组介于0美元和29美元之间的45个观测值的数据，构建频数分布时组距应该是多少？

(答案：k=6　i=5)

9.对于一组介于235美元和567美元之间的230个观测值的数据，构建频数分布表时组距应该是多少？

10.有一组包含53个观测值的数据，最小值是42，最大值是129。将其编制成频数分布表，则：

a.应该整理成多少组？

b.第一组的下限应该是多少？

(答案：a.6　b.40)

11.Wachesaw制造企业在过去16天里所生产的产品数量如下表所示，试据此构建频数分布表。

27	27	27	28	27	25	25	28
26	28	26	28	31	30	26	26

a.应该整理成多少组？

b.组距应该是多少？

c.第一组的下限应该是多少？

d.构建频数分布并把其转换成相对频率分布。

e.说明频数分布的特征。

12.Quick Change石油公司在西雅图地区有很多加油站。下表是Oak Street加油站在过去20天里每日加油量，试据此构建频数分布表。

65	98	55	62	79	59	51	90	72	56
70	62	66	80	94	79	63	73	71	85

a.应该整理成多少组？

b.组距应该是多少？

c.第一组的下限应该是多少？

d.构建日加油量的频数分布表。

e.说明频数分布的特征并将其转换成相对频率分布。

（答案：a.5组　b.i=10　c.50　d.见教师手册　e.见教师手册）

13.Mt.Pleasant地区BiLo超市的经理Rhode Island收集了51位顾客上个月光顾超市的次数，见下表。

5	3	3	1	4	4	5	6	4	2	6	6	6	7	1
1	14	1	2	4	4	4	5	6	3	5	3	4	5	6
8	4	7	6	5	9	11	3	12	4	7	6	5	15	1
1	10	8	9	2	12									

a.令第一组的下限为0，组距为3，编制频数分布表。

b.描述频数分布的特点，并分析数据的集中趋势是什么？

c.把频数分布转换成相对频率分布。

14.Cedar River Amusement公园的食品服务部正在研究来公园参观的家庭一天中在食物和饮料方面的消费支出。下表显示的是昨天到公园参观的40个家庭样本的饮食消费支出情况（单位：美元）。

77	18	63	84	38	54	50	59	54	56	36	26	50	34	44
41	58	58	53	51	62	43	52	53	63	62	62	65	61	52
60	60	45	66	83	71	63	58	61	71					

a.据此构建频数分布，分为7组，并设第一组的下限为15，则组距应该是多少？

b.这组数据的集中趋势是多少？

c.描述频数分布的特征。

d.把频数分布转换成相对频率分布。

（答案：a.10　b.在45和65之间分组　c.见教师手册　d.见教师手册）

2.5 频数分布的图示

销售经理、股票分析师、医院管理者及其他一些繁忙的管理者，经常会用到能迅速反映销量、股票价格或医疗成本的趋势图，这些趋势图通常可以用图表或曲线图来描述。可以直观描绘频数分布的图形主要有三种：直方图、频数多边形和累积频数分布。

2.5.1 直方图

与描述定性数据频数分布的柱形图相似，直方图是用来描述定量数据频数分布的图形。横轴标识组别，纵轴标识组的频数或频率。直方图中，每一个柱的高度代表每一组的频数或频率。值得注意的是，通常测量的定量数据都是连续的，而不是离散的。因此，横轴代表所有可能的值，柱与柱之间紧密相连，以显示数据连续的特征。

直方图 直方图是以横轴标识组别，以纵轴标识组的频数或频率的图形。直方图中柱的高度代表组的频数或频率，柱与柱之间紧密相连。

举例：

下面给出的是苹果木汽车集团上个月汽车销售利润的频数分布表。

利润（美元）	频数
200 ~ 600	8
600 ~ 1 000	11
1 000 ~ 1 400	23
1 400 ~ 1 800	38
1 800 ~ 2 200	45
2 200 ~ 2 600	32
2 600 ~ 3 000	19
3 000 ~ 3 400	4
总计	180

依据上面的频数分布表绘制直方图，由直方图可以得出什么结论？

解答：

在直方图中，各组的频数用纵轴（Y轴）来标示，各组的组限以及组中值沿着横轴依次显示。为直观说明直方图的构建结果，图2-3中给出了所构建直方图的前三组。

在图2-3中，有8辆汽车的销售利润在"200～600美元"区间，所以该组的柱高为8；有11辆汽车的销售利润在"600～1 000美元"区间，则这一组的柱高为11。柱的高度代表每一组观测值的个数。

对每一组都进行上述的操作，即可得到完整的直方图，如图2-4所示。需要注意的是，柱与柱之间没有间隔，这是直方图的一个特征。这是因为横轴中所反映的变量是连续的定量变量（由定比测量尺度得到）；这一点不同于前面

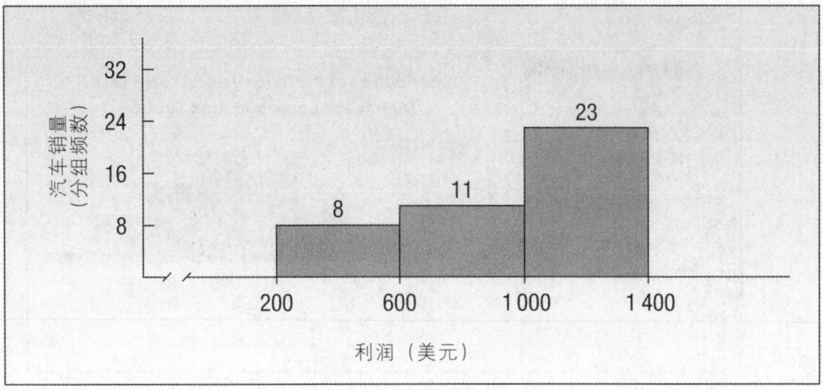

图2-3　直方图的构建

所介绍的柱形图，柱形图由于反映的是离散变量的分布，因此柱与柱之间是分开的。

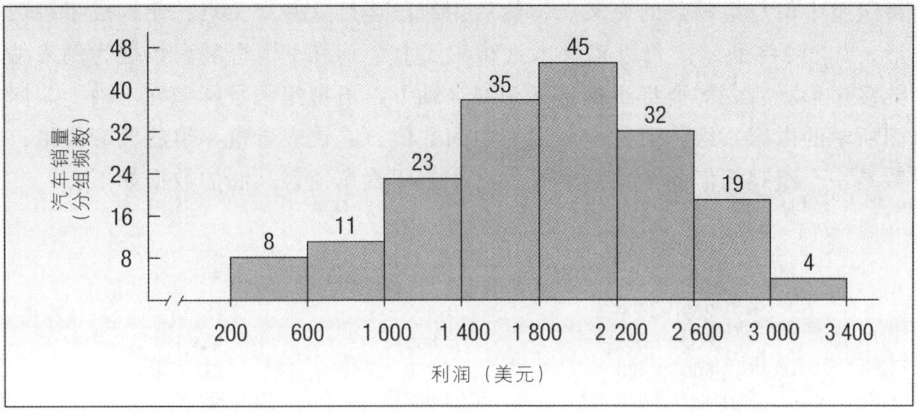

图2-4　苹果木汽车集团上个月180辆汽车销售利润的直方图

由图2-4可以得出如下结论：

1.每辆汽车的销售利润在“200～3400美元”之间。

2.销售利润集中在“1 000～3 000美元”范围，有157辆的销售利润都在此利润变动范围内，占比达87%。

3.频数最大的组是“1 800～2 200美元”，组中值为2 000美元，因此可以认为2 000美元是销售一辆汽车有代表性的利润值。

可以说，直方图是频数分布的直观描述，而且使用相对频率分布构建的直方图与直接使用实际频数构建的直方图的形状是相同的，并且也会得到同样的分析结论，即如果利用表2-8中的相对频率构建直方图，所得到的直方图的分布形态会与图2-4相同，唯一的区别就是纵轴代表的是汽车所占的百分比而不是汽车的数量。

利用Excel表格可以生成苹果木汽车集团汽车销售数据的直方图（见下图）。相关的软件命令说明附在本章末。

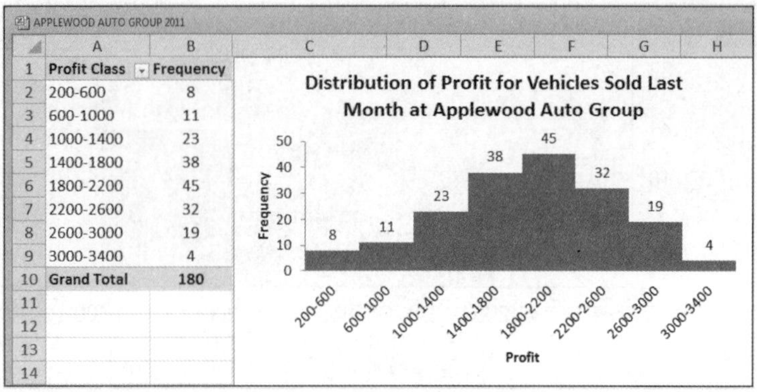

2.5.2 频数多边形

频数多边形与直方图类似，它也用于反映定量变量频数分布的形态。首先找出每组组中值与组频数的交叉点，然后用线段连接这些交叉点，便构成了频数多边形，如表2-5所示。仍以苹果木汽车集团上个月汽车销售利润数据为例来编制频数多边形。首先需要把组中值标识在X轴上，再把组频数标识在Y轴上。回顾前面所学的内容，组中值是一个组的中间数值，它代表着这一组的典型价格，组频数是一个组观测值的个数。苹果木汽车集团汽车销售利润的数据如下：

利润（美元）	组中值（美元）	频数
200 ~ 600	400	8
600 ~ 1 000	800	11
1 000 ~ 1 400	1 200	23
1 400 ~ 1 800	1 600	38
1 800 ~ 2 200	2 000	45
2 200 ~ 2 600	2 400	32
2 600 ~ 3 000	2 800	19
3 000 ~ 3 400	3 200	4
总计		180

如前所述，“200 ~ 600美元”这一组可以由它的组中值400美元来表示。建立频数多边形时，先在图上水平移动到组中值400美元处，然后再垂直移动到8（该组的频数）处，即可确定一个点，这个点的X值和Y值叫作它的坐标。下一个点的坐标为X=800和Y=11。对每一组都使用同样的方法，最后把所确定的点依次连接起来，也就是把代表最低组的点联接到第二组的代表点上，依此类推。

需要说明的是，在图2-5中，为了完成频数多边形，在频数为0的X轴上增加了0美元和3 600美元两个中间点，目的是使图形看上去是封闭的。0美元和3 600美元分别是由频数分布表中最低组的组中值400美元减去组距400美元和最高组的组中值3 200美元加上组距400美元得到。

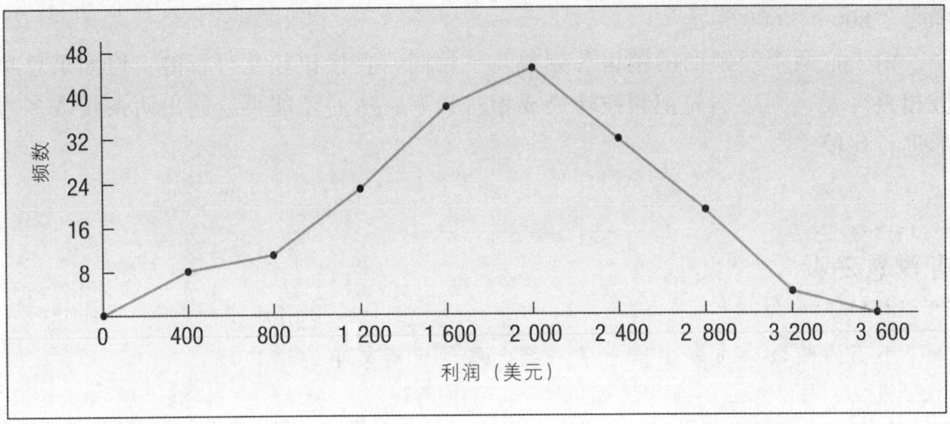

图2-5　苹果木汽车集团上个月汽车销售利润的频数多边形

直方图和频数多边形图都有助于快速了解数据的主要特征（高点、低点、集中趋势等），虽然这两种方法的目的相似，但直方图的优点是用长方形表示每个组，长方形的高度代表每组频数的大小；相对于直方图，频数多边形的优点是可以直接比较两个或多个频数分布。假设Ball女士想比较苹果木汽车集团与同它相似的位于密歇根州格雷林市（Grayling，Michigan）的Fowler Auto Mail公司的销售情况。图2-6构建了两个频数多边形，其中一个位于另一个的上方，从图中可以得到如下两个结论：

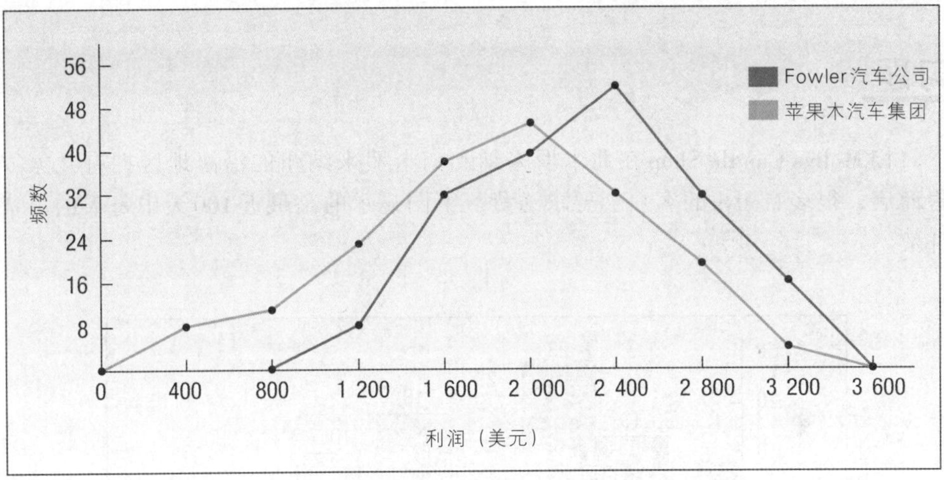

图2-6　苹果木汽车集团与Fowler汽车公司的汽车销售利润分布

1.Fowler汽车公司的代表性销售利润为2 400美元，高于苹果木汽车集团的2 000美元。

2.Fowler汽车公司的销售利润分布相对于苹果木汽车集团更为集中。苹果木汽车集团销售利润的范围是“0～3 600美元”，而Fowler汽车公司销售利润的范围是“800～3 600美元”。

由于这两个经销商的销售总频数几乎相同，直接比较是可行的；但如果总频数相差巨大，则必须先把频数转换成相对频率，然后才能再绘制出两条频数多边形进行比较。

自测题2-4

下面的频数分布表中给出了一组电器供应商某年的进口额。

进口额（百万美元）	供应商数量（家）
2～5	6
5～8	13
8～11	20
11～14	10
14～17	1

（a）绘制进口额的直方图。

（b）绘制进口额的相对频率多边形。

（c）分析进口额分布的主要特征（如最大或最小的频数组等）。

练习题

15.Mollys Candle Shop在北卡罗来纳和南卡罗来纳州的沿海地区拥有几家零售商店，很多Mollys的客户会要求送货。下图显示的是最近100天中每天的出货件数。

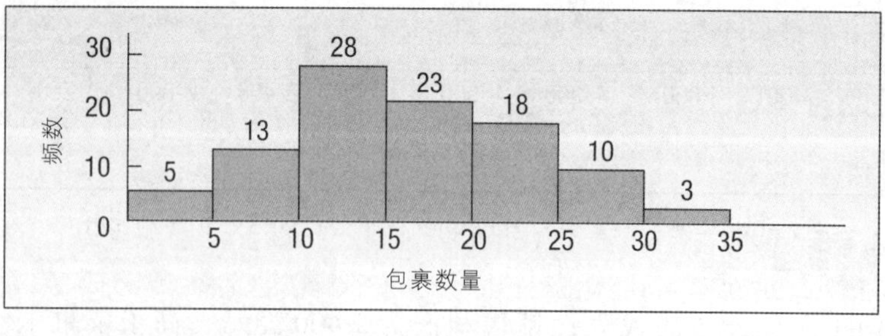

a.这是什么类型的图？

b.送货的总件数是多少？

c.组距是多少？

d."10～15件"这一组的频数是多少？

e."10～15件"这一组的相对频率是多少？

f."10～15件"这一组的组中值是多少？

g.送货等于或超过25件的天数是多少？

16.下图显示了Memorial医院每天通过急诊室入院的患者数。

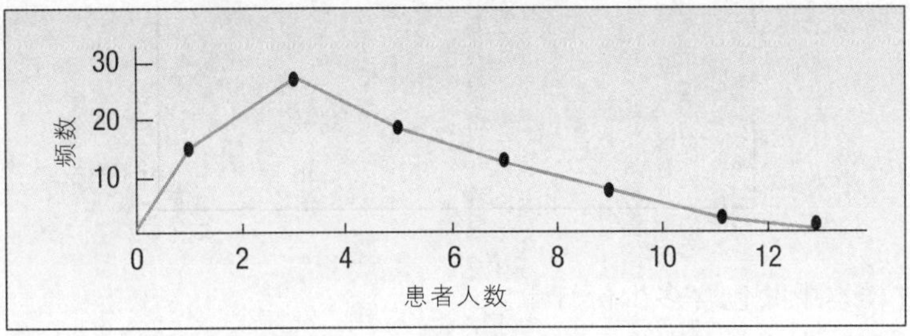

a."2～4人"这一组的组中值是多少？

b.入院的患者数在"2～4人"这一组的有多少天？

c.组距是多少？

d.上图是什么类型的图？

（答案：a.3　b.近30　c.频数多边形）

17.下面的频数分布显示了伯明翰统计咨询公司的员工在2007年第一季度的累积飞行里程与员工人数资料。

飞行里程（千英里）	员工人数
0～3	5
3～6	12
6～9	23
9～12	8
12～15	2
总计	50

a.此项研究中包含多少名员工？

b.第一组的组中值是多少？

c.绘制直方图。

d.为绘制频数多边形，第一组的坐标值是多少？

e.绘制频数多边形。

f.依据以上两个图形分析累积飞行里程的分布特点。

18.Ecommerce.com是一家大型网络零售商。它正在以最近的订单为样本研究供货周期（从下单到完成供货的时间），供货周期以天为单位。

交付周期（天）	频数
0～5	6
5～10	7
10～15	12
15～20	8
20～25	7
总计	40

a.研究样本中共包含多少份订单？

b.第一组的组中值是多少？

c.频数多边形中的第一组坐标是多少？

d.绘制直方图。

e.绘制频数多边形。

f.依据以上两个图形解释供货周期。

（答案：a.40　b.2.5　c.2.5，6　d.见教师手册　e.见教师手册　f.见教师手册）

累积频数分布

继续考察苹果木汽车集团汽车销售利润的分布。假设想了解利润低于1 400美元的汽车的销量，或者累计销量达到40%时汽车的销售利润，可以通过构建**累积频数分布**或者绘制**累积频数多边形**来实现。

举例：

下面是表2-7中所反映的苹果木汽车集团公司上个月汽车销售利润的频数分布。

利润（美元）	频数
200～600	8
600～1 000	11
1 000～1 400	23
1 400～1 800	38
1 800～2 200	45
2 200～2 600	32
2 600～3 000	19
3 000～3 400	4
总计	180

构建累积频数分布多边形，并判断25%的已售汽车利润都低于什么利润水平，以及累积60辆已售汽车的利润都在什么利润水平之下。

解答：

顾名思义，累积频数分布和累积分布多边形都需要计算累积频数。仍以苹果木汽车集团汽车销售利润数据为例，来说明绘制累积频数分布的具体方法。由表2-9可以看出，利润在600美元以下的汽车有8辆，然后在这8辆的基础上，加上下一组的11辆，得到销售利润在1 000美元以下的汽车共有19辆。下一组的累积频数为42（8+11+23），依此类推，计算出所有组的累积频数，所有汽车的销售利润都在34 00美元以下。(见表2-9)

表2-9　　汽车销售利润的累积频数分布表

利润（美元）	频数	累积频数	得自于
200～600	8	8	8
600～1 000	11	19	8 + 11
1 000～1 400	23	42	8 + 11 + 23
1 400～1 800	38	80	8 + 11 + 23 + 38
1 800～2 200	45	125	8 + 11 + 23 + 38 + 45
2 200～2 600	32	157	8 + 11 + 23 + 38 + 45 + 32
2 600～3 000	19	176	8 + 11 + 23 + 38 + 45 + 32 + 19
3 000～3 400	4	180	8 + 11 + 23 + 38 + 45 + 32 + 19 + 4
总计	180		

绘制累积频数分布时，X轴上的坐标为每组的上限，相应的Y轴上的坐标为累积频数。也可以增加一些额外信息，左边的Y轴表示频数，右边的Y轴表示百分数。在本例中，左边Y轴的刻度是从0到180，表示频数；右边Y轴的刻度是从0到100%，表示频率。图中，汽车销售量的50%与90辆的销售利润相对应。

绘图时，没有汽车的销售利润低于200美元，因此第一个坐标点是（200，0）；利润低于600美元的汽车有8辆，第二个坐标点是（600，8）；利润低于1 000美元的汽车有19辆，第三个坐标点是（1 000，19）；依此确定所有其他各点，并依次连接起来，即形成累积分布多边形，如图2-7所示。

为找出75%的汽车销售利润在多少美元以下，在图2-7中从右边Y轴75%这个百分数向多边形作一条水平线，在水平线与多边形的交点处，再向X轴作垂线，即可得到相应的利润。由图可知，落在X轴上的点大约是2 230，因此可以估计有75%的汽车销售价格在2 230美元以下。

为找出利润最低的60辆汽车销售利润在多少美元以下，首先在左边Y轴上找到数值60，然后从该点开始向多边形作一条水平线，在水平线与多边形的交点处，再向X轴作垂线，也可得到相应的利润，该利润约为1 600美元。据此可以估计出，已售汽车中有60辆的销售利润在1 600美元以下。还可以估计

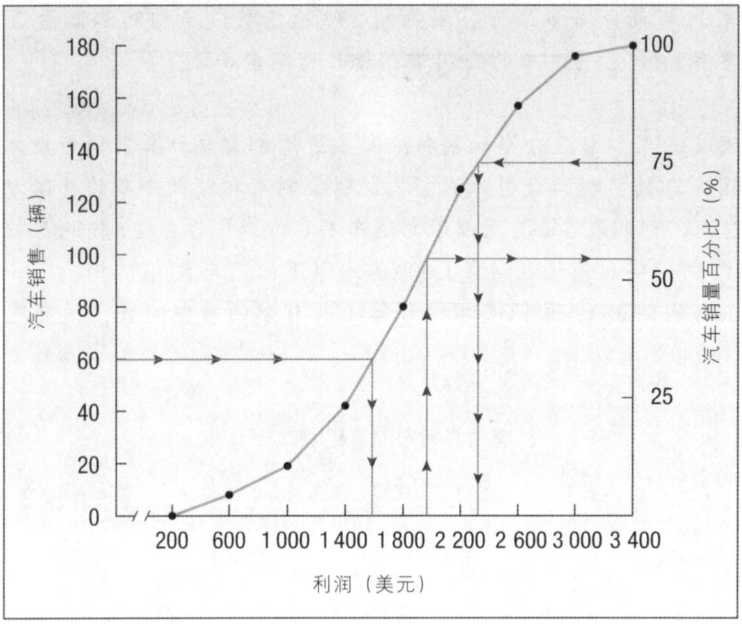

图2-7　汽车销售利润的累积频数分布图

销售利润在2 000美元以下的汽车所占百分数，首先在X轴上找到2 000这个点，然后从该点做垂线与多边形相交，再从交点处做水平线与右边的Y轴相交，交点对应的值约是56%，据此可以估计有56%的汽车的销售价格在2 000美元以下。

自测题2-5

下表是佐治亚州布伦斯维克市的家得宝家居连锁店15名员工小时工资的汇总数据。

时薪（美元）	员工人数（人）
8~10	3
10~12	7
12~14	4
14~16	1

(a)这是什么类型的表？

(b)绘制相关的累积频数分布和累积频数多边形。

(c)观察累积频数多边形，有多少员工的小时工资在10美元以下？工资水平低的前10名员工的小时工资在多少美元以下？

练习题

19.下图显示的是佐治亚州亚特兰大市合法焊接工样本的时薪情况。

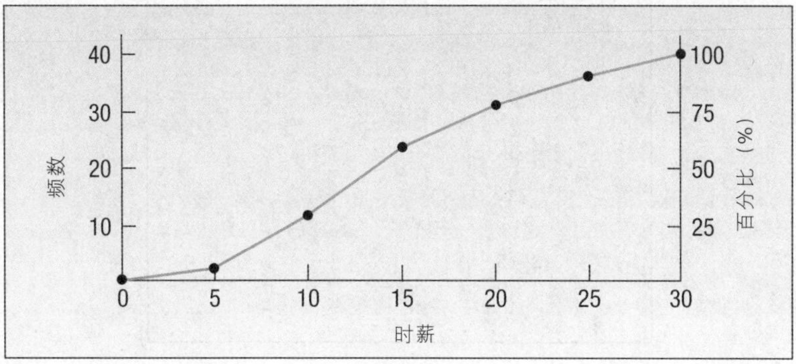

a.该研究样本包含多少名焊接工？

b.组距是多少？

c.时薪在10美元以下的焊接工有多少？

d.大约75%的焊接工的时薪都在多少美元以下？

e.研究样本中工资由低到高的10名焊接工，其时薪都在多少美元以下？

f.时薪在20美元以下的焊接工所占比重是多少？

20.下图显示了有关蒙大拿州比林斯市住房销售价格（千美元）的情况。

a.该研究样本中共包含多少套住房？

b.组距是多少？

c.100套已售住房的销售价格都在多少美元以下？

d.大约75%的住房销售价格都在多少美元以下？

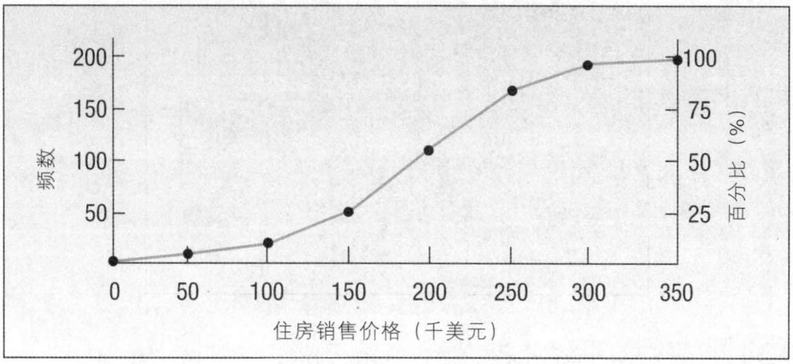

e.估计销售价格在“150 000~200 000美元”之间的已售住房有多少套？

f. 大约有多少套住房的销售价格在225 000美元以下？

（答：a.200　b.50 000美元　c. 大约18 000美元　d. 大约240 000美元　e. 约60套　f. 约130套）

21. 下面的频数分布显示了伯明翰统计咨询公司的员工在2007年第一季度的累积飞行里程与人数资料。数据内容与练习题17一致。

累积飞行里程（千英里）	频数
0~3	5
3~6	12
6~9	23
9~12	8
12~15	2
总计	50

a. 累积飞行里程在3 000英里以内的员工有多少名？

b. 把频数分布转化成累积频数分布。

c. 绘制累积频数多边形。

d. 基于累积频数多边形，判断75%的员工的累积飞行里程大约在多少英里以内？

22. 下表是Ecommerce.com网络零售商的供货周期频数分布表，内容与练习题18一致。

交付周期（天）	频数
0~5	6
5~10	7
10~15	12
15~20	8
20~25	7
总计	40

a. 有多少订单在10天以内完成？有多少订单在15天以内完成？

b. 把频数分布转换成累积频数分布。

c.绘制累积频数多边形。

d.60%订单的完成时间大约在多少天以内？

（答案：a.13，25　b.见教师手册　c.见教师手册　d.14）

本章总结

Ⅰ.频数表是把定性数据分成若干相互排斥的组，并显示各组观测值个数的统计表。

Ⅱ.相对频率表反映了各组观测值个数占总体的比重。

Ⅲ.柱形图是频数表的一种图形表示法。

Ⅳ.饼图显示各组观测值个数占总体的比重。

Ⅴ.频数分布是把定量数据分成若干相互排斥的组，各组显示该组的观测值个数。

A.构建频数分布的步骤：

1.确定组数。

2.确定组距。

3.设定组限。

4.把各个原始观测值划归到各组中。

5.计算各组观测值的个数。

B.组频数是指各组观测值的个数。

C.组距是两个相邻组限的差。

D.组中值是指两个相邻组的组下限的中间点。

Ⅵ.相对频率分布显示了各组观测值的百分数。

Ⅶ.频数分布有三种图示方法：

A.直方图是以长方形的形式描述各组的频数。

B.频数多边形是通过连接各组的组中值和组频数的相交点而形成的。

C.累积频数分布用于描述在某个值以下的所有观测值的个数或百分数。

本章练习题

23.比较定性变量和定量变量的相同点和不同点。需要包括以下两个方面：

a.每种类型的变量需要的测量水平是什么？

b.这两种变量是否都能用来描述样本和总体？

24.比较频数表和频数分布的相同点和不同点，并指出哪一种是用来描述定性数据的，哪一种是用来描述定量数据的。

（答案：见教师手册）

25.Alexandra Damonte计划在美国南卡罗来纳州新建一家旅游宾馆，她需要依据将为其顾客提供的活动类型来设计旅游宾馆。下表是一项来自300名潜在顾客的民意调查结果，反映了顾客对旅游宾馆所规划的活动的偏好情况。

喜欢旅游宾馆所规划的活动	63
不喜欢旅游宾馆所规划的活动	135
不确定	78
拒绝回答	24

a.这是张什么类型的统计表？

b.根据调查结果绘制柱形图。

c.根据调查结果绘制饼图。

d.如果你准备将此调查结果作为报告的一部分提供给Ms.Damonte，你会选择用哪一种图形来描述？为什么？

26.Seedy Swift是佐治亚州亚特兰大市的一家包裹递送服务公司，为维持顾客忠诚度，按时送货是Seedy Swift公司的目标之一。为监督包裹递送的执行过程，对每一件包裹按照“提前（包裹在承诺时间之前送到）”“准时（包裹在承诺时间的5分钟之内送到）”“推迟（包裹在承诺时间的5分钟之后送到）”“丢失（包裹没有送到）”进行归类。Seedy Swift公司的服务目标，一是保证99%的包裹能够提前或按时送达，二是不丢失任何包裹。下表是Seedy Swift公司上个月业务执行情况的数据：

a.衡量业务执行情况所使用的测量尺度是什么？该变量是什么类型的变量？

b.编制该公司上个月业务执行情况的频数表。

准时	准时	提前	推迟	准时	准时	准时	准时	推迟	准时
提前	准时	准时	提前	准时	准时	准时	准时	准时	准时
提前	准时	提前	准时	准时	准时	提前	准时	准时	准时
提前	准时	准时	推迟	提前	提前	准时	准时	准时	提前
准时	推迟	推迟	准时	准时	准时	准时	准时	准时	准时
准时	推迟	提前	准时	提前	准时	丢失	准时	准时	准时
提前	提前	准时	准时	推迟	提前	丢失	准时	准时	准时
准时	准时	提前	准时	提前	准时	提前	准时	推迟	准时
准时	提前	准时	准时	准时	推迟	准时	提前	准时	准时
准时	准时	准时	准时	准时	提前	提前	准时	准时	准时

c.编制该公司上个月业务执行情况的相对频率表。

d.绘制该公司上个月业务执行情况频数表的柱形图。

e.绘制饼图，并说明递送准时的包裹所占比重。

f.结合服务目标，评价Seedy Swift公司上个月业务的执行情况，并根据分析结论提出改进建议。

（答案：a.定序尺度；定性变量　b~f.见教师手册）

27.一组包含83个观测值的数据，编制频数分布时应分为几组？

28.一组包含145个观测值的数据（变动范围从56~490），绘制频数分布时组距应该是多少？

（答案：60）

29.坐落在宾夕法尼亚州的东宾夕法尼亚制造商是世界上最大、最现代化的电池制造机构，下表是该公司会计部门25名员工某天早上在上班路上所用的时间（单位：分钟）。

28	25	48	37	41	19	32	26	16	23	23	29	36
31	26	21	32	25	31	43	35	42	38	33	28	

a.应该分为几组？

b.组距应该是多少？

c.第一组的下限应该是多少？

d.编制相关的频数分布。

e.说明频数分布的特征。

30.下面一组数据是Hornbacher的北达科他州（North Dakota）顾客样本每周的食品支出金额（单位：美元）。

271	363	159	76	227	337	295	319	250
279	205	279	266	199	177	162	232	303
192	181	321	309	246	278	50	41	335
116	100	151	240	474	297	170	188	320
429	294	570	342	279	235	434	123	325

a.应该分为几组？

b.组距应该是多少？

c.第一组的下限应该是多少？

d.绘制相关的频数分布。

（答案：a.6　b.100　c.0　d.见教师手册）

31.一名社会学家正在研究大学生对iPod的使用情况。下面给出了45名学生样本昨天听歌的数量。

4	6	8	7	9	6	3	7	7	6	7	1	4	7	7
4	6	4	10	2	4	6	3	4	6	8	4	3	3	6
8	8	4	6	4	6	5	5	9	6	8	8	6	5	10

根据这些信息编制频数分布。

a.应该分为几组？

b.最恰当的组距应该是多少？

c.第一组的下限应该是多少？

d.编制相关的频数分布。

e.说明频数分布的特征。

32.David多年来一直管理自己的投资组合，下面给出的是他最近一年内所购买的股票从买进到售出的持有时间。

8	8	6	11	11	9	8	5	11	4	8	5	14	7	12	8	6	11	9	7
9	15	8	8	12	5	9	8	5	9	10	11	3	9	8	6				

根据上面这些信息，编制频数分布表。

a.应该分为几组？

b.最恰当的组距应该是多少？

c.第一组的下限应该是多少？

d.编制相关的频数分布。

e.说明频数分布的特征。

（答案：a.6　b.2.2　c.2.2　d.见教师手册　e.钟形，峰值在6.8和11.2之间）

33.假设你在使用iTunes音乐库搜索歌曲，下面给出了去年你的播放列表中每首歌曲的播放次数，为此绘制频数分布并描述其分布特征。有一种说法认为总有几首歌曲占据播放次数的绝大部分，在此案例中这种说法是对的吗？

128	56	54	91	190	23	160	298	445	50
578	494	37	677	18	74	70	868	108	71
466	23	84	38	26	814	17			

34.《金融月刊》的文章可以在互联网上下载，下面给出了最近33个月中每个月的文章下载次数，请你绘制下载次数的频数分布。

312	2 753	2 595	6 057	7 624	6 624	6 362	6 575	7 760	7 085	7 272
5 967	5 256	6 160	6 238	6 709	7 193	5 631	6 490	6 682	7 829	7 091
6 871	6 230	7 253	5 507	5 676	6 974	6 915	4 999	5 689	6 143	7 086

a.应该分为几组？

b.最恰当的组距应该是多少？

c.第一组的下限应该是多少？

d.编制相关的频数分布。

e.说明频数分布的特征。

（答案：a.6　b.1 500　c.0　d.见教师手册　e.负偏，数据集中在6 000~7 500之间）

35.下面的直方图显示了某班统计学课程第一次考试的成绩。

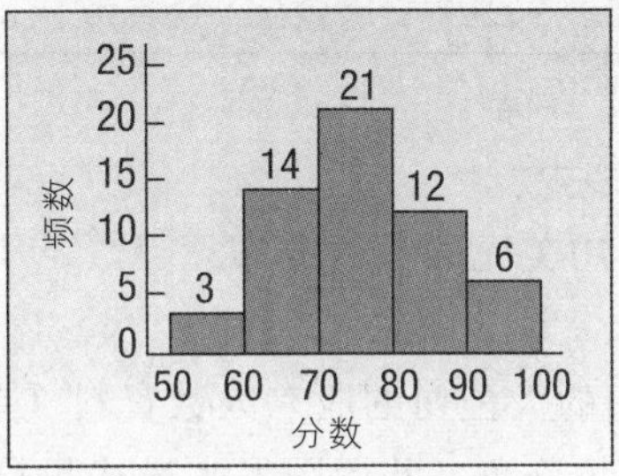

a.有多少同学参加了这次考试？

b.课程成绩的组距是多少？

c.第一组成绩的组中值是多少？

d.考试成绩在70分以下的学生有多少人？

36.下面这张图显示了佛罗里达州萨拉索塔市上个月的住房销售价格。

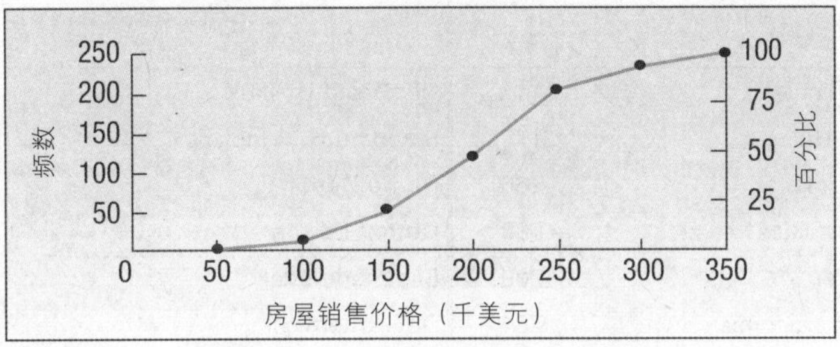

a.这是一张什么类型的统计图？

b.上个月共售出多少套住房？

c.组距是多少？

d.75%住房的销售价格在多少以内？

e.累计175套住房的销售价格在多少以内？

（答案：a.累积频数多边形　b.250　c.50　d.240　e.230）

37.坐落在科罗拉多州Aspen镇的Pomery运动中心最近开展了一项关于滑冰初学

者第一次购买设备与用品的消费情况调查。Pomery希望依据调查结果，研究通过设备组合销售（比如包含一副滑雪板和一双靴子的组合装）来刺激消费者增加消费支出的可行性。下面是来自于收银台收据的一组有关初次消费的样本数据（单位：美元）。

140	82	265	168	90	114	172	230	142
86	125	235	212	171	149	156	162	118
139	149	132	105	162	126	216	195	127
161	135	172	220	229	129	87	128	126
175	127	149	126	121	118	172	126	

a.最恰当的组距应是多少？

b.构建第一组下限为70美元的频数分布。

c.解释你的调查结果。

38.下面是一组被抽中的大公司的股东人数资料（单位：千人）。

将股东人数整理成频数分布，并用图形来描述频数分布。

a.将数据分成七组，并令第一组的下限为130，构建频数分布。

b.绘制频数多边形来描述频数分布。

c.绘制累积频数多边形。

d.依据累积频数多边形，判断75%的公司的股东人数不超过多少人。

e.根据频数表和相关的图形分析股东人数的特点。

公司名称	人数（千人）	公司名称	人数（千人）
Southwest Airlines	144	Northeast Utilities	200
General Public Utilities	177	Standard Oil（Indiana）	173
Occidental Petroleum	266	Home Depot	195
Middle South Utilities	133	Detroit Edison	220
Daimler Chrysler	209	Eastman Kodak	251
Standard Oil of California	264	Dow Chemical	137
Bethlehem Steel	160	Pennsylvania Power	150
Long Island Lighting	143	American Electric Power	262
RCA	246	Ohio Edison	158
Greyhound Corporation	151	Transamerica Corporation	162
Pacific Gas & Electric	239	Columbia Gas System	165
Niagara Mohawk Power	204	International Telephone & Telegraph	223
E. I. du Pont de Nemours	204	Union Electric	158
Westinghouse Electric	195	Virginia Electric and Power	162
Union Carbide	176	Public Service Electric & Gas	225
BankAmerica	175	Consumers Power	161

（答案：i=20）

39.最近一项调查表明，美国典型的车主每年在私家车维护和使用上的花费为2 950美元。下表是各项开支的明细，请绘制适当的图表来描述数据并进行简要的分析。

开支项目	费用（美元）
燃料	603
汽车贷款利息	279
维修费	930
相关的保险和许可证费用	646
折旧费	492
总计	2 950

40.Midland National 银行随机抽取了40名学生的活期存款账户进行调查。下表是他们活期存款账户的月末余额（单位：美元）。

404	74	234	149	279	215	123	55	43	321
87	234	68	489	57	185	141	758	72	863
703	125	350	440	37	252	27	521	302	127
968	712	503	489	327	608	358	425	303	203

a.以100为组距，0为起点，构建频数分布表。

b.绘制累积频数多边形。

c.银行把账户月末余额大于等于400美元的学生视为“优质顾客”，试估计“优质顾客”所占的百分比。

d.银行同时还考虑向账户月末余额最低的10%的学生收取服务费，那么收取服务费和不收服务费的账户余额的分界点是多少？

（答案：a.见教师手册　b.见教师手册　c.约33%　d.不到50美元）

41.美国南卡罗来纳州居民调整后总收入是6 950亿美元。其中，73%的收入来自工资，11%的收入来自股息、利息、资本收益，8%的收入来自税收补贴，3%的收入来自商业收入补贴，2%的收入来自社会保险，剩下的3%是其他收入。构建反映调整后总收入构成的饼图，并进行简要分析。

42.最近一项关于家庭技术应用的研究，给出了60人样本每周使用个人计算机的时间（单位：小时）。样本中不包括在外面学习和工作使用计算机的专业人士。

9.3	5.3	6.3	8.8	6.5	0.6	5.2	6.6	9.3	4.3
6.3	2.1	2.7	0.4	3.7	3.3	1.1	2.7	6.7	6.5
4.3	9.7	7.7	5.2	1.7	8.5	4.2	5.5	5.1	5.6
5.4	4.8	2.1	10.1	1.3	5.6	2.4	2.4	4.7	1.7
2.0	6.7	1.1	6.7 2.2	2.6	9.8	6.4	4.9	5.2	
4.5	9.3	7.9	4.6 4.3	4.5	9.2	8.5	6.0	8.1	

a.绘制频数分布。应该分为几组？组距是多少？

b.绘制直方图，并进行简要分析。

（答案：a.k=6，i=2　b.见教师手册）

43.最近美林证券完成了一项关于40～50岁年龄段客户所持有网上证券投资组合（股票、债券、共同基金、定期存款）规模的研究。下面是70位被调查者全部投资的总价值（单位：千美元）。

669.9	7.5	77.2	7.5	125.7	516.9	219.9	645.2
301.9	235.4	716.4	145.3	26.6	187.2	315.5	89.2
136.4	616.9	440.6	408.2	34.4	296.1	185.4	526.3
380.7	3.3	363.2	51.9	52.2	107.5	82.5	63.0
228.6	308.7	126.7	430.3	82.0	227.0	321.1	403.4
39.5	124.3	118.1	23.9	352.8	156.7	276.3	23.5
31.3	301.2	35.7	154.9	174.3	100.6	236.7	171.9
221.1	43.4	212.3	243.3	315.4	5.9	1 002.2	171.7
295.7	437.0	87.8	302.1	268.1	899.5		

a.绘制频数分布。应该分为几组？组距是多少？

b.绘制直方图，并进行简要分析。

44.5.9%的人在黄金时间段观看ABC频道，7.6%的人观看CBS频道，5.5%的人观看Fox频道，6.0%的人观看NBC频道，2.0%的人观看Warner Brothers频道，2.2%的人观看UPN频道；70.8%的人观看其他的有线电视网络，比如CNN和ESPN。你可以从以下网站找到最新的电视收看情况信息：http：//tv.zap2it.com/news/ratings。绘制饼图或条形图来描述上述信息，并进行简要分析。

（答案：见教师手册）

45.下图给出了如今美国人婚礼场所的信息。

a.这是什么类型的图表？

b.如果共研究500场婚礼，那么在教堂举办的将有多少？

c.“80%的婚礼是在教堂和室外举行的”，判断这一结论是否正确并说明理由。

46.下图描绘了佐治亚州不同税收类型的年度收入数据。

（数据来源：nces.ed.gov/nceskids/createagraph/）

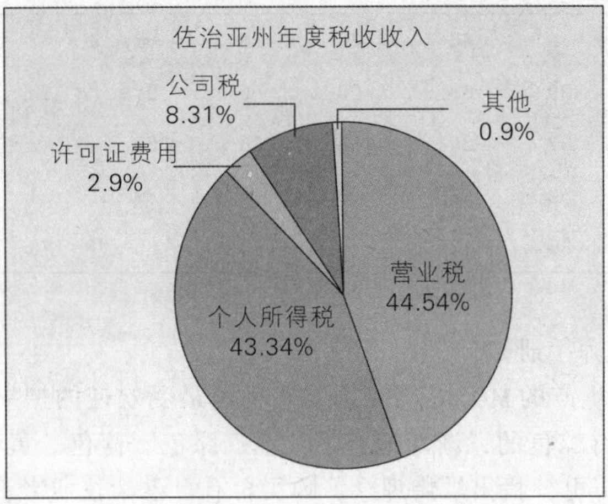

a.在该州的税收收入中，营业税和个人所得税共占多少百分比？

b.公司税和许可证费用，哪一种能创造更多的收入？

c.佐治亚州的年度税收总收入为63亿美元，计算营业税和个人所得税分别为多少亿美元。

（答案：a.87.88%　b.公司税　c.28.1亿美元和27.3亿美元）

47.2009年，加拿大出口到美国的商品总额为2 249亿美元，出口额最大的前五种商品的信息如下：

产品	金额（10亿美元）
矿物燃料和石油	63.9
交通工具	31.6
机械	15.7
塑料电机	8.1
纸和纸板	7.7

a.使用相关软件绘制柱形图。

b.“矿物燃料和石油”及“交通工具”的出口额共占加拿大出口到美国商品总额的多少百分比？

c.“矿物燃料和石油”及“交通工具”的出口额共占前五种商品出口总额的多少百分比？

48.从20世纪初期开始，农业发生了变革，机器渐渐取代了畜力。比如，1910年美国农场使用的马和骡子有2 420万匹，而只有大约1 000辆的拖拉机。到1960年，已经有460万辆拖拉机投入使用，而只有320万匹马和骡子。1920年时美国农场数超过600万个，而现在只有不到200万个。下表是50个州的农场数量，请进行简要的分析。

47	1	8	46	76	26	4	3	39	45
4	21	80	63	100	65	91	29	7	15
7	52	87	39	106	25	55	2	3	8
14	38	59	33	76	71	37	51	1	24
35	86	185	13	7	43	36	20	79	9

（答案：见教师手册）

49.Mars公司生产的M&M’s巧克力是在美国最受欢迎的糖果之一，起初这种巧克力的颜色只有棕色的，渐渐地有了红色、绿色、蓝色、黄色、棕色和黄色。你可以阅读产品历史，找出烘烤理念，购买含有自己学校或者喜欢的团队色彩的巧克力，也可以通过网站（www.m-ms.com）了解标准袋中各种颜色的巧克力所占的比例。现在14盎司的标准袋中含有444颗巧克力。其中，棕色130颗，黄色98颗，红色96颗，橙色35颗，蓝色52颗，绿色33颗。绘图描述这些信息，并对结果进行分析。

50.下表给出了某30天中每天内使用明尼阿波利斯市YWCA白天托管儿童服务的家庭数目的数据。

31	49	19	62	24	45	23	51	55	60
40	35	54	26	57	37	43	65	18	41
50	56	4	54	39	52	35	51	63	42

a.创建累积频数分布。

b.绘制累积频数多边形。

c.少于30个家庭使用该项服务的有多少天？

d.在这30天中，80%的天数至少有多少家庭使用这项服务？

（答案：见教师手册）

数据集练习题

这些练习题的数据集来自网址：www.mhhe.com/lindbasic8e。

51.依据去年亚利桑那州固特异地区住房销售情况的相关数据资料，选择恰当的组距，绘制销售价格的频数分布，并进行简要分析。分析报告中，需要回答以下问题：

a.销售价格的集中趋势是什么？

b.第一组和最后一组有代表性的销售价格分别是多少？

c.绘制累积频数分布。计算有多少房屋的售价低于200 000美元，估计售价高于220 000美元的房屋所占的百分比以及售价低于125 000美元的房屋所占的百分比。

d.依据城镇分类变量，绘制各城镇售出房屋数量的柱形图，比较各城镇售出房屋数量是否存在差异。

52.依据2010年赛季中30支美国职业大联盟棒球队的情况，绘制薪资变量的频数分布，并回答以下问题：

a.代表性的球队薪资是多少？薪资的范围是多少？

b.说明分布特征，是否存在某个球队的薪资与其他球队不一致的情况？

c.绘制累积频数分布。计算30%的球队薪资都在多少美元以内？多少支队伍的薪资在100 000 000美元以内？

（答案：k=5　i=35；从30开始　a.代表性的薪资是8 250万美元。范围在3 000万美元和2.4亿美元之间　b.正偏；洋基队属奇异值　c.6 500万美元，约73%）

53.依据Buena校区公交车运行的相关数据，选择反映上个月行驶距离的变量，绘制频数分布，并回答以下问题：

a.代表性的行驶距离是多少？行驶距离的范围是多少？

b.说明分布特征，判断是否有异常值？

c.绘制累积频数分布。计算40%的公交车行驶距离在多少英里以内？多少辆公交车的行驶距离小于850英里？

d.依据车型和每辆车的座位数绘制饼图，并进行简要分析。

实践测试

第一部分——客观题

1.把定性数据分成若干相互排斥的组，各组中显示该组的观测值个数，称为________。

2.把定量数据分成若干相互排斥的组，各组中显示该组的观测值个数，称为________。

3.将定性变量的各组标识在横轴，各组的频数或频率标识在纵轴，各个柱形的高度代表各组的频数或频率的图形称为________。

4. 用来表示定性变量各组的频数占观测值总频数的比重或百分比的图形称为________。

5. 将定量变量的各组标识在横轴，各组的频数或频率标识在纵轴，各个柱形的高度代表各组的频数或频率的图形称为________。

6. 一个数据集包含70个观测值，创建频数分布时应该划分为________组。

7. 两个相邻组的组下限之间的距离称为________。

8. 相邻两组代表性组限的平均值，称为组的________。

9. 在相对频率分布中，相对频率根据各组频数除以________得到。

10. 将各组的________用线段连接起来绘制累积频数多边形，用来反映累积频数。

第二部分——解答题

应用美国宾夕法尼亚州沃伦市的去年房屋销售价格（单位：千美元）数据，回答下列问题。

房屋销售价格（千美元）	频数
120 ~ 150	4
150 ~ 180	18
180 ~ 210	30
210 ~ 240	20
240 ~ 270	17
270 ~ 300	10
300 ~ 330	6

a. 组距是多少？

b. 去年共销售了多少套房屋？

c. 有多少套房屋的销售价格低于210 000美元？

d. “210 000 ~ 240 000美元”组的相对频率是多少？

e. “150 000 ~ 180 000美元”组的组中值是多少？

f. 最高售价和最低售价分别是多少？

g. 绘制直方图。

h. 绘制频数多边形。

软件命令说明

1. 在2.2.2节中，使用数据透视表创建频数表、柱形图和饼图的Excel实现过程如下：

a. 打开数据文件“苹果木汽车集团”。

b. 在数据集中单击某一个单元格，例如单元格C5。

c.单击工具栏中的“**插入**”，然后选择最左侧的“**数据透视表**”。

d.屏幕上将出现如下对话框，单击“**选择一个表或区域**”，选择行列数据区域，然后单击“**现有工作表**”，并选择一个单元格，如N1，单击“**确定**”。

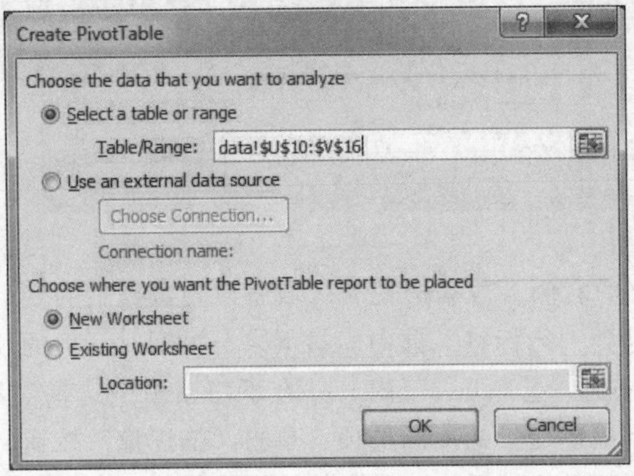

e.在电子表格的右侧，数据透视表区域将出现数据集的变量列表，点击“车型”变量，其将出现在左下角单元格的行标签中，你将注意到频数表中N1单元格的值为“车型”。接下来，返回对话框的顶端，选择并将“车型”变量拖到“∑Values”内，表格中随之将添加一列频数。注意，你可以规定表格中变量值的格式，也可以根据需要重新设置列标题。

f.绘制柱形图时，首先选择数据透视表中的任一单元格，然后在工具栏中单击“**插入**”，在“**图表**”的下拉菜单中选择“**柱形图**”，即可绘制出柱形图，也可以根据需要修改图表标题和标签。

g.绘制饼图时，频数应首先转化为相对频率。单击“**数据透视表**”，在“∑Values”对话框内单击下拉菜单，选择“**车型汇总**”，然后设置值域。在数据透视表中有很多描述变量的不同选项，单击“**显示值**”按钮，在下拉菜单中选择“**百分比**”，频数则被转化为相对频率。

绘制饼图时，首先选择数据透视表中的任一单元格，然后在工具栏中单击“**插入**”，在“**图表**”的下拉菜单中选择“**饼图**”，即可绘制出饼图，也可以根据需要修改图表标题和标签。此外，单击饼图，在出现的菜单中选择“添加值标签”，即可在图上显示各部分百分比。

2.仍以苹果木汽车集团数据为例，使用数据透视表创建频数分布和相对频数分布以及绘制直方图的Excel实现过程如下：

a.打开数据文件“苹果木汽车集团”。

b.在数据集中单击某一个单元格，例如单元格C5。

c.单击工具栏中的“**插入**”，然后选择最左侧的“**数据透视表**”。

d.屏幕上将出现如下对话框，单击“**选择一个表或区域**”，选择行列数据区域，然后单击“**新建工作表**”，将在一个新的工作表中创建数据透视表。

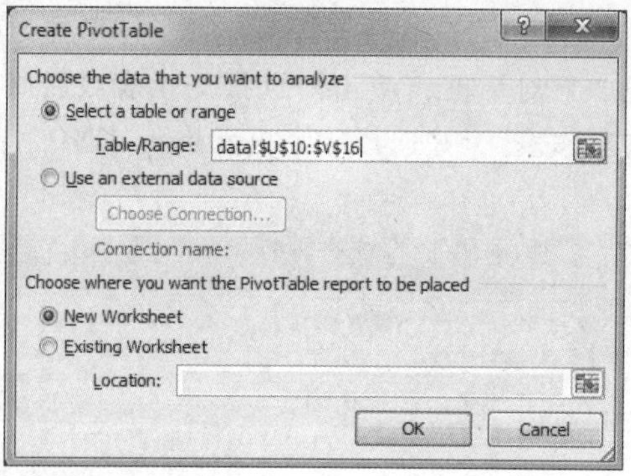

e. 在电子表格的右侧，数据透视表区域将出现数据集的变量列表，点击“利润”变量，将其拖到“**行标签**”框中。接下来，返回对话框的顶端，再次选择并将“利润”变量拖到“∑Values”内，并在下拉菜单中选择“**利润总计**”。在数据透视表中有很多描述变量的不同选项，单击“**描述值**”按钮，选择“**计数**”为变量“利润”计算频数。然后，一张数据透视表将出现在新的工作表中。

f. 在数据透视表左侧的一列中显示了变量“利润”的每一个值，为“利润”进行分组，在这一列中选择任意单元格右击，在出现的菜单中选择“**分组**”。首先，取消全选；然后，在对话框中输入第一组的下限值作为起始值，输入最后一组的上限作为终止值，再输入组距；最后，单击“**确定**”，频数分布即构建完成。

g. 构建相对频数分布时，指向并单击数据透视表中的一个单元格，右侧将出现“数据透视表字段列表”，单击并将变量“利润”拖到“∑Values”内，再次出现“利润合计”，单击它并选择“**值域设置**”，在数据透视表中将出现很多描述变量的不同选项，单击“**显示值**”按钮，在下拉菜单中选择“百分比”，相对频率将被添加到表格中。你可以将列标题重新修改为“频数”或“相对频率”等。

h. 绘制直方图时，首先选择数据透视表中的任一单元格，然后在工具栏中单击“**插入**”，在“**图表**”的下拉菜单中选择“**柱形图**”，将出现包含“利润合计”和“利润合计 2”的直方图。在图表顶端的“利润合计 2”上右击鼠标，选择“**删除字段**”，此时图表中将只显示频数。为了消除两个柱形间的空隙，选中整个图表区域，顶端将出现“**数据透视表工具栏**”，选择“**设计**”，在“**图表布局**”选项中选择“不显示两个柱形间的空隙”。此外，选中直方图右击，在出现的菜单中选择“添加值标签”，即可在图中添加数值标签。同时，也可根据需要修改图表标题和坐标轴名称。

自测题答案

2-1 a. 定性数据，因为顾客回答的是饮料的名称。

b. 频数分布表，它说明了每一种饮料有多少顾客喜欢。

c.

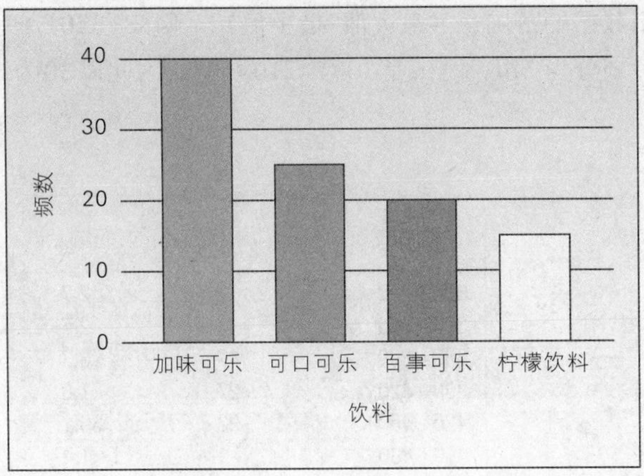

d.

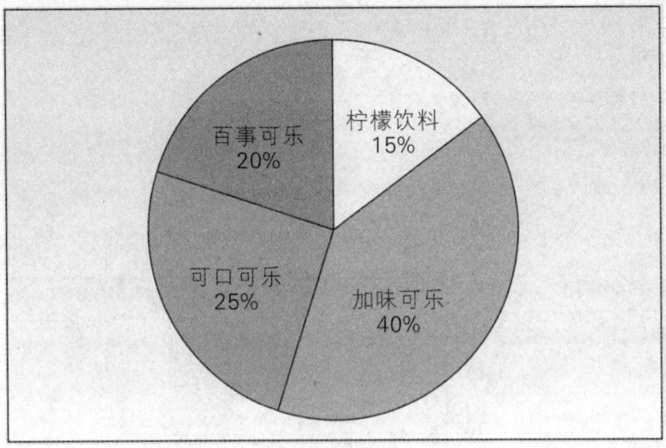

2-2 a.原始数据或者未分组数据。

b.

佣金（美元）	销售员人数
1 400～1 500	2
1 500～1 600	5
1 600～1 700	3
1 700～1 800	1
总计	11

c.组频数。

d.奖金最集中的一组是"1 500～1 600美元"组，最少的奖金约是1 400美元，最多的奖金约是1 800美元，奖金的代表值是15 500美元。

2-3　a. $2^6=64<73<128=2^7$，所以建议选择7组。

b. 该组数据的范围是（最大值-最小值）=（488-320）=168，如果以30为组距，划分为7组，范围是30×7=210>168，因此以30为组距是恰当的。

c.

组距	频数	百分比（%）
300~330	2	2.7
330~360	2	2.7
360~390	17	23.3
390~420	27	37.0
420~450	22	30.1
450~480	1	1.4
480~510	2	2.7
合计	**73**	**100.00**

d.17

e.17/73=23.3%

f.（27+22+1+2）/73=71.2%

2-4

a.

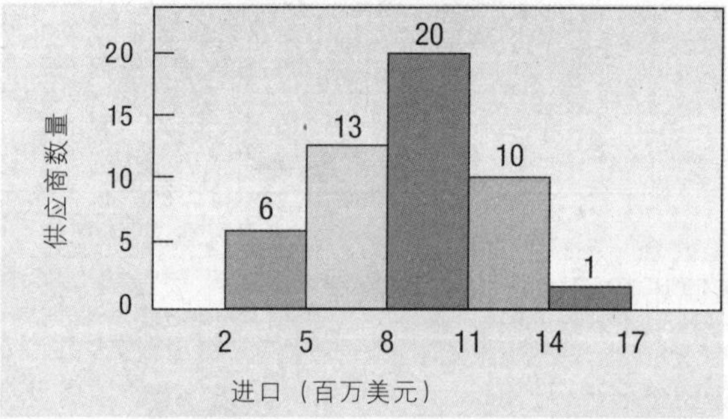

b.

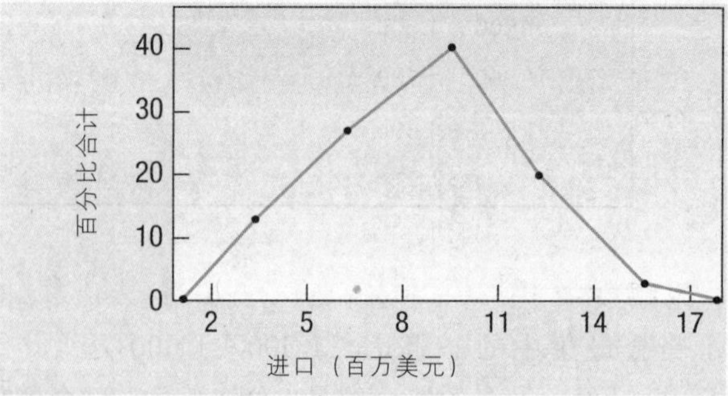

各点的坐标分别为：(3.5，12)，(6.5，26)，(9.5，40)，(12.5，20)，(15.5，2)。

c.最小进口额大约是200万美元，最大进口额大约是1 700万美元，频数最大的在800万美元至1 100万美元这组。

2-5　a.频数分布表。

b.累积频数表。

时薪（美元）	累积频数
低于8	0
低于10	3
低于12	10
低于14	14
低于16	15

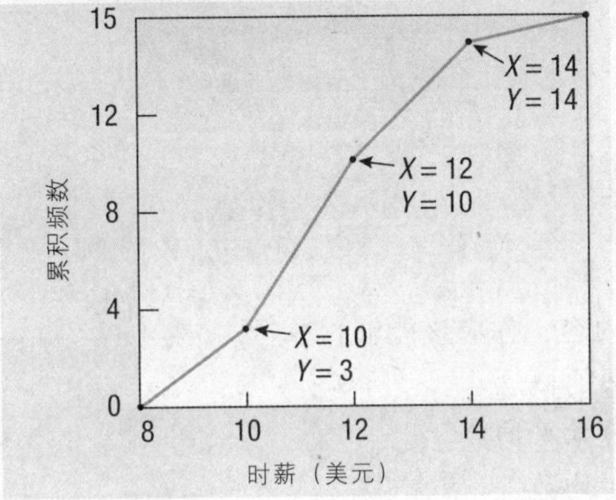

c.有3名员工的时薪在10美元以下，有10名员工的时薪在12美元以下。

第3章 描述数据：数值型指标

本章学习目标

当你学完本章内容，你应该能够：

1.解释集中趋势的概念。

2.识别和计算算术平均数。

3.和计算加权平均数。

4.确定中位数。

5.识别众数。

6.解释并应用离差指标。

7.计算和解释方差、标准差。

8.理解契比雪夫定理和经验法则的含义。

The Kentucky Derbyat 比赛在5月第一个星期六举行，地点在肯塔基州路易斯维尔的Churchill镇。该比赛跑道长1.25英里。在练习64的表格里显示了自1990年以来，获胜者赢的次数，获胜时间以及赌注在2美元以下的回报。确定获胜时间变量和赌注2美元回报变量的平均值和中位数。（见练习题64）

实践中的统计学

你曾经见过美国人“平均”先生吗？他的名字是Robert（这是定类尺度指标），年龄为31岁（这是定比尺度指标），身高69.5英寸（这也是定比尺度指标），体重172磅，穿9.5码的鞋子，腰围34英寸，穿40号的衣服。除此之外，“平均”先生每年吃掉4磅的薯条、26磅的香蕉，看2 567个小时的电视，平均每个晚上睡7.7个小时。

美国妇女的平均身高5英尺4英寸，体重140磅，而美国模特的平均身高是5英尺11英寸，体重117磅。在任何一天，几乎有一半的美国妇女在节食。如果以今天的标准来衡量，那么20世纪50年代的偶像玛丽莲·梦露会被认为体重超重。她的礼服在14码和18码之间波动，但她是个健康而又充满魅力的女性。

3.1 导言

第2章介绍了描述性统计。为了把原始数据转变成为有意义的形式，可以把定量数据整理成频数分布，并用条形图来描述。同时第2章也介绍了其他一些图形的绘制方法，比如用来描述定性变量的饼图和用来描述定量数据的频数多边形。

这一章主要介绍两种描述定量数据的数值指标，即位置指标和离散指标。其中，位置指标通常指平均数，目的是准确地确定一组数值的中心。

大家已经对平均数这个概念很熟悉了。平均数是位置指标的一种，它表明一组数据的中心值。每天电视、报纸和其他杂志上都会出现平均数。下面就是一些例子：

- 美国房屋所有权平均每11.8年变动一次。
- 一个美国人一年平均接收568封邮件。
- 普通美国家庭拥有电视机的数量比家庭人数多。在一个典型家庭中，有2.73台电视机，有2.55个人。
- 美国夫妇为自己的婚礼平均花费20 398美元，而他们的预算不到50%。这并不包括蜜月成本或订婚戒指。
- 按照国家影院所有者协会的调查，美国电影票的均价是7.50美元。

如果仅仅在一组数据中考虑位置指标，即只用中心值来比较几组数据，则可能会得出错误的结论。除了位置指标外，还应考虑数据的离差——通常被称作变异或差距。举个例子，假设从事与网络业务有关的公司管理者年均收入是80 000美元，制药公司管理者的年均收入也是80 000美元。如果只看平均收入，就会错误地认为二者的收入分布相同或近似相同，但只要比较一下收入的全距，就会发现这一结论并不正确。网络公司管理者的收入范围从70 000美元到90 000美元，而制药公司营销经理的收入范围从40 000美元到120 000美元。因此可以得出结论，虽然这两个产业的平均收入水平一样，但是医药行业管理者的收入有更大的离差或差距。为了更好地描述离差，将在后面介绍极差、平均差、方差和标准差。

先从讨论位置指标开始，实际上有多种位置指标，这里将介绍5种：算术平均数、加权平均数、中位数、众数以及几何平均数。算术平均数是最常用到的位置指标。要把均值既当作总体参数又当作样本统计量来学习。

3.2 总体均值

许多研究都涉及总体均值。例如，雷诺兹路开的地毯专营店雇用了12个销售员，他们上个月的佣金是1 345美元。由于研究的是所有销售员的佣金，所以这也是一个总体参数。其他总体均值的例子还有：

- 在过去的5天，强生公司股票的收盘价格均值是64.75美元；
- Butts Welding公司焊接车间里的6名焊接工上一周平均加班时间是6.45小时；
- Caryn Tirsch上个月开发了一个致力于有机园艺的网站，在7的月31天时间里她的网站平均点击率是84.36。

未经过处理的数据也就是没有被组合成频率分布的数据，其总体均值是总体里所有数值的总和除以总体观测值个数，可以用下面的公式来求解。

$$总体均值=\frac{总体中所有观测值之和}{总体观测值个数}$$

为方便起见，可以把上面用文字表述的公式用数学符号来替代，即：

$$总体均值\quad \mu=\frac{\sum X}{N} \tag{3-1}$$

其中，μ代表总体均值，是希腊小写字母“mu”；N是总体观测值的个数；X代表任一特定的观测值；∑是希腊大写字母“sigma”，代表相加；∑X是总体中的X观测值的总和。

总体中任何可测量的特征值被称作**参数**，总体均值就是一个参数。

参数 总体的特征值。

举例：

在I-75州际公路上有42个出口通过肯塔基州。下表列出了各个出口间的距离（英里数）。

这是总体的信息吗？出口间的英里数均值是多少？

11	4	10	4	9	3	8	10	3	14	1	10	3	5
2	2	5	6	1	2	2	3	7	1	3	7	8	10
1	4	7	5	2	2	5	1	1	3	3	1	2	1

解答：

这是总体，因为考虑的是I-75公路上通过肯塔基州所有出口，我们加总42个出口之间的距离。总距离为192英里。我们用总距离192除以42，即192/42，就可得到算术平均数4.57英里。运用公式（3-1）：

$$\mu=\frac{11+4+10+\cdots+1}{42}=\frac{192}{42}=4.57$$

如何理解4.57这个数？就是两个出口间最有可能的英里数。由于包括了所有出口，所以该值就是总体参数。

3.3 样本均值

正如第1章所讲到的，通常从总体中抽出一个样本，然后依据样本来推断总体的某一具体特征。例如，质检部门需要确保罐子上标含12盎司草莓酱的实际重量。而检查每个罐子的重量是既费钱又费时。因此选择20罐作为样本，并计算它们的平均重量，以此估算每罐草莓酱的重量。

对于没有分组的原始数据，样本均值就是样本中所有观测值之和除以样本容量，用公式表示为：

$$样本均值=\frac{样本中所有观测值之和}{样本观测值个数}$$

样本均值和总体均值的计算方法相同，只是使用的简记符号不同，即：

$$样本均值\quad \bar{X}=\frac{\sum X}{n} \tag{3-2}$$

其中，$\bar{X}$是样本均值，读作“X拔”，n是样本观测值的个数。

样本均值或其他任意样本数据的指标，都称为统计量。如果这5个轴承外径的样本均值是0.625英寸，则这个0.625就是统计量的一个例子。

统计量 样本的特征值。

举例：

Suncom正在研究客户在一个特定的使用频率方案中使用电话的分钟数。一个有12个客户的随机样本显示了上个月使用的分钟数（如下图），计算样本均值是多少？

90	77	94	89	119	112
91	110	92	100	113	83

解答：

运用公式（3-2），则样本均值为：

$$\bar{X}=\frac{\sum X}{n}=\frac{90+77+\cdots+83}{12}=\frac{1\,170}{12}=97.5$$

上个月电话使用者样本的使用分钟数均值是97.5分钟。

3.4 均值的性质

均值是平均数的最基本形式，它具有以下几个重要性质：

1. **只有定距和定比尺度的数据才可计算均值。** 回顾一下在第1章中所学的内容，年龄、收入、体重等都是定比尺度数据，两个数值之间的距离是常量。

2.计算均值时所有的观测值都要包括在内。

3.**一组数据中均值是唯一的**。也就是说，一组数据只有一个均值。不过在后续章节中将会发现，在一组数据中，一个平均数（包括中位数和众数）也可能会出现两次或两次以上。

4.**所有观测值与平均数的离差之和为0**。可表述为：

$$\Sigma(X-\bar{X})=0$$

举个例子，观测值为3，8，4，均值为5，那么，

$$\Sigma(X-\bar{X})=(3-5)+(8-5)+(4-5)=-2+3-1=0$$

因此可得出结论，均值是一组数据的平衡点。举例来说，有一个等距刻有1，2，3，…，9的9个数字的长木板，假设3个同重量的木块放在木板的3，4和8的位置上，平衡点摆在这3个数的均值点即5上，就会发现这个木板两边刚好平衡。小于均值的离差（-3）正好与大于均值的离差（+3）相等。如下图所示：

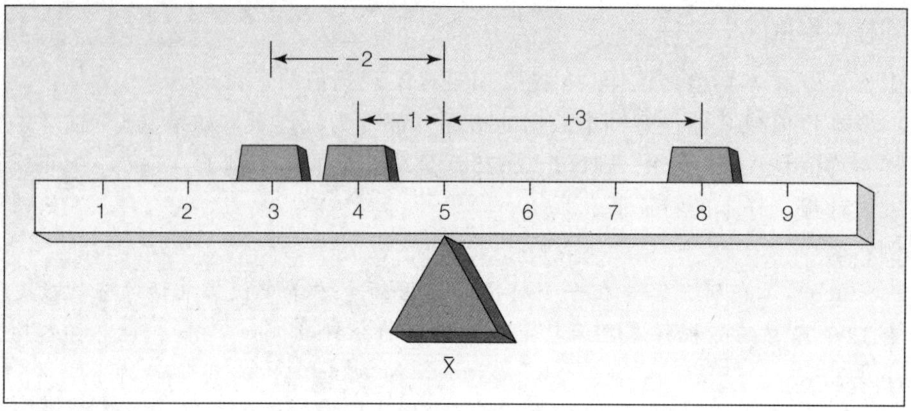

均值也存在局限性。由于计算均值时，样本或总体中的每个观测值都参与了运算，所以如果数据中有一或两个与其他大部分观测值相比特别大或特别小的值，那么这时均值就无法最恰当地反映这组数据的平均水平。例如，假设美林证券的几个股票经纪人的年收入分别是62 900美元、61 600美元、62 500美元、60 800美元和1 200 000美元，那么均值是289 560美元。很显然，均值无法代表这些经纪人的收入水平，因为只有1名经纪人的收入不在60 000到63 000美元之间，1 200 000美元这个收入不恰当地影响了均值。

自测题3-1

1.Westinghouse中层管理雇员样本的年收入分别是62 900美元、69 100美元、58 300美元和76 800美元。

(a) 写出样本均值的计算公式。

(b) 求出样本均值。

(c) 从b中得到的均值是统计量还是参数？为什么？

(d) 对总体均值的最优估计是多少？

2. 以高等计算机科学411班的全部学生为总体，他们的课程成绩分别是92，96，61，86，79和84。

(a) 写出总体均值的计算公式。

(b) 计算平均成绩。

(c) 由b得出的数值是统计量还是参数？为什么？

练习题

1. 计算6，3，5，7，6这组数据的总体均值。

2. 计算7，5，7，3，7，4这组数据的总体均值。

(答案：5.5)

3.a. 计算5，9，4，10这组数据的样本均值。

b. 验证$\sum(X-\overline{X})=0$。

4.a. 计算1.3，7.0，3.6，4.1，5.0这组数据的样本均值。

b. 验证$\sum(X-\overline{X})=0$。

(答案：a.4.2　b.-2.9+2.8-0.6-0.1+0.8=0)

5. 计算16.25，12.91，14.58这组数据的样本均值。

6. 假设你去杂货店，花了61.85美元，用于购买14件商品，每件商品的平均价格是多少？

对下面的练习题7～10题，完成：(1) 计算均值；(2) 指出是统计量还是参数。

(答案：4.42美元)

7. Midtown Ford公司雇用了10名销售人员，上个月每名销售人员售出的新车数量分别是：15，23，4，19，18，10，10，8，28，19。

8. 某邮购公司的会计部门统计了2007年5月前7天每天拨打公司免费电话的来电人数，分别是：14，24，19，31，36，26，17。

(答案：a.23.9　b.参数)

9. 剑桥Power & Light公司随机抽取了一个有20户居民的样本。下面是这些居民上个月缴纳的电费：

54	48	58	50	25	47	75	46	60	70
67	68	39	35	56	66	33	62	65	67

10. Ford公司人事管理部门对质量检查部门的加班情况进行了调查。下面是

15名工人样本的上个月加班时间（单位：小时）：

13	13	12	15	7	15	5	12
6	7	12	10	9	13	12	

（答案：a.10.73　b.统计量）

11.AAA Heating and Air Conditioning上个月完成了30项任务，每项任务的平均收入是5 430美元。总经理想了解上个月的总收入情况，利用这些有限的信息是否能够计算出来？如果能，那么是多少？

12.某大型制药公司雇用工商管理毕业生销售其产品。公司对新销售员进行了为期一天的培训。公司规定新销售员的销售目标是10 000美元，该目标是根据整个公司目前的平均销售额（每月10 000美元）来制定的。对新销售员的保留率进行分析后发现，每10名新雇员中只有1人会留在公司超过3个月。试对公司依据现行每月平均销售额制定新销售人员销售目标的做法进行评价，为什么新员工会离开公司？

（答案：见教师手册）

3.5　加权平均数

加权平均数是均值的特殊情况，当一个值重复出现多次时就会用到加权平均数。假设附近的Wendy's饭店售卖中瓶、大瓶和超大瓶的软饮料，价格分别为0.9美元，1.25美元和1.5美元，在最后卖出的10瓶中，有3个中瓶，4个大瓶和3个超大瓶。可以利用公式3-2来计算这最后10瓶饮料的平均价格。

$$\overline{X}_w = \frac{0.9+0.9+0.9+1.25+1.25+1.25+1.25+1.50+1.50+1.50}{10} = \frac{12.20}{10} = 1.22\text{（美元）}$$

即最后卖掉的10瓶饮料的平均价格是1.22美元。更简单的计算方法是计算加权平均数，也就是说，把每个观测值与它出现的次数相乘，可记为 $\overline{X}_w$，读作"X拔下w"。

$$\overline{X}_w = \frac{3\times0.90+4\times1.25+3\times1.50}{10} = \frac{12.20}{10} = 1.22\text{（美元）}$$

在这里权数是一个值重复出现的次数，不过，任何能够反映重要性的指标都可作为权数。记一组数据为 X_1，X_2，X_3，…，X_n，其对应的权数为 w_1，w_2，w_3，…，w_n，则其加权平均数的计算公式为：

$$\overline{X}_w = \frac{w_1X_1 + w_2X_2 + w_3X_3 + \cdots + w_nX_n}{w_1 + w_2 + w_3 + \cdots + w_n} \tag{3-3}$$

上式可简记为：

$$\overline{X}_w = \frac{\sum(wX)}{\sum w}$$

需要说明的是，加权平均数的分母通常是权数的总和。

举例：

Carter Construction公司的小时工每小时工资为16.50美元、19.00美元或25.00美元。现有26名小时工，其中工资为16.50美元的有14名，工资为19.00美元的有10名，工资为25.00美元的有2名。这26名小时工的加权平均小时工资是多少？

解答：

为求出加权平均小时工资，应将每种小时工资水平与相应的人数相乘，运用公式3-3可计算得出平均小时工资为：

$$\overline{X}_w = \frac{14 \times 16.50 + 10 \times 19.00 + 2 \times 25.00}{14 + 10 + 2} = \frac{471.00}{26} = 18.1154 \text{（美元）}$$

即加权平均小时工资为18.12美元。

自测题3-2

斯普林格（Springer）服饰店以400美元的正常价格卖出95套Antonelli男士套装；在春季销售中，套装价格降到200美元，卖出126套；在清仓甩卖中，价格降到100美元，余下的79套都卖了出去。

a.Antonelli套装的加权平均价格是多少？

b.斯普林格服饰店购入这300套男士套装的成本价格是每套200美元，如果每卖出一套，销售员可以获得25美元的提成，那么请评述一下该服饰店的利润情况。

练习题

13.在6月份，某投资者以每股20美元的价格购买了300股Oracle（一家信息技术公司）股票；在8月份，她以每股25美元的价格购买了400股；在11月份她又以每股23美元的价格购买了400股，那么该投资者所持有的Oracle股票每股加权平均成本是多少？

14.The Bookstall，Inc.是一家通过互联网销售旧书的书店，平装本每本1.00美元，精装本每本3.50美元。在上个周二上午共卖出50本书，其中40本是平装本，10本是精装本，那么一本书的加权平均价格是多少？

（答案：1.50美元）

15.Loris健康护理中心雇用了200名护理人员，其中50名是护士助理，50名是实习护士，100名是注册护士。护士助理每小时工资是8美元，实习护士每小时工资是15美元，注册护士每小时工资是24美元，那么护理人员的加权平均小时工资为多少？

16.Andrews and Associates主要从事社团法律的业务。其收费标准是，项目调研每小时100美元，咨询每小时75美元，撰写大纲每小时200美元。上周，一位合伙人花了10个小时为她的客户进行咨询，10个小时进行调研，20小时撰写大纲，那么她的法律服务的加权平均费用是多少？

（答案：143.75美元）

3.6 中位数

在前面强调过，若一组数据中存在一个或两个极大值或极小值时，均值可能就不具有代表性，这时用这组数据的中间位置数据可能更具代表性，这种位置数据平均数就是**中位数**。

为了说明有时为什么要使用位置测量方法而不使用均值，假设你正试图在Palm Aire购买一套公寓，你的地产代理商说目前这些单元的平均价格是110 000美元，你还想去看吗？如果你对购买价格的预算上限是75 000美元，那么你就会认为这一价格超出了你的价格承受范围。然而，再重新查看一下每一单元的价格你可能会改变想法，这些单元的价格分别为60 000美元，65 000美元，70 000美元和80 000美元，还有一个极大值为275 000美元。正如地产代理商所言，算术平均值为110 000美元，但是有一个价格（275 000美元）把算术平均数推了上去，得到一个不太可信的均值。事实上，70 000美元左右的价格是一个更典型或更有代表性的均值。在这个例子中，中位数就提供了一种更有效的位置测量方法。

中位数 一个由小到大或由大到小排列的观测值序列中，居于中间位置的数就是中位数。

上述公寓单元的价格中位数为70 000美元。为了确定中位数，先把价格从低（60 000美元）到高（275 000美元）排序，然后选出中间的价格（70 000美元）。为了求出中位数，数据至少应是定序变量。

价格由低到高排序（美元）	价格由高到低排序（美元）
60 000	275 000
65 000	80 000
70 000	70 000
80 000	65 000
275 000	60 000

←中位数→

注意，在中位数70 000美元的上面和下面价格的个数都相同，因此，中位数不受极大值或极小值的影响。即使最高价格是90 000美元或者300 000美元，甚至1 000 000美元，中位数仍然是70 000美元。同理，假设最低价格为20 000美元或50 000美元，中位数也仍然是70 000美元。

上面这个例子中观测值的个数为奇数（5个），那么如何计算偶数个观测值的中位数？与前面一样，先将观测值排序，然后计算中间两个观测值的均值，这个均值即为中位数。所以，偶数个观测值的中位数不一定是给定的观测值中的数值。

举例：

Facebook是一个流行的社交网站。用户可以添加好友，发送消息，更新个人档案以向朋友展示自己及相关活动。下表列出了由10个成人组成的样本在上个月使用Facebook的小时数。

3	5	7	5	9	1	3	9	17	10

计算小时数的中位数。

解答：

注意，采样成年人的数量是偶数（10）。如前所述，先把观测值从低到高排序，确定中间的2个观测值，然后计算这2个观测值的算术平均数，即为中位数。从低到高排序的结果如下图所示（单位：%）：

1	3	3	5	5	7	9	9	10	17

中位数是通过平均两个中间值中找到。中间值是5小时，7小时，这两个值的平均值为6。我们的结论是典型的Facebook用户每月在该网站花费6小时。注意，中位数不是观测值中的某个值，而且一半观测值在中位数之上，一半观测值在中位数之下。

中位数的主要特点是：

1. **它不受极大值或极小值的影响**。因此，当确实出现极大值或极小值时，中位数就是一个有价值的位置指标。

2. **定序数据或更高级别的数据均可计算中位数**。回顾一下第1章可知，定序尺度数据可以从低到高进行排列。

3.7 众数

众数是另一种位置平均指标。

众数 是指出现次数最多的观测值。

众数尤其适用于描述定类尺度的数据。举个定类尺度数据的例子，一家公司开发了5种沐浴油，为了发现哪一种是顾客喜欢的沐浴油，公司进行了市场调查，得出结果如图3-1所示。可以看出，爱神型的条形图最高，说明爱神型出现次数最多，所以爱神型为众数。

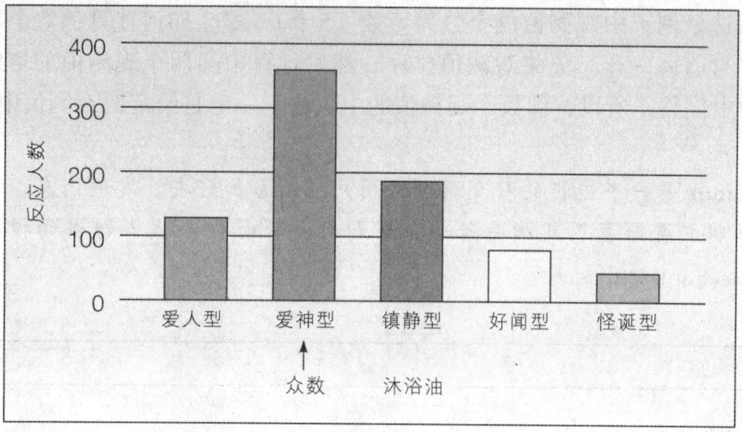

图3-1　对沐浴油的反应类型

举例：

回想前文关于通过肯塔基州 I-75 号公路上出口间距离的英里数据。重复列出如下：

11	4	10	4	9	3	8	10	3	14	1	10	3	5
2	2	5	6	1	2	2	3	7	1	3	7	8	10
1	4	7	5	2	2	5	1	1	3	3	1	2	1

英里数的众数是多少？

解答：

第一步骤是将英里数组成一个频率表。这将帮助我们确定最频发生的英里数。

出口之间的距离（英里数）	频数
1	8
2	7
3	7
4	3
5	4
6	1
7	3
8	2
9	1
10	4
11	1
14	1
总计	42

最频发生的距离是一英里。出现这种情况有8次，也就是说，有8个出口间隔一英里。因此，出口之间距离的众数是1英里。

哪个位置（均值、中位数或众数）最能代表该数据的中心位置？众数是中心位置的最优度量尺度吗？不，众数假设只有测量英里数变量的额定值是用定比变量测度的。我们计算的平均值是4.57英里。平均值是这组数据中央位置的最优度量尺度吗？可能也不是。因为如果有些出口之间的距离很大，这些值会影响平均值，使之太大而不能作为出口间距离的代表。中位数如何？中位数为3英里，即出口间距离的一半是3英里或更少。在这种情况下，中位数3英里可能是出口间英里数更具有代表性的测度指标。

从总体上说，定类、定序、定距、定比数据都可计算众数，而且众数还具有不受极端数值影响的优点。

不过众数也有缺点，使它不如均值和中位数运用得那么广泛。在很多数据集中，由于每个观测值都只出现一次，所以没有众数。例如，对于价格为19美元，21美元，23美元，20美元和18美元的这组数据就没有众数，既然每个数值各不相同，也可以说每一个都是众数。相反，还有一些数据集不只一个众数。假设一个股票投资俱乐部中会员的年龄分别为22，26，27，27，31，35和35，其中27和35都是众数，也就是出现了双众数的情况。这样就会出现如何用两个众数代表这组年龄数据的位置的问题。

自测题3-3

1. 随机调查了得克萨斯州（Texas）陶森市（Towson）接受社会保障款的7人样本，他们每月所获得的救助金分别为：852美元，598美元，580美元，1 374美元，960美元，878美元和1 130美元。

(a) 月度救助金的中位数是多少？

(b) 在中位数之上、之下各有多少个观测值？

2. 在被抽选到的月份，汽车制造厂停工的次数依次为6，0，10，14，8和0。

(a) 停工次数的中位数是多少？

(b) 在中位数之上、之下各有多少个观测值？

(c) 停工次数的众数是多少？

练习题

17. 说明下面各总体的众数。

a. 共有10个观测值，其中没有两个观测值是相同的。

b. 共有6个观测值，并且6个观测值都相同。

c.共有6个观测值，分别是1，2，3，3，4，4。

对18~20题，计算（a）均值；（b）中位数；（c）众数。

18.下表是某加油站最近7天的加油量：

41	15	39	54	31	15	33

（答案：均值=32.6　中位数=33　众数=15）

19.下表是丹佛的12家建筑公司样本从2012年到2013年净利润变化的百分比：

5	1	−10	−6	5	12	7	8	2	5	−1	11

20.下面是上午10点时经过Southwyck购物中心的10个人的年龄：

12	8	17	6	11	14	8	17	10	8

（答案：均值=11.1　中位数=10.5　众数=8）

21.下表是2008年美国几项长期经济增长指标：

经济指标	变化百分数（%）
通货膨胀	4.5
出口	4.7
进口	2.3
真实的可支配收入	2.9
消费	2.7
真实的GNP	2.9
投资(住宅)	3.6
投资(非住宅)	2.1
生产率(全员)	1.4
生产率(生产工人)	5.2

a.变化百分比的中位数是多少？

b.变化百分比的众数是多少？

22.Sally Reynolds出售沿北加州沿海地区的房产。下表是她自2000年以来获得的佣金额。请找出她11年来佣金额的均值、中位数和众数。

年份	金额（千美元）
2000	237.51
2001	233.80
2002	206.97
2003	248.14
2004	164.69
2005	292.16
2006	269.11
2007	225.57
2008	255.33
2009	202.67
2010	206.53

23.Rowatti and Koppel会计公司专门为自我雇用的专业人员（例如，心理学家、牙医、建筑师和律师）申报所得税。公司共有11名会计师雇员专门准备所得税申报单。下面是去年每一位会计师所完成的申报表数。

58	75	31	58	46	65	60	71	45	58	80

试确定会计师所完成申报单的均值、中位数和众数。如果你只能使用一种指标来反映位置测量尺度，那么你会选择哪一种？

24.最近几年市场对Mid-Tech Video游戏公司开发的计算机游戏的需求猛增，因此经营者需要雇用几名新技术人员来满足这种需求。Mid-Tech对每一位求职者都进行了一项特殊的测试，该项测试由McGraw博士开发，他相信这项测试能够有效地检测出求职者开发计算机游戏的能力。普通人该项测试的得分均值是100，下面是求职者在该项测试中的得分。

95	105	120	81	90	115	99	100	130	10

总经理对求职者基于这项测试的总体情况很感兴趣，计算这10名求职者得分的均值和中位数。你将如何向总经理报告？这些求职者看起来是否比普通大众更优秀？

（答案：见教师手册）

3.8 用软件解题

举例：

表2-4显示了苹果木汽车集团销售180辆汽车的销售价格。确定销售价格的

均值和中位数。

解答：

下面的Excel输出结果给出了销售价格的均值、中位数和众数（在屏幕截图中突出显示）（提示：具体的计算过程见本章最后的**软件命令说明**部分）。样本由180辆车组成，计算过程可能乏味并容易出错。

APPLEWOOD AUTO GROUP 2011

	A	B	C	D	E	F	G	H
1	Age	Profit	Location	Vehicle-Type	Previous		*Profit*	
2	33	$1,889	Olean	SUV	1			
3	47	$1,461	Kane	Sedan	0		Mean	1843.17
4	44	$1,532	Tionesta	SUV	3		Standard Error	47.97
5	53	$1,220	Olean	Sedan	0		Median	1882.50
6	51	$1,674	Sheffield	Sedan	1		Mode	1915.00
7	41	$2,389	Kane	Truck	1		Standard Deviation	643.63
8	58	$2,058	Kane	SUV	1		Sample Variance	414256.61
9	35	$1,919	Tionesta	SUV	1		Kurtosis	-0.22
10	45	$1,266	Olean	Sedan	0		Skewness	-0.24
11	54	$2,991	Tionesta	Sedan	0		Range	2998
12	56	$2,695	Kane	Sedan	2		Minimum	294
13	41	$2,165	Tionesta	SUV	0		Maximum	3292
14	38	$1,766	Sheffield	SUV	0		Sum	331770
15	48	$1,952	Tionesta	Compact	1		Count	180

销售价格的均值是1 843.17美元，中位数是1 882.50美元。这两个数值相差不到40美元，因此它们都是合理的。从Excel表中还可以看出，180辆已售汽车的总价格是331 770.00美元，后面将会介绍标准误、标准方差和其他指标的含义。

由此能够得出什么结论？典型的汽车价格大约是1 850美元。苹果木汽车集团管理者可据此进行收入预测。例如，如果经销商能够使销售量从180辆增加到200辆，那么就会使收入增加37 000美元（20×1 850）。

3.9 均值、中位数和众数的相对位置

图3-2中的直方图呈山丘状的对称分布。图形中心左右两边完全对称，若将图形沿对称轴对折，则两边图形将完全重合。对称分布的均值、中位数和众数都位于分布的中心，并且三个数值相等。如图3-2所示，均值、中位数和众数都等于20年。但需要注意的是，并不是所有的对称分布都是呈山丘状。

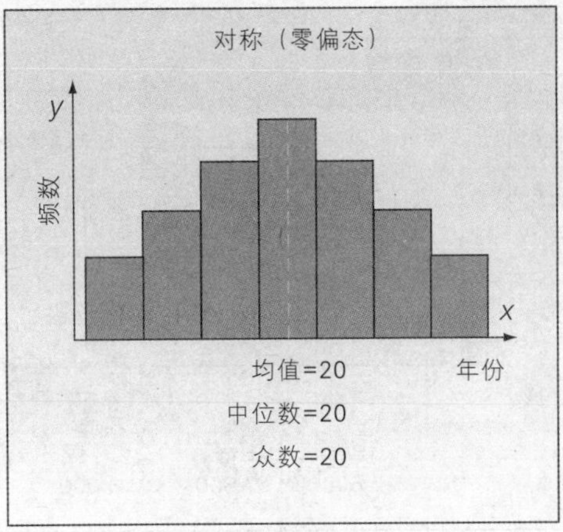

图3-2　对称分布

分布曲线的最高点对应的年数（20年）即为众数。由于此分布为对称分布，因此将全部数据等分为两部分的点（20年）也即为中位数。用各年频数的总和除以总年数，得到算术平均数为20年。显然，这里均值、中位数和众数都可以代表分布的中心。

若分布为非对称，即偏态分布，则均值、中位数和众数三者的关系就会发生变化。在正偏分布中，由于相对于中位数和众数，均值受一些极大值的影响程度最大，所以均值是三个数值中的最大值，中位数其次，众数最小。

若分布的偏斜程度很大，比如图3-3中的周薪水平分布图，这时均值就不再是适合的度量指标，而中位数和众数将更具有代表性。

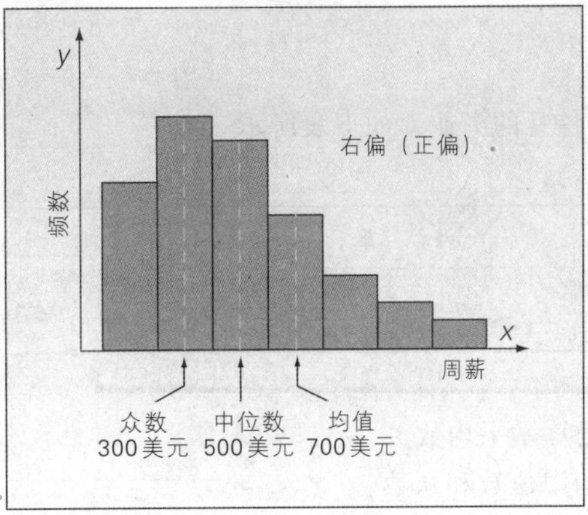

图3-3　正偏分布

相反，若分布为负偏分布，由于均值受一些极小值的影响程度最大，所以三个数值中，众数值最大，中位数其次，均值最小。同样，若分布负的偏斜程度很大时，比如图3-4中的抗张强度分布图，这时均值也将不具有代表性。

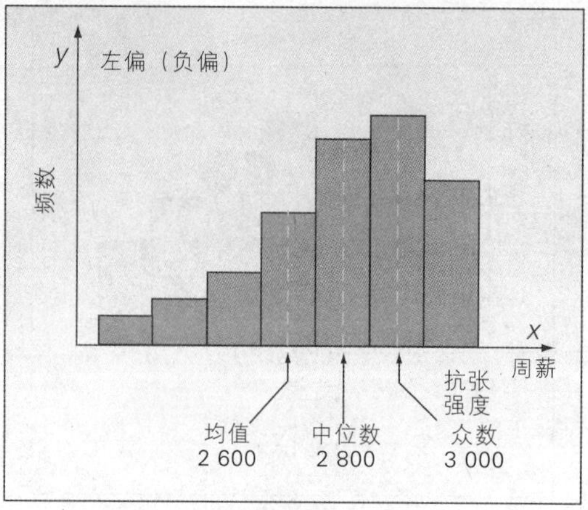

图3-4　负偏分布（单位：美元）

自测题3-4

选取Hi-Tec电子产品商店周销量的一个样本，并将其表示为频数分布的形式，计算得到周销量的均值为105 900美元，中位数为10 500美元，众数为104 500美元。

(a) 请绘出该商店销售量频数分布的平滑曲线图，并在X轴上标记出均值、中位数和众数的位置。

(b) 该分布图是对称分布、正偏分布还是负偏分布？请解释说明。

练习题

25.阿拉斯加州各月的失业率如下表所示。

月份	1	2	3	4	5	6	7	8	9	10	11	12
失业率（%）	8.7	8.8	8.7	7.8	7.3	7.8	6.6	6.5	6.5	6.8	7.3	7.6

a.计算失业率的算术平均数。

b.找出失业率的中位数和众数。

c.计算冬季（12月—次年3月）失业率的算术平均数和中位数，二者有明显差异吗？

26.Big Orange Trucking公司正在设计一种可以用于出租车通信的信息系统，为了解整个地区的一般情况，公司需要收集8个不同地点的风向、温度和路面情况数据。计算能够恰当描述这三个变量的位置测量指标。

城市	风向	温度（华氏度）	路面
Anniston	西	89	干
Atlanta	西北	86	湿
Augusta	西南	92	湿
Birmingham	南	91	干
Jackson	西南	92	干
Meridian	南	92	微干
Monroe	西南	93	湿
Tuscaloosa	西南	93	微干

（答案：风向众数是西南方；温度均值是91华氏度；路面中位数是微干）

3.10 为什么要研究离散性？

离散性的测量可以被用来评估两个或两个以上位置测度指标的可靠性。

实践中的统计学

美国邮政服务试图在过去几年变得更加“用户友好”。最近的一项调查显示，顾客对交货时间的合理性更加感兴趣。在以前的条件下，一封信可能需要一天或者几天的时间交付。“只要告诉我需要提前多少天邮寄生日卡就能让妈妈在生日当天收到贺卡，不早，不晚，”是顾客共同的夙愿。合理性的程度由交付时间的标准偏差测量。

均值和中位数等位置度量指标只能描述数据的中心，却反映不了数据的分布情况。比方说，在旅游途中需穿过一条河，导游只告诉你河的平均深度为3英尺，这种情况下你是不会选择过河的，你需要了解河水深度的其他指标。如果得知河水深度为2.75～3.25英尺，这时你才可能同意过河，但若得知河水深度为0.50～5.5英尺，这时可能你就不会同意过河。所以，在做决定之前，你需要了解河水深度的代表值以及深度的离散程度。

离散程度指标较小，表明数据围绕算术平均数的分布相对集中，平均数具有良好的代表性；反之，离散程度指标较大，则表明数据分布相对分散，平均数的代表性较差。图3-5显示的是Hammond Iron Works公司100位雇员在该公司工作年数的直方图。均值为4.9年，但数据的变动范围是0~16.8年，所以均值4.9年对全部雇员工作年数的代表性相对较差。

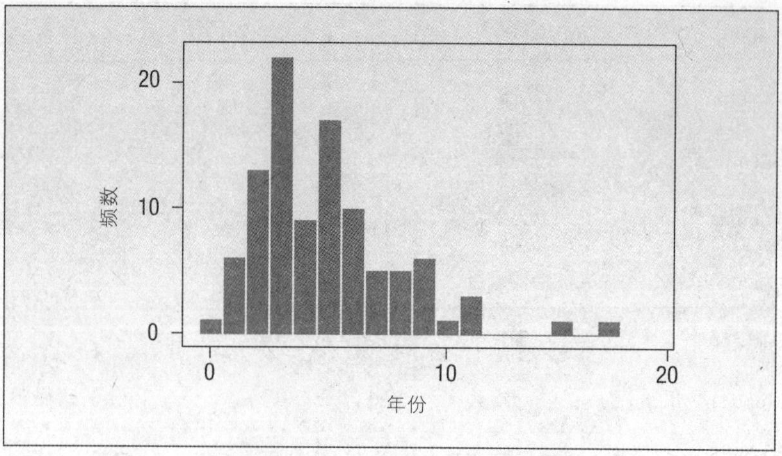

图3-5　Hammond Iron Works公司雇员工作年数直方图

数据的离散程度也可被应用于不同分布间的比较。比如Baton Rouge和Tucson两家工厂都生产Vision Quest的新型LCD电脑显示屏，它们每小时产量的均值相同，均为每小时50台，由此可能会得出两工厂产量分布相同的结论。但根据两厂9个小时的生产记录显示，上述结论并不正确，Baton Rouge工厂产量的变动范围为每小时48～52台，Tucson工厂产量的变动范围为每小时40～60台，显然，Baton Rouge工厂比Tucson工厂的产量分布更为集中。

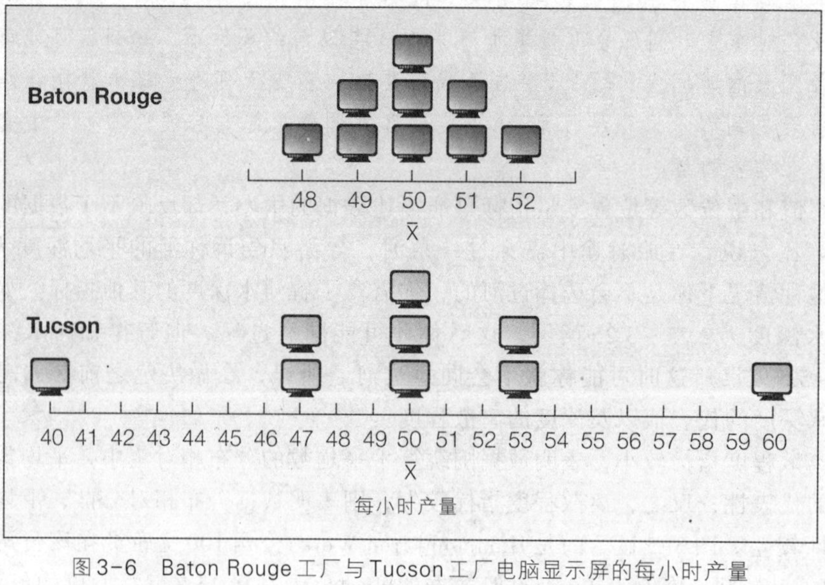

图3-6　Baton Rouge工厂与Tucson工厂电脑显示屏的每小时产量

3.11 离散性的测量

下面将介绍几种离散性测量的指标。全距的计算基础是数据的最大值和最小值，平均离差、方差和标准差的计算基础是各变量值与均值之间的离差。

3.11.1 全距

测量离散性最简单的指标就是全距。在一组观测值中，全距等于最大值和最小值之差，计算公式如下：

$$全距=最大值-最小值 \tag{3-4}$$

由于全距很容易计算和理解，所以被广泛应用于统计过程控制系统（SPC）中。

举例：

根据图3-6，找出Baton Rouge工厂与Tucson工厂电脑显示屏每小时产量的全距，并解释其意义。

解答：

Baton Rouge工厂电脑显示屏每小时产量的全距为4台，即用最大值52减去最小值48得到。Tucson工厂电脑显示屏每小时产量的全距为20台，即用最大值60减去40得到。由此可以得出结论：（1）由于Baton Rouge工厂的全距小于Tucson工厂，所以前者比后者电脑显示屏每小时产量分布相对集中；（2）由于Baton Rouge工厂比Tucson工厂每小时产量分布相对集中，所以Baton Rouge工厂每小时产量的均值50台更具有代表性。

3.11.2 平均离差

全距的缺陷是只基于最大值和最小值进行计算，只反映这两个极值的差距，并没有考虑所有变量值的差异情况。而平均离差则测量了一组数据序列中各个观测值与其均值的平均离散水平。具体定义为：

平均离差 指各个观测值与其均值离差绝对值的算术平均数。

把平均离差记为MD，则样本平均离差的计算公式为：

$$MD = \frac{\sum|X - \bar{X}|}{n} \tag{3-5}$$

其中，X为每个观测值的大小，$\bar{X}$为观测值的均值，n为样本中观测值的个数，“| |”为绝对值符号。

注意，这里必须对离差取绝对值。这是因为如果不取绝对值，正的离差和负的离差会互相抵消，平均离差将会为零，这种测度方式就失去了意义。

举例：

位于橘县机场的星巴克上个月某5天下午4点至5点卡布奇诺的销售数量分别为20杯、40杯、50杯、60杯和80杯。位于加利福尼亚安大略机场的星巴克相应时间段卡布奇诺的销售量分别为20杯、49杯、50杯、51杯和80杯。计算并比较两个地点销售量的均值、中位数、全距和平均离差。

解答:

橘县地点销售量的均值、中位数和全距如下表所示：

均值	50 杯/小时
中位数	50 杯/小时
全距	60 杯/小时

平均离差度量的是各个观测值与均值之间的平均离差程度，以橘县为例，销售量的均值为50，即（20+40+50+60+80）/5，接下来计算观测值与均值的离差，将离差的绝对值加总后除以观测值总数，所得结果就是平均离差。

卡布奇诺日销售量	$(X-\bar{X})$	离差绝对值
20	(20-50) =-30	30
40	(40-50) =-10	10
50	(50-50) = 0	0
60	(60-50) = 10	10
80	(80-50) = 30	30
		合计80

$$MD=\frac{\sum|X-\bar{X}|}{n}=\frac{80}{5}=16$$

平均离差为每天16杯卡布奇诺，说明卡布奇诺每日销售量与平均每日销售量50杯之间平均相差16杯。

下表列出的是安大略机场出售卡布奇诺数目的平均离差信息。

	A	B	C
1	Calculation of Mean Deviation Ontario		
2	Number Sold	Each Value−Mean	Absolute Deviation
3	20	20−50=−30	30
4	49	49−50=−1	1
5	50	50−50=0	0
6	51	51−50=1	1
7	80	80−50=30	30
8			
9		Total	80

$$MD = \frac{\sum|X-\overline{X}|}{n} = \frac{30-1+0+1+30}{5} = \frac{62}{5} = 12.4$$

因此，两个机场出售卡布其诺的均值，中位数是相同的，但平均离差是不同的。橘县机场的平均离差为16，安大略机场的平均离差是12.4。

下面比较和分析一下两家星巴克咖啡店销售数据的度量结果，它们的均值和中位数都等于50杯/天，所以两组数据的分布位置相同，两组数据的全距也相同（都为60杯/天），但全距提供的关于分布离散程度的信息是有限的，因为它只是关于两个观测值。

可以看到，两组数据的平均离差并不相同，这是因为平均离差的计算基础是全部观测值与均值的差异，而这些差异反映的是相对于分布的均值或中心来说数据的接近程度。由计算结果可知，橘县机场星巴克销售量的平均离差为16杯/天，而安大略机场星巴克销售量的平均离差为12.4杯/天，即可以认为安大略机场星巴克销售量分布比橘县机场星巴克更集中接近于均值50杯/天。

平均离差有两个优点。首先，它使用了所有的观测值进行计算，而全距只使用了最大值和最小值；其次，平均离差的概念很容易理解，它是每个观测值与均值的平均离散程度。但是平均离差在计算时对离差值取绝对值，这就给计算工作带来难度。所以在度量数据的离散程度时，平均离差并不如标准差应用得广泛。

自测题 3-5

运往爱尔兰地区的集装箱重量如下表所示（单位：千磅）。

95	103	105	110	104	105	112	90

(a) 计算集装箱重量的全距。
(b) 计算集装箱重量的算术平均数。
(c) 计算集装箱重量的平均离差。

练习题

请计算下面第27～30题的全距、算术均值、平均离差，并解释它们的统计意义。

27. 上周末某超级电子商店有5名客户销售代表上班。他们每人所售出的HDTV数量分别为5，8，4，10，3。

28. 西部州立大学（Western State University）统计学院共有8个基础统计学班，每个班级登记在册的学生人数分别为：34，46，52，29，41，38，36和28。

（答案：a.24　b.38　c.6.25　d.见教师手册）

29.Dave’s Automatic Door是安装车库自动门的公司，安装10个车库自动门样本所用时间分别为：28，32，24，46，44，40，54，38，32和42。

30.为了解航空航天工业去年的投资回报情况，对由8家航空公司组成的样本进行调查的结果分别是：10.6%，12.6%，14.8%，18.2%，12.0%，14.8%，12.2%和15.6%。

（答案：a.7.6%　b.13.85%　c.2.0%　d.见教师手册）

31.随机抽取了10位居住在加州的年轻消费者，请他们对一种新上市的芝士披萨的口味进行评价。用1～50来表示满意度，1表示十分不喜欢，50表示十分喜欢。评价的结果分别为：

34	39	40	46	33	31	34	14	15	45

另随机抽取了10位居住在Iowa的年轻消费者品尝相同口味的披萨，评价的结果分别为：

28	25	35	16	25	29	24	26	17	20

假如你是一名市场研究员，请分析这种芝士披萨的潜在市场。

32.Acme Caepet Cleaner公司Pawnee分公司的8名员工样本的个人档案显示，他们在最近6个月中因病缺勤的天数分别为：

2	0	6	3	10	4	1	2

而Chickpee分公司的8名员工样本在同一时期内因病缺勤的天数分别为：

2	0	1	0	5	0	1	0

假如你是公司的人力资源主管，请比较两家分公司的情况并做评价。

（答案：见教师手册）

3.11.3　方差与标准差

方差与标准差也是用来测量数据离散性的两个非常重要的指标。与平均离差不同，方差是将离差平方后再求平均数。方差等于各个观测值与其均值的离差平方和除以观测值个数。

方差　都是非负的，只有当所有观测值都相等时，方差值为零。

标准差 是方差的平方根。

总体方差与样本方差的计算公式和符号表示稍有不同，首先介绍总体方差。它是用总体的全部数据计算出来的方差，计算公式如下：

$$\sigma^2 = \frac{\sum (X-\mu)^2}{N} \tag{3-6}$$

其中，σ^2 表示总体方差，X 表示总体观测值的具体数值，μ 表示总体均值，N 为总体观测值的个数。

下面是方差的计算过程：

- 计算均值；
- 计算每个观测值与均值的离差，并将离差平方；
- 计算离差平方和；
- 用离差平方和除以总体中观测值的总个数。

因此可以把方差理解为各观测值与均值离差的平方的平均数。若总体的观测值集中于均值附近，则方差较小；若总体的观测值距离均值相对分散，则方差较大。

由于计算方差时，总体中的全部观测值都参与了计算，因而克服了计算全距只使用数据中最大值和最小值的不足。同时，由于方差是通过平方的方法消除离差正负抵消的影响，因而克服了平均差利用取绝对值来解决离差和为零的问题。方差值总是非负的。

举例：

下表显示的是加州南部 Beaufort 县 2012 年 1~12 月各月发生的交通违章罚单情况，计算交通违章罚单的总体方差。

1月	2月	3月	4月	5月	6月	7月	8月	9月	10月	11月	12月
19	17	22	18	28	34	45	39	38	44	34	10

解答：

由于这里研究的是一年中全部违章罚单总体，所以使用公式（3-6）计算总体方差。具体计算步骤如下：

1. 首先计算总体算术平均数。全年的总罚单数是 348，所以平均每个月的罚单数为 29。

$$\mu = \frac{\sum X}{N} = \frac{19+17+\cdots+10}{12} = \frac{348}{12} = 29$$

2. 然后计算各观测值和均值的离差，结果见下表中的第 3 列。在本书前面部分曾经证明过离差和为 0，所以下表第 3 列中，每月罚单数与均值的离差和为 0。

月份	罚单数（X）	X−μ	$(X-\mu)^2$
1	19	−10	100
2	17	−12	144
3	22	−7	49
4	18	−11	121
5	28	−1	1
6	34	5	25
7	45	16	256
8	39	10	100
9	38	9	81
10	44	15	225
11	34	5	25
12	10	−19	361
总计	348	0	1 488

3. 下一步是计算离差平方和。如表中第4列所示，通过对离差进行平方运算，使正负离差值都变成正值。

4. 求离差平方和。表中第4列数值的和为1 488，即离差平方和为1 488。

5. 最后将离差平方和除以总体观测值的个数N，即可得到违章罚单的总体方差为124。

$$\sigma^2 = \frac{\sum(X-\mu)^2}{N} = \frac{1\,488}{12} = 124$$

与全距和平均离差相似，方差也可以用于比较不同数据的离散程度。如此例中Beaufort县的罚单数方差为124，如果假设Marlboro县的罚单数方差为342.9，则可以得出如下结论：（1）由于124小于342.9，所以Beaufort县的月度罚单数的分布相对集中；（2）由于Beaufort县月度罚单数的分布相对集中，所以Beaufort县数据的均值更具有代表性。

总体标准差。全距和平均离差都很容易理解，全距是最大值与最小值的差，平均离差是各个观测值与均值的平均离散水平。但方差很难用于单独解释一组数据的分布情况。比如，罚单数的方差为124，这里方差的计量单位与罚单的计量单位不相同，方差的计量单位为罚单数的平方。

将总体方差开平方，即求方差的平方根，这样就会将方差的计量单位转换成原始数据的计量单位（见公式（3−7））。方差124的平方根为11.14，这样单位就与原始数据一致。总体方差的平方根即为总体标准差。

$$\delta = \sqrt{\frac{\sum(X-\mu)^2}{N}} \tag{3-7}$$

自测题3-6

普华永道会计师事务所费城分公司本年雇用了5位会计实习生，他们的月基本工资分别为3 536美元，3 173美元，3 448美元，3 121美元，3 622美元。

a.计算总体均值。

b.计算总体方差。

c.计算总体标准差。

d.若另外一家匹兹堡分公司雇用了6位实习生，他们的月平均工资为3 550美元，标准差为250美元，比较两家分公司月工资的情况。

练习题

33.已知某个总体包括5个数值，具体为：8，3，7，3，4。

a.计算总体均值。

b.计算总体方差。

34.已知某个总体包括6个数值，具体为：13，3，8，10，8，6。

a.计算总体均值。

b.计算总体方差。

（答案：a.8　b.9.67）

35.Dennis Industries公司年报显示，最近5年普通股每股的基本收益分别为2.68美元，1.03美元，2.26美元，4.30美元，3.58美元，假设此数据为总体数据，试计算：

a.普通股每股基本收益的均值。

b.总体方差。

36.Dennis Industries公司年报显示，最近5年的股东收益率分别为13.2%，5.0%，10.2%，17.5%，12.9%。

a.计算股东收益率的均值。

b.计算总体方差。

（答案：a.11.76%　b.16.89%）

37.Plywood公司最近5年的股东收益率分别为4.3%，4.9%，7.2%，6.7%，11.6%，假设此数据为总体数据。

a.计算全距、均值、方差、标准差。

b.将Plywood公司的股东收益率与36题中Dennis Industries公司进行比较。

38.TMV公司5位副总经理的年收入分别为125 000美元，12 000美元，122 000美元，133 000美元，140 000美元，假设此数据为总体数据，那么：

a.计算全距。

b.计算收入的均值。

c.计算总体方差和标准差。

d.与TMV公司相类似的一家公司的副总经理的年收入均值为129 000美元，标准差为8 612美元，比较两家公司副总经理的年收入均值与分布的离散程度。

（答案：a.18 000美元　b.129 600美元　c.40 240 000美元和6 343.50美元　d.均值基本相同，另一家公司年收入的离差更大）

样本方差。根据前面的学习可知，总体均值的计算公式为 $\mu=\frac{\sum X}{N}$ 。与总体方差相比，样本方差的表示符号和计算公式均有所不同。样本方差的分母是n−1而不是n。样本方差的计算公式为：

$$s^2=\frac{\sum(X-\overline{X})^2}{n-1} \tag{3-8}$$

其中，s^2 为样本方差，X为样本中每个观测值的数值，$\overline{X}$ 为样本均值，n为样本观测值的个数。

为什么需要对样本方差的分母进行改变？当分母为n时，可以用 $\overline{X}$ 估计 s^2 ，但用 s^2 估计 σ^2 时，却会低估 σ^2 。使用n−1做分母可以修正这种低估倾向。在用样本统计量估计总体参数时，用 s^2 估计 σ^2 ，使用n−1做分母比使用n做分母更准确。在计算样本标准差时，也使用n−1做分母。

举例：

家得宝公司5名兼职雇员样本的小时工资分别为：12美元，20美元，16美元，18美元，19美元，计算样本方差。

解答：

由公式（3−10）可以计算得到：

$$\overline{X}=\frac{\sum X}{n}=\frac{12+20+16+18+19}{5}=\frac{85}{5}=17\text{（美元）}$$

$$s^2=\frac{\sum(X-\overline{X})^2}{n-1}=\frac{(12-17)^2+(20-17)^2+\cdots+(19-17)^2}{5-1}=\frac{40}{4}=10$$

样本标准差。样本标准差是总体标准差的一个估计量，和总体标准差的计算方法相似，样本标准差是样本方差的平方根，计算公式为：

$$s=\sqrt{\frac{\sum(X-\overline{X})^2}{n-1}} \tag{3-9}$$

举例：

上例中，兼职雇员小时工资样本方差的计算结果为10，试计算样本标准差。

解答：

样本标准差为3.16美元，即为10的平方根。样本标准差的计量单位与原始数据相同。

3.12 用软件解题

在前面的“用软件解题”使用Excel计算苹果木汽车集团销售量的均值和中位数时，也同时输出了样本标准差的数据。与其他大部分统计软件相同，Excel也是将数据假设为样本数据。

本书将使用的另外一个软件包为Minitab，该软件与Excel都使用电子表格版式。不同的是Minitab能输出更多的统计变量。下面是苹果木汽车集团上个月销售的180辆汽车价格信息。

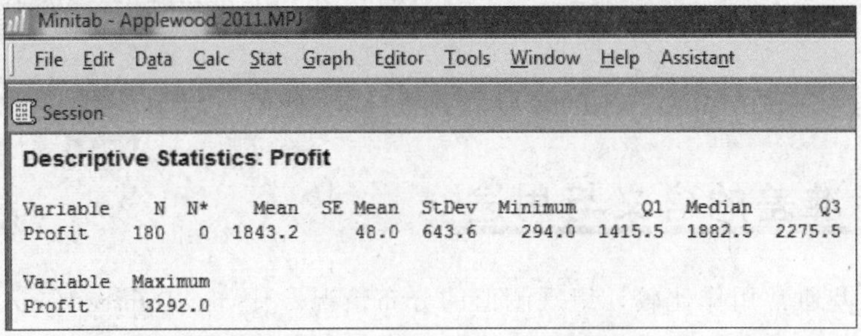

自测题3-7

某保险公司理赔部7名雇员样本的工作年限分别为4年、2年、5年、4年、5年和2年，计算样本方差和样本标准差。

练习题

计算39~44题的样本方差和样本标准差。

39.样本数据的观测值分别为7，2，6，2，3。

40.样本数据的观测值分别为11，6，10，6，7。

（答案：a.5.5　b.2.3452）

41.在练习题29中，Dave's Automatic Door安装10个车库自动门样本所用时间（单位：分钟）分别为：28，32，24，46，44，40，54，38，32和42。

42.在练习题38中，为了解航空航天工业去年的投资回报情况，对由8家航空公司组成的样本进行调查的结果分别是：10.6%，12.6%，14.8%，18.2%，12.0%，14.8%，12.2%和15.6%。

（答案：a.6.0086　b.2.4512）

43.Motel Owner Association开展了一项针对周一至周五汽车旅馆收费价格的调查，下表显示的是10家汽车旅馆样本针对工薪阶层消费者的收费价格（单位：美元）。

101	97	103	110	78	87	101	80	106	88

44.某消费监测机构正在了解信用卡的透支情况。对由10位信用卡透支额超过2 000美元的年轻人样本进行调查的结果表明，他们每个月还款的平均水平刚超过100美元。下表显示的是每位年轻人上个月支付的还款金额（单位：美元）。

110	126	103	93	99	113	87	101	109	100

（答案：a.120.7667　b.10.9894）

3.13　标准差的含义与用途

标准差通常用作比较几组观测值的分布情况。比如，Dupree Paint公司佐治亚分公司的雇员参与公司利润分红计划，他们半月投资额的标准差为7.51美元，得克萨斯分公司参与公司利润分红计划的雇员，其每半月投资额的标准差为10.47美元，两个分公司半月投资额的均值基本相同。由于7.51美元小于10.47美元，所以佐治亚分公司的数据分布比得克萨斯公司相对集中，因此佐治亚分公司数据的均值更具代表性。

3.13.1　契比雪夫定理

较小的标准差意味着数据分布更集中于均值；相反，较大的标准差则意味着数据分布较分散。俄罗斯数学家P.L.契比雪夫（Chebyshev）（1821—1894）提出了一种用于确定观测值落在均值的特定倍数标准差范围内的最小比重的理论。依据契比雪夫定理，至少有75%的观测值落在均值加上2个标准差和均值减去2个标准差的范围之内，至少有88.9%的观测值落在均值的3个标准差范围内，至少有96%的观测值落在均值的5个标准差范围内，并且这种比例关系与分布的形状无关。

契比雪夫定理　对任何一组观测值（样本或总体）而言，观测值落在均值的k个标准差范围内的比重至少等于$1-1/k^2$，其中k是任何一个大于1的常数。

举例：

Dupree Paint公司参与利润分红计划的员工，半月投资额的均值为51.54美元，标准差为7.51美元。观测值落在均值的3.5个标准差范围内的比重是多少？

解答：

答案是92%，计算过程为：

$$1-\frac{1}{k^2}=1-\frac{1}{3.5^2}=1-\frac{1}{12.25}=0.92$$

3.13.2 经验法则

契比雪夫定理适用于任何分布类型的数据，对于图3-7所示的对称的、钟形的分布来说，可以更精确地计算出观测值与均值的离散程度。经验法则（有时也称为正态法则）便是用标准差和均值表示观测值与均值的离散程度。

经验法则 对于一个对称的、呈钟形的频数分布，大约有68%的观测值落在均值的正负1个标准差范围内；大约有95%的观测值落在均值的正负两个标准差范围内；几乎所有（99.7%）的观测值会落在均值的正负3个标准差范围内。

上述关系可以由图3-7中所示的均值为100、标准差为10的钟形分布来直观描述。

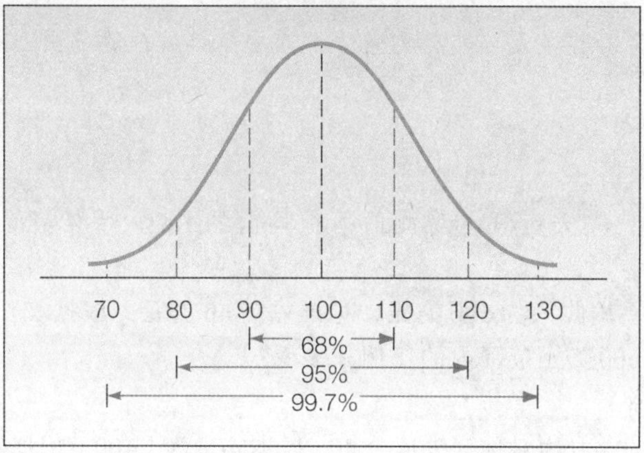

图3-7 显示标准差和观测个数之间关系的正态钟形分布

对于对称的、呈钟形的频数分布，实际上几乎所有的观测值都会落在均值的正负3个标准差范围内。若 $\overline{X}=100$，$s=10$，则几乎所有的观测值会落在100+3×10与100-3×10之间，即在70～130的范围内，全距是：130-70=60。

相反地，如果已知全距为60，将全距除以6即可近似算得标准差，即标准差=全距/6=60/6=10。第7章介绍正态分布时，将进一步研究经验法则。

举例：

Park大学公寓租金样本的分布近似于对称钟形分布，样本均值为500美元，样本标准差为20美元，利用经验法则回答下列问题：

1. 包含分布中68%数据的范围是多少？
2. 包含分布中95%数据的范围是多少？
3. 包含分布中几乎所有数据的范围是多少？

解答：

1. 包含分布中68%数据的范围是480～520美元，即 $\overline{X}\pm 1s=500\pm 1\times 20$。

2. 包含分布中95%数据的范围是460～540美元，即 $\overline{X}\pm 2s=500\pm 2\times 20$。

3. 包含分布中所有（99.7%）数据的范围是440～560美元，即 $\overline{X}\pm 3s=500\pm 3\times 20$。

自测题 3-8

Pitney pipe公司是美国国内PVC管制造商之一，质量控制部门抽取了600根长度为10英寸的样本，在距管尾1英寸处测量外部直径，外部直径均值为14英寸，标准差为0.1英寸。

a. 若分布形状未知，则观测值落在13.85～14.15英寸范围内的比例为多少？

b. 若分布是对称钟形分布，则包含分布中95%数据的范围是多少？

练习题

45. 根据契比雪夫定理，观测值落在均值的1.8个标准差范围内的比例是多少？

46. 样本中平均收入为500美元，标准差为40美元，根据契比雪夫定理，观测值落在400～600美元范围内的比例是多少？

（答案：84%）

47. 集装箱的重量为对称、钟形分布，样本容量为1 400，根据经验法则计算：

a. 观测值落在均值的正负2个标准差范围内的比例是多少？

b. 观测值落在均值至均值的正2个标准差范围内的比例是多少？小于均值的负2个标准差的比例是多少？

48. 下面的分布图描述了最近141天内Wendy's附近售出的大包装软饮料情况，销售量的均值为91.9，标准差为4.67。

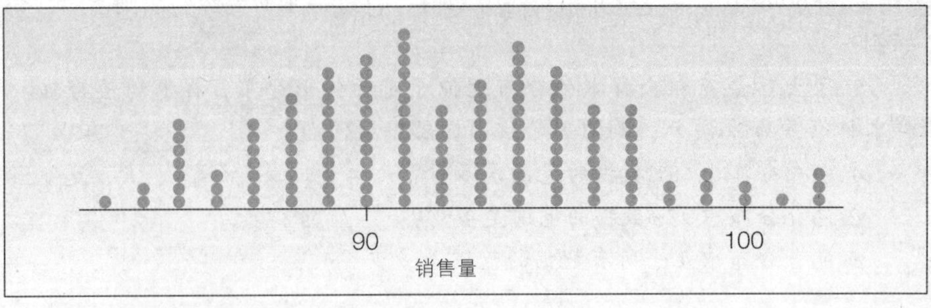

利用经验法则计算包含分布中68%的数据范围和包含分布中95%的数据的范围分别是多少？

（答案：（87.2，96.6）和（82.6，101.2））

3.14 道德规范与统计结果的报告

实践中的统计学

底特律老虎队的Miguel Cabrera在2011年大联盟棒球赛季达到最高0.344的棒球击球率。Tony Gwynn在1994年罢工缩短季呈现0.394的命中率，Williams在1941年达到0.406的命中率。自从1941年以来没有人命中率超过0.4，100多年来平均命中率保持在0.26左右。但标准差从0.049下降到0.031。这表明现今的命中率更加趋于平均，这有助于解释近些年来缺乏命中率超过0.4的棒球手。

第1章介绍了道德规范与统计结果报告，在学习如何利用统计方法收集、整理、分析数据的同时，更应好好理解统计学，这样才能更好地利用数据信息。

本章介绍的是数值型统计量的计算，特别是介绍了如何计算并解释数据的位置指标，比如均值、中位数、众数，同时也介绍了上述统计量各自的优缺点。举例来说，若某房地产开发商告诉顾客某一地段的房屋平均售价为150 000美元，我们推测此均值对所有房屋价格都有代表性。假设顾客询问房价的中位数是多少，发现中位数是60 000美元，那么为什么房屋开发商只公布房价的均值呢？对购房者来说，价格信息十分重要，所以当我们撰写统计报告和利用统计信息制定决策时，了解均值、中位数、众数各自的优缺点就显得十分重要了。

本章还介绍了测量数据离散程度的方法，主要有全距、平均离差、方差、标准差等。每个统计量都有各自的优缺点，比如全距提供了数据的变动幅度，但却没有提供数据的分布情况和离散程度。

随着对统计的深入了解，应该记住，使用统计方法时必须保持观点的独立性和原则性，所有的统计报告提供的都必须是客观真实的分析结果。

本章总结

Ⅰ.位置指标是用来描述一组数据中心位置的值。

A.均值是应用最广泛的测量数据位置的指标。

1.均值由观测值的总和除以观测值个数计算得到。

a.未分组原始数据总体均值的计算公式为：$\mu=\frac{\sum X}{N}$ （3-1）

b.样本均值的计算公式为：$\bar{X}=\frac{\sum X}{N}$ （3-2）

2.均值的主要特点有：

a.测量尺度应为定距尺度和定比尺度。

b.所有的观测值都参与计算。

c.一组数据只能有一个均值，即均值是唯一的。

d.观测值与均值的离差和为零。

B.加权平均数是用各观测值与其相应权数相乘后计算得到的。

1.加权平均数的计算公式为：

$$\overline{X}_w = \frac{w_1X_1 + w_2X_2 + w_3X_3 + \cdots + w_nX_n}{w_1 + w_2 + w_3 + \cdots + w_n} \tag{3-3}$$

2.加权平均数是均值的一种特殊形式。

C.中位数是对一组观测值排序后，位于中间位置的观测值。

1.确定中位数，首先要将观测值由小到大进行排序，再找出中间值。

2.中位数的主要特点：

a.数据类型至少应为定序数据。

b.不受极端数值的影响。

c.50%的观测值大于中位数。

d.一组数据的中位数是唯一的。

D.众数是一组数据中出现次数最多的数值。

1.可以应用于定类数据。

2.一组数据可以有一个或多个众数。

Ⅱ.离散程度是一组数据的变化或分布情况。

A.全距是一组数据中最大观测值和最小观测值之差。

1.全距的计算公式为：全距=最大值-最小值　　(3-4)

2.全距的主要特点：

a.计算全距只使用了最大和最小两个数值。

b.受极端数值的影响。

c.容易理解、便于计算。

B.平均离差由离差绝对值的总和除以观测值个数得到。

1.平均离差的计算公式为：$MD = \frac{\sum |X - \overline{X}|}{n}$　　(3-5)

2.平均离差的主要特点：

a.不受偏大或偏小观测值的影响。

b.所有的观测值都参与计算。

c.对离差取绝对值会给计算过程带来一定的困难。

C.方差是离差平方和的均值。

1.总体方差的计算公式：$\sigma^2 = \frac{\sum (X - \mu)^2}{N}$　　(3-6)

2.样本方差的计算公式：$S^2 = \frac{\sum (X - \overline{X})^2}{n - 1}$　　(3-7)

3.方差的主要特点：

a.所有的观测值都参与计算。

b.不易受极端数值的影响。

c.方差的计量单位与原始数据不同，是原始数据的平方。

D.标准差是方差的平方根。

1.标准差的计算公式： $s^2 = \frac{\sum (X - \overline{X})^2}{n - 1}$ （3-8）

2.标准差的主要特点：

a.计量单位与原始数据相同。

b.是离差平方和均值的平方根。

c.数值是非负的。

d.广泛适用于度量数据的离散程度。

Ⅲ.解释标准差的两种方法

A.契比雪夫定理：对任何一组观测值（样本或总体）而言，观测值落在均值的k个标准差范围内的比重至少等于 $1-1/k^2$，其中k是任何一个大于1的常数。

B.经验法则：对于一个对称的、呈钟形的频数分布，大约有68%的观测值落在均值的正负1个标准差范围内；大约有95%的观测值落在均值的正负2个标准差范围内；几乎所有（99.7%）的观测值都会落在均值的正负3个标准差范围内。

发音要领

字母	含义	发音
μ	总体均值	mu
$\sum$	求和符号	西格玛
$\sum X$	将一组数据X相加	西格玛 X
$\bar{X}$	样本均值	X 拔
$\overline{X}_w$	加权平均数	X 拔下 w
GM	几何平均数	G M
σ^2	总体方差	西格玛 平方
σ	总体标准差	西格玛

本章练习题

49.Crawford & Associates 会计公司有5位主要合伙人，某一天这5位合伙人分别单独接待了6位、4位、3位、7位和5位顾客。

a.计算一位合伙人接待顾客的平均人数和中位数。

b.计算得到的均值是总体均值还是样本均值？为什么？

c.证明离差平方和为零，即 $\sum(X-\overline{X})^2=0$ 。

50.Owens Orchards销售按重量计算的袋装苹果，7袋样本中苹果的个数分别为23、19、26、17、21、24、22。

a.计算一袋中苹果个数的均值和中位数。

b.证明离差平方和为零。（答案：a. $\overline{X}=21.71$个，中位数=22个　b.0）

51.美国电话公司服务记录显示16家住户样本上周接听电话的次数，如下表所示。计算住户接听电话次数的均值和中位数。

52	43	30	38	30	42	12	46
39	37	34	46	32	18	41	5

52.Citizens Banks公司正在研究位于Loblaws超市中的ATM机的每日使用情况。下表列出30天中ATM机的每日使用次数。计算ATM机平均每天使用次数的均值。

83	64	84	76	84	54	75	59	70	61
63	80	84	73	68	52	65	90	52	77
95	36	78	61	59	84	95	47	87	60

（答案： $\overline{X}=70.53$）

53.最近一项关于美国人洗衣习惯的研究包括洗涤周期时间。下表呈现40个观测样本如下。确定典型洗涤周期的平均值和中位数。

35	37	28	37	33	38	37	32	28	29	39	33	32
37	33	35	36	44	36	34	40	38	46	39	37	39
34	39	31	33	37	35	39	38	37	32	43	31	31
35												

54.Trudy Green在True-Green公司工作，她负责公司草坪修理服务业务的电话客服工作。下表显示的是她在最近25个小时中每小时接听的预约电话个数。计算Trudy Green每小时接听电话数的均值与中位数，并写一份简明的分析报告。

9	5	2	6	5	6	4	4	7	2	3	6	3
4	4	7	8	4	4	5	5	4	8	3	3	

（答案：4.84，4）

55.Split-A-Rail公司向自有住房的屋主销售三种栅栏。安装A类栅栏每英尺的费用是5美元；安装B类栅栏每英尺的费用是6.5美元；C类栅栏的质量最好，每英尺的费用为8美元。在某一天中，该公司共安装A类栅栏270英尺，B类栅栏300英尺，C类栅栏100英尺，计算安装一英尺栅栏的平均花费。

56.Rolland Poust是某商科大学的二年级学生。上一学期他所修课程的成绩为：均为3学分的统计学和会计学课程，成绩都为A；5学分的历史课和2学分的爵士课的成绩都为B。另外，为了获得高校篮球赛的入场券，他还修了一门1学分的篮球理论课，成绩为A。计算他这学期的GPA成绩。假设A对应的为4分，B对应的为3分，依此类推。GPA成绩是什么位置度量指标？

（答案：3.5；加权平均数）

57. 下表显示的是俄亥俄州西北地区三个县的失业率和劳动力人数的数据。Jon Elsas是经济发展部门的地区总管，他需要向位于俄亥俄州西北地区几家公司提供一份分析报告，整个地区比较适宜的失业率是多少？

地区	失业率	劳动力人数
Wood	4.5	15 300
Ottawa	3.0	10 400
Lucas	10.2	150 600

58. 美国糖尿病协会建议血糖低于130mmol/L的2型糖尿病人进行血糖读数监测。血糖是测量血液中的含糖量。下面是2月份某新诊断为2型糖尿病的人血糖读数。试计算：

112	122	116	103	112	96	115	98	106	111
106	124	116	127	116	108	112	112	121	115
124	116	107	118	123	109	109	106		

a. 血糖读数均值。

b. 血糖读数的中位数。

c. 血糖读数的众数。

（答案：a.112.86　b.112　c.112）

59. 从多伦多飞往香港的加拿大游客样本的年龄分别为：32，21，60，47，54，17，72，55，33和41。

a. 计算全距。

b. 计算平均离差。

c. 计算标准差。

60. 俄亥俄州的13所公立大学录取人数由下表列出：

大学	录取人数
University of Akron	25 942
Bowling Green State University	18 989
Central State University	1 820
University of Cincinnati	36 415
Cleveland State University	15 664
Kent State University	34 056
Miami University	17 161
Ohio State University	59 091
Ohio University	20 437
Shawnee State University	4 300
University of Toledo	20 775
Wright State University	18 786
Youngstown State University	14 682

a.这是样本还是总体？

b.招生数的均值是多少？

c.招生数的中位数是多少？

d.招生数的全距是多少？

e.计算标准差。

（答案：a.总体　b.22 163　c.18 989　d.52 271　e.14 156）

61.阿波罗航天计划从1967年持续到1972年，共包括13项任务。任务用时最短为7小时，最长为301小时。下表所示为每项任务的完成时间：

9	195	241	301	216	260	7	244	192	147	10	295	142

a.请解释为什么任务用时是总体数据。

b.计算任务用时的均值与中位数。

c.计算任务用时的全距与标准差。

62.Creek Ratz是南佛罗里达州海滩非常有名的餐厅，它在晚餐提供不同种类的牛排和海鲜。在夏季旅游旺季，餐馆不提供电话预订服务。餐厅经理想了解顾客为吃晚餐而等座位的时间。下表显示的是上周六晚上在餐厅25张餐桌就餐的顾客等待的时间（单位：分钟）：

28	39	23	67	37	28	56	40	28	50	51	45	44
65	61	27	24	61	34	44	64	25	24	27	29	

a.请解释为什么这是总体数据。

b.计算均值与中位数。

c.计算全距与标准差。

（答案：a.因为它包括了一个晚上所有餐桌的等待时间　b.均值为40.84，中位数为39　c.全距为44　总体标准差为14.55）

63.下表报告了25个大学生样本去年娱乐费用（单位：美元）：

684	710	688	711	722	698	723	743	738	722
696	721	685	763	681	731	736	771	693	701
737	717	752	710	697					

a.找出均值、中位数和众数。

b.全距和标准差是多少？

c.用经验法则建立一个包含95观测值的区间。

64.Kentucky Derbyat 比赛在5月第一个星期六举行，地点在肯塔基州路易斯维尔的Churchill镇。该比赛跑道长1.25英里。下表显示了自1990年以来，获胜者胜数、获胜时间以及在赌注2美元的回报。

年份	获胜者	胜数	获胜时间（分钟）	赌注2美元的回报
1990	Unbridled	3.5	2.03333	10.80
1991	Strike the Gold	1.75	2.05000	4.80
1992	Lil E. Tee	1	2.05000	16.80
1993	Sea Hero	2.5	2.04000	12.90
1994	Go For Gin	2	2.06000	9.10
1995	Thunder Gulch	2.25	2.02000	24.50
1996	Grindstone	nose	2.01667	5.90
1997	Silver Charm	head	2.04000	4.00
1998	Real Quiet	0.5	2.03667	8.40
1999	Charismatic	neck	2.05333	31.30
2000	Fusaichi Pegasus	1.5	2.02000	2.30
2001	Monarchos	4.75	1.99950	10.50
2002	War Emblem	4	2.01883	20.50
2003	Funny Cide	1.75	2.01983	12.80
2004	Smarty Jones	2.75	2.06767	4.10
2005	Giacomo	0.5	2.04583	50.30
2006	Barbaro	6.5	2.02267	6.10
2007	Street Sense	2.25	2.03617	4.90
2008	Big Brown	4.75	2.03033	6.80
2009	Mine That Bird	6.75	2.04433	103.20
2010	Super Saver	2.50	2.07417	18.00
2011	Animal Kingdom	2.75	2.034	43.80

a.确定获胜时间变量和赌注2美元回报变量的均值和中位数。

b.确定获胜时间变量和赌注2美元回报变量的全距和标准差。

c.根据获胜胜数变量，测量尺度是什么？哪一种位置指标是最恰当的？

（答案：a.2.0307　2.0364；18.72美元　10.65美元　b.0.0747　0.0181；

100.90美元，22.79美元　c.定序尺度，均值）

65.沃尔玛超市经理正在研究傍晚时间顾客购买的商品数量。下面列出的是由30个顾客构成的样本购买商品的数量。

15	8	6	9	9	4	18	10	10	12	12	4	7	8	12	10	10	
11	9	13	5	6	11	14	5	6	6	5	13	5					

a.找出商品数量的均值和标准差。

b.找出商品数量的全距和标准差。

练习题网站

（这些练习的数据可在网站www.mhhe.com/lindbasic8e找到）

66.参照房地产数据，该数据报告了过去一年中亚利桑那州Goodyear销售房屋面积的信息。编制一份房屋销售价格的报告。你的报告中请回答以下问题：

a.这些数据大致集中趋势位置在哪儿？销售价格的均值是多少？销售价格的中位数是多少？哪个位置指标更具代表性？

b.销售价格的全距是多少？销售价格的标准差是多少？大约95%的销售价格介于哪两个值之间？

（答案：均值：221.10美元；中位数：213.60美元　b.在125.00~345.30美元之间；s=47.11美元；126.88美元，315.32美元）

67.参照棒球联赛2010年的数据，该数据报告了30个棒球大联盟球队在2010赛季的信息。准备一份关于球队薪酬的报告，报告中阐述下列问题：

a.薪酬变量的众数是多少？薪酬的均值是多少？薪酬的中位数是多少？哪个位置指标更具代表性？

b.薪酬的全距是多少？薪酬的标准差是多少？根据契比雪夫定理，至少75%的薪酬介于哪两个值之间？

c.找出14个美国联盟球队和16个国家联赛球队薪酬的均值和标准差，它们的均值和标准差有区别吗？两只联盟球队薪酬的分散程度有区别吗？

68.参照布埃纳学区公共机车数据。准备一份上个月维护成本的报告。报告中回答以下问题：

a.维修成本集中趋势位置在哪儿？维修成本的均值是多少？维修成本的中位数是多少？哪一种位置指标更具代表性？

b.维修成本的全距是多少？维修成本的标准差是多少？大致95%的维修成本观测值介于哪两个值之间？

（答案：均值：450.29美元；中位数：456美元　b.241美元；s=53.69美元；

342.91美元和557.67美元）

实践测试

第一部分　客观题

1.总体中任何可测量的特征值被称作________。

2.基于样本数据的指标，例如均值，称为________。

3.所有观测值与平均数的离差之和等于________。

4.一个由小到大排列的数据集中，居于中间位置的数称为________。

5.在每一个数据集有多少比例的值比中位数大？________。

6.一个数据集中出现频率最多的数据称为________。

7.________是一个数据集中最大值和最小值的差。

8.________是各个观测值与其均值偏差平方的算术平均数。

9.标准差的平方是________。

10.标准差假设是一个负值，当（所有的值都是负的；至少一半值是负的；永远都不取负值。任选一个）________________________________。

11.下列哪项受离群值影响最小？（均值；中位数；全距。任选一个）

12.________表明对于一个对称的、呈钟形的频数分布，大约有68%的观测值落在均值的正负1个标准差范围内。

第二部分　问题

1.一个大学生样本报告了他们拥有的CD数量如下表所示：

52	76	64	79	80	74	66	69

a.CD数量的均值？

b.CD数量的中位数？

c.CD数量的全距？

d.CD数量的标准差？

2.一个投资者购买了布莱尔公司2008年7月发行的股票200股，每股36美元，购买2008年9月发行的股票300股，每股40美元，购买2009年1月发行的股票500股，每股50美元，问这个投资者购买的股票加权平均价格是多少？

3.《华尔街日报》定期调查了大约50位经济学家。他们预测国民生产总值（GNP）平均变化为-0.88％。这表明，预测国民生产总值将下降近0.9%。如果标准差为1.41％，使用经验法则来估计包含国内生产总值预测变化95％的范围。

软件命令说明

1.本章前面部分的"用软件解题"关于描述统计的Excel操作步骤为：

a.从网站www.mhhe.com/lindbasic8e调出 Applewood数据文件。

b.在菜单栏选择 Tools，再选择 Data Analysis，继续选择 Descriptive Statistics，然后单击"OK"。

c.在Input Range选项中，输入"C1：C181"，代表数据是按列来分组，并且标签位于第一行。单击Output Range，表示数据输出位置为G1（或任何你希望的地方），单击Summary Statistics，再单击"OK"。

d.得到结果后，双击Output中的count，以确定正确的项目个数。

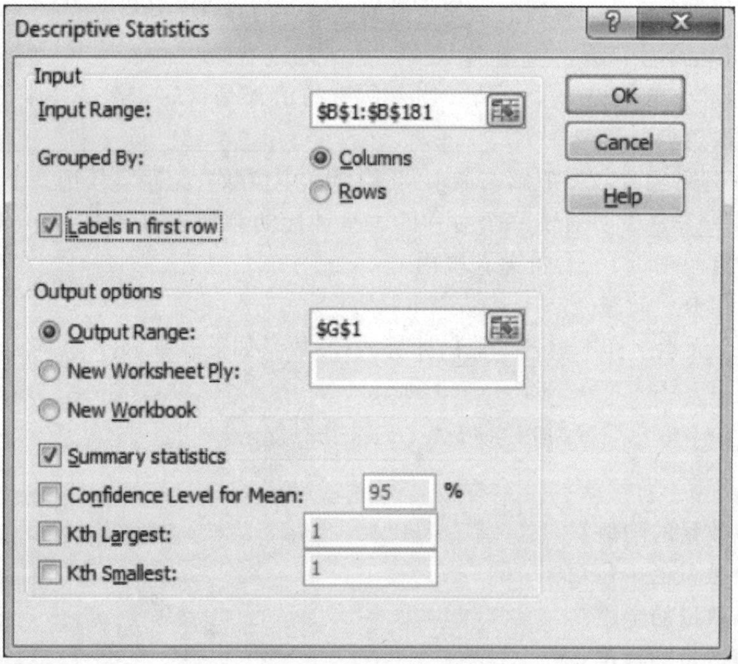

利用Excel实现描述统计过程的对话框

2.本章后面部分的"用软件解题"关于描述统计的Minitab操作步骤为：

a.从网站www.mhhe.com/lindbasic8e，调出 Applewood 数据文件。

b.选择Stat，Basic Statistics 和Display Descriptive Statistics。在对话框中，选择Profit作为变量，然后单击"OK"。

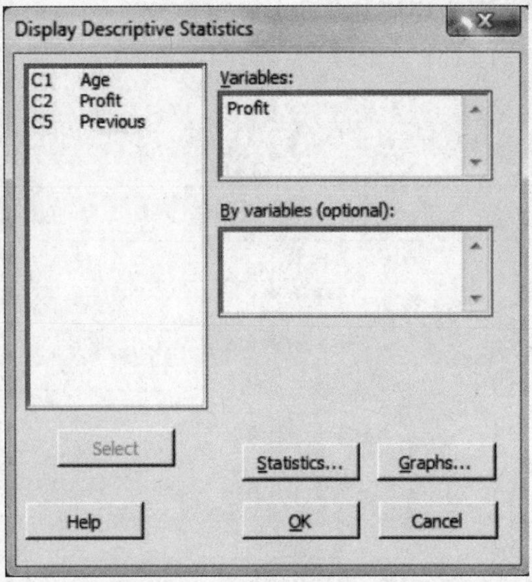

自测题答案

3-1 1. a. $\overline{X}=\frac{\sum X}{n}$ b. $\overline{X}=\frac{267\,100}{4}$ =66 775（美元）

c.统计量，因为它是样本值。

d.66 775美元。样本均值是对总体均值最好的估计。

2.a. $\mu=\frac{\sum X}{n}$ b. $\mu=\frac{498}{6}$ =83

c.总体参数，因为它是由所有观测值计算得到的。

3-2 a. $\frac{95\times400+126\times200+79\times100}{95+126+79}$ =237.00（美元）

b.每套衣服的利润是12美元（237-成本200-提成费25）；300套衣服的总利润是3 600美元（300×12）。

3-3 1. a.878美元 b.3，3

2. a.7（（6+8）/2=7） b.3，3 c.0

3-4 a.

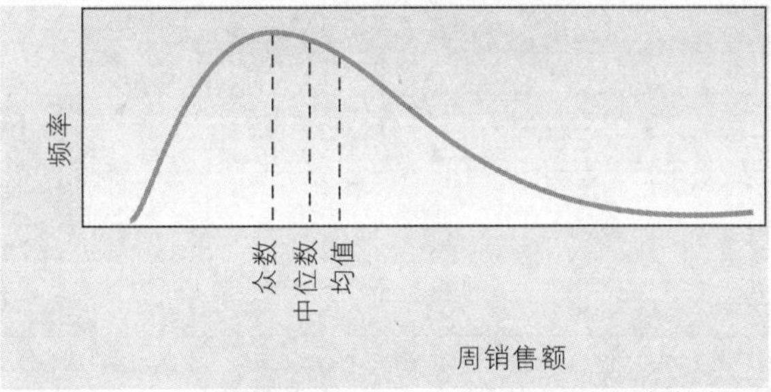

b.是正偏分布，因为均值最大，众数最小。

3-5 a.22千磅（112-90） b.$\overline{X}=\frac{824}{8}=103$（千磅）

c.

X	$\lvert X-\overline{X}\rvert$	绝对离差
95	|-8|	8
103	|0|	0
105	|+2|	2
110	|+7|	7
104	|+1|	1
105	|+2|	2
112	|+9|	9
90	|-13|	13
		总计 42

MD=$\frac{42}{8}=5.25$（千磅）

3-6 a.$\mu=\frac{16\ 900}{5}=3\ 380$（美元）

b. $\sigma^2=\frac{(3\ 536-3\ 380)^2+\cdots+(362-3\ 380)^2}{5}=\frac{156^2+(-207)^2+\cdots+242^2}{5}=\frac{197\ 454}{5}=39490.8$

c. $\sigma^2=\sqrt{39\ 490.8}=198.72$

d.在匹兹堡分公司有更大的方差，因为标准差相对更大，同时均值也相对较大。

3-7 2.33，计算过程为 $\overline{X}=\frac{\sum X}{n}=\frac{28}{7}=4$

X	$X-\overline{X}$	$(X-\overline{X})^2$
4	0	0
2	−2	4
5	1	1
4	0	0
5	1	1
2	−2	4
6	2	4
28	0	14

$$s^2=\frac{\sum(X-\overline{X})^2}{n-1}=\frac{14}{7-1}=2.33 \qquad s=\sqrt{2.33}=1.53$$

3-8 a. $k=\frac{14.15-14.00}{0.10}=1.5$ $\qquad k=\frac{13.85-14.0}{0.10}=-1.5$ $\qquad 1-\frac{1}{1.5^2}=1-0.44=0.56$

b.13.8 和 14.2

第4章 描述数据：显示数据与探索数据

本章学习目标

当你学完本章内容，你应该能够：

1.绘制并解释点图。

2.计算并理解四分位数、十分位数和百分位数。

3.绘制并解释盒形图。

4.计算并描述偏度系数。

5.绘制并理解散点图。

6.构造并理解列联表。

珠宝商McGivern最近在当地报纸刊登了一则广告，广告中报告了他现存33颗钻石的形状、尺寸、价格和切割等级。绘制一个关于价格的盒形图并对结果进行评论。（见练习题27）

4.1 导言

对描述性统计的研究是从第2章开始的。为了清晰地表现未加工或未分组的原始数据，可以把这些数据转变为频数分布的形式，再将频数分布绘成直方图、频数多边形等。这样，数据的集中趋势、最大值、最小值以及数据的形态分布就显而易见。

在第3章中，首先学习了均值、中位数等几种位置测度方法，它们可以用于反映一组观测值中的典型值。同时还介绍了全距、标准差等几种离散型测量指标的计算方法，它们可以用于反映观测值的分散分布情况。

本章将继续学习描述性统计，首先是学习点图、百分位数和盒形图，它们能够直观地反映数据的集中趋势和总体的分布形态。其次是考虑双变量数据，即对反映个体或观察对象的两个变量之间的关系进行研究。例如，某个学生的学习时间与考试成绩，一组产品样本是否合格与产品制作时的换班时间，房主每月的用电量与本地区该月的平均气温。

4.2 点图

直方图可以把数据分组，回想一下第2章表2-1中的Whitner Autoplex数据，把80个观测值划分为7个组，但是分组后，观测值的确切信息也损失掉了。而点图则是对数据尽可能地细分，并不损失每个观测值的详细信息。构建点图时，首先将每个观测值数据用点标示在横轴上，相同或相近的观测值点堆积起来，形成一个包含每个观测值详细信息的数据点分布图形。点图能够反映数据的集中趋势、最大值、最小值等信息，对数据规模较小的数据集非常有用，而直方图则适用于较大的数据集。下面具体看一个构建和解释点图的例子。

举例：

两个苹果木汽车集团的经销商：Tionesta Ford Lincoln Mercury 和 Sheffield Motors Inc.的服务部门上个月都是营业24个工作日。下面列出的是在上个月两个经销商服务的车辆数目。构建点图，解释主要统计指标进而对两个经销商进行比较。

Tionesta Ford Lincoln Mercury

星期一	星期二	星期三	星期四	星期五	星期六
23	33	27	28	39	26
30	32	28	33	35	32
29	25	36	31	32	27
35	32	35	37	36	30

Sheffield Motors Inc.

星期一	星期二	星期三	星期四	星期五	星期六
31	35	44	36	34	37
30	37	43	31	40	31
32	44	36	34	43	36
26	38	37	30	42	33

解答：

可以利用Minitab软件来制作点图，如下图所示，图中也同时给出了两个经销商在过去24个工作日内服务汽车数量的均值、中位数、最大值、最小值、标准差。

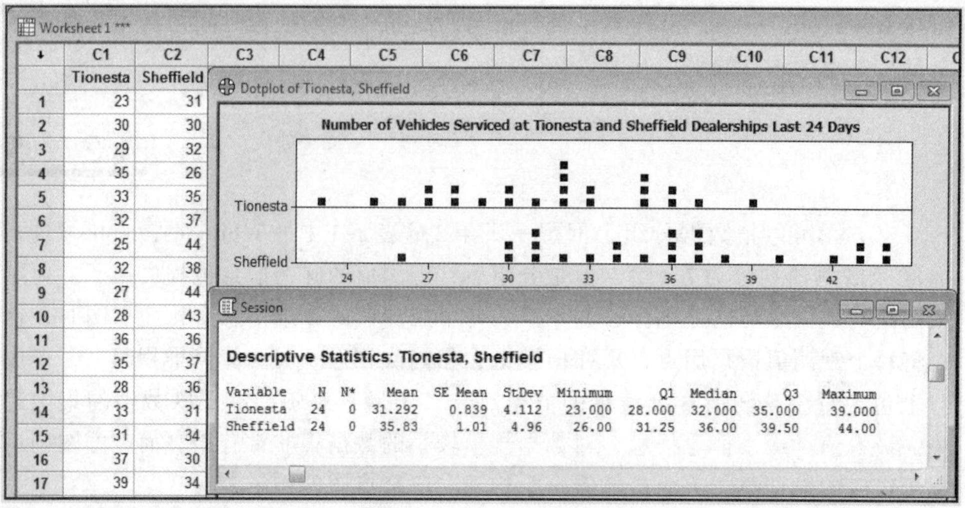

点图在软件的输出中心显示，生动地说明了这两个经销商服务车辆数量的分布，并呈现出观测值的位置和分散状况。通过散点图可以看到，Sheffield经销商服务的车辆的数目比Tionesta更加分散，并具有更大的均值。服务车辆数目还有其他如下特点：

Tionesta经销商在任何一天服务的车辆数相对较少，其中最少23辆。

Sheffield经销商有一天服务的车辆最少，只有26辆，次少的一天是30辆。

Tionesta有四天服务了32辆车。

Sheffield服务车辆数的集中趋势值大约是36，Tionesta大致在32。

观察输出结果中的描述性统计量，可以看出Sheffield经销商和Tionesta经销商平均每月服务汽车的数量分别为35.83辆和31.292辆，即Brophy每月比Smith多售出4.54辆汽车，同时因为Sheffield的标准差（每月4.96辆）大于Tionesta的标准差（每月4.112辆），所以Sheffield销售量的离散程度也要比Tionesta高。

自测题4-1

下面的点图描述的是东南部地区142个家得宝零售店（Home Depot Stores）的雇员人数情况。

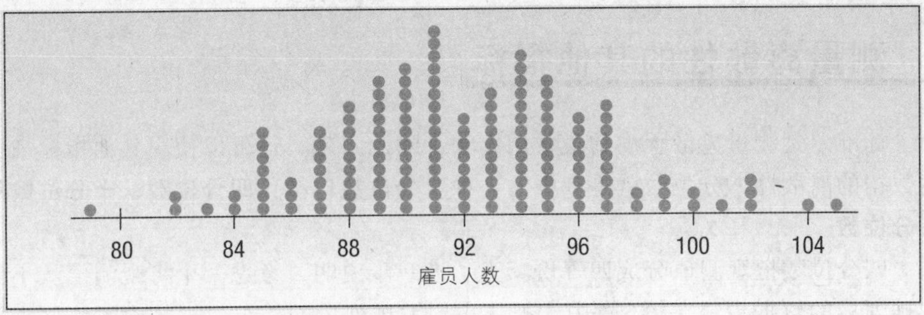

a.各店雇员人数最多的和最少的分别是多少？

b.有多少个店雇员人数为91人？

c.各店雇员数量的集中趋势值都是多少？

练习题

1.考虑下面的图表：

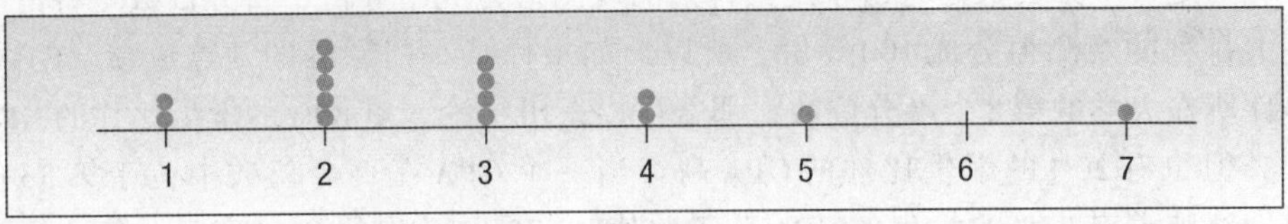

a.这是什么统计图表？

b.该研究中一共有多少观测值？

c.最大值和最小值是多少？

d.集中趋势值大致在哪儿？

2.下图描述的是Radio Shack公司在过去26天里售出移动电话的情况。

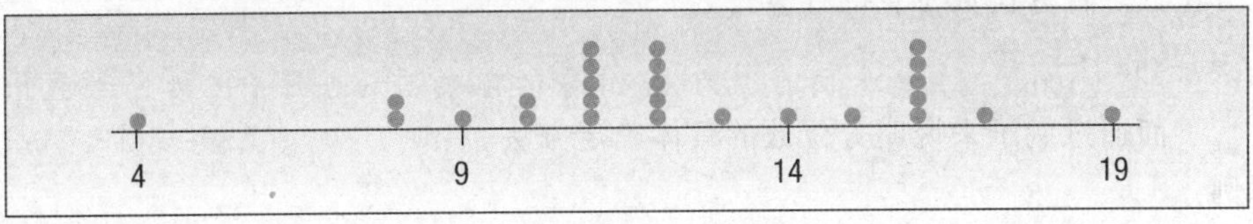

a.一天中移动电话销售数量的最大值和最小值分别为多少？

b.移动电话销售数量的典型值是多少？

（答案：a.19，4　b.11或12）

4.3 测量离散性的其他指标

标准差是测量离散程度的最常用方法，除此之外，还可以使用其他指标来描述数据的离散性，分位数就是其中的一种。分位数包括：**四分位数、十分位数和百分位数**。

四分位数把观测值分成四等份。为了进一步说明，考虑一个将观测值从小到大排列后的数据集。在第3章中，把从小到大排列后的一组数据的中间值称为中位数，即有50%的观测值大于中位数，50%的观测值小于中位数。中位数反映了一组数据的中心值，因此它是测量平均水平的一个指标。同理，**四分位数**将观测值分成四等份，第1个四分位数（通常记为Q_1）是指一组数据序列中处于四分之一位置的值，即有25%的观测值在它之下；第3个四分位数（通常记为Q_3）是指一组数据序列中处于3/4位置的值，即有75%的观测值在它之下。同理，第2个四分位数（通常记为Q_2）是指一组数据序列中居于中间位置的数，即中位数，它将全部数据分成上下两半。也可将第1个四分位数理解为前一半数据的中位数，将第3个四分位数理解为后一半数据的中位数。

同理，**十分位数**是将由小到大排列的观测值分成十等份，**百分位数**是将由小到大排列的观测值分成100等份。所以，如果你某一门课程的绩点成绩（GPA）是你所在大学的第8个十分位数，那么可以得出结论，有80%的学生比你的GPA低，但也有20%的学生比你的GPA高。当一个GPA在百分位数中位于第33位时，意味着有33%的学生的GPA低于此值，67%的学生的GPA高于此值。百分位数经常用于衡量一些国家等级考试，如SAT、ACT、GMAT（管理学研究生入学资格通考）、LSAT（法学学校入学考试）。

四分位数、十分位数和百分位数

为用公式表示分位数，令L_P代表百分位数。如果想计算百分位数中的第33个数，用L_{33}表示；如果想计算中位数，用L_{50}表示。设观测值的个数为n，那么中位数的位置位于（n+1）/2处，或者记为（n+1）（P/100），P就是所要计算的百分位数。百分位数位置的计算公式

$$L_P=(n+1)\frac{P}{100} \tag{4-1}$$

下面通过例子来说明分位数的具体确定方法。

举例：

Salomon Smith Barney是一家在美国各地都拥有办事处的投资公司。下表列出的是来自于该投资公司加利福尼亚办事处的15名经纪人样本上个月的佣金情况。计算经纪人佣金的中位数、第1个四分位数和第3个四分位数（单位：美元）。

2 038	1 758	1 721	1 637	2 097	2 047	2 205	1 787	2 287
1 940	2 311	2 054	2 406	1 471	1 460			

解答：

第一步是将佣金从小到大进行排序（单位：美元）。

1 460	1 471	1 637	1 721	1 758	1 787	1 940	2 038	2 047	2 054
2 097	2 205	2 287	2 311	406					

中位数是位于数据中间位置的观测值。中间值即L_{50}位于（n+1）（50/100）处，其中n为观测值的个数。本例中为第8个观测，由（15+1）（50/100）计算得到，第8个观测值为2 038美元。所以可以得出结论，中位数为2 038美元，即一半经纪人的佣金大于2 038美元，而另一半小于2 038美元。

回顾一下四分位数的定义，四分位数将观测值分为四等份。因此，观测值中有25%的数据小于第1个四分位数，75%的数据小于第3个四分位数。根据公式（4–1）计算出第1个四分位数的位置，其中n=15，P=25：

$$L_{25}=(n+1)\frac{P}{100}=(15+1)\frac{25}{100}=4$$

再计算出第3个四分位数的位置，n=15，P=75：

$$L_{75}=(n+1)\frac{P}{100}=(15+1)\frac{75}{100}=12$$

因此，第1个四分位数为第4个观测值1 721美元，第3个四分位数为第12个观测值2 205美元。

在上例中，依据公式计算得到的位次为整数值，即共有15个观测值，依据公式计算得到的第1个四分位数为第4个观测值，如果样本中观测值的个数变为20个，即n=20，那么应该如何求第1个四分位数？根据公式（4–1）有：

$$L_{25}=(n+1)\frac{P}{100}=(20+1)\frac{25}{100}=5.25$$

我们可以在序列中第5个观测值的基础上，再加上第5个和第6个观测值的差的0.25倍作为第1个四分位数。与中位数一样，四分位数也不要求一定是数据中的实际数值。

为了进一步解释说明，假设一组数据共包括6个观测值：91，75，61，101，43和104。为计算该组数据的第1个四分位数，首先需要将数据从小到大依次排序为：43、61、75、91、101和104。则第1个四分位数位于：

$$L_{25}=(n+1)\frac{P}{100}=(6+1)\frac{25}{100}=1.75$$

则可以判断，第1个四分位数位于数据序列中第1个观测值和第2个观测值之间，等于第1个观测值加上0.75倍的第1个观测值与第2个观测值之差。第1个观测值为43，第2个观测值为61，二者之差为18，二者之差的0.75倍等于13.5（0.75×18），于是在第1个观测值43的基础上再加上13.5，即可得到第1个四分位数为56.5。

同样可以把这种思路应用到十分位数和百分位数的确定上。比如，计算容量为80的样本的第23个百分位数，那么要寻找的位置应为18.63，即：

$$L_{23} = (n+1)\frac{P}{100} = (80+1)\frac{23}{100} = 18.63$$

为了找到与第23个百分位数相对应的值，首先需要确定第18个和第19个观测值，并计算二者之差，然后将该差值乘以0.63，最后将乘积加到二者中较小的观测值上，即可得到第23个百分位数。

采用统计软件包可以很容易地将数据从小到大排序，并计算出百分位数和十分位数的位置。Minitab和Excel软件都可以输出一些简单的统计量。例如，下图给出Smith Barney佣金数据的Minitab输出结果：包括第1个和第3个四分位数以及其他统计信息。根据分位数报告结果，佣金的25%低于1 721美元，佣金的75%低于2 205美元，这与公式（4-1）计算结果是一致的。

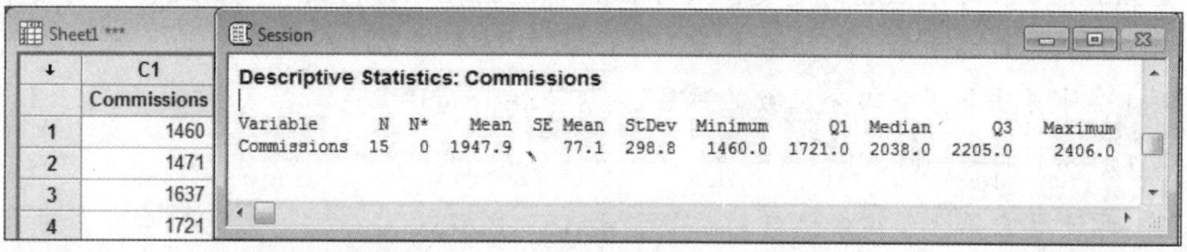

↓	C1 Commissions
1	1460
2	1471
3	1637
4	1721

Descriptive Statistics: Commissions

Variable	N	N*	Mean	SE Mean	StDev	Minimum	Q1	Median	Q3	Maximum
Commissions	15	0	1947.9	77.1	298.8	1460.0	1721.0	2038.0	2205.0	2406.0

除了公式（4-1），还有其他的方法定位四分位数值。例如，另一种方法是使用0.25n+0.75定位第1个四分位的位置，用0.75n+0.25定位第3个四分位数的位置，我们将它称为**电子表格法**。在Smith Barney数据中，这个方法将第1个四分位数定位在4.5（0.25×15+0.75），将第3个四分位数定位在11.5（0.75×15+0.25）。第1个四分位数应该内插0.5，也就是第五个值和第4个值差的一半。按照这种方法，第1个四分位数值应该为1 739.5美元（1 721+0.5（1 758−1 721）），第3个四分位点是11.5，内插0.5，即第12个值与第11个值差的一半。因此佣金的第3个四分位数是2 151美元（2 097+0.5×（2 205−2 097））。

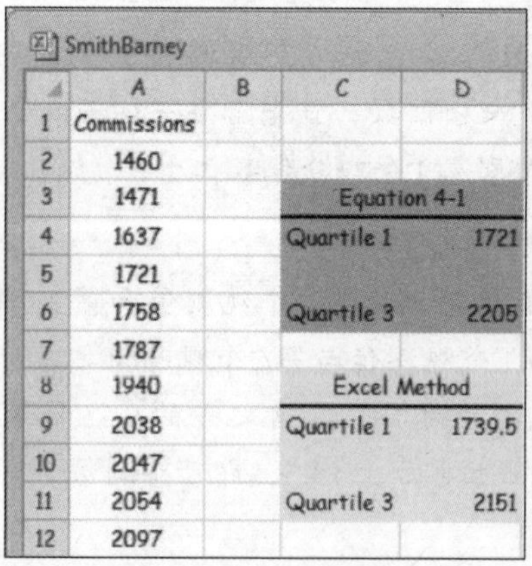

	A	B	C	D
1	Commissions			
2	1460			
3	1471		Equation 4-1	
4	1637		Quartile 1	1721
5	1721			
6	1758		Quartile 3	2205
7	1787			
8	1940		Excel Method	
9	2038		Quartile 1	1739.5
10	2047			
11	2054		Quartile 3	2151
12	2097			

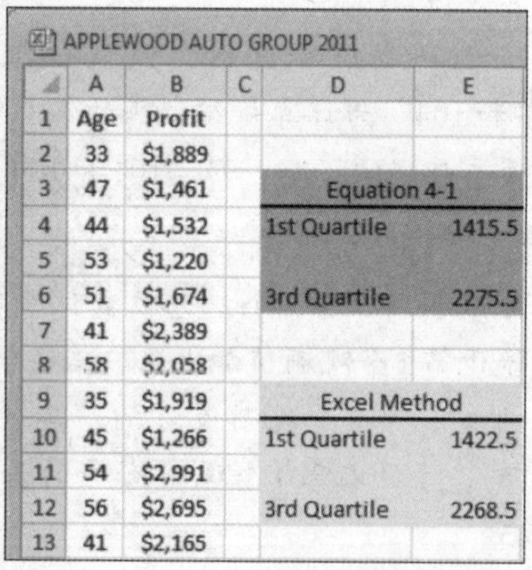

	A	B	C	D	E
1	Age	Profit			
2	33	$1,889			
3	47	$1,461		Equation 4-1	
4	44	$1,532		1st Quartile	1415.5
5	53	$1,220			
6	51	$1,674		3rd Quartile	2275.5
7	41	$2,389			
8	58	$2,058			
9	35	$1,919		Excel Method	
10	45	$1,266		1st Quartile	1422.5
11	54	$2,991			
12	56	$2,695		3rd Quartile	2268.5
13	41	$2,165			

像Smith Barney和苹果木例子那样，Excel可以用两种方法计算四分位数。请标记使用公式（4-1）计算四分位数的文本。

两种方法的差异重要吗？当然不重要，通常它只是一个干扰。一般情况下，两种方法计算的值会支持这种陈述：大约25%的数值小于第1个四分位数，大约75%的数值小于第3个四分位数。当样本容量很大时，两种方法的差异很小。例如在苹果木汽车集团数据中，样本容量是180，两种方法计算的四分位数值显示在上面右图中，基于利润变量，有45（180×25%）个值小于第1个四分位数，135（180×75%）个值小于第3个四分位数。

当应用Excel时，要仔细理解用于计算四分位数的方法，在Excel 2007中，四分位数使用Excel的计算方法。Excel 2010中提供两种方法来计算四分位数。在本章最后软件命令部分显示在Excel 2010中计算四分位数的命令。

自测题4-2

Plainsville Peanut 公司质量控制部门负责监测重量为8盎司的罐装花生酱的重量。下面给出的是上一小时内生产的9罐花生酱样本的重量。

7.69	7.72	7.8	7.86	7.90	7.94	7.97	8.06	8.09

a. 花生酱样本重量的中位数是多少？

b. 确定第1个四分位数和第3个四分位数相对应的重量。

练习题

3. 计算下列数据的中位数、第1个和第3个四分位数。

46	47	49	49	51	53	54	54	55	55	59

4. 计算下列数据的中位数、第1个和第3个四分位数。

5.24	6.02	6.67	7.30	7.59	7.99	8.03	8.35	8.81	9.45
9.61	10.37	10.39	11.86	12.22	12.71	13.07	13.59	13.89	15.42

（答案：中位数为9.53，Q_1=7.69　Q_3=12.59）

5.Thomas Supply公司是一个燃气发电机的代销商，与其他贸易一样，顾客付款的期限非常重要。下面列示的是按从小到大顺序排列的该公司客户样本的付款时间（单位：天）。

13	13	13	20	26	27	31	34	34	34	35	35	36	37	38
41	41	41	45	47	47	47	50	51	53	54	56	62	67	82

a.计算第1个和第3个四分位数。

b.计算第2个和第8个十分位数。

c.计算第67个百分位数。

6.Kevin Horn是国家教科书的全国销售经理，他有40名销售人员，这些销售人员的任务是拜访全美国各大学的教授，并要在每周六上午向Kevin Horn提交一份包含上一周所拜访教授人数信息的报告。下面列示的是按从少到多顺序排列的每名销售人员上周所拜访的教授人数。

38	40	41	45	48	48	50	50	51	51	52	52	53	54	55	55	55	56	56	57
59	59	59	62	62	62	63	64	65	66	66	67	67	69	69	71	77	78	79	79

a.计算中位数。

b.确定第1个和第3个四分位数。

c.确定第1个和第9个十分位数。

d.确定第33个百分位数。

（答案：a.58　　b.51.25，66.0　　c.45.3，76.4　　d.53.53）

盒形图

盒形图是基于四分位数的数据绘制的，反映数据分布结构的一种形似盒子的图形。构建盒形图，只需要用到观测数据中的最小值、Q_1（第1个四分位数）、中位数、Q_3（第3个四分位数）和最大值共5个观测值。下面举例说明。

举例：

Alexander's Pizza为方圆15英里以内的顾客提供免费送餐业务。店主Alex想了解一些关于送餐所花费时间的信息。一般情况下送餐需要花费多长时间？大部分送餐业务能在多长时间范围内完成？根据一个含有20个送餐业务的样本，Alex得到了下列信息：

最小值=13分钟

Q_1=15分钟

中位数=18分钟

Q_3=22分钟

最大值=30分钟

为送餐时间构建一个盒形图，根据图形你能得出什么结论？

解答：

绘制盒形图的第一步是按适当的比例将横轴分成几等份，并标明数据。然后从Q_1（15分钟）开始到Q_3（22分钟）结束，画成一个盒子形状。在盒子里面，再画一条垂线代表中位数（18分钟）。最后，从盒子中间画一条横线，一直向左延伸到最小值（13分钟）和向右延伸到最大值（30分钟）。我们有时称盒子外边的这部分横线为"胡须"，因为它们看起来有点像小猫的胡须。

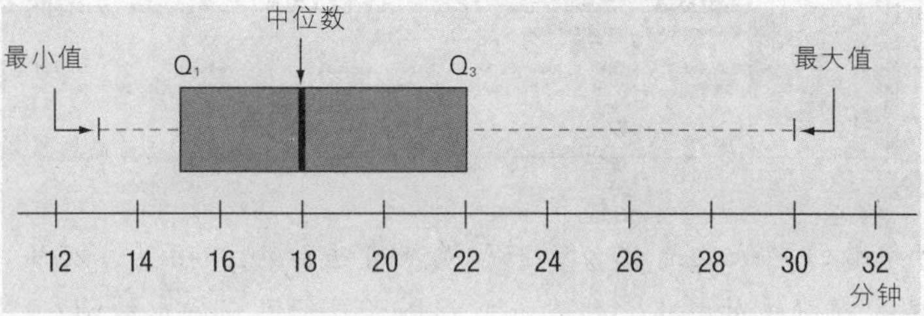

盒形图表明：中间50%的送餐业务用时为15到22分钟之间，盒形上边线值和下边线值之差为7分钟，称为**四分位数内间距**，即第3个四分位数与第1个四分位数之差。它反映了主要送餐业务所用时间的离散或分布情况。

从盒形图中可以明显地看到，送餐时间呈正偏分布。回顾第3章中的内容，我们把缺乏对称性的数据定义为偏度。那么如何判断本例中的分布是正偏态呢？有两方面的信息可以说明这个问题。第一，从盒形的右边22分钟（Q_3）到最大值30分钟的虚线长度比从盒形的左边15分钟（Q_1）到最小值13分钟的虚线长度长。换句话说，大于第3个四分位数的25%的数据分布比小于第1个四分位数的25%的数据分布更广。第二，中位数没有位于盒形图的中间，即第1个四分位数到中位数的距离小于中位数到第3个四分位数的距离，而我们知道，用时在15～18分钟之间的送餐业务与用时在18～22分钟之间的送餐业务数量是相等的。

举例：

参照苹果木汽车集团数据，绘制购买者年龄变量的盒形图，我们据此推断购买者年龄呈现什么分布特征？

解答：

利用Minitab统计软件系统绘制盒形图和统计量结果如下：

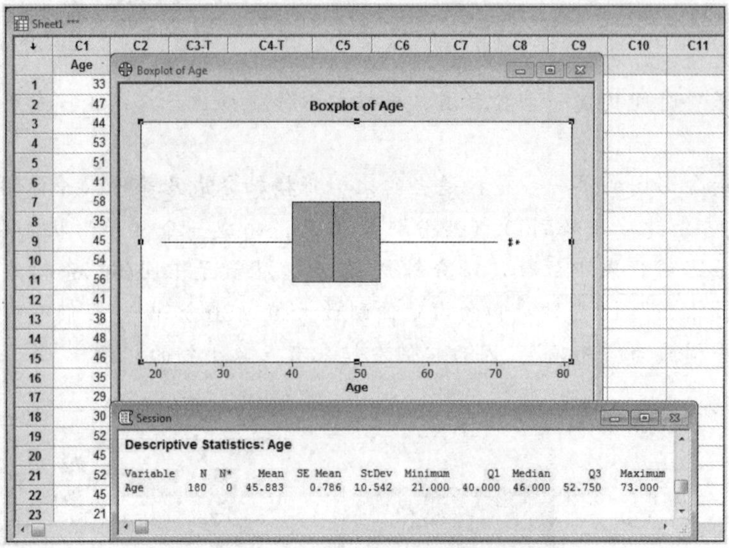

购买者年龄的中位数是46岁，25%购买者年龄小于40岁，25%购买者年龄大于52.75岁。根据统计量汇总信息和盒形图，我们可以得出结论：

50%的购买者年龄介于40~52.75岁之间。

年龄的分布是对称的。有两个原因：年龄大于52.75岁（Q_3）箱须的长度与年龄40岁以下（Q_1）箱须长度大致相等。另外，中位数46岁和40岁之间箱框的面积与46岁和52.75岁之间箱框的面积大致相等。

在70岁以上数据的上方有一个星号（*），这个星号代表的是**奇异值**。奇异值是偏离正常值的值。具体的判断标准是：如果一个观测值比1.5倍的四分位数内间距与第3个四分位数之和还大，或比第1个四分位数与1.5倍的四分位数内间距之差还小，则这个值就是奇异值。在本例中，奇异值就是大于71.875的值，因为：

奇异值 $> Q_3+1.5\times(Q_3-Q_1)=52.75+1.5\times(52.75-40)=71.875$

另外，小于20.875的值也是奇异值。

奇异值 $< Q_1-1.5\times(Q_3-Q_1)=40-1.5\times(52.75-40)=20.875$

利用Minitab得到的上述盒形图中显示有三个年龄大于72岁的，没有年龄小于21岁的。技术说明：在一些情况下，由于软件和可用空间的限制，一个星号可能代表不止一个观测值。检查实际数据是个好主意。在本例中，有三种购买者年龄超过72岁，其中两个是72岁，一个是73岁。

自测题4-3

下面的盒形图反映的是华盛顿州西雅图市信用合作社的资产情况（单位：百万美元）

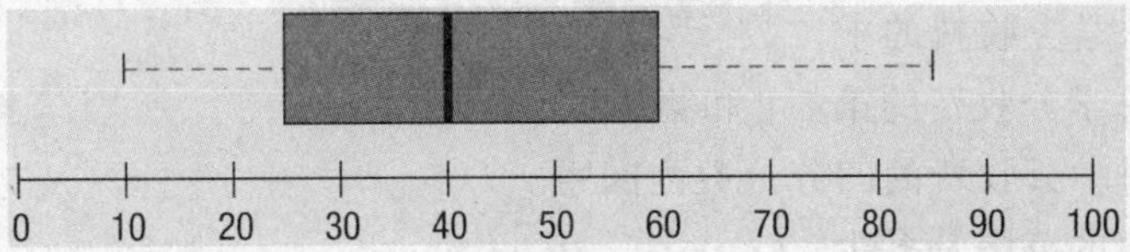

试确定最大值、最小值、第 1 个四分位数、第 3 个四分位数和中位数。你认为这个分布是对称的吗？

练习题

7.下面的盒形图反映了四年制公立大学学生每年购买图书的消费支出情况。

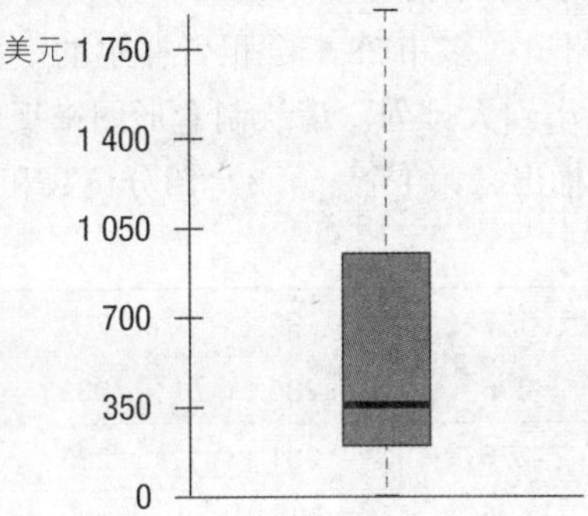

a.估计消费支出的中位数。

b.估计消费支出的第1个和第3个四分位数。

c.估计消费支出的四分位数内间距。

d.奇异值的范围是多少？

e.辨别并计算奇异值。

f.该图形是否呈对称分布？如果不是对称分布，那么是正偏态还是负偏态？

8.下面的盒形图反映的是美国四年制公立大学大学生的每学分收费情况。

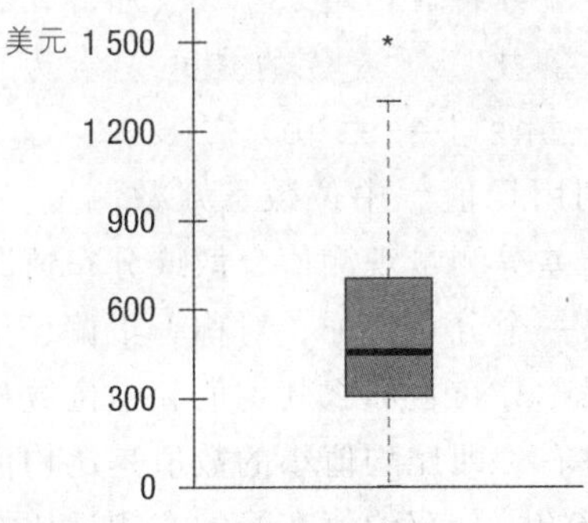

a.估计每学分收费的中位数。

b.估计每学分收费的第1个和第3个四分位数。

c.估计每学分收费的四分位数内间距。

d.奇异值的范围是多少?

e.辨别并计算奇异值。

f.该图形是否呈对称分布?如果不是对称分布,那么是正偏态分布还是负偏态分布?

(答案:a.450 b.300,700 c.400 d.1 300 e.大约是1 500 f.正偏态)

9.在一项对2007年产汽车每加仑汽油行驶路程的研究中发现,每加仑汽油行驶路程的均值是27.5英里,中位数是26.8英里,最小值是12.70英里,最大值是50.20英里,第1个和第3个四分位数分别是17.95英里和35.45英里。根据以上描述,绘制盒形图同时对其分布情况加以说明,并判断该分布是否为对称分布。

10.下面是佛罗里达州奥兰多市28个合租者样本的一居室住房日房租费用。为方便起见,已经将数据从小到大排列。请绘制盒形图来反映该样本数据的分布情况并加以说明。盒形图中要标出来第1个、第3个四分位数和中位数(单位:美元)。

116	121	157	192	207	209	209
229	232	236	236	239	243	246
260	264	276	281	283	289	286
307	309	312	317	324	341	353

4.4 偏度

实践中的统计学

Stephen Jay Gound(1941—2002年)是哈佛大学的动物学和地质学教授。1982年,他被诊断患有癌症,并且只能维持8个月的生命。他并没有绝望,而是对生命的维持时间进行了研究,他发现生命维持时间呈明显的正偏态分布,有50%的癌症患者生命维持时间超过了8个月,有的甚至达到了数年。他基于自己的经历出版了一篇被广泛流传的文章,名为"中位数不是全部信息(The Median Is Not the Message)"。

在第3章中介绍了利用均值、中位数、众数测度一组观测值中间位置的方法,以及利用全距和标准差等测量观测值分散或分布情况的方法。

分布形态是数据的另一个分布特征,对称、正偏、负偏和双峰是四种常见的分布形态。如果数据呈对称分布,那么其均值和中位数相等,并且各数据值均匀地分布在均值或中位数左右,即比均值小的数值是比均值大的数值的镜像。如果一组观测值的分布是单峰的,分布的值在峰的右侧远比峰的左侧堆积得多,则称该组观测值的分布是**右偏的**，或**正偏的**，此时均值在中位数的右侧，即大于中位数。如果一组观测值的分布是单峰的，分布的值在峰的左侧远比峰的右侧堆积得多，则称该组观测值的分布是**左偏的**，或**负偏的**，此时均值在中位数的左侧，即小于中位数。其中，以正偏态分布更为普遍，工资水平数据通常是正偏态分布。试想在一个有100名左右职工的小公司中，与其他工人相比，经理和少数高级管理人员的工资水平非常高，因此工资水平呈现正偏态分布。**双峰分布**和多峰分布就是有两个或多个峰值的分布。当观测来自两个或多个不同总体时，通常会呈双峰或多峰分布。四种分布形态的特点如图4-1所示。

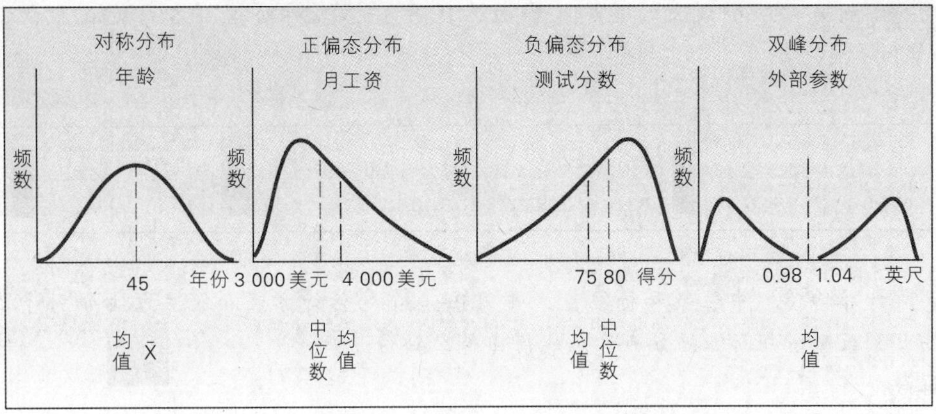

图4-1　频数多边形的形状

统计文献中用来计算偏度的公式有多种。其中，最简单的是Karl Pearson（1857—1936年）教授提出的基于中位数与均值之差的偏度计算公式。

Pearson偏度系数　　$sk=\frac{3(\bar{X}-\text{中位数})}{s}$　　(4-2)

基于该公式计算得到的偏度系数的值介于-3和3之间。当值接近于-3时，如-2.57，表明呈明显的负偏态分布。如果值为1.63，表明呈轻微的正偏态分布。当值为0时，即中位数等于均值时，表明分布是对称的，并不存在偏斜。

软件计算的偏度系数　　$sk=\frac{n}{(n-1)(n-2)}\sum\left(\frac{X-\bar{X}}{s}\right)^3$　　(4-3)

本书主要利用统计软件包Minitab和Excel进行操作并给出输出结果，这两种软件包均是基于观测数据与均值差的三次幂来计算偏度系数的。具体公式如下：

公式（4-3）提供了一个理解偏度的视角。公式右边的（$\frac{X-\bar{X}}{s}$）部分，是将变量的各观测值减去其均值，再除以其标准差。其结果反映各观测值与其均值的距离平均来说相当于多少个单位的标准差。这种方法在统计中被称为**标准化**，我们将在第7章讨论正态概率分布时对该方法进行详细介绍。如果各观测值与均值的差为正，说明观测值大于均值；如果差是负数，说明被标准化的观测值小于均值。差值的正负情况会对数值进行三次方的结果产生影响。回顾一下标准差公式，由于是将每个观测值与均值的差进行平方，所以标准差的计算结果一定是非负的。

如果所观察的数据呈对称分布，那么当我们将标准化数据进行三次方，并将所有三次方结果相加，其结果将接近于0。如果存在一些异常大的数值，很明显与其他值不同，那么观测值与均值之差的三次方之和将为一个较大的正值；如果有一些数值与其他数值相比异常小，那么观测值与均值之差的三次方之和就将为一个较大的负值。

下面的例题将进一步说明偏度这一概念。

举例：

下面是按从小到大的顺序排列的2010年15家软件公司样本每股收益数据（单位：美元）。

0.09	0.13	0.41	0.51	1.12	1.20	1.49	3.18
3.50	6.36	7.83	8.92	10.13	12.99	16.40	

计算均值、中位数和标准差，并用Pearson的估计方法和软件方法分别计算偏度系数。请判断依据分布形态能得出什么结论。

解答：

这是样本数据，因此利用公式（3-2）来计算均值：

$$\overline{X} = \frac{\sum X}{n} = \frac{74.26}{15} = 4.95 \text{（美元）}$$

中位数是按从小到大排列后数据序列的中间值。在本例题中，中间值是3.18美元，所以每股收益的中位数是3.18美元。

利用公式（3-9）计算样本的标准差：

$$s = \sqrt{\frac{\sum(X-\overline{X})^2}{n-1}} = \sqrt{\frac{(0.09-4.95)^2+\ldots+(16.40-4.95)^2)}{15-1}} = 5.22 \text{（美元）}$$

Pearson 偏度系数是1.017，计算过程为：

$$sk = \frac{3\times(\overline{X}-\text{中位数})}{s} = \frac{3\times(4.95-3.18)}{5.22} = 1.017$$

说明每股收益数据的分布呈轻微的正偏。

用软件方法计算偏度系数的详细过程如表4-1所示，虽然结果与Pearson偏度系数不相等，但是很相似。首先计算每股收益与其均值的差，然后再除以标准差，这就是前边提到的标准化过程；其次对标准化后的结果进行二次方；最后，将所有三次方结果相加。下面是对每股收入为0.09美元的第一家公司的计算过程：

$$\left(\frac{X-\overline{X}}{s}\right)^3 = \left(\frac{0.09-4.95}{5.22}\right)^3 = (-0.9310)^3 = -0.8070$$

表 4-1　　偏度系数的计算过程

每股收益	$\frac{X-\bar{X}}{s}$	$\left(\frac{X-\bar{X}}{s}\right)^3$
0.09	−0.9310	−0.8070
0.13	−0.9234	−0.7873
0.41	−0.8697	−0.6579
0.51	−0.8506	−0.6154
1.12	−0.7337	−0.3950
1.20	−0.7184	−0.3708
1.49	−0.6628	−0.2912
3.18	−0.3391	−0.0390
3.50	−0.2778	−0.0214
6.36	0.2701	0.0197
7.83	0.5517	0.1679
8.92	0.7605	0.4399
10.13	0.9923	0.9772
12.99	1.5402	3.6539
16.40	2.1935	10.5537
		11.8274

将15个三次方后的值加总得到11.8274，即 $\sum[\frac{(X-\bar{X})}{s}]^3=11.8274$。再利用公式（4-3）计算偏度系数，其中n=15。

$$sk=\frac{n}{(n-1)(n-2)}\times\sum(\frac{X-\bar{X}}{s})^3=\frac{15}{(15-1)(15-2)}\times 11.8274=0.975$$

据此可以得出结论：每股收益数据呈一定程度的正偏性。下图是Minitab的输出结果，给出了每股收益的均值、中位数、标准差等描述性指标，以及偏度系数和覆盖了一条钟形曲线的直方图。

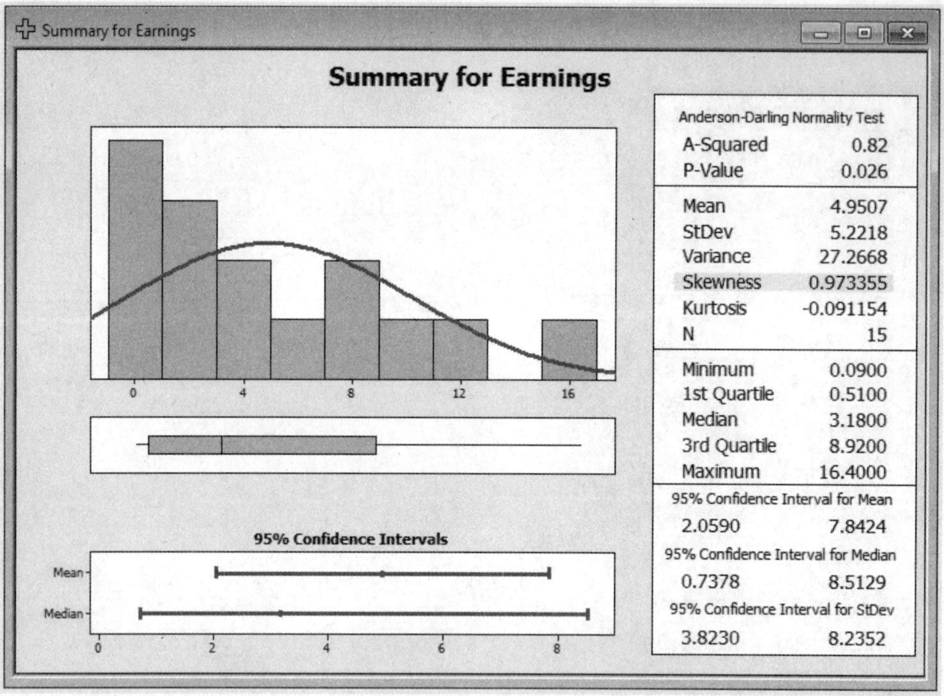

自测题 4-4

Horry 国税局5名数据录入人员（样本）在上一小时复核完成的征税记录数分别为73，98，60，92，84。

a. 计算均值、中位数和标准差。

b. 用Pearson的方法计算偏度系数。

c. 用软件方法计算偏度系数。

d. 依据偏度系数的计算结果，能得出什么结论？

练习题

对下面的练习题11~14，完成以下任务：

a. 计算均值、中位数和标准差。

b. 用Pearson的方法计算偏度系数。

c. 用软件方法计算偏度系数。

11. 下面是去年进入会计师事务所工作的5名会计学专业毕业生样本的初始工资（单位：千美元）。

36.0	26.0	33.0	28.0	31.0

12.下面是电子行业15位主要财务主管（样本）的收入情况（单位：千美元）。

516.0	548.0	566.0	534.0	586.0	529.0	546.0	523.0	538.0
523.0	551.0	552.0	486.0	558.0	574.0			

（答案：a.542，546，25.083　b.-0.478　c.-0.375）

13.下面是Furniture Patch公司的销售代表去年的佣金收入情况（单位：千美元）。

3.9	5.7	7.3	10.6	13.0	13.6	15.1	15.8	17.1
17.4	17.6	22.3	38.6	43.2	87.7			

14.下表是2010年纽约洋基队在棒球大联盟球队开幕日上的报酬情况。

球员	工资（千美元）	位置	球员	工资（千美元）	位置
Aceves, Alfredo	435.7	投手	Pena, Ramiro	412.1	内场手
Burnett, A.J.	16 500.0	投手	Pettitte, Andy	11 750.0	投手
Cano, Robinson	9 000.0	二垒手	Posada, Jorge	13 100.0	接球手
Cervelli, Francisco	410.8	接球手	Rivera, Mariano	15 000.0	投手
Chamberlain, Joba	488.0	投手	Robertson, David	426.7	投手
Gardner, Brett	452.5	外场手	Rodriguez, Alex	33 000.0	三垒手
Granderson, Curtis	5 500.0	外场手	Sabathia, CC	24 285.7	投手
Hughes, Phil	447.0	投手	Swisher, Nick	6 850.0	外场手
Jeter, Derek	22 600.0	游击手	Teixeira, Mark	20 625.0	一垒手
Johnson, Nick	5 500.0	一垒手	Thames, Marcus	900.0	外场手
Marte, Damaso	4 000.0	投手	Vazquez, Javier	11 500.0	投手
Mitre, Sergio	850.0	投手	Winn, Randy	1 100.0	外场手
Park, Chan Ho	1 200.0	投手			

（答案：a.8 253；5 500；9 267　b.0.89　c.1.15）

4.5　描述两个变量之间的关系

在第2章和本章的开始部分，介绍了用图形描述单变量分布情况的方法。第2章用直方图描述了Whitner Autoplex已售汽车价格的分布特点，而在本章则是用点图对数据进行直观描述。因为研究的对象是一个单一变量，所以称为**单变量数据**。

在某些情况下，有时也希望能研究并直观地描述出两个变量之间的关系。反映两个变量之间关系的数据称为**双变量数据**。数据分析师经常希望理解两个变量之间的关系，比如下面的例子：

■Tybo and Associates是一个律师事务所，他们经常在当地电视台做广告。合伙人想增加他们的广告预算，实施之前，他们想知道每月的广告投入与这个月的业务量之间的关系。换句话说，增加广告投入能使业务量增加吗？

■Coastal Realty正在研究房屋销售价格。什么变量会影响房屋销售价格呢？例如，面积大的房屋是否会比面积小的价格高？有可能。因此Coastal可能会研究房屋面积与销售价格之间的关系。

■Stephen Givens博士是一位人类发展学专家，他正在做一项关于父亲与儿子身高的相关关系的研究，即高个子父亲的儿子都是高个子吗？某个专业篮球运动员身高7尺1寸、体重335磅，那么他的儿子是否也会和他差不多高呢？

散点图是一种反映两个变量之间关系的简单且直观的图形。

绘制散点图需要两个变量，将一个变量标示在横轴上（X轴），另一个变量标示在纵轴上（Y轴），通常一个变量的大小可能会依赖于另一个变量，比如在上面提到的第三个例子中，儿子的身高取决于父亲的身高，所以将父亲的身高标示在横轴上，将儿子的身高标示在纵轴上。

可以应用统计软件Excel等来绘制图形。注意：一定要认真处理数据的刻度，不论是改变横轴的刻度还是改变纵轴的刻度，都可能会影响到变量间关系的视觉效果。

下面有三个散点图（见图4-2），左边的散点图反映的是去年俄亥俄州Cleveland市10辆公交车样本，随着使用年份的增加，维修费用也随之增加的强正相关关系。右边的散点图反映的是20辆汽车样本的里程表读数与拍卖价格的强负相关关系，即随着汽车行驶路程的增加，拍卖价格会随之降低。下边的散点图反映的是15个领班样本的身高与年收入的关系，该图形表明身高与年收入基本没有关系。

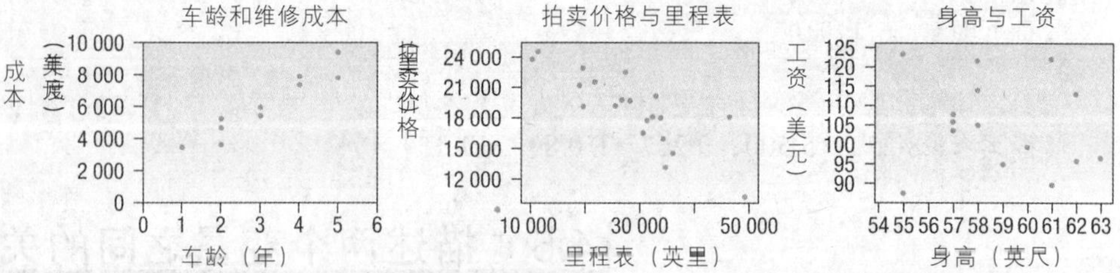

图4-2　三个散点图例子

举例：

在第2章导言部分给出了苹果木汽车集团的销售数据。我们得到了几个变量的信息，包括上个月销售的180辆车的价格以及购买者的年龄。这销售价格和购买者年龄之间存在相关关系吗？能否得出结论：购买价格越高，购买者的年龄越大？

解答：

我们可以借助散点图来研究汽车销售价格与购买者年龄之间的关系。将年龄标示在横轴（X轴）上，汽车价格标示在纵轴（Y轴）上。用Excel软件做出如下的散点图，具体操作步骤见本章最后一部分的“软件命令说明”（software commands）。

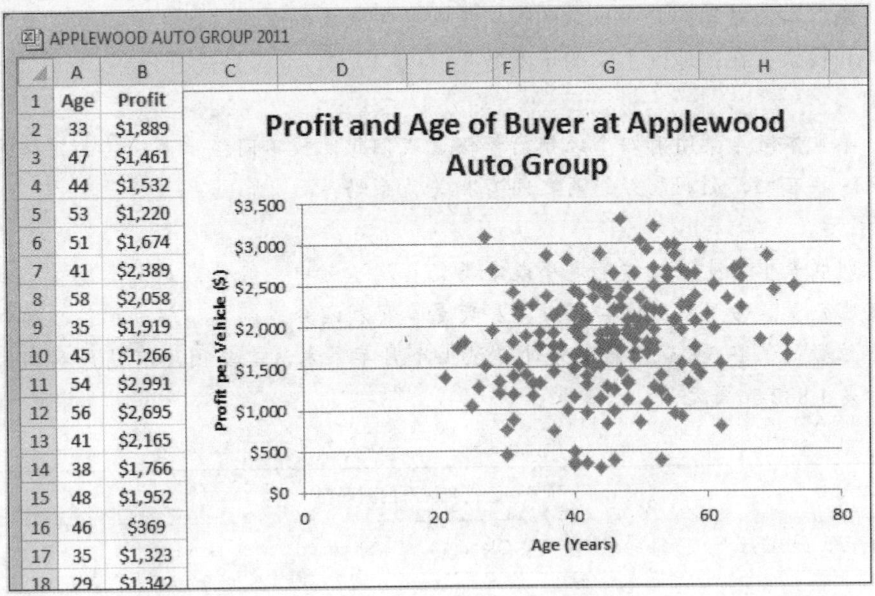

散点图显示两个变量之间呈较弱的正相关关系。销售价格和购买者年龄确实没有表现出很强的相关关系。第13章将会通过计算一些数值型指标对变量间的相关关系进行更为深入的研究。

在苹果木汽车集团的例子中，两个变量之间存在的是弱的正相关关系。不过也有许多例子反映的是变量之间负的相关关系。例如：

■汽车的价格与汽车已行驶里程之间。随着汽车行驶里程的增加，汽车的价格会降低。

■汽车保险费与司机的年龄之间。年轻司机的汽车保险税率较高，而年纪大的司机汽车的保险税率较低。

■随着法律执行人员工作年龄的增加，其所开出交通罚单的数量就越少。这可能是由于法律执行人员随着年龄的增加变得越来越宽容，也可能是他们已经位于管理层而不再开罚单。而在每个事件中随着年龄的增加，所开罚单的数量都有所减少。

在绘制散点图时要求两个变量至少是定距尺度的数据。在Whitner Autoplex例子中，年龄和销售价格都是定比尺度数据。在讨论父亲与儿子身高的关系时，身高也是定比尺度数据。当要研究的两个变量中至少有一个是定类或定序尺度的数据时，就需要用列联表或交叉表来展现它们之间的关系。

列联表 是根据两个可以识别的特征，同时对两个变量的观测值进行交叉分类的表格。

列联表是一种交叉表格，能够同时反映两个变量之间的关系。例如：

■将大学生按照性别和班级进行分类。

■一种产品按照是否合格和生产时间（白天、下午或晚上）进行分类。

■将学校发起的公民投票的投票人按照投票人的党派（民主党、共和党、其他）和投票人在本地区上学的子女数量（0，1，2，等等）进行分类。

举例：

苹果木汽车集团有四个经销商，假设我们想比较不同经销商销售的每辆车的利润。换言之，利润和经销商之间有相关关系吗？

解答：

列联表中的变量应该是定序或定类变量。本例中，经销商是定类变量，利润是定比变量。为了把利润转化成定序变量，将利润分成两类：超过中位数的和低于中位数的。在3.8节开始部分计算了上个月苹果木汽车集团所有销售利润的中位数是1 882.50美元。

利润和经销商关系的列联表

高于/低于中位数	Kane	Olean	Sheffield	Tionesta	总计
高于	25	20	19	26	90
低于	27	20	26	17	90
总计	52	40	45	43	180

通过把数据编制成列联表，我们可以比较四个经销商的利润，从中可以发现：

从最右边的一列总计中可见，180辆车中有90辆利润高于中位数，有90辆利润低于中位数。根据中位数的定义，这是期望得到的结果。

对Kane经销商而言，总计销售的52辆车中有25辆（48%）的利润高于中位数。

对其他经销商而言，利润高于中位数的百分比分别为：Olean为50%，Sheffield为42%，Tionesta为60%。

我们将在第5章学习概率并在第15章学习非参数分析方法过程中继续列联表的学习。

自测题 4-5

摇滚乐队Blue String Beans正在美国巡演，下图反映的是演唱会的座位数与收入（单位：千美元）之间的关系。样本由举办的演唱会场数组成。

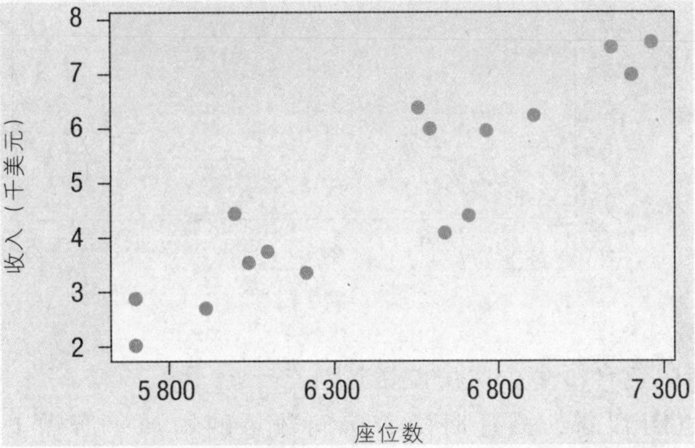

a.这是什么类型的图表？

b.研究样本中包含多少场演唱会？

c.估计演唱会最大座位数的收入是多少？

d.判断收入与演唱会座位数之间的相关关系是否显著？是正相关还是负相关？

练习题

15.根据下面的样本数据绘制散点图，并描述两组数据之间的关系。

X值	Y值	X值	Y值
10	6	11	6
8	2	10	5
9	6	7	2
11	5	7	3
13	7	11	7

16.Sliver Springs 搬迁和储运公司正在研究搬迁时房间数量与搬迁所需工时数之间的关系。作为分析内容的一部分，Sliver Springs 的 CFO 绘制了如下所示的散点图：

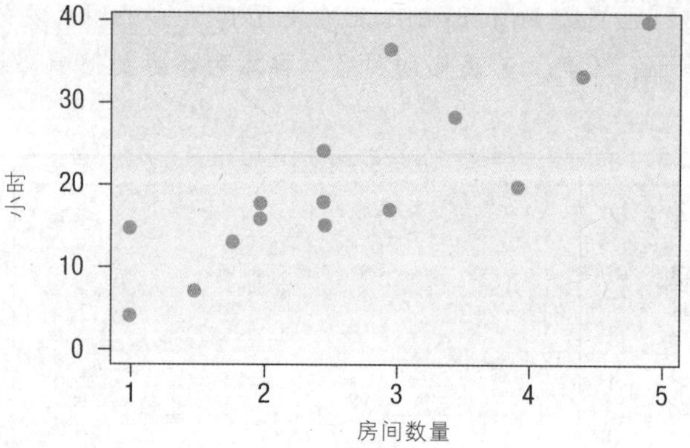

a.研究样本中包含了多少次房屋搬迁？

b.依据散点图判断，搬迁时随着房间数量的增加，所需工时是增加还是减少？

（答案：a.15　b.随着房间数量的增加，所需工时也增加）

17.Devine 餐饮公司的决策者想研究顾客的性别与顾客是否需要餐后甜点的关系。为此，管理者收集了200名顾客的相关信息。

	性别		
是否需要餐后甜点	男	女	总计
是	32	15	47
否	68	85	153
总计	100	100	200

a.这两个变量的测量尺度是什么？

b.上表是什么类型的图表？

c.表中数据是否反映了男性比女性更喜欢餐后甜点？请解释原因。

18.Ski Resort of Vermont 公司想与 Gulf Shores Boat Tours 公司合并，公司的董事会召集了50名股东了解他们对公司合并的意见，调查结果如下表所示：

	意见			
持股数量	支持	反对	中立	总计
小于200	8	6	2	16
200到1 000	6	8	1	15
大于1 000	6	12	1	19
总计	20	26	4	50

a.表中变量的测量尺度是什么?

b.上表是什么类型的图表?

c.哪一组股东是最强烈反对公司合并的?

(答案:a.定序尺度和定比尺度　b.列联表　c.大于1 000股的股东)

本章总结

Ⅰ.点图反映了数值在横轴上的变动范围,并且每个观测值对应一个点。

A.点图描绘了每个观测值的具体情况。

B.它们有利于比较两组或多组数据。

Ⅱ.位置指标也能用来描绘一组观测值的分布形态。

A.四分位数将一组观测值分成四等份。

1.25%的观测值小于第1个四分位数,50%的观测值小于第2个四分位数,75%的观测值小于第3个四分位数。

2.四分位数内间距是第3个四分位数与第1个四分位数之差。

B.十分位数将一组观测值分成10等份,百分位数将观测值分为100等份。

C.盒形图是用来描绘一组数据的图形显示方法。

1.将第1个四分位数和第3个四分位数之间的区域围起来,画成一个盒子。

a.在盒子中的中位数位置画一条垂线。

b.第3个四分位数到最大值之间的虚线部分反映了25%的最大值,第1个四分位数到最小值之间的虚线部分反映了25%的最小值。

2.盒形图基于5个统计指标绘制而成:最大值、最小值、第1个四分位数、第3个四分位数和中位数。

Ⅲ.偏度系数是测度数据是否呈对称分布的指标。

A.有两种计算偏度系数的公式:

1.由Karl Pearson提出的计算公式为:

$$sk=\frac{3(\bar{X}-\text{中位数})}{s} \qquad (4-2)$$

2.基于统计软件的偏度系数计算公式为:

$$sk=\frac{n}{(n-1)(n-2)}\sum\left(\frac{X-\bar{X}}{s}\right)^3 \quad (4-3)$$

Ⅳ.散点图是用来描绘两个变量之间关系的一种图形工具。

A.两个变量都是按定距或定比尺度测量得到的。

B.如果散点是从左下方到右上方排列，那么所观察的两个变量呈正相关。

C.如果散点是从左上方到右下方排列，那么所观察的两个变量呈负相关。

Ⅴ.列联表是根据两个可以识别的特征，对两个变量的观测值进行交叉分类。

发音要领

符号	含义	发音
L_P	百分位数	L下 P
Q_1	第1个四分位数	Q下 1
Q_3	第3个四分位数	Q下 3

本章练习题

19.随机对佛罗里达州西南大学的学生上周参加社会活动的次数进行了调查，下表是依据调查结果绘制的图形。

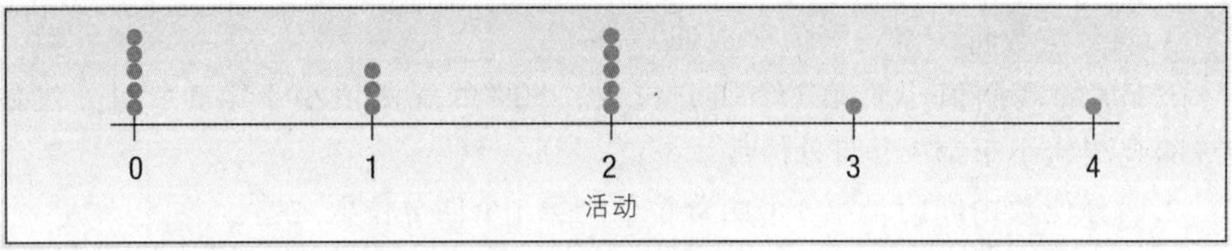

a.这是什么类型的图表?

b.被调查的学生人数有多少?

c.有多少名被调查学生没有参加社会活动?

20.Doctor's Care 是一家无需预约的诊所，在 Georgetown、Monks Corners 和 Aynor 三个地区都有营业点，主要治疗轻度摔伤、伤风、流感和进行体检。下图反映的是昨天三个地区各诊所诊治的患者人数情况。请描述三个地区诊所服务的患者人数情况，并判断各地区诊所诊治的最多和最少患者人数分别是多少?

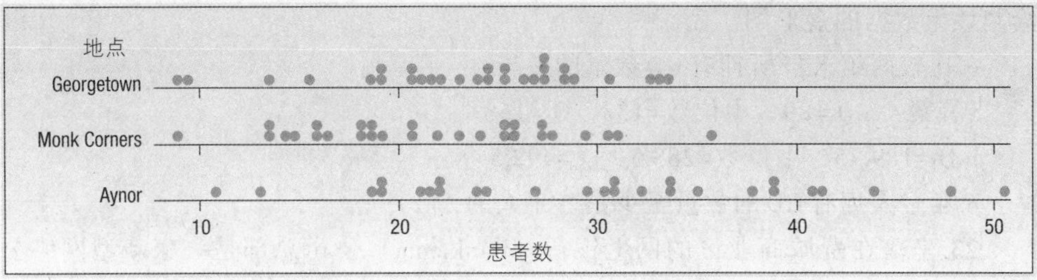

（答案：见教师手册）

21. 近年来，由于利率降低，许多房主通过抵押房屋来筹措资金。Linda Lahey是Down River Federal Savings and Loan公司信贷部的职员，下表是她上周所受理的20项贷款业务，数据已按从小到大排列（单位：千美元）。

59.2	59.5	61.6	65.5	66.6	72.9	74.8	77.3	79.2	83.7
85.6	85.8	86.6	87.0	87.1	90.2	93.3	98.6	100.2	100.7

a. 试确定中位数、第1个四分位数和第3个四分位数。

b. 试确定第26个和第83个百分位数。

c. 根据这组数据绘制盒形图。

22. 美国音像业对美国老年人和年轻人拥有音乐CD的数量进行了一项调查。调查结果如下：

老年人									
28	35	41	48	52	81	97	98	98	99
118	132	133	140	145	147	153	158	162	174
177	180	180	187	188					

年轻人									
81	107	113	147	147	175	183	192	202	209
233	251	254	266	283	284	284	316	372	401
417	423	490	500	507	518	550	557	590	594

a. 确定老年人拥有CD数量的中位数、第1个四分位数和第3个四分位数，并绘制该组数据的盒形图。

b. 确定年轻人拥有CD数量的中位数、第1个四分位数和第3个四分位数，并绘制该组数据的盒形图。

c.比较两组人群所拥有CD数量的差异。

（答案：a.Q_1=89，中位数=133，Q_3=168

b.Q_1=189.75，中位数=283.5，Q_3=492.5

c.年轻人拥有CD的数量至少是老年人的2倍）

23.坐落在费城商业区的网上银行（Bank.com）公司总部是一家新型网络公司，其所有银行交易业务都是通过网络来实现的。由于当地城市计划奖励那些鼓励员工乘公交车上班的雇主，因此该人力资源部经理做了一项关于员工到达公司所花费时间的调查。下边给出的分别是乘坐公交车员工和开私家车员工上班所用时间的数据（单位：分钟）。

乘坐公交车员工上班所用时间									
23	25	25	30	31	31	32	33	35	36
37	42								

开私家车员工上班所用时间									
32	32	33	34	37	37	38	38	38	39
40	44								

a.确定乘坐公交车上班的员工所用时间的中位数、第1个四分位数和第3个四分位数，并绘制该组数据的盒形图。

b.确定开私家车上班的员工所用时间的中位数、第1个四分位数和第3个四分位数，并绘制该组数据的盒形图。

c.比较两组人群上班所用时间的差异。

24.下面的盒形图反映的是各个州及哥伦比亚行政区每天发行报纸的数量。对报纸发行数量进行简要描述和分析，需要包括以下信息：第1个四分位数、第3个四分位数、中位数以及偏度情况。判断是否存在奇异值，如果存在，奇异值是多少。

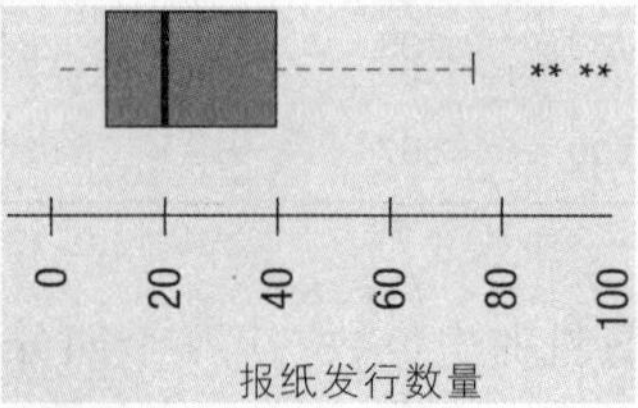

（答案：Q_1=10，中位数=20，Q_3=40；呈正偏分布；奇异值为85，86，95，99）

25.Walter Gogel公司是一家纽扣、器具、弹簧的供应商。该公司发票价格差异很大，从低于20.00美元到高于400.00美元。1月份该公司共发货80次，下面是这些发票价格的盒形图。对发票金额进行简要描述和分析，需要包括以下信息：第1个四分位数、第3个四分位数、中位数以及偏度情况。判断是否存在奇异值，如果存在，奇异值是多少？

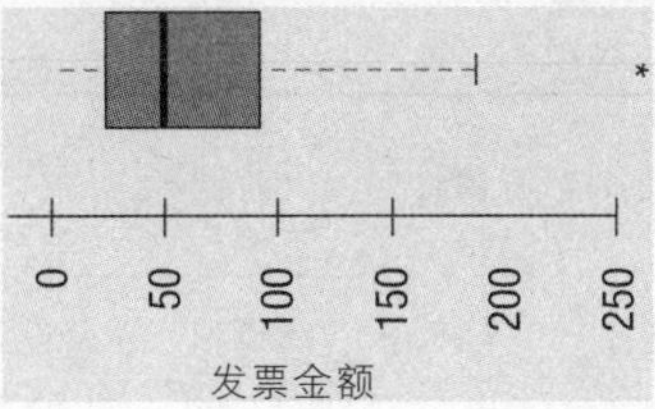

26.The American Society of PeriAnesthesia Nurses（ASPAN；www.aspan.org）是一个全国性护士协会组织，主要针对门诊手术、麻醉前、麻醉后护理的护士服务。下表列出构成该组织的40个分支。

州/地区	成员数	州/地区	成员数
Alabama	95	Illinois	562
Arizona	399	Indiana	270
Maryland, Delaware, DC	531	Iowa	117
Connecticut	239	Kentucky	197
Florida	631	Louisiana	258
Georgia	384	Michigan	411
Hawaii	73	Massachusetts	480
Maine	97	California	1,165
Minnesota, Dakotas	289	New Mexico	79
Missouri, Kansas	282	Pennsylvania	575
Mississippi	90	Rhode Island	53
Nebraska	115	Colorado	409
North Carolina	542	South Carolina	237
Nevada	106	Texas	1,026
New Jersey, Bermuda	517	Tennessee	167
Alaska, Idaho, Montana, Oregon, Washington	708	Utah	67
New York	891	Virginia	414
Ohio	708	Vermont, New Hampshire	144
Oklahoma	171	Wisconsin	311
Arkansas	68	West Virginia	62

用统计软件回答下列问题：

a.找出每个分支成员数的均值、中位数和标准差。

b.用软件找出偏度系数，你认为分支成员规模的分布形状是什么？

c.利用公式（4-1）计算第1个和第3个四分位数。

d.绘制分支成员规模的盒形图，该分布存在奇异值吗？哪一个分支是奇异值？奇异值的范围是什么？

（答案：a.348.5　276，277.4　b.1.17，正偏　c.108.3　527.5　d.一个奇异值，加利福尼亚州，1 156.3）

27.McGivern 珠宝店最近在当地报纸上刊登了一则广告，介绍现货供应的33颗钻石的形状、大小、价格以及等级。具体信息如下：

形状	规格（克拉）	价格（美元）	等级	形状	规格（克拉）	价格（美元）	等级
方形	5.03	44 312	完美	圆形	0.77	2 828	超级完美
圆形	2.35	20 413	非常好	椭圆形	0.76	3 808	非常好
圆形	2.03	13 080	完美	方形	0.71	2 327	非常好
圆形	1.56	13 925	完美	榄尖形	0.71	2 732	好
圆形	1.21	7 382	超级完美	圆形	0.70	1 915	非常好
圆形	1.21	5 154	一般	圆形	0.66	1 885	非常好
圆形	1.19	5 339	非常好	圆形	0.62	1 397	好
圆柱石	1.16	5 161	完美	圆形	0.52	2 555	非常好
圆形	1.08	8 775	超级完美	方形	0.51	1 337	完美
圆形	1.02	4 282	非常好	圆形	0.51	1 558	非常好
圆形	1.02	6 943	完美	圆形	0.45	1 191	非常好
榄尖形	1.01	7 038	好	方形	0.44	1 319	一般
方形	1.00	4 868	非常好	榄尖形	0.44	1 319	非常好
圆形	0.91	5 106	非常好	圆形	0.40	1 133	非常好
圆形	0.90	3 921	好	圆形	0.35	1 354	好
圆形	0.90	3 733	非常好	圆形	0.32	896	非常好
圆形	0.84	2 621	非常好				

a.绘制价格变量的盒形图，并加以说明。判断是否存在奇异值，并确定价格的中位数、第1个四分位数和第3个四分位数。

b.绘制规格变量的盒形图，并加以说明。判断是否存在奇异值，并确定规格的中位数、第1个四分位数和第3个四分位数。

c.绘制反映价格和规格两个变量之间关系的散点图，将价格标示在纵轴，将规格标示在横轴。判断两个变量之间是否存在相关关系，如果存在，是正相关还是负相关？有没有异常值？

d.绘制反映形状和等级两个变量之间关系的散点图，并判断：最普遍的等级是什么？最普遍的形状是什么？最普遍的形状与等级的组合是什么？

28.下表反映的是顶好电子（Best Electronics）的8名销售人员上个月的佣金收入，用两种方法计算佣金收入的偏度系数。提示：可以采用电子表格进行计算。

980.9	1 036.5	1 099.5	1 153.9	1 409.0	1 456.4	1 718.4	1 721.2

（答案：0.4092和0.3656）

29.下表反映的是某大城市上一周每天发生汽车盗窃案的次数，用两种方法计算汽车盗窃案次数的偏度系数。提示：可以采用电子表格进行计算。

3	12	13	7	8	3	8

30.Wilkin调研公司信息服务部的经理正在调查多功能办公打印机的费用情况。关注点之一是，集打印、复印、传真于一身的多功能打印机的使用时间（单位：月）与其维修费用之间的关系。根据15台打印机样本的调查数据，经理绘制出了如下的散点图。依据散点图判断，打印机使用时间与其维修费用二者之间的关系如何？

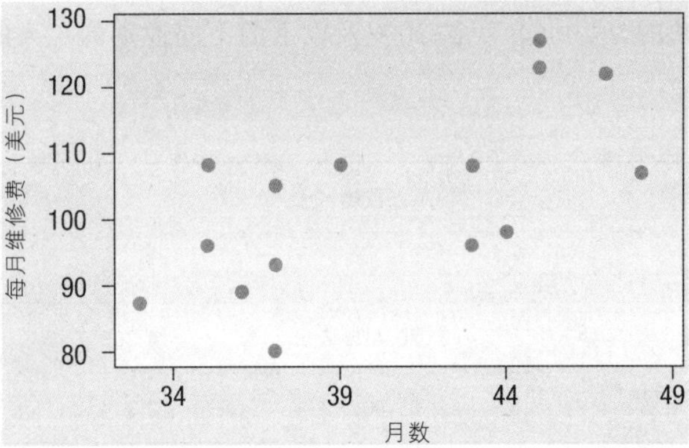

（答案：打印机使用时间越久，需支付的维修费用就越多）

31.下表数据是一家汽车保险公司某天所报告的司机年龄及发生交通事故的次数。试绘制散点图并做简要说明。

年龄	交通事故次数	年龄	交通事故次数
16	4	23	0
24	2	27	1
18	5	32	1
17	4	22	3

32.Wendy's提供8种不同的放在汉堡包中的佐料（芥末、调味酱、洋葱、蛋黄酱、腌菜、莴苣、西红柿和开胃小菜）。某店经理收集了所点佐料的数量与消费者按年龄分组的信息，如下表所示。据此可以得出什么结论？哪个年龄组的人点的佐料种类最多，哪个年龄组的人点的佐料种类最少？

	年龄			
佐料数量	18岁以下	18~40岁	40~60岁	60岁以上
0	12	18	24	52
1	21	76	50	30
2	39	52	40	12
3及以上	71	87	47	28

（答案：越年轻的人喜欢加的佐料就越多）

33.下表反映的是2006年美国20岁及以上的不同性别的工人的就业人数与失业人数。

	工人数量（千人）	
性别	就业	失业
男	70 415	4 209
女	61 402	3 314

a.研究对象中一共有多少名工人？

b.失业工人所占比重为多少？

c.比较并分析男性失业率和女性失业率的差异。

数据集练习题

下面这些练习题可以在网站www.mhhe.com/lindbasic8e下载。

34. 在Real Estate数据集中，提供了去年亚利桑那州房屋的出售信息，编制一份房屋销售价格报告，回答以下问题：

a. 绘制盒形图，计算第1个和第3个四分位数，并判断是否存在奇异值。

b. 绘制散点图，将价格标示在纵轴，房屋面积标示在横轴，判断这两个变量之间是否存在相关关系；如果存在，是正相关关系还是负相关关系？

c. 绘制散点图，将价格标示在纵轴，将到城市中心的距离标示在横轴，判断这两个变量之间是否存在相关关系；如果存在，是正相关关系还是负相关关系？

35. Baseball 2010数据集提供了2010赛季30个美国职业棒球联盟球队信息。

a. 在这个数据集中，Built变量代表运动场建造的年代，运用这个变量建立一个新的变量：年限（提示：用当前年份减去运动场建立年份，即可得到运动场使用年限变量）。绘制运动场使用年限盒形图，有奇异值吗？如果有，哪一个是奇异值？

b. 运用球队报酬变量，绘制盒形图，有奇异值吗？球队报酬的四分位数为多少？简要比较和分析纽约洋基队与其他球队报酬的差异情况。

c. 绘制散点图，将球队赢的场数标示在纵轴，球队的薪水标示在横轴，你能得到什么结论？

d. 以球队赢的场数为变量绘制点图，能从图中得到什么结论？

36. 请参照布埃纳学区公共汽车数据：

a. 根据保养成本变量绘制盒形图，第1个和第3个四分位数是什么？有奇异值吗？

b. 确定保养成本的中位数，基于中位数，绘制列联表，其中公共汽车生产厂家是一个变量，保养成本是否高于/低于中位数为另一个变量。你能得出什么结论？

实践测试

第一部分　客观题

1. 用一条数值线显示每一个观测值信息的图称为________。

2. ________图基于下列五个统计指标绘制：最大值、最小值、第1个四分位数、第3个四分位数以及中位数。

3. ________图是刻画两个定距变量或定比变量关系的制图技术。

4. ________表是根据两个可以识别的特征，同时对两个变量的观测值进行交叉分类。

5. ________把观测值分成四个等分。

6.________把观测值分成100个等分。

7.________系数测度了分布的对称性。

8.________是一组数据序列中处于1/4位置的值，即有25%的观测值在它之下。

9.________是第1个四分位数与第3个四分位数之差。

第二部分 问题

1.11家保险公司报告了最近一年的市场资本总额（百万美元）：

15	17	23	26	27	35	72	88	91	98	102

a.绘制数据点图。

b.确定市场资本总额的中位数。

c.计算市场资本总额的第一四分位数。

d.找出市场资本总额的第75个百分位数。

e.绘制数据的盒形图。

2.Texas农场合作社对其员工进行健康体检，其中包括血压监测。下表列出了分年龄组的血压检测结果。

	年龄			
血压	30岁以下	30~60岁之间	60岁以上	总计
低	21	29	37	87
中位数	45	82	91	218
高	23	46	75	144
总计	89	157	203	449

a.所有成员中有高血压的比例是多少？

b.30岁以下群组中低血压的比例是多少？

c.年龄和血压有什么关系吗？具体描述一下。

软件命令说明

1.利用Minitab实现原书中4.2节举例中点图的过程是：

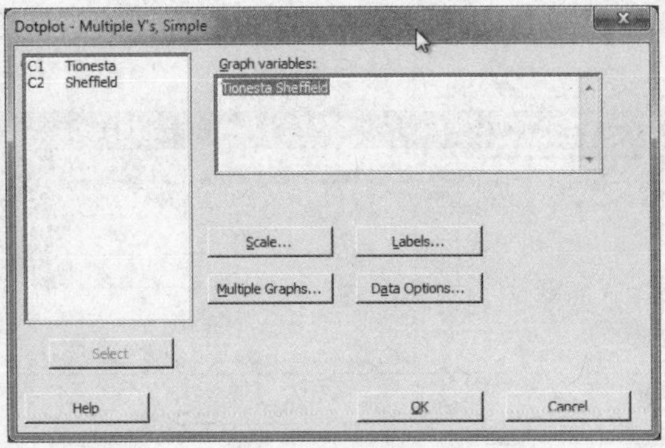

a.将TionestaFord Lincoln Mercury公司已售汽车的数量输入到C1列，将SheffieldMotors已经售出的汽车数量输入C2，并分别给变量命名。

b.选择Graph（图形）和Dotplot（点图）。在第一个对话框左下角处选择Multiple Y's Simple，然后点OK。在下一个对话框中选择Tionesta和Sheffield作为Graph（图形）变量。点击Labels（标签），并给出一个合适的名称，然后点OK。

c.为了计算输出结果中的统计指标，要依次选择Stat，Basic Statistics（基本统计指标）以及Display Descriptive Statistics（显示描述性统计指标），在对话框中选择Tionesta和Sheffield作为Variable（变量）。点击Statistics（统计指标），选择需要输出的统计指标。最后双击OK。

2.利用Minitab实现书中4.3节Smith Barney佣金数据的Minitab输出结果，描述性统计的过程是：

a.导入Smith Barney佣金数据。

b.在Toolbar（工具盒）中依次选择Stat，Basic Statistics（基本统计指标）以及DisplayDescriptive Statistics（显示描述性统计指标），然后在对话框中选择Commissions（佣金）作为Variable（变量），然后点击OK。

3.4.3节Smith Barney佣金数据分位数的Excel命令如下：

a.将Smith Barney佣金数据导入A列。

如果你用Excel2010并且希望用公式（4-1）计算分位数，步骤如下：

b.在C3单元格输入公式（4-1），在C4单元格输入第1个四分位数，在C6单元格输入第3个四分位数。

c.在D4单元格键入"=QUARTILE.EXC（A2：A16，1）"，然后点击Enter。在D6单元格键入"=QUARTILE.EXC（A2：A16，3）"，然后点击Enter。

如果你用Excel2007或者Excel2010并且希望用Excel方法计算四分位数，步骤如下：

b.在C8单元格输入Excel Method，在C9单元格输入第1个四分位数（Quartile1），在C11单元格输入第3个四分位数（Quartile 3）。

c.在D8单元格键入"=QUARTILE.EXC（A2：A16，1）"，然后点击Enter。在D11单元格键入"=QUARTILE.EXC（A2：A16，3）"，然后点击Enter。

4. 利用Minitab实现书中4.3节盒形图举例中盒形图的过程是：

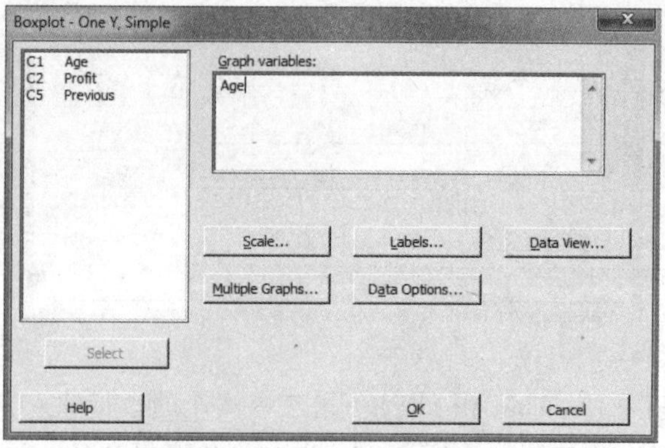

a. 导入苹果木汽车集团数据。

b. 选择Graph（图形）中的Boxplot（盒形图）。在对话框中选择左上角的simple（样本），然后点击OK。选择Age（年龄）作为图形变量，点击Labels（标签），输入一个合适的标题，然后点击OK。

5. 利用Minitab实现本章4.4节举例中简单描述性统计的过程是：

a. 将数据导入第一列，在单元格C1下方键入变量收益（Earnings）。

b. 依次选择Stat，Basic Statistics（基本统计指标），然后点击Graphical Summary（图形概要），将Earning（收益）选为变量，然后点击OK。

6. 利用Excel实现本章4.4节举例中散点图的过程是：

a. 导入苹果木汽车集团的数据。

b. 使用鼠标，突出年龄（Aage）价格（Profit）列，包括第一行。

c. 点击Insert（插入）键，从左上方Chart（图表）中选择Scatter（散点图）。散点图将显示出来。

d. 在顶部显示的图表工具（Chart Tools），选择布局选项卡（Layout），选择图表标题（Chart Title）为图表设一个标题，然后选择坐标轴题目，纵轴题目记作价格（Profit），横轴题目记作年龄（Age），接下来选择说明（Legend），并且选择无（None）。

自测题答案

4-1 a. 79，105

b. 15

c. 从88到97；75%的商店职工数量集中在这个范围。

4-2 a. 7.9

b. Q_1=7.76 Q_3=8.015

4-3 最小值是10，最大值是85；第1个四分位数是25，第3个四分位数是60；有50%的数值介于25和60之间。中位数是40。该分布呈正偏。

4-4 a. $\overline{X}=\frac{407}{5}=81.4$，中位数是84

$s=\sqrt{\frac{923.2}{5-1}}=15.19$

b. $sk=\frac{3\times(81.4-84.0)}{15.19}=-0.51$

c. $sk=\frac{5}{4\times3}\times(-1.3154)=-0.5481$

d. 数据分布呈轻微负偏。

X	$\frac{X-\overline{X}}{s}$	$(\frac{X-\overline{X}}{s})^3$
73	−0.5530	−0.1691
98	1.0928	1.3051
60	−1.4088	−2.7962
92	0.6978	0.3398
84	0.1712	0.0050
		−1.3154

4-5 a. 散点图

b. 16

c. 7 500美元

d. 显著的正相关关系。

第5章

概率论概念审视

本章学习目标

当你学完本章内容，你应该能够：

1.解释术语：实验、事件、结果。

2.运用恰当的方法给出概率。

3.利用加法原理计算概率。

4.给联合概率下定义。

5.利用乘法原理计算概率。

6.给条件概率下定义。

7.用列联表计算概率。

8.用正确的计数法则数出结果的个数。

60%前往中国的游客会参观故宫、天坛、长城以及北京周边的历史名胜。40%前往中国的游客会去西安参观历史长达2 000多年的兵马俑。30%前往中国的游客会选择同时去北京和西安。那么一位游客参观以上至少一处历史名胜的概率是多少？（详见练习题68）

5.1 导言

我们在第2、3、4章中重点描述了统计。在第2章，我们整理出了上个月在Whitner Autoplex销售的80辆汽车其不同售价的频率分布。这个分布体现了最高和最低售价，也体现了售价最集中的部分。在第3章，我们用数值型指标的定位及离散性的方法，确定了一个代表性的销售价格，并研究价格的区间，把价格区间和离散程度描述为全距和标准差。在第4章，我们使用了图表，比如散点图，并进一步以图形描述数据。

统计描述，其主要关心的是对已发生事件数据的收集。比如，我们描述上个月在Whitner Autoplex的车辆销售价格。现在我们去研究事件的另一方面，那就是，计算某事件在未来发生的概率，这被称为**统计推断**（statistical inference）或者**推断统计**（inferential statistics）。

没有决策者是在信息充足的情况下做出决策的。

例如：

• 一个智力玩具的制造商，最近发明了一种新的与运动有关的游戏，并且想知道那些运动迷们是否会购买其产品，“Slam Dunk”和“Home Run”是这个产品的两个候选名字。降低错误决策风险的方法之一，是请市场调研公司，找到目标客户群体中的2 000名消费者，从他们那里得到对产品和名字的反馈意见。利用这个样本结果，公司就能大体估算出目标群体可能购买它们产品的比例。

• 美国钢铁公司的质量部要确保其1/4英寸金属丝有合格的抗张强度。显然，不是每根金属丝都需要检测，因为检测要把金属丝拉伸到断裂从而破坏它。因此，随机抽取10根金属丝来做测试。根据测试结果，就可以得出全部的金属丝合格还是不合格的结论了。

• 其他的那些不确定问题，比如肥皂剧Days of Our Lives是否应该立刻停播？那种新发明的薄荷香味的荞麦面包如何推向市场？会不会有利可图？Charles Linden会不会被选为Batavia镇的总审计员？

统计推断是根据从某一总体中得到的样本信息，来对该总体特征做出推断结论。（这个总体在前面的例子中就是所有喜爱体育类游戏的人，所有生产好的1/4英寸金属丝，所有看肥皂剧的电视观众，所有早餐吃荞麦面包的人等。）

由于这些在决策中的不确定因素，对所有已知风险都做科学的计算显得很重要。计算的有效方法就是概率论，经常被称为不确定性的科学。概率论的用途是让决策者在有限的信息条件下分析投资，降低内在的风险。比如，营销一个新产品，或者接收一个可能存在缺陷的入境货物。

由于概率的内容在统计推断领域非常重要（将在第8章讨论），本章介绍基本的概率语言，包括实验、事件、主观概率、加法原则和乘法原则。

5.2 什么是概率？

毫无疑问，你对这些术语都很熟悉，概率、机会、可能性，它们通常可以替换使用。天气预报员说，超级碗星期日有70%的可能性会下雨。通过一些顾客对新的香蕉味泡菜的体验来看，如果这种产品投放市场，成功盈利的概率是0.03（也就是说，这种泡菜上市后，被消费者接受的可能性相当小）。什么是概率？总体来说，概率是描述一个事件将来会以多大可能性发生的这样一个数值。

概率 一个介于0~1之间的数值（含0和1），描述一个事件将来会发生的可能性。

概率常被表示为一个小数，比如0.70，0.27或0.50，同样也可以是分数，比如7/10，27/100，1/2等。它可以假设是[0，1]任何一个数字。假设一个公司有5个销售区域，每个区域的名字或者代号被写在一张纸片上并藏在一个帽子里，那么从帽子中选出一个纸片上面写着5个区域中的任何一个的名字的概率是1，而从中选出一个上面写着“Pittsburgh Steelers”纸片的概率是0。可见，概率为1代表的是那些必然发生的事情，而概率为0代表那些不可能发生的事情。

概率的值越趋近于0，代表事件越不可能发生；概率的值越趋近于1，代表事件越有可能发生。下图是一些我们身边事情的概率，你可能对其中的Slo Poke赢得肯塔基赛马（Kentucky Derby）大会的概率和联邦税递增的概率有不同的见解。

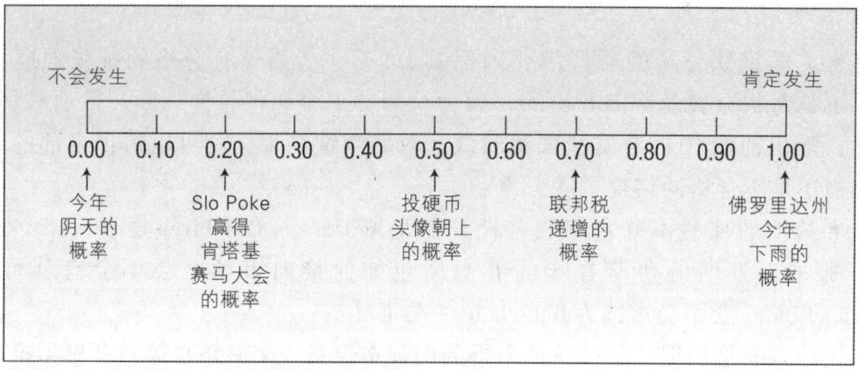

我们也可以利用比值来计算事件发生的概率，为5/（5+2）或者5/7。因此，如果事件发生的几率为x比y，那么事件发生的概率为x/（x+y）。

在学习概率的过程中，三个关键词经常用到：**实验**、**结果**和**事件**。这些词属于日常用语，但在统计学中，它们有专门的含义。

实验 引致几个可能观测结果中的一个结果而且仅有一个结果发生的这样一个过程。

这个定义比在我们印象中一个人操作检测仪器和显微镜的物理实验更普遍一些。在概率论中，一个实验可能有两个或更多的结果，并且不确定哪个结果会发生。

结果 一个实验的某一特定后果。

比如，掷硬币是一个实验。你可以观察它，但你不知道它会出现正面还是反面。如果扔一次硬币，其中的一种特定的结果是正面，另一种则是反面。同样，调研询问500名大学生是否会计划去100英里开外的某个地方参加Foo Fighters音乐会也是一个实验。在这个实验中，一个可能的结果是273个学生表示他们计划去，另一个可能的结果是317个学生计划去，还有一个结果是423个学生表示他们计划去。当一个实验的一个或多个结果被观察到时，我们就称之为一个事件。

事件 一个实验中一个或多个结果的集合。

在下面的图中，我们通过例子来阐明术语实验、结果和事件的定义。在掷骰子实验中，有6个可能的结果，但有许多可能的事件。当我们计算500强企业董事会成员中年龄超过60岁的人数时，可能的结果是从0到董事会成员总数。在这个实验中，会有更多的可能事件。

实验	掷骰子	计算500强企业董事会成员中年纪超过60的人的数量
所有可能的结果	得到的点数为1 得到的点数为2 得到的点数为3 得到的点数为4 得到的点数为5 得到的点数为6	无人超过60岁 1个人超过60岁 2个人超过60岁 … 29个人超过60岁 … … 48个人超过60岁 …
一些可能的事件	偶数 数字大于4 数字小于等于3	多于13人超过60岁 少于20人超过60岁

自测题5-1

Video Games, Inc.开发了一款新的视频游戏，它的可玩性将由80名游戏资深玩家来检验。

(a) 实验是什么？

(b) 一种可能的结果是什么？

(c) 如果65个人玩过后说喜欢这个游戏，65是一个概率吗？

(d) 新游戏成功的概率最后被计算成-1.0，对该结果加以评论。

(e) 列出一种可能的事件。

5.3 概率的求解方法

我们将要讨论获得事件发生概率的两种途径：主观途径和客观途径。其中客观概率又被分为古典概率和经验概率。

5.3.1 古典概率

古典概率基于一种假设，即一个实验的各种结果的发生是等可能的。用这一观点，一个事件发生的概率等于有利结果的个数除以所有可能结果的个数：

$$\text{事件发生的概率}=\frac{\text{有利结果的个数}}{\text{所有可能结果的个数}} \tag{5-1}$$

举例：

考虑一个掷6面骰子的实验。在该实验中，发生“偶数面向上”事件的概率是多少？

解答：

可能的结果有：

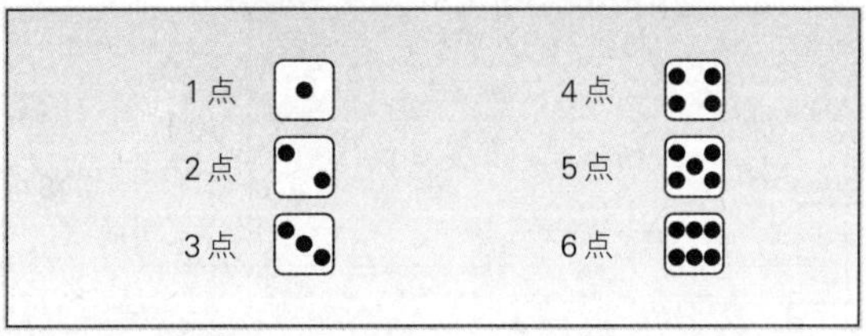

在6个等可能的结果的集合中，有三个“有利的”结果（分别是2点、4点和6点）。因此，

$$\text{得到偶数的概率}=\frac{3 \leftarrow \text{有利结果的个数}}{6 \leftarrow \text{所有可能结果的个数}}$$

$$=0.5$$

互斥的概念在第2章我们学习频率分布的时候就出现过。回想一下，我们当时创建了组，并且每个事件中只能包含其中的唯一一个组，组间没有交迭。因此，几个事件中只有唯一一个事件能在特定的时间里发生。

互斥 一个事件发生，意味着其他事件不可能同时发生。

变量“性别”就是一个互斥的结果，男或者女。随机选择一个雇员，不是男的就是女的，但是不可能同时是两者。一个生产的零件，只能合格或者不合格，这个零件不可能既合格又不合格。在一个生产零件的抽样中，选取一个零件是合格品的事件和不是合格品的事件，也是互斥的。

如果含有一组事件的实验包含了所有可能的结果，比如在掷骰子的实验中的事件“得到偶数”和事件“得到奇数”，这一组事件就被称为完全穷尽。因为在掷骰子实验中，结果不是偶数就是奇数，所以该结果就是完全穷尽。

完全穷尽 当进行一项实验时，至少有一个事件必须发生。

如果一组事件是完全穷尽，而且是互斥的，那么概率的总和等于1。从历史上看，古典概率的方法发展和应用在17世纪和18世纪的那些机会游戏中，比如纸牌和骰子。没必要为了确定一件事件发生的概率而使用古典概率的方法做一个实验，因为所有实验的结果在实验前就知道了。扔硬币会有2种可能的结果，掷骰子有6种可能的结果。人们可以从逻辑上得出扔一个硬币得到反面的概率，或者扔三个硬币全是正面的概率。

古典概率的方法可以应用在彩票方面，在南加利福尼亚州，教育彩票的游戏之一叫“Pick 3”。一个人买一张彩票，就可以在0～9间的数字中选三个。每周开奖一次，这个彩票机器有三个容器，每个容器里面都有0到9这十个数字球在里面翻滚。这三个数字是随机地从这个机器的三个容器里分别挑出来的。中奖需要在数字和顺序上都与开奖结果相同。考虑到有1 000个可能的结果存在（000～999），那么任意三位数字中奖的概率也就是0.001，或者是1/1 000。

5.3.2 经验概率

经验或称作**相对频率**是第二种客观概率。它是基于一个事件过去发生的频率而计算出来的。

经验概率 当前事件发生的概率是过去该事件发生次数占全部观测次数的比重。

用公式表示：

$$经验概率=\frac{一个事件发生的次数}{全部观测的次数}$$

经验概率法是基于大数定律而来的。建立经验概率法的关键是，越多的观测次数会得到越精确的概率估计。

大数定律 在一个大量重复实验中，某一事件的经验概率将更接近其真实概率。

为解释大数定律，假定我们来掷硬币。每次掷硬币，结果不是正面就是反面。对于一次投掷，出现正面的经验概率不是0就是1。如果我们大量地投掷硬币，出现正面的概率就接近0.5了。下面的表显示了一个掷硬币实验结果，分别统计投掷次数为1，10，50，100，500，1 000和10 000次时出现正面的次数，并计算相对频率。请注意，当我们增加投掷次数时，正面出现的概率趋向于0.5，该数值同时是用古典概率法推算出的结论。

实验次数	正面次数	正面的相对频率
1	0	0.00
10	3	0.30
50	26	0.52
100	52	0.52
500	236	0.472
1 000	494	0.494
10 000	5 027	0.5027

我们展示了什么？基于古典概率的定义，在一次投掷硬币中，出现正面的概率是0.5。基于经验或者是相对频率来计算概率，其结果与古典概率的结论是非常接近的。

这个推理使我们用经验或是相对频率的方法来求解一个事件的概率。以下是几个例子。

• 上个学期，Scandia大学的80名同学选修了商务统计学，12人得到了A。根据这些信息以及经验概率的法则，可以估算出一名同学得到A的概率是0.15。

• 2010—2011年赛季中，NBA联盟中金州勇士队的史蒂芬·库里（Stephen Curry）在227次罚球中命中212个。根据经验概率法则，他下次罚球命中的概率是0.934。

• 人寿保险公司依赖于历史数据去确定保险申请是否可以批准，并且确定保费是多少。死亡率表中，列出了某个年龄的人在次年死亡的概率。例如，一个20岁女性在次年死亡的概率是0.00105。

经验的概念将通过下面的例子加以说明。

举例：

2003年2月1日，哥伦比亚号航天飞机爆炸。这是NASA在113次空间任务中的第2次灾难。根据这些信息，下一次发射成功的概率是多少？

解答：

用字符和数字可以使问题简化。P代表概率，在这里P（A）代表下一次发射成功的概率。

$$下次发射成功的概率=\frac{发射成功的次数}{总发射次数}$$

$$P(A)=\frac{111}{113}=0.98$$

我们可以使用这一结果作为估计的概率值。换句话说，基于以往数据，下一次航天飞机发射成功的概率是0.98。

主观概率

如果很少或根本没有任何基于概率的经验或信息可以用来参考，那么概率就只能靠主观来得出了。本质上，人们是凭观念、理论和有限信息等做出概率估计的，这样得出的概率被恰当地称为**主观概率**。

主观概率 由人根据一切可用的信息推算得到的一个特定事件发生的概率。

主观概率法的实例：

1. 估算明年新英格兰爱国者队（New England Patriots）出现在超级碗比赛中的概率。

2. 估算你在30岁前结婚的概率。

3. 估算美国财政赤字在下个10年内减半的概率。

这一类型的概率在图5-1中加以总结。概率总是要得出一个尚未发生的事件的可能性。因此，由人们所收集到的一切信息作为基础而得来的一个概率，当然存在可以接受的不确定性范围。人们收集了大量关于掷骰子的信息，才能够得出掷后得到某个数字的概率是1/6。但是，我们对于一个新的未经测试的产品在市场中的表现知之甚少。比如，尽管市场研究人员对一个新产品在40个零售店的表现做了研究，并认为产品在国内销量超过100万的可能性有70%，但是她对产品一旦在全国推广后消费者的反应情况却知道得很少。在两个例子中（掷骰子和新品上市），人们都对关注的事情估算了一个概率值，区别只表现在预测的人对估算精度上的信心不同。尽管如此，不考虑那些观点，概率中相同的那些原理（在后面的章节）将会被应用。

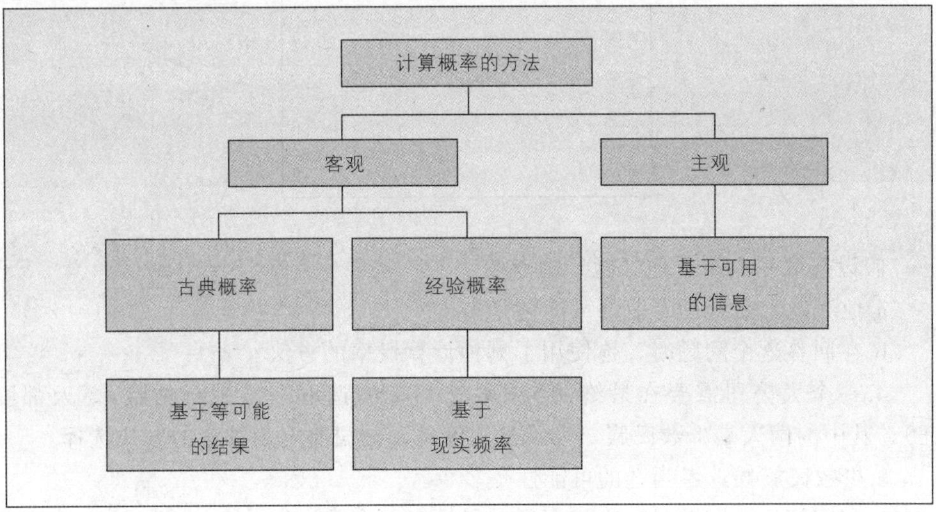

图5-1 计算概率的方法总结

自测题 5-2

（a）在标准的52张扑克牌中选取一张，牌是Q的概率是多少？在回答这个问题时，你使用了哪种计算概率的方法？

（b）儿童看护中心有539个孩子，现在考虑他们父母的婚姻状况。其中333人是正常婚姻家庭的孩子，182人的父母离异，24人是单亲家庭的孩子。随机选取一个孩子，他父母离异的概率是多少？你又使用了哪种计算概率的方法？

（c）在退休之前你能存100万美元的概率是多少？你又使用了哪种计算概率的方法？

练习题

1. 一些人倾向于降低联邦税，并用提升的消费和其他方面来弥补。选择两个人并记录他们的观点（假设他们都有明确的观点），列出可能的结果。

2. 一个质量控制员，选择了一个产品做测试，产品测试后可能显示为合格、需要修理和报废，然后他再测试另一个。列出所有的可能结果。（答案：见教师手册）

3. 在Wall商学院，34名受调查学生的专业为：

会计	10
金融	5
经济	3
管理	6
营销	10

假设选取一人，看他（她）的专业

a. 他（她）是管理专业的可能性是多少？

b. 在回答这个问题时，你使用了哪种计算概率的方法？

4. 一个大公司需要在最终的5人候选名单中选取一位做新总监（5人都胜任），其中的两人是少数民族。为了避免偏见，公司决定用抽签的方式选择。

a. 少数民族候选者当选的可能性是多少？

b. 在回答这个问题时，你使用了哪种计算概率的方法？

（答案：a. 2/5或0.4　b. 古典概率）

5. 在下面的题目中，说明古典概率、经验概率和主观概率是否被用到。

a. 一个棒球手，在100次击球中，30次命中。他的下次击球命中概率是0.3。

b.7名学生组成了一个研究环境问题的小组。他们其中之一被选出做报告员的概率是多少？

c.你买了加拿大彩票中500万张中的一张，那么你中100万美元大奖的机会是多少？

d.在未来10年中，北加利福尼亚州发生地震的概率为0.80。

6.公司要在一个由6男3女组成的小组中提拔2名雇员。

a.在性别平等的前提下，列出所有可能的结果。

b.在回答这个问题时，你使用了哪种计算概率的方法？

（答案：a.选男的6/9或0.67，选女的3/9或0.33　b.古典概率（客观概率））

7.40名石油业高管被选中回答一个关于环境的问题，其中一个环境问题需要回答“是”或者“不是”。

a.实验是什么？

b.列出一个可能的事件。

c.40人中10人回答“是”，基于这个样本的结果，一个高管回答“是”的概率是多少？

d.这里体现了哪种概率的概念？

e.每个可能结果发生的概率相等并且互斥吗？

8.对2 000名持驾照司机调查，司机有超速驾驶行为的情况如下：

超速的次数	司机的数量
0	1 910
1	46
2	18
3	12
4	9
5或更多	5
总计	2 000

a.实验是什么？

b.列出一个事件。

c.某个司机刚好有两次超速的概率是多少？

d.这里体现了哪种概率的概念？

（答案：a.记录超速　b.一次或多次超速　c.0.009　d.经验概率）

9.美国银行客户选择自己的三位数字个人识别码（PIN）以便在ATM机上使用。

a.把它想象成为一次实验，并列出4种可能的结果。

b.Jones先生和Smith太太选择同样密码的可能性是多少？

c.在回答问题b时，你使用了哪种计算概率的方法？

10.一名投资者买了100股AT&T的股票，并记录了每天的交易价格。

a.列出一些实验中可能发生的事件。

b.计算一下你在问题a中列出的事件的概率。

c.在回答问题b时，你使用了哪种计算概率的方法？

（答案：a.比如 高于1.06美元，低于0.96美元　b.答案各异　c.经验概率）

5.4　计算概率的一些原则

我们已经定义了概率并描述了得到概率的不同方法。现在我们把重点转移到研究两个或两个以上事件的概率上。这里要用到加法原则和乘法原则。

5.4.1　加法原则

有两个加法法则，分别是特殊加法原则和一般加法原则。

特殊加法原则，适用特殊加法原则的事件必须是互斥的。回忆下互相排斥的定义，一个事件发生时其他事件都不可能发生，比如在掷骰子的实验中，事件“大于等于4”和事件“小于等于2”就是互斥事件，如果结果出现在第一组{4，5，6}中，就不可能出现在第二组{1，2}中。再如，从生产线下来的一个产品，不可能同时既是残次品，又是合格品。

如果A和B两个事件是互斥的，那么特殊加法原则就是，一个或另一个事件发生的概率等于它们的概率之和。表达式为：

特殊加法原则 $P(A或B) = P(A) + P(B)$　　（5-2）

对于三个互相排斥的事件A，B，C，特殊加法原则可以写作：

$P(A或B或C) = P(A) + P(B) + P(C)$

下面的例子有助于显示细节。

举例：

自动封装机会在塑料袋里填装蔬菜，如豆类、椰菜等等。大部分装好的袋子都重量正好，但由于蔬菜的大小各异，会导致某些塑料袋重量不足或重量超标。对上个月填装的4 000袋蔬菜检验后得到：

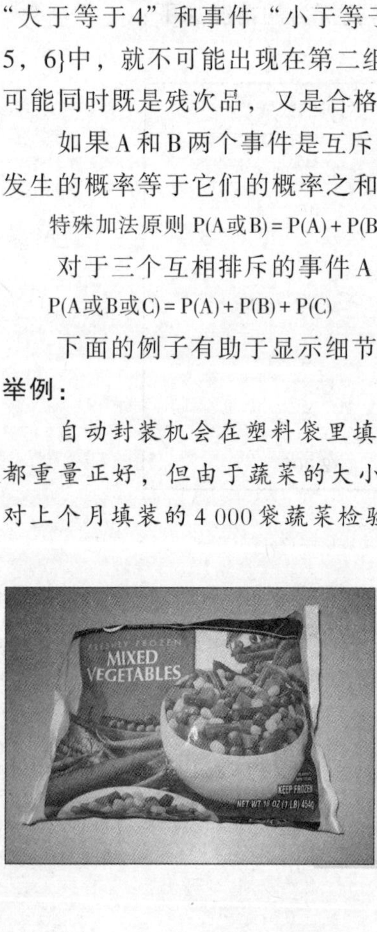

重量	事件	袋数	事件发生的概率	
分量不足	A	100	0.025	← $\frac{100}{4\,000}$
恰好	B	3 600	0.900	
超重	C	300	0.075	
		4 000	1.000	

那么某一袋蔬菜的重量不是重量不足就是重量超标的概率是多少呢？

解答：

令结果“重量不足”是事件A，结果“重量超标”是事件C。

应用特殊加法原则：

P(A或C) = P(A) + P(C) = 0.025 + 0.075 = 0.10

注意，这些事件是互相排斥的，即一袋蔬菜不能同时是重量正好、重量不足、重量超标，并且这些事件也是完全穷尽的，即选定一袋蔬菜的重量一定是重量正好、重量不足或重量超标的一种情况。

英国逻辑学家J.Venn（1834—1923）绘制了一种图生动地描述出实验结果。像互斥概念和许多其他的概率方面的原则都可以用这种图来阐明。建立一个Venn图，首先选取一个封闭区域用来表示所有可能结果的总和，这个区域往往用一个矩形表示。然后一个事件在这个矩形内用一个圆表示，其大小与事件发生概率成比例。下面的Venn图表示了互斥的概念。没有任何重叠的地方，意味着这些事件是互斥的。在下图中我们假定的A、B、C事件有着相等的发生概率。

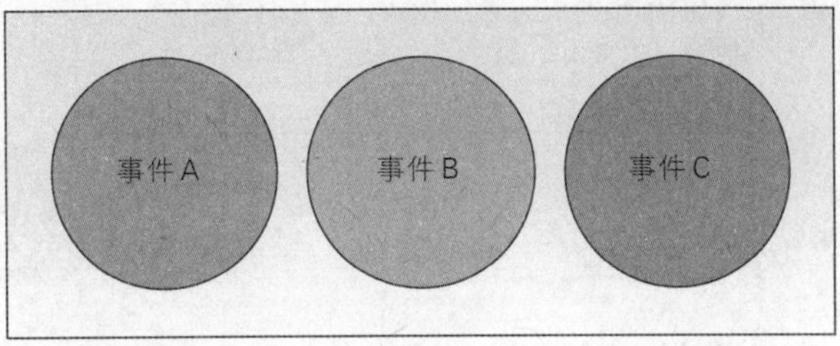

互补原则　一袋蔬菜重量不足的概率P(A)，加上非重量不足的概率，记作P(~A)（读作“A逆”）必须在逻辑上等于1。这写作：

P(A) + P(~A) = 1

这也同样可以写为：

互补原则 P(A) = 1 − P(~A)　　(5-3)

这就是互补原则。它可以通过用1减去一个事件不发生的概率来得到这个事件发生的概率。这很有用处，因为有时候，知晓一个事件不发生的概率比知晓它发生的概率更容易。注意，事件A和~A是互斥的，也是完全穷尽的，因此它们概率之和等于1。用Venn图表示互补原则，如下图所示：

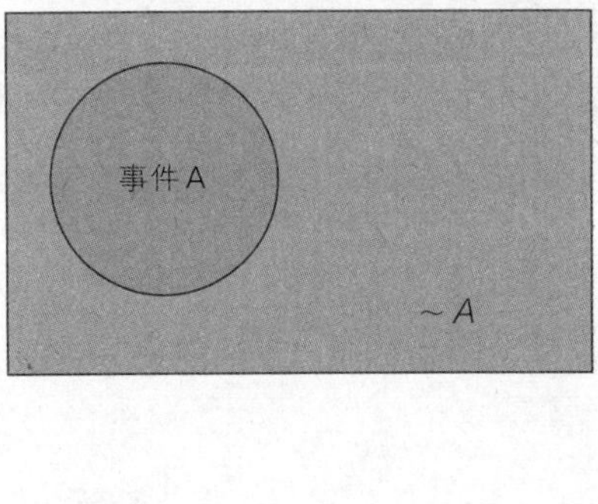

举例：

回忆一下，一袋蔬菜重量不足的概率是0.025，重量超标的概率是0.075。用互补原则来表示重量刚好其概率是0.9，下面是应用Venn图的计算过程。

解答：

一袋蔬菜重量不标准，包括了重量不足和重量超标两种情况，

即 $P(A或C) = P(A) + P(C) = 0.025 + 0.075 = 0.1$

如果既不是重量不足也不是重量超标，就说明蔬菜重量正好，所以

$P(B) = 1 - [P(A) + P(C)] = 1 - [0.025 + 0.075] = 0.900$

用Venn图表示如下：

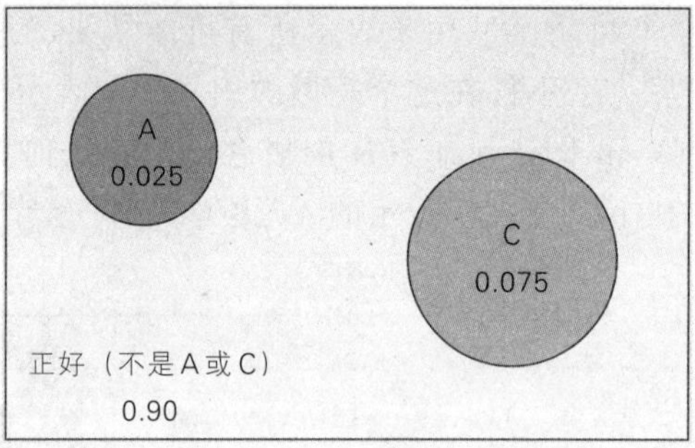

自测题 5-3

向一些跨国企业的员工做关于一个新的健康计划的调研，员工分类如下：

分类	事件	员工数量
总监	*A*	120
维护	*B*	50
生产	*C*	1 460
管理	*D*	302
秘书	*E*	68

(a) 求选中的第一个人属于某种情况的概率。

(i) 是维护人员或者秘书

(ii) 不是管理人员

(b) 用Venn图来表示你对（a）问题的解答。

(c) 问题a（i）中的事件，是互补的、互斥的，还是两者都有？

实践中的统计学

如果你希望在下次集会上引人注目，你可以向大家宣布，你认为出席的人中，至少有两个人生日相同（不一定同年）。如果有30个人出席，这种事件的概

率是0.706；如果有60个人出席，这种事件的概率是0.994；如果只有23人出席，则概率是0.5左右。提示：计算这个概率的方法，是假设每个人都有不同生日，然后用互补原则计算。

一般加法原则　一个实验的结果可能不是互斥的。为了说明，假设佛罗里达州旅游局选取了年内来旅游过的200名游客，调查显示120人去了迪士尼（Disney），100人去了布什花园（Busch Gardens）。那么某个人去了迪士尼或者布什花园的概率是多少？如果用特殊加法原则，某人去了迪士尼旅游的概率是120/200，即0.60。同样，某人去了布什花园旅游的概率是0.50。两个概率和为1.1。我们知道，无论如何，概率都不可能大于1。原因是许多游客既游览了迪士尼，也去了布什花园，他们被统计了两次。后来的调查显示，有60人是同时去了两个地方游览的。

为了回答这个问题：某个人去了迪士尼或者布什花园的概率是多少？(1) 将游客去迪士尼旅游的概率与去布什花园旅游的概率相加，(2) 减去游客两个地方都去旅游的概率。因此：

$$P(\text{参观迪士尼或参观布什花园}) = P(\text{参观迪士尼}) + P(\text{参观布什花园}) - P(\text{参观迪士尼和布什花园})$$

$$=0.60+0.50-0.30=0.80$$

当两个事件同时发生时，这种概率称为**联合概率**。一个游客同时去过迪士尼和布什花园的概率（0.30）就是一个典型的联合概率。

下面的Venn图显示的两个事件不是互斥的。两个事件的重合部分表示的是联合事件，即去过两个地方的概率。

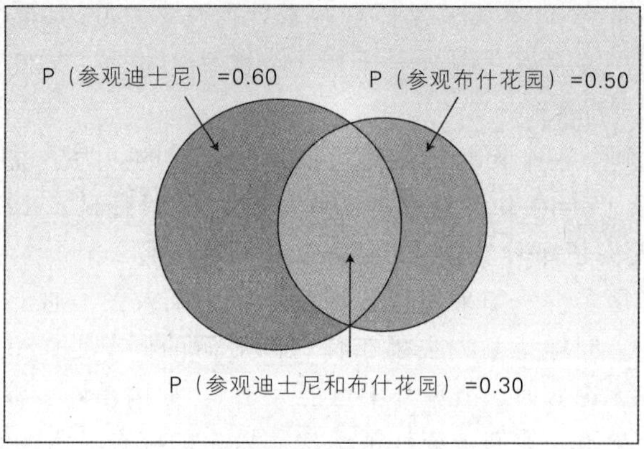

联合概率　两个或两个以上事件同时发生的可能性。

对于事件A和B，则有：

一般加法原则 P(A或B) = P(A) + P(B) − P(A和B)　　(5–4)

表达P(A或B)，称为A发生或B发生，其中也包含A和B都发生的概率。“或”的使用有时被称作包含。

如果我们比较一般加法原则和特殊加法原则，最大的区别在于事件是否是互斥的。如果互斥，则P(A和B)等于0，我们可以使用特殊加法原则；反之，我们需要考虑联合概率，且只能应用一般加法原则。

举例：

在一副扑克中任意抽取一张牌，是K或者红桃的概率是多少？

解答：

我们可能倾向于把是K的概率和是红桃的概率相加，这样就会产生一个问题。如果这样，红桃K就被算了两次。所以，我们把得到K的概率（4/52）和是红桃的概率（13/52）相加，意味着17张牌满足要求，但是红桃K算了两次，我们需要把它从17张里面减掉一次。这样，有16张牌，要么是K，要么是红桃，所以概率就是16/52=0.3077。

牌	概率	解释
K	$P(A)$ = 4/52	52张牌中，有4个K
红桃	$P(B)$ = 13/52	52张牌中，有13个红桃
红桃K	$P(A \text{ and } B)$ = 1/52	52张牌中，有1个红桃K

由公式（5–4）可知：

P(A或B) = P(A) + P(B) − P(A和B)

= 4/52 + 13/52 − 1/52

= 16/52或者0.3077

下面的Venn图描绘了三种不互相排斥的结果。

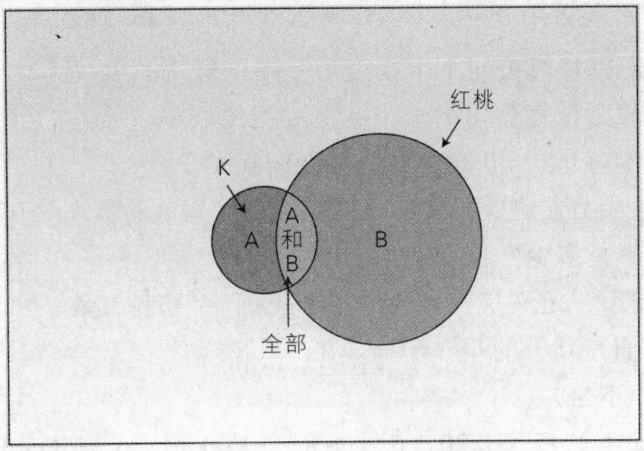

自测题 5-4

每年执行常规体检，成了General Concrete公司员工健康服务项目中的一部分。这次，体检发现8%的员工需要修正鞋码，15%的员工需要去看牙医，3%的员工既需要修正鞋码也需要看牙医。

(a) 随机选中某个员工需要修正鞋码或者看牙医的概率是多少？

(b) 把答案用Venn图表示出来。

练习题

11. 事件A和B是互斥的。假设 $P(A)=0.30$，$P(B)=0.20$，那么A或B发生的概率是多少？A或B都不发生的概率是多少？

12. 事件X和Y是互斥的。假设 $P(X)=0.05$，$P(Y)=0.02$，那么X或Y发生的概率是多少？X或Y都不发生的概率是多少？

（答案：0.07,0.93）

13. 调查200家广告公司得到它们的税后收入如下：

税后收入	公司数目（家）
100万美元以下	102
100万美元~2 000万美元之间	61
2 000万美元以上	37

a. 随机选中某家公司其税收收入在100万美元之下的概率是多少？

b. 随机选中某家公司其税收收入在100万美元~2 000万美元间，或者超过2 000万美元的概率是多少？你是用什么概率原则来解答问题的？

14. 公司董事会主席说："公司下个季度，有50%的可能盈利，30%的可能收支平衡，20%的可能亏损。”

a.使用加法原则计算公司下个季度不亏损的概率。

b.使用互补原则计算公司下个季度不亏损的概率。

（答案：a. 0.50 + 0.30 = 0.80　b. 1 − 0.20 = 0.80 ）

15.假设你的成绩在班级得A的概率是0.25，得B的概率是0.50，那么你的成绩在C以上的概率是多少？

16.扔两个硬币，定义事件A为“两个正面”，事件B是“两个反面”。A和B是互斥的吗？它们是互补的吗？

（答案：是，不是）

17.事件A发生的概率0.20，B发生的概率0.30。A和B同时发生的概率是0.15，那么事件A或B发生的概率是多少？

18.假设 $P(X) = 0.55$， $P(Y) = 0.35$，两者同时发生的概率为0.20，那么X或Y发生的概率是多少？

（答案：0.70）

19.假设事件A和B是互斥的，它们的联合概率是多少？

20.一个学生选了两门课：历史和数学。学生通过历史考试的概率是0.60，通过数学考试的概率是0.70，两门都通过的概率是0.50，那么他至少通过一门课程的概率是多少？

（答案：0.80）

21.对东南部的杂货店做调研，发现40%的店内有药房，50%的店内有花店，70%的店内有熟食店。假设10%的店同时有药房、花店和熟食店，30%的店同时有药房和熟食店，25%的店同时有花店和熟食店，20%的店同时有药房和花店。

a.某家杂货店同时有药房和花店的概率是多少？

b.某家杂货店同时有药房和熟食店的概率是多少？

c.某家杂货店有熟食店，某家杂货店有药房，这两个事件是互斥的吗？

d.某家杂货店同时有这三种店发生的概率称为什么概率？

e.某家杂货店不同时有这三种店的概率是多少？

22.对国家公园服务处的调研得知，50%的度假者去落基山游览了黄石公园，40%的度假者去了提腾山脉，35%的度假者两个地方都去了。

a.一个度假者至少去了其中一个地方的概率是多少？

b.那个35%的概率应该称为什么概率？

c.这些事件是互斥的吗？解释一下原因。

（答案；a.0.55　b.联合概率　c.不是，因为有些度假者两个地方都去了）

5.4.2　乘法原则

在这一节，我们将要讨论两件事情同时发生的概率（联合概率）的计算法则。比如说，2011年16%的退税服务是由H&R Block公司经办的，并且这些退税里面75%有现金返还，剩下的25%需要向税务局补缴税款。那么一个纳税人的退税是由H&R Block公司经办并且得到了现金返还的概率是多少？Venn图表示为两个事件的交集。研究两个事件同时发生的概率，我们使用乘法原则。有两个乘法原则，分别是特殊乘法原则和一般乘法原则。

特殊乘法原则　特殊乘法原则应用的前提是，A和B两个事件互相独立。所谓互相独立，指的是一个事件的发生，不会影响或改变另一事件发生的概率。

独立　一个事件的发生，不会影响另一事件发生的概率。

为了理解独立的概念，假定A和B两个事件发生在不同时间。比如，事件B发生在事件A之后，A事件的发生对B事件有影响吗？如果没有，A和B就是相互独立的事件。再用抛硬币来说明，某次抛得的结果（正面或反面），跟前几次抛得的结果（正面或反面）都毫无关系。

对于A和B两个独立事件，A与B同时发生的概率等于A发生的概率与B发生的概率的乘积。这就是特殊乘法原则，可以写为：

特殊乘法原则 $P(A和B) = P(A)P(B)$　(5-5)

对于三个独立事件A、B、C，特殊乘法原则用于计算三者都发生的概率。

即 $P(A和B和C) = P(A)P(B)P(C)$

举例：

美国汽车协会（AAA）对其会员做调查，发现60%的会员去年进行过航班预订。选出任意两名会员，去年他们都预订过航班的概率是多少？

解答：

第一个会员预订过航班的概率是0.60，记作 $P(R_1) = 0.60$，R_1 指第一个会员做了预订这一事件。第二个会员预订过航班的概率也是0.60，记作 $P(R_2) = 0.60$。由于协会的会员人数众多，你可以认为 R_1 和 R_2 间是互相独立的。因此，利用公式（5-5），他们都订过航班的概率是0.36，即：

$P(R_1和R_2) = P(R_1)P(R_2) = 0.60 \times 0.60 = 0.36$

下面列出了所有可能的结果，R指的是订过机票，NR指的是没有订过机票。

依照概率和互补原则，我们可以用各个结果的概率相加为联合概率。比如，没有会员订过机票的概率是0.16，第一个或者第二个会员（只有一个）订过机票的概率是0.48，你可以发现，这些结果是互斥的，也是完全穷尽的，因此它们的概率和等于1.00。

结果		联合概率		
R_1	R_2	0.60×0.60	=	0.36
R_1	$\sim R_2$	0.60×0.40	=	0.24
$\sim R_1$	R_2	0.40×0.60	=	0.24
$\sim R_1$	$\sim R_2$	0.40×0.40	=	0.16
总计				1.00

自测题5-5

Tetons轮胎公司根据经验了解到，XB-70型轮胎在报废前可以使用60 000英里的概率是0.95。假如你买了4只XB-70型轮胎，那么这4只轮胎都使用60 000英里的概率是多少？

一般乘法原则 如果两个事件是非独立的，那么它们之间是依赖的。为了说明这种依赖关系，我们假定，冰箱里有10罐苏打水，7罐是普通的苏打水，3罐是无糖的。那么任选一罐，则无糖苏打水的概率是3/10，普通苏打水的概率是7/10。在不放回第一罐的前提下，再从冰箱中拿出第二罐，那么第二罐是无糖苏打水的概率，取决于选取第一罐是普通的还是无糖的。此时，第二罐是无糖苏打水的概率是：

2/9，当第一罐是无糖苏打水。（取出之后冰箱里就剩两罐了。）

3/9，当第一罐是普通苏打水。（原来所有的无糖苏打水都还在冰箱里。）

分数2/9（或3/9）更适合被称为**条件概率**，因为它的数值与条件“第一次抽取的是普通还是无糖的苏打水”是有关的。

条件概率 一个特定事件发生的概率，取决于另一个已经发生的事件的概率。

在一般乘法法则里，条件概率被用来计算两件非独立事件的联合概率。假如这两件非独立事件是A和B，那么条件概率被记作P(A|B)。这里数学符号“|”的意思是假如。因此P(A|B)表示假如事件B已经发生了，事件A发生的概率。之所以被称为条件概率，是因为事件A的发生是以事件B的发生为前提条件的。简而言之，两件非独立事件同时发生的一般乘法法则记为：

一般乘法原则 P(A和B) = P(A)P(B|A) （5-6）

举例：

一个高尔夫球手在橱柜中有12件高尔夫衬衫。假设9件是白色的，其他是蓝色的。每天，他都在黑暗中随便拿一件衬衫穿在身上。他连续打了两天高尔夫球，没有洗衣服。那么这两件衬衫都是白色的概率是多少？

解答：

事件“第一件选中的衬衫是白色的”记为W_1，其概率为$P(W_1) = 9/12$，因

为12件中有9件衬衫是白色的。事件“第二件选中的衬衫是白色的”记为W_2。那么在事件“第一件是白色的”发生的条件下，事件“第二件是白色的”发生的概率是$P(W_2|W_1)=8/11$。这是为什么？因为拿走一件白色衬衫后，衣橱中只剩下11件衬衫，其中8件是白色的。那么两件都是白色衬衫的概率，我们用公式（5-6）计算得出：

$$P(W_1和W_2)=P(W_1)P(W_2|W_1)=\frac{9}{12}\times\frac{8}{11}=0.55$$

所以，选择两件衬衫恰巧都是白色的概率是0.55。

我们可以将一般乘法原则推广到两个事件以上的情况中去。对于三个事件A，B，C，公式为：

$$P(A和B和C)=P(A)P(B|A)P(C|A和B)$$

在高尔夫衬衫的例子中，选择三件白色衬衫而不放回的概率是：

$$P(W_1和W_2和W_3)=P(W_1)P(W_2|W_1)P(W_3|W_1和W_2)=\frac{9}{12}\times\frac{8}{11}\times\frac{7}{10}=0.38$$

因此，选择三件衬衫恰巧都是白色的概率是0.38。

自测题5-6

Tarbell工业董事会由8男4女组成。现在要在其中随机选出4人组成一个搜寻委员会，以在全国范围内寻找一位新的公司总裁。

（a）这4人组成的搜寻委员会恰巧全都是女性的概率是多少？

（b）这4人组成的搜寻委员会恰巧全都是男性的概率是多少？

（c）在（a）、（b）中求得的概率之和是否等于1？给出解释。

实践中的统计学

2000年，乔治·布什以微弱的优势赢得美国大选。过去的许多大选结果要么涉及不合法投票，要么引发了耐人寻味的大选问题。在密歇根当地的一个选举中，两名候选人得票相同。为了选出优胜者，人们在一个盒子里放了两张纸片，一张写着“优胜者”，而另一张没有标记。选举官方决定以抛硬币来决定两个候选人抽签的顺序，猜对硬币的候选人先抽签。但是抛硬币真的是必要的吗？不，因为这两件事情是独立的，猜对硬币不能改变任何一个候选人抽中“获胜者”的概率。

5.5 列联表

我们经常用一个双向的表标记一个调查的结果，以此来确定各种各样的概率。我们在第4章里描述过这种想法，当时我们把一个双向表作为一个列联表。

列联表 根据两个或两个以上可识别的特征，对样本观测值数据进行交叉分类的表。

列联表是一个交叉分类的表，它可以直观地描述两个值得关注的变量以及它们之间的关系，且测量水平是名义值。以下是几个例子。

对150名成年人进行一项调查，调查内容分别是该被访问者的性别及上个月看电影的次数。每个被访问者按照两个标准进行归类——看电影的次数和性别。

	性别		
看电影	男性	女性	总计
0	20	40	60
1	40	30	70
2次或以上	10	10	20
总计	70	80	150

美国咖啡生产者协会汇报了以下信息，该信息是关于年龄和每个月消耗咖啡的数量之间的关系。

	咖啡消耗			
年龄（年）	低	中等	高	总计
30岁以下	36	32	24	92
30至40岁	18	30	27	75
40至50岁	10	24	20	54
50岁及以上	26	24	29	79
总计	90	110	100	300

根据这个表可知，300个被访问者按照两个标准进行归类——年龄和消耗咖啡的数量。

以下例子说明，我们如何利用列联表使用加法和乘法原则。

举例：

一个关于管理人员对公司忠诚度的调查。其中一个问题是："如果你收到另一个公司的聘用函，聘用的职位与你目前的相同或稍好一点，你会选择继续留在公司还是离开公司？"将此调查中的200位被访问的管理人员按照他们在公司服务的年限进行交叉分类（见表5-1）。

表5-1　管理人员对公司的忠诚度和在公司服务的年限

	服务年限				
	小于1年	1~5年	6~10年	大于10年	
忠诚度	B_1	B_2	B_3	B_4	总计
选择留下，A_1	10	30	5	75	120
选择离开，A_2	25	15	10	30	80
	35	45	15	105	200

随机选择一个管理人员，他对公司忠诚（留在公司）并且在公司服务的年限超过10年的概率是多少？

解答：

注意两个事件是同时发生的——这个管理人员会留在公司，并且他在公司服务的年限超过10年。

1.事件 A_1 发生，表示随机选定的管理人员尽管收到其他公司的聘用函，并且聘用的职位与其目前职位相同或稍好，但仍选择留在公司。利用表5-1可以得到事件 A_1 发生的概率。注意在调查的200名管理人员中，有120人选择留在公司，因此，$P(A_1)=120/200$，或0.60。

2.事件 B_4 发生，表示随机选定的管理人员在公司服务的年限超过10年。因此，$P(B_4|A_1)$ 表示在随机选定的管理者尽管收到其他公司的聘用函，并且聘用的职位与其目前职位相同或稍好，但仍选择留在公司的条件下，该管理人员在公司服务的年限超过10年的条件概率。由表5-1可知，留在公司的120人中，有75人在公司服务的年限超过10年，即 $P(B_4|A_1)=75/120$。

我们可以根据一般乘法原则求出随机选定的管理人员留在公司并且服务年限超过10年的概率，由公式（5-6）可得：

$$P(A_1\text{和}B_4)=P(A_1)P(B_4|A_1)=\frac{120}{200}\times\frac{75}{120}=\frac{9\,000}{24\,000}=0.375$$

根据一般加法原则求出随机选定的管理者留在公司或者服务年限少于1年的概率，由公式（5-4）可得：

1.事件 A_1 表示管理人员留在公司。因此，$P(A_1)=120/200=0.60$。

2. 事件 B_1 表示管理人员服务公司的年限少于1年，其概率为 $P(B_1)=35/200=0.175$。

3.事件 A_1，B_1 不是互斥的。这是因为一个管理人员能够留在公司并且他的服务年限少于1年。我们把这个概率称作联合概率，记作 $P(A_1\text{和}B_1)$。有10名管理人员留在公司并且他的服务年限少于1年，因此 $P(A_1\text{和}B_1)=10/200=0.05$。这10名管理人员既在公司的组群中又在服务年限少于1年的组群中。它被计算了两次，因此我们需要减去这个值。

4.将上述数值带入公式（5-4）得到结果如下：

$$P(A_1\text{或}B_1)=P(A_1)+P(B_1)-P(A_1\text{和}B_1)=0.60+0.175-0.05=0.725$$

因此随机选定的管理者留在公司或者服务年限少于1年的概率等于0.725。

自测题 5-7

根据表5-1

(a) 随机选定的管理者服务年限超过10年的概率是多少？

(b) 随机选定的管理者已知在服务年限超过10年的条件下离开公司的概率

是多少？

(c) 随机选定的管理者服务年限超过10年或者他不会留在公司的概率是多少？

5.6 树形图

树形图是一种在组织多阶段概率计算中很有用的图形。树形图的每一部分都代表了问题解决的一个阶段。树形图中的每个树枝都用概率加权，得出各个分支或分解的概率。我们将利用表5-1的数据来解释树形图的结构。

1.构建一个树形图，首先，我们在左侧画一个粗体圆点来表示树的根部（见图5-2）。

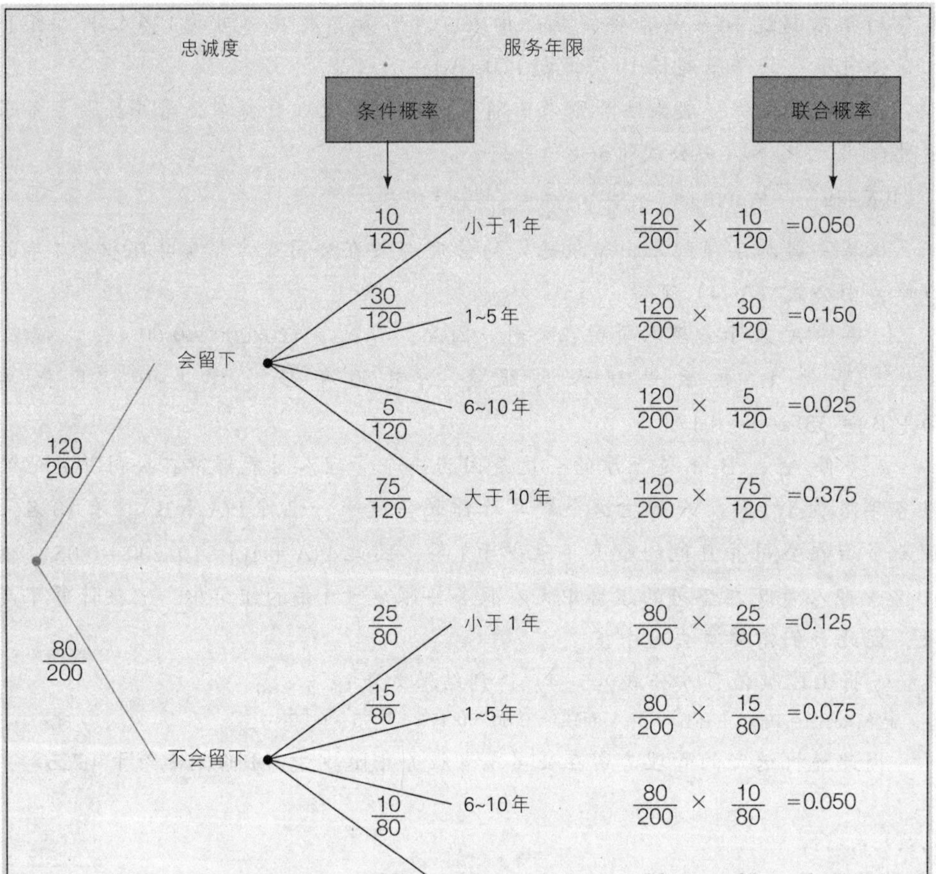

图5-2 管理人员对公司的忠诚度和在公司服务年限的树形图

2. 对于这个问题，从树形图的根部引出两条主要树枝，上面那条表示“会留下”，下面那条表示“不会留下”。它们的概率写在树枝上，记120/200和80/200。这些概率也可以表示成 $P(A_1)$ 和 $P(A_2)$。

3. 从2条主要树枝上分别引出4条树枝。这些树枝分别表示服务年限——小于1年，1~5年，6~10年和大于10年。上面的树枝表示条件概率，将10/120，30/120，5/120等写在恰当的树枝上。令 B_1 表示服务年限小于1年，B_2 表示1~5年，B_3 表示6~10年，B_4 表示大于10年，则上述数值表示为 $P(B_1|A_1)$，$P(B_2|A_1)$，$P(B_3|A_1)$ 和 $P(B_4|A_1)$。同样，写出下面树枝的条件概率。

4. 最后，将事件 A_1 和 B_i 或者事件 A_2 和 B_i 同时发生的联合概率写在右侧。例如，随机选定的管理人员留在公司并且服务年限小于1年的联合概率，由公式（5-6）得：

$$P(A_1和B_1) = P(A_1)P(B_1|A_1) = \frac{120}{200} \times \frac{10}{120} = 0.05$$

因为联合概率表示了所有可能的结果（留在公司且服务年限6~10年；离开公司且服务年限大于10年等），它们的和必须等于1.00（见图5-2）。

自测题5-8

消费者接受一项调查，调查内容为消费者访问Circuit City商店的相对次数（经常、偶尔、从不）以及该商店是否位于一个封闭的购物中心内（是或不是）。当这些变量是名义值时，那么这些数据通常用列联表表示。

	封闭购物中心		
访问	是	不是	总计
经常	60	20	80
偶尔	25	35	60
从不	5	50	55
	90	105	195

（a）访问数与是否封闭的购物中心数这两个变量是否独立？为什么？解释你的结论。

（b）画出一个树形图，算出联合概率。

练习题

23. 假设 $P(A)=0.40$ 和 $P(B|A)=0.30$，则A和B的联合概率是多少？

24. 假设 $P(X_1)=0.75$ 和 $P(Y_2|X_1)=0.40$，则 X_1 和 Y_2 的联合概率是多少？

（答案：0.30）

25. 一家本地银行报告说，在其顾客中，80%的人有支票账户，60%的人有储蓄账户，50%的人两者都有。随机选定一个顾客，他有支票账户或者储蓄账户的概率是多少？既没有支票账户也没有储蓄账户的概率是多少？

26. All Seasons Plumbing有两辆老式云梯车，经常发生故障。如果第一辆车可用的概率是0.75，第二辆车可用的概率是0.50，它们同时可用的概率是0.30。求它们同时发生故障的概率。

（答案：0.05）

27. 参见下表：

第二个事件	第一个事件 A_1	A_2	A_3	总计
B_1	2	1	3	6
B_2	1	2	1	4
总计	3	3	4	10

a. 求 $P(A_1)$

b. 求 $P(B_1|A_2)$

c. 求 $P(B_2和A_3)$

28. 一批含有3个次品和17个合格品的电动牙刷意外地从Cleanbrush Products运往一个药店。

a. 前两个售出的电动牙刷由于质量问题而被退回到药店的概率是多少？

b. 前两个售出的电动牙刷都是合格品的概率是多少？

（答案：a.0.01579 b.0.7158）

29. 每个在Puchett、Sheets和Hogan Insurance Agency的销售人员其销售能力被定级为低于平均水平、平均水平和高于平均水平。每个销售人员的进步潜力也被定级为中等、好和优秀。500名销售人员的上述特征用下表表示。

销售能力	进步潜力 中等	好	优秀
低于平均水平	16	12	22
平均水平	45	60	45
高于平均水平	93	72	135

a. 这个表叫作什么？

b. 随机选定一个销售人员其具有高于平均水平的销售能力及优秀的进步潜力的概率是多少？

c. 绘制一个树形图，表示出所有的概率、条件概率和联合概率。

30.一个投资者拥有三只普通股。每只股票是相互独立的，同样都有可能：(1) 升值，(2) 贬值，(3) 价值不变。列出这个实验所有的结果。计算出至少两只股票升值的概率。

(答案：见教师手册)

31.David Akers是国家职业橄榄球联盟（NFL）Philadelphia Eagle球队的球员。在2010赛季中，他一共有38次进攻任务并且成功地完成了32次。他的比赛进攻距离和结果的数据总结如下表。

距离（码）	成功次数	失误次数	总计
20~30	12	0	12
30~40	10	2	12
40~50	9	2	11
50或更多	1	2	3
总计	32	6	38

a.这个表的名称是什么？

b.总的来说，成功进攻的概率是多少？

c.进攻的距离和是否成功是相互独立的吗？

d.如果我们需要研究2010赛季的进攻任务，某次进攻任务在30~40码之间或者进攻任务成功完成的概率是多少？

e.某次进攻任务成功完成并且超过50码的概率是多少？

32.如果你询问三个陌生人的生日，求解以下概率：(a) 三人都出生在周三；(b) 三人出生在一周的不同日子；(c) 没有人出生在周六。

(答案：a.0.0029　b.0.612　c.0.630)

5.7　计数原则

实践中的统计学

国家大学生运动员协会（NCAA）最近的研究报告显示，在150 000个参加高中篮球队的高三学生中，最终进入了职业篮球队的只有64个。也就是说，高中篮球队员最终变成职业球员的概率是1∶2344。这个研究还告诉我们：1.高中篮球队员加入大学校篮球队的概率是1∶40；2.高中篮球队员加入大学校篮球队并且持续到大四的概率是1∶60；3.如果你大四的时候还为校篮球队效力，那么你最终进入职业篮球队的概率是1∶37.5。

如果一个实验的所有结果的数目很少，我们可以将其数出来。比如有6个可能的结果，假设该结果来自掷骰子，也就是：

然而，当可能发生的结果的数目很多时，例如一个连续扔10次硬币记录正反面的实验，数出所有的可能就十分麻烦。这个实验可能出现了10次正面，1次正面、9次反面，2次正面、8次反面等等。为了减轻计数的困难，我们给出三个计数公式：**乘法公式**（不要与本章前面提及的乘法原则相混淆）、**排列公式**和**组合公式**。

5.7.1 乘法公式

我们以乘法公式开始。

乘法公式 如果做某件事情有m种方式，做另外一件事情有n种方式，那么两件事都做共有m×n种方式。

写成公式的形式：

乘法公式 安排方式总数=m×n (5-7)

这个公式可以推广到两个事件以上的情况。对于三个事件m、n和o：

安排方式总数= m × n × o

举例：

一个汽车经销商要宣传，花29 999美元就可以买到一个带有折篷的两门小轿车，或者可以买到一个不带折篷的2门或4门汽车，并且你可任意选择钢丝轮或者实心轮。汽车经销商一共有多少种汽车的款式以及轮胎可以提供？

解答：

当然汽车经销商可以把每种汽车显示在照片上，数一下总数。一共是6种。

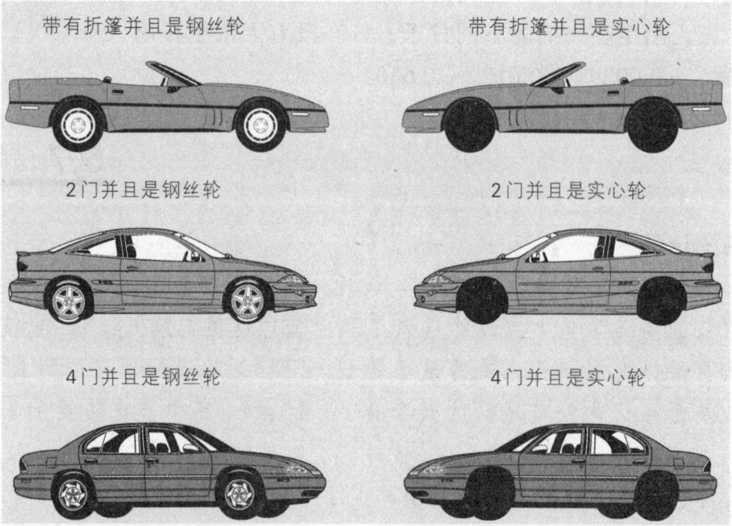

我们可以利用乘法公式检验上述结论（m是汽车的款式数，n是轮胎的类型数），由公式（5-7）得：

所有可能的安排= m × n = 3 × 2 = 6

在这个例子中，我们不难数出汽车款式和轮胎类型所有可能的组合。假设汽车经销商提供了8款车型和6款轮胎。给它们都照相，并且数出总数就变得十分麻烦。此时乘法公式就很便捷，这个例子中，有48种 $(m \times n) = 8 \times 6$ 可能的安排。

注意，乘法公式的使用前提是你在两组或两组以上的组合中做出选择。对于这个例子，汽车经销商提供了一款车型的选择和一款轮胎的选择。如果房屋建筑商向你推荐4种不同的家庭外观样式，3种内部平面图，利用乘法公式就可以计算出安排方式的总数为12种。

自测题 5-9

(a) 一个在有线电视播出的妇女网络购物节目，出售女款的毛衣和休闲裤。这些毛衣和休闲裤都采用协调的色彩。如果毛衣有5种颜色，休闲裤有4种颜色，那么一共有多少种不同的套装？

(b) Pioneer制造了3种型号的立体收音机，2种MP3扩展卡，4种音箱以及3种光盘传动带。当4种组件一并出售时，它们形成一个“系统”。这个电子公司能提供多少种不同的系统？

5.7.2 排列公式

如前所示，乘法公式适于计算两组或两组以上的安排方式的总数。**排列公式**适用于计算只有一个对象组中的安排方式的总数。举几个这类问题的例子：

- 一个电视机部件由三种电子元件组成，这个部件可以以任何顺序组装。问题是：有多少种不同的方式将这三种电子元件组装成这个电视机部件？
- 机床操作员在操作机床之前必须进行4项安全检查。每项检查没有先后顺序，那么这个机床操作员进行安全检查的方式有多少种？

第一个例子可能是：首先安装晶体管，其次安装发光二极管，最后安装合成器。这个安排方式称作排列。

排列 从n个可能对象所构成的一个单一组中，选择r个对象的任何安排方式。

注意，安排方式a、b、c和b、a、c是两种不同的排列。计算不同排列方式总数的公式是：

$$\text{排列公式} \quad {}_nP_r = \frac{n!}{(n-r)!} \qquad (5\text{-}8)$$

其中，n表示对象的总数，r是被选择对象的数目。

在我们解决上面两个引例之前，请注意在排列和组合中我们使用一个符号叫作n的阶乘（稍后我们将讨论），记作：$n!$，表示乘积 $n(n-1)(n-2)\cdots(1)$。例如，$5! = 5 \times 4 \times 3 \times 2 \times 1 = 120$。

许多计算器中都有一个 $x!$ 的按钮用来计算这种问题。这样会节省大量的时间。例如，计算器Texas Instrument TI-36X有如下按键：

“第三功能”是计算阶乘，可在互联网上查找用法说明。

相同的数出现在分子和分母时，阶乘符号也可以被取消，如下所示。

$$\frac{6!}{4!}=\frac{6\cdot5\cdot\cancel{4}\cdot\cancel{3}\cdot\cancel{2}\cdot\cancel{1}}{\cancel{4}\cdot\cancel{3}\cdot\cancel{2}\cdot\cancel{1}}=30$$

0的阶乘记作0!等于1，即0!=1。

举例：

前面提及的一个电视机部件由三种电子元件按任意顺序组成，求有多少种不同的方式将这三种电子元件组装成这个电视机部件？

解答：

要组装3种电子元件，因此n=3。因为这三种元件被嵌在插入式部件上，所以r=3。利用公式（5-8）得：

$$_{n}P_{r}=\frac{n!}{(n-r)!}=\frac{3!}{(3-3)!}=\frac{3!}{0!}=\frac{3!}{1}=6$$

我们可以检查利用排列公式计算的结果。我们确定有多少个“空”要填写和每个“空”的可能性。在这个问题中有三种电子元件，在插入式部件上有三个位置可供这三种元件安装。对于第一个位置有三种可能性，第二个有两种（第一个位置已用完），第三个只有一种，如下：

$3\times2\times1=6$

这三种电子元件排列的6种方式，用字母A、B、C表示能被安排如下：

ABC	BAC	CAB	ACB	BCA	CBA

在前面的例子中我们选择和安排了所有的对象，那就是n=r。在很多例子中，是从n个可能的对象中选择一些对象进行安排。我们在下面的例子中解释这些应用的细节。

举例：

Betts Machine Shop公司有8台自动车床但是在生产区内只有3个空位放机器。有多少种方式使这8台机器被安排在这3个空位上？

解答：

对于生产区内第一个可用的空位有8种可能，第二个空位有7种可能（第一个空位已用完），第三个空位有6种可能。因此：

$8\times7\times6=336$

就是说，一共有336种可能的安排方式。这一结果同样可以用公式（5-8）计算出来。如果令n=8台机器，r=3个空位，由公式可以得到：

$$_nP_r = \frac{n!}{(n-r)!} = \frac{8!}{(8-3)!} = \frac{8!}{5!} = \frac{(8)(7)(6)\cancel{5!}}{\cancel{5!}} = 336$$

5.7.3 组合公式

如果被选择对象的顺序不重要，那么任何一种选择就成为一个组合。计算从n个对象所构成的一个集合中选择r个对象的组合数的公式是：

$$组合公式\ _nC_r = \frac{n!}{r!(n-r)!} \tag{5-9}$$

例如，如果管理者Able、Baker和Chauncy被选中作为一个合并谈判的委员会，他们三个只有一种组合，Able、Baker和Chauncy组成的委员会与Baker、Chauncy和Able组成的委员会是一样的。则组合公式为：

$$_nC_r = \frac{n!}{r!(n-r)!} = \frac{3\cdot 2\cdot 1}{3\cdot 2\cdot 1(1)} = 1$$

举例：

Grand 16 电影院的小食铺每晚需要3个员工，现在可用的员工一共有7个。请问在7个员工中挑出当值的3名员工一共有多少种挑法？

解答：

根据公式（5–9），有35种组合：

$$_7C_3 = \frac{n!}{r!(n-r)!} = \frac{7!}{3!(7-3)!} = \frac{7!}{3!4!} = 35$$

这7名员工可以创造出35种不同的组合。

当排列或者组合数目巨大时，计算起来是很麻烦的。计算机软件和袖珍计算器有“功能”来计算这些数。Excel对Betts Machine Shop公司生产区内8台自动车床的输出结果如下，共有336种安排方式。

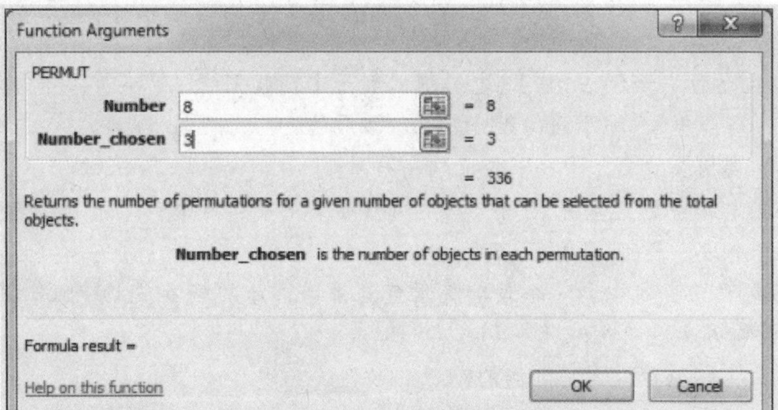

下面是Goody Records的色码的输出结果。7种颜色中每次选出3种颜色，可能的组合数是35种。

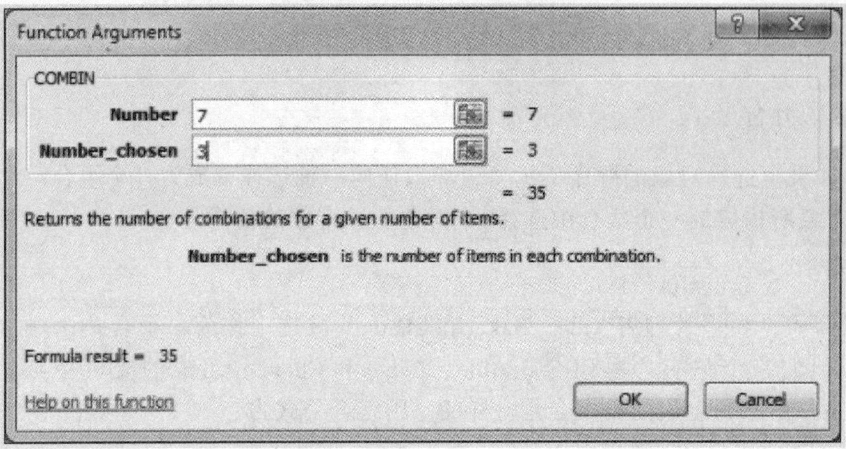

自测题 5-10

1. 一个音乐家想要写一个总谱，只有5个和弦：降B调、C调、D调、E调、G调。但是，从5个和弦中只有选取3个和弦才可以连续使用，如C调、降B调和E调。对于有重复的情况，如降B调、降B调和E调，将不允许。

(a) 从5个中依次选出3个和音有多少种排列是可能的？

(b) 使用公式（5-8），有多少种排列是可能的？

2. 从0至9这10个数之中取出4个作为一组号码用于识别一件衣服。号码1083可能表示一件蓝色的、中号的女衬衫，号码2031可能表示一条18码的裤子，等等。其中不能有重复数字，这就是说同一个数字在一个总序列中不能够使用两次（或更多）。比如，2256，2562，或者5559是不允许的。一共有多少种不同的号码组？

3. 在上面关于Grand 16电影院的例子中，我们说从7名员工中每次选出3名员工，会给出35种不同的组合。

(a) 使用公式（5-9）来验证这一结果。

(b) 电影院的经理想在周末从这7个员工中安排5个员工来为小食铺备货。请问现在有多少种可能的组合？

4. 在彩票游戏中，一个玻璃杯里装满了球，球的编号从1到50，现从这个玻璃杯中随机取出3个球，

(a) 有多少种排列是可能的？

(b) 有多少种组合是可能的？

练习题

33. 求解下列问题：

a. 40!/35!

b. ${}_7P_4$

c. ${}_5C_2$

34.求解下列问题：

a. 20!/17!

b. ${}_9P_3$

c. ${}_7C_2$

（答案：a.6 840　b.504　c.21）

35.一项民意调查想从10个人中挑出4个人。有多少种不同的四人组合？

36.一个电话号码由7位数字组成，前3个数字表示电话局的号码，那么537号电话局共有多少个可能的电话号码？

（答案：10 000）

37.一个隔夜快递公司在它的路线上必须包括5个城市。在假定不考虑前往城市顺序的前提下，有多少种可能的路线？

38.一位环境保护署（EPA）代表需要选择10个垃圾填埋场的样本，负责人提供了15个她可收集样本的垃圾填埋场，那么有多少种可能的样本？

（答案：3 003）

39.美国Today/Gallup Polls设计了15道题目旨在给美国总统的表现定级。他们会从这些题目中选择10道，那么在考虑题目顺序的前提下，一共有多少种可能安排方式？

40.一个公司要创建3个新部门，其中有7位经理有资格被任命为新部门的领导。一共有多少种任命的可能？

（答案：210）

实践中的统计学

政府统计数字显示，每100 000 000辆汽车的行驶里程中大约有1.7辆汽车造成恶性事故致人死亡。如果你开车到1英里外的商店买彩票然后回家，一共开了2英里，那么你将加入这个统计组，你在下一个来回的2英里路途中发生事故的概率是：2×1.7/100 000 000＝0.000000034，也可以表示为“1/29411765”。如果你开车去商店买强力球彩票，你被杀死（或杀死别人的）的机会比你中头奖的概率“1/120526770”高出了4倍多。

本章总结

Ⅰ.概率是一个介于0～1之间的数值（含0和1），描述一个事件将来会发生的可能性。

A.实验是引致几个可能观测结果中的一个结果而且仅有一个结果发生的这样一个过程。

B.结果是一个实验的某一特定后果。

C.事件是一个实验中一个或多个结果的集合。

Ⅱ.有三种概率的定义。

A.古典概率应用于一个实验的各种结果的发生是等可能的。

B.经验概率是当前事件发生的概率是基于过去该事件发生次数占全部观测次数的比重。

C.主观概率是由人根据一切可用的信息推算得到的一个特定事件发生的概率。

Ⅲ.两个事件互斥指的是一个事件发生另一个事件不可能同时发生。

Ⅳ.事件的独立性是指一个事件的发生不影响另一事件的发生。

Ⅴ.加法原则针对事件的并集。

A.特殊加法原则用于互斥的事件。

$$P(A或B) = P(A) + P(B) \tag{5-2}$$

B.一般加法原则用于不是互斥的事件。

$$P(A或B) = P(A) + P(B) - P(A和B) \tag{5-4}$$

C.互补原则可以通过用1减去一个事件不发生的概率来得到这个事件发生的概率。

$$P(A) = 1 - P(\sim A) \tag{5-3}$$

Ⅵ.乘法原则针对于事件的乘积。

A.特殊乘法原则用于独立的事件。

$$P(A和B) = P(A)P(B) \tag{5-5}$$

B.一般乘法原则用于不独立的事件。

$$P(A和B) = P(A)P(B|A) \tag{5-6}$$

C.联合概率指的是两个或两个以上的事件同时发生的概率。

D.条件概率指的是一个特定事件发生的概率，取决于另一个已经发生的事件的概率。

Ⅶ.有三个计数原则在确定一个实验里所有可能结果的数目中是十分有用的。

A.如果做某件事情有m种方式，做另外一件事情有n种方式，那么两件事都做共有m×n种方式。

$$安排方式总数 = m \times n \tag{5-7}$$

B.排列是一个注重对象从对象池中选择顺序的安排方式。

$$_nP_r = \frac{n!}{(n-r)!} \tag{5-8}$$

C.组合是一个不注重对象从对象池中选择顺序的安排方式。

$$_nC_r = \frac{n!}{r!(n-r)!} \tag{5-9}$$

发音要领

符号	含义	发音
P（A）	事件A发生的概率	P of A
P（~A）	事件A不发生的概率	P of not A
P（A和B）	事件A与事件B同时发生的概率	P of A and B
P（A或B）	事件A或事件B发生的概率	P of A or B
P（A|B）	在事件B发生的条件下事件A发生的概率	P of A given B
$_nP_r$	从n项中依次选取r个的排列	Pnr
$_nC_r$	从n项中依次选取r个的组合	Cnr

本章练习题

41.Pepsico市场研究部计划对青少年进行关于一种新研发的软饮料的调查。要求每一个被访问者拿该饮料和自己最喜欢的软饮料进行比较。

a.这是什么实验？

b.一个可能的事件是什么？

42.某一特定事件在过去发生的次数除以发生的次数。这样求解概率的方法叫什么？

（答案：经验的）

43.所有癌症患者致病的原因以及治愈的方法将在2020年以前被发现的概率是0.20。这个陈述阐明了概率的什么观点？

44.Berdine's Chicken Factory在南加州Hilton Head地区有几家店铺。当面试服务生岗位求职的人时，主管想知道他们希望每笔账单自己赚取小费的数目。一项对于近期500笔账单的研究显示了一个服务生每8小时轮班赚取的小费数目。如下所示：

小费数（美元）	人数
0~20	200
20~50	100
50~100	75
100~200	75
200或以上	50
总计	500

a.小费数目200美元或以上的概率是多少？

b.“0 ~ 20美元”，“20 ~ 50美元”等分类，是互斥的吗？

c.如果把这些结果对应的概率相加，和是多少？

d.小费数目不超过50美元的概率是多少？

e.小费数目少于200美元的概率是多少？

（答案：a.0.10　b.是　c.1　d.0.60　e.0.90）

45.赢得三场Triple Crown比赛是纯种赛马最大的成绩。三场比赛中，Big Brown赛马已经赢得了Kentucky Derby，现在它有1：2的概率赢得另一场比赛Preakness Stakes。

a.如果它也有1：2的概率赢得第三场比赛Belmont Stakes，它最后三场全胜的概率是多少？

b.如果它赢得三场比赛的概率为0.5，那么它赢得Preakness Stakes的概率必须为多少？

46.从一副标准的52张牌的扑克中抽牌，第一次抽到了一张K。

a.如果将其放回，则第二次还能抽到K的概率是多少？

b.如果K不放回，则第二次还能抽到K的概率是多少？

c.第一次抽到K并且第二次也抽到K的概率是多少？（假定第一次抽后不放回）

（答案：a.0.077　b.0.059　c.0.0045）

47.Armco，一个交通灯系统的制造商，发现在快速寿命实验中，95%新开发的系统能正常工作3年。

a.如果一个城市购买了4个这种系统，那么4个系统正常工作至少3年的概率是多少？

b.这里使用了概率的哪种原则？

c.用字母表示这4个系统，写出计算出问题（a）答案的方程。

48.对于下图：

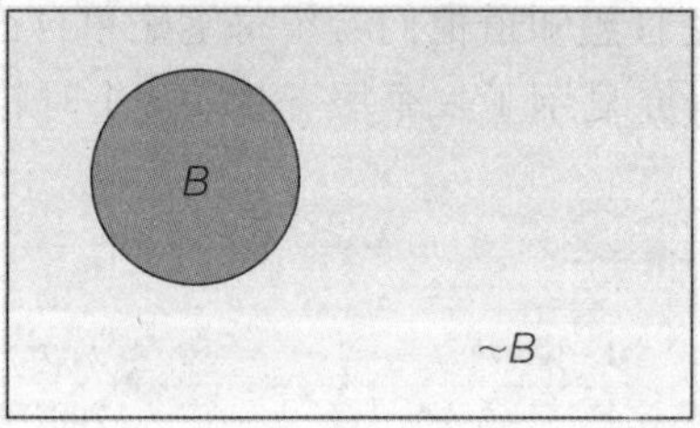

a.这个图的名称是什么？

b.这里图示的概率原则是什么？

c.B代表着选择一个获得福利金的家庭的事件，那么 $P(B)+P(\sim B)$ 等于？

（答案：a.Venn图　b.互补原则　c.1）

49.在Claremont Enterprises的一项管理培训生项目中，有80%的女性和20%

的男性，其中90%的女性和78%的男性上过大学。

a.随机选择一个培训生，则这个人是女性并且没上过大学的概率是多少？

b.性别和上过大学是独立的吗？为什么？

c.构建一个树形图，显示出所有的概率、条件概率和联合概率。

d.联合概率的和是1.00吗？为什么？

50.假定Delta航空公司的任何一个航班在规定时间的15分钟内到达的概率是0.90，我们从昨天选择4次航班来研究。

a.这4次航班都在规定时间的15分钟内到达的概率是多少？

b.这4次航班都没有在规定时间的15分钟内到达的概率是多少？

c.至少有1次航班没有在规定时间的15分钟内到达的概率是多少？

（答案：a.0.6561　b.0.0001　c.0.3439）

51.在Kiddie Carts International有100名员工。其中57人是生产工人，40人是主管人员，2人是秘书，剩下的1人是总裁。假定随机选择一人：

a.选择的这个人是生产工人的概率是多少？

b.选择的这个人是生产工人或者是主管人员的概率是多少？

c.对于（b），这些事件是互斥的吗？

d.选择的这个人既不是生产工人也不是主管人员的概率是多少？

52.得克萨斯巡游者队的Josh Hamilton是2010年美国职业棒球大联盟中平均打击率最高的球员，为0.359。假设他每次能够击中的概率都是0.359，在特定的一场比赛中，他击球3次。

a.这是什么类型概率的例子？

b.一场比赛3次都击中的概率是多少？

c.一场比赛3次都没击中的概率是多少？

d.一场比赛至少击中1次的概率是多少？

（答案：a.经验的　b.0.046　c.0.263　d.0.737）

53.四支运动队在淘汰赛中保留了下来。如果其中一支队伍在半决赛中胜出的概率是2∶1，另外一支队伍胜出的概率是3∶1：

a.两支队伍都胜出的概率。

b.两支队伍都没有胜出的概率。

c.至少有一支队伍胜出的概率。

54.在一个大型游戏Jeopardy里，有3个daily double的重要线索。有3个实力相当的竞争者在玩这个游戏：

a.其中的一个竞争者找到了3个daily double的概率。

b.胜利者找到了3个daily double的概率。

c.每个竞争者刚好找到1个daily double的概率。

（答案：a.1/9　b.1/27　c.2/9）

55.Brooks Insurance，Inc.希望在互联网上向60岁的男子出售人寿保险。死亡率表表明一个60岁的男子在第二年活下来的概率是0.98。如果有5名60岁男子投保：

a.这5名男子都活下来的概率是多少？

b.这5名男子至少有1名没有活下来的概率是多少？

56.在Quail Creek地区40%的房屋安装有安全系统，现随机选取3个房屋：

a.3个房屋都安装有安全系统的概率是多少？

b.3个房屋都没有安装安全系统的概率是多少？

c.至少有一个房屋安装有安全系统的概率是多少？

d.你猜想这些事件是独立的还是不独立的？

（答案：a.0.064 b.0.216 c.0.784 d.独立的）

57.关于练习56，假定在Quail Creek地区有10间房屋，其中4间安装了安全系统，随机选取3间房屋：

a.3间房屋都安装有安全系统的概率是多少？

b.3间房屋都没有安装安全系统的概率是多少？

c.至少有1间房屋安装有安全系统的概率是多少？

d.你猜想这些事件是独立的还是不独立的？

58.在Willbrook农业开发区有20家农户，他们都在准备去年需缴纳的联邦所得税的报税材料。其中10家由自己准备，7家由当地的代理机构准备，还有3家由著名的H&R Block公司准备。

a.在这些农户中任选1家，他们自己准备税务材料的概率是多少？

b.在这些农户中任选2家，他们自己准备税务材料的概率是多少？

c.在这些农户中任选3家，他们自己准备税务材料的概率是多少？

d.在这些农户中任选2家，他们都不是由H&R Block公司准备税务材料的概率是多少？

（答案：a.0.50 b.0.2368 c.0.1053 d.0.7158）

59.Saner Automatic Door Company董事会由12名成员组成，其中3名是女性。现要在公司推出新的政策和程序手册，随机从董事会选取3名成员来完成这个任务。

a.所有选出的成员都是男性的概率是多少？

b.选出的成员至少有1位是女性的概率是多少？

60.最近BusinessWeek的一项调查报告显示，在大公司的首席执行官的薪酬是否涉及企业和公司股东赚钱或赔钱。

	CEO收入超过100万美元	CEO收入少于100万美元	总计
股东赚钱	2	11	13
股东赔钱	4	3	7
总计	6	14	20

如果从1份含有20个公司的名单中随机抽取一个公司做研究，则所求概率：

a.CEO薪酬超过100万美元的概率是多少？

b.CEO薪酬超过100万美元或者股东赔钱的概率是多少？

c.在股东赔钱的前提下，CEO薪酬超过100万美元的概率是多少？

d.选择两个CEO并且发现他们薪酬都超过100万美元的概率？

（答案：a.0.30　b.0.45　c.0.5714　d.0.0789）

61.Althoff and Roll是一家位于佐治亚州Augusta的投资公司，它在该区域的报纸Augusta Morning Gazette上做广告。Augusta Morning Gazette的销售人员估计有60%的Althoff and Roll的潜在客户会看报纸。此外，读过报纸的有85%的人对Althoff and Roll的广告有印象。

a.有百分之多少的该投资公司的潜在客户看到并记住广告？

b.有百分之多少的该投资公司的潜在客户看到但不记得广告？

62.一家位于加利福尼亚南部的互联网公司有洛杉矶湖人队比赛的季票。公司的总裁经常从4位副总裁中邀请一人和他去观看比赛，并声称他选择的人是随机的。4位副总裁中的一位在洛杉矶湖人队的最后5个主场比赛中并没有被邀请观看比赛的概率是多少？

（答案：0.2373）

63.计算机电源零售商购买了一批1 000张CD-R光盘，试图为特定的应用程序格式化这些光盘。其中有857张完好的光盘；光盘112个可以使用，但有的扇区是坏的；其余的光盘不能使用。

a.随机选出一张光盘，发现不是完好的概率是多少？

b.如果这光盘不是完好的，那么它根本不能使用的概率是多少？

64.一位投资者购买了100股Fifth Third银行的股票和100股Santee电力公司的股票。银行股在一年后能升值的概率是0.70，在同一时期电力股能升值的概率是0.60。

a.在这一时期内，两只股票都升值的概率是多少？

b.银行股升值而电力股没有升值的概率是多少？

c.至少有一只股票升值的概率是多少？

（答案：a.0.42　b.0.28　c.0.88）

65.只要在Tony's Pizza购买一个大号的比萨，消费者就可以获得一个颁发奖品券的机会。获取免费饮料的机会是1/10，获取一个免费大号比萨的机会是1/50。如果你明天打算在Tony's Pizza购买一个大号的比萨，那么以下概率是多少？

a.赢得免费饮料或者免费比萨。

b.没有获得任何奖品。

c.连续购买三次没有获得任何奖品。

d.连续购买三次至少获得一次奖品。

66.在伊利诺伊州每日的彩票开奖中，参加者在数字0至9任意选取3个数字。每个数字只能选择一次，所以中奖数字可能是307但不能是337。你可以选择一组数字，购买一张彩票，每晚中奖号码将在电视上公布。

a.可能有多少（3位数字）不同的结果？

b.购买一注彩票，中奖的概率是多少？

c.如果你购买了3张不同数字的彩票，没有中奖的概率是多少？

（答案：a.720　b.0.00139　c.0.99583）

67.几年前，Wendy's汉堡包做广告说它们的汉堡有256种不同的搭配方法。你可以在你的汉堡中选择或者省略以下任何一种组合：芥末、番茄酱、洋葱、泡菜、番茄、泡菜酱、蛋黄酱和生菜。这个广告的说法是真的吗？证明你的结论。

68.调查结果发现，有60%到中国的游客参观了故宫、天坛、长城以及北京或附近的其他历史遗迹。有40%的游客去西安参观了历史长达2 000多年的兵马俑、战马和战车。在这些游客中有30%的人同时去过北京和西安。一位游客至少去过一个地方的概率是多少？

（答案：0.70）

69.一种新的对戒烟有帮助的口香糖已经开发出来。如果60%使用这种口香糖的人成功戒烟，那么求在使用这种口香糖的4个人中至少有1个人成功戒烟的概率是多少？

70.Reynolds建筑公司有5种房屋外观设计提供给潜在的购房者，在这5种设计中内部建筑方式有3种标准。求从外部和内部的计划中有多少种不同的方法提供给潜在的购房者？

（答案：15）

71.一种新的运动车型刹车有缺陷的概率是15%，转向机制有缺陷的概率是5%。我们假设（和希望），这些问题的发生是独立的。如果一个或另一个问题是存在的，该汽车称为“质量低劣”。如果这两个问题都存在，该汽车为“危险”。你的老师昨天购买了这一汽车。求下列概率：

a.“质量低劣”。

b.“危险”。

72.马里兰州的汽车牌是由3个数字和3个英文字母构成的，那么有多少种可能的汽车牌？

（答案：17 576 000）

73.Dalton企业现有4位CEO候选人，3位候选人年龄超过60岁；有2位是女性，且只有一位年龄超过60岁。

a.一位候选人是女性并且年龄超过60岁的概率是多少？

b.假设一位候选人是男性，那么他年龄小于60岁的概率是多少？

c.假设一位候选人年龄超过60岁，那么该候选人为女性的概率是多少？

74.Tim Bleckie是Bleckie Investment和Real Estate Company的所有者。该公司最近购买了4处Holly Farms Estates以及6处Newburg Woods的大片土地。这些土地出售的可能性和价格是相同的。

a.出售2处土地都在Newburg Woods的概率是多少？

b.出售4处土地至少有1处在Holly Farms Estates的概率是多少？

c.这两个事件是独立的还是不独立的？

（答案：a. 0.333　b. 0.9286　c. 独立的）

75.计算机密码由4个字符组成。字符可以是26个字母中的任何一个，并且每个字符可以多次使用。可以有多少种不同密码组合？

76.在24个罐头中有1个是变质的，随机挑选3个罐头进行检测：

a.这3个罐头有多少种组合？

b.恰好选中变质的罐头进行检测的概率是多少？

（答案：a. 2 024　b. 0.125）

77.你的一次旅行包括3次独立的航班。如果每次航班都准点的概率是80%，3次航班都准点的概率是多少？

78.HP网络服务器瘫痪的概率是0.05。如果你有3个独立的服务器，至少有1个能正常运行的概率是多少？

79.22%的液晶显示器是三星制造的。假如买了3台液晶显示器，其中至少有1台是三星制造的概率是多少？

数据集练习题

（练习题的数据可以在www.mhhe.com/lindbasic8e下载）

80.参见房地产数据，它报告去年在亚利桑那州的Goodyear地区的住房销售信息。

a.建立一个表，显示在5个乡镇中有一个游泳池和没有游泳池家庭的个数。如果随机选择一个家庭，计算下列概率：

1.这个家庭在第一个乡镇或者有一个游泳池。

2.假设这个家庭来自第三个乡镇，并且有一个游泳池。

3.有一个游泳池并且来自第三个乡镇。

（答案：1. 0.419　2. 0.28　3. 0.0667）

b.建立一个表，显示在5个乡镇中有车库和没有车库家庭的个数。如果随机选择一个家庭，计算下列概率：

1.这个家庭有一个车库。

2.假设这个家庭来自第五个乡镇，并且没有车库。

3.有一个车库并且来自第三个乡镇。

4.没有车库或者不在第二个乡镇。

（答案：1. 06762　2. 0.25　3. 0.1429　4. 04667

81.参照2010年的棒球赛数据，它显示了在2010赛季大联盟中30支棒球队的信息。设置三个变量。

• 将球队分为两组，一组为赢得了赛季，另一组为输掉了赛季。也就是说，创建一个变量，分两类：球队赢得81场以上和球队赢得80场或更少。

• 接下来创建一个新的变量，分三类：出场费用少于200万美元，200万至300万美元，300万美元或以上。

• 创建一个变量，分两类：球场的年龄少于15年和球场的年龄大于或等于15年。

a. 创建一个表，显示一个赢得赛季的队伍与一个输掉赛季的队伍出场费用的比较结果。如果一支球队是随机选择的，计算以下可能性：

1. 赢得赛季。

2. 赢得赛季或者出场费用超过300万美元。

3. 假设出场费用超过300万美元，球队赢得了赛季。

4. 赢得了赛季并且出场费用少于200万美元。

b. 创建一个表，显示赢得了赛季的球队数目和在新老球场的球队数目。如果一支球队是随机选取的，计算以下可能性：

1. 选择一直赢得了赛季的球队。

2. 球队赢得赛季并且在新球场比赛的可能性。

3. 赢得赛季或者在新球场比赛的可能性。

82. 参照Buena学区的校车数据，构造一个能够把校车的年龄分成三组的变量：一组表示较新（车龄小于5年），一组表示中等（车龄大于等于5年并且小于10年），一组表示较旧（车龄大于等于10年）。维修费用的中位数是456美元，根据这个数值，再构造一个变量：一组表示低维修费用（低于中位数），一组表示高维修费用（高于中位数）。最后，构造一个表来描述维修费用和校车年龄的关系。

a. 百分之多少的校车较新？

b. 百分之多少较新的校车维修费用低？

c. 百分之多少较旧的校车维修费用高？

d. 维修费用和校车的年龄有关系吗？提示：比较新旧校车的维修费用，你能说维修费用和年龄是相互独立的吗？

（答案：a.22.5%　b.72.22%　c.93.33%　d.维修费用和年龄是相关的）

实践测试

第一部分——客观题

1.________是一个介于0和1之间的数字（包含0和1），并且描述了事件发生的相对可能性。

2.________是引致几个可能观测结果中的一个结果而且仅有一个结果发生的这样一个过程。

3.________是一个实验中一个或多个结果的集合。

4. 从________的角度来看，事件发生的概率是过去类似的事件发生的百分比。

5. 从________的角度来看，人们会根据现有的所有信息和观点来估计概率。

6. 从________的角度来看，事件发生的概率是有利结果的个数除以所有可能结果的个数。

7. 如果几个事件被描述成________，那么其中一个事件的发生意味着其他的事件都不会同时发生。

8. 如果一个实验的一系列事件包含了所有的可能结果，那么这些事件被描述为________。

9. 如果两个事件A和B是________，那么特殊的加法法则告诉我们A或者B发生的概率等于它们各自的概率之和。

10. ________是用1减去一个事件不发生的概率来计算这个事件发生的概率。

11. 用来衡量两个或者更多的事件同时发生的概率叫作________。

12. 特殊的乘法法则需要两个事件A和B是________。

第二部分——问题

1.Fred Friendly是一位注册会计师，他需要在4月15日前完成20份退税申请。在这20份退税申请中，12份是来自个人的申请，5份是来自商业部门的申请，剩下的3份来自慈善机构的申请。他随机地选择了两份申请：

a. 两份都是来自商业部门的概率是多少？

b. 两份中至少有一份来自商业部门的概率是多少？

2.Fred定期健身，过去12个月的健身日志显示出他30%的时间在慢跑，20%的时间在骑车，12%的时间两项运动都做了。那么Fred至少做这两项运动中一种的概率是多少？

3.Fred和其他4个注册会计师在同一个税务办公室里工作。这个办公室旁边有5个停车位，如果他们全部都开车上班，那么他们的车一共有多少种不同的停车顺序？

软件命令说明

1. 如5.7.3节所示，用Excel命令确定排列数：

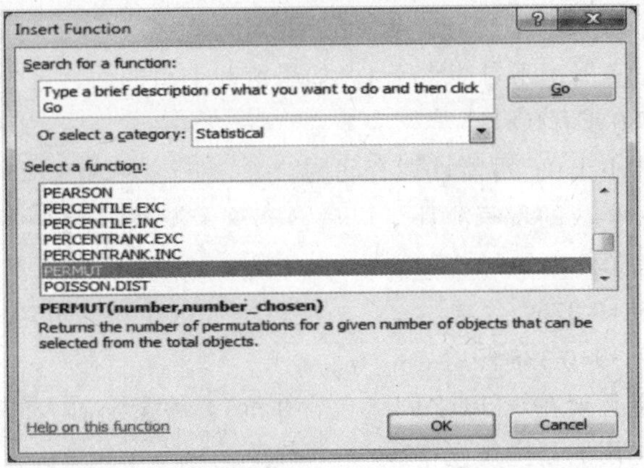

a. 点击顶部菜单的Formulas，然后选择左边的Insert Function fx。

b. 在Insert Function中选择Statistical类别，然后在Select a function列表中向下滚动滑块找到PERMUT，点击OK。

c. 在PERMUT后的方框Number中输入8并且在Number－chosen框中输入3。正确答案336两次出现在框中。

2. 如5.7.3节所示，用Excel命令确定人数组合：

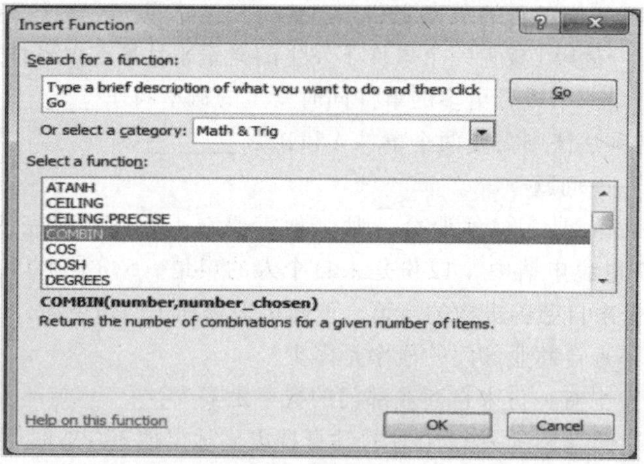

a. 点击顶部菜单的Formulas，然后选择左边的Insert Function fx。

b. 在Insert Function中选择Math & Trig类别，然后在Select a function列表向下滚动滑块找到COMBIN，点击OK。

c. 在COMBIN后的方框Number中输入7并且在Number_chosen框中输入3。正确答案35两次出现在框中。

自测题答案

5-1 a. 算出认为这个新游戏还不错的人数。

b.73个玩家觉得这个游戏还不错。还有很多其他的可能答案。

c. 不是。概率不可能大于1，如果游戏上市的话，这个游戏成功的概率为65/80或者0.8125。

d. 不能小于0。可能计算有问题。

e. 多过半数的玩家测评了以后喜欢这个游戏。当然，还有很多其他可能的答案。

5-2 1.=4/52=0.0769 经典

2.182/539=0.338 经验

3. 概率必须在0和1之间，包含0和1。答案随着人的变化而变化，这个问题用的是主观概率。

5-3 a.i.（50+68）/2000=0.059

ii.1-302/2000=0.849

b.

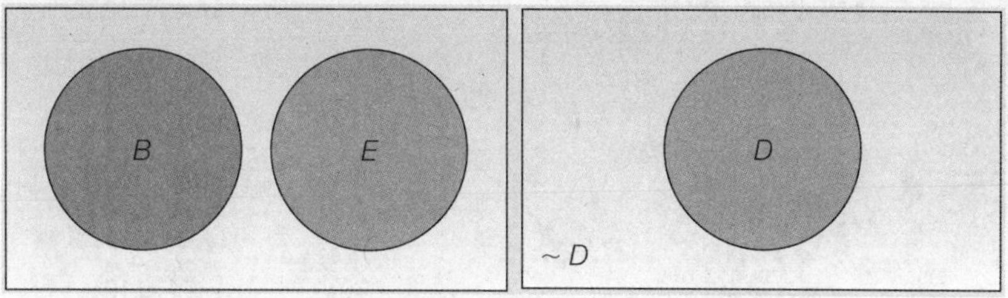

c.它们不是互补的，而是互相排斥的。

5-4 a.事件A是需要修正鞋码，事件B是需要看牙医。

P（A或B）=P（A）+P（B）-P（A和B）=0.08+0.15-0.03=0.2

b.一种可能性是

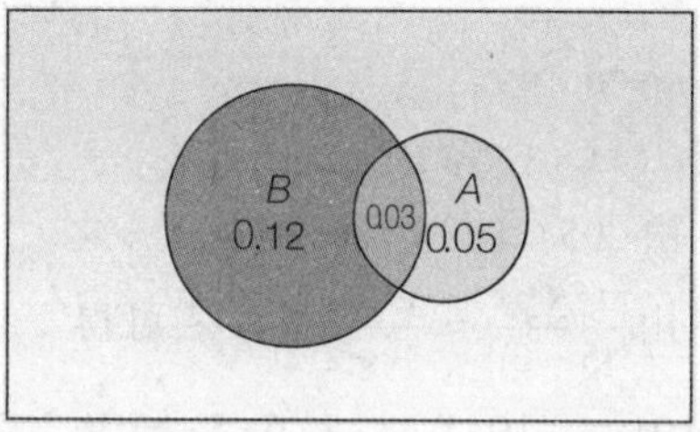

5-5 （0.95）（0.95）（0.95）（0.95）=0.8145

5-6 a.0.002，计算过程如下：

（4/12）（3/11）（2/10）（1/9）=24/11880=0.002。

b.0.14，计算过程如下：

（8/12）（7/11）（6/10）（5/9）=1680/11880=0.1414。

c.不是，因为还有其他的可能性，比如说三个女性和一个男性。

5-7 a.P（B_4）=105/200=0.525

b.P（$A_2|B_4$）=30/105=0.288

c.P（A_2or B_4）=（80/200）+（105/200）-（30/200）=155/200=0.775

5-8 a.独立性要求P（A|B）=P（A）。一种可能性是P（经常访问|是封闭购物中心）=P（经常访问）。60/90等于80/195吗？显然不是，这两个变量并不相互独立。因此，表里面的联合概率需要用一般乘法法则来计算。

b.

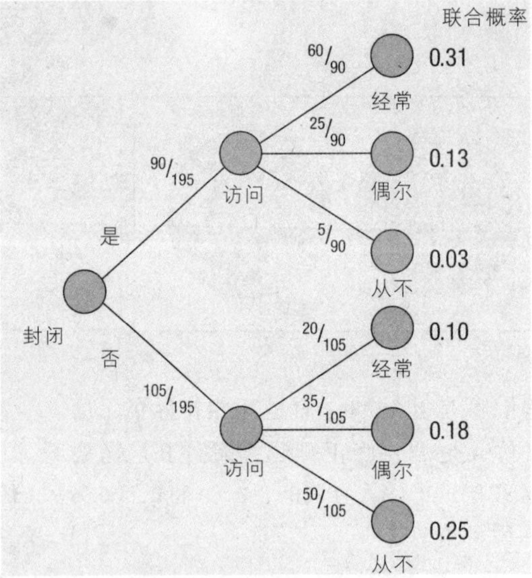

5-9　1.（5）（4）=20

2.（3）（2）（4）（3）=72

5-10　1.a.60，由（5）（4）（3）可得。

b.60，由 $\frac{5!}{(5-3)!}=\frac{5\cdot4\cdot3\cdot\cancel{2\cdot1}}{\cancel{2\cdot1}}$ 可得。

2.5 040，由 $\frac{10!}{(10-4)!}=\frac{10\cdot9\cdot8\cdot7\cdot\cancel{6\cdot5\cdot4\cdot3\cdot2\cdot1}}{\cancel{6\cdot5\cdot4\cdot3\cdot2\cdot1}}$ 可得。

3.a.35，由 $\frac{7!}{3!(7-3)!}=\frac{7\cdot6\cdot5\cdot\cancel{4\cdot3\cdot2\cdot1}}{(3\cdot2\cdot1)\cdot(\cancel{4\cdot3\cdot2\cdot1})}$ 可得。

b.21，由 $\frac{7!}{5!(7-5)!}=\frac{7\cdot6\cdot\cancel{5\cdot4\cdot3\cdot2\cdot1}}{(\cancel{5\cdot4\cdot3\cdot2\cdot1})\cdot(2\cdot1)}$ 可得。

4.a.${}_{50}P_3$=50！/（50−3）！=117 600

b.${}_{50}C_3$=50！/3！（50−3）！=19 600

第6章

离散型概率分布

本章学习目标

当你学完本章内容，你应该能够：

1.定义概率分布的特征。

2.区分离散和连续概率分布。

3.计算概率分布的均值。

4.计算概率分布的方差和标准差。

5.使用二项式分布描述概率的特征以及概率的计算。

6.使用泊松分布描述概率的特征以及概率的计算。

6.1 导言

第2章到第4章主要介绍了描述性的统计学。我们这样来描述原始数据，先利用原始数据计算频数分布，再利用表、图等画出它们的分布。同时，我们也进行了一些计算——例如算术平均，中位数，或者众数——来表示靠近分布中心的一些典型值。全距和标准差是描述数据的一种延伸。这些章节主要描述那些已经发生的事情。

从第5章开始，重点发生了改变——我们开始考虑那些将要发生的事情的可能性，这也被称为统计推断。其目的是根据一定数量（样本）的观察来推断总体的情况（样本指的是从总体中抽取的那些单元）。在第5章中，我们说概率是在0和1之间的一切实数，并且讨论了如何应用加法原则和乘法原则来计算概率。

在本章中，我们开始考虑**概率分布**。概率分布给出了实验中所有可能发生的结果的概率值。尽管与频率分布有些类似，但是它并不是描述已经发生的事情而是描述可能发生的事情。例如：一个制药厂宣称它们的药物可以使80%的人体重减轻。然后某个保护客户的组织有可能对6个人进行实验。那么，如果药厂的声明是准确的，实验的结果很可能是其中的5个人体重减轻了。

在本章中，我们讨论概率分布的均值、方差和标准差。同时我们还介绍了两个最常出现的概率分布：二项式分布和泊松分布。

6.2 什么是概率分布？

概率分布给出了每个可能的实验结果以及各个结果的概率。

概率分布 将一个实验的所有可能的结果以及每一个结果的概率列举出来的列表。以下是概率分布的主要特征。

概率分布的特性

1. 某个结果的概率是在0和1之间的。
2. 所有的结果是互斥的。
3. 列表是有限的，因此所有事件发生的概率之和等于1。

如何才能生成一个概率分布呢？

举例：

假设我们想知道把一个硬币掷3次，正面出现的次数。在这个实验中，可能的结果是：出现0个正面，出现1个正面，出现2个正面和出现3个正面。那么出现正面的个数的概率分布是什么呢？

解答：

一共有8种可能的结果，第一次我们可能掷出1个反面，第二次可能还是掷出1个反面，第三次可能依然掷出1个反面；或者就是反面、反面、正面，这样的顺序。我们利用乘法公式计算可能的结果（见公式（5-7））。一共有2×2×2或者说8种可能的结果。结果如下：

可能的结果	掷硬币 第一	掷硬币 第二	掷硬币 第三	正面数
1	T	T	T	0
2	T	T	H	1
3	T	H	T	1
4	T	H	H	2
5	H	T	T	1
6	H	T	H	2
7	H	H	T	2
8	H	H	H	3

注意到结果“0个正面”只发生1次，“1个正面”发生了3次，“2个正

面”发生了3次以及“3个正面”只发生了1次。那就是说，“0个正面”在8次中发生1次，因此这个结果的概率是1/8，同样，“1个正面”这个结果发生的概率是3/8等。这个概率分布在表6-1中显示。因为这些结果中的任意一个结果必然发生，所有结果发生概率的和是1.000，这是正确的，表6-1也同样能显示出来这一点。

表6-1　　掷3次硬币出现0个、1个、2个、3个正面的概率分布

正面数 x	出现结果的概率 $P(x)$
0	$\frac{1}{8}=0.125$
1	$\frac{3}{8}=0.375$
2	$\frac{3}{8}=0.375$
3	$\frac{1}{8}=0.125$
总计	$\frac{8}{8}=1.000$

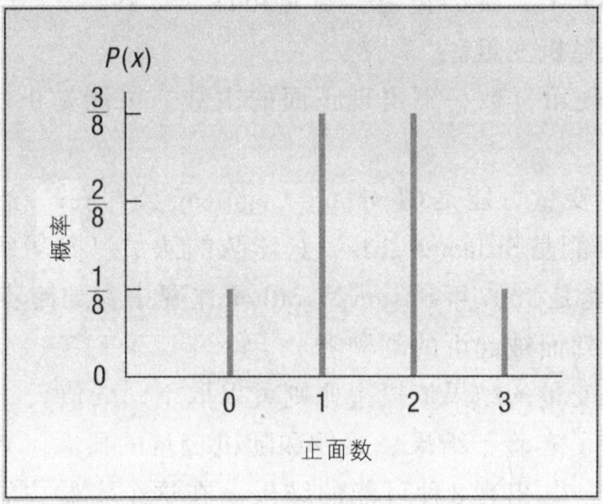

图6-1　掷3次硬币正面出现个数的结果以及相应事件发生的概率

对于表6-1的掷硬币的例子。我们用P（x）表示x的概率。那么P（0正面）=0.125；P（1正面）=0.375等等。这些互斥事件的概率和为1。事实上，从表6-1我们可以看出，0.125+0.375+0.375+0.125=1.00。

自测题6-1

考虑一个掷骰子的实验。

(a) 制定一个关于掷出点数的概率分布。

(b) 通过图表将这个概率分布表示出来。

(c) 概率总和是多少?

6.3 随机变量

在任意一个结果不唯一的实验中，每种结果的发生都是随机的，因此我们称之为随机变量。例如，掷骰子是一个实验：6个面中任意一个都有可能出现。一些实验的结果是定量的表述（例如美元、体重，或者小孩子的个数），另有一些实验的结果是定性的表述（例如颜色或者宗教信仰）。每一个随机变量的值都对应于一个概率来表示某个结果的可能性。下面一些例子将进一步说明随机变量的含义。

• 如果我们数一下周一上白班缺席的雇员的人数，那么这个数字可能是0，1，2，3，…这个缺席的人数就是一个随机变量。

• 如果我们称4个钢锭的重量，重量可能是2 492磅、2 497磅、2 506磅等等。这个重量就是随机变量。

• 我们抛2个硬币，数一下出现正面的次数，可能是0，1，2。这个次数也是随机变量。

• 另外的随机变量可能是Cleveland Company公司在一个小时内生产的有瑕疵的电灯泡；也可能是St.James girls' 篮球队的队员（其等级水平是9，10，11或者12)；还有可能是2007年Boston Marathon比赛中参加跑步的选手；或者是田纳西州每天因为酒驾而被起诉的驾驶者。

随机变量 该变量的结果依概率原则可以取不同的值。

下面的图说明了实验，结果、事件和随机变量的概念。首先，在把1个硬币掷3次的实验中，一共出现8种可能的结果。在这个实验中，我们考虑的是掷3次硬币出现1次正面的事件，即随机变量是正面的个数。在概率方面，我们想知道这个事件的概率，并且可令该事件的随机变量等于1。这个结果是P（掷3次硬币出现1次正面）=0.375。

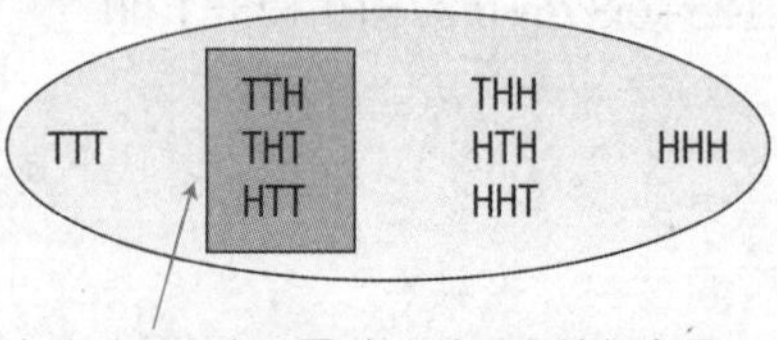

事件{出现1次正面}发生等同于随机变量x=1

一个随机变量可以是离散的，也可以是连续的。

6.3.1 离散型随机变量

一个离散随机变量可以是某些可区别的数值。如果有100个雇员，那么周一缺席的员工数就只能是0，1，…，100。离散随机变量的值通常可以计数，定义为：

离散型随机变量 一个离散随机变量是只能取某些清晰可分的数值。

离散型随机变量在某些情况下，可以取分数或者小数，但是这些数值必须能够区别开，而且数和数之间要有距离。例如，通过技术能力以及艺术表现而得到的花样滑冰得分是小数，如7.2、8.9和9.7等。这些数值都是离散的，因为在得分之间有距离，但是得分不会出现在8.3和8.4之间，比如8.34或者是8.347就不可能。

6.3.2 连续型随机变量

另一方面，如果随机变量是连续的，那么这个分布就是一个连续的概率分布。如果我们衡量某些事物，如房间的宽度、一个人的身高或者是自行车轮胎的压力等，这些随机变量就叫作连续型随机变量。可以假定它是在一定范围内，无限大的数值中的一个。例如：

- Atlanta 和 Los Angeles之间的飞行航班时间为4.67小时、5.13小时等等，这个随机变量是小时数。
- 每平方英寸轮胎的压力（psi），对于一个新的“雪佛兰开拓者”，压力可能是32.78 psi、31.62 psi、33.07 psi，等等。换言之，任何在28和35之间的值都可能发生，这个随机变量是轮胎的压力。

从逻辑上讲，如果我们从一个随机变量中取到一组可能的数值，并计算出相应的概率，其结果就是一个**概率分布**。因此概率分布和随机变量有什么区别呢？一个随机变量反映了一个实验特定的结果。一个概率分布反映出所有事件以及它们相关联的概率。

我们对于离散和连续概率分布使用的工具，以及概率解释是不同的。本章仅限于讨论离散分布和概率解释，在下一章我们将讨论连续分布。如何区别两种类型的分布呢？通常一个离散分布是一个计数的结果。例如：

- 把1个硬币掷3次出现正面的个数。
- 全班成绩获得A的学生的个数。
- 某一天员工缺席的人数。
- 在今晚美国全国广播公司从8～11点播放周期为30秒的广告的次数。

连续分布通常是一些测量的结果。如：

- 关于林肯公园最新专辑每首歌曲的长度。
- 一个班级中每个学生的体重。
- 你读一本书时外面的温度。
- Facebook员工的年龄。

6.4 概率分布的均值、方差和标准差

在第3章我们讨论了频率分布的位置和变化。均值反映了数据的中心位置，方差描述了数据的传播。类似的，一个概率分布也可以用均值和方差描述。我们用小写希腊字母 μ 来表示概率分布的均值，用 σ 表示标准差。

6.4.1 均值

均值是代表一个概率分布中心位置的典型值，也是一个随机变量的长期平均的结果。概率分布的均值又称为期望值。它是一个随机变量所有可能值与其发生概率的加权平均。

离散型随机变量的均值公式如下：

概率分布的均值 $\mu = \sum [xP(x)]$ （6-1）

P（x）是特定数值 x 的概率。换句话说，将每个 x 的取值和它的概率相乘，然后将这些乘积加起来。

6.4.2 方差和标准差

如前所述，均值是概述离散概率分布的一个典型值，但它不能描述在一个分布中量的传播（变化），然而方差能够做到。概率分布方差计算公式如下：

概率分布的方差 $\sigma^2 = \sum [(x-\mu)^2 P(x)]$ （6-2）

计算过程如下：

1.用每个数值减去均值，将差平方。

2.将每个平方差与自己的概率相乘。

3.将这些乘积加起来，得到方差。

标准差 σ 是 σ^2 正的平方根，因此，$\sigma = \sqrt{\sigma^2}$ 。

下面的例子将帮助你了解计算过程中的细节，理解概率分布的均值和标准差。

举例：

John Ragsdale 在 Pelican Ford 销售新车，John 经常在周六销售出很多汽车。他已经制定了在一个特定星期六他的汽车数量预计出售的概率分布。

销售的汽车数 x	概率 $P(x)$
0	0.10
1	0.20
2	0.30
3	0.30
4	0.10
总计	1.00

1. 这是个什么类型的分布？
2. 通常在星期六，John 期望能卖多少辆车？
3. 这个分布的方差是多少？

解答：

1. 这是一个离散型概率分布，随机变量是“销售汽车数”。如前所述，John 期望销售的汽车数在某一范围内；他不希望销售 5 辆汽车或者 50 辆汽车，而且，他也不可能销售半个汽车。他能销售的汽车数只能是 0、1、2、3 或者 4，并且这些结果都是互斥的——在同一个周六他不可能同时卖了 3 辆汽车和 4 辆汽车。这些所有可能结果的概率之和为 1。因此，这个例子符合概率分布的特性。

2. 汽车销售均值的计算可使用公式（6–1）：

$$\mu = \sum[xP(x)] = 0\times0.10 + 1\times0.20 + 2\times0.30 + 3\times0.30 + 4\times0.10 = 2.1$$

计算整理在下表里：

销售的汽车数 x	概率 $P(x)$	$x \cdot P(x)$
0	0.10	0.00
1	0.20	0.20
2	0.30	0.60
3	0.30	0.90
4	0.10	0.40
总计	1.00	μ = 2.10

我们如何理解均值 2.1？这个数值表明，在大多数周六，John Ragsdale 期望一天平均销售 2.1 辆汽车。当然，在任何特定的周六，他正好销售了 2.1 辆汽车是不可能的。尽管如此，这个期望值可用于预测长期在星期六销售汽车的数量的算术平均数。例如，John 一年工作了 50 个周六，他能期望仅在周六就能销售 105 辆（50×2.1）汽车。因此，均值有时候被称作期望值。

3.下表清楚地展示了如何用公式（6-2）计算方差。第一列和第二列就是概率分布，第三列用每个随机变量x减去均值，第四列是第三列的平方，最后一列是第四列乘以其对应的概率。方差就是最后一列数字的和。

销售的汽车数 x	概率 $P(x)$	$(x-\mu)$	$(x-\mu)^2$	$(x-\mu)^2P(x)$
0	0.10	0 − 2.1	4.41	0.441
1	0.20	1 − 2.1	1.21	0.242
2	0.30	2 − 2.1	0.01	0.003
3	0.30	3 − 2.1	0.81	0.243
4	0.10	4 − 2.1	3.61	0.361
				σ^2 = 1.290

回忆标准差σ，它是方差的正的平方根。在这个例子中，$\sqrt{\sigma^2}=\sqrt{1.290}=1.136$辆汽车。我们怎么理解1.136辆汽车呢？假如另一位销售人员Rita Kirsch在周六也期望销售2.1辆汽车，并且她的标准差是1.91辆，则我们能够断言Kirsch女士在周六的销售数量没有Ragsdale先生的销售数量稳定（因为1.91>1.136）。

自测题6-2

Pizza Palace提供与披萨搭配的三种杯型的可乐：小杯、中杯和大杯，价格分别为0.80美元、0.90美元和1.20美元。30%的订餐者点小杯可乐，50%的订餐者点中杯可乐，20%的订餐者点大杯可乐。用可乐杯的型号和销售的概率组建一个概率分布。

(a) 这是一个离散型概率分布吗？给出理由。

(b) 计算销售一杯可乐的平均金额。

(c) 销售可乐金额的方差是多少？标准差是多少？

练习题

1.计算下面离散概率分布的均值和方差。

x	$P(x)$
0	0.2
1	0.4
2	0.3
3	0.1

2.计算下面离散概率分布的均值和方差。

x	$P(x)$
2	0.5
8	0.3
10	0.2

（答案： $\mu = 5.4, \sigma^2 = 12.04$ ）

3.计算下面概率分布的均值和方差。

x	$P(x)$
5	0.1
10	0.3
15	0.2
20	0.4

4.下面的随机变量哪些是离散的，哪些是连续的？

a.一个售货员一年确认的新客户。

b.不同顾客到达银行ATM的时间。

c.Big Nick理发店顾客的数目。

d.你汽车油箱里油的数量。

e.陪审团里少数人的个数。

f.今天室外的温度。

（答案：a.离散的 b.连续的 c.离散的 d.连续的 e.离散的 f.连续的）

5.下面是由南卡罗来纳州的Walterboro地区紧急呼救中心制作的最近50天每天紧急呼救次数的记录。有22天每天有2次呼救，有9天每天有3次呼救。

呼救数	概率
0	8
1	10
2	22
3	9
4	1
总计	50

a.把呼救的次数转化为概率分布。

b.这个分布是离散的，还是连续的？

c.每天的平均呼救次数是多少？

d.每天呼救次数的标准差是多少？

6.Kinzua大学的专家以往年秋季入学的学生数估计今年的数目，那么从下表看，今年的学生入学数是多少？计算一下方差和标准差。

入学人数	概率
1 000	0.6
1 200	0.3
1 500	0.1

（答案：$\mu = 1110, \sigma^2 = 24900, \sigma = 157.8$）

7.Belk商店在周末将会有一个特别的销售活动。顾客花费50美元，将会得到一个特别的Belk信用卡。顾客将会抢购这种卡，因为它将根据总的购买额来优惠，下面是奖励类型以及对应的根据总购买额的优惠比例。

价格（美元）	概率
10	0.50
25	0.40
50	0.08
100	0.02

a.从总的购买额里优惠的平均量是多少？

b.上述问题的标准差是多少？

8.佛罗里达州泊车中心报告了250个顾客泊车的小时数和对应的押金额。

小时数	概率	押金数（美元）
1	20	3.00
2	38	6.00
3	53	9.00
4	45	12.00
5	40	14.00
6	13	16.00
7	5	18.00
8	36	20.00
	250	

a.将泊车时间转化为概率分布，是离散的还是连续的？

b.计算泊车时间的均值和标准差，顾客通常会停车多长时间？

c.计算支付金额的期望和标准差。（$\mu = 11.53$美元，$\sigma^2 = 5.01$美元）

（答案：a.离散的　b.μ=4.144，σ^2=2.0908　c.μ=11.53美元，σ^2=5.01美元）

6.5 二项概率分布

二项概率分布

二项概率分布 是一种常见的离散型概率分布。它的第一个特点是：一项实验中只有两个可能的结果。例如，一个判断题不是对的就是错的。这两个结果是互斥的，意味着这个判断题不可能同时既是对的又是错的。其他的例子，一个产品的质量不是合格就是不合格；一名工人不是被列为就业就是被列为失业；推销人员拜访客户的结果，客户不是购买产品就是没有购买产品，等等。一般地，我们以“成功”和“失败”来划分这两种结果。尽管如此，这个分类不是暗指哪个结果是好的，而另一个是坏的。

二项分布的第二个特点是：随机变量是可数的结果，也就是说，我们数出了成功尝试的总数目。我们掷一个硬币5次，可以数出正面出现的次数；我们选定10名工人，可以数出50岁以上工人的人数；我们购买20盒 Kellogg's Raisin Bran，可以数出有多少盒的重量比包装上注明的重量多。

二项分布的第三个特点是：成功事件发生的概率在整个系列实验中保持不变。以下给出两个例子：

- 一个测试有10道判断题，你猜对其中任何一道判断题的概率是1/2。对于一个有20道单选题的测试，每个选择题有四个选项，你随机猜对任何一道选择题的概率为1/4。
- 根据过去的经验，在Socastee地区的沿海旋桥，在你走近它的时候，每20次中只有一次会被升起。所以，旋桥被升起（成功）的概率就是1/20。

二项分布的第四个特点是：每次实验之间是相互独立的。这就是说，一次实验的结果不会影响到其他次实验的结果。这里有两个例子：

- 一个年轻的家庭有两个孩子，都是男孩儿。那么第三个即将出生的孩子仍然是男孩的概率是0.5。也就是说，第三个孩子性别的概率跟前面两个孩子性别的概率是独立的。
- 假如Waccamaw医院的急诊室里20%的病人没有医疗保险。如果下午的第二个病人没有医疗保险，那么这并不会影响到第三个、第十个或者其他任何一个病人拥有保险的概率。

二项概率实验

1.每次实验中只含有两个互斥的结果——成功或者失败。

2.在固定次数的实验中，随机变量表示可数的成功的次数。

3.成功事件发生的概率在整个系列实验中保持不变。

4.每次实验是独立的，意味着一次实验的结果不会影响到其他实验的结果。

6.5.1 如何计算二项概率？

计算一个具体的二项概率，我们使用（1）实验的次数；（2）每次实验中成功的概率。例如，Hannah景观设计公司今天种了10棵树并且我们知道90%的树会存活下来，那么我们可以据此用二项分布计算刚好8棵树会存活下来的概率。在这个例子里，实验的次数就是这10棵树，实验成功的概率是0.90，成功的次数是8次。实际上，对于0到10之间的任何棵数，我们都可以用二项概率分布来计算它们存活下来的概率。

二项概率计算公式 $P(x) = {}_nC_x\pi^x(1-\pi)^{n-x}$ （6-3）

其中，C表示组合，n是实验的次数，x是定义成功次数的随机变量，π是每次实验中成功的概率。

我们使用希腊字母π表示一个二项总体的参数，不要与数学常数3.1416相混淆。

举例：

全美航空公司每天有5个航班从匹兹堡飞至宾夕法尼亚州的布拉德福德市的机场。假定任何一个航班晚点的概率都是0.20，则没有航班晚点的概率是多少？有一个航班晚点的概率是多少？

解答：

我们使用公式（6-3）。飞机晚点的概率是0.20，所以π=0.20，有5架飞机，所以n=5，x表示成功次数的随机变量。在这个实验里，一次“成功”表示有1架飞机晚点。当x=0时，

$$P(0) = {}_nC_x\pi^x(1-\pi)^{n-x} = {}_5C_0(0.20)^0(1-0.20)^{5-0} = 0.3277$$

$$P(1) = {}_nC_x\pi^x(1-\pi)^{n-x} = {}_5C_1(0.20)^1(1-0.20)^{5-1} = 0.4096$$

整个以π=0.20，$n=5$的二项概率分布数据输入下面的柱形图中。我们发现，3架飞机晚点的概率是0.512，并且从柱形图中还可以看出，飞机晚点的二项分布明显是正偏态的。

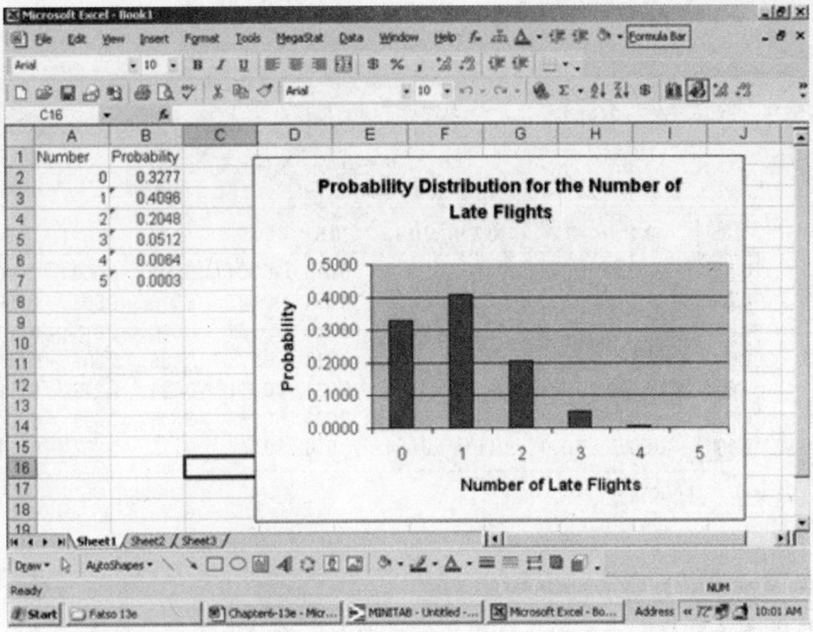

均值（μ）和方差（σ^2）的二项分布可以用快捷方式表示为：

二项分布的均值　$\mu = n\pi$　（6–4）

二项分布的方差　$\sigma^2 = n\pi(1-\pi)$　（6–5）

对于这个例子我们可以知道：

$\mu = n\pi = 5 \times 0.20 = 1.0$

$\sigma^2 = n\pi(1-\pi) = 5 \times 0.20 \times (1-0.20) = 0.80$

均值为1.0，方差为0.80能够用公式（6–1）和公式（6–2）计算出来。具体计算过程如下：

航班晚点次数

x	$P(x)$	$xP(x)$	$x-\mu$	$(x-\mu)^2$	$(x-\mu)^2P(x)$
0	0.3277	0.0000	−1	1	0.3277
1	0.4096	0.4096	0	0	0
2	0.2048	0.4096	1	1	0.2048
3	0.0512	0.1536	2	4	0.2048
4	0.0064	0.0256	3	9	0.0576
5	0.0003	0.0015	4	16	0.0048
		μ = 1.0000			σ^2 = 0.7997

6.5.2　二项概率表

公式（6–3）能够用来计算任何值的 n 和 π 的二项分布。尽管如此，对于 n 较大时，计算费时较长。附录B.9给出了二项概率表，表6–2是附录B.9的一部分对应了当 n = 6 时 π 的取值。

表 6-2　二项概率当 n = 6 时 π 的取值

	n = 6 概率										
x\π	**0.05**	0.1	0.2	0.3	0.4	0.5	0.6	0.7	0.8	0.9	0.95
0	**0.735**	0.531	0.262	0.118	0.047	0.016	0.004	0.001	0.000	0.000	0.000
1	**0.232**	0.354	0.393	0.303	0.187	0.094	0.037	0.010	0.002	0.000	0.000
2	**0.031**	0.098	0.246	0.324	0.311	0.234	0.138	0.060	0.015	0.001	0.000
3	**0.002**	0.015	0.082	0.185	0.276	0.313	0.276	0.185	0.082	0.015	0.002
4	**0.000**	0.001	0.015	0.060	0.138	0.234	0.311	0.324	0.246	0.098	0.031
5	**0.000**	0.000	0.002	0.010	0.037	0.094	0.187	0.303	0.393	0.354	0.232
6	**0.000**	0.000	0.000	0.001	0.004	0.016	0.047	0.118	0.262	0.531	0.735

举例：

在一个国家的某个地区，手机的掉线率为 5%。随机选取 6 次通话，没有 1 次掉线的概率是多少？有 1 次掉线的概率是多少？有 2 次掉线的概率是多少？有 3 次掉线的概率是多少？有 4 次掉线的概率是多少？有 5 次掉线的概率是多少？6 次都掉线的概率是多少？

解答：

满足二项分布的条件：(a) 只有两个结果（掉线和不掉线）；(b) 实验的次数为 (6)；(c) 成功的概率是一个常数 (0.05)；(d) 实验是独立的。

根据上面表 6-2，求没有掉线的概率。首先找到 x 取 0，然后横向地找到 π = 0.05，两者对应的数值就是所求概率，是 0.735。表 6-2 中的数字保留三位小数。

一个样本中的 6 次通话有 1 次掉线的概率是 0.232，当 n=6，π=0.05 时，二项式的完整概率分布如下：

掉线的次数 x	发生的概率 P(x)	掉线的次数 x	发生的概率 P(x)
0	0.735	4	0.000
1	0.232	5	0.000
2	0.031	6	0.000
3	0.002		

当然，还是有微小的机会造成 6 次随机抽样中，有 5 次掉线。这个概率是 0.00000178，由以下公式计算得到：

$$P(5) = {}_{6}C_{5}(0.05)^{5}(0.95)^{1} = 6 \times 0.05^{5} \times 0.95 = 0.00000178$$

6 次全部掉线精确的概率是 0.000000016，这个概率十分小。

我们能计算出掉线次数的均值和方差：

$\mu = n\pi = (6)(0.05) = 0.30$

$\sigma^2 = n\pi(1-\pi) = 6(0.05)(1-0.05) = 0.285$

自测题6-3

在Laskey路上的General Mills工厂有95%的员工通过电子资金转账将两个月的薪水直接汇入他们的银行，这也被称为直接存款。现假设选取7个人作为一个随机样本。

(a) 上述情形符合二项分布的条件吗？

(b) 7个员工都使用直接存款的概率是多少？

(c) 利用公式（6-3）计算7个人中有4个人使用直接汇款的概率是多少？

附录B.9是有限的，如下表。它给出了n从1至15，π取值0.05，0.10，…，095的概率。使用软件程序能够算出任何给定n和π取值的概率。以下Excel输出结果是$n=40, \pi=0.09$时的概率。注意到成功的次数停止在15次，那是因为16至40的概率非常接近于0。软件程序的步骤在第6章末的软件命令说明中有详述。

	A	B
1	Success	Probability
2	0	0.0230
3	1	0.0910
4	2	0.1754
5	3	0.2198
6	4	0.2011
7	5	0.1432
8	6	0.0826
9	7	0.0397
10	8	0.0162
11	9	0.0057
12	10	0.0017
13	11	0.0005
14	12	0.0001
15	13	0.0000
16	14	0.0000
17	15	0.0000

关于二项概率分布还有几点应该关注。

1. 如果n取值不变，而π取值从0.05增加到0.95，分布的形状就会发生改变。观察表6-3和图6-2，π的取值为0.05时概率是正偏态的。当π取值达到0.50时，形状变成对称的。随着π继续从0.50增加，向0.95移动时，概率分布变成负偏态的。表6-3显示了$n=10$，π取值0.05，0.10，0.20，0.50和0.70时的概率分布。这些概率分布在图6-2中显示。

表6-3　　n=10，π取值0.05，0.10，0.20，0.50和0.70时的概率分布

x\π	0.05	0.1	0.2	0.3	0.4	0.5	0.6	0.7	0.8	0.9	0.95
0	0.599	0.349	0.107	0.028	0.006	0.001	0.000	0.000	0.000	0.000	0.000
1	0.315	0.387	0.268	0.121	0.040	0.010	0.002	0.000	0.000	0.000	0.000
2	0.075	0.194	0.302	0.233	0.121	0.044	0.011	0.001	0.000	0.000	0.000
3	0.010	0.057	0.201	0.267	0.215	0.117	0.042	0.009	0.001	0.000	0.000

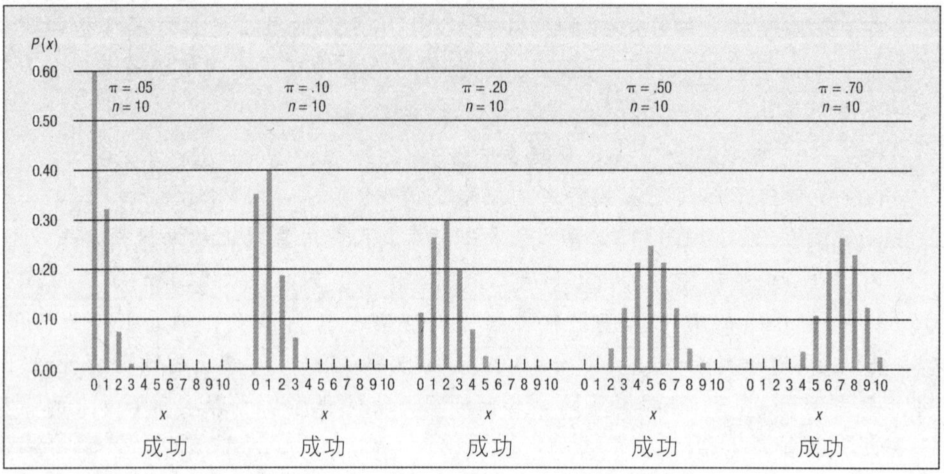

图6-2　n=10，π取值0.05，0.10，0.20，0.50和0.70时的二项概率分布

2.如果π值不变，而n值变大，概率分布的形状变得越来越对称。图6-3显示了π=0.10，n从7增加到40的概率分布。

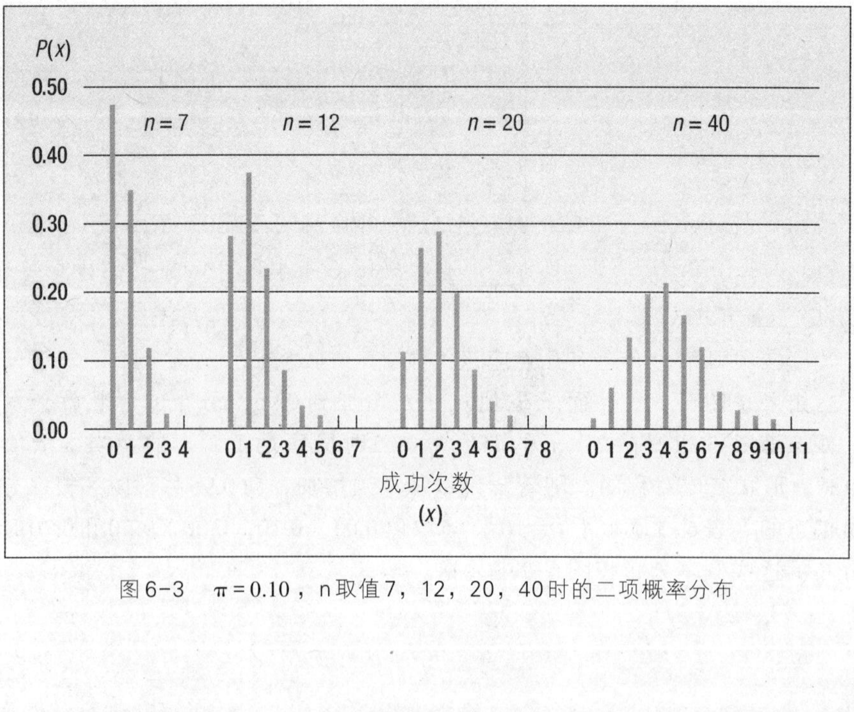

图6-3　π=0.10，n取值7，12，20，40时的二项概率分布

练习题

9. 二项分布中 n=4 和 $\pi=0.25$。利用二项公式计算下面事件的概率。

a.x=2

b.x=3

10. 二项分布中 n=5 和 $\pi=0.40$。利用二项公式计算下面事件的概率。

a.x=1

b.x=2

（答案：a.0.2592　b.0.3456）

11. 假定二项分布 n=3 和 $\pi=0.60$。

a. 参考附录 B.9，列一下 x 从 0 到 3 的概率。

b. 利用公式（6-1）和公式（6-2）计算分布的均值和标准差。

12. 假定二项分布 n=5 和 $\pi=0.30$。

a. 参考附录 B.9，列一下 x 从 0 到 5 的概率。

b. 利用公式（6-1）和公式（6-2）计算分布的均值和标准差。

（答案：a. 见教师手册　b.$\mu=1.5$，$\sigma=1.0247$）

13. 美国投资研究表明 30%的个人投资者有自己的经纪人。随机抽取 9 个投资者，计算：

a.2 个投资者用同样的经纪人的概率是多少？

b.4 个投资者用同样的经纪人的概率是多少？

c. 他们当中没有人有经纪人的概率是多少？

14. 美国邮政公司报告 95%的头等邮件同城会在 2 天内邮到。6 个邮往不同地方的信件被随机选中。计算：

a.6 个邮件全部在 2 天内邮到的概率。

b.5 个邮件两天内邮到的概率。

c. 计算 2 天内邮到的邮件的平均值。

d. 计算 2 天内邮到的邮件的个数的方差和标准差。

（答案：a.0.7351　b.0.2321　c.5.7　d.$\sigma^2=0.2850$，$\sigma=0.5339$）

15. 工业中心认为 10%的新车在第一年内需要维护，Jones 所在的尼桑公司昨天销售了 12 辆尼桑。计算：

a. 所有车辆都不需要维护的概率是多少？

b.1 辆车需要维护的概率是多少？

c.2 辆车需要维护的概率是多少？

d. 计算上述概率分布的均值和标准差。

16. 电话推销员一个小时打 6 个电话，可以做成 30%的生意。在下一个 2 小时内，计算：

a. 做成 4 单生意的概率。

b.1单生意都做不到的概率。

c.做成2单生意的概率。

d.在2小时内做成生意的平均单数。

（答案：a.0.2311　b.0.0138　c.0.1678　d.3.6）

17.美国会计协会研究表明23%的毕业生选择公共会计行业，假定我们选择15个毕业生。计算：

a.2个毕业生选择公共会计行业的概率是多少？

b.5个毕业生选择公共会计行业的概率是多少？

c.估计会有多少人选择公共会计行业？

18.据报告显示16%的美国家庭只用手机来打电话。在一个8个家庭的样本里：

a.没人只用手机打电话的概率是多少？

b.至少有1个人只用手机打电话的概率是多少？

c.至少有5个人用手机打电话的概率是多少？

6.5.3 累积二项概率分布

我们可能想知道在10个判断题中能猜中6个或更多答案的概率，或许我们想知道从生产线上随机选取产品少于2个次品的概率。在这些例子中，我们需要使用累积二项概率分布。下面这个例子将给予解释。

举例：

伊利诺伊州交通部的调查显示，76.2%坐在前排的乘客使用安全带。这意味着，前面座位的乘客都使用安全带。假设我们决定用这些信息来比较目前的使用率，我们选取了12辆汽车作为一个样本。

1.在选取12辆汽车时，坐在前排的乘客正好有7人使用安全带的概率是多少？

2.在选取12辆汽车时，坐在前排的乘客至少有7人使用安全带的概率是多少？

解答：

问题符合二项分布的要求。

• 在一辆车内前排乘客不是使用安全带就是没使用安全带，只有两种可能的结果。

• 实验有固定的次数，在这个问题中是12次，因为选取了12辆汽车。

• “成功”（乘客使用安全带）的概率一直是76.2%，没有发生变化。

• 实验是相互独立的。如果第4辆选中的车内所有乘客都系安全带了，这个对后面的车没有任何影响。

我们使用公式（6-3）来计算恰好有7个乘客使用安全带的概率。在此，$n = 12, \pi = 0.762$：

$$P(x = 7|n = 12和\pi = 0.762) = {}_{12}C_7(0.762)^7(1-0.762)^{12-7}$$

$$= 792 \times 0.149171 \times 0.000764 = 0.0902$$

因此我们断定随机选取的12辆汽车中，正好有7个前排乘客使用安全带的概率大约是9%。“|”表示“假定”的含义，因此在这个例子中，我们想要知道在x等于7“假定实验次数是12次，成功的概率是76.2%”的前提下概率是多少。

要求在选取12辆汽车时坐在前排的乘客至少有7人使用安全带的概率，我们使用本章公式（6-3）和以前学过的加法原则。参见公式（5-2）。

因为所有事件是互斥的，我们将有7个前排乘客使用安全带的概率，有8个前排乘客使用安全带的概率，一直到有12个前排乘客使用安全带的概率加起来。

$$P(x \geqslant 7|n = 12和\pi = 0.762) = \sum_{x=7}^{12} {}_{12}C_x(0.762)^x(1-0.762)^{12-x} = 0.9562$$

因此我们断定随机选取的12辆汽车中，至少有7个前排乘客使用安全带的概率是95.62%。此信息显示在下面Excel电子表格内。软件由于四舍五入答案略有差异。软件程序的步骤在本章末的软件命令说明中有详述。

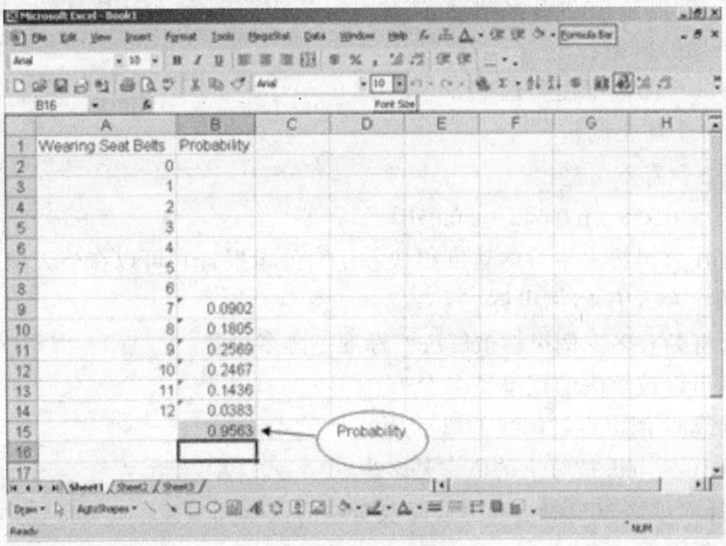

自测题6-4

最近的一项研究显示圣迭戈城区40%的全职女性会在社区提供志愿服务。假如我们随机挑选圣迭戈城区的8名女性：

（a）这个问题里n和π分别是多少？

（b）正好3名女性在社区提供志愿服务的概率是多少？

（c）至少有1名女性在社区提供志愿服务的概率是多少？

练习题

19.二项分布中，n=8和π=0.30，计算下面事件的概率。

a.x=2

b.x≤2（x的概率等于或小于2）

c.x≥3（x的概率等于或大于3）

20.二项分布中，n=12和π=0.60，计算下面事件的概率。

a.x=5

b.x≤5

c.x≥6

（答案：a.0.101　b.0.157　c.0.843）

21.美国90%的家庭有大屏幕的电视，在9个家庭中，计算下面的概率：

a.所有9个家庭都有大屏幕电视。

b.不多于5个家庭有大屏幕电视。

c.多于5个家庭有大屏幕电视。

d.至少7个家庭有大屏幕电视。

22.窗框的制造商知道5%的产品会有一些小的瑕疵，需要调整。随机选20个，计算下面的概率：

a.所有的产品都不需要调整。

b.至少1个需要调整。

c.多于2个需要调整。

（答案：a.0.358　b.0.642　c.0.076）

23.Utility公司解决申诉的速度很快。GTC公司报告它可以在当天内解决70%的申诉，假定今天有15例申诉。

a.今天将会有多少例申诉被解决？标准差是多少？

b.10例申诉被解决的概率是多少？

c.10例或11例申诉被解决的概率是多少？

d.多于10例申诉被解决的概率是多少？

24.新泽西地区80%通过高速公路收费站的汽车都安装了E-ZPass接收器。有一个6辆汽车的样本：

a.6辆汽车全部装了接收器的概率是多少？

b.至少有3辆汽车装了接收器的概率是多少？

c.没有汽车装接收器的概率是多少？

答案：a.0.262144　b.0.98304　c.0.000064

6.6 泊松概率分布

实践中的统计学

在第二次世界大战快结束的时候，德国研发了火箭导弹并且向伦敦开火。当时盟军将领并不知道这些炸弹是随机射出还是有指定目标的。为了找出答案，他们把伦敦分成了586个方形区域。每个方形区域的受袭分布记录如下：

受袭次数					
0	1	2	3	4	5
区域个数					
229	221	93	35	7	1

例如，上面表中的数字229表示有229个区域没有受袭。7个区域受到了4次炸弹袭击。利用均值为0.93的泊松分布，期望受袭次数如下：

受袭次数					
0	1	2	3	4	5 或者更多
区域个数					
231.2	215.0	100.0	31.0	7.2	1.6

因为实际受袭次数和期望受袭次数非常接近，盟军将领可以推测炸弹袭击是随机的，也就是说德军还没有研发出可以定位的炸弹。

泊松概率分布 描述在一个特定区间内某事件发生的次数。这个区间可以是时间、距离、区域或者是数量。

这个分布基于两个假定。第一个假定是这个概率与区间长度是成正比的。第二个假定是区间是独立的。换句话说，区间长度越长，概率值越大，在一个区间内事件发生的次数不影响其他区间。这个分布在事件发生的概率很小而n很大时是二项分布的一种极限形式。它常被称为“不可能事件定律”，指的是某一事件发生的概率 π 非常小。泊松分布是离散型分布，因为它是可数的。

概括地说，泊松概率分布有3个特点：

泊松概率实验

1.随机变量选取的是在一定的区间内某事件发生的次数。

2.事件发生的概率与区间的大小成正比。

3.区间不能重叠并且是独立的。

这个分布有很多应用，它作为一种模型来描述数据输入时误差的分布。例如，新漆的汽车板划痕和其他缺陷的数量、即将离厂出货的部件有缺陷的数量、在餐厅等待服务的顾客的人数，或等待进入迪士尼世界的游客数量，以及I-75高速公路上3个月内发生的车祸数量。

泊松分布可用以下数学公式进行描述：

泊松分布 $$P(x)=\frac{\mu^{x}e^{-\mu}}{x!} \tag{6-6}$$

其中，μ 是在特定区间内事件发生的次数（成功）的均值。e中一个常数（2.71828）（基于自然对数体系）。x是事件发生的次数（成功）。P（x）是一个特定值x的概率。

成功次数的均值，μ，可以由nπ确定。这里n指实验的次数，π指成功的概率。

泊松分布的均值　$\mu = n\pi$　(6-7)

泊松分布的方差和它的均值相等。例如，假如一张支票被银行退回的概率是0.0003，现有10 000张支票，那么被退回的支票数的均值和方差是$\mu = n\pi = 10000 \times 0.0003 = 3$。

回忆一下，二项分布要求有固定数量的实验。例如一个4问的多项选择题，可能的成功数有0，1，2，3，4（答对题目）。泊松分布的随机变量x我们可以假设它有无限个取值，即0，1，2，3，4，5，…，尽管如此，在前几个事件发生后，这个概率会变得非常小。

为了说明泊松分布的计算，我们假设西北航空公司很少丢失行李。大多数航班不会遇到任何行李处理失误的问题，有些丢失1件行李、少数丢失2件行李，很少有航班丢失3件行李，等等。假设选取了一个1 000个航班的样本，一共丢失了300件行李。因此，每个航班丢失行李的算术平均数是0.3。如果每个航班丢失行李的数目服从$\mu = 0.3$的泊松分布，我们能够利用公式（6-6）计算出随机变量的概率：

$$P(x) = \frac{\mu^x e^{-\mu}}{x!}$$

例如，没有丢失行李的概率是：

$$P(0) = \frac{(0.3)^0 e^{-0.3}}{0!} = 0.7408$$

换句话说，74%的航班都没有丢失行李，那么丢失1件行李的概率是：

$$P(1) = \frac{(0.3)^1 e^{-0.3}}{1!} = 0.2222$$

我们在22%的航班中能发现丢失1件行李。

泊松概率的分布概率能在附录B.5中查到。

举例：

回忆一下前面的关于丢失行李数目的例子，丢失行李的数目服从均值为0.3的泊松分布。利用附录B.5可以知道在一架飞机上没有行李丢失的概率，那么有1件行李丢失的概率是多少？当一架飞机丢失很多行李时，作为管理者何时要引起重视？

解答：

附录B.5中的部分见表6-4。我们可以找到以0.3开头的一列，然后往下找到标有0的那一行，概率是0.7408。这就是没有行李丢失的概率。有1件行李丢失的概率是在同一列的下一行，概率是0.2222。以此类推，我们可以从表中看到丢失2件、3件和4件行李的概率分别是0.0333、0.0033和0.0003。这样，由于超过1件行李丢失的概率较低，所以，作为一个管理者，此时还没有引起足够重视。

表6-4　　已知随机变量μ的泊松分布（见附录B.5）

	μ								
x	0.1	0.2	0.3	0.4	0.5	0.6	0.7	0.8	0.9
0	0.9048	0.8187	0.7408	0.6703	0.6065	0.5488	0.4966	0.4493	0.4066
1	0.0905	0.1637	0.2222	0.2681	0.3033	0.3293	0.3476	0.3595	0.3659
2	0.0045	0.0164	0.0333	0.0536	0.0758	0.0988	0.1217	0.1438	0.1647
3	0.0002	0.0011	0.0033	0.0072	0.0126	0.0198	0.0284	0.0383	0.0494
4	0.0000	0.0001	0.0003	0.0007	0.0016	0.0030	0.0050	0.0077	0.0111
5	0.0000	0.0000	0.0000	0.0001	0.0002	0.0004	0.0007	0.0012	0.0020
6	0.0000	0.0000	0.0000	0.0000	0.0000	0.0000	0.0001	0.0002	0.0003
7	0.0000	0.0000	0.0000	0.0000	0.0000	0.0000	0.0000	0.0000	0.0000

这些概率也能够使用Excel求出来，必要的命令在本章末给出。

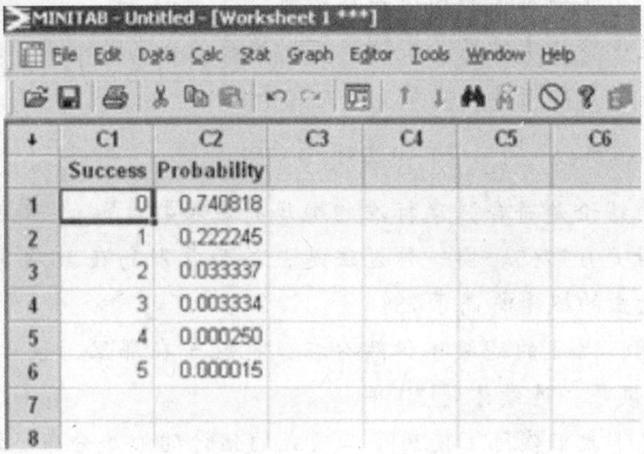

在这一节的前面，我们曾提到泊松概率分布是二项概率分布的一种有限形式。在这里，我们可以利用泊松概率分布来估计二项概率分布。

泊松分布的特点是在某个区间或者连续统一体中一件事情发生的次数。

- 一份报纸中每页出现拼错单词的次数。
- Dyson Vacuum Cleaner Company 每小时接到电话的次数。
- 在北卡罗莱纳州的Durham，Hyatt Buick GMC每天卖出的汽车数量。
- 一个大学足球比赛的进球数量。

在上面的每一个例子里，都有某种连续量存在——一张纸里的错误单词，一个小时的电话次数，一天的汽车数量，或者一场比赛的进球。

在之前的例子里，我们考查了一次航班中丢失的行李数目，所以这里的连续量是一次航班。我们知道每次航班平均丢失的数目，但是我们并不知道乘客的数目，或者一个行李丢失的概率。我们怀疑乘客的数量非常得大，并且某个乘客丢失行李的概率其实非常小。在接下来的例子里，实验的次数n非常大，成功的概率π非常小，我们将用泊松分布来估计二项分布的概率。

举例：

沿海保险公司承保弗吉尼亚州、北卡罗来纳州、南卡罗来纳州和佐治亚州海岸的保险。它估计三级飓风（持续风速为每小时超过110英里）或更高级飓风袭击某一地区海岸（例如佐治亚州的圣西蒙斯岛）的概率为0.05。如果一个房主现在采用30年按揭的方式来购买圣西蒙斯岛的不动产，房主在按揭期间至少经历一次飓风的可能性是多少？

解答：

利用泊松概率分布，我们首先估计一下在30年间袭击圣西蒙斯岛的符合标准的风暴的均值或期望的数量。

其中：

n是年份数，在这里是30。

π是袭击的风暴达到强度标准的概率。

μ是风暴在30年周期内的均值和期望值。

为了找出至少有一次风暴袭击佐治亚州圣西蒙斯岛的概率，我们先找出没有风暴袭击圣西蒙斯岛的概率，再用1减去这个值。

$$P(x \geqslant 1) = 1 - P(x = 0) = 1 - \frac{\mu^0 e^{-1.5}}{0!} = 1 - 0.2231 = 0.7769$$

我们得出的结论是符合强度标准的飓风将在按揭生效的30年期间袭击圣西蒙斯岛的可能性是0.7769。换一种说法是，圣西蒙斯岛在30年期间遭受三级或更高级的飓风袭击的概率略高于75%。

我们应强调，上述的连续体仍然存在，也就是在那里，预计每30年圣西蒙斯岛会有1.5次风暴，连续体是30年。

在上述情况下我们实际上使用了二项式的估计的泊松分布。请注意我们在前面所列的二项条件。

只有两个可能结果：风暴袭击了圣西蒙斯岛或没有袭击。

有固定次数的实验，即30年。

有一个稳定的成功概率，即每年风暴袭击该区域的概率是0.05。

年份是独立的，也就是说，如果在第五年有一次风暴袭击话，这对其他的年份也没有影响。

为了找到在30年期间至少有一次风暴袭击该区域的概率，我们使用二项式分布：

$$P(x \geqslant 1) = 1 - P(x = 0) = 1 - {}_{30}C_0(0.05)^0(0.95)^{30} = 1 - 1 \times 1 \times 0.2146 = 0.7854$$

使用二项式分布得出的在30年期间至少有一次风暴袭击该区域的概率是0.7854。

哪个答案是正确的？为什么我们要用两种方式看问题？二项式更多是“技术上正确”的解答：

当n（实验的次数）大而π（成功的可能性）小的时候，泊松分布可以被认为是二项式的近似。我们用两种分布看问题是为了强调二个离散分布的汇合。在某些情况下使用泊松也许更快捷，并且你会发现在答案上很少有实际的区别。实际上，当n变得更大而且π变得更小时，两个分布之间的区别变得更小。

泊松分布始终呈正偏态而且随机变量没有具体的上限。丢失的行李的泊松分布在u=0.3时呈偏态。随着u变得较大，泊松分布变得更加对称。例如，图6-4，显示了在Avellino's汽车部每日传输服务、消声器替换和加油的数量的分布。它们分别符合均值为0.7，2.0和6.0的泊松分布。

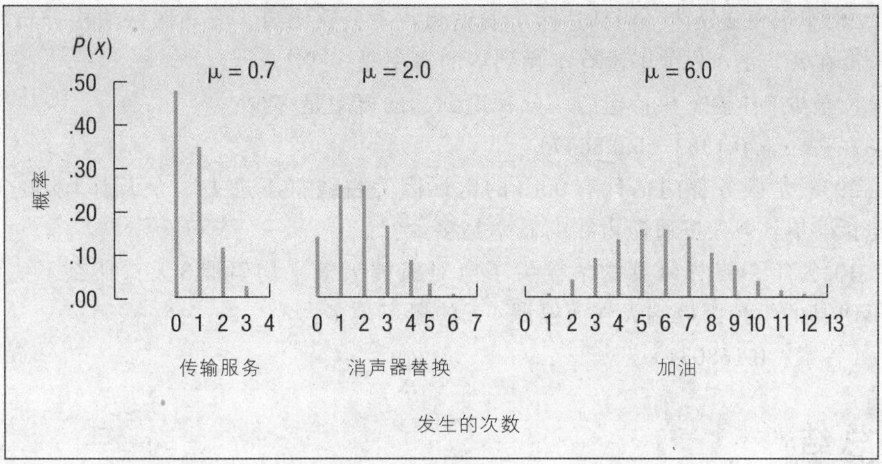

图6-4　均值为0.7，2.0和6.0的泊松概率分布

总之，泊松分布实际上是一组离散分布。构建一个泊松概率分布需要缺陷、错误等的均值，它们由μ指定。

自测题6-5

根据精算师的计算，华盛顿保险公司知道明年一个25岁的人死亡的可能性为0.0002。如果华盛顿保险公司今年买了4 000 份保险给25岁的人，那么明年要赔多少份保险？

练习题

25. 泊松分布中μ=0.4。

x=0的概率

x>0的概率

26. 泊松分布中μ=4。

x=2的概率

x≤2的概率

x>2的概率

（答案：a.0.1465　b.0.2381　c.0.7619）

27.Bergen小姐是一个贷款办公人员。在她的工作经历中，不能偿还贷款的客户比例是0.025。上个月她批准了40个贷款。

a.3个贷款不能正常偿还的概率是多少？

b.至少3个贷款不能正常偿还的概率是多少？

28.车辆每2分钟一辆到达印第安纳州收费公路出口，分布服从泊松分布。

a.在特定的1分钟里没有车辆到达的概率是多少？

b.至少有1辆车在特定的一分钟里到达的概率是多少？

（答案：a.0.1353　b.0.8647）

29.戴尔服务部门估计有0.5%的电话因为占线打不进去。今天有1 200个人打电话，有5个人拨通但占线的概率是多少？

30.去年，洛杉矶县的学校为了应对极端天气平均停课3天，那么下一年，洛杉矶县的学校因极端天气而停课4天的概率是多大？

（答案：0.168031）

本章总结

I.一个随机变量是由实验的结果来决定的一个数值。

II.概率分布是将一个实验的所有可能的结果以及每一个结果的概率列举出来的列表。

A.一个离散概率分布可以假设只有特定的值。其主要特点是：

1.概率之和等于1.00。

2.任何一个结果发生的概率都在0.00和1.00之间。

3.每个结果都是互斥的。

B.一个连续分布可以假设在一个特定范围内取无限个值。

III.一个概率分布的均值和方差计算公式如下：

A.概率分布的均值　$\mu = \sum[xP(x)]$　（6-1）

B.概率分布的方差　$\sigma^2 = \sum[(x-\mu)^2 P(x)]$　（6-2）

IV.二项分布有以下特征：

A.每次实验中只含有两个互斥的结果——成功或者失败。

B.一定次数的实验中，分布表示可数的成功的次数。

C.事件发生的概率在整个系列实验中保持不变。

D.实验是独立的，意味着一次实验的结果不会影响到其他实验的结果。

E.二项概率计算公式　$P(x) = {}_nC_x\pi^x(1-\pi)^{n-x}$　（6-3）

F.二项分布的均值　$\mu = n\pi$　（6-4）

G.二项分布的方差　$\sigma^2 = n\pi(1-\pi)$　(6-5)

V.泊松分布有以下特征：

A.泊松概率分布描述在一个特定区间内某事件发生的次数。

B.事件发生的概率与区间的长度成正比。

C.区间不能重叠并且是独立的。

D.这个分布在n很大而π很小时是二项分布的一种极限形式。

E.泊松分布　$P(x) = \frac{\mu^x e^{-\mu}}{x!}$　(6-6)

F.泊松分布的均值和方差　$\mu = n\pi$　$\sigma^2 = n\pi$　(6-7)

本章练习题

31.随机变量和概率分布的区别是什么？

32.下面的随机变量哪些是离散的，哪些是连续的？

a.剪发的时间。

b.一个慢跑者每天早上身边通过的车辆数。

c.高校女子垒球比赛中一支队伍击中球的次数。

d.South Strand医疗中心每天晚上6：00—10：00点来就医的患者人数。

e.上次加油后，你的车子行驶的距离。

f.在Oak Street Wendy免下车服务餐厅，开车来的顾客人数。

g.佛罗里达州的盖恩斯维尔与人口超过50 000的佛罗里达州其他城市之间的距离。

（答案：a.连续的　b.离散的　c.离散的　d.离散的　e.连续的　f.离散的　g.连续的）

33.一项投资在年底将会价值1 000美元、2 000美元、5 000美元，概率依次是0.25，0.60，0.15。计算投资价值的平均值和方差。

34.南卡罗来纳州Myrtle沙滩的高尔夫球场上贴出了如下通知：Blockmoor高尔夫球俱乐部的成员们，现在高尔夫球商店正在进行抽奖活动，奖品是价值300美元的高尔夫球杆。每张抽奖券的价格是5美元，一共80张抽奖券。感兴趣的快来店里购买！

John Underpar买了一张抽奖券：

a.Underpar先生可能抽中的结果有哪些？

b.这些结果的概率分别是多少？

c.总结一下Underpar先生的“实验”的概率分布。

d.这个概率分布的均值或者期望值是多少？解释你的结果。

e.如果80张抽奖券全部卖光了，这个俱乐部的期望收益是多少？

答案：

a.-5.00美元，295美元（300-5）

b.赢得高尔夫球杆的概率是0.0125，输掉5美元的概率是0.9875。

d.-1.25美元，输掉-1.25美元。

e.俱乐部的期望收益是100美元或者1.25美元。

35.Croissant Bakery商店提供为生日、婚礼或者其他场合特别订做的蛋糕，同时也提供普通的蛋糕，下表是一天售出的蛋糕数和相应的概率。计算每天售出蛋糕的平均值、方差及标准差。

蛋糕销售数	概率
12	0.25
13	0.40
14	0.25
15	0.10

36.Powerball大乐透的支出与它们对应的概率列在下表中。每张彩票的价格为1美元，计算奖金的均值和标准差。注意考虑彩票的成本和它们对应的概率。

赛事等级	支出（单位：美元）	可能组合数	概率
5+1	50 000 000	146 107 962	0.000000006844
5	200 000	3 563 609	0.000000280614
4+1	10 000	584 432	0.000001711060
4	100	14 255	0.000070145903
3+1	100	11 927	0.000083836351
3	7	291	0.003424657534
2+1	7	745	0.001340482574
1+1	4	127	0.007812500000
0+1	3	69	0.014285714286

（答案：$\mu=0.53829$　$\sigma=4137.8$）

37.一个最近的调查显示35%的人都喜欢巧克力口味的冰淇淋。假如我们选择10个人的样本并且问他们最喜欢的巧克力口味：

a.你期望这里面会有多少人会回答巧克力？

b.这里面刚好4个人回答巧克力的概率是多少？

c.4个或者更多的人回答巧克力的概率是多少？

38.美国南部有30%的美国人是说西班牙语的。一个说西班牙语的美国人杀了一个不说西班牙语的美国人。在审判中，陪审团有12人组成，其中2个说西班牙语，10个不说。辩护律师说这将会影响判决的公正。政府律师不同意这种看法，认为陪审团的组成是合理的。计算概率并讨论他们的假设。

（答案：0.168）

39.健康维护中心的稽核员报告说40%的年龄超过55岁的投保人在过去的一年里提交了声明，其中有15个投保人被随机选中。

a.预计有多少个投保人在过去的一年里提交了声明？

b.恰好有10个投保人提交声明的概率是多少？

c.至少有10个投保人提交声明的概率是多少？

d.多于10个的投保人提交声明的概率是多少？

40.Tire and Auto Supply公司决定按1∶1的比例进行分股。在交易最终通过前，必须得到公司中1 200个股票持有者中2/3的股票持有者同意才行。为了评估该交易通过的可能性，CFO选择了一个有18个股票持有者的样本，联系了他们并发现有14个人同意。那么交易通过的可能性有多大？

（答案：0.1294）

41.联邦研究部门发现美国7.5%的员工使用毒品。印第安纳州的毒品监管部门想调查这件事情，选择了20个员工：

a.他们中有多少个员工估计会使用毒品？标准差是多少？

b.所有员工都不使用毒品的概率是多少？

c.至少有一个员工使用毒品的概率是多少？

42.Hawail银行报告7%的信用卡用户会有不还款的记录。Hilo分行今天刚好发放了12张新的信用卡。

a.Hilo分行有多少用户会不还款？标准差是多少？

b.所有用户都还款的概率是多少？

c.至少有一个用户不还款的概率是多少？

（答案：a.0.84，0.884　b.0.4186　c.0.5814）

43.统计表明15%的人会在访问Blair在线网站公司时购买它们的东西，Blair的计划部门为了证明这件事，选择了16个访问该网站的人，结果发现有4个人购买了东西。

a.只有4个人购买东西的概率是多少？

b.预计应该有多少人购买东西？

c.4个人或更多人的访问会引起一次购买的概率有多大？

44.合格抽样是用来监测零件质量的统计方法。为了保证零件的质量，一般来说20个零件里面可以允许一个残次品。

a.认为一批残次率为1%的零件合格的概率是多少？

b.如果一批零件的残次率为2%，认为它们合格的概率是多少？

c.如果一批零件的残次率为5%，认为它们合格的概率是多少？

（答案：a.0.9831　b.0.9401　c.0.7359）

45.联合利华公司最近研发了一种新的姜味沐浴露。它们的研究发现30%的男性喜欢这种香味。为了进一步调查，联合利华的营销调研部门随机挑选了15个人并且问他们是否喜欢这种香味。6个或者更多人回答喜欢的概率是多少？

46.假定有1.5%的新诺基亚手机有问题，随机选200个，计算下面的概率：

a.没有手机有问题。

b.至少有3个手机有问题。

（答案：a.0.0498 b.0.5768）

47.Safeway超级市场的一项研究表明：周末下午的4点到7点，平均有4个顾客在排队等待。假定你在这一时段也在该市场，发生下面事件的概率是多少？

a.没有顾客在等待的概率是多少？

b.4个顾客在等待的概率是多少？

c.4个或更少的顾客在等待的概率是多少？

d.4个或更多的顾客在等待的概率是多少？

48.Lahey电子的内部研究表明公司员工平均每小时接到2个电子邮件。假定电子邮件的接收服从泊松分布。

a.公司总裁Linda Lahey在昨天下午4点到5点接到1个电子邮件的概率是多少？

b.她在同一时间内接到5个或更多的电子邮件的概率是多少？

c.她没有收到概电子邮件的概率是多少？

（答案：a.0.2707 b.0.5026 c.0.1353）

49.近期犯罪报告表明美国平均每分钟有3.1个盗车贼。假定每分钟盗车贼的分布服从泊松分布。

a.计算1分钟内恰好有4个盗车贼的概率。

b.1分钟内没有盗车贼的概率是多少？

c.1分钟内至少有1个盗车贼的概率是多少？

50.最近严峻的经济形势让房屋贷款中丧失抵押品赎回权的比例大大增加。Penn银行的数据显示，它们平均每个月136项贷款中就有一项贷款丧失抵押品赎回权。上个月这个银行刚刚批准了300项贷款。

A.在这个银行上个月的贷款中，它们期望有几项会丧失抵押品赎回权？

b.刚好有2项的概率是多少？

c.至少有1项的概率是多少？

（答案：a.2.205882　b.0.2680　c.0.8898）

51.美国国际空间站（NASA）经历了两次大的灾难：1986年挑战者号失事和2003年哥伦比亚号失事。这期间总共有113件空间任务。假定灾难发生服从相同的概率，考虑下一段的23个任务，恰好失败两次的概率是多少？没有失败的概率是多少？

52.假定国家飓风中心预报飓风袭击某地区的概率为0.95，回答下面的问题：

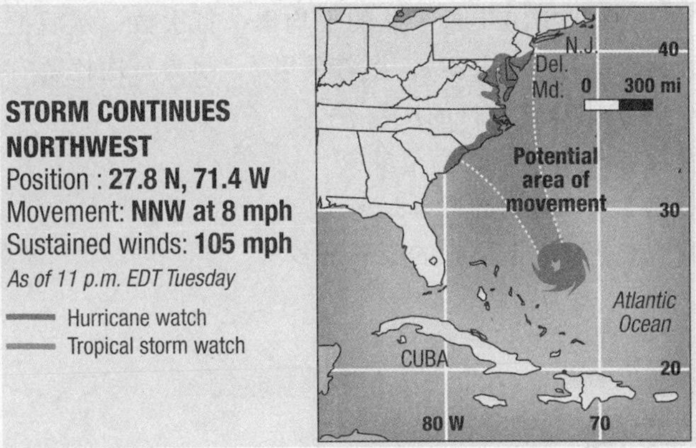

a.飓风袭击服从什么类型的分布？

b.10次飓风登陆袭击该区域的概率是多少？

c.10次飓风袭击中至少1次不在该区域的概率是多少？

（答案：a.二项　b.0.5987　c.0.4013）

53.CBS最近的一次消息称67%的美国成年人认为应该继续生产硬币。

假定我们选择了15个成年人。

a.他们当中将有多少人会支持继续生产硬币？标准差是多少？

b.有8个成年人支持继续生产硬币的可能性有多大？

c.至少有8个成年人支持继续生产硬币的可能性有多大？

数据集练习题

54.考虑去年亚利桑那州Goodyear销售的房屋的信息数据。

a.制作一个卧室个数的概率分布。计算分布的平均值和标准差。

b.制作一个浴室个数的概率分布。计算分布的平均值和标准差。

55.考虑2010年棒球比赛的数据。计算每场比赛本垒打的平均次数。为了完成这项工作，首先找出2010年每个队的平均本垒打次数，然后把这个数字除以162（一个赛季一共有162场比赛），接着乘以2，因为每次比赛有两支队伍。运用泊松分布估计每场比赛本垒打的次数。

a.一场比赛没有本垒打的概率是多少？

b.一场比赛有2次本垒打的概率是多少？

c.一场比赛有至少4次本垒打的概率是多少？

实践测试

第一部分——主观

1.将一个实验的所有可能的结果以及每一个结果的概率列举出来的列表叫________。

2.离散随机变量和离散概率分布之间关键的区别是，离散概率分布还包含了________。

3.离散概率分布的所有可能结果的概率之和为________。

4.概率分布的期望值也叫作________。

5.一个二项分布实验的可能结果有几个？________。

6.在什么条件下二项分布实验里面每次实验的成功概率会发生变化？________。

7.在泊松实验里，均值和方差________。

8.泊松分布是二项分布在n非常大和________非常小的时候的极端特例。

9.假如5%的病人在服用了某种药物以后出现了不良反应。如果我们挑选10个正在服用这种药物的病人，刚好两个病人出现不良反应的概率是多少？________。

10.一个制造厂每个月出现工伤的平均次数是1.7。某个月这个制造厂没有出现工伤的概率是多少？________。

第二部分——习题

1.IRS数据显示15%的年收入超过100万美元的个人退税要被电脑自动审核。今年一个注册会计师在处理完16项年收入超过100万美元的退税以后，他想知道这些退税被电脑审核的概率。

a.这个问题是什么类型的概率分布？

b.刚好1项退税被审核的概率是多少？

c.至少1项退税被审核的概率是多少？

2.对于某些个人退税，IRS会计算纳税人的退税额度。假如辛辛那提的IRS办公室平均1个小时处理3份退税计算。

a.这个问题是什么类型的概率分布？

b.IRS1个小时刚好处理3份退税计算的概率是多少？

c.IRS1个小时没有处理任何退税计算的概率是多少？

d.IRS1个小时至少处理1份退税计算的概率是多少？

3.一个注册会计师在研究退税的免税额。数据被总结在下表中：

免税额	百分比（%）
1	20
2	50
3	20
4	10

a.平均免税额是多少？

b.免税额的方差是多少？

软件命令说明

1.决定二项式概率分布必要的Excel指令如自测题6-3的Excel表所示：

a.在一个空白Excel工作表的单元格A1中输入词Success。单元格B1中输入词Probability。在A2到A17中输入整数0到15。点击B2作为活动单元格。

b.从顶部菜单中点击Formulas，然后在左边选择Insert Function fx。

c.在第一个function category对话框中选择Statistical，在functionname category中选择BINOMDIST，然后点击OK。

d.在第二个对话框中输入用来计算二项式概率的4个必要名目。

1.输入0作为实验成功次数。

2.输入40作为独立实验次数。

3.输入0.09作为一次实验中成功的概率。

4.输入词false或者数字0作为单个个体概率，然后点OK。

5.Excel将会计算成功一次概率为0.09的40次实验中，成功0次的概率，结果显示在单元格B2中，为0.02299618。

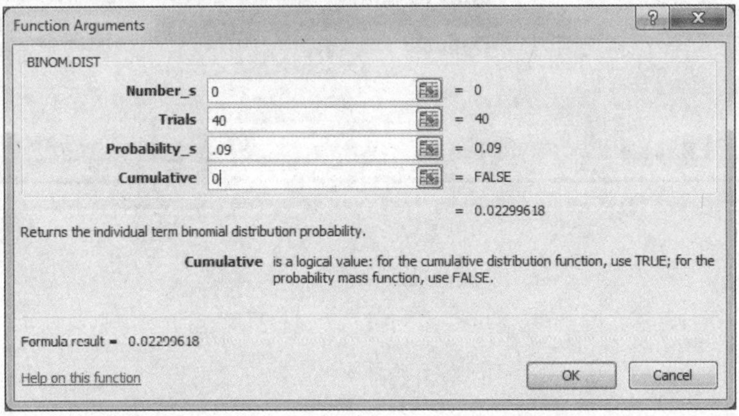

e.为了找到完整的概率分布，到公式栏将开括号右边的0换成A2：A17。

f.移动鼠标到单元格B2的右下角，直到出现一个纯黑色的“+”符号，然后点中并拖动B栏的选中框直到单元格B17。对于不同随机变量值成功一次的概率就会显示出来。

2.生成泊松分布的MINITAB指令如6.6节解答的Excel表所示：

a.标签栏B2作为Success，C2作为Probability。在B3到B8输入整数0到5。

b.点击Formulas，选择左边的Insert Function fx。

c.在第一个对话框选择Statistical，然后Poisson。

d.在第二个对话框中输入计算泊松分布的4个必要名目。

1.x输入0。

2.设置平均数为0.3。

3.逻辑值输入false或者0，点OK。

4.Excel算出来结果0.740818保存在B3中。

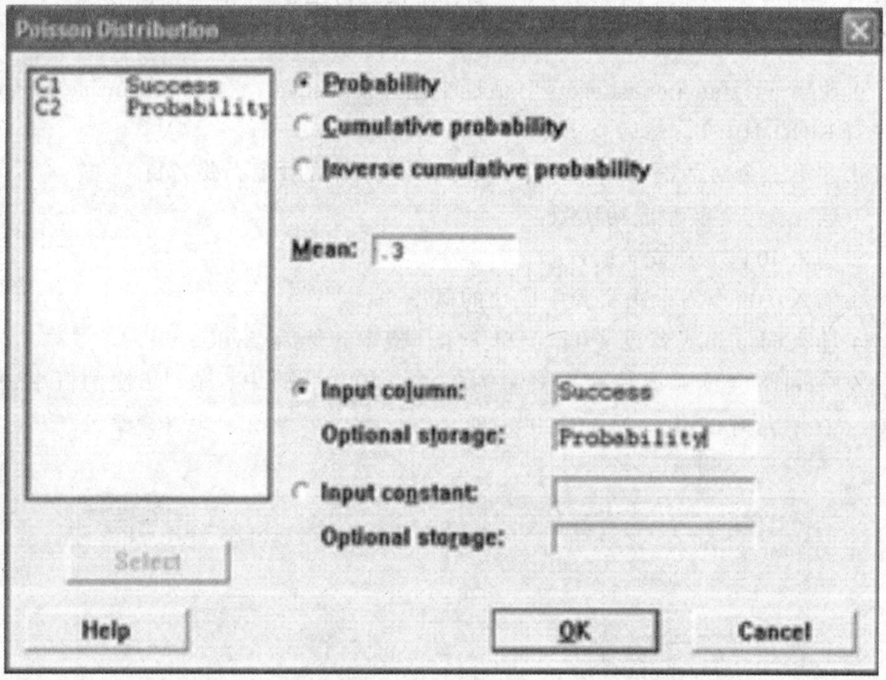

自测题答案

6-1

a.

点数	概率
1	$\frac{1}{6}$
2	$\frac{1}{6}$
3	$\frac{1}{6}$
4	$\frac{1}{6}$
5	$\frac{1}{6}$
6	$\frac{1}{6}$
总计	$\frac{6}{6}=1.00$

b.

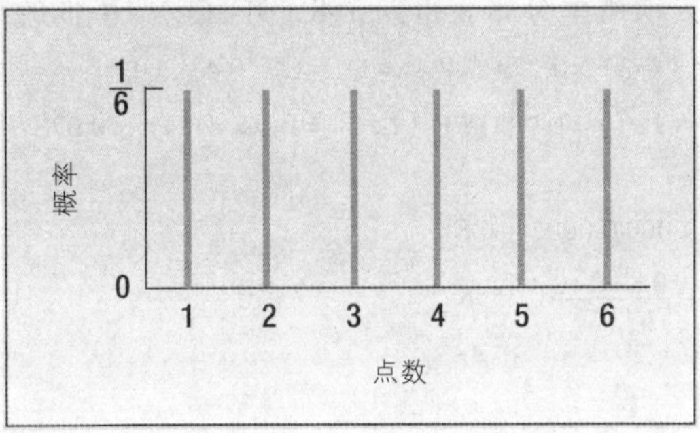

c. $\frac{6}{6}$ 或 1

6-2

a. 离散型分布。因为各个事件互斥，并且发生的概率总和为1.00。

b. 均值是93美分。

x（美元）	P(x)	xP(x)
0.80	.30	0.24
0.90	.50	0.45
1.20	.20	0.24
		0.93

c.方差是0.2010，标准差是14美分。

x（美元）	P(x)	$(x-\mu)$	$(x-\mu)^2P(x)$
0.80	.30	−0.13	.00507
0.90	.50	−0.03	.00045
1.20	.20	0.27	.01458
			.02010

6-3

a.符合，因为每个员工要么用直接存款要么不用；员工们之间是独立的；对每个人来说用直接存款的概率都是0.95，并且我们以7个人为样本。

b.$P(7)={}_7C_7(0.95)^7(0.05)^0=0.6983$

c.$P(4)={}_7C_4(0.95)^4(0.05)^3=0.0036$

6-4

a.n=8；π=0.4

用二项概率分布表得到n=8，并且成功事件的概率为0.40。

b.$P(x=3)=0.279$或$P(x=3)={}_8C_3(0.4)^3(0.6)^5$

c.$P(x\geq1)=0.983$或$P(x\geq1)=1-{}_8C_0(0.4)^0(0.6)^8$

6-5

$\mu=4\,000(0.0002)=0.8$

$$P(1)=\frac{0.8^1e^{-0.8}}{1!}=0.3595$$

第7章 连续概率分布

本章学习目标

当你学完本章内容，你应该能够：

1. 列出均匀分布的性质。
2. 计算一个均匀分布的概率。
3. 列出正态分布的性质。
4. 把正态分布转化为标准正态分布。
5. 寻找正态分布随机变量的概率。
6. 用经验法则寻找概率。

很多汽车租约四年最多允许开60 000英里。如果租车人超过了这个限额，租车成本每英里要增加20美分的罚金。假设四年租约结束以后汽车开过的英里数服从正态分布，均值是52 000英里，标准差是5 000英里。百分之多少的租约最后会因为超过限额产生罚金？

7.1 导言

我们从第6章开始研究概率分布。我们考虑了两种离散型概率分布：二项分布和泊松分布。这些分布是基于离散型随机变量的，我们可以假设它们是明确的离散值。例如，我们选取在2000年开始运营的10家小型企业作为样本。到2011年，仍在经营的企业数可以是0，1，2，…，10，而不能是3.7，12或者-7。在这个例子当中，可能出现的只有明确的结果，并且这些结果是由明确的离散值来代表的。另外，这样的结果通常是由计数事件成功的次数来得到的。例子中，我们就是通过计数2011年仍然在运营的企业数得到结果的。

在第7章，我们将继续研究连续概率分布。连续概率分布通常产生于测量，例如从宿舍到教室之间的距离，一个人的体重，或者CEO们得到的奖金总量等等。假设我们选取5个学生，他们从家到教室的距离是12.2英里、8.9英里、6.7英里、3.6英里和14.6英里。当考察连续概率分布的时候，我们通常对有多少比例的学生行程小于10英里或者有多少比例的学生行程大于8英里这样的问题比较感兴趣。换句话说，对于一个连续分布，我们更希望知道观察数据在一个明确范围内的百分比。非常重要的一点是，你应该清楚一个连续随机变量在一个给定区间内有无穷多个值。所以，你应该把这个概率看作一个在特定区间内取值的变量，而不是一个规定值的概率。

我们考虑连续概率分布中的两个族：**均匀概率分布**和**正态概率分布**。

7.2 均匀概率分布族

对于一个连续随机变量，均匀概率分布可能是最简单的分布。这个分布是矩形的，并且由最小值和最大值定义。下面是一些服从均匀分布的例子：

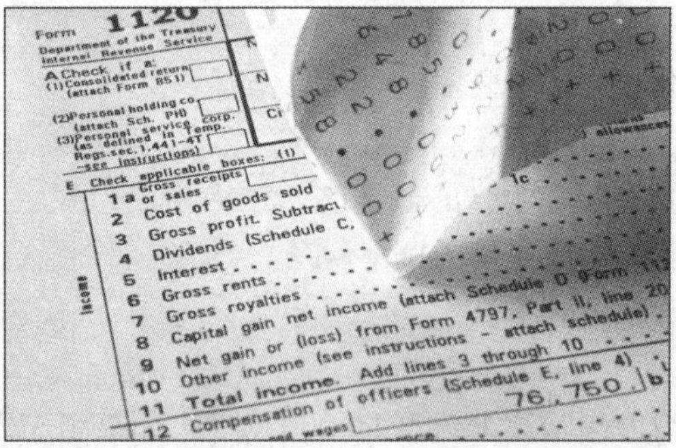

a.乘坐商务客机从佛罗里达州的奥兰多市到佐治亚州的亚特兰大市的时间范围是60分钟到120分钟。这个随机变量是在这个给定区间内的飞行时间。留意我们感兴趣的这个变量——飞行时间在给定区间60分钟到120分钟内是连续的。

b.Grand Strand市公共图书馆的志愿者们在准备联邦所得税表。准备1040-EZ税表的时间服从一个区间在10分钟到30分钟的均匀分布。这个随机变量是完成税表所需要的时间，并且它可以是10到30之间的任意值。

均匀分布如图7-1所示。这个均匀分布的形状是一个矩形并且有一个最小值a和一个最大值b。另外注意在图7-1中，这个分布的高度对于a和b之间的所有值是连续的或者一致的。

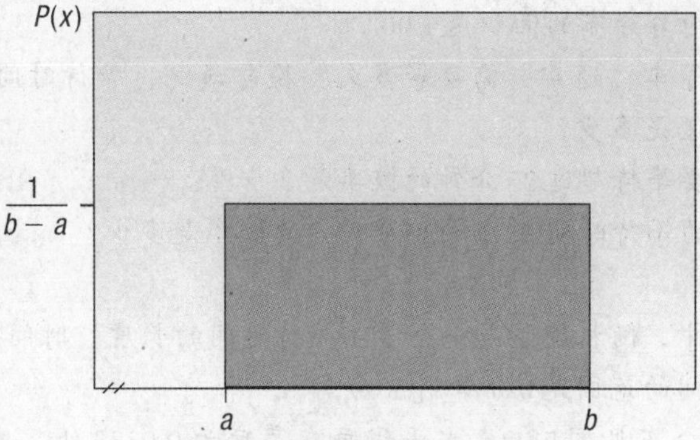

图7-1 连续型均匀分布

一个均匀分布的均值是其区间内最大值和最小值的均值。计算方法如下：均匀分布的均值

$$\mu=\frac{a+b}{2} \tag{7-1}$$

标准差描述的是一个分布的离散程度。在均匀分布中，标准差也和区间里的最大值和最小值有关。

$$\text{均匀分布的标准差 } \sigma=\sqrt{\frac{(b-a)^2}{12}} \tag{7-2}$$

均匀概率分布的方程为：

$$\text{均匀分布 } P(x)=\frac{1}{b-a} \quad a\leqslant x\leqslant b \tag{7-3}$$

在第6章，我们知道，概率分布在做关于随机变量的概率计算的时候非常有用。由于分布描述了连续随机变量，在分布内的面积代表了概率。在均匀分布中，它的矩形形状允许我们使用矩形面积公式。矩形的面积公式是由它的长度乘以它的高度。对于均匀分布，矩形的高度是P（x），也就是1/（b−a）。分布的长度或底是（b−a）。注意，如果我们把分布的高度和它的全距相乘来求得面积，那么这个结果是1.00。从另一个角度来说，一个连续概率分布的总面积等于1.00。即：

$$\text{面积=高}\times\text{底}=\frac{1}{b-a}\times(b-a)=1.00$$

这样，如果一个均匀分布的范围是10到15，那么高就是0.20，由1/（15−10）得到。底是5，由15−10得到。那么总面积就是：

$$\text{面积=高}\times\text{底}=\frac{1}{15-10}\times(15-10)=1.00$$

下面例子能说明均匀分布的特征及我们怎样使用它计算概率。

举例：

西南亚利桑那州立大学为校园内的学生提供巴士服务。一辆巴士在每日早6点到晚11点期间，每30分钟到达一次北大街学院路站。学生到达巴士站的时间是随机的。学生等车的时间服从区间从0到30分钟的均匀分布。

1.画出这个分布的图表。

2. 证明这个均匀分布的面积是1.00。

3. 一个学生等车“通常”需要等多久？换句话说，等待时间的均值是多少？等待时间的标准差是多少？

4. 一个学生要等待超过25分钟的概率是多少？

5. 一个学生的等待时间在10～20分钟内的概率是多少？

解答：

在这个题目中，随机变量是一个学生等待时间的长度。时间是一个连续的度量，并且等待时间的范围是0分钟到30分钟。

1. 这个均匀分布见图7-2。水平线画在高度为0.0333处，由1/（30-0）得到。分布的范围是30分钟。

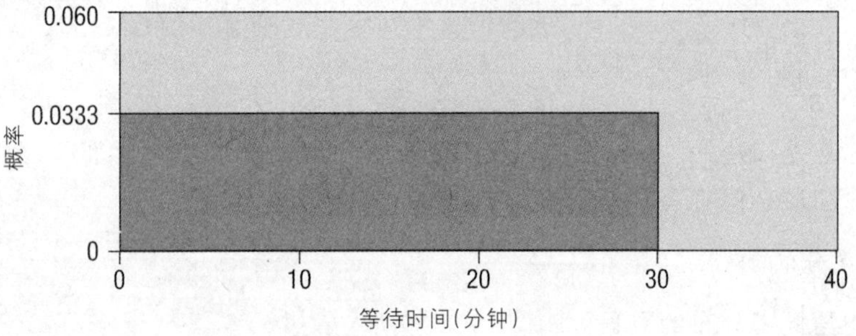

图7-2　学生等待时间的均匀分布

2. 学生的等待时间在区间0到30分钟内是一致的，所以在这个题目中a为0，b为30。

$$面积=高\times底=\frac{1}{30-0}\times(30-0)=1.00$$

3. 为了确定均值，我们用公式（7-1）：

$$\mu=\frac{a+b}{2}=\frac{0+30}{2}=15$$

这个分布的均值是15分钟，所以通常的等待时间是15分钟。

我们用公式（7-2）来确定等待时间的标准差。

$$\sigma=\sqrt{\frac{(b-a)^2}{12}}=\sqrt{\frac{(30-0)^2}{12}}=8.66$$

这个分布的标准差是8.66分钟，这个值描述了学生等待时间的变化率。

4. 这个分布在区间25到30之间的面积代表了概率。由面积公式得：

$$P(25<等待时间<30)=高\times底=\frac{1}{30-0}\times5=0.1667$$

所以一个学生的等待时间在25到30分钟之间的概率是0.1667。这个结论由下图说明。

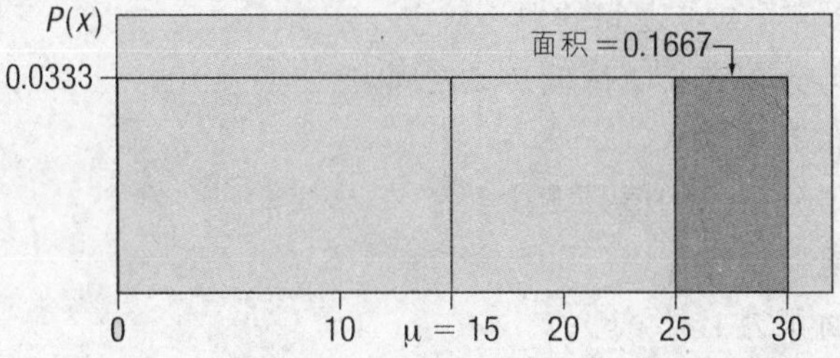

5.在分布区间10到20内的面积代表了这个概率。

$$P（10<等待时间<20）=高\times底=\frac{1}{30-0}\times 10=0.3333$$

我们可以用下图说明这个概率。

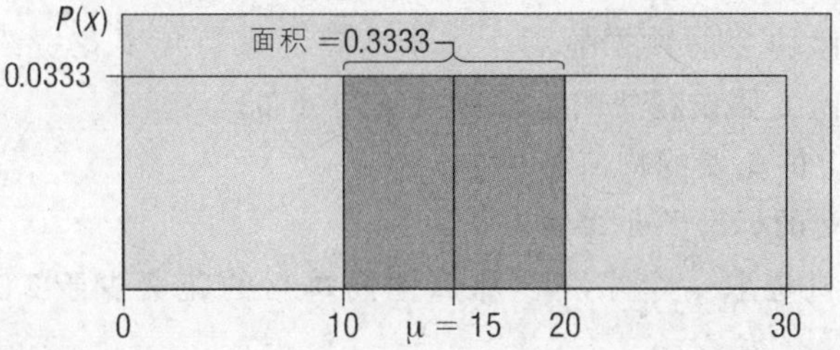

自测题 7-1

澳大利亚牧羊犬的寿命相对而言较短。它们的生命长度服从一个区间在8~14年的均匀分布。

(a) 画出这个均匀分布。高度和底的值是多少？

(b) 证明曲线下的整个面积是1.00。

(c) 计算这个分布的均值和标准差。

(d) 一条狗的寿命在10~14年之间的概率是多少？

(e) 一条狗的寿命少于9年的概率是多少？

练习题

1.一个均匀分布定义在区间6~10之间。

a.a和b的值是多少？

b.这个均匀分布的均值是多少？

c.标准差是多少？

d.证明总面积为1.00。

e.求出一个值大于7的概率。

f.求出一个值在7~9之间的概率。

2.一个均匀分布定义于区间2~5之间。

a.a和b的值是多少？

b.这个均匀分布的均值是多少？

c.标准差是多少？

d.证明总面积为1。

e.求出一个值大于2.6的概率。

f.求出一个值在2.9~3.7之间的概率。

（答案：a.2，5 b.3.5 c.0.8660 e.0.8 f.0.2667）

3.Schur运动器材公司的股票成交价每股在20美元和30美元之间均匀分布。

a.股票价格大于27美元的概率是多少？

b.股票价格小于或等于24美元的概率是多少？

4.美国保险协会的数据显示，一个四口之家每年要花费约400美元到3 800美元买各种保险。假设花费的金额服从均匀分布。

a.在保险上的花费的均值是多少？

b.这些花费的标准差是多少？

c.如果随机选取一个家庭，那么他们每年的花费少于2 000美元的概率是多少？

d.一个家庭每年花费超过3 000美元的概率是多少？

（答案：a.2 100美元 b.981.50美元 c.0.4706 d.0.2353）

5.亚利桑那州的弗拉戈斯塔夫市4月份的降雨量服从一个区间在0.5英寸到3.00英寸的均匀分布。

a.a和b的值是多少？

b.这个月降雨量的均值是多少？标准差是多少？

c.这个月降雨量少于1英寸的概率是多少？

d.这个月降雨量正好是1英寸的概率是多少？

e.这个月降雨量超过1.50英寸的概率是多少？

6.当顾客遇到关于网络连接的技术问题时，可以打电话800寻求技术支持。解决一个问题大概要花一个技术人员30秒到10分钟的时间。这个时间服从均匀分布。

a.用分钟计算的话，a和b的值是多少？

b.解决问题所需时间的均值是多少？标准差是多少？

c.有百分之几的问题需要花费多于5分钟的时间解决？

d.假设我们希望找到中间的50%的问题解决时间，那么这段时间的两个端点是什么？

（答案：a.0.5分钟和10分钟 b.5.25，2.74 c.0.5263 d.2.875，7.625）

7.3 正态概率分布族

下面我们考虑正态概率分布。与均匀分布不同的是（参见公式（7-3）），正态概率分布有一个非常复杂的公式。

正态概率分布 $$P(x)=\frac{1}{\sigma\sqrt{2\pi}}e^{-\left[\frac{(x-\mu)^2}{2\sigma^2}\right]} \quad (7\text{-}4)$$

不过，不要被它表面上看起来的复杂形式所迷惑，你对很多值都很熟悉了，像往常一样，符号 μ 和 σ 分别代表均值和标准差。希腊符号 π 是一个数学常量，其值约为22/7或者3.1416。字母e也是一个数学常量，它是对数系统的基本量，其值为2.718。X是一个连续随机变量的值。所以，一个正态分布是建立在它的均值和标准差上的。

你不需要通过公式（7-4）做任何计算。取而代之的是你会用到一个表格，在附录B.1中给出，来查找各个概率。你也可以用Excel和其他的统计软件来查找各个概率。

正态概率分布具有以下几个主要特征：

1. 它是钟形的并且在分布的中心存在一个峰值。算术平均数、中位数、众数都相等，并且都位于分布的中间。曲线下方的总面积为1.00。正态曲线中点右边部分的面积等于左边部分的面积，等于0.5。

2. 它是关于中心对称的。如果我们沿中间值垂直地切割正态曲线，那么得到的两部分是互为镜像的。

3. 它从中心值沿两个方向光滑地下降。也就是说，这个分布是**渐近的**：曲线不断接近X轴，但是实际上永远不会碰到它。换种说法就是，曲线的尾部在两个方向上无限延伸。

4. 正态分布的位置由均值 μ 来决定，分布的幅度由标准差 σ 决定。

这些特征如图7-3所示。

正态概率分布并非只有一个，实际上有一族。例如，在图7-4中，雇员服务时间长度的概率分布在3个不同的工厂是可以比较的。在Camden工厂，均值为20年，标准差为3.1年。对于Dunkirk工厂，有另外一个正态概率分布，其中 μ = 20年，σ =3.9年。在Elmira工厂，μ =20年，σ =5.0年。注意均值是相同的，但是标准差不同。

图7-5表示了3种不同麦片的盒子重量的分布。这个重量服从均值不同但标准差完全相同的正态分布。

最后，图7-6表示了3个含有不同的均值和标准差的正态分布。它们表示的是3种缆绳的拉伸强度的分布，单位为磅/平方英尺（psi）。

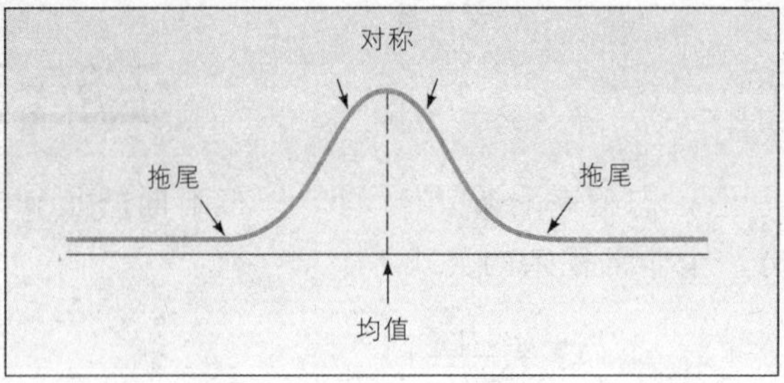

图 7-3　一个正态分布的特性

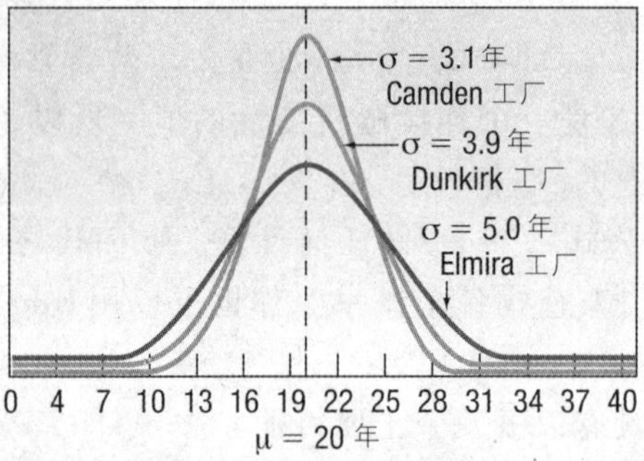

图 7-4　均值相同方差不同的正态分布

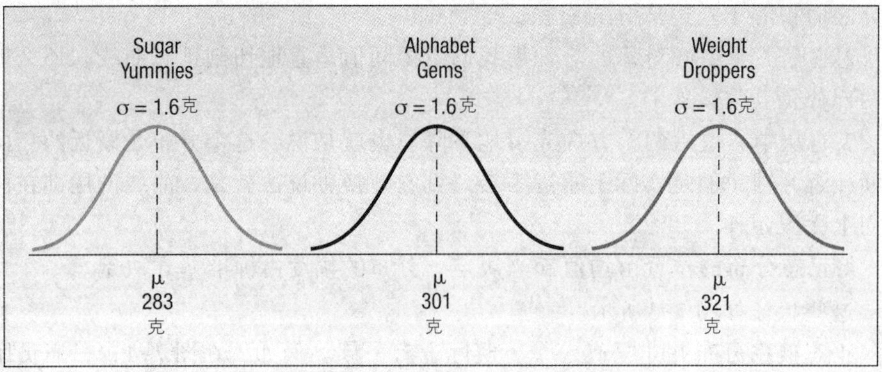

图 7-5　均值不同方差相同的正态分布

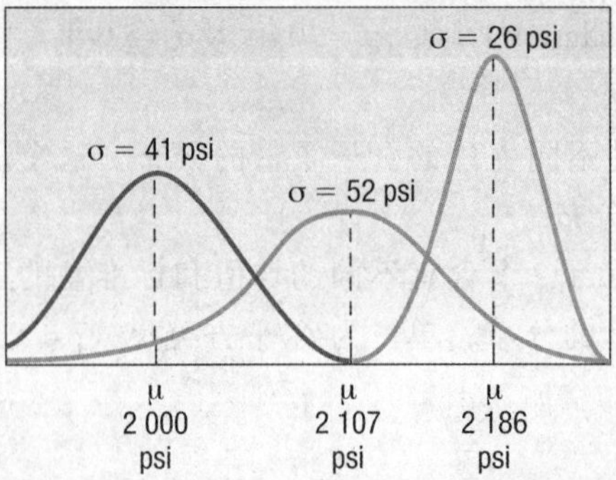

图 7-6　均值方差都不同的正态分布

我们回忆一下第6章，离散概率分布表示了一个离散值出现的明确的可能性。例如，二项分布用来计算5架航班到达布拉得福德机场都不晚点的概率。

在连续概率分布中，曲线下方的面积定义了概率。正态曲线下方的总面积是1.0，这对应了所有可能出现的结果。由于正态概率分布是对称的，在曲线下方，均值左边的面积为0.5，均值右边的面积也是0.5。联系图7-5中的Sugar Yummies的分布。这个正态分布的均值为283克。因此，一箱装入的产品超过283克的概率是0.5，一箱装入的产品少于283克的概率也是0.5。我们还能确定每箱的重量在280克到286克之间的概率。不管怎样，要确定这样的概率，我们需要了解标准正态概率分布。

实践中的统计学

很多变量都是近似正态分布的，比如说IQ值、寿命和成人身高。也就是说几乎所有的观测值都在均值的3个标准差以内出现。换句话说，观测值出现在3个标准差以外的情况非常罕见。比如说，成人男性的平均身高为68.2英寸，标准差是2.74。这意味着几乎所有的男性身高都在60英寸到76.4英寸之间。最近退役的篮球队员沙奎尔·奥尼尔的身高是86英寸，明显超过了3个标准差。标准的门框高度是80英寸，对于大部分的成年男性来说都足够高了，除了像奥尼尔这样特殊例子。

另外一个例子，大部分汽车里面的驾驶座位设置的舒适高度适用于身高至少159cm（约为62.5英寸）的人。成年女性身高近似地服从正态分布，均值为161.5cm，标准差为6.3cm。因此大概35%的成年女性可能觉得驾驶座不太舒适。

7.4 标准正态概率分布

正态分布的数量是无限的，每一个都含有不同的均值、标准差或者两者都不一样。我们可以给离散分布（例如二项分布和泊松分布）提供一个概率表，但是我们不能给无限多个正态分布提供一个概率表。幸运的是，这个族之中的一员可以用来确定所有正态概率分布的概率，它就叫作**标准正态概率**分布，并且它是唯一的，因为它的均值为0，标准差为1。

任意的正态概率分布都可以通过从每个数据中减去均值再除以标准差的方法转化为一个标准正态概率分布，这个结果叫作**z值或者z量**。

z值　一个带符号的，从一个选定的观测值X到均值μ的距离再除以标准差σ。因此，z值是到均值的距离，单位为标准差的单位。

表示为公式即

标准正态值：$$z=\frac{X-\mu}{\sigma} \tag{7-5}$$

其中：

X是一个特定的数据或量度的值。

μ是分布的均值。

σ是分布的标准差。

在上述的定义中，z值表示的是以标准差为单位的，从一个特定值X到算术平均数之间的距离或差距。一旦正态分布的数据是标准的，那么z值就服从均值为0，方差为1的正态分布，所以z分布具有所有正态概率分布的特征。这些特征前面已经列举了。在附录B.1中的表格列出了标准正态概率分布的概率值。

为了说明这个问题，假设我们希望计算出Sugar Yummies的箱子重量在283克到285.4克之间的概率。从图7-5我们知道Sugar Yummies箱子的重量服从均值为283克，标准差为1.6克的正态分布。我们想要知道曲线下方，在均值283克和285.4克之间的概率或面积。我们也可以用类似于前面章节用到的概率符号来表述这个问题：P（283<重量<285.4）。为了得到这个概率，我们需要利用公式（7-5）把283和285.4都转化为z值。与283相对应的z值为0，由（283-283）/1.6得到。与285.4相对应的z值为1.5，由（285.4-283）/1.6得到。下一步我们看看附录B.1，附录的一部分如下表7-1所示。在z打头的纵行找到1.5，然后水平向右移动，读出纵行打头数字为0.00的项，是0.4332。这意味着在曲线下方，0.00到1.50之间的面积为0.4332。这就是一个随机选取的Sugar Yummies的箱子重量在283克到285.4克之间的概率。我们可以总结如下：

$$P(283<\text{重量}<285.4)=P\left(\frac{283-283}{1.6}<z<\frac{285.4-283.0}{1.6}\right)$$
$$=P(0<z<1.50)=0.4332$$

表7-1 正态曲线下的面积

z	0.00	0.01	0.02	0.03	0.04	0.05	…
1.3	0.4032	0.4049	0.4066	0.4082	0.4099	0.4115	
1.4	0.4192	0.4207	0.4222	0.4236	0.4251	0.4265	
1.5	0.4332	0.4345	0.4357	0.4370	0.4382	0.4394	
1.6	0.4452	0.4463	0.4474	0.4484	0.4495	0.4505	
1.7	0.4554	0.4564	0.4573	0.4582	0.4591	0.4599	
1.8	0.4641	0.4649	0.4656	0.4664	0.4671	0.4678	
1.9	0.4713	0.4719	0.4726	0.4732	0.4738	0.4744	
.							
.							
.							

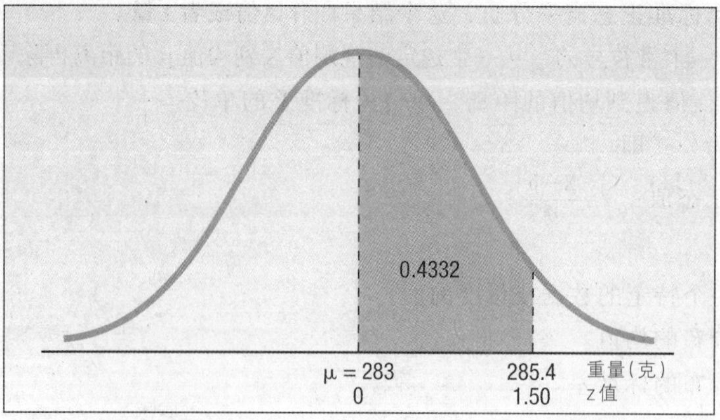

7.4.1 标准正态分布的应用

在曲线下方，均值和X之间的面积对应的z值是什么呢？在给出的项中找不到结果，不是所有的值都能在表7-1中找到答案，你还需要用到附录B.1。

z值	曲线下的面积
2.84	0.4977
1.00	0.3413
0.49	0.1879

现在我们要计算给出均值μ、标准差σ和一个选定的值X的z值了。

举例：

玻璃工业中作业班长的每周收入服从正态概率分布，其均值为1 000美元，标准差为100美元。一个每周赚1 100美元的班长的收入的z值是多少呢？我们不妨定义它为X。一个每周赚900美元的班长呢？

解答：

使用公式（7-5），这两个X的z值为：

对于 X = \$1 100: 对于 X = \$900:

$$z=\frac{X-\mu}{\sigma}=\frac{\$1\,100-\$1\,000}{\$100}=1.00 \qquad z=\frac{X-\mu}{\sigma}=\frac{\$900-\$1\,000}{\$100}=-1.00$$

z为1.00表示每周收入1 100美元高于均值的一个标准差，z为-1.00表示每周收入900美元低于均值的一个标准差。注意两个收入到均值的距离是相同的。

自测题7-2

最近一项国家性调查显示平均一个人一天消耗48盎司水。假如水的消耗量服从正态分布，标准差为12.8盎司。

a. 一个每天喝64盎司水的人的z值是多少？根据这个z值，比较这个人和国家调查显示的平均量。

b. 一个每天喝32盎司水的人的z值是多少？根据这个z值，比较这个人和国家调查显示的平均量。

7.4.2 经验法则

在考虑更多标准正态概率分布的应用之前，我们先考虑3种正态曲线下方的面积，这些会在后面的章节中被经常使用。这些情况在第3章称为“经验法则”。

1. 在正态曲线下方的面积中，68%的面积在距离均值1个标准差之内，可以记为μ ±1 σ。

2. 在正态曲线下方的面积中，95%的面积在距离均值2个标准差之内，可以记为$\mu \pm 2\sigma$。

3. 在几乎所有的正态曲线下方的面积都在距离均值3个标准差之内，可以记为$\mu \pm 3\sigma$。

这种情况总结在下面的曲线图中。

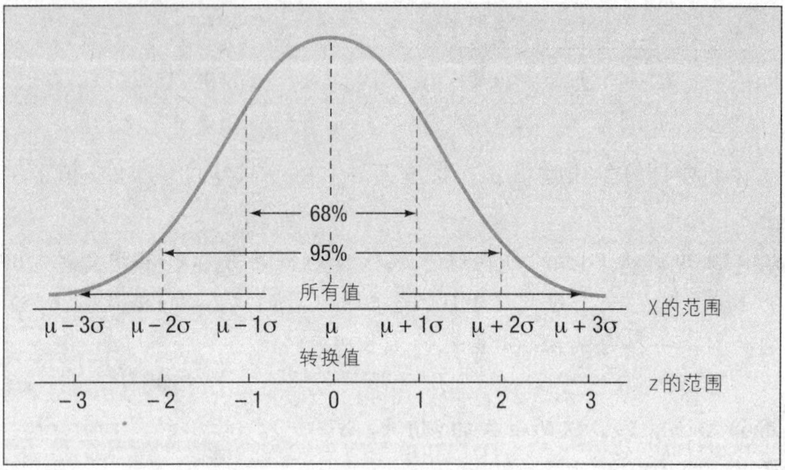

转化到标准正态分布会改变刻度，这个转化也在曲线图中表示出来。例如，$\mu + 1\sigma$转化为值为1.00的z值。类似的，$\mu - 2\sigma$转化为值为-2.00的z值，注意z分布的中心是0，表示与均值μ没有偏差。

举例：

作为质量担保计划的一部分，A电池公司对电池寿命进行了测试。一种D型碱性电池的平均寿命为19小时，电池的使用寿命服从标准差为1.2小时的正态分布，回答如下问题：

1. 大约68%的电池在哪两个值之间失效？
2. 大约95%的电池在哪两个值之间失效？
3. 实际上，所有的电池在哪两个值之间失效？

解答：

我们可以使用经验法则的结果来回答这个问题。

1. 大约68%的电池在17.8个小时到20.2个小时之间失效，由19.0±1（1.2）得到。

2. 大约95%的电池在16.6个小时到21.4个小时之间失效，由19.0±2（1.2）得到。

3. 实际上，所有的电池在15.4个小时到22.6个小时之间失效，由19.0±3（1.2）得到。

以上数据总结如下图。

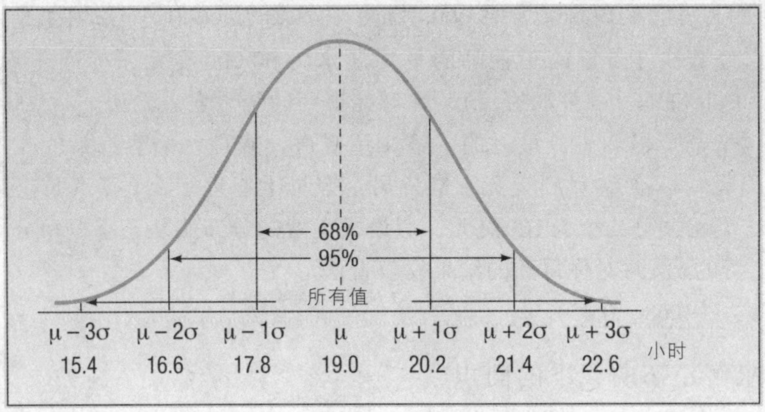

自测题 7-3

一组CP公司中层管理雇员年收入的分布近似地服从一个正态分布，其均值为47 200美元，标准差为800美元。

(a) 大约68%的收入在哪两个额度之间？

(b) 大约95%的收入在哪两个额度之间？

(c) 实际上，所有的收入在哪两个额度之间？

(d) 收入的中位数和众数是多少？

(e) 这个收入的分布是否对称？

练习题

7.解释这个陈述的意思：正态概率分布并非只有一个，而是有一族。

8.列举正态概率分布的主要特征。

(答案：钟形的，对称的，渐近的，曲线族)

9.一个正态概率分布的均值为500；标准差为10。

a.大约68%的数据位于哪两个值之间？

b.大约95%的数据位于哪两个值之间？

c.几乎所有的数据位于哪两个值之间？

10.一个正态概率分布的均值为60，标准差为5。

a.大约百分之几的数据位于55和65之间？

b.大约百分之几的数据位于50和70之间？

c.大约百分之几的数据位于45和75之间？

(答案：a.68% b.95% c.99.7%或更多)

11.Kamp家有对双胞胎，Rob和Rachel。他们两个都于2年前大学毕业，并且现在每人每年赚50 000美元。Rachel在零售业工作，这个行业中工作经验少于

5年的管理人员的平均薪水为35 000美元，标准差为8 000美元。Rob是一个工程师。工作经验少于5年的工程师的平均薪水为60 000美元，标准差为5 000美元。计算Rob和Rachel薪水的z值，并对你得到的结果发表看法。

12.《辛辛那提调查》最近的一篇文章报道，修理一个蒸汽泵的人工费平均值为90美元，标准差为22美元。M公司一个早上修理了2个蒸汽泵。第一个人工费为75美元，第二个为100美元。假设人工费的分布服从正态概率分布。计算两个人工费的z值并对你得到的结果发表看法。

（答案：-0.68，0.45）

7.4.3　求解正态曲线下的面积

下一个标准正态分布的应用涉及在正态分布的曲线下查找均值和一个给定值之间的面积，这个给定值我们记为X。下面的例子会说明其中的细节。

举例：

回忆前面的例子，我们记录的一个玻璃作业班长的周薪服从一个正态概率分布，其均值为1 000美元，标准差为100美元，也就是μ=1 000美元，σ=100美元。那么选取一个周薪在1 000美元和1 100美元之间的作业班长的可能性有多大呢？我们用概率符号写下这个问题：P（1 000美元<周薪<1 100美元）。

解答：

我们已经通过公式（7–5）将1 100美元转化为一个值为1.00的z值。即：

$$z=\frac{X-\mu}{\sigma}=\frac{\$1\,100-\$1\,000}{\$100}=1.00$$

与z值为1.00相对应的概率在附录B.1中能找到。截取附录B.1的一部分如下表。找到左边纵行的1.0，然后水平移动找到纵行打头为0.00的项，这个概率值为0.3413。

z	0.00	0.01	0.02
.	.	.	.
.	.	.	.
.	.	.	.
0.7	0.2580	0.2611	0.2642
0.8	0.2881	0.2910	0.2939
0.9	0.3159	0.3186	0.3212
1.0	0.3413	0.3438	0.3461
1.1	0.3643	0.3665	0.3686
.	.	.	.
.	.	.	.
.	.	.	.

在正态曲线下方，1 000美元和1 100美元之间的面积为0.3413。我们估计有34.13%的玻璃厂作业班长的周薪在1 000美元和1 100美元之间，或者说，选取一个作业班长而且周薪在1 000美元和1 100美元之间的可能性是0.3413。

这个数据总结如下图。

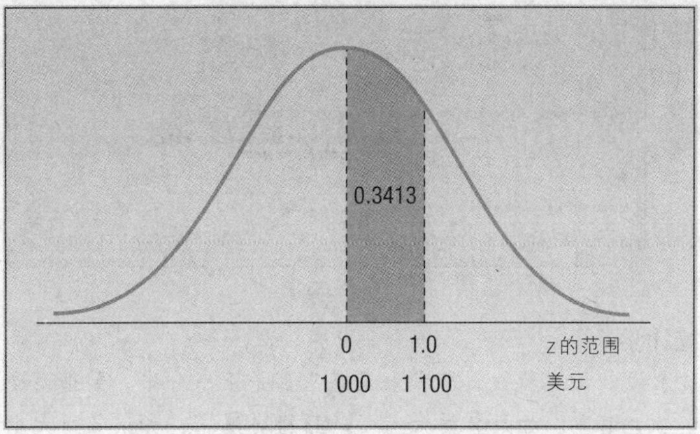

在刚刚研究的例子中，我们感兴趣的是均值和一个给定值之间的概率。让我们改变下问题。假设我们想要得到一个收入少于1 100美元的作业班长的概率，用概率符号表示为：

$$P（周收入<\$1\,100）=P（z<\frac{\$1\,100-\$1\,000}{\$100}）=P（z<1.00）=0.5000+0.3413=0.8413$$

我们之前得到一个收入在1 000美元和1 100美元之间的作业班长的概率是0.3413。接下来，我们回想下有一半面积，或者概率，在均值以上，而另一半在均值以下。所以选择一个收入少于1 000美元的作业班长的概率为0.5000。最后，我们把这两个概率相加，0.3413+0.5000=0.8413，这就是问题的答案。大约84%的玻璃厂作业班长周薪少于1 100美元。这个数据总结如下图。

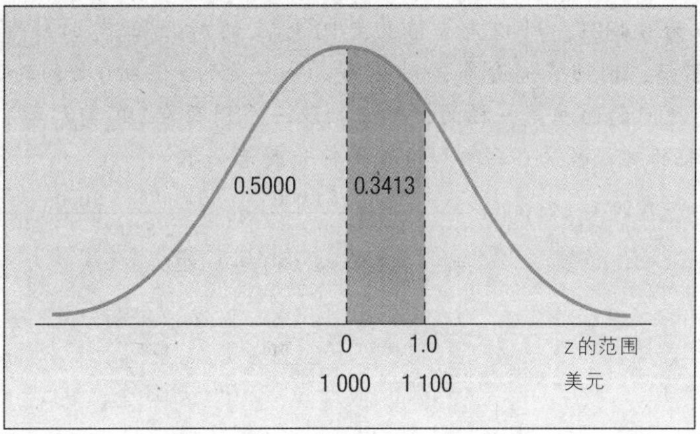

Excel可以计算这个概率，必要的命令在本章最后**软件命令说明**中给出。答案是0.8413，和我们计算得到的一样。

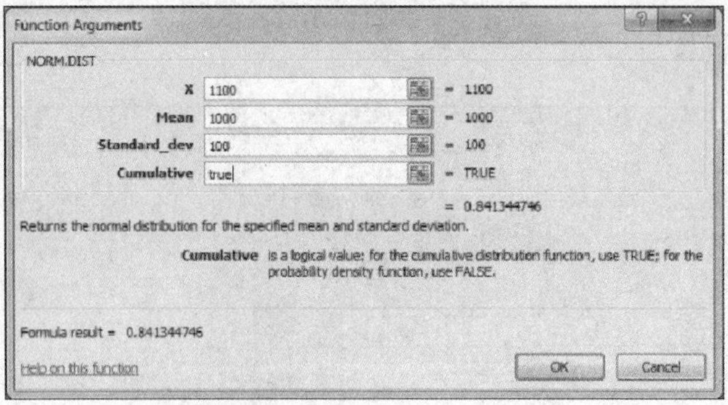

实践中的统计学

许多流水线，如罐装饮料瓶和水果罐头都是正态分布。制造商必须既防止过度填充又防止过少填充。如果装得太满，产品将会泄露；如果装得太少，消费者可能会觉得上当受骗并且政府可能会怀疑产品的标签说明。"控制图表"在均值上下浮动3个标准差来控制标准化生产，这种方法通常用于监测这种类型的生产过程。

举例：

回到之前关于玻璃厂作业班长的问题。周薪的分布服从正态概率分布，其中均值是1 000美元，标准差是100美元。那么抽取一个作业班长的收入如下的概率是多少？

1. 在790美元和1 000美元之间？

2. 少于790美元？

解答：

我们先找到周薪790美元对应的z值。由公式（7–5）得：

$$z=\frac{X-\mu}{s}=\frac{\$790-\$1\,000}{\$100}=-2.10$$

见附录B.1。从最左边纵行向下找到2.1，然后横向找到打头项为0.00的纵行。其值为0.4821，所以与z值为2.10对应的标准正态曲线下方的面积为0.4821。然而，因为正态分布是对称的，一个负的z值到0之间的面积和一个正的z值到0之间的面积是一样的，那么抽取一个周薪在790美元和1 000美元之间的作业班长的可能性为0.4821。用概率符号表示如下：

$$P(\$790<\text{周收入}<\$1\,000)=P\left(\frac{\$790-\$1\,000}{\$100}<z<\frac{\$1\,000-\$1\,000}{\$100}\right)$$

$$=P(-2.10<z<0)=0.4821$$

z	0.00	0.01	0.02
.	.	.	.
.	.	.	.
.	.	.	.
2.0	0.4772	0.4778	0.4783
2.1	0.4821	0.4826	0.4830
2.2	0.4861	0.4864	0.4868
2.3	0.4893	0.4896	0.4898
.	.	.	.
.	.	.	.
.	.	.	.

均值将正态曲线分为两个相同的部分。均值左边曲线下方面积为0.5000，均值右边曲线下方面积也为0.5000。因为790美元和1 000美元之间的面积为0.4821，在790美元下方的面积为0.0179，由0.5000−0.4821得到。用概率符号表示为：

$$P(\text{周收入} < \$790) = P\left(z < \frac{\$790 - \$1\,000}{\$100}\right) = P(z < -2.10) = 0.5000 - 0.4821 = 0.0179$$

这意味着48.21%的作业班长的周薪在790美元和1 000美元之间。进一步，我们可以预计有1.79%的工人周薪少于790美元。这个信息总结如下图。

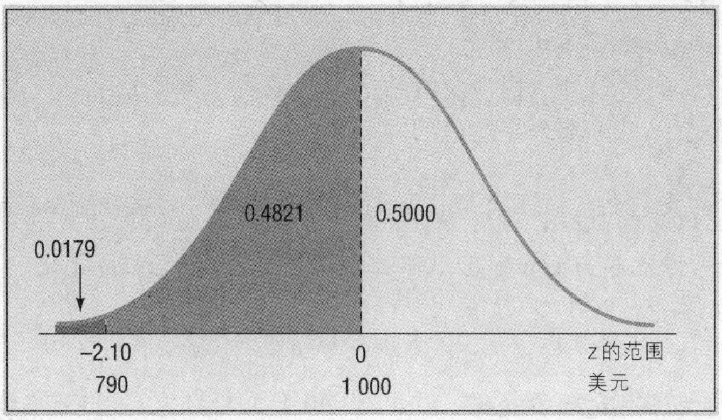

自测题 7-4

咖啡厅售出的咖啡温度服从正态分布，均值为150华氏度，标准差为5华氏度。

(a) 咖啡温度在150华氏度和154华氏度之间的概率是多少？

(b) 咖啡温度大于164华氏度的概率是多少？

练习题

13. 一个正态总体的均值为20.0，标准差为4.0。

a. 计算对应于25.0的z值。

b. 有多少比例的值在20.0到25.0之间？

c. 有多少比例的值小于18.0？

14. 一个正态总体的均值为12.2，标准差为2.5。

a. 计算与14.3对应的z值。

b. 有多少比例的值在12.2和14.3之间？

c. 有多少比例的值小于10.0？

(答案：a.0.84 b.0.2995 c.0.1894)

15. 最近的研究表明，航空公司的职员时薪的均值为20.50美元，标准差为3.50美元。假设时薪的分布服从正态概率分布。如果我们随机抽取一个工作人员，那么他的时薪：

a.在20.50美元和24.00美元之间的概率是多少？

b.大于24.00美元的概率是多少？

c.小于19.00美元的概率是多少？

16.一个正态概率分布的均值为400磅，标准差为10磅。

a.从415磅到均值400磅之间的面积是多少？

b.均值与395磅之间的面积是多少？

c.随机抽取一个值，这个值小于395磅的概率是多少？

（答案：a.0.4332 b.0.1915 c.0.3085）

正态分布的另一个应用涉及将两个面积或者说概率结合到一起。一部分面积在均值的右面，另一部分在均值的左面。

举例：

回到玻璃厂作业班长的周薪的分布上来。周薪服从正态概率分布，其均值为1 000美元，标准差为100美元。那么在840美元到1 200美元之间的正态曲线下方的面积是多少？

解答：

这个问题可以分成两部分，对于在840美元到均值1 000美元这部分面积有：

$$z=\frac{\$840-\$1\,000}{\$100}=\frac{-\$160}{\$100}=-1.60$$

对于均值在1 000美元到1200美元之间的这部分面积有：

$$z=\frac{\$1\,200-\$1\,000}{\$100}=\frac{\$200}{\$100}=2.00$$

对于z值为−1.60的曲线下方的面积为0.4452（见附录B.1）。对于z值为2.00的曲线下方的面积为0.4772。将这两个面积相加：0.4452+0.4772=0.9224。这样，抽取一个周薪在840美元到1 200美元之间的作业班长的概率为0.9224。用概率符号表示为：

$$P(\$840<\text{周收入}<\$1\,200)=P\left(\frac{\$840-\$1\,000}{\$100}<z<\frac{\$1\,200-\$1\,000}{\$100}\right)$$

$$=P(-1.60<z<2.00)=0.4452+0.4772=0.9224$$

总结一下，92.24%的作业班长的周薪在840美元到1 200美元之间，如下图所示。

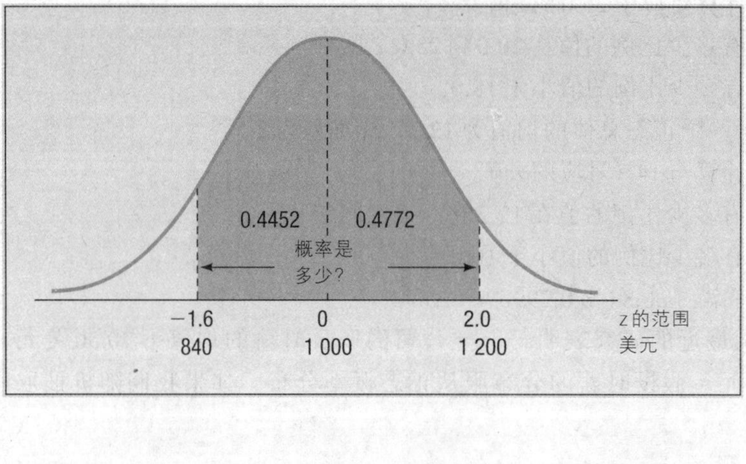

另一个正态分布的应用涉及两个同在均值一侧的值之间的面积。

举例：

回到玻璃厂工人的问题上来。（μ =1 000美元，σ =100美元）在1 150~1 250美元之间的正态曲线下方的面积是多少呢？

解答：

这种情况也要分成两部分，并使用公式（7–5）来解决。首先，我们找到周薪为1 250美元对应的z值：

$$z=\frac{\$1\,250-\$1\,000}{\$100}=2.50$$

然后我们找到周薪1 150美元对应的z值：

$$z=\frac{\$1\,150-\$1\,000}{\$100}=1.50$$

由附录B.1可知，与z值2.50对应的面积为0.4938，所以周薪在1 000美元和1 250美元之间的概率为0.4938。类似的，z值1.50对应的面积为0.4332，所以周薪在1 000美元和1 150美元之间的概率为0.4332。周薪在1 150美元和1 250美元之间的概率做减法得到，用z值2.50对应的面积减去z值1.50对应的面积。这样，周薪在1 150美元和1 250美元之间的概率为0.0606。用概率符号表示为：

$$P（\$1\,150<\text{周收入}<\$1\,250）=P（\frac{\$1\,150-\$1\,000}{\$100}<z<\frac{\$1\,250-\$1\,000}{\$100}）$$

$$=P（1.50<z<2.50）=0.4938-0.4332=0.0606$$

以上信息如下图所示。

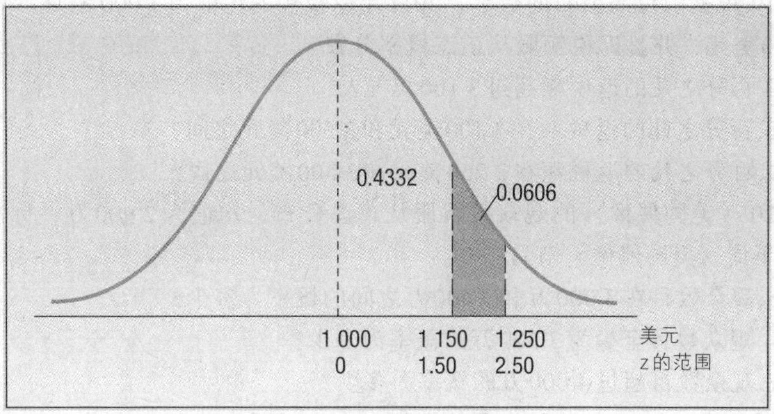

简而言之，在标准正态概率分布下计算面积有四种情况。

1.计算0与z或–z之间的面积，直接查概率表得到。

2.计算大于z或小于–z的面积，查表得到z的概率，然后用0.5减去这个概率即可。

3.计算位于均值两边的点之间的面积，先确定z值然后将两个概率相加。

4.计算位于均值同一边的点之间的面积，先确定z值，然后用大的概率减去小的概率。

自测题7-5

回到前面的例子，咖啡的温度服从正态分布，其均值为150华氏度，标准差为5华氏度。

(a) 咖啡温度在146华氏度到156华氏度之间的概率是多少?

(b) 咖啡温度在156华氏度到162华氏度之间的概率是多少?

练习题

17. 一个正态分布的均值为50，标准差为4。

a. 计算一个值在44.0和55.0之间的概率。

b. 计算一个值大于55.0的概率。

c. 计算一个值在52.0和55.0之间的概率。

18. 一个正态总体的均值为80.0，标准差为14.0。

a. 计算一个值在75.0和90.0之间的概率。

b. 计算一个值小于等于75.0的概率。

c. 计算一个值在55.0和70.0之间的概率。

(答案：a.0.4017 b.0.3594 c.0.2022)

19. 根据国税局公布的数字，2011年返税额的均值为3 000美元。假设标准差为410美元，并且返税额服从正态概率分布。

a. 百分之几的返税额超过3 100美元?

b. 百分之几的返税额在3 100美元和3 500美元之间?

c. 百分之几的返税额在2 250美元和3 500美元之间?

20.《美国偶像》的观众数目服从正态分布，均值为2 900万，标准差为500万。下周《美国偶像》节目：

a. 观众数目在3 000万和3 400万之间的概率为多少?

b. 观众数目至少为2 300万的概率为多少?

c. 观众数目超过4 000万的概率为多少?

21. WNAE，一个新闻节目的调频电台发现听众收听本台节目的时长服从正态分布。分布的均值为15.0分钟，标准差为3.5分钟。一个听众收听如下时长的概率是多少：

a. 大于20分钟?

b. 少于或等于20分钟?

c. 在10～12分钟之间?

22. 美国所有人口超过25万的城市中，上班单程通勤时间的均值为24.3分钟。最长的上班单程时间在纽约市，其均值为38.3分钟。假设在纽约市的上班通勤时间服从正态概率分布并且标准差为7.5分钟。

a.纽约市有百分之几的人上班通勤时间少于30分钟？

b.百分之几的人在30～35分钟之间？

c.百分之几的人不在30～40分钟之间？

（答案：a.0.1335 b.0.1965 c.0.4575）

前面的例子要求找到两个数据之间的数据的百分比或者比一个数据X大或小的百分比。另外一个正态分布的应用是给出大于或小于某数据X的百分比，找出数据X的值。

举例：

雷顿轮胎橡胶厂希望给它的新产品MX100型轮胎设计一个最小里程担保值。测试显示里程数均值为67 900英里，标准差为2 050英里，并且这个里程的分布服从正态概率分布。雷顿希望确定这个最小里程担保值后，不会有多于4%的轮胎需要更换。那么雷顿公布的最小里程担保值是多少呢？

解答：

这个例子的各个方面见下图，其中X表示最小里程担保值。

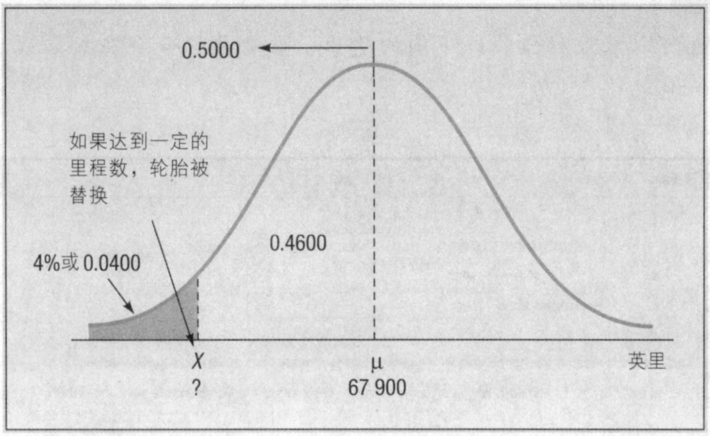

将已知的值带入公式（7–5）得：

$$z=\frac{X-\mu}{\sigma}=\frac{X-67\,900}{2\,050}$$

注意到有两个未知量，z和X。为了求得X，我们需要先求z。注意在μ左边的正态曲线下方的面积是0.5000。μ和X之间的面积为0.4600，由0.5000−0.0400得到。现在查附录B.1，寻找面积最接近0.4600的值。最接近的面积为0.4599，从这个值移到边缘找到z值为1.75。因为这个值在均值的左边，所以实际上它是−1.75。这些步骤在表7–2中给出说明。

知道了μ和X之间的距离为−1.75σ，即z=−1.75，我们现在就能求出X了

（最小里程担保值）：

$$z=\frac{X-67\ 900}{2\ 050}$$

$$-1.75=\frac{X-67\ 900}{2\ 050}$$

$$-1.75(2\ 050)=X-67\ 900$$

$$X=67\ 900-1.75\times 2\ 050=64\ 312$$

表 7-2　　　　　　　　在正态曲线下选定的面积

z …	0.03	0.04	0.05	0.06
.	.	.	.	.
.	.	.	.	.
.	.	.	.	.
1.5	0.4370	0.4382	0.4394	0.4406
1.6	0.4484	0.4495	0.4505	0.4515
1.7	0.4582	0.4591	0.4599	0.4608
1.8	0.4664	0.4671	0.4678	0.4686

所以雷顿可以发出这样的广告：如果你的轮胎在使用64 312英里之内坏掉，我们可以免费为你更换新轮胎。当然，雷顿公司知道，在这个计划下，只有4%的轮胎会需要更换。

Excel也可以求里程值。见下图的输出值。必要的命令在本章最后的**软件命令说明**里给出。

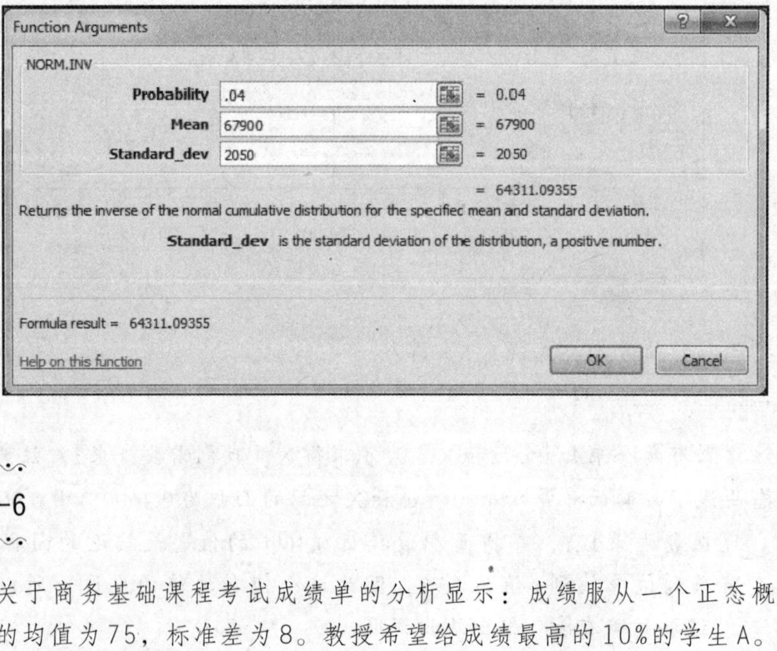

自测题 7-6

一份关于商务基础课程考试成绩单的分析显示：成绩服从一个正态概率分布。分布的均值为75，标准差为8。教授希望给成绩最高的10%的学生A。那么得到A的学生和得到B的学生的区分点是什么？

练习题

23.一个正态分布的均值为50，标准差为4。确定在哪个值之下，95%的事件会发生。

24.一个正态分布的均值为80，标准差为14。确定在哪个值之上，80%的事件会发生。

（答案：68.24）

25.假设运营一架商业飞机每小时的平均花费服从一个正态分布，其均值为2 100美元，标准差为250美元。那么最低的3%的飞机运营费用是多少？

26.SAT的推理测试是美国采用非常广泛的大学录取标准化测试。这项考试的分数是基于均值为1 500分，标准差为300分的正态分布。克林顿学院想给这项考试成绩为前10%的学生提供奖学金。那么这项奖学金的最低成绩要求为多少分？

（答案：1 884）

27.媒体研究表明，在2007年，通常一个美国人会听195小时的音乐。这个数字比1999年的290小时下降了。迪克是一个乡村音乐和西部音乐迷。他在屋里工作、读书和开车的时候都会听音乐。假设听音乐的时间服从一个正态概率分布，其标准差为8.5小时。

a.如果迪克是听音乐最多的1%人中的一个，那么他每年要听多长时间的音乐？

b.假设1999年的时间分布也服从正态概率分布，其标准差为8.5小时。那么听音乐最少的1%的人每年听多长时间的音乐？

28.最近这些年，进入一所美国私立大学的年费用平均值为26 889美元。假设年费用的分布服从一个正态概率分布，其标准差为4 500美元，95%的私立大学学生付出的费用少于多少美元？

（答案：34 314）

29.在经济理论里，障碍回报率是一个人愿意去投资的最低回报率。一项研究表明某一组股票的年回报率服从均值为12%，标准差为18%的正态分布。一个股票筛选人想要设定一个合适的障碍回报率，让20只股票里面只有1只回报率高于障碍回报率。那么，障碍回报率应该为多少？

30.一家激光打印机制造商报告一个墨盒平均能够打印12 200页纸。每个墨盒打印的纸的数量近似服从一个正态概率分布，并且其标准差为820页。制造商希望为潜在的客户提供一份墨盒使用时间的参考。如果制造商希望有99%的墨盒能达到标准，那么它应该将参考页数设为多少页？

（答案：10 289）

本章总结

Ⅰ.均匀分布是一个具有如下特征的连续概率分布。

A. 它是矩形的。

B. 均值和中位数相等。

C. 它可以被最小值a和最大值b完全描述。

D. 它也可以用下面的由a到b的区域的等式描述：

$$P(x)=\frac{1}{b-a} \tag{7-3}$$

E. 均匀分布的均值和标准差计算方法如下：

$$\mu=\frac{a+b}{2} \quad (7\text{-}1) \qquad \sigma=\sqrt{\frac{(b-a)^2}{12}} \quad (7\text{-}2)$$

II. 正态概率分布是一个具有如下特征的连续概率分布。

A. 它是钟形的且在分布的中心有唯一的最大值。

B. 分布是对称的。

C. 它是无限趋近于X轴的，但永远不会与X轴相交。

D. 它完全由它的均值和标准差描述。

E. 正态概率分布有一族。

1. 当均值或标准差改变时，它就变成了另外一个正态概率分布。

2. 正态概率分布由如下公式描述：

$$P(x)=\frac{1}{\sigma\sqrt{2\pi}}e^{-\left[\frac{(x-\mu)^2}{2\sigma^2}\right]} \tag{7-4}$$

III. 标准正态概率分布是一个特殊的正态分布。

A. 它的均值为0，标准差为1。

B. 任意的正态概率分布都可以根据下式转化为标准正态概率分布：$z=\frac{X-\mu}{\sigma}$ (7-5)

C. 将一个正态概率分布标准化后，我们能够看出一个值到均值的距离是以标准差为单位的。

本章练习题

31. 一罐12盎司的可乐的重量在11.96盎司到12.05盎司之间服从均匀分布。

a. 每罐的平均值是多少？

b. 每罐的标准差是多少？

c. 抽取一罐可乐的重量在12盎司以下的概率是多少？

d. 抽取一罐可乐的重量在11.98盎司以上的概率是多少？

e. 抽取一罐可乐的重量在11盎司以上的概率是多少？

32. 一管李氏牙膏的重量是4.2盎司。随着使用，剩余牙膏的重量是随机的。假设剩余牙膏的重量服从一个均匀分布。从这些信息里，我们能在不侵犯任何人隐私的情况下确定以下关于剩余牙膏重量的信息。

a. 你期望剩余的牙膏重量是多少？

b. 剩余牙膏重量的标准差是多少？

c.剩余牙膏重量少于3.0盎司的可能性是多少?

d.剩余牙膏重量大于1.5盎司的概率是多少?

(答案：a.2.1 b.1.212 c.0.7143 d.0.6429)

33.很多零售商店发行自己的信用卡。在申请卡的时候，顾客会得到10%的购买折扣。申请过程需要的时间服从一个均匀分布，其时间范围为4分钟到10分钟。

a.申请过程的平均时间是多少?

b.申请时间的标准差是多少?

c.一个申请的时间少于6分钟的可能性是多少?

d.一个申请的时间大于5分钟的概率是多少?

34.顾客在巴哈马Grande Dunes酒店等一部电梯花费的时间服从0~3.5分钟之间的均匀分布。

a.证明曲线下方的面积是1.00。

b.通常顾客等待电梯服务的时间是多少?

c.等待时间的方差是多少?

d.百分之几的顾客等待时间小于1分钟?

e.百分之几的顾客等待时间大于2分钟?

(答案：a.见教师手册 b.1.75 c.1.01 d.0.2857 e.0.4286)

35.铝制造厂的净销售额和雇员数量可以成为频率分布，两者都是正态分布。净销售额的均值为180 000 000美元，标准差为25 000 000美元。雇员数量的均值为1 500，标准差为120。Clarion制造厂的净销售额为170 000 000美元，雇员为1 850人。

a.将Clarion制造厂的净销售额和雇员数量转化为z值。

b.在图中标出z值。

c.比较Clarion制造厂与其他厂的净销售额和雇员数量。

36.一家国有独立车库制造商——维斯顿材料公司，根据其会计部门报告，两个建筑工人平均需要32个小时来组装一个RB型产品，其标准差为2个小时。假设组装时间服从正态分布。

a.确定29小时和34小时的z值。百分之几的车库可以在32小时到34小时之间组装完?

b.百分之几的车库可以在29小时到34小时之间组装完?

c.百分之几的车库可以在少于28.7小时的时间内组装完?

d.5%以上的车库需要花多少时间组装?

(答案：a.-1.5，1.0，0.3413 b.0.7745 c.0.0495 d.35.3)

37.一份《今日美国》的报告指出，一个典型的四口之家每月花费490美元在食品上。假设四口之家的食品消费服从均值为490美元，标准差为90美元的正态分布。

a.百分之几的家庭食品月消费额在30美元到490美元之间?

b.百分之几的家庭食品月消费额少于430美元？

c.百分之几的家庭食品月消费额在430美元到600美元之间？

d.百分之几的家庭食品月消费额在500美元到600美元之间？

38.一个关于Pepsi Bottling Group，Inc.长途电话的调查显示，电话的时长（以分钟为单位）服从正态概率分布。每个电话的时长均值为4.2分钟，标准差为0.60分钟。

a.百分之几的电话时长在4.2分钟到5分钟之间？

b.百分之几的电话时长在5分钟以上？

c.百分之几的电话时长在5分钟到6分钟之间？

d.百分之几的电话时长在4分钟到6分钟之间？

e.在给公司董事长的报告里，通信部门主管要汇报前4%时长电话的时间，这个时间是多少？

（答案：a.0.4082 b.0.0918 c.0.0905 d.0.6280 e.5.25）

39.Shaver Manufacturing，Inc.给雇员提供牙科保险。人力资源部主管最近的一个研究显示，每年给每名雇员的花费服从正态分布，其均值为1 280美元，标准差为420美元。

a.百分之几的雇员每年的牙科费用超过1 500美元？

b.百分之几的雇员每年的牙科费用在1 500美元到2 000美元之间？

c.估计没有牙科费用的百分比。

d.费用最高的10%的雇员的费用是多少？

40.一家轻型机械制造商Machine Products，Inc.的销售代表每年的佣金服从正态概率分布。均值为40 000美元，标准差为5 000美元。

a.百分之几的销售代表佣金大于42 000美元？

b.百分之几的销售代表佣金在32 000美元到42 000美元之间？

c.百分之几的销售代表佣金在32 000美元到35 000美元之间？

d.销售经理要奖励给佣金最多的销售代表1 000美元的红包。他可以奖励20%的销售代表。那么能够得到红包和不能得到红包的销售代表之间的区分点是多少？

（答案：a.0.3446 b.0.6006 c.0.1039 d.44 200美元）

41.南达科他州健康部声称，成年女性比成年男性每周花在看电视上的平均时间多。最近的一个调查显示，女性每周平均花34小时看电视，而男性为29小时。假设男性和女性的看电视的时间都服从正态分布，并且女性看电视时间的标准差为4.5小时，男性看电视时间的标准差为5.1小时。

a.百分之几的女性每周看电视的时间少于40小时？

b.百分之几的男性每周看电视的时间多于25小时？

c.看电视最多的1%的女性每周看多少小时电视？求出男性的可比值。

42.根据一项政府关于25岁到34岁成年人的调查，每人每年在读书和娱乐上的消费的平均值为2 130美元。假设这个消费服从标准差为450美元的正态分布。

a.百分之几的成年人每年消费在2 500美元以上？

b.百分之几的成年人每年消费在2 500美元到3 000美元之间？

c.百分之几的成年人每年消费少于1 000美元？

（答案：a.13.14% b.11.89% c.1.36%）

43.高登电子公司的管理人员考虑采纳一套奖励制度来提高产量。一个建议是根据以往经验，当生产的产量高于某一数值时（生产出该产量的概率是5%），就给与奖励。以往的记录显示，每周产量服从正态分布，均值为每周4 000单位，标准差为每周60单位。那么当产量达到多少单位以及多少单位以上时，才能够得到奖励？

44.快速卡车运输线专门使用福特牌F-750卡车。管理人员研究了维护费用后，决定一年跑的里程数服从正态分布。这个分布的均值为60 000英里，标准差为2 000英里。

a.百分之几的卡车要跑65 200英里以上？

b.百分之几的卡车跑的里程数在57 060到58 280英里之间？

c.百分之几的卡车一年跑的里程数在62 000英里以下？

d.如果由已知推断出每一辆卡车都跑70 000英里以上，这个结论是否合理？请解释。

（答案：a.0.47% b.12.41% c.84.13% d.见教师手册）

45.Best Electronics公司为顾客提供无忧退货政策。每天退货的顾客人数服从正态分布，均值为10.3，标准差为2.25。

a.在百分之多少的日子里退货的顾客人数少于或等于8？

b.在百分之多少的日子里退货的顾客人数在12～14之间？

c.有可能某一天一个退货的顾客都没有吗？

46.在超市内，分配给靠近收银台处的ATM机的资金服从正态概率分布，其均值为每天4 200美元，标准差为每天720美元。如果分配的资金过少（少于2 500美元）或者过多（多于6 000美元），那么ATM机的程序会自动通知附近的银行。

a.百分之几的天数，银行会收到资金过少的通知？

b.百分之几的天数，银行会收到资金过多的通知？

c.百分之几的天数，银行不会收到通知？

（答案：a.0.0091 b.0.0062 c.0.9847）

47.Henline Ham Company的罐装火腿的重量服从正态分布，其均值为9.2磅，标准差为0.25磅。标签标明重量为9.00磅。

a.多少比例的火腿重量比标签标明重量少？

b.Henline Ham Company的老板正在考虑减少上述情况出现的两个建议。他可以把平均重量提高到9.25磅，保持标准差不变，也可以保持平均重量不变，而把标准差从0.25磅降低到0.15磅。你推荐哪个建议？

48.《辛辛那提调查》的周日商业副刊说，全职雇员每周工作的平均时间为

43.9小时。文章进一步指出，大概1/3的全职雇员每周工作时间少于40小时。

a.假设上面给出的工作小时数服从正态分布，那么工作小时数的标准差是多少?

b.文章还指出20%的全职雇员每周工作超过49小时。根据这个数据确定标准差。以上两个标准差一样吗？你由此能得出什么结论?

(答案：a.9.07 b.6.07，不是正态分布)

49.大多数的4年汽车租赁合同允许里程数达到60 000英里。如果超过了这个里程数，那么租户就要交超过每英里20美分的处罚。假设4年的里程数服从正态分布，均值为52 000英里，标准差为5 000英里。

a.可能出现多少比例的租约被罚款?

b.如果汽车公司想改变租赁条款，使25%的租约超过限制，那么新的里程上限是多少?

c.低里程汽车的一种定义为刚刚使用4年且里程数为45 000英里，那么多少比例的汽车租借到期时属于低里程汽车?

50.去年，佛罗里达银行股票在每个交易日结束时候的价格服从正态分布。假设那一年有240个交易日，每股的平均价格为42.00美元，标准差为2.25美元/股。

a.有多少比例的天数，股价超过45.00美元？你估计有多少天?

b.有多少比例的天数，股价在38.00美元到40.00美元之间?

c.在股价最高的15%的天数里，股票的价格是多少?

(答案：a.9.18%，22天 b.14.92% c.44.34美元)

51.浪漫小说每年的销量服从正态分布。但是，其均值和标准差不知道。40%的时间销量超过470 000册，10%的时间销量超过500 000册，那么均值和标准差是多少?

52.在创建高清电视机的保修条约时，制造商想尽量压低电视返修的成本，同时又想让保修时间足够长使得保修条约对顾客有吸引力。对一部分高清电视来说，需要修理之前已经使用的月数服从正态分布，均值为36.84，标准差为3.34。制造商应该怎么设定保修期以确保只有10%的高清电视需要免费返修?

(答案：32.56)

53.美国国际机场的目标是让国际航班在45分钟内清关完毕。假如95%的国际航班能在45分钟内清关完毕，剩下的5%需要更长的时间，并且需要的时间服从正态分布。

a.如果这个正态分布的标准差是5分钟，那么均值是多少?

b.如果这个正态分布的标准差是10分钟而不是5分钟，那么均值是多少?

c.假如一个乘客下了飞机只有30分钟才能赶上订的车，并且正态分布的标准差是10分钟，那么她能及时赶上车的概率为多少?

数据集练习题

54.结合Real Estate（一个网站）上的数据，考虑去年亚利桑那州的Goodyear

的房屋销售情况。

a.房屋的平均销售价格（单位为：千美元）早先计算为221.10美元，标准差为47.11美元。使用正态分布估计售价超过280.0美元的房屋的百分比。将结果与实际值比较，正态分布得到的结果是否非常接近真实结果？

b.到城市中心的平均距离为14.629英里，标准差为4.874英里。使用正态分布估计到市中心距离在18英里到22英里之间的房屋的数量。将结果与实际值比较，正态分布得到的结果是否非常接近真实结果？

（答案：a.10.56%对比13.33% b.17.96%对比23.0%）

55.结合2010年的棒球数据，考虑30支主要棒球队2010赛季的信息。

a.每支队伍整个赛季的观众出席人数均值为243.6万，标准差为71.3万。使用正态分布估计观众出席人数超过350万的球队数目。将结果与实际值比较，就你的估计的准确率发表看法。

b.每支球队的平均薪水为9 102万美元，标准差为3 825.8万美元。使用正态分布估计薪水超过5 000万美元的球队数目。将结果与实际值比较。就你的估计的准确率发表看法。

56.参考Buena学区校车数据。

a.考察维修费用变量。去年维修费用的均值是450.29美元，标准差是53.69。估计费用多于500美元的校车的数量，并且和实际数值相比较。

b.考察行驶英里数的变量，均值是830.11，标准差是42.19英里。估计行驶英里数大于900英里的校车数量，并且和实际数值相比较。

（答案：a.z=0.93，估计值为14.1，实际值为14 b.z=1.66，估计值是3.88，实际值为2）

练习测试

第一部分——主观

1.对于一个连续的概率分布，曲线下的面积等于__________。

2.对于一个范围是10到20的均匀分布，这个范围内会有多少个值？（1，10，100，无限——选择一个）__________。

3.下面哪个不是正态分布的特征？（钟形的，对称的，离散的，渐进的——选择一个）__________。

4.对于一个正态分布，关于均值和中位数哪个是对的？（永远相等，均值是中位数的两倍，均值和中位数都和标准差相等，以上都是错的——选择一个）__________。

5.有多少个正态分布？（1，10，30，无限——选择）__________。

6.有多少个标准正态分布？（1，10，30，无限——选择）__________。

7.一个数和均值之间的差再除以标准差叫作__________。（Z数，Z值，标准值，全部——选择一个）

8.Z值在0和−0.76之间的概率是多少？__________。

9.Z值在−2.03和1.76之间的概率是多少？__________。

10.Z值在-1.86和-1.43之间的概率是多少？__________。

第二部分——习题

1.IRS报告某组纳税人的平均退税金额为1 600美元。假如退税金额的分布服从正态分布，标准差为850美元。

a.百分之多少的退税在1 600美元和2 000美元之间？

b.百分之多少的退税在900美元和2 000美元之间？

c.百分之多少的退税在1 800美元和2 000美元之间？

d.95%的退税少于哪个金额水平？

软件命令说明

1.本章7.4.3节的Excel命令结果如下：

a.点击Formulas，然后在左侧选择Insert Function fx，然后从列表中选择Statistical，再选择下方的NORMDIST，然后点击OK。

b.在X的对话框中输入1 100，Mean的对话框中输入1 000，Standard_dev对话框中输入100，在Cumulative框中选择True，然后点击OK。

c.结果会在对话框中显示出来。如果你点击OK，结果就会显示在你的工作表中。

2.自测题7-5的Excel命令结果如下：

a.点击Formulas，然后在左侧选择Insert Function fx，然后从列表中选择Statistical，再选择下方的NORMINV，然后点击OK。

b.在对话框中，将Probability的值设为0.04，Mean的值设为67 900，Standard_dev设为2 050。

c.结果会在对话框中显示出来。注意因为舍入误差，结果和前面Excel表的结果不同。如果你点击OK，结果会出现在你的工作表上。

d.尝试输入Probability为0.04，Mean为0，Standard_dev为1，Z值就计算出来了。

自测题答案

7-1 a.

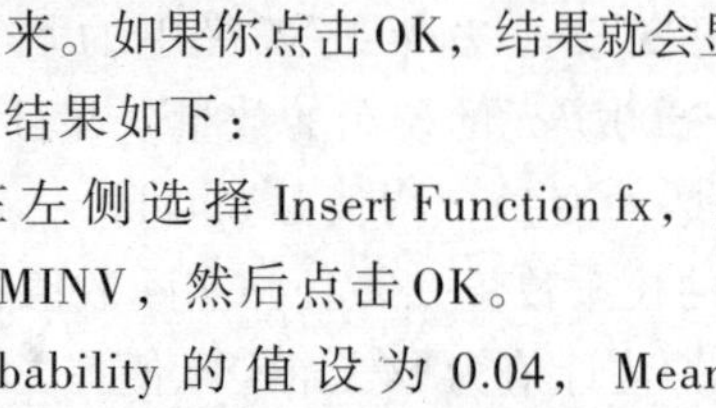

b. $P(x)=高\times底=\left(\frac{1}{14-8}\right)(14-8)=1.00$

c. $\mu = \frac{a+b}{2} = \frac{14+8}{2} = \frac{22}{2} = 11$

$\sigma = \sqrt{\frac{(b-a)^2}{12}} = \sqrt{\frac{(14-8)^2}{12}} = \sqrt{\frac{36}{12}} = \sqrt{3} = 1.73$

d. $P(10 < x < 14) =$ 高×底 $= (\frac{1}{14-8})(14-10) = \frac{4}{6} = 0.167$

e. $p(x<9) =$ 高×底 $= (\frac{1}{14-8})(9-8) = 0.167$

7-2 a.这个人比平均水平多出来16盎司，是标准差的1.25倍。

B.这个人比平均水平少16盎司，是标准差的-1.25倍

7-3 a.46 400美元和48 000美元，计算过程如下：47 200 ± 1（800）美元。

b.45 600美元和48 800美元，计算过程如下：47 200 ± 2（800）美元。

c.44 800美元和49 600美元，计算过程如下：47 200 ± 3（800）美元。

d.47 200美元。均值、中值和众数均服从正态分布。

e.是的，正态分布是对称的。

7-4 a. 计算z值： $z = (154-150)/5 = 0.80$，根据附录B.1，面积是 $p(150 < temp < 154) = 0.2881$。

b. 计算z值： $z = (164-150)/5 = 2.80$，根据附录B.1，面积是0.4974。所以 $p(164 > temp) = 0.5000 - 0.4974 = 0.0026$。

7-5 a.计算z值： $z = (146-150)/5 = 0.80$ 和 $z = (156-150)/5 = 1.20$

$p(146 < temp < 156) = p(-0.80 < z < 1.20) = 0.2881 + 0.3849 = 0.6730$

b.计算z值： $z = (162-150)/5 = 2.40$ 和 $z = (156-150)/5 = 1.20$

$p(156 < temp < 162) = p(1.20 < z < 2.40) = 0.4918 - 0.3849 = 0.1069$

7-6 85.24（教师不会怀疑它是85）。最接近0.4000的区域是0.3997；z是1.28，然后有

$1.28 = \frac{X-75}{8}, \quad 10.24 = X - 75, \quad X = 85.24$

第 8 章

抽样方法及中心极限定理

本章学习目标

当你学完本章内容，你应该能够：

1.解释为什么样本是了解总体的唯一可行方法。

2.描述选择样本的方法。

3.定义抽样误差。

4.描述样本均值的抽样分布。

5.解释中心极限定理。

6.定义样本均值的标准差。

7.利用中心极限定理计算从一个特定总体中抽到某个样本均值的概率。

耐克的年度报告显示：美国人平均每年可以买6.5双运动鞋，假定总体的标准差为2.1，有81个顾客为样本。那么这个试验中样本均值的标准差为多少？(见练习题45和学习目标6)

实践中的统计学

随着统计推断在科学各个分支重要性的日益增加，获得大量随机数成为可能，1927年，L.Tippett首次从调查报告中随机选数得出一张有着41 600个数字的表。1938年，R.A.Fisher和 F.Yates利用两副纸牌生成了15 000个随机数。1955年，RAND公司从电子噪音中获得100万个随机数，并印出一张表。到1970年，应用中又产生了10亿个随机数的需要。高速计算机的出现，催生了直接从计算机产生随机数的方法，不过这种方法几乎是随机的，又称为伪随机。到底通过计算机程序生成的随机数是不是真的随机还是一个有待研究的问题。

8.1 导言

第2章到第4章重点介绍了描述数据的技术。为了更好地讲述这些技术，我们收集了包含苹果木汽车集团在内的4个经销商销售的180辆车的利润，并建立了频率分布，计算了不同的位置指标和离散指标。其中均值和标准差描述了典型的利润值和范围。这些章的重点是描述这些数据的条件，也就是描述已经发生的事。

第5章开始学习统计推断的基础概率论。统计推断的主要目标是通过样本决定一些总体的属性。总体是要考虑的个体的全体，样本是总体的一部分或是子集。第6章通过两种离散概率分布——二项式分布和泊松分布——来扩展概率的概念。第7章描述了两种连续概率分布：均匀分布和正态分布。概率分布指的是一次试验所有可能结果及其相应的概率。我们利用概率分布来评价将来发生事情的可能性。

本章以抽样开始。抽样是从总体中选择个体的一个过程，目的是利用样本信息对总体进行推断。首先，我们讨论从总体中如何选取样本的方法。其次，我们构造样本均值的分布，来理解样本均值如何围绕在总体均值的附近。最后，我们指出任意分布的总体的抽样分布均服从正态分布。

8.2 抽样方法

第1章，我们指出统计推断的目的是根据样本从总体中找出一些东西。样本为总体的一部分。在很多种情况下，抽样是一种可行的研究总体的方法。在这一节，我们指出抽样的主要原因和一些方法。

8.2.1 抽样的理由

利用总体的一部分或是样本来研究总体性质有很多实际的原因，下面是其中的一些：

1. **联系整个总体是很费时的**。候选人希望去了解他被政府选上的可能性。一个专业的测试机构可以用1到2天去完成样本测验。如果想测验整个有选举权的人群，一周工作7天，这个专业的测试机构也需要200年的时间。即使可以把人群排序，和所有人联系一遍也是一件浪费时间的事。

2. **研究整个总体的费用很大**。公共意见测验机构，比如Harris International、CBS News Polls和Zogby International，通常会在美国6 000万个家庭里选不到2 000个样本家庭来进行测试。一个消费者调查组织为测试一种产品（例如早餐食品、猫粮、香水），将在给样本家庭的邮寄及制表等方面花费4万美元。同样的产品测试，如果对6 000万个家庭都做一遍的话，则需要10亿美元。

3. **研究整个总体是不可能的**。一些总体是无限的。不可能检查Erie湖所有的水来研究细菌水平，经常是通过在不同位置抽样进行估算。鱼、鸟、蛇、蚊子的数量很大，同时也在不停改变。我们不可能计算加拿大所有的鸭子数量或者是Pontchartrain湖所有鱼的数量，但可以利用各种技术估计，例如计算随机选择的一个池塘里鸭子的数量或者是在湖里预先放置的一个渔网内鱼的数量。

4. **一些具有破坏性的测试**。如果品酒者品尝所有加州葡萄酒厂的酒以对酒进行评价，那么就会污损所有的酒，同时没有剩余的酒用于销售。在工业制造领域，钢板、金属线等相似的产品需要一定的拉力。为了确保这些产品达到标准，质检部门从当前的产品中选出一个样本。拉伸它，记录断裂的临界点。显然，如果所有的产品用于测试，那么就没有剩余的用于销售或使用了。同样的原因，Burpee种子公司只有一小部分种子被用来测试其发芽的质量。

5. **样本的结果已经足够**。即使资金足够，100%测试总体也不合适。例如，联邦政府利用一个食品杂货店的存货作为样本来决定食物价格的月度指数。面包、豆、牛奶及其他主要食物都被包含在这个指数里。将美国所有的食品杂货店都包含在内对该指数具有显著影响的可能性不大，因为对于食品连锁店来说，它们的食品价格基本上变化不大。

8.2.2 简单随机抽样

最常用的抽样类型为**简单随机抽样**。

简单随机抽样 总体中所有个体或个人以均等的概率被选中构成样本。

为了说明简单随机抽样，假设总体包括Nitra公司的845名员工，需要从中选择52个。一种保证每个人选择概率相同的做法是把每个员工的名字分别写在不同的字条上并放进盒子里，充分混合后，不看盒子的情况下，随机选取第一个，重复上述操作，直至取出52个。

另外一种更方便的随机抽样方法是利用每个员工的辨识号码和一个类似附录B.6的**随机数表**。随机数表通过一个随机的过程产生（比如计算机）。每一个0，1，2，…，9的数字选择概率是一样的。因此，员工号码011和号码722或者号码382被选中的概率是一样的。通过随机号码来选择员工，随机过程避免了偏差。

表格的一部分如下图所示。为了选择一个员工，你首先在表中选择一个起始点，任何一个均可。比如说现在时间为3：04，你可以选择第三列的第四个。这个数字为03759。因为问题中只有845个员工，我们可以选择前三个数字。因此，037号码对应的员工被选中。另外一种选择起始点的方法为闭上眼，随意指出表中的一个数字。可以沿任意方向移动以继续选择下去。比如，向右移动，03759右边的数字前三个字符为447，447号码对应的员工被选中，下一个右边的数字为961，因为我们只有845个员工，所以要舍弃这个数字。我们可以继续选择右边的784，然后189，等等。

50525	57454	28455	68226	34656	38884	39018
72507	53380	53827	42486	54465	71819	91199
34986	74297	00144	38676	89967	98869	39744
68851	27305	03759	44723	96108	78489	18910
06738	62879	03910	17350	49169	03850	18910
11448	10734	05837	24397	10420	16712	94496
		起始点	第二个员工		第三个员工	第四个员工

统计软件一般都具有简单随机抽样的功能。例如，统计软件Minitab、Excel。下面是利用Excel随机抽样的一个例子。

实践中的统计学

歧视问题有没有影响到你的薪水？在回答这个问题以前，你可以参考一下Personnel Journal最近的一篇文章。其发现有吸引力的男人或女人收入比普通人多5%，这对于男人和女人都是事实。同样，这对于大部分的职业均成立，包括从建筑行业到电话销售行业等与外貌无关的行业。

举例：

Jane和Joe Miley在美国北卡罗莱纳州的特赖恩经营一个Foxtrot旅馆，提供床位和早餐。旅馆总共有8个房间可以出租。下表是2011年6月每天房间租出的间数。利用Excel可以随机抽样6月其中的5天。

6月	出租	6月	出租	6月	出租
1	0	11	3	21	3
2	2	12	4	22	2
3	3	13	4	23	3
4	2	14	4	24	6
5	3	15	7	25	0
6	4	16	0	26	4
7	2	17	5	27	1
8	3	18	3	28	1
9	4	19	6	29	3
10	7	20	2	30	3

解答：

Excel将会随机选择并给出结果。第一个选择的日期租出了8个房间中的4个，第二个日期租出了7个。信息在Excel表格的第D列。在本章最后的软件命令说明节会讲述Excel的用法。Excel系统利用互换进行抽样，意味着同一天可能会在抽样中多次出现。

Num 1 one sample

	A	B	C	D	E
1	June	Rentals		Sample	
2	1	0		4	
3	2	2		7	
4	3	3		4	
5	4	2		3	
6	5	3		1	
7	6	4			
8	7	2			
9	8	3			
10	9	4			
11	10	7			
12	11	3			
13	12	4			
14	13	4			
15	14	4			

自测题 8-1

下表为一个商业统计课程学生名单。三个学生将会被随机选中，并询问一些关于课程内容方面的问题。

(a) 分别记录了数字00到45的字条被放入碗中，31，7，25被选择了出来，则样本中含有哪些学生？

(b) 利用附录B.6中的随机数表来做抽样。

(c) 如果在随机表中碰到了59，你应该怎么办？

CSPM 264 01 BUSINESS & ECONOMIC STAT
8:00 AM 9:40 AM ST 118 LIND D

RANDOM NUMBER	NAME	CLASS RANK	RANDOM NUMBER	NAME	CLASS RANK
00	ANDERSON, RAYMOND	SO	23	MEDLEY, CHERYL ANN	SO
01	ANGER, CHERYL RENEE	SO	24	MITCHELL, GREG R	FR
02	BALL, CLAIRE JEANETTE	FR	25	MOLTER, KRISTI MARIE	SO
03	BERRY, CHRISTOPHER G	FR	26	MULCAHY, STEPHEN ROBERT	SO
04	BOBAK, JAMES PATRICK	SO	27	NICHOLAS, ROBERT CHARLES	JR
05	BRIGHT, M. STARR	JR	28	NICKENS, VIRGINIA	SO
06	CHONTOS, PAUL JOSEPH	SO	29	PENNYWITT, SEAN PATRICK	SO
07	DETLEY, BRIAN HANS	JR	30	POTEAU, KRIS E	JR
08	DUDAS, VIOLA	SO	31	PRICE, MARY LYNETTE	SO
09	DULBS, RICHARD ZALFA	JR	32	RISTAS, JAMES	SR
10	EDINGER, SUSAN KEE	SR	33	SAGER, ANNE MARIE	SO
11	FINK, FRANK JAMES	SR	34	SMILLIE, HEATHER MICHELLE	SO
12	FRANCIS, JAMES P	JR	35	SNYDER, LEISHA KAY	SR
13	GAGHEN, PAMELA LYNN	JR	36	STAHL, MARIA TASHERY	SO
14	GOULD, ROBYN KAY	SO	37	ST. JOHN, AMY J	SO
15	GROSENBACHER, SCOTT ALAN	SO	38	STURDEVANT, RICHARD K	SO
16	HEETFIELD, DIANE MARIE	SO	39	SWETYE, LYNN MICHELE	SO
17	KABAT, JAMES DAVID	JR	40	WALASINSKI, MICHAEL	SO
18	KEMP, LISA ADRIANE	FR	41	WALKER, DIANE ELAINE	SO
19	KILLION, MICHELLE A	SO	42	WARNOCK, JENNIFER MARY	SO
20	KOPERSKI, MARY ELLEN	SO	43	WILLIAMS, WENDY A	SO
21	KOPP, BRIDGETTE ANN	SO	44	YAP, HOCK BAN	SO
22	LEHMANN, KRISTINA MARIE	JR	45	YODER, ARLAN JAY	JR

8.2.3 系统随机抽样

简单随机抽样在某些条件下是不合适的。比如说，计算机制图公司的销售代表需要快速估计上个月每一笔销售的平均收入。现在有2 000个销售发票的存档，决定从中选100个来估计平均收入。简单随机抽样需要利用随机表选择100个样本，之前对每一个存档进行编号。编号是一个很耗时的任务，取而代之，我们利用系统随机抽样方法。

系统随机抽样 随机选取一个初始点，总体中每第k个个体被依次选中。

首先，k通过总体大小除以样本大小得到。对计算机制图公司而言，我们从存档中选取每第20（2 000/100）个发票；这样的做法避开了编号过程，如果k不是整数，那么取整就可以了。

随机抽样在选择初始点上是有用的。例如，一个数字从1到k或者20的随机表中选取，比如这个数字为18，那么从这张发票开始，每隔20张发票（18，38，58）被依次选中。

在系统随机抽样之前，我们要仔细观察总体的物理顺序。当物理顺序与总体性质相关时，系统随机抽样是不合适的。比如，如果发票以金额量增加的顺序排列，系统随机抽样就不能保证随机抽样，其他的抽样方法可能更适用。

8.2.4 分层随机抽样

如果总体可以根据某些性质分成几组，我们可以尝试分层随机抽样的方法。它保证了每一组都能在样本中有代表点，这些组也称作层。比如，大学生可以分为全职的和兼职的，男性和女性，传统的和非传统的。一旦层决定了，我们可以对每一个组或层进行随机抽样来搜集样本。

分层随机抽样 总体分为几个子组，称为层，从每一层随机抽出一个样本。

例如，我们研究一下美国352个大公司的广告支出。目标是研究公司高的广告支出会不会相应地带来高的回报。为了从总体中选出有代表性的样本，不妨把公司按回报比分组。表8-1的内容为所分的层及其相应比率。如果用简单随机抽样的方法，第三、第四层的公司被选中的可能性很大（0.87的概率），相应的，别的层的公司被选中的概率较小（0.13的概率）。从概率上讲，我们可能根本选不到第一层和第五层的公司。然而，分层随机抽样可以保证从第一层到第五层，每一层至少有一个公司被选中。我们选择50个公司来做细致的研究。那么第一层中的1个公司（0.02×50）被随机选中，第二层中的5个公司（0.10×50）被随机选中，依次类推。每一层的公司按照层在总体中的相对应的比率被选中。分层随机抽样有自己的优势，在一些情况下能比简单随机抽样或系统随机抽样更准确地反映出总体的性质。

表8-1　　按比例的分层随机抽样选取的数表

层	概率（回报）	公司数量	相关频率	样本数
1	>30%	8	0.02	1
2	20%~30%	35	0.10	5
3	10%~20%	189	0.54	27
4	0%~10%	115	0.33	16
5	赤字	5	0.01	1
合计		352	1.00	50

8.2.5 整群抽样

另一种常见的形式是**整群抽样**，经常用于降低在巨大地理区域内分布的总体中抽样的成本。

整群抽样 总体通过地理区域或边界分类。随机选取几类，样本集合由从这几类里随机选取的样本点组成。

假定我们想了解俄勒冈州居民对联邦政府保护政策的看法。随机选取俄勒冈州居民并且联系他们是耗时和昂贵的。取而代之，我们通过把该州按区域划分为几类利用整群抽样，这些类称为主要单位。

假定把该州分为了12个主要单位，随机选取2，7，4，12这四个区域，并把主要精力放在这些主要单位上去。我们可以随机选择上述区域的居民并采访他们。（注意这是整群抽样和简单随机抽样的组合。）

上面讨论的抽样方法并没有涵盖所有的方法，如果你感觉市场、金融、会计等领域的研究课题很棘手的话，可以参考有关抽样理论和抽样设计的书籍。

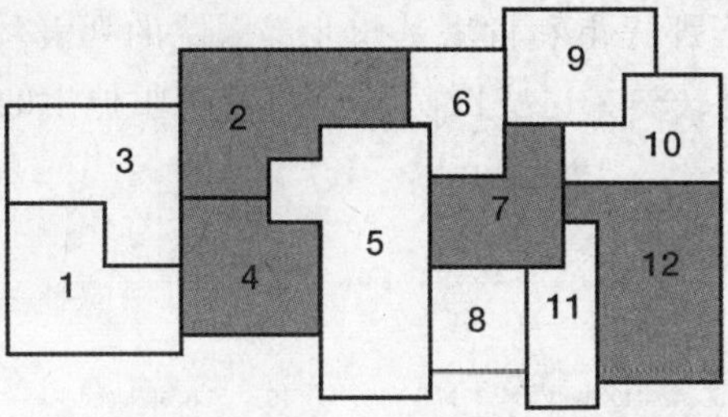

自测题8-2

上页有关学生名单的问题，如果利用系统随机抽样选取每第9个样本点，并且初始选择了第4个学生，也即他的编号为03，随机数从00开始，那么哪些学生会被选中作为样本呢？

练习题

1.下图是一个Lucas县Marco匹萨店的列表。注意到其分两种，合作店（C）或者自营店（M）。现在需要选择一个含4个店的样本来考察一下店的便利、安全、卫生及其他特性。

序号	地址	类型	序号	地址	类型
00	2607 Starr Av	C	12	2040 Ottawa River Rd	C
01	309 W Alexis Rd	C	13	2116 N Reynolds Rd	C
02	2652 W Central Av	C	14	3678 Rugby Dr	C
03	630 Dixie Hwy	M	15	1419 South Av	C
04	3510 Dorr St	C	16	1234 W Sylvania Av	C
05	5055 Glendale Av	C	17	4624 Woodville Rd	M
06	3382 Lagrange St	M	18	5155 S Main	M
07	2525 W Laskey Rd	C	19	106 E Airport Hwy	C
08	303 Louisiana Av	C	20	6725 W Central	M
09	149 Main St	C	21	4252 Monroe	C
10	835 S McCord Rd	M	22	2036 Woodville Rd	C
11	3501 Monroe St	M	23	1316 Michigan Av	M

a.如果选定的随机数为08，18，11，54，02，41，54，哪些店将被选中？

b.利用随机数表选择自己的样本。

c.如果样本的选择为每隔7个选1个，初始选择为03。那么，样本中将含有哪些店面？

d.如何选择含3个店面的样本，并要求3个店面中有2个合作店、1个自营店？

2.下图是一个辛辛那提市和肯塔基州北部医院的列表。其包括普通的医疗机构（M/S）和专业医院（S）。这些医院的全职和兼职护士的平均数目是我们感兴趣的对象。

序号	医院名称	地址	类型	序号	医院名称	地址	类型
00	Bethesda North	10500 Montgomery Cincinnati, Ohio 45242	M/S	10	Christ Hospital	2139 Auburn Avenue Cincinnati, Ohio 45219	M/S
01	Ft. Hamilton-Hughes	630 Eaton Avenue Hamilton, Ohio 45013	M/S	11	Deaconess Hospital	311 Straight Street Cincinnati, Ohio 45219	M/S
02	Jewish Hospital-Kenwood	4700 East Galbraith Rd. Cincinnati, Ohio 45236	M/S	12	Good Samaritan Hospital	375 Dixmyth Avenue Cincinnati, Ohio 45220	M/S
03	Mercy Hospital-Fairfield	3000 Mack Road Fairfield, Ohio 45014	M/S	13	Jewish Hospital	3200 Burnet Avenue Cincinnati, Ohio 45229	M/S
04	Mercy Hospital-Hamilton	100 Riverfront Plaza Hamilton, Ohio 45011	M/S	14	University Hospital	234 Goodman Street Cincinnati, Ohio 45267	M/S
05	Middletown Regional	105 McKnight Drive Middletown, Ohio 45044	M/S	15	Providence Hospital	2446 Kipling Avenue Cincinnati, Ohio 45239	M/S
06	Clermont Mercy Hospital	3000 Hospital Drive Batavia, Ohio 45103	M/S	16	St. Francis-St. George Hospital	3131 Queen City Avenue Cincinnati, Ohio 45238	M/S
07	Mercy Hospital-Anderson	7500 State Road Cincinnati, Ohio 45255	M/S	17	St. Elizabeth Medical Center, North Unit	401 E. 20th Street Covington, Kentucky 41014	M/S
08	Bethesda Oak Hospital	619 Oak Street Cincinnati, Ohio 45206	M/S	18	St. Elizabeth Medical Center, South Unit	One Medical Village Edgewood, Kentucky 41017	M/S
09	Children's Hospital Medical Center	3333 Burnet Avenue Cincinnati, Ohio 45229	M/S	19	St. Luke's Hospital West	7380 Turfway Drive Florence, Kentucky 41075	M/S

a.随机选择一个含5个医院的样本。选定的随机数为09，16，00，49，54，12，04。哪些医院被选中？

b.利用随机数表选择自己想要的含5个医院的样本。

序号	医院名称	地址	类型	序号	医院名称	地址	类型
20	St. Luke's Hospital East	85 North Grand Avenue Ft. Thomas, Kentucky 41042	M/S	25	Drake Center Rehab—Long Term	151 W. Galbraith Road Cincinnati, Ohio 45216	S
21	Care Unit Hospital	3156 Glenmore Avenue Cincinnati, Ohio 45211	S	26	No. Kentucky Rehab Hospital—Short Term	201 Medical Village Edgewood, Kentucky	S
22	Emerson Behavioral Science	2446 Kipling Avenue Cincinnati, Ohio 45239	S	27	Shriners Burns Institute	3229 Burnet Avenue Cincinnati, Ohio 45229	S
23	Pauline Warfield Lewis Center for Psychiatric Treat.	1101 Summit Road Cincinnati, Ohio 45237	S	28	VA Medical Center Cincinnati, Ohio 45220	3200 Vine	S
24	Children's Psychiatric No. Kentucky	502 Farrell Drive Covington, Kentucky 41011	S				

c.如果样本的选择为每隔5个选1个，初始选择为02。那么，样本中将含有哪些医院？

d.如何选择一个合适的样本，并且该样本含有4个普通医疗机构和1个专业医院？

3.下表列的是Metro Toledo Automobile经销机构的35名成员。我们想估计一下他们的平均收入。

序号	经销者姓名	序号	经销者姓名	序号	经销者姓名
00	Dave White Acura	11	Thayer Chevrolet/Toyota	23	Kistler Ford, Inc.
01	Autofair Nissan	12	Spurgeon Chevrolet Motor Sales, Inc.	24	Lexus of Toledo
02	Autofair Toyota-Suzuki	13	Dunn Chevrolet	25	Mathews Ford Oregon, Inc.
03	George Ball's Buick GMC Truck	14	Don Scott Chevrolet	26	Northtowne Chevrolet
04	Yark Automotive Group	15	Dave White Chevrolet Co.	27	Quality Ford Sales, Inc.
05	Bob Schmidt Chevrolet	16	Dick Wilson Hyundai	28	Rouen Chrysler Jeep Eagle
06	Bowling Green Lincoln Mercury Jeep Eagle	17	Doyle Pontiac Buick	29	Saturn of Toledo
		18	Franklin Park Lincoln Mercury	30	Ed Schmidt Jeep Eagle
07	Brondes Ford	19	Genoa Motors	31	Southside Lincoln Mercury
08	Brown Honda	20	Great Lakes Ford Nissan	32	Valiton Chrysler
09	Brown Mazda	21	Grogan Towne Chrysler	33	Vin Divers
10	Charlie's Dodge	22	Hatfield Motor Sales	34	Whitman Ford

a.随机选择一个含有5名成员的样本。选定的随机数为05，20，59，21，31，28，49，38，66，08，29，02。在样本中哪些人被选中？

b.利用随机数表选择自己想要的含5名成员的样本。

c.如果样本的选择为每隔7个选1个，初始选择为04。那么，样本中将含有哪些成员？

4.下表是Toledo、Ohio两个地方的全国性保险代理人。我们想估计一下他们的平均受雇年限。

序号	代理人姓名	序号	代理人姓名	序号	代理人姓名
00	**Bly Scott** 3332 W Laskey Rd	10	**Heini Bernie** 7110 W Centra	19	**Riker Craig** 2621 N Reynolds Rd
01	**Coyle Mike** 5432 W Central Av	11	**Hinckley Dave** 14 N Holland Sylvania Rd	20	**Schwab Dave** 572 W Dussel Dr
02	**Denker Brett** 7445 Airport Hwy			21	**Seibert John H** 201 S Main
03	**Denker Rollie** 7445 Airport Hwy	12	**Joehlin Bob** 3358 Navarre Av	22	**Smithers Bob** 229 Superior St
04	**Farley Ron** 1837 W Alexis Rd	13	**Keisser David** 3030 W Sylvania Av	23	**Smithers Jerry** 229 Superior St
05	**George Mark** 7247 W Central Av	14	**Keisser Keith** 5902 Sylvania Av	24	**Wright Steve** 105 S Third St
06	**Gibellato Carlo** 6616 Monroe St	15	**Lawrence Grant** 342 W Dussel Dr	25	**Wood Tom** 112 Louisiana Av
07	**Glemser Cathy** 5602 Woodville Rd	16	**Miller Ken** 2427 Woodville Rd	26	**Yoder Scott** 6 Willoughby Av
08	**Green Mike** 4149 Holland Sylvania Rd	17	**O'Donnell Jim** 7247 W Central Av		
09	**Harris Ev** 2026 Albon Rd	18	**Priest Harvey** 5113 N Summit St		

a.随机选择一个含有4个代理人的样本。选定的随机数为02，59，51，25，14，29，77，69，18。哪些代理人将被选中？

b.利用随机数表选择自己想要的含4个代理人的样本。

c.如果样本的选择为每隔7个选1个，初始选择为04。那么，样本中将含有哪些代理人？

8.3 抽样“误差”

在上一个章节中，我们讨论了几种抽样方法，用来采集能无偏地代表总体的样本。在每一种方法中，我们注意到在每一个总体中，给定大小样本被采到的可能性是已知的，这是从另一个角度来描述无偏的抽样方法。

样本用来估计总体的性质。比如，样本的均值可以用来估计总体均值。不过，样本是总体的一部分，样本均值严格地等于总体均值是不太可能的。类似的，不可能从样本标准差中严格地得到总体标准差。因此，我们期望得到样本统计量与对应总体参数的误差，这个误差称为抽样误差。

抽样误差　样本统计量与对应总体参数的误差。

下面的例子可以阐明抽样误差的意义。

举例：

之前提到旅馆房间出租的例子。总体是2011年6月份30天里每天房间的出租间数。找出总体的均值，利用Excel或者其他统计软件随机选择3个由5天出租间数构成的样本的例子。计算一下每个样本的均值，同时与总体均值作比较。每种情况下的抽样误差是多少？

解答：

整个月共有94个房间出租，所以平均每夜出租3.13间，即为总体均值。因此用希腊字母μ记录这个数值。

$$\mu = \frac{\sum X}{N} = \frac{0+2+3+\cdots+3}{30} = \frac{94}{30} = 3.13$$

第一组的5个随机样本点为：4，7，4，3，1。均值为3.8，我们用$\overline{X}_1$来表示，X上面的横杠代表样本均值，下标1代表第一组数据。

$$\overline{X}_1 = \frac{\sum X}{n} = \frac{4+7+4+3+1}{5} = \frac{19}{5} = 3.80$$

第一组数据的抽样误差为总体均值（3.13）与样本均值（3.80）之间的差值。因此，抽样误差为（$\overline{X}_1 - \mu = 3.80-3.13=0.67$）。第二组的5个随机样本点为：3，3，2，3，6，均值为3.4，通过下式计算：

$$\overline{X}_2 = \frac{\sum X}{n} = \frac{3+3+2+3+6}{5} = 3.4$$

抽样误差为（$\overline{X}_2 - \mu = 3.40-3.13=0.27$），第三组的样本均值为1.8，抽样误差为−1.33。

每一个差值，0.67，0.27，−1.33，都是在估计总体均值时产生的抽样误差。这些误差有时为正，表明样本均值大于总体均值；有时为负值，表示样本均值小于总体均值。

Random Samples

	A	B	C	D	E	F	G	H
1	June	Rentals			Sample 1	Sample 2	Sample 3	
2	1	0			4	3	0	
3	2	2			7	3	0	
4	3	3			4	2	3	
5	4	2			3	3	3	
6	5	3			1	6	3	
7	6	4		Totals	19	17	9	
8	7	2		Sample means	3.8	3.4	1.8	
9	8	3						
10	9	4						
11	10	7						
12	11	3						
13	12	4						
14	13	4						
15	14	4						
16	15	7						

从30个总体中选取5个样本点，总共有142 506种可能，可以用组合公式(5-9)来计算。每种都有可能被选中，每种都可能有不同的样本均值，也就有不同的抽样误差。抽样误差的大小与特定一次抽样相关，也就是说抽样误差是随机的。如果把很多次抽样的抽样误差加起来，结果很接近于零。因为样本均值是总体均值的无偏估计，所以这个结论是正确的。

8.4 样本均值的抽样分布

我们已经得到用样本估计总体参数时的抽样误差的概率，那么，怎么根据抽样结果准确预测一款新牙膏或者其他新产品可能的成功率？质量安检部门如何根据10个芯片的检验结果来确定整批芯片是否合格可以装货销售？CNN/USA Today或者ABCNews/Washington Post投票组织如何根据1 200名注册的选民的投票结果来推断9 000万名选民关于总统选举的民意？为了回答上述问题，我们首先提出样本均值的抽样分布。

上一个例子的样本均值对于每个样本均不同。第一个样本的均值为3.80，第二个为3.40，总体的均值为3.13。如果我们把所有5天出租房间个数的每个样本的均值放在一起，构建一个概率分布，该结果就是所谓的样本均值的抽样分布。

样本均值的抽样分布　对于给定样本容量的所有可能样本的均值的概率分布。

下面的一个例子阐述了样本均值的抽样分布的生成。

举例：

Tartus工厂有7个工人（认为是总体），每个工人的时薪见表8-2。

表8-2　　Tartus工厂工人的时薪

工人	时薪	工人	时薪
Joe	$7	Jan	$7
Sam	7	Art	8
Sue	8	Ted	9
Bob	8		

1. 总体均值为多少？

2. 样本容量为2，样本均值的抽样分布如何？

3. 抽样分布的均值是多少？

4. 从总体和抽样分布中可以观察到什么？

解答：

下面是上述问题的解答。

1. 总体均值为\$7.71，由下式计算得到：

$$\mu=\frac{\sum X}{N}=\frac{\$7+\$7+\$8+\$8+\$7+\$8+\$9}{7}=\$7.71$$

我们记总体均值为希腊字母μ。这是我们在第1、3及4章的做法，总体参数用希腊字母表示。

2. 为了得到样本均值的抽样分布，我们需要选择出总体中所有样本容量为2的样本，然后计算每一个样本的均值。这里总共有21种可能的样本，由5.7节公式（5-9）得到：

$${}_{N}C_{n}=\frac{N!}{n!(N-n)!}=\frac{7!}{2!(7-2)!}=21$$

这里N=7是总体中个体数量，即总体的容量；n=2时样本中个体数量，即样本容量。

可以从表8-3中得到样本容量为2的21个样本的均值。利用这21个样本均值构建概率分布，即为样本均值的抽样分布，结果如表8-4所示。

表8-3　　所有可能的样本容量为2的样本均值

样本	雇员	时薪	总和	均值	样本	雇员	时薪	总和	均值
1	Joe, Sam	\$7, \$7	\$14	\$7.00	12	Sue, Bob	\$8, \$8	\$16	\$8.00
2	Joe, Sue	7, 8	15	7.50	13	Sue, Jan	8, 7	15	7.50
3	Joe, Bob	7, 8	15	7.50	14	Sue, Art	8, 8	16	8.00
4	Joe, Jan	7, 7	14	7.00	15	Sue, Ted	8, 9	17	8.50
5	Joe, Art	7, 8	15	7.50	16	Bob, Jan	8, 7	15	7.50
6	Joe, Ted	7, 9	16	8.00	17	Bob, Art	8, 8	16	8.00
7	Sam, Sue	7, 8	15	7.50	18	Bob, Ted	8, 9	17	8.50
8	Sam, Bob	7, 8	15	7.50	19	Jan, Art	7, 8	15	7.50
9	Sam, Jan	7, 7	14	7.00	20	Jan, Ted	7, 9	16	8.00
10	Sam, Art	7, 8	15	7.50	21	Art, Ted	8, 9	17	8.50
11	Sam, Ted	7, 9	16	8.00					

表8-4　　　　　　　　　n=2的样本均值的抽样分布

样本均值	均值数	概率
$7.00	3	0.1429
7.50	9	0.4285
8.00	6	0.2857
8.50	3	0.1429
	21	1.0000

3.利用表8-3的数据，由样本均值的和除以样本个数和得到样本均值的抽样分布的均值。所有样本均值的均值通常用$\mu_{\bar{X}}$表示。μ表示它是一个总体中的量，因为它考虑了所有可能的样本。下标$\bar{X}$显示它是一个样本均值的抽样分布。

$$\mu_{\bar{X}}=\frac{\text{所有样本均值的和}}{\text{样本个数的和}}=\frac{\$7.00+\$7.50+\cdots+\$8.50}{21}=\$7.71$$

注意，所有样本均值的均值严格地等于总体均值。

4.图8-1显示了总体分布和样本均值的分布，通过观察可得：

a.样本均值分布的均值（$7.71）等于总体均值，即$\mu=\mu_{\bar{X}}$。

b.样本均值分布的范围没有总体广。样本均值从$7.00到$8.50，总体中的数值从$7.00到$9.00。注意当样本容量增大时，样本均值分布的范围反而变小。

c.样本均值抽样分布的形态与总体频率分布的形态不一样。样本均值的分布更逼近于钟形并近似于正态概率分布。

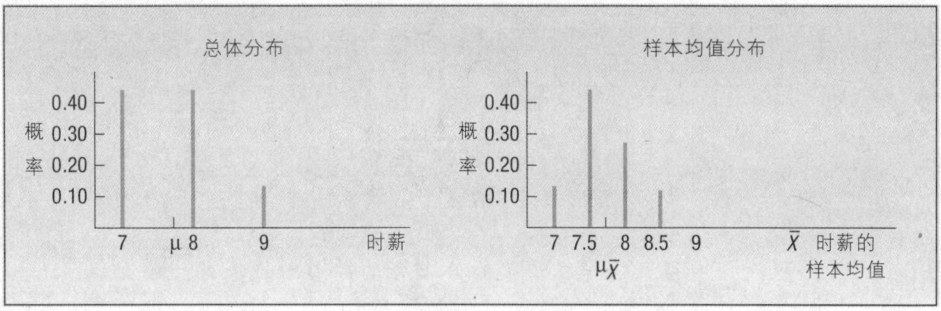

图8-1　总体和样本均值的分布

总而言之，我们从总体中随机抽取所有可能的样本，并且计算每一个样本的统计量（均值）。这个例子说明了总体分布和样本均值的抽样分布有密切的关系：

1.样本均值的均值严格地等于总体均值。

2.样本均值抽样分布的离差量低于总体分布。

3.样本均值的抽样分布趋向于钟形，逼近于近似的正态概率分布。

给定一个钟形的或者正态概率分布，我们可以用第7章的理论去计算选取一个给定样本容量的样本概率。在下一节，我们将说明样本容量的重要性，因为它与样本均值的抽样分布直接相关。

自测题 8-3

Standard Chemicals雇用的所有经理的工作年限如下图所示：

姓名	年限
Mr. Snow	20
Ms. Tolson	22
Mr. Kraft	26
Ms. Irwin	24
Mr. Jones	28

（a）利用组合公式计算样本容量为2的所有样本的数量。

（b）列出所有样本容量为2的样本，并且计算它们的均值。

（c）利用这些均值构建样本均值的抽样分布。

（d）比较总体均值和样本均值的均值。

（e）比较总体和样本均值分布的离散程度。

（f）总体分布的图示如下，这是正态分布吗（钟形）?

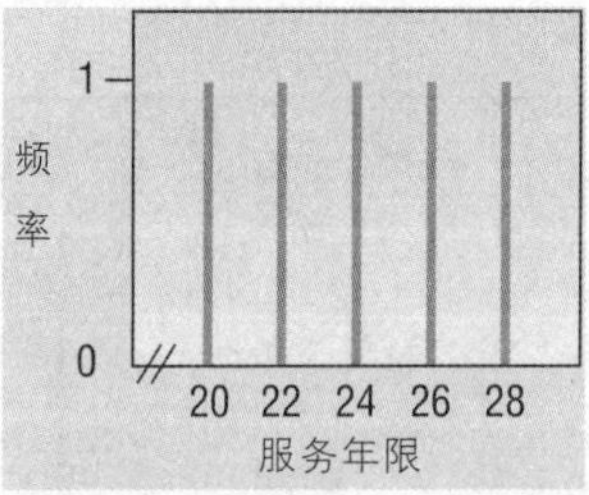

（g）问题（c）中得到的样本均值的分布有呈钟形的趋势吗?

练习题

5.总体由12，12，14，16组成。

a.列出所有的样本容量为2的样本，并计算每一个样本的均值。

b.计算样本均值分布的均值和总体均值，并比较这两个值。

c.比较一下总体和样本均值的离差。

6.总体由2，2，4，4，8组成。

a.列出所有的样本容量为2的样本，并计算每一个样本的均值。

b.计算样本均值分布的均值和总体均值，并比较这两个值。

c.比较一下总体和样本均值的离差。

（答案：a.见教师手册 b. $\mu=4, \mu_{\bar{x}}=4$ c.样本均值的离差较小）

7.总体由12，12，14，15，20组成。

a.列出所有的样本容量为3的样本，并计算每一个样本的均值。

b.计算样本均值分布的均值和总体均值，并比较这两个值。

c.比较一下总体和样本均值的离差。

8.总体由0，0，1，3，6组成。

a.列出所有的样本容量为3的样本，并计算每一个样本的均值。

b.计算样本均值分布的均值和总体均值，并比较这两个值。

c.比较一下总体和样本均值的离差。

（答案：a.见IM b. $\mu=2, \mu_{\bar{x}}=2$ c.样本均值的离差较小）

9.下表是Tybo律师所有6个合伙人的情况。表中列出了他们在上个月所接的案子个数。

合伙人	案子数量
Ruud	3
Wu	6
Sass	3
Flores	3
Wilhelms	0
Schueller	1

a.计算所有的样本容量为3的可能样本的个数。

b.列出所有的样本容量为3的样本，并计算每一个样本的均值。

c.比较样本均值分布的均值和总体均值。

d.类似图8-1，比较一下总体和样本均值的离差。

10.下表是Mid-Motors福特公司5个销售商的情况。表中列出了其在上个星期销售的汽车数量：

销售商	销售汽车数量
Peter Hankish	8
Connie Stallter	6
Juan Lopez	4
Ted Barnes	10
Peggy Chu	6

a.计算所有样本容量为2的可能样本的个数。

b.列出所有的样本容量为2的样本，并计算每一个样本的均值。

c.比较样本均值分布的均值和总体均值。

d.类似图8-1，比较一下样本均值和总体的离差。

（答案：a.10 b.见教师手册 c. $\mu = 6.8, \mu_{\bar{X}} = 6.8$ d.总体离差较大）

8.5 中心极限定理

这一节，我们将讨论**中心极限定理**。在上一节中，讲述了它在样本均值的抽样分布中的应用，使我们能利用正态分布得到总体均值的置信区间（将在第9章中讲述），同时做假设检验（将在第10章中讲述）。中心极限定理表明：对于大量的随机样本，样本均值的抽样分布的形态近似于正态分布。近似程度随着样本容量的增大而提高。这是统计学中最重要的结论之一。即使总体分布形态的信息未知，关于样本均值抽样分布的这个结论依然成立。也就是说，中心极限定理适用于所有分布。

中心极限定理的正式论述如下：

中心极限定理　对于任意的总体，具有一定样本容量的样本均值的抽样分布逼近于正态分布，而且逼近性随着样本容量的增加而提高。

如果总体服从正态分布，那么对于具有任意给定样本容量的样本均值的抽样分布也服从正态分布。如果总体分布是对称的（但不是正态分布），样本容量为10时就可以观察到样本均值抽样分布的正态性。另外，如果总体分布是偏态的或者厚尾的，那么样本容量不小于30时，才能观察到样本均值的抽样分布的正态性。图8-2总结了多种总体分布形态的结果，可以观察到正态分布的收敛性与总体分布无关。

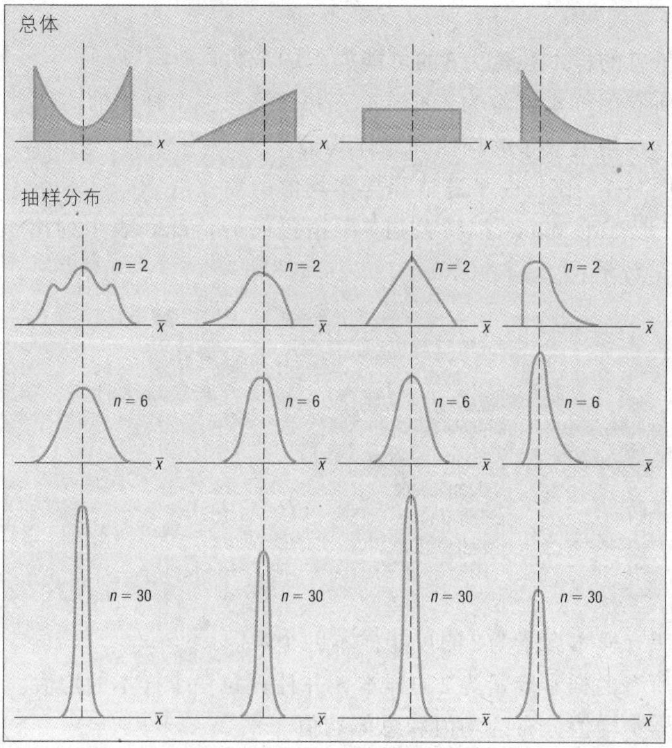

图8-2　一些总体的中心极限定理的结果

图8-3、图8-4和图8-5展示了从非正态分布的总体中抽样的样本均值的分布收敛到正态分布。我们将简短细致地讨论一下这个例子。图8-3是一个呈正偏分布的离散概率分布。有许多样本容量为5的样本被选中。假设我们从图8-3所示的总体中随机选中25个样本容量为5的样本，并且计算每一个样本的均值。计算结果如图8-4所示。可以看到，即使我们只选择了25个样本，样本均值分布的形态也发生了变化，与原来总体分布形态不同。换言之，我们从一个正偏态分布的总体中选取25个样本容量为5的样本，发现样本均值分布的形态与总体分布已经不同。随着样本容量的增加，例如用n=20取代n=5，将发现样本均值的抽样分布接近于正态分布。图8-5显示了25个样本容量为20的随机样本均值的分布，可以清楚地观察到具有明显的正态分布趋势。这就是中心极限定理的观点。下面的例子将强调这一观点。

举例：

Ed Spence从事锯齿轮生意已经20年了。生意规模逐年增大，现在聘用了40名员工。Spence锯齿轮公司面临着关于员工卫生保健的一些主要决策。在最终决定购买什么卫生保健计划之前，Ed决定组成一个由5名员工代表构成的委员会。这些员工代表将会询问有关什么样的卫生保健计划最能满足员工们的需要的问题和建议。Ed认为新员工对于卫生保健的看法与老员工可能不同。如果随机选择员工代表，他能够预期的委员会成员的平均工作年限是多少？与上述的样本均值抽样分布形态相比较，全体员工（即总体）工作年限的分布形态如何？目前Spence锯齿轮公司的40名员工的工作年限如下：

11	4	18	2	1	2	0	2	2	4
3	4	1	2	2	3	3	19	8	3
7	1	0	2	7	0	4	5	1	14
16	8	9	1	1	2	5	10	2	3

解答：

图8-3显示了总体中40名员工的工作年限的频数分布直方图。该分布是正偏的。原因是随着近年来公司规模的扩大，40名员工中有29名工作年限低于6年，而且仅有11名员工工作年限多于6年。其中，4名员工工作年限不低于12年（图中不低于12的频数）。因此工作年限分布有一个长尾拖向右侧，也就是说，该分布是正偏的。

我们首先考虑一下Ed Spence的第一个问题。他想要组成一个由5名员工代表构成的委员会来调查卫生保健问题，并能给出最适合大部分员工的卫生保健建议。他应该如何选择代表呢？如果随机选择，他预期的委员会成员的平均工作年限会有多长呢？

一开始，Ed把40名员工的工作年限写在纸条上，并放入棒球帽里。接下来，他均匀地混合这些纸条，并随机选择5个。这5名员工的工作年限依次为

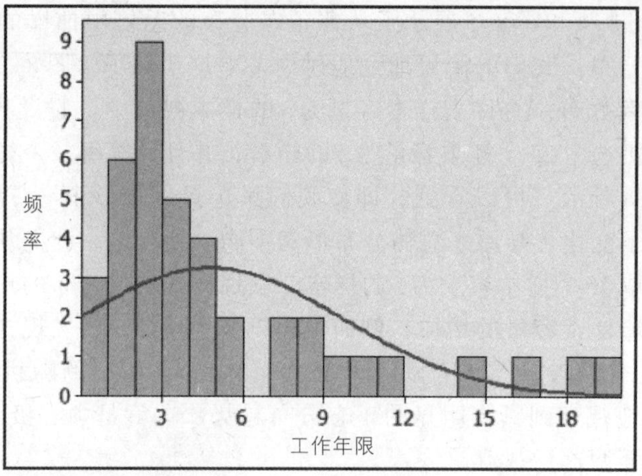

图8-3　Spence锯齿轮公司员工的工作年限

1，9，0，19，14。因此，他们的平均工作年限为8.60年。与总体均值比较如何呢？Ed并不知道总体均值，而总体的员工数量只有40，所以他决定计算一下所有员工的平均工作年限。通过将所有员工的工作年限之和除以40得到结果为4.8年。

$$\mu = \frac{11+4+18+\cdots+2+3}{40} = 4.80$$

样本均值（$\bar{X}$）与总体均值μ的差值为抽样误差。也就是说样本均值8.6与总体均值4.8的差值为3.8年，即抽样误差。它是随机产生的。因此，如果Ed选择这5名员工作为代表委员会成员，那么他们的平均工作年限将大于总体均值。

如果Ed再把纸条放入棒球帽里，重新选择另一个样本会出现什么情况呢？这一次的样本均值会和上一次的样本均值相等吗？假定他重新选择的另一个5名员工的样本中其工作年限分别为7，4，4，1和3。这次的样本均值为3.8年。选择25个样本容量为5的样本，并计算每个样本的均值，结果如表8-5和图8-4所示。从40名员工中选择5名员工构成样本，总共有658 008个可能的样本，该结果可以通过组合公式（5-9）得到，即从40个个体中每次取5个的可能性。注意总体分布与样本均值分布的形态不同。总体分布的形态（图8-3）是正偏的，但是25个样本均值的分布没有显示出正偏态的形状。样本均值的变化范围与总体也有不同。总体变化范围是从0～19年，而样本均值为1.6～8.6年。

现在让我们将样本容量从5增加到20。表8-6显示了样本容量为20的25个样本的结果以及它们对应的样本均值。这些样本均值有着如图8-5显示的结果。比较总体分布的形状（图8-3）和样本均值（n=5）分布的形状（图8-4），你能观察到下面两个重要特征：

表8-5　　　　　　　　　　样本容量为5的25个随机样本

	样本数据						
样本	Obs 1	Obs 2	Obs 3	Obs 4	Obs 5	合计	均值
A	1	9	0	19	14	43	8.6
B	7	4	4	1	3	19	3.8
C	8	19	8	2	1	38	7.6
D	4	18	2	0	11	35	7.0
E	4	2	4	7	18	35	7.0
F	1	2	0	3	2	8	1.6
G	2	3	2	0	2	9	1.8
H	11	2	9	2	4	28	5.6
I	9	0	4	2	7	22	4.4
J	1	1	1	11	1	15	3.0
K	2	0	0	10	2	14	2.8
L	0	2	3	2	16	23	4.6
M	2	3	1	1	1	8	1.6
N	3	7	3	4	3	20	4.0
O	1	2	3	1	4	11	2.2
P	19	0	1	3	8	31	6.2
Q	5	1	7	14	9	36	7.2
R	5	4	2	3	4	18	3.6
S	14	5	2	2	5	28	5.6
T	2	1	1	4	7	15	3.0
U	3	7	1	2	1	14	2.8
V	0	1	5	1	2	9	1.8
W	0	3	19	4	2	28	5.6
X	4	2	3	4	0	13	2.6
Y	1	1	2	3	2	9	1.8

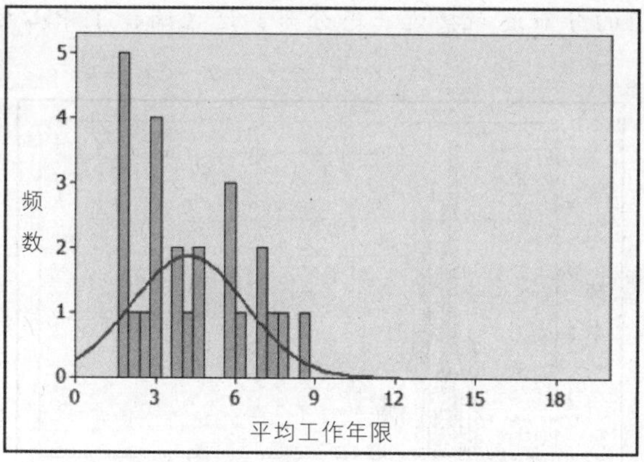

图8-4　样本容量为5的25个样本的员工平均工作年限的直方图

表 8-6　　　　　　　　　　样本容量为20的25个随机样本

样本数据								
样本	**Obs 1**	**Obs 2**	**Obs 3**	**–**	**Obs 19**	**Obs 20**	合计	均值
A	3	8	3	–	4	16	79	3.95
B	2	3	8	–	3	1	65	3.25
C	14	5	0	–	19	8	119	5.95
D	9	2	1	–	1	3	87	4.35
E	18	1	2	–	3	14	107	5.35
F	10	4	4	–	2	1	80	4.00
G	5	7	11	–	2	4	131	6.55
H	3	0	2	–	16	5	85	4.25
I	0	0	18	–	2	3	80	4.00
J	2	7	2	–	3	2	81	4.05
K	7	4	5	–	1	2	84	4.20
L	0	3	10	–	0	4	81	4.05
M	4	1	2	–	1	2	88	4.40
N	3	16	1	–	11	1	95	4.75
O	2	19	2	–	2	2	102	5.10
P	2	18	16	–	4	3	100	5.00
Q	3	2	3	–	3	1	102	5.10
R	2	3	1	–	0	2	73	3.65
S	2	14	19	–	0	7	142	7.10
T	0	1	3	–	2	0	61	3.05
U	1	0	1	–	9	3	65	3.25
V	1	9	4	–	2	11	137	6.85
W	8	1	9	–	8	7	107	5.35
X	4	2	0	–	2	5	86	4.30
Y	1	2	1	–	1	18	101	5.05

1.样本均值分布的形态和总体不同。在图8-3中，所有员工的分布是正偏态的。然而，从这个总体中随机抽样，样本均值的分布形状就不同了。随着样本容量增加，样本均值的分布逐渐接近正态分布，这也阐释了中心极限定理。

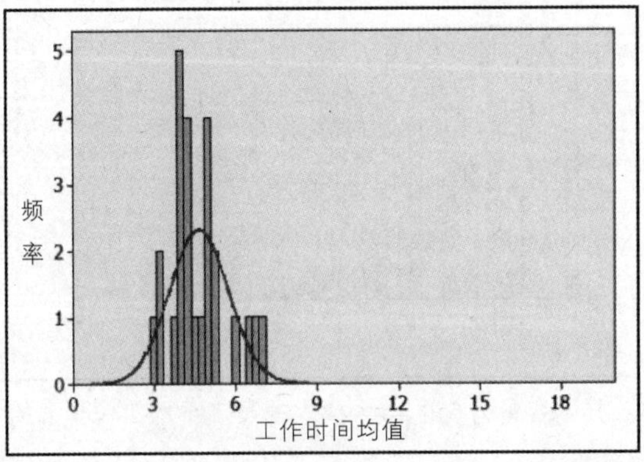

图8-5　样本容量为20的25个样本的员工平均工作年限的直方图

2.样本均值的抽样分布的离散性要比总体分布小。总体中平均工作年限从0

到19年。当样本容量为5时，样本均值变化范围为1.6～8.6年；当样本容量为20时，样本均值变化范围为3.05～7.10年。

我们同样可以比较一下样本均值的均值和总体均值。表8-6中样本容量为20的25个样本均值的均值为4.676年。

$$\mu_{\bar{X}}=\frac{3.95+3.25+\cdots+4.30+5.05}{25}=4.676$$

我们用符号 $\mu_{\bar{X}}$ 表示样本均值分布的均值。下标提示这是样本均值的分布。我们观察到样本均值的均值4.676年，很接近于总体均值4.80年。

我们从这个例子中可以得到什么？中心极限定理表明：无论总体分布形态如何，样本均值的抽样分布将向正态分布靠近。每一个样本的观察值越多，收敛性越强。Spence锯齿轮公司的例子表明中心极限定理的应用。我们从正偏态分布（图8-3）开始说明。接下来，随机选中25个容量为5的样本，并计算每一个样本的均值，利用这25个样本均值构建直方图（图8-4）。我们观察到样本均值的抽样分布形态的变化，从正偏态分布到正态分布。

为进一步说明中心极限定理的影响，我们将样本容量从5增加到20。随机选中25个容量为20的样本，计算每一个样本的均值，利用这些样本均值构建直方图（图8-5）。直方图8-5的形状明显趋向于正态分布。

回顾第6章，一些二项式分布的“成功”比例为0.10的分布图见第6.5节图6-3，你可以看到中心极限定理的另一个证明。当n从7，增加到12，20，直到40的时候，概率分布的轮廓越来越接近于正态分布。图8-5同样显示了当n增大时收敛于正态分布的情形。这再一次强调了这个事实，即样本容量越大，样本均值的抽样分布形状越接近于正态分布。

中心极限定理（定义前已述及）本身没有任何有关样本均值抽样分布离散性的论述，或者是样本均值抽样分布的均值与总体均值的比较。然而，在Spence锯齿轮公司的例子中，我们确实通过总体变化范围和样本均值变化范围的不同，观察到样本均值抽样分布的离散性比总体分布小。我们也观察到样本均值的均值接近于总体均值。可以证明样本均值的均值等于总体均值，即 $\mu_{\bar{X}}=\mu$ 。同时，如果总体的标准差为 σ ，样本均值的标准差为 $\sigma/\sqrt{n}$ ，这里n是样本容量，则我们定义 $\sigma/\sqrt{n}$ 为均值的标准误差。稍微长一点的名字为样本均值抽样分布的标准差。

均值的标准误差 $\sigma_{\bar{X}}=\frac{\sigma}{\sqrt{n}}$ （8-1）

本节中，我们得到下述重要结论：

1.如果我们从给定总体中选择给定样本容量的所有可能的样本，该样本均值抽样分布的均值严格地等于总体均值。即为：

$$\mu=\mu_{\bar{X}}$$

即使我们没有选择全部的样本，我们也可以预期样本均值分布的均值接近于总体均值。

2.样本均值抽样分布的离散性比总体小。如果总体的标准差为σ，样本均值分布的标准误差为$\sigma/\sqrt{n}$。注意，如果我们增加样本容量，均值的标准误差会减小。

自测题 8-4

根据前述Spence 锯齿轮公司的数据，选择10个样本容量为5的随机样本。利用本章前面讲述的方法和随机数表（附录B.6）确定样本中所包含的员工。计算每一个样本的均值，画出类似于图8-3的样本均值示意图。这10个样本均值的均值是多少？

练习题

11.附录B.6是一个随机数表。所有0~9的数字出现的概率是一样的。

a.画一个总体分布图，总体均值是多少？

b.下面是附录B.6的5个数字构成的前10行。假定它们是5个数值构成的10个随机样本。计算每一个样本的均值，并画出类似图8-3的图表。比较样本均值抽样分布的均值与总体均值。

0	2	7	1	1
9	4	8	7	3
5	4	9	2	1
7	7	6	4	0
6	1	5	4	5
1	7	1	4	7
1	3	7	4	8
8	7	4	5	5
0	8	9	9	9
7	8	8	0	4

12.Scrapper Elevator公司有20个销售代表，在全美和加拿大销售产品。下表是上个月每一个销售代表销售的产品数量。假定这些销售数据是总体数值。

2	3	2	3	3	4	2	4	3	2	2	7	3	4	5	3	3	3	3	5

a.画一个总体分布的图。

b.计算总体均值。

c.选择5个样本容量为5的样本。计算每一个样本的均值。利用本章的方法及附录B.6来决定样本。

d.比较样本均值抽样分布的均值和总体均值。你预期这两个值是相等的吗?

e.画样本均值的直方图。观察样本均值分布与总体分布形态是不同的吗?

(答案:a.见教师手册 b. $\mu = 3.3$ c.答案是不固定的 d.见教师手册 e.见教师手册)

13.考虑一下你口袋里或者钱包里所有的硬币。制作一个关于所有硬币年限(从现在到硬币发行时的年数)的频数表。例如,如果现在是2011年,一个硬币印着2007年,那么这个硬币的年限为4年。

a.画一个总体分布的直方图或者其他图。

b.随机选择5枚硬币,记录一下这5枚硬币的平均年限。并且重复这种选择20次。画直方图或者其他图展示样本均值的分布。

c.比较这两个直方图的形状。

14.随机选择你电话本中的一页,把上面的数字作为总体。做一个你随机选择30个号码的末位数的频数表。比如,如果电话号码是555-9704,则记录为4。

a.画一个总体分布的直方图或者其他图。利用均匀分布,计算总体均值及总体标准差。

b.记录最后四位数字的样本均值(如9704的均值为5),画直方图或者其他图显示样本均值的分布。

c.比较这两个直方图的形状。

(答案不固定)

8.6 样本均值抽样分布的应用

前一节的讨论很重要,因为大部分的商业决策都要以抽样数据为基础。下面是一些例子。

1.Arm&Hammer公司想要确定其洗衣清洁剂重量是否如商标上所示为100盎司。填充过程的历史数据显示每箱的平均重量为100盎司,标准差为2盎司。质量技术员上午10点检验了40箱洗衣清洁剂且每箱平均重量为99.8盎司。技术人员应该关闭填充操作吗?也就是说抽样误差在合理范围内吗?

2.A.C.Nielsen公司为在电视上登广告的公司提供信息。以往的研究显示:美国成年人每天看电视的时间为平均6小时,标准差为1.5小时。在波士顿郊区及市区随机选择50个成年人,他们每天看电视的时间为平均6.5小时或者更多,这合理吗?

3.Haughton Elevator公司准备为一个新的大型升降机写说明书。假定成年人的平均体重为160磅,标准差为15磅。然而,体重的分布不符合正态分布,通常是正偏态的。那么30个成年人的一个样本,该样本的平均体重不低于170磅的可能性有多大?

利用上一节理论，我们可以回答这些情况中的每一个问题。在每种情况中，我们知道总体的均值和标准差。利用这些信息和样本容量，我们能够决定样本均值的分布和计算样本均值落在某个范围的概率。样本均值抽样分布在下列两个条件下是呈正态分布的：

1. 如果样本是从正态分布的总体中选择出来的，样本容量这个因素可以不考虑。

2. 总体的分布形态未知或者服从非正态分布，而样本容量至少为30。经过多年验证，30是一个指导值。在这种情况下，中心极限定理保证了样本均值的抽样分布服从正态分布。

我们利用前一章7.5节的公式（7-5）把正态分布转换为标准正态分布。用公式（7-5）计算z值，我们可以利用标准正态表（附录B.1），得到一个观察值落在给定具体范围内的概率。z值的计算公式为：

$$z = \frac{X - \mu}{\sigma}$$

在这个公式中，X是随机变量的值，μ是总体均值，σ为总体标准差。

然而，多数商业决定取决于不止有一个观测值的样本，所以我们对样本均值$\overline{X}$的分布更感兴趣，而不是一个观测值X。这引起了公式（7-5）的第一个变化。第二个变化是我们利用样本均值的标准差来代替总体标准差，即引入$\sigma/\sqrt{n}$作为分母，而不是σ。因此，可以计算一个样本均值落在给定具体范围的概率。我们首先利用下述公式得到相应的z值。然后利用附录B.1或者统计软件计算概率。

当总体标准差已知时相应的z值：

$$z = \frac{\overline{X} - \mu}{\sigma/\sqrt{n}} \tag{8-2}$$

下面的例子将讲述一下应用。

举例：

可乐公司的质检部门需要记录每一个大瓶可乐的重量。每瓶可乐填充量是标准的，但是会在一定范围内有小的变化。可乐公司不希望没有填满瓶子，因为这将很难保证商标标注的真实性。另外，它也不能填得过满，因为会溢出，同时也会降低利润。记录显示可乐重量服从正态分布。每瓶的平均重量为31.2盎司，总体标准差为0.4盎司。质检工人在今天上午8点从生产线上选择了16瓶可乐，它们的平均重量为31.38盎司。这是一个不可能的结果吗？可乐是不是填得太满了呢？或者说抽样误差0.18盎司是不是有些不同寻常呢？

我们可以利用上一节的结论计算可能性。样本容量为16（n）瓶，总体服从正态分布，均值为31.2（μ）盎司，总体标准差为0.4（σ）盎司，计算样本均值不低于31.38（$\overline{X}$）的概率。我们利用公式（8-2）得到z值：

$$z = \frac{\overline{X} - \mu}{\sigma/\sqrt{n}} = \frac{31.38 - 31.20}{0.4/\sqrt{16}} = 1.80$$

公式的分子 $\overline{X}-\mu=31.38-31.20=0.18$，为抽样误差。分母 $\sigma/\sqrt{n}=0.4/\sqrt{16}=0.1$，为样本均值抽样分布的标准误差。所以z表示抽样误差的标准化单位值，即标准误差。

下面，我们计算z值大于1.80的可能性。在附录B.1中，z为1.8对应的概率值为0.4641。由0.5000～0.4641得到z大于1.80的可能性为0.0359。

我们如何下结论呢？不可能。事实上，我们从一个均值为31.2盎司，标准差为0.4盎司的总体中选取样本容量为16的样本，其均值等于或大于31.38的可能性不足4%。我们可以认为瓶子里装的可乐太多。质检技术员应该通知生产监管者减少每瓶可乐的填充量。这些信息可以总结如下图8-6所示。

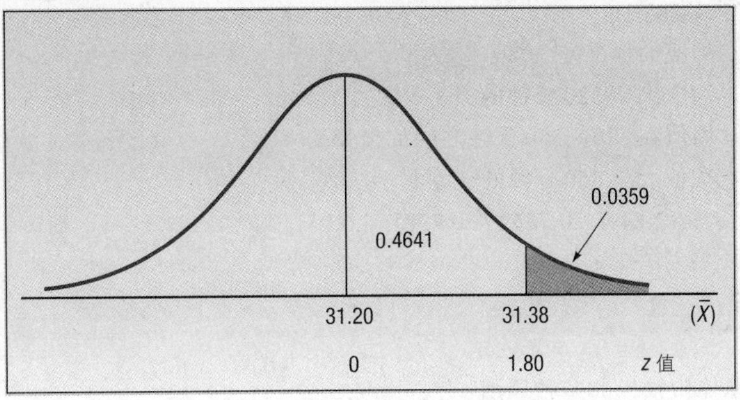

图8-6　大瓶可乐平均重量的抽样分布

自测题8-5

回顾可乐公司的信息。假定质检技术员选择了16瓶可乐的样本，平均重量为31.08盎司，对于填充过程中有没有出现问题，你应该做什么结论？

练习题

15. 正态分布的总体均值为60，标准差为12。选一个样本容量为9的样本，计算有关样本均值的概率：

a. 大于63。

b. 小于56。

c. 在56和63之间。

16. 正态分布的总体均值为75，标准差为5。选一个样本容量为40的样本，计算有关样本均值的概率：

a. 小于74。

b.在74与76之间。

c.在76与77之间。

d.大于77。

（答案：a.0.1038 b.0.7924 c.0.0981 d.0.0057）

17.在南加利福尼亚州租一个单卧室的公寓，每月的租金服从正态分布，均值为\$2 200一个月，标准差为\$250一个月。月租金的分布不是正态分布，它是正偏的。那么一个含有50个单卧室的样本的平均月租金不低于\$1 950的概率为多少？

18.根据美国国税局的研究，纳税人通常需要花费330分钟去准备、复制、电邮1 040张税单。花费的时间服从正态分布，标准差为80分钟。顾客监管部门随机选择了40个纳税人作为样本。

a.样本均值的标准差为多少？

b.样本均值大于320分钟的概率是多少？

c.样本均值在320～350分钟之间的概率是多少？

d.样本均值大于350分钟的概率是多少？

（答案：a.12.649 b.0.7852 c.0.7281 d.0.0571）

本章总结

I.从总体中抽样的多种原因。

A.样本的结果已经足够估计总体参数，如此还节省钱和时间。

B.联系总体中所有个体非常费时。

C.检查总体中所有个体有时是不可能的。

D.研究总体中所有个体的费用有时是过高的。

E.有些试验具有破坏性，使样本中个体无法重新放回总体。

II.在一个无偏或者概率抽样中，总体中每个个体被选中的概率是一样的。这时，有很多抽样的方法。

A.简单随机抽样，总体中所有个体被选中构成样本的可能性相同。

B.系统随机抽样，起始点被随机选择，每第k个个体被选中成为样本中个体。

C.分层随机抽样，总体被分成几组，或称为层，随机样本从每一层中选择。

D.整群抽样，总体被分成几个主要单位，样本从每一个主要单位中选择。

III.抽样误差指的是总体参数与样本统计量之间的差值。

IV.样本均值的抽样分布指相同样本容量的所有可能样本均值的概率分布。

A.对于给定样本容量，所有可能的样本均值的均值等于总体均值。

B.样本均值分布的变化比总体分布小。

C.均值的标准误差度量的是样本均值抽样分布的变化程度。该标准误差为：

$$\sigma_{\bar{X}} = \frac{\sigma}{\sqrt{n}} \qquad (8\text{-}1)$$

D.如果总体服从正态分布，任意大小样本的样本均值的抽样分布服从正态分布。

假定总体标准差已知。样本均值落在特定区域的概率可以用下面的公式计算。

$$z = \frac{\bar{X} - \mu}{\sigma/\sqrt{n}} \qquad (8\text{-}2)$$

发音要领

符号	意义	读法
$\mu_{\bar{X}}$	样本均值抽样分布的均值	mu sub X bar
$\sigma_{\bar{X}}$	样本均值的标准误差	sigma sub X bar

本章练习题

19.位于North Towne Square Mall的零售店如下表所示：

00	Elder-Beerman	09	Lion Store	18	County Seat
01	Sears	10	Bootleggers	19	Kid Mart
02	Deb Shop	11	Formal Man	20	Lerner
03	Frederick's of Hollywood	12	Leather Ltd.	21	Coach House Gifts
04	Petries	13	B. Dalton Bookseller	22	Spencer Gifts
05	Easy Dreams	14	Pat's Hallmark	23	CPI Photo Finish
06	Summit Stationers	15	Things Remembered	24	Regis Hairstylists
07	E. B. Brown Opticians	16	Pearle Vision Express		
08	Kay-Bee Toy & Hobby	17	Dollar Tree		

a.如果下面的随机数被选中，哪些零售店会被联系做调查？11，65，86，62，06，10，12，77和04。

b.利用附录B.6，选择含四个零售店的随机样本。

c.采用系统随机抽样的方法，第一个店被选中，每三个店选中一个，哪些店将被选中？

20.医疗保险机构调查在纽约Rochester地区的家庭医生例行检查的费用。下面是该地区的家庭医生列表。他们将会被随机选中并被调查例行检查的费用。39个医生被编为00到38号。同时注意到他们被分为自身独立行医（S）、与他人合作行医（P），或者在一个组织中行医（G）三类。

序号	医生	类型	序号	医生	类型
00	R. E. Scherbarth, M.D.	S	20	Gregory Yost, M.D.	P
01	Crystal R. Goveia, M.D.	P	21	J. Christian Zona, M.D.	P
02	Mark D. Hillard, M.D.	P	22	Larry Johnson, M.D.	P
03	Jeanine S. Huttner, M.D.	P	23	Sanford Kimmel, M.D.	P
04	Francis Aona, M.D.	P	24	Harry Mayhew, M.D.	S
05	Janet Arrowsmith, M.D.	P	25	Leroy Rodgers, M.D.	S
06	David DeFrance, M.D.	S	26	Thomas Tafelski, M.D.	S
07	Judith Furlong, M.D.	S	27	Mark Zilkoski, M.D.	G
08	Leslie Jackson, M.D.	G	28	Ken Bertka, M.D.	G
09	Paul Langenkamp, M.D.	S	29	Mark DeMichiei, M.D.	G
10	Philip Lepkowski, M.D.	S	30	John Eggert, M.D.	P
11	Wendy Martin, M.D.	S	31	Jeanne Fiorito, M.D.	P
12	Denny Mauricio, M.D.	P	32	Michael Fitzpatrick, M.D.	P
13	Hasmukh Parmar, M.D.	P	33	Charles Holt, D.O.	P
14	Ricardo Pena, M.D.	P	34	Richard Koby, M.D.	P
15	David Reames, M.D.	P	35	John Meier, M.D.	P
16	Ronald Reynolds, M.D.	G	36	Douglas Smucker, M.D.	S
17	Mark Steinmetz, M.D.	G	37	David Weldy, M.D.	P
18	Geza Torok, M.D.	S	38	Cheryl Zaborowski, M.D.	P
19	Mark Young, M.D.	P			

a.从附录B.6得到的随机数为31，94，43，36，03，24，17，09。哪些医生将被选中？

b.利用附录B.6选择一个含4个医生的样本。

c.样本中含5个医生。04号是初始点，哪些医生将被选中？

d.选择一个样本，该样本含有两个S类的医生、两个P类的医生、一个G类的医生。解释一下你的选择步骤。

21.总体由1，2，3三个数值构成。

a.列出所有样本容量为2的样本（包含可能重复的），并计算每个样本的均值。

b.找出样本均值抽样分布的均值和总体均值。比较这两个值。

c.比较总体与样本均值的离散性。

d.描述两个分布的形态。

22.在UR大学教育系，学生记录表明学生总体每周平均花费5.5小时从事体育活动。总体的标准差为每周2.2小时。根据121名学生构成的样本，HLI想要应用中心极限定理做出下列估计。

a.计算样本均值的标准差。

b.HLI发现样本均值在5和6小时之间的可能性是多大？

c.计算样本均值在5.3和5.7小时之间的概率。

d.样本均值大于6.5小时奇怪吗？

（答案：a.0.20 b.0.9876 c.0.6826 d.不可能：z=5.0）

23.eComputers制造商（经济型电脑制造商）最近开发了一款新型的笔记本电脑。eComputers高层管理者想要了解一下该产品的定价。于是联系了两家市场研究中心咨询定价策略。Marketing-Gets-Results公司随机选择了50名消费者，这50名消费者准备明年购买笔记本电脑。另一家市场研究中心，Marketing-Reaps-Profits公司选择了200名已经拥有笔记本电脑的消费者进行测试。哪个市场研究中心的测试结果更有用？并解释原因。

24.用一到两句话回答下列问题。

a.当样本容量增加时，样本均值的标准差如何变化？

b.当样本容量增加时，样本均值的分布如何变化？

c.当利用样本均值的分布来估计总体均值时，利用容量大的样本有什么好处？

（答案：见教师手册）

25.在印第安纳州的Goshen有25个汽车旅馆。每一个汽车旅馆的房间数如下：

90	72	75	60	75	72	84	72	88	74	105	115	68	74	80	64	104	82	48	58	60	80	48	58	100

a.利用随机数表（附录B.6），从总体中随机选中一个含5个汽车旅馆的样本。

b.利用系统随机抽样，在前5个汽车旅馆中选择一个随机初始点，然后每第5个旅馆被选择。

c.假定最后5个汽车旅馆为“cut-rate”。描述一下你如何选中一个样本。该样本含有3个正常的汽车旅馆和2个“cut-rate”旅馆。

26.作为顾客服务的一部分，美国航空公司在今早9：00的“Chicago-Tampa”航班中随机选取10名乘客。每一名被选中的乘客将会被采访有关航空公司便利性、服务等各方面的内容。为了方便抽样，每一个乘客的登机牌上有一个从001到250的号码。

a.利用附录B.6随机选择10个有用的号码。

b.利用系统随机抽样来选取10名乘客的样本。第一个号码从附录B.6中选取，然后列出被采访的乘客号码。

c.评价一下两种方法的优缺点。

d.还有别的什么办法可以从这250名乘客中随机抽样？

（答案：见教师手册）

27.假定你的统计学老师在本学期里进行了6次测验。你的成绩为（百分制）：79，64，84，82，92和77。老师不是把所有成绩做平均，而是随机选择两个做平均，把均值作为你的最终成绩。

a.有多少个样本容量为2的不同样本？

b.列出所有的样本容量为2的样本，并计算每一个样本的均值。

c.计算样本均值的均值，并与总体均值做比较。

d.如果你是学生，你喜欢这种安排吗？这个结果与去掉6次成绩中的最低成绩不同吗？写一个简要的评论。

28.市区第一国家银行有5个出纳员。上周他们犯错的个数为：2，3，5，3，5。

a.含有两个出纳员的样本总共有多少个？

b.列出所有容量为2的样本，并计算出每个样本的均值。

c.计算样本均值的均值，并与总体均值做比较。

（答案：a.10 b.见教师手册 c. $\mu = 3.6, \mu_{\bar{x}} = 3.6$ ）

29.质量控制部门一天有5个技术员轮班。下面是一周这5个技术员告诉生产部门管理者关闭生产线的次数。

技术员	关闭次数	技术员	关闭次数
Taylor	4	Rousche	3
Hurley	3	Huang	2
Gupta	5		

a.含有2个技术员的样本总共有多少个？

b.列出所有容量为2的样本，并计算每个样本的均值。

c.比较样本均值的均值与总体均值。

d.比较总体分布与样本均值抽样分布的形态。

30.电器中心在North Jacksonville outlet有6个销售代表。下表是他们上个月销售电冰箱的个数。

销售代表	销售额	销售代表	销售额
Zina Craft	54	Jan Niles	48
Woon Junge	50	Molly Camp	50
Ernie DeBrul	52	Rachel Myak	52

a.容量为2的样本总共有多少个？

b.列出所有容量为2的样本，并计算出每个样本的均值。

c.利用样本均值构建频数分布。

d.总体均值是多少，样本均值的均值是多少？

e.总体分布的形态如何？

f.样本均值抽样分布的形态如何？

（答案：a.15 b.见教师手册 c.见教师手册 d.51，51 e.见教师手册 f.见教师手册）

31.Power+公司生产遥控玩具汽车需要的AA电池。这种电池的平均寿命服从均值为35.0小时，标准差为5.5小时的正态分布。作为质量保险计划的一部分，

Power+公司选取了25个电池做测试。

a.对于样本均值的分布形态，你有什么看法？

b.样本均值分布的标准差是多少？

c.样本的平均寿命大于36小时的比例是多少？

d.样本的平均寿命大于34.5小时的比例是多少？

e.样本的平均寿命在34.5到36小时之间的比例是多少？

32.CRA CDs公司想要CD“cuts”的平均时长为135秒（2分钟15秒）。这可以使操作员在每个10分钟环节有足够的时间进行商业盈利。假定“cuts”的时长服从正态分布，总体标准差为8秒。假定我们从CRA CDs公司售出的CD中选择16个“cuts”的样本。

a.对于样本均值分布形态，你有什么看法？

b.样本均值的标准差是多少？

c.样本均值大于140秒的百分比是多少？

d.样本均值大于128秒的百分比是多少？

e.样本均值在大于128秒且小于140秒的百分比是多少？

（答案：a.正态 b.2 c.0.0062 d.几乎全部 e.大约0.9938）

33.近期的研究表明：50岁的妇女每年会花掉$350购买一些私人喜欢的物品。这类支出服从标准差为$45的正态分布。我们随机选择了40个妇女，她们的平均花费为$335。从这个总体里选出这样的样本均值不低于该给定样本均值的可能性有多大呢？

34.美国保险机构的信息表明美国每个家庭的生命保险费用为$110 000。分布服从标准差为$40 000的正态分布。

a.随机选择50个家庭的样本，均值的标准差是多少？

b.样本均值的分布形态预期如何？

c.样本均值至少为$112 000的可能性是多少？

d.样本均值大于$100 000的可能性是多少？

e.样本均值大于$100 000但小于$112 000的可能性是多少？

（答案：a. $\sigma_{\bar{X}}$ =5 657 b.正态的 c.0.3632 d.0.9616 e.0.5984）

35.美国男性首次结婚的平均年龄服从均值为24.8岁的正态分布。分布的标准差为2.5岁。随机选择60名男性，他们首次结婚的平均年龄低于25.1岁的可能性有多大？

36.近期研究表明从Hermosa Beach到洛杉矶的平均航空费用为$21.00，标准差为$3.50。随机选择15个费用的样本。

a.样本均值在$20到$23之间的可能性是多少？

b.你做这个计算的假设前提是什么？

（答案：a.0.8529 b.正态总体）

37.Crossett Trucking公司声称其货车满载的平均重量为6 000磅，标准差为

150磅。假定总体服从正态分布。40辆货车被随机选中，95%的可能情形下，其满载的平均重量范围是多少？

38.Churchill杂货店的顾客平均花费为$23.50，标准差为$5.00。假定顾客花费服从正态分布。上述是由50个顾客构成的样本，回答下列问题：

a.样本均值至少为$25.00的可能性是多少？

b.样本均值大于$22.50且小于$25.00的可能性是多少？

c.90%的可能情形下，样本均值的范围是多少？

（答案：a.0.0170 b.0.9037 c.22.33，24.67）

39.Division I学生运动员身体健康测试的平均得分为947，标准差为205。60个学生被选中，均值低于900的概率有多大？

40.假定你掷一个骰子两次。

a.有多少个不同的样本？

b.列出所有可能的样本，并计算每个样本的均值。

c.类似图8-1，比较样本均值分布与总体分布。

d.计算上述两个分布的均值及标准差，并进行比较。

（答案：a.36 b.见教师手册 c.见教师手册 d.$\mu = 3.5$，$\mu_{\bar{x}} = 3.5$，$\sigma_{\bar{x}} = 1.2076$，$\sigma = 1.7078$）

41.下表列了美国50个州，每个州的号码为0到49。

序号	州	序号	州
0	Alabama	25	Montana
1	Alaska	26	Nebraska
2	Arizona	27	Nevada
3	Arkansas	28	New Hampshire
4	California	29	New Jersey
5	Colorado	30	New Mexico
6	Connecticut	31	New York
7	Delaware	32	North Carolina
8	Florida	33	North Dakota
9	Georgia	34	Ohio
10	Hawaii	35	Oklahoma
11	Idaho	36	Oregon
12	Illinois	37	Pennsylvania
13	Indiana	38	Rhode Island
14	Iowa	39	South Carolina
15	Kansas	40	South Dakota
16	Kentucky	41	Tennessee
17	Louisiana	42	Texas
18	Maine	43	Utah
19	Maryland	44	Vermont
20	Massachusetts	45	Virginia
21	Michigan	46	Washington
22	Minnesota	47	West Virginia
23	Mississippi	48	Wisconsin
24	Missouri	49	Wyoming

a.你打算从中选8个州作为样本。选择的随机数为45，15，81，09，39，43，90，26，06，45，01和42。哪些州被选中作为样本？

b.你打算利用系统随机抽样，每6个选择一个，初始值号码为02，哪些州被选中作为样本？

42.Human Resource Consulting（HRC）部门调查了60个双城建筑公司的员工健康保健计划的费用。其中一项是员工每年需要支付的费用。明尼苏达劳工部报告了每名员工该项费用的均值为\$502，标准差为\$100。

a.计算HRC所采集的样本均值的标准差。

b.HRC发现样本均值在\$447到\$527之间的概率有多大？

c.计算样本均值在\$492到\$512之间的可能性。

d.样本均值大于\$550的概率是多少？

（答案：a.12.91 b.0.9476 c.0.5588 d.0）

43.在过去的10年里，信息系统安全部门的员工平均每年被解雇510名，标准差为14.28。假定这个环境仍没有变化。

a.在下一个10年，员工平均每年被解雇的数目大于600的概率有多大？

b.在下一个10年，员工平均每年被解雇的数目在500到600之间的概率有多大？

c.在下一个10年，员工平均每年被解雇的数目低于500的概率有多大？

44.一个经济学家利用每加仑牛奶价格度量通货膨胀。他发现每加仑牛奶的平均价格为\$3.50，总体标准差为\$0.33。你决定选择40家商店的样本，收集每加仑牛奶的价格，并计算样本的平均价格。

a.计算一下本次试验中样本均值的标准差。

b.样本均值在\$3.46到\$3.54之间的概率有多大？

c.样本均值与总体均值的之间的差异小于0.01的概率有多大？

d.样本均值大于\$3.60的可能性有多大？

（答案：a.0.0522 b.0.5588 c.0.1506 d.0.0274）

45.耐克公司的年度报告显示：美国人平均一年买6.5双运动鞋。假定总体标准差为2.1。81名顾客构成的样本在下一年被调查。

a.计算一下本次试验中样本均值的标准差。

b.样本均值在6双到7双之间的概率有多大？

c.样本均值与总体均值之间的差异小于0.25双的概率有多大？

d.样本均值大于7双的可能性有多大？

数据集练习题

（练习中数据见网站www.mhhe.com/lindbasic8e）

46.参考一下房地产数据，其报告了去年Goodyear Arizona地区房屋销售的信息。利用统计软件计算房屋销售的均价和标准差。假定这是总体。随机选择10个房屋。计算样本的均值及标准差。决定从总体中选取一个样本的均值大于该均值的可能性。

（答案不固定）

47. 参考一下2010年棒球比赛的数据，其报告了30支大联盟棒球队在2010赛季的信息。在过去10年间，每支队伍的平均观众出席数服从均值为225万，标准差为70万的正态分布。

利用统计软件计算2010赛季每支队伍的平均观众出席数。决定从总体中选取一个样本的均值大于该均值的可能性。

48. 参考一下Buena校区公车数据。其中关于校车制造商的信息表明每辆车维修的平均成本为$455。利用统计软件找出Buena公车的均值和标准差。Buena数据与制造商所报告的数据是一致的吗？特别地，给定制造商的数据，样本均值低于Buena均值的概率是多少？

（答案：一致。z=-0.78；概率为0.2177）

实践测试

第1部分：客观题

1. 在一个总体中每个个体都可能被选择作为样本。

2. 一个样本应该至少有多少个观测值？（10，30，100，1 000，没有容量限制）

3. 当一个总体按照某一特征（例如区域）被分成组时，这些组可以称为________。

4. 样本均值与总体均值之间的差叫作________。

5. 给定样本容量的所有可能的样本均值的概率分布叫作________。

6. 假定一个总体由10个个体构成，我们想要列出容量为3的所有样本。如果抽样是不能重复的，有多少个样本？

7. 样本均值分布的标准差叫作________。

8. 所有可能样本均值的均值是总体均值。（大于，小于，等于，答案不确定）

9. 如果我们将样本容量从10增加到20，均值的标准误差将________（增加，减小，不变，答案不确定）。

10. 如果总体服从正态分布，样本均值分布的形态如何？

第2部分：问题

1. 美国人平均每天在洗澡上花费12.2分钟。洗澡花费的时间服从总体标准差为2.3分钟的正态分布。12个美国人每天洗澡平均花费的时间不高于11分钟的可能性是多大？

软件命令说明

1. 利用Excel命令选取一个简单随机样本如下：

a. 在顶部菜单栏选择Data标签。然后在最右侧选择Data Analysis，再选择Sampling并点OK。

b.Input Range 设为 B1：B31。因为该列被命名，点击 Labels 框。选择 Random，输入样本容量 Number of Samples，本例中为 5。点击 Output Range，并指出你希望采样结果在表格中出现的地方。注意到你的样本数据和文中的不一样。可以用复位更改Excel样本，这样的话，总体值在样本中再次出现是可能的。

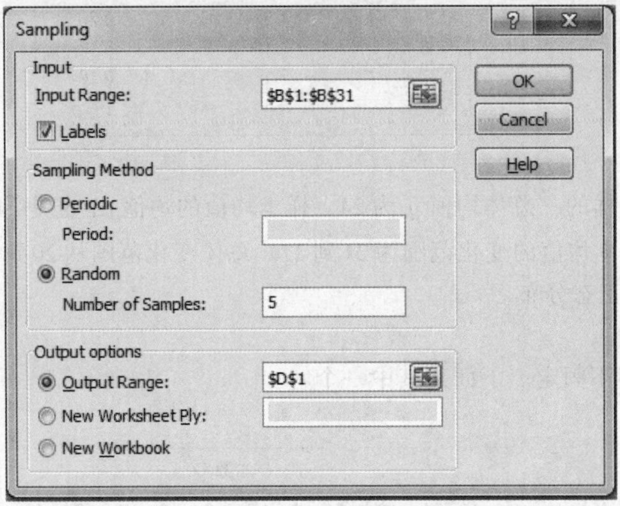

自测题答案

8-1 a.选择的学生为：Price，Delty和Molter。

b.答案不固定。

c.跳过它，继续下一个随机数。

8-2 选中的学生是Berry，Francis，Kopp，Poteau和Swetye。

8-3 a. ${}_5C_2 = \frac{5!}{2!\ (5-2)!} = 10$

b.

	服务	样本均值
Snow, Tolson	20, 22	21
Snow, Kraft	20, 26	23
Snow, Irwin	20, 24	22
Snow, Jones	20, 28	24
Tolson, Kraft	22, 26	24
Tolson, Irwin	22, 24	23
Tolson, Jones	22, 28	25
Kraft, Irwin	26, 24	25
Kraft, Jones	26, 28	27
Irwin, Jones	24, 28	26

c.

均值	数量	概率
21	1	0.10
22	1	0.10
23	2	0.20
24	2	0.20
25	2	0.20
26	1	0.10
27	1	0.10
	10	1.00

d.一样的：总体均值 μ 为24，样本均值的均值 $\mu_{\bar{X}}$ 也是24。

e.样本均值的变化范围为21到27。总体变化范围从20到28。

f.非正态分布。

g.是。

8-4 答案不固定。下面是其中一个解。

	样本数字									
	1	**2**	**3**	**4**	**5**	**6**	**7**	**8**	**9**	**10**
	8	2	2	19	3	4	0	4	1	2
	19	1	14	9	2	5	8	2	14	4
	8	3	4	2	4	4	1	14	4	1
	0	3	2	3	1	2	16	1	2	3
	2	1	7	2	19	18	18	16	3	7
总计	37	10	29	35	29	33	43	37	24	17
$\bar{X}$	7.4	2	5.8	7.0	5.8	6.6	8.6	7.4	4.8	3.4

10个样本均值的均值为5.88。

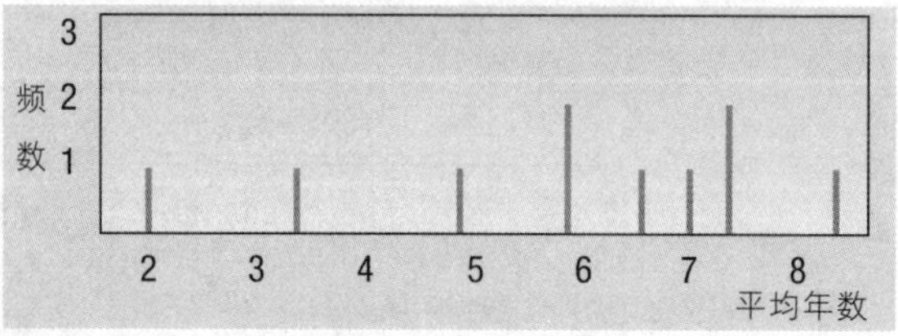

8-5 $z=\dfrac{31.08-31.20}{0.4/\sqrt{16}}=-1.20$

因为样本均值31.08低于总体均值31.20，我们想要知道是否填充过程灌装少了。均值不高于31.08盎司的概率即z值小于-1.20的概率，为0.5000-0.3849=0.1151。也就是说，填充操作产生至少31.08盎司一瓶的可能性大于11%。填充过程被检验。

第 9 章

估计与置信区间

本章学习目标

当你学完本章内容，你应该能够：

1. 定义点估计。
2. 定义置信区间。
3. 在总体标准差已知的情况下，计算总体均值的置信区间。
4. 在总体标准差未知的情况下，计算总体均值的置信区间。
5. 计算总体比例的置信区间。
6. 为估计总体比例或者总体均值，计算符合要求的样本容量。

美国餐厅协会收集了关于年轻夫妇每周在外吃饭次数的信息。调查了60对年轻夫妇构成的样本，结果表明他们每周在外吃饭的平均次数是2.76次，标准差是0.75次。构建总体均值的99%置信区间。（见练习题32和学习目标4）

实践中的统计学

对于所有的新车，环保局（EPA）要求在车窗贴纸上要突出显示燃油经济性的估计结果。通常情况下，由于燃油成本或者对环境的关注，燃油经济性是消费者购买新车时考虑的一个因素。2010款宝马（BMW）328i Sedan（6缸，自动型）汽车的燃油估计结果是市内每加仑18英里，高速公路每加仑28英里。EPA认识到实际的燃油经济性可能与标注出的估计结果不同，“因为没有试验能够模拟出包含了所有可能条件（气候、驾驶员行为和汽车保养）的结果。实际的里程数依赖于汽车如何、在何时和何地的具体情况。EPA已经发现通过对大部分驾驶员调查获得的每加仑英里数（mpg）会在一定估计结果的范围之内。”事实上，车窗贴纸标注出的结果也包含了对燃油经济性的估计区间，如市内14～22mpg，高速公路23～33mpg。

9.1 导言

前面一章已经开始了统计推断的讨论。它介绍了抽样的原因和方法。抽样的原因是：

- 调查整个总体太费时。
- 研究总体中的所有个体的成本往往过于高昂。
- 样本的结果通常是足够的。
- 某些测试具有破坏性。
- 调查所有个体在实际上不可能。

有一些常用的抽样方法。简单随机抽样是应用最广泛的方法。对于这种抽样方法，总体中的每个个体都等可能地被选取成为样本的一部分。其他的抽样方法包括系统抽样、分层抽样和整群抽样。

第8章假设关于总体的信息（如均值、标准差或总体形态）是已知的。在大多商业背景下，这些信息是得不到的。事实上，抽样的目的可能是估计这些值。例如，你从一个总体中选取一个样本，利用样本均值估计总体均值。

本章考虑了抽样的几个重要方面。首先研究点估计。点估计是从样本中得到单一数值（点），用于估计总体的值。例如，假设我们选取一个由50名初级行政人员构成的样本，询问他们上周工作的小时数。计算这50名人员的样本均值，并将该样本均值作为未知的总体均值的点估计。然而，点估计是一个单一数值。更有益的方法是设置一个包含我们期望的总体参数的区间。这种区间被称为置信区间。

在实际中，我们经常需要确定一个样本容量。投票组织应该联系多少选民预测选举结果？我们需要检查多少产品，以确保产品达到质量标准？本章还阐明了确定样本容量的方法。

9.2 总体均值的点估计

点估计是一个用于估计总体参数的单一统计量。假定Best Buy公司想要估计购买高清等离子（LCD HDTV）电视机的消费者平均年龄。他们选取一个有50名最近购买者的随机样本，确定每个买者的年龄，并计算样本中买者的平均年龄。样本均值是总体均值的一个点估计。

下面的例子解释了总体均值的点估计。

1.旅游业是许多加勒比海国家（例如巴巴多斯岛）的主要收入来源。假定巴巴多斯旅游局想要估计在本国旅游的游客的平均消费额。联系每名游客是不可行的。因此，随机选择500名游客，当他们离开本国时详细询问他们的消费情况。由这500名游客的样本得到的平均消费额是对未知总体参数的一个估计值。也就是说，我们将样本均值作为总体均值的一个点估计值。

2.Litchfield Home建筑公司在美国东南部地区建造住宅。新的购买者关注的主要问题之一是住宅的竣工日期。最近，Litchfield告诉顾客，“你们的住宅将在我们开始安装石膏板后的45个工作日之内竣工。”Litchfield的客户关系部希望根据最近的经验衡量这项承诺。由今年竣工的50套住宅构成的样本显示：从开始安装石膏板后住宅竣工的工作日的总体均值的点估计值是46.7天。认为总体均值仍是45天，并且样本均值（46.7天）与提出的总体均值（45天）之间的差值是抽样误差，这样的结论是合理的吗？换言之，样本均值显著不同于总体均值吗？

3.最近的医学研究指出：锻炼是一个人整体健康的重要影响因素。OCF（一个大型玻璃制造商）的人力资源总监想要估计雇员每周在锻炼身体上花费的小时数。一个由70名雇员构成的样本显示雇员上周锻炼的平均时间为3.3小时。这个值是未知总体均值的点估计值。

样本均值 $\overline{X}$，不是一个总体参数的唯一点估计。例如，样本比例p是总体比例π的一个点估计；样本标准差s是总体标准差 σ 的点估计。

9.3 总体均值的置信区间

然而，点估计只是故事的一部分。我们虽然预期点估计接近总体参数，但是想要衡量这种接近程度究竟有多大。置信区间能够解决这个问题。例如，我们估计纽约新泽西地区的建筑工人平均年收入是\$85 000。这一估计的范围是从\$81 000到\$89 000。我们确信总体参数在一定概率下落在该区间内。例如，我们可以说，我们相信纽约新泽西地区建筑工人的平均年收入会以90%的概率落在\$81 000到\$89 000之间。

置信区间 利用样本数据构造一个值的区间，使总体参数在一定的概率下落在该区间。这个概率被称为置信水平。

为了计算总体均值的置信区间，我们将考虑下面两种情况：

- 总体标准差(σ)是已知时，利用样本数据 $\overline{X}$ 估计μ。
- 总体的标准差是未知时，利用样本数据 $\overline{X}$ 估计μ。在这种情况下，我们用样本标准差（s）代替总体标准差(σ)。

在上述两种情况之间的假设有重要的区别。我们首先考虑σ是已知的情况。

9.3.1 总体标准差(σ)已知

置信区间利用样本均值 $\overline{X}$ 和标准差两个统计量计算。从前面章节中，我们知道标准差是重要的统计量，因为它衡量了总体分布或者样本分布的离散性或者宽度。在计算置信区间时，标准差用于计算置信区间的范围。

为了说明置信区间的思想，我们先简化一个假设，即假设我们知道总体标准差 σ。通常我们可以通过较长一段历史时间内收集的数据了解总体标准差。实例是来自于监测过程的数据（例如瓶装苏打水或者盒装麦片的灌装、大学入学的SAT推理测试结果）。已知的 σ 使我们能够简化置信区间的计算，因为我们能够使用第8章的标准正态分布。

回顾样本均值的抽样分布是来自总体中的所有样本容量为n的样本均值 $\overline{X}$ 的分布。总体标准差 σ 是已知的。基于这个信息和中心极限定理，我们知道抽样分布服从均值为 μ 和标准差为 $\frac{\sigma}{\sqrt{n}}$ 的正态概率分布，而且回顾的这个值即是所谓的标准误差。

中心极限定理的结论使我们有如下关于利用z统计量的一般置信区间的说明：

1. 利用从总体中选取的随机样本计算包含总体均值的95%置信区间。这个区间可以利用z=1.96计算。

2. 利用从总体中选取的随机样本计算包含总体均值的99%置信区间。这个区间可以利用z=1.65计算。

这些置信区间的描述提供了置信水平和例子，并且可以被称为95%置信区间和90%置信区间。95%和90%是置信水平，指构建的区间包含要估计的总体参数（这个例子中是指总体均值 μ）的百分比。

1.96和1.65是如何得到的？首先，找到95%置信区间的z值。下图和表9-1将帮助我们解释。表9-1是附录B.1标准正态表的一部分。但是许多行列已经被删去，使我们能够更好地观察所要查的行列。

1. 首先，我们将置信水平平分为二，即0.9500/2=0.4750。

2. 接下来，我们在表9-1中找到0.4750。注意到0.4750在表中所在位置是对应的某一行和某一列的交点。

3. 看到相应的行对应最左侧的标示值为1.9，相应的列对应的最上方的标示值为0.06。将两者相加得到z值为1.96。

4. 于是，z值在0与1.96之间的概率是0.4750。

5. 同样地，因为正态分布是对称的，所以z值在-1.96与0之间的概率也是0.4750。

6. 我们将这两个概率相加，得到z值在-1.96与1.96之间的概率是0.9500。

对于90%的置信水平，我们遵照同样的步骤。首先，期望的置信区间的一半对应的概率是0.4500。表9-1中没有刚好为0.4500的值。然而，它是在0.4495和0.4505两个值之间。在第三步，我们在表中找到每个值的位置。一是0.4495对应的z值为1.64，二是0.4505对应的z值为1.65。谨慎起见，我们将选择两个z值中更大的那个，即1.65，相应的置信水平是90.1%或者2倍的0.4505。接下来，z值在-1.65和0之间的概率是0.4505，并且z值在-1.65和1.65之间的概率是

0.9010。

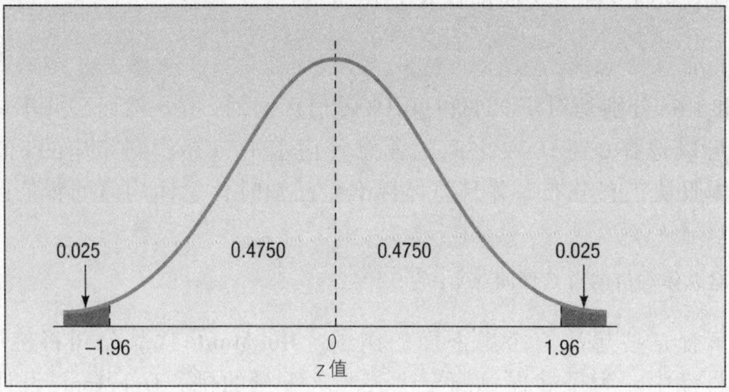

表9-1　　为选择数值的标准正态表

z	0.00	0.01	0.02	0.03	0.04	0.05	0.06	0.07
⋮	⋮	⋮	⋮	⋮	⋮	⋮	⋮	⋮
1.5	0.4332	0.4345	0.4357	0.4370	0.4382	0.4394	0.4406	0.4418
1.6	0.4452	0.4463	0.4474	0.4484	0.4495	0.4505	0.4515	0.4525
1.7	0.4554	0.4564	0.4573	0.4582	0.4591	0.4599	0.4608	0.4616
1.8	0.4641	0.4649	0.4656	0.4664	0.4671	0.4678	0.4686	0.4693
1.9	0.4713	0.4719	0.4726	0.4732	0.4738	0.4744	0.4750	0.4756
2.0	0.4772	0.4778	0.4783	0.4788	0.4793	0.4798	0.4803	0.4808
2.1	0.4821	0.4826	0.4830	0.4834	0.4838	0.4842	0.4846	0.4850
2.2	0.4861	0.4864	0.4868	0.4871	0.4875	0.4878	0.4881	0.4884

我们如何确定95%的置信区间？区间的宽度由两个因素决定：(1) 置信水平，即前一节描述的；(2) 均值标准误差的大小。为了找到均值的标准误差，以前章节（见公式（8–1））中均值的标准误差反映了样本均值分布的变异程度。这就是样本均值分布的标准差。公式如下：

$$\sigma_{\bar{X}} = \frac{\sigma}{\sqrt{n}}$$

其中，$\sigma_{\bar{X}}$ 是均值的标准误差的表示符号。我们使用希腊字母，因为它是一个总体值，下标 $\bar{X}$ 提醒我们它是样本均值的抽样分布。

σ 是总体的标准差。

n 是样本观察值的数量。

标准误差的大小受到两个值的影响。首先是总体的标准差。总体标准差 σ 越大，$\frac{\sigma}{\sqrt{n}}$ 越大。如果总体是同质性的，总体的标准差就小，标准误差同样也很小。然而，标准误差也受到样本观测值数量的影响。大样本的标准误差小，表明样本均值的变异性更小。

我们可以总结出95%置信区间的计算公式如下：

$$\overline{X} \pm 1.96\frac{\sigma}{\sqrt{n}}$$

类似地，90.1%置信区间的计算公式如下：

$$\overline{X} \pm 1.65\frac{\sigma}{\sqrt{n}}$$

1.96和1.65分别是对应95%和90.1%置信区间的z值。然而，并不局限于这些值。我们可以选择0到100%之间的任意置信水平，并找到相应的z值。一般来说，当总体服从正态分布，并且总体标准差已知时，总体均值的置信区间的计算如下：

$$\sigma\text{已知时总体均值的置信区间}\quad \overline{X} \pm z\frac{\sigma}{\sqrt{n}} \tag{9-1}$$

为了解释这些想法，考虑下面的例子。Del Monte食品公司将桃块分装在4盎司的塑料罐中。为了确保每罐至少装要求重量的桃，Del Monte设计了灌装操作程序在每罐中分装4.01盎司的桃和糖浆。当然，并非每罐刚好装4.01盎司的桃和糖浆。有些罐装得可能更多或者更少。从历史数据来看，Del Monte了解到0.04盎司是灌装重量的标准差，再假定灌装重量服从正态分布。质量控制技术员选取了64罐构成的一个样本，测量每罐的重量，计算平均灌装重量，并设置一个总体均值的95%的置信区间。利用置信区间，灌装程序是否符合要求的重量？今天早上64罐的样本均值为4.015盎司。根据这个信息，建立95%置信区间为：

$$\overline{X} \pm 1.96 \times \frac{\sigma}{\sqrt{n}} = 4.015 \pm 1.96 \times \frac{0.04}{\sqrt{64}} = 4.015 \pm 0.0098$$

95%置信区间估计得出总体均值在4.0052和4.0248盎司之间。回顾灌装程序是每罐装4.01盎司。因为预期的4.01盎司在这个范围内，我们可以认为灌装程序能够获得预期的结果。换言之，样本均值4.015来自于均值为4.01盎司的总体分布是合理的。

在这个例子中，我们观察到总体均值4.01盎司在这个置信区间内。但并非总是如此。如果我们从总体中选取100个64罐构成的样本，计算样本均值和基于每个样本的置信区间，我们预期能在这100个区间中的95个区间中找到总体均值。相比之下，大约5个区间不包含总体均值。这就是第8章所说的抽样误差。下面的例子详细复述了从总体中重复抽样问题。

举例：

美国管理协会希望掌握零售业中商店经理平均收入的信息。49名管理者的一个随机样本显示样本均值为$45 420。总体的标准差是$2 050。协会想要回答下列问题：

1.总体均值是多少？

2.总体均值的合理范围是多少？

3.这些结果如何解释？

解答：

一般来说，工资和收入的分布是正偏的，因为少数个人的收入远超过其他人，从而使得分布在正方向上具有偏态。幸运的是，中心极限定理表明：均值的抽样分布随着样本容量的增加而趋近正态分布。在这种情况下，49名管理者的样本足够大，以至于我们能够假设抽样分布服从正态分布。现在回答例子中的问题。

1. **总体均值是多少？** 在这种情况下，我们不知道。我们知道样本均值为\$45 420。因此，我们对未知总体值的最好估计是相应的样本统计量。于是，样本均值\$45 420是对未知的总体均值的一个点估计。

2. **总体均值的合理范围是多少？** 该协会决定利用95%的置信水平。要确定相应的置信区间，我们使用公式（9–1）：

$$\overline{X} \pm z\frac{\sigma}{\sqrt{n}} = \$45\,420 \pm 1.96 \times \frac{\$2\,050}{\sqrt{49}} = \$45\,420 \pm \$574$$

置信区间的范围是从\$44 846到\$45 994。置信水平是95%，且置信区间是从\$44 846到\$45 994。±\$574是所谓的误差幅度。

3. **这些结果如何解释？** 假设我们选取了49名管理者的样本，也许有几百个这样的样本。对于每一个样本，我们计算了均值，然后构造一个95%的置信区间，如我们在上一节所做的。我们可以预期这些置信区间中大约95%的置信区间包含了总体均值。大约5%的置信区间不包含总体平均年收入μ。然而，一个给定的置信区间可能包含总体参数，也可能不包含总体参数。下图显示了从零售业商店经理总体中选取样本的结果，计算了每个样本的均值，利用公式（9–1）确定一个总体均值的95%置信区间。注意并非所有的区间都包含总体均值。第五次抽样的两个端点值都比总体均值小。我们把这个归根于抽样误差，并且当我们选择置信水平时，这也是我们假设的风险。

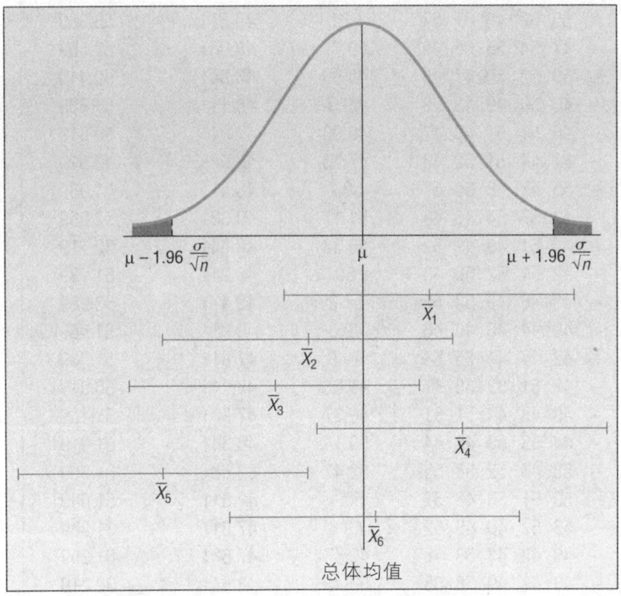

$\overline{X}$ 的范围
容量为49的样本1包含总体均值。
容量为49的样本2包含总体均值。
容量为49的样本3包含总体均值。
容量为49的样本4包含总体均值。
容量为49的样本5不包含总体均值。
容量为49的样本6包含总体均值。

计算机模拟

在计算机的帮助下，我们能够从总体中选取给定样本容量为n的随机样本。对于每个由n个观测值构成的样本，我们能够计算样本均值。在样本均值、总体标准差和置信水平已知的条件下，对于每个样本，我们能够计算置信区间。然后，利用所有样本和置信区间，我们能够找出总体均值包含在置信区间的频率。下面的例子将有助于理解。

举例：

经过对汽车租赁业的多年研究，Town Bank知道租期4年的汽车平均行驶距离为50 000英里，标准差为5 000英里。这些都是总体数值。假设Town Bank想要通过抽样实验估计总体均值50 000英里。Town Bank决定选择样本容量为30的一个样本，构建95%的置信区间估计总体均值。利用统计软件选取60个样本容量为30的随机样本，并计算每个样本的均值。然后，用n=30和标准误差0.913（$\frac{\sigma}{\sqrt{n}}=\frac{5}{\sqrt{30}}$），对每个样本计算一个95%的置信区间。根据这个实验，我们想要找到包含总体均值50 000的95%的置信区间。我们预期大约95%或者60个置信区间中的57个置信区间将包含总体均值。为了易于计算和理解，我们将研究的单位英里替换为千英里。

解答：

实验结果如下所示。在这种情况下，我们利用Excel。然而，Minitab也能用于模拟这个实验。

	样本观测值														95%置信区间	
样本	1	2	3	4	5	–	–	–	26	27	28	29	30	样本均值	下限	上限
1	56	47	47	48	58	–	–	–	55	62	48	61	57	51.6	49.811	53.389
2	55	51	52	40	53	–	–	–	47	54	55	55	45	50.77	48.981	52.559
3	42	46	48	46	41	–	–	–	50	52	50	47	45	48.63	46.841	50.419
4	52	49	55	47	49	–	–	–	46	56	49	43	50	49.9	48.111	51.689
5	48	50	53	48	45	–	–	–	46	51	61	49	47	49.03	47.241	50.819
6	49	44	47	46	48	–	–	–	51	44	51	52	43	47.73	45.941	49.519
7	50	53	39	50	46	–	–	–	55	47	43	50	57	50.2	48.411	51.989
8	47	51	49	58	44	–	–	–	49	57	54	48	48	51.17	49.381	52.959
9	51	44	47	56	45	–	–	–	45	51	49	49	52	50.33	48.541	52.119
10	45	44	52	52	56	–	–	–	52	51	52	50	48	50	48.211	51.789
11	43	52	54	46	54	–	–	–	43	46	49	52	52	51.2	49.411	52.989
12	57	53	48	42	55	–	–	–	49	44	46	46	48	49.8	48.011	51.589
13	53	39	47	51	53	–	–	–	42	44	44	55	58	49.6	47.811	51.389
14	56	55	45	43	57	–	–	–	48	51	52	55	47	49.03	47.241	50.819
15	49	50	39	45	44	–	–	–	49	43	44	51	51	49.37	47.581	51.159
16	46	44	55	53	55	–	–	–	44	53	53	43	44	50.13	48.341	51.919
17	64	52	55	55	43	–	–	–	58	46	52	58	55	52.47	50.681	54.259
18	57	51	60	40	53	–	–	–	50	51	53	46	52	50.1	48.311	51.889
19	50	49	51	57	45	–	–	–	53	52	40	45	52	49.6	47.811	51.389
20	45	46	53	57	49	–	–	–	49	43	43	53	48	49.47	47.681	51.259
21	52	45	51	52	45	–	–	–	43	49	49	58	53	50.43	48.641	52.219
22	48	48	52	49	40	–	–	–	50	47	54	51	45	47.53	45.741	49.319

	样本观测值														95%置信区间	
样本	1	2	3	4	5	–	–	–	26	27	28	29	30	样本均值	下限	上限
23	48	50	50	53	44	–	–	–	48	57	52	44	39	49.1	47.311	50.889
24	51	51	40	54	52	–	–	–	54	45	50	57	48	50.13	48.341	51.919
25	48	63	41	52	41	–	–	–	48	50	48	44	53	49.33	47.541	51.119
26	47	45	48	59	49	–	–	–	44	47	49	55	42	49.63	47.841	51.419
27	52	45	60	51	52	–	–	–	52	50	54	46	52	49.4	47.611	51.189
28	46	48	46	57	51	–	–	–	51	50	51	41	52	49.33	47.541	51.119
29	46	48	45	42	48	–	–	–	49	43	59	46	50	48.27	46.481	50.059
30	55	48	47	48	48	–	–	–	47	59	54	51	42	50.53	48.741	52.319
31	58	49	56	46	46	–	–	–	44	51	47	51	46	50.77	48.981	52.559
32	53	54	52	58	55	–	–	–	53	52	45	44	51	50	48.211	51.789
33	50	57	56	51	51	–	–	–	58	47	50	56	46	49.7	47.911	51.489
34	61	48	49	53	54	–	–	–	46	46	56	45	54	50.03	48.241	51.819
35	43	42	43	46	49	–	–	–	49	49	56	51	45	49.43	47.641	51.219
36	39	48	48	51	44	–	–	–	54	52	47	50	52	50.07	48.281	51.859
37	48	43	57	42	54	–	–	–	52	50	59	50	52	50.17	48.381	51.959
38	55	43	49	57	45	–	–	–	41	51	51	52	52	49.5	47.711	51.289
39	47	49	58	54	54	–	–	–	50	56	51	56	58	50.37	48.581	52.159
40	47	56	41	50	54	–	–	–	46	56	61	61	45	51.6	49.811	53.389
41	48	47	42	47	62	–	–	–	44	47	49	55	43	49.43	47.641	51.219
42	46	49	43	36	52	–	–	–	45	51	46	51	43	47.67	45.881	49.459
43	44	48	49	48	51	–	–	–	47	52	51	48	49	49.63	47.841	51.419
44	45	52	54	54	49	–	–	–	49	45	53	50	52	49.07	47.281	50.859
45	54	46	54	45	48	–	–	–	55	38	56	50	62	49.53	47.741	51.319
46	48	50	49	52	51	–	–	–	53	57	58	46	50	49.9	48.111	51.689
47	54	55	46	55	50	–	–	–	56	54	50	55	51	50.5	48.711	52.289
48	45	47	47	63	44	–	–	–	45	53	42	53	50	50.1	48.311	51.889
49	47	47	48	54	56	–	–	–	50	48	54	49	51	49.93	48.141	51.719
50	45	61	51	45	54	–	–	–	55	52	47	45	53	51.03	49.241	52.819
51	49	62	43	49	48	–	–	–	49	58	42	58	52	51.07	49.281	52.859
52	54	52	62	43	54	–	–	–	51	57	49	58	55	50.17	48.381	51.959
53	46	50	59	56	46	–	–	–	50	51	52	54	53	50.47	48.681	52.259
54	52	50	48	48	58	–	–	–	58	52	43	61	54	51.77	49.981	53.559
55	45	44	46	56	46	–	–	–	43	45	63	48	56	49.37	47.581	51.159
56	60	50	56	51	43	–	–	–	45	43	49	59	54	50.37	48.581	52.159
57	59	56	43	47	52	–	–	–	49	54	50	50	57	49.53	47.741	51.319
58	52	55	48	51	40	–	–	–	53	51	51	52	47	49.77	47.981	51.559
59	53	50	44	53	52	–	–	–	47	50	55	46	51	50.07	48.281	51.859
60	55	54	50	52	43	–	–	–	57	50	48	47	53	52.07	50.281	53.859

为了解释，在第一行，根据均值为50且标准差为5的分布，计算机软件计算了30个随机观测值。为节省空间，只列示了1到5和26到30的观测值。第一个样本均值计算结果为51.6。下一列中是第一个样本估计的95%置信区间的上下限。第一个样本的置信区间计算如下：

$$\overline{X} \pm 1.96\frac{\sigma}{\sqrt{n}} = 51.6 \pm 1.96\frac{5}{\sqrt{30}} = 51.6 \pm 1.789$$

对于其他所有样本，重复类似的计算。实验的结果表明60个95%置信区间中的56个或者93.33%包含总体均值50。4个或者6.67%的置信区间不包含总体均值。6.67%接近于不包含总体均值区间的5%的估计结果。这些区间对应的样本分别是样本6、17、22和42。它们已经用黄色标注出来了。这是抽样误差的另一个例子，或者是一个随机样本可能不是总体一个好的代表的可能性，又或是根据该样本的置信区间不包含总体参数值的可能性。

自测题9-1

Bun-and-Run是东北地区一个特许经营的快餐店，它的特色产品是半磅的汉堡、鱼肉三明治和鸡肉三明治。软饮料和法国薯条也可以在这里买到。Bun-and-Run的策划部报告了快餐店日常销售额的分布服从总体标准差为$3 000的正态分布。一个容量为40的样本的日常平均销售额是$20 000。

(a) 总体均值是多少？

(b) 总体均值的最好估计值是多少？这个值叫什么？

(c) 构造一个总体均值的99%置信区间。

(d) 解释置信区间。

练习题

1. 从标准差为10的正态总体中选取容量为49的一个样本。样本均值是55。为总体均值确定99%的置信区间。

2. 从标准差为5的正态总体中选取容量为81的一个样本。样本均值是40。为总体均值确定95%的置信区间。

(答案：38.911，41.089)

3. 从标准差为25的正态总体中选取容量为250的一个样本。样本均值是20。

a. 确定均值的标准误差。

b. 解释为什么我们能使用公式（9-1）确定95%的置信区间。

c. 为总体均值确定95%的置信区间。

4. 假设σ已知，并且你想要85%的置信水平。你用什么值去乘均值的标准误差？

(答案：1.44)

5. 一个研究机构对吸烟者每周在香烟上的平均支出做了调查。其发现每周在香烟上的支出分布服从总体标准差为$5的正态分布。49个吸烟者构成的样本显示 $\overline{X}$ = $20。

a. 总体均值的点估计是什么？解释它的含义。

b. 利用95%的置信水平，确定μ的置信区间。解释它的含义。

6. 参考前面的练习。假设64名吸烟者（而不是49名）为一个样本。假设样本均值不变。

a. μ 的95%置信区间估计是什么?

b.解释这个置信区间比前面练习题中置信区间小的原因。

(答案:a.18.775,21.225 b.标准误差更小)

7.Bob Nale是Nale's Quick Fill的所有者。Bob想要估计销售给客户的汽油加仑数的均值。假设销售的加仑数服从总体标准差为2.3加仑的正态分布。从他的记录中,选择了60个销售记录作为随机样本,并计算出所有加仑数的均值为8.60。

a.总体均值的点估计是多少?

b.为总体均值构造一个99%的置信区间。

c.解释b的含义。

8.Patton博士是一名英语专业的教授。最近她记录了一组学生作文中出现的错别字数量。她注意到每篇作文的错别字数量服从总体标准差为2.44字的正态分布。她上午10点教的40个学生每篇作文的错别字字数的均值是6.05。为学生作文中错别字字数的总体均值构造一个95%的置信区间。

(答案:5.29,6.81)

9.3.2 总体标准差(σ)未知

实践中的统计学

Willam Gosset 1876年出生于英国,1937年逝于英国。他在Arthur Guinnes子公司工作多年。事实上,在后面几年他负责伦敦的Guinness Brewery。Guinness倾向于让他的员工在发表论文时使用笔名。所以在1908年,当Gosset写"可能的均值误差"时,他使用的姓名是"Student"。在这篇论文中,他首先描述了t分布的性质。

在前一节,我们假定总体标准差是已知的。在Del Monte 4-盎司的桃罐头的例子中,可能在灌装程序中有一个较长的历史测量记录。因此,假定总体标准差已知是可行的。然而,在大多数抽样情况下,总体标准差(σ)是未知的。下面是我们要估计总体均值,但却不可能知道总体标准差的一些例子。假设这些研究中的每个都涉及West Virginia大学的学生。

- 商学院院长要估计全日制学生每周做兼职工作的平均时间。他选了30名学生的样本,联系每个学生,并询问他们上周工作多少小时。根据样本信息,他可以计算样本均值,但是他不可能知道公式(9-1)中对应的总体标准差(σ)。他可以计算样本的标准差,并将它作为一个估计量,但他不可能知道总体标准差。

- 学生的班主任想要估计通勤的学生上课的平均路程。她选择了40名通勤学生的样本,联系每个学生,并确定每个学生从家到校园中心的单程距离。利用样本数据,她计算了平均距离 $\overline{X}$ 。总体标准差未知,公式(9-1)无法使用。

• 学生贷款主管想知道在学生毕业时欠的平均贷款金额。主管选择了20个毕业生的样本，联系每个学生获得所需的信息。根据样本信息，主管可以估算平均金额。利用公式（9-1）构造置信区间，总体标准差是必要的，但该信息却无法获得。

幸运的是，我们可以利用样本标准差估计总体标准差。也就是说，我们使用样本标准差s估计总体标准差σ。但这样做，我们不能使用公式（9-1）。因为我们不知道σ，所以我们不能使用z分布。然而，有一个补救的办法。我们使用样本标准差，并且用t分布代替z分布。

t分布是连续的概率分布，它与z分布有许多相似的特点。一个英国的酿酒专家William Gosset是第一个研究t分布的人。

他特别关注下列统计量的分布变化特征：

$$t=\frac{\overline{X}-\mu}{s/\sqrt{n}}$$

其中，s是σ的一个估计。当s是非常小的样本的标准差时，他比较担忧s和σ之间的差异。t分布和标准正态分布如下图9-1所示。需要特别注意的是，t分布比标准正态分布更平坦，分布更广。这是因为t分布的标准差比标准正态分布的标准差大。

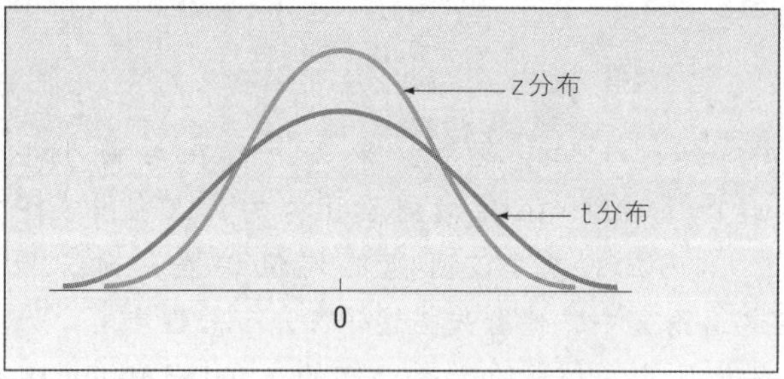

图9-1　标准正态分布和学生的t分布

t分布下列特征的依据是假设总体是正态的或者近似正态的。

• 像z分布，它是连续分布。

• 像z分布，它是钟形的和对称的。

• t分布不是一个，而是一族。所有t分布的均值都为0，但是它们的标准差随着样本容量n的变化而变化。有一个样本容量为20的t分布，另一个样本容量为22的t分布，等等。有5个观测值的t分布的标准差比20个观测值的t分布大。

• t分布比标准正态分布更加分散和更加平坦（见图9-1）。然而，随着样本容量的增加，t分布越来越接近于标准正态分布，因为利用s估计σ的误差随着样本容量增大而减小。

由于学生的t分布比z分布更加分散，给定置信水平下的t值比相应的z值更大。图9-2显示了当样本容量n=5时，95%置信水平的z值和相同置信水平下的t

值。我们如何获得t值将被简要解释。现在，观察到相同置信水平下t分布比标准正态分布更平坦或更分散。

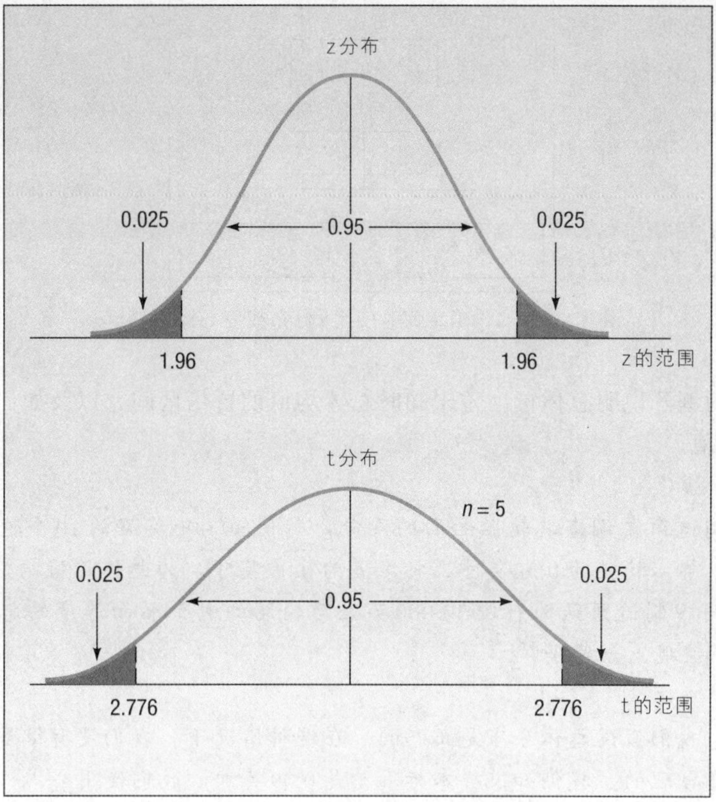

图9-2　95%置信水平的z值和t值

为了利用t分布构造一个总体均值的置信区间，我们将公式（9-1）调整如下：

σ未知时，总体均值的置信区间 $\bar{X} \pm t\frac{s}{\sqrt{n}}$　　(9-2)

为了构造未知总体标准差的总体均值置信区间，我们：

1.假设被抽样的总体是正态或者近似正态的。该假设对于小样本容量可能是有疑问的，而对于大样本容量是有效的。

2.用样本标准差(s)估计总体标准差(σ)。

3.使用t分布而不是z分布。

我们应明确这一点。根据总体标准差σ已知或未知，我们决定使用z或t分布。如果总体标准差已知，那我们就使用z分布。如果总体标准差未知，那么我们必须使用t分布。图9-3总结了决策过程。

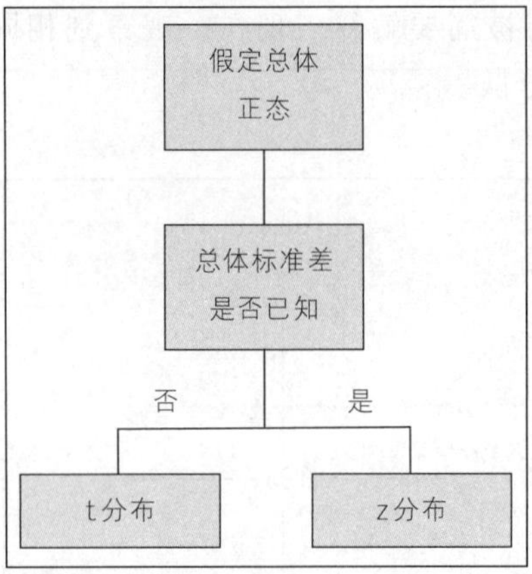

图9-3　确定何时使用z分布或者t分布

下面的例子说明总体标准差未知时总体均值的置信区间，以及如何在表中找到适当的t值。

举例：

轮胎制造商要调查其轮胎胎面的寿命。行使50 000英里的10个轮胎构成的样本显示：样本均值为0.32英寸，标准差为0.09英寸。为总体均值构建一个95%的置信区间。制造商认为行驶50 000英里后轮胎的剩余胎面厚度的总体均值是0.30英寸，该观点合理吗？

解答：

首先，我们假设总体分布是正态的。在这种情况下，我们没有很多证据，但假设可能是合理的。我们知道样本标准差是0.09英寸。我们使用公式（9-2）：

$$\overline{X} \pm t\frac{s}{\sqrt{n}}$$

从已有信息可知，$\overline{X}$ =0.32，s=0.09，n=10。为找到t值，我们使用附录B.2，其中一部分被列在表9-2中。第一步顺着列按照“置信区间”要求的置信水平确定t的位置。在这个例子中，我们想要95%的置信水平，所以定位在列标题为“95％”的列。左边界的列被标记为“df”，指的是自由度。自由度的数值是样本中观测值数量减去样本数，记为n−1。在该例中是10−1=9。为什么我们确定有9个自由度？当使用样本统计量时，必须确定可以自由变化的值的数量。

为了解释自由度的含义：假设有4个数的均值已知为5。这4个数分别是7，4，1和8。这些数字与均值的离差之和一定是0。离差+2，−1，−4和+3的总和确实为0。如果离差+2，−1和−4是已知的，那么要满足离差之和等于0，离差+3的值就是固定的。因而，因为一个数（算术平均数）是已知的，在包含样本标准差的抽样问题中就丧失了1个自由度。对于95%的置信水平和自由度9，我们选择自由度为9的那行，t值是2.262。

表9-2　t分布的一部分

	置信区间				
	80%	**90%**	**95%**	**98%**	**99%**
	单尾检验的显著性水平				
自由度	**0.10**	**0.05**	**0.025**	**0.010**	**0.005**
	双尾检验的显著性水平				
	0.20	**0.10**	**0.05**	**0.02**	**0.01**
1	3.078	6.314	12.706	31.821	63.657
2	1.886	2.920	4.303	6.965	9.925
3	1.638	2.353	3.182	4.541	5.841
4	1.533	2.132	2.776	3.747	4.604
5	1.476	2.015	2.571	3.365	4.032
6	1.440	1.943	2.447	3.143	3.707
7	1.415	1.895	2.365	2.998	3.499
8	1.397	1.860	2.306	2.896	3.355
9	1.383	1.833	2.262	2.821	3.250
10	1.372	1.812	2.228	2.764	3.169

为了确定置信区间，我们将这些值代入公式（9-2）。

$$\overline{X} \pm t\frac{s}{\sqrt{n}} = 0.32 \pm 2.262\frac{0.09}{\sqrt{10}} = 0.32 \pm 0.064$$

置信区间的端点值是0.256和0.384。我们如何解释这个结果呢？如果我们重复这个研究200次，用每个样本均值和标准差计算95%的置信区间，其中190个区间包含总体均值，10个区间不包含总体均值，这就是抽样误差的效应。总体均值在这个区间中的结论是合理的。制造商可以相当肯定（95%的置信水平），剩余胎面的平均厚度在0.256和0.384英寸之间。因为0.30在这个区间中，所以总体均值为0.30是可能的。

下面是说明置信区间应用的另一个例子。假设当地报纸的一篇文章报道说，该地区出售一套房子的平均时间为60天。你选取去年售出的20套房子作为一个随机样本，发现房子销售的平均时间为65天。根据样本数据，为总体均值构造一个95%的置信区间。你发现置信区间的端点值是62天和68天。你如何解释这个结果？你可以有理由相信总体均值是在这个范围内。总体均值的建议值是60天，不在这个区间内。总体均值60天是不可能的，当地报纸的声明可能不准确。换言之，从平均销售时间为60天的总体中获得的样本似乎是不合理的。

下面的例子将给出确定和解释置信区间的具体内容。我们用Minitab进行计算。

举例：

佛罗里达州Ft.Myers附近的Inlet Square商场的管理者想要估计顾客每次购物的平均消费额。有20名客户的一个样本显示下列消费金额：

$48.16	$42.22	$46.82	$51.45	$23.78	$41.86	$54.86
$37.92	$52.64	$48.59	$50.82	$46.94	$61.83	$61.69
$49.17	$61.46	$51.35	$52.68	$58.84	$43.88	

解答：

总体均值的最佳估计值是多少？确定一个95%的置信区间。解释该结果。总体均值为$50合理吗？$60合理吗？

商场管理者假定消费金额的总体服从正态分布。在这种情况下，这是一个合理的假设。此外，如果总体不是正态的，置信区间非常有用和通常会较为保守地承认对应的误差。

总体标准差是未知的。因此，利用t分布和公式（9–2）确定置信区间是适当的。我们使用Minitab系统找到样本均值和标准差。结果如下图所示：

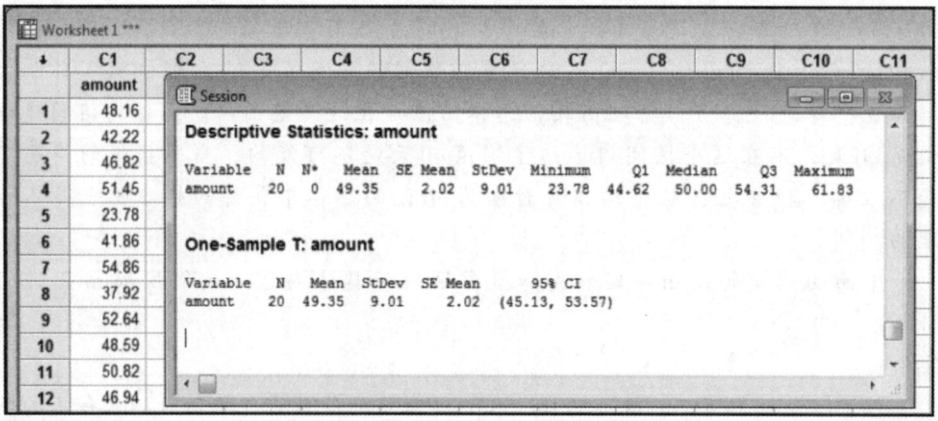

商场管理者不知道总体均值。样本均值是该值的最佳估计。从图示的

Minitab输出结果可见，均值是\$49.35，这是对未知总体均值的最佳估计，即点估计。

使用公式（9–2）确定置信区间。t值可从附录B.2得到。有n−1= 20−1= 19，即自由度。我们顺着行为自由度19，对应列为95%置信水平。在这个交叉点的值是2.093。我们将这些值代入公式（9–2）确定置信区间：

$$\overline{X} \pm t\frac{s}{\sqrt{n}} = \$49.35 \pm 2.093\frac{\$9.01}{\sqrt{20}} = \$49.35 \pm \$4.22$$

置信区间的端点为\$45.13和\$53.57。总体均值在这个区间中，这是合理的结论。

Inlet Square商场的管理者想知道总体均值是否是\$50或\$60。\$50在置信区间内。总体均值为\$50美元是合理的。\$60不在置信区间内。因此，我们认为总体均值不可能为\$60。

构造一个置信区间的计算也可以在Excel中进行，输出结果如下图所示。注意到样本均值（\$49.35）和样本标准差（\$9.01）与在Minitab的计算结果相同。在Excel的输出结果中，最后一行包括误差幅度。样本均值加减该值就是置信区间的端点值。该值计算如下：

$$t\frac{s}{\sqrt{n}} = 2.093\frac{\$9.01}{\sqrt{20}} = \$4.22$$

shopping

	A	B	C	D	E
1	Amount		Amount		
2	48.16				
3	42.22		Mean	49.35	
4	46.82		Standard Error	2.02	
5	51.45		Median	50.00	
6	23.78		Mode	#N/A	
7	41.86		Standard Deviation	9.01	
8	54.86		Sample Variance	81.22	
9	37.92		Kurtosis	2.26	
10	52.64		Skewness	-1.00	
11	48.59		Range	38.05	
12	50.82		Minimum	23.78	
13	46.94		Maximum	61.83	
14	61.83		Sum	986.96	
15	61.69		Count	20.00	
16	49.17		Confidence Level(95.0%)	4.22	
17	61.46				
18	51.35				
19	52.68				
20	58.84				
21	43.88				

在做置信区间练习前，我们要指出t分布的有用性质，它使我们能够利用t表迅速找到z和t值。在前面，我们详细说明了t分布的特点。最后一点表明随着我们增加样本容量，t分布近似于z分布。事实上，当我们有无限大的样本时，t分布刚好等于z分布。

为便于解释，表9-3是附录B.2的一部分，省略了自由度在4和99之间的行。为了找到95%置信区间对应的适当z值，我们回到置信区间的章节，选择列标题为“95%”。顺着该列移到最后一行，它表示为“∞”，或者无限自由度。报告的值为1.960，与附录B.1标准正态分布表中的值相同。这确认了t分布收敛于z分布。

这意味着什么？我们不用查询z表，而利用t表最后一行就可以找到构建置信区间的适当值。并且t表中的值具有三位小数。所以，利用该表构造90%的置信区间，对应90%那列的值为1.645，这比用z表得到的数值更精确。98%和99%置信区间对应的z值也可以查询到三位小数的值。注意：我们将使用表9-3总结的t表，找出下列练习题中三位小数的z值。

表9-3　　　　学生的t分布

df（自由度）	置信区间					
	80%	**90%**	**95%**	**98%**	**99%**	**99.9%**
	单尾检验的显著性水平，α					
	0.1	**0.05**	**0.02**	**0.01**	**0.001**	**0.0005**
	双尾检验的显著性水平，α					
	0.2	**0.1**	**0.05**	**0.02**	**0.01**	**0.001**
1	3.078	6.314	12.706	31.821	63.657	636.619
2	1.886	2.920	4.303	6.965	9.925	31.599
3	1.638	2.353	3.182	4.541	5.841	12.924
⋮	⋮	⋮	⋮	⋮	⋮	⋮
100	1.290	1.660	1.984	2.364	2.626	3.390
120	1.289	1.658	1.980	2.358	2.617	3.373
140	1.288	1.656	1.977	2.353	2.611	3.361
160	1.287	1.654	1.975	2.350	2.607	3.352
180	1.286	1.653	1.973	2.347	2.603	3.345
200	1.286	1.653	1.972	2.345	2.601	3.340
∞	1.282	1.645	1.960	2.326	2.576	3.291

自测题9-2

Dottie Kleman是著名的“Cookie Lady”。她在费城地区烘烤和销售甜点。Kleman女士较为关注工人旷工情况。下面报告中的信息指出在过去两周内10名工人的缺勤天数。

4	1	2	2	1	2	2	1	0	3

(a) 确定样本均值和标准差。

(b) 总体均值是多少？该值的最佳估计值是多少？

(c) 为总体均值构造95%的置信区间。假设总体分布是正态的。

(d) 解释t分布可以用于构造置信区间的原因。

(e) 在一个工作周期内工人没有缺勤是合理的结论吗？

练习题

9.使用附录B.2找到在下列情况下的t值。

a.样本容量为12且置信水平是95%。

b.样本容量为20且置信水平是90%。

c.样本容量为8且置信水平是99%。

10.使用附录B.2找到在下列情况下的t值。

a.样本容量为15且置信水平是95%。

b.样本容量为24且置信水平是98%。

c.样本容量为12且置信水平是90%。

(答案：a.2.145 b.2.500 c.1.796)

11.Britten鸡蛋农场主要估计每只鸡下蛋的平均数量。20只鸡的样本表明：它们每月平均产蛋20个，标准差为2个鸡蛋。

a.总体均值是多少？该值的最佳估计量是多少？

b.解释为什么使用t分布。你需要做什么假设？

c.对于95%的置信区间，t值是多少？

d.为总体均值构造95%的置信区间。

e.总体均值为21个鸡蛋是合理的结论吗？那么25个鸡蛋呢？

12.美国乳品行业要估计每年的平均牛奶消费量。16个人的样本显示：平均每年的消费量是60加仑，标准差是20加仑。

a.总体均值是多少？该值的最佳估计量是多少？

b.解释为什么使用t分布。你需要做什么假设？

c.对于90%的置信区间，t值是多少？

d.为总体均值构造90%的置信区间。

e.总体均值为63加仑是合理的结论吗？

(答案：a.未知，60 b.σ未知，正态总体 c.1.753 d.51.235，68.765 e.是)

13.Merrill Lynch证券和Health Care Retirement公司是俄亥俄州托莱多市中心的两个大企业。它们正在考虑合作为公司雇员提供儿童保健服务。作为可行性研究的一部分，它们希望估计为雇员提供儿童保健服务的每周平均费用。使用儿童保健服务的10名雇员的样本显示上周的费用如下：

\$107	\$92	\$97	\$95	\$105	\$101	\$91	\$99	\$95	\$104

为总体均值构造90%的置信区间。解释该结果。

14.匹兹堡地区的大型商会要估计在市中心工作的工人在上班路上花费的平均时间。15名工人构成的样本的花费时间显示如下：

29	38	38	33	38	21	45	34
40	37	37	42	30	29	35	

为总体均值构造98%的置信区间。解释该结果。

（答案：30.99，39.15，见教师手册）

9.4 比例的置信区间

到目前为止，在本章出现的资料使用的是定比尺度的测量指标。也就是说，我们使用了诸如收入、重量、距离和年龄等变量。我们现在要考虑下列情况：

• 南方技术学院的就业服务主管报告说80%的毕业生进入与他们研究领域相关的就业市场。

• 公司代表声称45%的汉堡王快餐店是通过汽车购餐窗口销售的。

• 芝加哥地区的住宅调查显示：85%的新建住宅装有中央空调。

• 对年龄在35至50岁之间的已婚男性的调查显示：63%的男性认为夫妻双方都应该工作。这些例子说明定类尺度的测量指标。当我们用定类尺度测量指标时，观测值被分为两个或两个以上相斥的类别。例如，南方技术学院毕业生是否进入与其研究专业相关的就业市场。一个汉堡王顾客是否通过汽车购餐窗口购买。有两种可能性，并且结果必须被归入两类之一。

实践中的统计学

许多报纸、新闻杂志和电视报告的调查结果都使用置信区间。例如，最近俄亥俄州托莱多市800个电视新闻的调查显示：44%的人收看当地CBS附属机构的晚间新闻。文章指出误差幅度是3.4%。点估计值加减该值将得到置信区间的端点值。从公式（9-4）和置信水平95%：$z\sqrt{\frac{p(1-p)}{n}}=1.96\sqrt{\frac{0.44(1-0.44)}{800}}=0.034$。

比例分数、比例或者百分比表示样本或总体中受关注对象的那部分。

作为比例的一个例子，最近的一项调查显示：100个人中有92个人赞同在夏天继续使用夏时制。样本比例是92/100，或0.92，或92%。如果我们令p表示样本比例，X是“成功”结果的数量，n是样本中个体的数量，我们可以定义样本比例如下：

$$\text{样本比例 } p=\frac{X}{n} \tag{9-3}$$

总体比例由π确定。因此，π指的是总体中的成功比例。回顾第6章，π为二项分布中“成功”比例。继续使用希腊字母表示总体参数和使用罗马字母表示样本统计量。

为构造比例的置信区间，我们必须满足以下假设。

1. 在第6章讨论的二项分布的条件已经得到满足。这些条件是：

a. 样本数据值是在n次试验中成功的次数。

b. 只有两种可能的结果。我们通常将结果之一标注为“成功”，另一个是“失败”。

c. 每次试验成功的概率是相同的。

d. 每次试验是相互独立的。

2. $n\pi$和$n(1-\pi)$都要大于或等于5。这个条件使我们能够用中心极限定理和标准正态分布，即用z构造置信区间。

构造总体比例的一个点估计值和置信区间与总体均值相似。为了说明这一点，现举例如下。John Gail在内布拉斯加州第三区竞选国会议员。在该地区选择了100个选民作为随机抽样进行调查，其中60个选民表示他们将在举行的选举中投他一票。样本比例是0.60，但总体比例未知。也就是说，我们不知道总体中有多少比例的选民会投票支持Gail先生。样本值0.60是我们对未知总体参数的最佳估计。因此，我们令p等于0.60，是未知π的一个估计值。

要构造总体比例的置信区间，我们使用：

总体比例的置信区间 $p \pm z\sqrt{\frac{p(1-p)}{n}}$ (9-4)

一个例子将有助于解释置信区间的构造过程并解释该结果。

举例：

美国Bottle Blowers（BBA）工会正考虑与Teamsters工会合并。据BBA工会规章制度，至少3/4的工会成员赞成才能批准合并。从现在的BBA工会中随机选择2 000名成员，其中1 600名成员赞成合并的建议。总体比例的估计值是多少？为总体比例构造一个95%的置信区间。根据样本信息做出的决策，你能够得出结论BBA成员赞成合并的比例能导致实现合并吗？为什么？

解答：

首先，根据公式（9-3）计算样本比例。它是0.80，由下式得到：

$$p = \frac{X}{n} = \frac{1\,600}{2\,000} = 0.80$$

因而，我们估计总体赞成合并建议的比例是80%。我们利用公式（9-4）确定95%的置信区间。对应95%置信水平的z值是1.96。

$$p \pm z\sqrt{\frac{p(1-p)}{n}} = 0.80 \pm 1.96\sqrt{\frac{0.80(1-0.80)}{2\,000}} = 0.80 \pm 0.018$$

置信区间的端点是0.782和0.818。较小的端点大于0.75。因此，我们认为合并的建议很可能会通过，因为区间估计包含的值大于全体成员的75%。

回顾置信区间的含义：如果针对100个不同的样本进行100次民意调查，其中95个样本构造的置信区间会包含真实的总体比例。此外，置信区间的含义在做决策时非常有用，尤其是在大选之夜。例如，Cliff Obermeyer竞选新泽西州第六区的国会议员。假设联系了500名选民进行民意调查，显示有275名选民投了赞成票。我们将假定这500名选民的民意调查是对第六区投票的随机抽样。这意味着样本中有55%的选民为Obermeyer先生投了赞成票。根据公式（9-3）：

$$p = \frac{X}{n} = \frac{275}{500} = 0.55$$

现在，为了保证选上，他必须在这些投票的总体中获得大于50%的选票。由此我们知道为他投票的总体比例的一个点估计为0.55。但是我们不知道将投赞成票的总体比例。所以问题是：我们能够从一个不到50%的选民支持Obermeyer先生的总体中选取一个500名选民的样本，并发现样本中55%的选民支持他吗？换言之，抽样误差，即 $p-\pi=0.55-0.50=0.05$ 可能是巧合吗，或者支持Obermeyer先生的总体选民比例会大于0.50吗？如果我们构造一个总体比例的置信区间，并发现0.50不在这个区间内，那么我们认为支持Obermeyer先生的选民比例大于0.50。这意味着什么？这意味着他应该会当选！如果0.50在这个区间内呢？则我们认为50%或者更小比例的选民会支持他，我们根据样本信息认为他可能不会当选。在这个例子中，使用95%的置信水平和公式（9-4）：

$$p \pm z\sqrt{\frac{p(1-p)}{n}} = 0.55 \pm 1.96\sqrt{\frac{0.55(1-0.55)}{500}} = 0.55 \pm 0.044$$

所以置信区间的端点是0.55−0.044=0.506和0.55+0.044=0.594。0.50不在这

个区间内。因此，我们得出结论多于50%的选民支持Obermeyer先生，足以让他当选。

这个程序是否使用过？是！这正是电视网络、新闻杂志和民意调查机构在大选之夜采用的程序。

自测题 9-3

一个市场调查估计家庭主妇中通过包装的形状和颜色辨认清洁剂品牌的比例。对1 400名家庭主妇采样，其中420名能够由此识别清洁剂的品牌名称。

(a) 估计总体比例的值。

(b) 为总体比例构造一个99%的置信区间。

(c) 解释你的发现。

练习题

15.West End Kwich Fill加油站的所有者想确定客户使用信用卡或借记卡支付的比例。他调查了100位客户，发现有80位客户支付加油钱。

a.估计总体比例的值。

b.为总体比例构造一个95%的置信区间。

c.解释你的发现。

16.Maria Wilson女士正在考虑竞选Bear Gulch镇的镇长。在填写申请前，她决定在Bear Gulch镇进行一次民意调查。一个400个选民的样本显示，有300人将在11月的大选中支持她。

a.估计总体比例的值。

b.为总体比例构造一个99%的置信区间。

c.解释你的发现。

（答案：a.0.75 b.0.694，0.806 c.见教师手册）

17.福克斯电视网络正在考虑将黄金时段犯罪调查节目替换为一个新的家庭喜剧表演秀节目。在做出最后决定前，网络管理人员选取了400名观众的样本。在观看了喜剧后，250名观众表示会观看新节目，并建议它取代犯罪调查节目。

a.估计总体比例的值。

b.为总体比例构造一个99%的置信区间。

c.解释你的发现。

18.Schadek Silkscreen印刷公司购买了塑料杯，并在杯上打印供体育比赛、舞会、生日以及其他特殊场合使用的标记。印刷公司的所有者Zack Schadek今天早上收到了订购的大量塑料杯。为确保杯子质量，他选择了300个杯子的随机抽样，他发现15个杯子有缺陷。

a. 在总体中残次品的比例估计值是多少？

b. 为残次品比例构造一个95%的置信区间。

c.Zack已经与他的供应商达成协议，如果残次品比例等于或者高于10%，他将该批杯子退回。他应该退回这批杯子吗？解释你的决定。

（答案：a.0.05 b.0.025，0.075 c. 不到10%的残次品）

9.5 选择合适的样本容量

研究置信区间时，样本容量是重要变量之一。然而，实际上样本容量不是一个变量。它是我们的决策以使总体参数估计量适当。我们的决策依据以下三个变量：

1. 研究者能够容忍的误差幅度。

2. 要求的置信水平，例如95%。

3. 正在研究的总体方差或者离散程度。

第一个变量是允许误差（误差幅度）。它用E表示。样本均值（或样本比例）加减该值是对应的置信区间的端点。例如在研究工资时，我们可以将$1 000加减允许误差决定想要估计的总体平均工资。或者在民意调查中，我们可以将3.5%加减允许的误差决定想要估计的总体比例。允许误差是我们在估计总体参数时愿意容忍的误差值。你可能想要知道为什么我们不选择小的允许误差。在允许误差和小样本之间得有权衡。小的允许误差将要求一个更大的样本，并且更多的钱和时间以收集样本信息。一个更大的允许误差将需要一个更小的样本并导致更宽泛的置信区间。

第二个选择是置信水平。当研究置信区间时，我们逻辑上会选择相对高的置信水平，如95%和99%。为计算样本容量，我们需要根据置信水平确定相应的z统计量。95%的置信水平对应的z值是1.96，而90%的置信水平对应的z值是1.645（利用t表）。注意到：置信水平越高，相应的样本容量越大（收集样本要更多的时间和钱）。

决定样本容量的第三个选择是总体标准差。如果总体更分散，大样本是必要的。另外，如果总体较为集中（同质的），所需的样本容量将更小。我们通常不知道总体标准差。为找到总体标准差的值，以下是三条建议。

1. **进行一项试验研究**。这是最常用的方法。假设我们要估计就读于得克萨斯大学商学院的学生每周工作小时数。为了测试问卷的有效性，我们利用学生构成的小样本，从这个小样本，计算工作小时数的标准差，并使用该值作为总体标准差。

2. **使用比较研究**。当从另一项研究中估计标准差时可以使用这种方法。假设我们要估计每周清洁工人工作的小时数。来自于某个定期研究劳动力的州或联邦机构的信息可以提供总体标准差的一个可靠估计值。

3. **使用基于范围的方法**。使用这种方法，我们需要知道或者估计一个总体中的最大值和最小值。回顾第3章，经验原则表明：假设服从正态分布，几乎所有的观察值都可以预期在均值的正负3倍标准差范围内。因而，最大值和最小值之间的距离是6倍的标准差。我们可以将该范围的1/6作为标准差的估计值。例如，大学银行的执行董事要估计每个月大学生填写单据的数量。她认为填写单据的数量服从正态分布。每月填写单据数量的最小值和最大值分别是2和50，所以范围是48（50−2）。那么每月单据是8，即48/6，可以作为总体标准差的值。

9.5.1 估计总体均值的样本大小

为估计总体均值，我们可以通过下面的公式表达其中三个因素以及样本容量。注意公式中的允许误差可以用于计算估计总体均值的置信区间端点值。

$$E = z\frac{\sigma}{\sqrt{n}}$$

求解方程中的n产生以下结果。

估计总体均值的样本容量

$$n = \left(\frac{z\sigma}{E}\right)^2 \tag{9-5}$$

其中，

n是样本容量。

z是对应置信水平的标准正态值。

σ是总体标准差。

E是最大允许误差。

这个计算结果并不一定是一个整数。当结果不是整数时，通常的做法是将分数向上调整为整数。例如，将201.22化整为202。

举例：

公共管理专业的一个学生想要确定在大城市的市议会成员每月获得的平均报酬。估计95%置信水平下均值的误差小于$100。学生查询劳工部的报告指出标准差为$1 000。所需的样本容量是多少？

解答：

最大允许误差E是$100。95%置信水平的z值为1.96，而标准差是$1 000。代入公式（9−5），给出所需的样本容量：

$$n = \left(\frac{z\sigma}{E}\right)^2 = \left[\frac{(1.96)(\$1\,000)}{\$100}\right]^2 = (19.6)^2 = 384.16$$

计算结果384.16取整为385。385的样本是符合规定要求的。如果学生要增加置信水平，例如到99%，这将需要更大的样本。利用t表，99%置信水平的z值是2.576。

$$n = \left(\frac{z\sigma}{E}\right)^2 = \left[\frac{(2.576)(\$1\,000)}{\$100}\right]^2 = (25.76)^2 = 663.58$$

我们推荐664的样本。观察置信水平变化后样本容量变化了多少。置信水平从95%增加到99%会导致279个观测值增加72%。这将极大地增加包含时间和钱在内的研究成本。因此，置信水平应慎重考虑。

9.5.2 估计总体比例的样本大小

确定比例的样本容量，需要考虑同样的三个变量：

1.允许误差。

2.要求的置信水平。

3.被研究总体的方差或者离散程度。

对于二项分布，允许误差是：

$$E = z\sqrt{\frac{\pi(1-\pi)}{n}}$$

求解方程中的n，产生下列方程：

对于总体比例的样本容量

$$n = \pi(1-\pi)\left(\frac{z}{E}\right)^2 \qquad (9\text{-}6)$$

其中，

n是样本容量。

z是对应置信水平的标准正态值。

π是总体比例。

E是最大允许误差。

对于z统计量和允许误差E的选择与估计总体均值是相同的。然而，在这种情况下，二项分布的总体标准差是由$\pi(1-\pi)$表示的。为了找到总体比例，我们需要进行比较研究或者进行试验研究。如果不能找到可靠的值，那么0.50可以作为π来使用。注意到用0.50，$\pi(1-\pi)$有最大值，因此没有对总体比例的最佳估计，会夸大样本容量。这个差别不会损害对总体比例的估计。

举例：

在前面例子中还估计了具有个人垃圾回收设备的城市比例。学生想要误差幅度在总体比例的0.10之内，要求的置信水平是90%，没有对总体比例的有效估计。则所需的样本容量是多少？

解答：

总体比例的估计将在0.10之内，因此，E=0.10。要求的置信水平是0.90，它对应的z值是1.645（利用t表）。因为没有总体比例的估计值，所以我们使用0.50。建议的观测值数量为：

$$n = (0.5)(1-0.5)\left(\frac{1.645}{0.10}\right)^2 = 67.65$$

学生需要69个城市的一个随机抽样。

自测题 9-4

教务主任想要估计在过去10年内所有毕业生的算术平均成绩（GPA）。

GPAs范围在2.0和4.0之间。平均GPA被估计在总体均值的正负0.05之内。根据之前的经验，总体标准差是0.279，使用99%的置信水平，你将帮助大学教务主任决定需要研究多少份成绩单。

练习题

19.估计总体标准差是10。我们要估计总体均值在2之内，且置信水平为95%。样本需要多大？

20.我们要估计总体均值在5之内，且置信水平为99%。总体标准差估计为15。样本需要多大？

（答案：60）

21.总体比例的估计在正负0.05之内，且置信水平为95%。总体比例的最佳估计是0.15。样本需要多大？

22.总体比例的估计是在正负0.10之内，且置信水平为99%。总体比例的最佳估计是0.45。样本需要多大？

（答案：165）

23.正在计划的一项调查要确定公司管理人员看电视的平均时间。一个试点调查显示：每周平均时间为12小时，标准差为3小时。估计平均收看时间在1/4小时。使用95%的置信水平。多少管理人员应当接受调查？

24.胡萝卜处理器可以削去每一胡萝卜绿顶，洗涤胡萝卜，并将6个胡萝卜装到1个袋里。20袋装一箱进行运输。为了测量箱子的重量，现检查部分装运箱。平均重量为20.4磅，标准差为0.5镑。在95%的置信水平下，使样本均值与总体均值的差异不超过0.2磅，需要多少由处理器装配的箱作为样本？

（答案：25）

25.假设美国总统想要估计支持他对医疗保障制度修订的现行政策的总体比例。总统希望估计结果在真实比例0.04之内。假设一个95%的置信水平。总统的政治顾问估计支持当前政策的比例是0.60。

a.样本需要多大？

b.如果没有对目前政策支持比例的可行估计值，多大的样本是必要的？

26.过去调查显示，30%的游客在周末去拉斯维加斯赌博花费超过$1 000。拉斯维加斯旅游局要更新这个百分比。

a.这项新的研究是用90%的置信水平。这一估计是在总体比例的1%之内。必要的样本容量是多少？

b.旅游局认为上述决定的样本容量太大。采取什么措施能够减小样本容量？基于你的建议，重新计算样本容量。

（答案：a.5683 b.E=0.05，则n=228）

本章总结

I.点估计是用于估计总体值（参数）的单个值（统计量）。

II.置信区间是一个值的范围，总体参数预期在这个范围内。

A.决定一个均值的置信区间宽度的因素是：

1.样本中观测值数量，n。

2.总体的变异程度，通常由样本标准差s估计。

3.置信水平。

a.当总体标准差已知时，要确定置信区间，我们使用z分布。公式是：

$$\overline{X} \pm z\frac{\sigma}{\sqrt{n}} \qquad (9-1)$$

b.当总体标准差未知时，要确定置信区间，我们使用t分布。公式是：

$$\overline{X} \pm t\frac{s}{\sqrt{n}} \qquad (9-2)$$

III. t分布的主要特点是：

A.它是一个连续分布。

B.它是丘形对称的。

C.它比标准正态分布更平坦或者更分散。

D.有一族t分布，取决于自由度的数值。

IV.比例是一比率、分数，或百分比，指样本或总体中具有特定特征的部分。

A.样本比例是由X（成功的次数）除以n（观测值数目）得到的。

B.我们用下面的公式构造样本比例的置信区间：

$$p \pm z\sqrt{\frac{p(1-p)}{n}} \qquad (9-4)$$

Ⅴ.对于均值和比例的估计，我们能够决定适当的样本容量。

A.当我们估计均值时，有三个因素决定样本容量。

1.允许误差，E。

2.要求的置信水平。

3.总体的方差。

4.对于均值，确定样本容量的公式是：

$$n = \left(\frac{z\sigma}{E}\right)^2 \qquad (9-5)$$

B.当我们估计比例时，有三个因素决定样本容量。

1.允许误差，E。

2.要求的置信水平。

3.计算总体方差的π值。

4.对于比例，确定样本容量的公式是：

$$n = \pi(1-\pi)\left(\frac{z}{E}\right)^2 \qquad (9-6)$$

本章练习题

27.在通用汽车集团内选取了一个由85名团队领导人、监督员及类似人员构成的随机抽样。样本显示：他们平均需要6.5年时间才能晋升。样本标准差为1.7年。构造置信水平为95%的置信区间。

28.爱荷华州的一个肉类督察员要估计标有“3磅”袋装碎牛肉的平均净重。当然，他认识到重量不一定为精确的3磅。36袋碎牛肉的一个样本显示，平均重量为3.01磅，标准差为0.03磅。

a.总体均值的估计值是多少？

b.确定总体均值的95%置信区间。

（答案：a.3.01 b.2.9999，3.0202）

29.作为业务推广的一部分，Milwaukee Chamber商会要估计租赁一居室公寓的每月平均成本。随机选取了40间公寓的一个样本显示：每月的平均成本是$323，样本的标准差是$25。

a.为总体均值构造98%的置信区间。

b.认为总体均值是每月$350合理吗？

30.对在最近萧条时期50名被解雇的管理人员的调查显示，他们平均需要26周的时间找到另一份工作。样本标准差为6.2周。构造总体均值95%的置信区间。总体均值是28周合理吗？证明你的答案。

（答案：24.24，27.76，28不在区间内）

31.Marty Rowatti最近担任了South Jersey地区YMCA的领导者。他想要获得一些关于YMCA成员的会员年限数据。为了调查，假设他选择40个成员的一个随机抽样。样本中成员的平均会员年限为8.32年，标准差为3.07年。

a.总体均值是多少？

b.为总体均值构造90%的置信区间。

c.前一位领导者在她退休时编写的总结报告中称成员的平均会员年限是“大约10年”。样本信息支持这种说法吗？给出证据。

32.美国餐饮协会收集了关于年轻夫妇每周在外就餐的次数。60对夫妇的调查显示：在外就餐的样本均值为每周2.76次，标准差为每周0.75次。为总体均值构造一个99%的置信区间。

（答案：2.51，3.01）

33.全国大学体育协会（NCAA）的报告显示：本赛季学院足球助理教练每周在训练和招聘方面花费的时间平均为70小时。50名助理教练的一个随机样本表明，样本均值为68.6小时，标准差为8.2小时。

a.利用样本数据，为总体均值构造99%的置信区间。

b.99%的置信区间包含NCAA报告的值吗？解释这一结果。

c.假设你决定将99%的置信区间变化为95%的置信区间。不用计算，置信区间将扩大、缩小还是保持不变？公式中的哪个值将改变？

34.Electronics公司的人事部想将牙科计划作为员工福利的一部分。问题是：一个典型的员工和他的家庭每年在牙齿上花费多少？45名员工的样本显示，去年的平均花费为$1 820，标准差为$660。

a.为总体均值构造一个95%的置信区间。

b.将（a）中的信息提供给Electronics公司总裁。他表示能够为每名员工支付牙科费用$1 700。总体均值可能是$1 700吗？证明你的答案。

（答案：a.$1 622，$2 018 b.$1 700，可能）

35.学生进行了调查并报告说，总体均值的95%置信区间是从46到54。他确信样本均值为50，样本标准差为16，并且样本容量至少是30，但确切数字记不住。你能帮助他吗？

36.美国汽车经销商协会最近的一项研究显示，20位汽车经销商的样本显示每辆车的平均利润为$290，标准差为$125。为总体均值构造一个95%的置信区间。

（答案：$231.50，$348.50）

37.美国银行家协会的研究显示：25个四年制大学毕业生贷款的平均欠款金额为$14 381，样本标准差为$1 892。为总体均值构造一个90%的置信区间。总体均值是$15 000合理吗？说明理由。

38.出售房产的一个重要因素是看房的人数。在纽约Buffalo地区出售15套房产的样本显示，每套房产的平均看房人数是24人，样本标准差为5人。为总体均值构造一个98%的置信区间。

（答案：20.61，27.39）

39.Warren县电话公司在其年度报告中称“代表性客户每月在本地和长途电话服务上的花费为$60”。12个用户的抽样调查显示上个月的花费支出如下：

$64	$66	$64	$66	$59	$62	$67	$61	$64	$58	$54	$66

a.总体均值的点估计是多少？

b.为总体均值构造一个90%的置信区间。

c.该公司声称“代表性客户”每月要花费$60合理吗？证明你的答案。

40.一个新系列喷墨打印机的制造商想要知道一个使用者能够预期的一个墨盒打印的纸张数量以作为其广告的一部分。10个墨盒的抽样调查显示了可以打印的纸张数量。

2 698	2 028	2 474	2 395	2 372	2 475	1 927	3 006	2 334	2 379

a.总体均值的点估计是多少？

b.为总体均值构造一个95%的置信区间。

（答案：a.2 408.8 b.2 191.06，2 626.54）

41.Susan Benner博士是一个工业心理学家。她目前正在研究互联网公司管理者的压力。她设计了一份她认为能测试压力的问卷调查。高于80分表明压力处于危险水平。15名管理者的一个随机抽样显示下面的压力水平分数：

94	78	83	90	78	99	97	90	97	90	93	94	100	75	84

a.找出该样本的平均压力水平。总体均值的点估计是多少？

b.为总体均值构造一个95%的置信水平。

c.根据Benner博士的测试，互联网公司管理者的平均压力水平处在危险水平是合理的吗？

42.作为雇佣条件，时装工业申请人必须通过毒品测试。过去220名申请人有14名申请人未能通过测试。对未通过测试申请者的比例构造一个99%的置信区间。高于10%的申请人不能通过该测试的结论是合理的吗？

（答案：0.021，0.106，不）

43.时装工业每年随机测试员工。去年对400名员工进行随机测试，其中14名员工未通过测试。对未通过测试员工的比例构造一个99%的置信区间。有不到5%的员工不能通过随机药检的结论是合理的吗？并解释。

44.在国家关于医疗保健变化讨论期间，有线新闻服务机构对500家小企业所有者进行了一项调查。结果显示65%的小企业所有者不赞成该项变化。对反对该项医疗保健变化的比例构造一个95%的置信区间。评论该结果。

（答案：0.6082，0.6918）

45.在南卡罗莱纳州York县有20 000名合格选民。一个由500名York县选民构成的随机样本显示，350名选民计划投票选Louella Miller能使其再次当选州参议院议员。为计划为Miller女士投票的该县选民的比例构造一个为99%的置信区间。根据样本信息，你能证实她将连任吗？

46.在估计总统受欢迎度的一个民意测验中，1 000名投票人样本中每个人都被询问是否赞成下列陈述之一：

1.总统做得很好。

2.总统做得不好。

3.我没有意见。

其中560名选择了第一个陈述，表明他们认为总统做得很好。

a.为认为总统做得很好的投票人比例构造一个95%的置信区间。

b.根据你在（a）中的置信区间，是否合理地得出结论，总体中大部分（超过一半的总体）认为总统做得很好？

（答案：a.0.53，0.59 b.是，50%不在区间内）

47.据估计，60%的美国家庭安装了有线电视。你想为同学验证大众传播中的这一说法。如果你想要估计在5个百分点之内，在95%的置信水平下需要多大的样本？

48.你需要估计每年驻外销售代表的平均销售天数。一个小型试验研究表明均值为150天，标准差为14天。如果你必须估计总体均值在2天内，应该如何确定驻外销售代表的样本大小？用90%的置信水平。

（答案：133）

49.设计一项调查，以确定在佛罗里达州中部农村地区的家庭平均收入。问题是，应该有多少个家庭作为样本？在一个10个家庭的调查样本中，样本的标准差是$500。该项调查的赞助商想要你使用95%的置信水平。该估计在$100之内。应采访多少个家庭？

50.Families USA月刊与其20名读者讨论了有关健康和医疗费用的问题。结果发现，一个家庭每年的健康保费平均为$10 979。样本标准差为$1 000。

a.根据该样本信息，为总体年均保费构造一个90%的置信区间。

b.在均值$250之内构造99%的置信区间需要多大的样本？

（答案：a.$10 592，$11 366 b.107）

51.乘客舒适度受到航空公司客舱增压量的影响。更高的增压量接近于正常的环境，所以乘客会感觉更舒服。由航空公司用户组研究记录了30个随机选择的航班的相应空气压力。这项研究揭示了8 000英尺的平均等效压力的标准差是300英尺。

a.为等效压力的总体均值构造一个99%的置信区间。

b.在均值的25英尺之内构造总体均值的95%置信区间需要多大的样本？

52.由佛罗里达州权威部门雇用的25人构成的一个随机样本，他们的平均工资（包括福利）为每小时$ 65.00，样本标准差为每小时$ 6.25。

a.总体均值是多少？总体均值的最佳估计是多少？

b.为这些雇员的总体平均工资（包括福利）构造一个99%的置信区间。

c.允许误差在$1.00之内构造95%的置信区间，估计总体均值需要多大的样本？

（答案：a.未知，$65 b.$61.50，$68.50 c.151）

53.电影联盟利用一个50名美国公民的随机样本发现去年美国人平均花费78小时看电影和DVD，样本标准差为9小时。

a.为去年看录像和DVD的总体平均小时数构造一个95%的置信区间。

b.在样本均值1.0小时之内以90%的置信水平构造总体均值的置信区间，样本应该多大？

54.Dylan Jones认真地记录了他的新车油耗。在前9次加满油后，他发现样本均值为23.4英里每加仑（mpg），样本标准差为0.9英里每加仑。

a.计算mpg的95%的置信区间。

b.他需要加几次油以使允许误差在0.1mpg内？

（答案：a.22.708，24.092 b.312）

55.一项调查随机选择了36个“iPhone”使用者的样本，其显示：平均购买价格为$416，样本的标准差为$180。

a.计算样本均值的标准误差。

b.计算均值的95%置信区间。

c.在$10之内估计总体均值需要多大的样本？

56.为了解有两个或更多工作的劳动力比例，你计划进行一项调查。你决定95%的置信水平和估计比例必须在总体比例2%之内。一个试点调查显示，50个被调查者中有5个人有2个或更多份工作。需要采访多少劳动力才能符合你的要求？

（答案：865）

57.在过去3年内跳槽的公共会计师的比例估计在3%之内。使用95%的置信水平。几年前的一项研究显示，3年内跳槽的公共会计师百分比是21。

a.要更新这项研究，需要研究多少名公共会计师？

b.如果没有以前对总体比例的估计可用，应该联系多少名公共会计师？

58.作为账户年度审查的一部分，一个减佣经纪人选择了36个客户的一个随机样本。他们的账户是为总账户估价而被审查的，显示了样本均值为$32 000，样本标准差为$8 200。对于客户总体的平均账户估计的一个90%置信区间是多少？

（答案：29 690，34 310）

59.国家体重控制登记处试图挖掘已经成功减肥至少30磅且保持至少1年的人成功的秘密。报告显示2 700名登记者中有459名依赖于低碳水化合物饮食（每天低于90克）。

a.为该比例构造一个95%的置信区间。

b.总体百分比是18%可能吗？

c.在0.5%之内估计比例需要多大的样本？

60.在选举期间，有线新闻服务机构对1 000名可能的选民进行了一项民意调查。结果表明共和党竞选者有52%到48%的优势。

a.为赞成共和党的总体比例构造一个95%的置信区间。

b.估计民主党选举占优的概率。

c.根据3 000名可能的选民的样本重复上述分析。

（答案：0.489，0.551 b.0.102 c.0.502，0.538和0.0132）

61. 352名Wired杂志的读者构成的一个样本显示：每周使用互联网的平均时间为13.4小时，样本标准差为6.8小时。为Wired读者在互联网上的平均时间找到95%的置信区间。

62.田纳西州旅游协会（TTI）对该州游客计划露营的比例的样本信息进行抽样。目前估计显示，35%的游客会露营。你会使用多大的样本在允许误差2%内估计总体比例的95%置信区间？

（答案：2 185）

数据集练习题

（练习中数据见网站 www.mhhe.com/lindbasic8e）

63.参照房地产的数据中亚利桑那州Goodyear地区去年出售的房屋信息。

a.为房屋平均售价构造一个95%的置信区间。

b.为房屋到城市中心的平均距离构造一个95%的置信区间。

c.为有车库房屋比例构造一个95%的置信区间。

d.根据你的结果，写一份商业备忘录给Goodyear Chamber商会主席Gary Loftus。

64.参照2010年棒球比赛数据中30支职业棒球大联盟球队2010赛季的信息。

a.为每队本垒打的平均数量构造一个95%的置信区间。

b.为每队失误的平均数量构造一个95%的置信区间。

c.为每队盗垒的平均数量构造一个95%的置信区间。

65.参考Buena校园巴士数据。

a.为巴士平均维修成本构造一个95%的置信区间。

b.为巴士平均行驶里程构造一个95%的置信区间。

c.写一份商业备忘录提供给交通部门报告你的结果。

实践测试

第1部分：客观题

1.一个________是利用样本信息的单一值，用于估计总体参数。

2.一个________是一个范围，总体参数可能在该范围内。

3.假设样本容量和标准差相同，一个90%的置信区间是________一个95%的置信区间。（等于，宽于，窄于，不知道）

4.一个________表明有指定特点的样本比例。

5.对于95%的置信水平，近似________百分比的区间将包含估计的总体参数。

6.为了构造均值的置信区间，当________已知时才能用z分布。（总体均值，总体标准差，样本容量，总体容量）

7.为了构造比例的置信区间，需要满足四个条件的概率分布是________。（正态分布，Possion，t分布，二项分布）

8.随着自由度增加，t分布________。（近似二项分布，超过正态分布，近似z分布，成为正偏的）

9.________对样本容量没有影响。（置信水平，允许误差，总体中位数，总体变异性）

10.为了找到适当的t值，哪个是必要的？（自由度，置信水平，总体均值）

第2部分：问题

1.对南卡罗莱纳州26个Conway地区居民的最近一项研究表明：他们已经在

现在的地址居住的平均时间为9.3年，标准差为2年。

a.总体均值是多少？

b.总体均值的最佳估计是多少？

c.均值的标准误差是多少？

d.为总体均值构造一个90%的置信区间。

2.最近的联邦报告表明27%的2到5岁儿童每周至少吃5次蔬菜。需要多大的样本能在2%之内以98%的置信水平估计真实的总体均值？确定使用联邦报告的证据。

3.费城地区运输部门想要估计在市中心上班的工人使用公共交通工具上班的比例。最近的研究表明：100名工人中64名工人使用公共交通工具。构造一个95%的置信区间。

软件命令说明

1.对前面描述统计的Mintab命令是：进入数据第1列，将其标示为amount。在工具栏，选择Stat，Basic Statistics和Display Descriptive Statistics。在对话框中，选择amount作为Variable，并点击OK。

2.对前述Inlet商场消费支出的置信区间的Minitab命令如下：

a.进入C1列中20个消费支出并命名变量amount。

b.在工具栏，选择Stat，Basic Statistics，并点击1-Sample t。

c.选择“Samples in columns:”，并选择amount，点击OK。

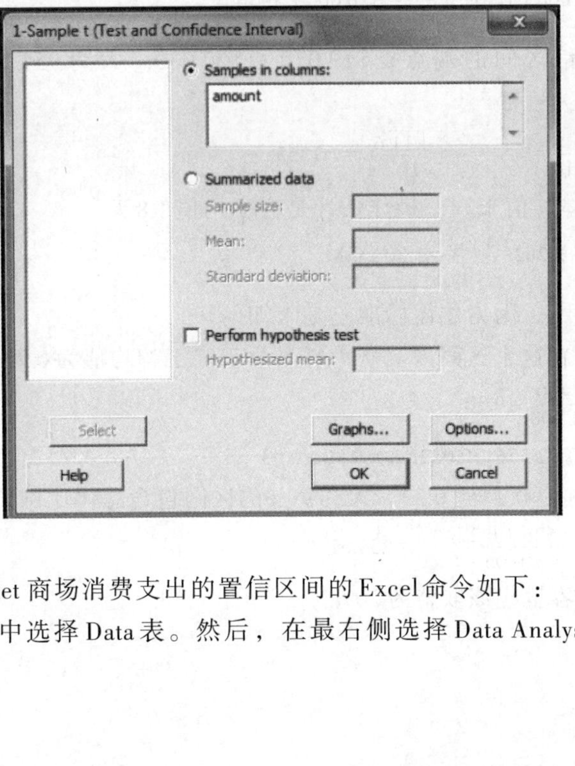

3.对前述Inlet商场消费支出的置信区间的Excel命令如下：

a.从菜单栏中选择Data表。然后，在最右侧选择Data Analysis和Descriptive

Statistics，并单击OK。

b. 在 Input Range 键入 A1：A21，点击 Labels in first row，键入 C1 作为 Output Range，点击Summary statistics和Confidence Level for Mean，并点击OK。

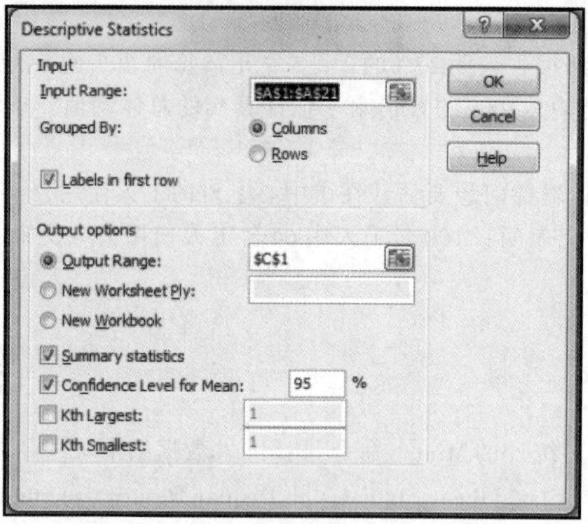

自测题答案

9-1 a.未知。这是我们要估计的值。

b.\$20 000，点估计。

c. $\$20\,000 \pm 1.96\frac{\$3\,000}{\sqrt{40}} = \$20\,000 \pm \$930$

d.置信区间的端点是\$19 070和\$20 930。大约95%的区间包含总体均值。

9-2 a. $\overline{X} = \frac{18}{10} = 1.8 \qquad s = \sqrt{\frac{11.6}{10-1}} = 1.1353$

b.总体均值未知。最佳估计是样本均值1.8天。

c. $1.8 \pm 2.262\frac{1.1353}{\sqrt{10}} = 1.80 \pm 0.81$

d.使用t，因为总体标准差是未知的。

e.0不在这个区间内。认为每名员工旷工的均值为0天是不合理的。

9-3 a. $p = \frac{420}{1\,400} = 0.30$

b. $0.30 \pm 2.576（0.0122）= 0.30 \pm 0.03$

c.区间是0.27到0.33。大约99%的区间包含总体比例。

9-4 $n = \left(\frac{2.576（0.279）}{0.05}\right)^2 = 206.61$

样本容量应该取整为207。

第10章 单样本假设检验

本章学习目标

当你学完本章内容，你应该能够：

1. 定义假设与假设检验。
2. 描述假设检验的五个步骤。
3. 区分单侧假设检验与双侧假设检验。
4. 对总体均值进行假设检验。
5. 对总体比例进行假设检验。
6. 定义第I类错误与第II类错误。

10.1 导言

我们从第8章开始了统计推断的学习。我们阐述了如何抽取一个随机样本，以及如何根据这个样本来估计总体参数。例如，我们从Spence Sprockets抽取了5名员工组成一个样本，调查每个员工的服务年限，再计算出平均服务年限，并使用这个样本均值来估计Spence Sprockets全体员工的平均服务年限。换句话说，我们用样本统计量对总体参数进行估计。

第9章我们继续学习了统计推断，其内容是置信区间。置信区间是我们预期总体参数很可能被包含在其中的一个取值范围。在本章，我们不再关心如何建立一个可能包含总体参数的取值范围，而是建立一套程序，用来检验一个关于总体参数的论述的可靠性。若干个我们可能想要检验的论述如下：

· 汽车通过西弗吉尼亚的公路收费站的第150里程标志处的平均时速为68

英里。

· 租借Chevy TrailBlazer汽车3年的人，他们的平均行驶里程为32 000英里。

· 一个美国家庭居住在一座独门独户住宅的平均时间为11.8年。

· 2007年销售岗位的四年制大学毕业生的平均起薪为37 130美元。

· 中西部偏北地区35%的退休人员在退休后一年以内卖掉他们的房屋，搬到气候更温暖的地方居住。

· 80%经常购买州彩票的人从未在任何一次买彩票中赢得100美元以上。

本章以及接下来的几章将论述统计假设检验。首先，我们定义统计假设和统计假设检验；其次，我们概述统计假设检验的步骤；再次，我们对均值和比例进行假设检验；最后，我们阐述由抽样导致的假设检验可能犯的错误。

10.2 什么是假设？

假设（hypothesis）是对总体的一个论述，然后利用数据来考察该论述的合理性。我们首先需要对假设下定义。在美国的法律体系中，一个人在被证实有罪之前都是无辜的。陪审团事先假设被指控犯罪的人是无辜的，然后根据各种证物和证言来进行核查，直至判决。类似情形还有，病人向他的医生说出多种症状，医生会依据症状要求病人进行几项有助于诊断的检查，然后根据症状和检查结果来确定接下来的治疗方案。

在统计分析中，我们首先做出一个论述，即陈述一个假设，然后收集数据，最后运用数据来验证此论述。我们定义统计假设如下：

假设 有待验证的关于总体参数的一个论述。

多数情况下，总体数目太大，以至于不能逐一研究总体中的每一个项目、每一个对象或每一个人。例如，不大可能对全美所有系统分析员进行调查，以得到其月收入。同样地，Cooper Tire公司的质量保证部门不可能对生产出来的每一个轮胎进行测试，以确定轮胎是否能使用60 000英里以上。

正如第8章说过的，考察总体的一个替代方法是从总体抽取一个样本。因此，我们可以通过检验来确定样本是否支持关于总体的论述。

10.3 什么是假设检验？

术语假设检验（hypothesis testing）与检验假设（testing a hypothesis）可以互换使用。假设检验从一个关于总体参数——如总体均值的论述或假定开始。如上所述，这个论述被称为假设。一个假设可能是像Circuit City那样的电子零售商店的销售人员的月平均佣金是2 000美元。我们不可能联系所有的销售人员来查明均值是否是2 000美元。找到并访问全美电子零售商店的销售人员的成本是高昂的。为了检验假设（μ =\$2 000）的合理性，我们必须从由所有电子零售商店的销售人员构成的总体中抽取一个样本，计算样本统计量，并根据一定的决策规则决定是接受还是拒绝该假设。显然，样本均值为1 000美元的样本将毫无疑问地拒绝该假设。然而，假如样本均值是1 995美元又该怎样呢？它是否足够接近2 000美元，以致使我们接受总体均值是2 000美元的假设呢？我们能否把这两个均值之间5美元的差异归因为抽样误差，还是说这个差异具有统计显著性呢？

假设检验 基于样本信息和概率理论来判断假设是否是合理的。

10.4 假设检验的五个步骤

假设检验有具有条理性的五个步骤。当我们进行到第五步时，我们就可以决定是否拒绝原假设了。然而，统计学家所使用的假设检验方法并不能证明什么事情是正确的，这与数学家“证明”一个论述是不同的。假设检验类似于法律体系，提供了一种“无合理疑点的证明”。因此，应该遵循如下图所示的特定的程序。接下来，我们将详细介绍每个步骤。

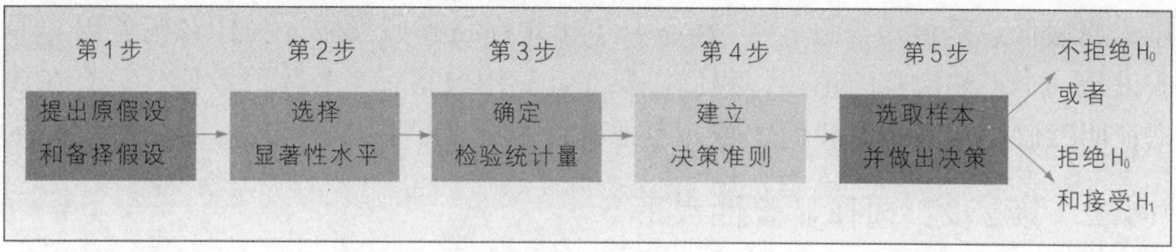

10.4.1 第1步：提出原假设和备择假设

第1步是提出待检验的假设。它被称为原假设（null hypothesis），记为H_0，读作“H sub zero”。大写字母H代表假设，下标0表示无差异。通常，原假设中有“不是”或“没有”这样的字眼，表示“没有变化”。例如，原假设是钢带轮胎的平均行使里程与60 000英里没有差异。此原假设可写作H_0：μ=60 000。一般而言，我们依据检验目的来提出原假设。我们或者拒绝或者不拒绝原假设。除非样本数据有充分证据说明原假设是错误的，否则原假设是一个不被拒绝的论述。

我们必须强调，即使样本数据没有拒绝原假设，我们也不能说原假设是真实的。换种说法，不拒绝原假设并不能证明H_0为真，而仅意味着我们没有否定H_0而已。要想证明原假设是千真万确的，必须知道总体参数。而为了精确确定总体参数，我们应对总体中的每个个体进行测试、调查和计算。这通常是不可行的。代替方法是从总体中抽取一个样本。

同时提请注意，我们提出原假设时通常这样说“……之间没有显著差异”或

"这种玻璃的平均抗击力与……没有显著差异"。当我们从总体抽取一个样本时，该样本统计量通常不同于假设的总体参数。例如，假设玻璃板的抗击力是70psi，而由12块玻璃板组成的样本的平均抗击力为69.5psi。我们需要对这0.5psi的差异作出一个决策：它是真实的差异即显著性差异，还是由随机抽样造成的样本统计量（69.5）与假设的总体参数（70.0）之间差异。为了回答这个问题，我们需要进行显著性检验，通常称为假设检验。原假设的定义如下：

原假设 关于总体参数值的一个论述，此论述是为了检验数字证据的目的而被提出的。

备择假设（alternate hypothesis）描述的是如果拒绝原假设会得到怎样的结论。它记为 H_1，读作"H sub one"。备择假设又称作研究假设。如果样本数据提供了足够统计证据说明原假设是错误的，那么我们就接受备择假设。

备择假设 当样本数据提供足够证据说明原假设错误时我们所接受的论述。

下面的例子将有助于阐明原假设与备择假设的含义。最近的一篇文章指出，美国商用飞机的平均使用时间为15年。为了对此论述进行统计检验，第一步是提出原假设和备择假设。原假设反映当前的或报道的情况，即 H_0：$\mu=15$。备择假设认为上述论述不是真实的，即 H_1：$\mu\neq15$。应该记住，不管问题如何被阐述，原假设总是包含等号，等号（=）不出现在备择假设中。为什么呢？因为原假设是一个正被检验的论述，我们需要在计算中包括一个具体的数值。只有在数据证明原假设不真时，我们才转而考虑备择假设。

10.4.2 第2步：选择显著性水平

建立原假设和备择假设后，下一步应说明显著性水平（level of significance）。

显著性水平 原假设为真时拒绝原假设的概率。

我们用希腊字母阿尔法（α）表示显著性水平，有时它也被称作风险水平。后者实际上更为确切，因为它反映了当原假设为真时你拒绝原假设所冒的风险。

没有任何一个显著性水平能被应用于所有检验中。决策时，我们可以将显著性水平设定为0.05（通常表示为5%），或0.01，或0.10，或介于0与1之间的任意其他数值。习惯上，0.05被用于消费研究项目，0.01被用于质量保证研究项目，0.10被用于政治民意调查研究项目。在建立决策规则和收集样本数据之前，研究人员必须确定显著性水平。

为说明拒绝一个正确的原假设的可能性，我们假定，一家个人计算机制造商要使用大量印刷电路板。供货商进行竞价，报价最低的获得大额订单。假设合同规定，计算机制造商的质检部门要对所有到货电路板进行抽样，若样本中超过6%的产品低于标准规格，则有权退货。原假设是到货的电路板中低于标准规格的比例小于等于6%，备择假设是有缺陷的电路板的比例大于6%。

从7月21日Allied Electronics公司运抵的电路板中抽取50件作为样本，发现有4件，也就是说8%的电路板是有缺陷的，由于有缺陷的电路板超过了6%的容忍限度，这批电路板将被退货。然而，假如从50个样品中检出的4件次品是到货的4 000件电路板中仅有的4件次品，那么次品率仅为0.1%（4/4 000=0.001）。在这种情况下，该批电路板中只有不足6%的次品，退货是错误的决定。从假设检验角度考虑，我们在应该接受原假设时却拒绝了该批电路板。拒绝一个正确的原假设，意味着我们犯了第I类错误（type I error）。犯第I类错误的概率为 α 。

第I类错误　当原假设 H_0 为真时，拒绝原假设的概率。

犯另一种错误，即第II类错误（type II error）的概率用希腊字母贝塔（ β ）表示。

第II类错误　当原假设错误时，接受原假设的概率。

如果Allied Electronics公司运抵的印刷电路板中有15%是有缺陷的，但该个人计算机制造商却不知情，接受了该批货物，此时就犯了第II类错误。

这是如何发生的呢？若抽取的50件样品中仅有2件，也就是说4%的电路板经检验为次品，其他48件都是正品的电路板。根据约定，因为样品中次品率小于6%，故应接受该批电路板。甚至存在这种偶然性，样品中的48件正品电路板是该批4 000件电路板中仅有的正品！

我们曾经说过，研究人员不可能对总体中每个单元或个体加以考察。因此，可能犯两类错误：本应接受原假设却拒绝了它——第I类错误；本应拒绝原假设却接受了它——第II类错误。

我们通常把犯这两类错误的概率记为阿尔法（ α ）和贝塔（ β ），阿尔法（ α ）是犯第I类错误的概率，贝塔（ β ）是犯第II类错误的概率。

下表总结了研究人员可能做出的决策及其产生的结果。

原假设	研究人员：不拒绝 H_0	研究人员：拒绝 H_0
H_0为真	正确决策	第I类错误
H_0为假	第II类错误	正确决策

10.4.3　第3步：确定检验统计量

有许多检验统计量（test statistics）。本章我们仅使用z统计量和t统计量作为检验统计量。在其他章中，我们将会使用F统计量和被称为卡方的 χ^2 统计量。

检验统计量　由样本信息确定的用于决定是否应拒绝原假设的一个数值。

在关于均值的假设检验中，当 σ 为已知时，检验统计量z的计算公式如下：

检验均值，σ已知 $z=\dfrac{\overline{X}-\mu}{\sigma/\sqrt{n}}$ （10-1）

z的值取决于 $\overline{X}$ 的抽样分布。$\overline{X}$ 服从正态分布，其均值 $\mu_{\overline{X}}$ 等于 μ，标准差 $\sigma_{\overline{X}}$ 等于 $\sigma/\sqrt{n}$。因此，我们可通过公式（10-1）计算 $\overline{X}$ 与 μ 相距了几个 $\overline{X}$ 的标准差，从而判断 $\overline{X}$ 与 μ 的差异是否具有统计显著性。

10.4.4 第4步：建立决策准则

决策准则是原假设被拒绝和原假设不被拒绝的具体条件。拒绝域定义了一个取值范围，这个范围内的值要么过大要么过小，使得当原假设为真时，在该范围内取值发生的概率非常小。

图10-1描述了我们稍后将要进行的显著性检验的拒绝域。

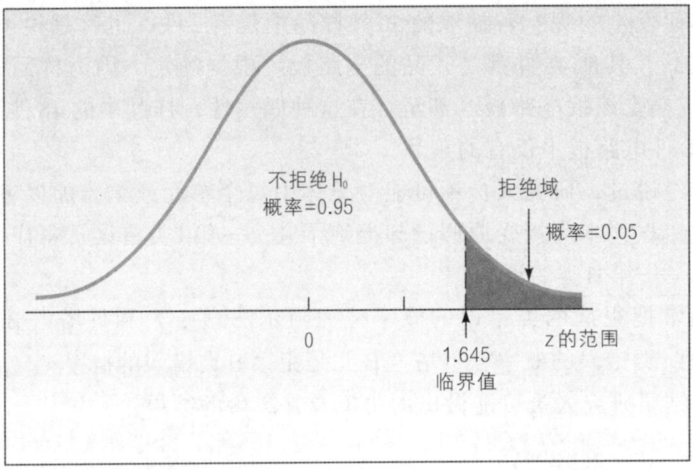

图10-1 z统计量的抽样分布，右侧检验，0.05的显著性水平

要注意图中：

1. 原假设不被拒绝的区域是在1.65的左边。稍后我们讲述如何得到1.65这个数值。
2. 拒绝域是在1.65的右边。
3. 应用的是单侧检验（稍后将会进一步说明）。
4. 选择0.05的显著性水平。
5. z统计量的抽样分布服从正态分布。
6. 数值1.645是拒绝原假设的区域和不拒绝原假设的区域的分界点。
7. 数值1.645是临界值（critical value）。

临界值 原假设被拒绝的区域和原假设不被拒绝的区域的分界点。

10.4.5 第5步：选取样本并做出决策

假设检验的第5步也是最后一步，包括计算检验统计量的值，并将其与临界值进行比较，然后做出是否拒绝原假设的决定。参考图 10-1，若根据样本信息计算得到的z值为2.34，则在0.05的显著性水平下拒绝原假设。做出拒绝 H_0 的决策的依据是2.34大于1.645，落到了拒绝域内。我们拒绝原假设的推理逻辑是，计算出的z值如此之大，不大可能是由抽样误差（偶然性）造成的。

如果计算出的z值小于等于1.645，如0.71，则不能拒绝原假设。此时我们认为这样小的z值很可能是由偶然性或抽样误差造成的。

如前所述，在假设检验中，两个决策仅有一个是可能的——要么接受原假设，要么拒绝原假设。一些研究人员不大愿意使用“接受”原假设 H_0 的说法，而是说“不能拒绝 H_0”，“我们不能够拒绝 H_0”，或“样本结果不支持我们拒绝 H_0”。

实践中的统计学

第二次世界大战期间，盟军指挥官需要估计德军坦克的数量。传统谍报方法提供的数据不足为信，而统计方法却被证实行之有效。例如，通过对间谍和侦察情报分析，估计1941年6月共生产坦克1 550辆。然而，根据对被缴获坦克的序列号进行统计分析，指挥官估计的数量仅为244辆。后来查看了德国的生产记录，确认实际数量是271辆。统计分析方法得出的结论更接近真实情况。类似的分析方法也被用于估计在沙漠风暴行动中被摧毁的伊拉克的坦克数量。

必须再次强调，完全有可能在本不应该拒绝原假设的情况下将它拒绝了（第Ⅰ类错误）。同样，也可能本应该拒绝原假设却接受了它（第Ⅱ类错误）。

在实际进行假设检验之前，我们先要区分显著性的单侧检验（one-tailed test）与双侧检验（two-tailed test）。

假设检验步骤总结

1. 建立原假设（H_0）与备择假设（H_1）。
2. 选择显著性水平，即 α。
3. 选择合适的检验统计量。
4. 制定基于上述1，2，3步的决策准则。
5. 基于样本信息做出关于原假设的决策，并解释检验的结论。

10.5 显著性的单侧检验与双侧检验

参见图10-1，该图描述了单侧检验，拒绝域仅在曲线的右（上）侧尾部。为了说明，假定General Foods Corporation的包装车间认为一些盒装葡萄干明显超重。葡萄干应按每盒453克包装，所以原假设为 H_0：$\mu \leq 453$，读作“总体均值（μ）小于等于453”。因此，备择假设为 H_1：$\mu > 453$，读作“μ 大于453”。注意到备择假设中的不等号（>）指出拒绝域在上侧尾部（如图10-1）。同时注意到原假设中包含等号，即 H_0：$\mu \leq 453$。等号情形永远出现在 H_0 中，绝不会出现在 H_1 中。

图10-2描述了拒绝域位于正态分布的左（下）侧尾部的情形。为了说明，

考虑汽车制造商、大型汽车租赁企业和其他需要购买大量轮胎的机构。它们希望，在一般使用情况下，轮胎平均可以行使60 000英里。因此，当检验发现轮胎的平均使用寿命显著小于60 000英里时，这些公司会拒绝这批轮胎；而平均寿命超过60 000英里时，它们会欣然接受该批轮胎。然而，它们关心的并不是这种可能性，它们只关心是否有足够的样本证据认为平均寿命小于60 000英里。

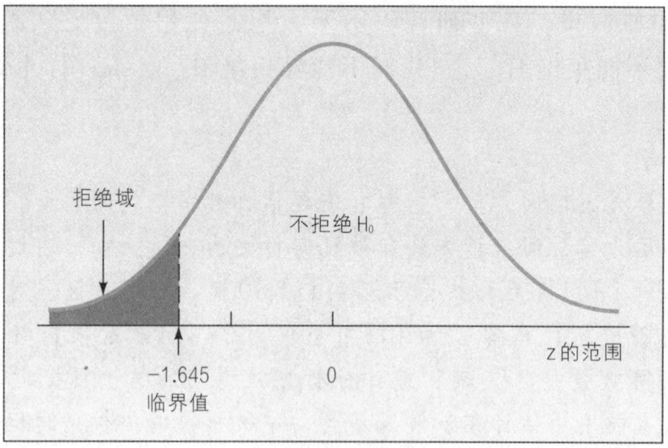

图10-2　z统计量的抽样分布，左侧尾部检验，0.05的显著性水平

因此，为了满足汽车制造商要求所设计的检验是轮胎的平均寿命不小于60 000英里。这个论述反映在备择假设中。这里，原假设和备择假设分别写作 H_0： $\mu \geq 60\,000$ 和 H_1： $\mu < 60\,000$。

确定拒绝域的一种方法是看备择假设中不等号方向的指向（>或<）。在本例中，不等号的方向指向左侧，所以拒绝域在左侧尾部。

总之，当备择假设 H_1 指示一个方向时，检验就是单侧的。例如：

H_0：女性股票经纪人的平均年收入小于等于65 000美元。

H_1：女性股票经纪人的平均年收入高于65 000美元。

如果在备择假设中没有指明具体方向，我们使用双侧检验。为了阐述这一点，我们将上例略加变化：

H_0：女性股票经纪人的平均年收入为65 000美元。

H_1：女性股票经纪人的平均年收入不等于65 000美元。

在双侧检验中，如果原假设被拒绝和 H_1 被接受，则平均年收入既可能显著高于65 000美元，也可能显著低于65 000美元。为了包括这两种可能性，将5%的拒绝域等分到抽样分布的两侧尾部（各2.5%）。图10-3显示了这两个区域和临界值。注意到正态分布下的总面积为1.0000，根据0.9500+0.0250+0.0250得到。

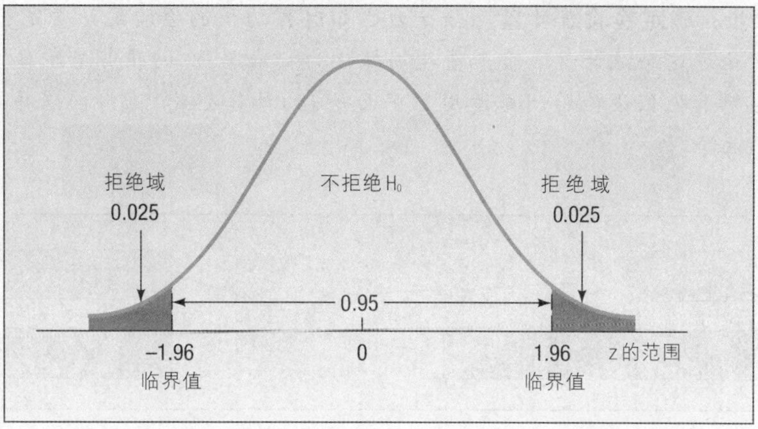

图 10-3　双侧检验的非拒绝区域和拒绝区域，0.05 的显著性水平

10.6　总体均值的检验：总体标准差已知

10.6.1　双侧检验

下面的例子将详细讲述假设检验的五个步骤。我们希望利用双侧检验，即我们并不关心样本结果是否比提出的总体均值更大或更小，相反，我们感兴趣于样本结果是否不同于提出的总体均值。像前一章那样，我们从已有的总体历史信息开始我们的工作，事实上，总体标准差是已知的。

举例：

Jamestown Steel公司制造和组装桌椅等办公设备，它在纽约州西部有多个分厂。Fredonia 工厂生产的A325型办公桌的周产量服从均值为200、标准差为16的正态分布。最近，为适应市场扩张，工厂引进了新的制造工艺，雇用了新员工。生产副总裁想了解A325型办公桌的周产量是否发生了变化。在显著性水平为0.01的情况下，Fredonia 工厂生产的这种办公桌的周平均产量是否不同于200?

解答：

我们利用统计假设检验程序来调查生产效率是否与每周200有所不同。

第1步：提出原假设和备择假设。原假设是“总体均值为200”，备择假设为“总体均值与200有差异”或“总体均值不等于200”。两个假设分别写作：

H_0： $\mu=200$

H_1： $\mu\neq200$

这是一个双侧检验，因为备择假设未指明方向，换句话说，备择假设未指出平均产量是大于还是小于200。副总裁所关心的只是生产效率与200是否有差异。

第2步：选择显著性水平。正如题中所给出的，使用0.01的显著性水平。这是犯第I类错误的概率，也是拒绝一个真实原假设的概率。

第3步：确定检验统计量。当σ为已知时，均值的检验统计量是z。第7章已详尽讨论过这个统计量。将产量数据转化为标准单位（z值）后，使其不仅对本例，也对其他假设检验问题适用。下面是z的计算公式（10-1），并对各个字母进行了注释。

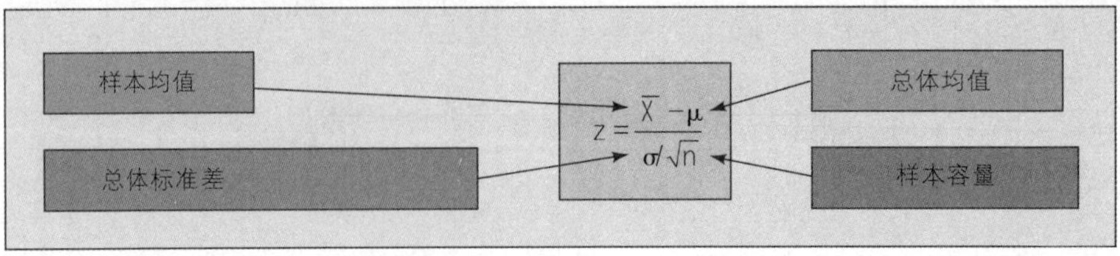

第4步：建立决策准则。通过从附录B.1中找到z的临界值来制定决策准则。因为是双侧检验，所以各侧尾部的概率都是0.01的一半，即0.005。两侧尾部中间部分是不能拒绝H_0的区域，概率为0.99。附录B.1的根据是，正态曲线下一半的面积是0.5000。0.5000−0.0050就是0.4950，因此0.4950是介于0与临界值之间的面积。从表中找出0.4950。最接近0.4950的一个数为0.4951。在对应于0.4951的行、列找到临界值，为2.576。为了方便使用附录B.1，正态曲线下的面积被重复在封底处。

图10-4对上述问题的所有方面进行了总结。

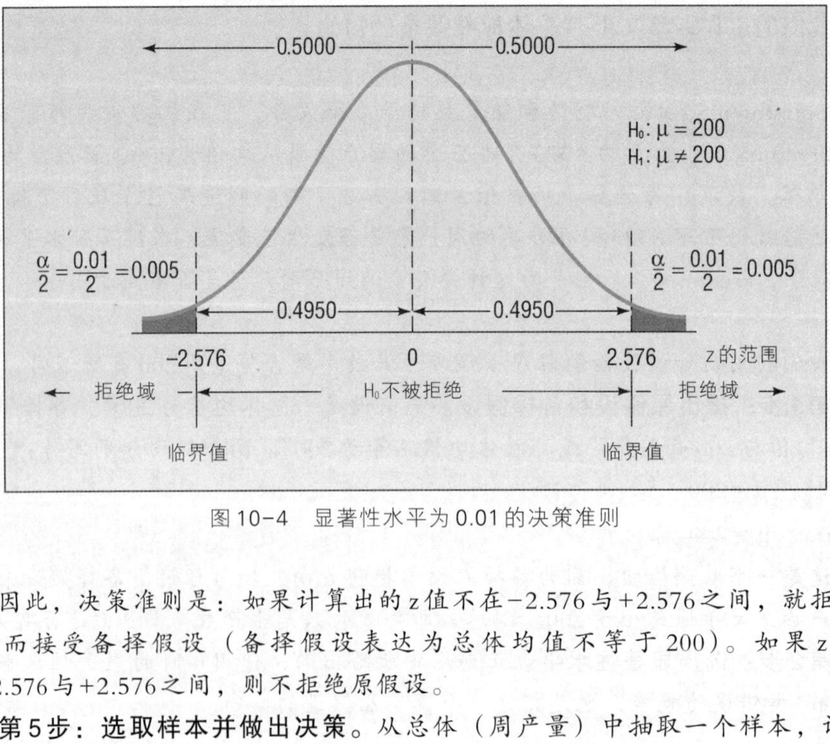

图10-4　显著性水平为0.01的决策准则

因此，决策准则是：如果计算出的z值不在−2.576与+2.576之间，就拒绝原假设而接受备择假设（备择假设表达为总体均值不等于200）。如果z值处于−2.576与+2.576之间，则不拒绝原假设。

第5步：选取样本并做出决策。从总体（周产量）中抽取一个样本，计算z

的值，应用决策准则，做出结论是拒绝 H_0 或不能拒绝 H_0。去年（全年共50周，因为工厂放假关闭了2周）办公桌的周平均产量为203.5，总体标准差为每周16。按公式（10-1）计算z值：

$$z=\frac{\overline{X}-\mu}{\sigma/\sqrt{n}}=\frac{203.5-200}{16/\sqrt{50}}=1.547$$

因为1.55不落在拒绝域内，所以不能拒绝 H_0。我们得出结论：总体均值与200没有显著差异。因此我们向生产副总裁报告，样本信息并未显示出Fredonia工厂的生产率发生了变化，与每周200没有差异。介于历史数据与去年数据之间的每周生产率的3.5张办公桌的差别，有理由归因于抽样误差。下图总结了这些内容。

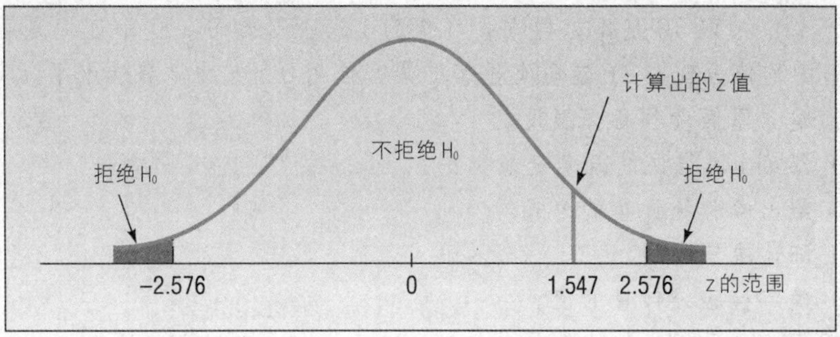

我们证明了生产率仍是每周200吗？并没有。从技术上说，我们所做的只是没能证明原假设是错误的。没有证明总体均值为200是错误的，并不等于肯定它是正确的。正如本章引言中指出的，假设检验的结论与美国的司法体系类似。为了说明，假定一个人被指控犯罪，但陪审团却宣判其无罪。如果一个人被宣判其无罪，那么，结论是没有足够证据证明被告有罪。审判没有证明被告是无辜的，仅仅没有足够证据来证明他有罪。这与统计假设检验中不能拒绝原假设非常相像。正确的理解是，我们没能证明原假设是错误的。

本例中，在制定决策准则和从总体中抽取样本之前，我们选择显著性水平为0.01。这是合适的做法。显著性水平应由研究人员选定，而且应在收集样本信息之前进行，并且不能根据样本信息改变。

这里讲述的假设检验程序与前一章讨论的置信区间相比较如何？当我们对办公桌产量进行假设检验时，我们把周产量转换成z值。然后，我们比较计算出的检验统计量的值（1.547）与临界值（−2.576与2.576）。由于计算出的统计量的值落在原假设不被拒绝的区域，因此，我们认为总体均值是200。另外，如果使用置信区间方法，利用公式（9-1），根据 $203.5\pm2.576(16/\sqrt{50})$ 来计算，我们能得到一个置信区间［197.67，209.33］。注意到假定的总体均值200在这个区间内。因此，我们可以合理地得出总体均值等于200的结论。

一般说来，如果置信区间不包含假设的总体参数值，则拒绝 H_0。如果置信区间包含假设的总体参数值，则 H_0 不被拒绝。所以，假设检验的“不被拒绝区域”等同于假设的总体参数值落在置信区间内。置信区间与假设检验的“不被拒绝”区域的主要区别是，区间是否以样本统计量为中心——置信区间以样本统计量 $\bar{X}$ 为中心，而假设检验的“不被拒绝区域”以0为中心。

自测题 10-1

Heinz是一家番茄酱制造商。它使用一种专门的灌装器将其番茄酱灌入瓶中，并使每瓶番茄酱容量为16盎司。根据多年经验，Heinz知道，每瓶番茄酱容量服从均值为16盎司，标准差为0.15盎司的正态分布。从前一个小时灌装好了的产品中抽取50瓶作为样本，均值为16.017盎司。这个证据是否支持灌装番茄酱的均值分配与16盎司有显著差异？使用0.05的显著性水平。

(a) 建立原假设和备择假设。

(b) 犯第Ⅰ类错误的概率是多少？

(c) 给出检验统计量的公式。

(d) 陈述决策准则。

(e) 确定检验统计量的值。

(f) 你关于原假设的决策是什么？

(g) 用一句话说明统计检验的结果。

10.6.2 单侧检验

前面的例子中，我们强调了所关心的只是，告诉副总裁Fredonia工厂组装的办公桌数量的均值是否改变，我们并不关心产量是增加还是减少。

为了说明单侧检验，我们把问题略作改变。假如副总裁想知道的是装配的平均产量是否增加了。我们能否得出结论，由于生产工艺的改进，过去50周的办公桌的平均产量大于200吗？看一看表述问题方式的差别。第一个例子中，我们想了解平均产量是否与200存在差异；这里，我们想知道，平均产量是否增加了。由于所关心的问题不同，因此我们提出的假设也就不同。最大的不同出现在备择假设中。第一个例子的备择假设是“不同于”；这里，我们想要陈述的备择假设是“大于”。用符号表示即为：

双侧检验	单侧检验
$H_0: \mu = 200$	$H_0: \mu \leq 200$
$H_1: \mu \neq 200$	$H_1: \mu > 200$

在相同的显著性水平下，单侧检验的临界值与双侧检验的临界值是不同的。前例中，我们将显著性水平一分为二，上、下侧尾部各放一半。在单侧检验中，我们将整个拒绝域放置于一侧尾部。见图10-5。

对单侧检验，临界值为2.33，计算过程是：（1）用0.5000减去0.01；（2）查找到对应于0.4900的z值。

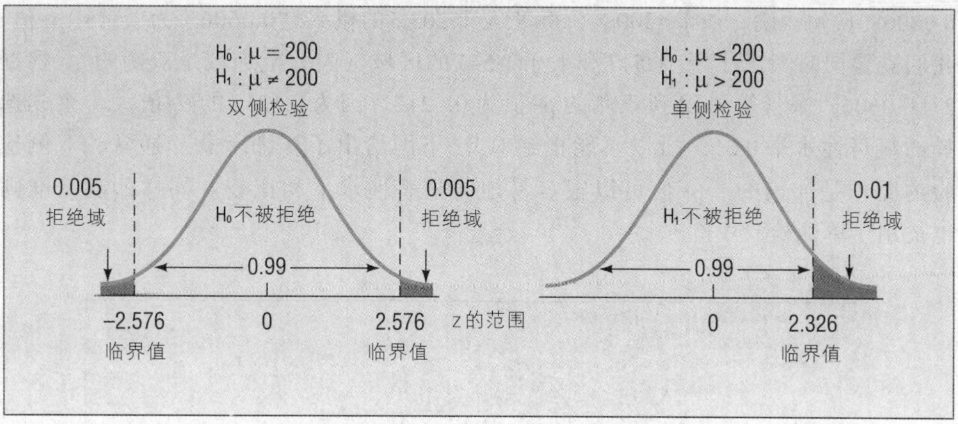

图10-5　双侧检验和单侧检验的拒绝域，$\alpha = 0.01$

10.7　假设检验中的p-值

假设检验中，我们将检验统计量与一个临界值进行比较，做出或者拒绝原假设或者不能拒绝原假设的决策。例如，若临界值为1.96，计算出的检验统计量的值为2.19，则相应的决策是拒绝原假设。

近年来，由于计算机软件的支持，我们经常获得关于拒绝或接受原假设的优点的额外信息，那么我们有多大把握拒绝原假设？

实践中的统计学

统计显著性与实际显著性是有区别的。为了说明，假设我们研制了一种新的减肥药丸，并对100 000人进行了试验。我们的结论是，一般人服药两年后体重减少1磅。你认为人们会对这种会使体重减少1磅的药丸感兴趣吗？这种新药丸的效果具有统计显著性，但没有实际显著性。

这种方法给出一个概率，这个概率是在原假设为真时，正在观测的检验统计量的值至少如实际上已得到的检验统计量的值有着同样极端的概率。该过程是用被称之为p-值（p-value）的这个概率与显著性水平进行比较。若p-值小于显著性水平，则拒绝H_0；若p-值大于显著性水平，则不能拒绝H_0。

p-值　在原假设为真的条件下，正在观测的样本值至少和已经观测到的样本值有着同样极端的概率。

确定p-值不仅可以得到关于H_0的决策，而且告诉了我们该决策的可靠性。一个极小的p-值，如0.0001，说明H_0为真的可能性极小。另外，0.2033的p-值说明H_0不能被拒绝，因为H_0为假的可能性较小。

我们如何计算p-值呢？我们再次使用前面的例子，检验的原假设是，Fredonia工厂的办公桌的平均周产量为200。我们没有拒绝原假设，因为1.55的z值处于−2.58与2.58之间。如果计算出的z值落入这个区域，我们就不能拒绝原假设。根据0.5000-0.4394来计算，我们得到z值大于或等于1.55的概率是0.0606。换句话说，如果=200，获得 $\overline{X}$ 大于203.5的概率是0.0606。为了计算p-值，我们需要同时考虑小于-1.547和大于1.547的区域（因为拒绝域是双侧的）。根据2（0.0606）来计算，得到双侧的p-值为0.1212。因为0.1212的p-值大于事先选择的显著性水平0.01，所以不能拒绝 H_0。下图给出了详细示意。通常，双侧检验的面积是加倍的。p-值可以很容易地与显著性水平相比较。同样的决策准则也被用于单侧检验中。

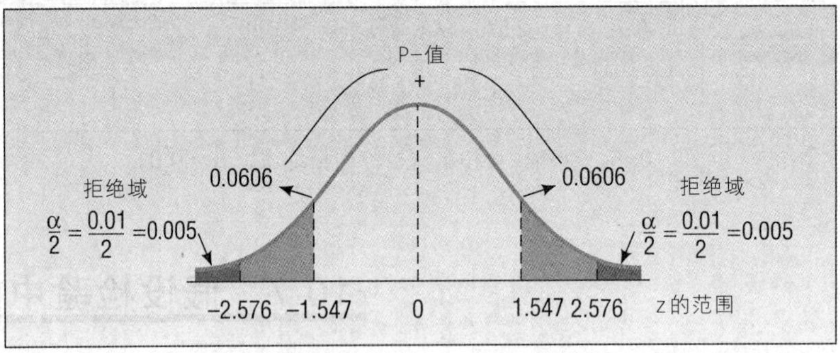

p-值是表示 H_0 为假的可能性的一种方法。那么我们如何解释p-值呢？我们已经说过，如果p-值小于显著性水平，我们拒绝 H_0；如果p-值大于显著性水平，我们不能拒绝 H_0。还有，如果p-值非常大，那么 H_0 很可能是真的；如果p-值非常小，那么 H_0 很可能不是真的。下面的内容有助于解释p-值。

解释拒绝 H_0 的证据的强度　如果p-值小于：

（a）0.10，我们有一些证据认为 H_0 不真。

（b）0.05，我们有较强的证据认为 H_0 不真。

（c）0.01，我们有很强的证据认为 H_0 不真。

（d）0.001，我们有极强的证据认为 H_0 不真。

自测题10-2

参见自测题10-1。

(a) 假设最后一句话变为：这证据是否支持灌装的均值多于16盎司？在这些条件下提出原假设和备择假设。

(b) 对应于（a）给出的新条件下的决策准则是什么？

(c) 若第二个由抽取50瓶形成的样本的均值为16.040盎司，那么，这个样本的检验统计量的值是多少？

(d) 你的关于原假设的决策是什么？

(e) 用一句话解释统计检验的结论。

(f) p-值是多少？基于这个p-值，你关于原假设的决策是什么？这个决策与(d)中的决策是否相同？

练习题

对于练习题1-4，回答下列问题：(a) 是单侧检验还是双侧检验？(b) 决策准则是什么？(c) 检验统计量的值是多少？(d) 你关于H_0的决策是什么？(c) p-值是多少？并解释其含义。

1.已知

H_0： $\mu=50$

H_1： $\mu\neq50$

样本均值为49，样本容量为36，总体标准差为5。使用0.05的显著性水平。

2.已知

H_0： $\mu\leq10$

H_1： $\mu>10$

样本均值为12，样本容量为36，总体标准差为3。使用0.01的显著性水平。

(答案：a.单侧 b.如果$z>2.326$，拒绝 c.$z=4.00$ d.拒绝 e.0.0000)

3.从正态总体中抽取36个观测值组成样本。样本均值为21，总体标准差为5。在0.05的显著性水平下，进行下列假设的显著性检验。

H_0： $\mu\leq20$

H_1： $\mu>20$

4.从正态总体中抽取64个观测值组成样本。样本均值为215，总体标准差为15。在0.025的显著性水平下，进行下列假设的显著性检验。

H_0： $\mu\geq220$

H_1： $\mu<220$

(答案：a.单侧 b.如果$z<-1.96$，拒绝 c.$z=-2.67$ d.拒绝H_0 e.0.0038)

对于练习题5-8：(a) 提出原假设和备择假设。(b) 陈述决策准则。(c) 计算检验统计量的值。(d) 你关于H_0的决策是什么？(e) p-值是多少？并解释其含义。

5.X-15型钢子午线卡车轮胎的生产商声称，在轮胎胎面花纹磨损坏掉之前，卡车行驶的平均里程为60 000英里，总体标准差为5 000英里。Crosset Truck公司购买了48条该型号轮胎，发现平均行驶里程是59 500英里。在0.05的显著性水平下，Crosset Truck公司的实际使用情况是否与制造商声称的情况有显著差别？

6.MacBurger餐饮连锁店声称，顾客等待时间的平均值是3分钟，总体标准差是1分钟。质量保证部门抽取了Warren Road MacBurger店的50个顾客作为样本，其平均等待时间是2.75分钟。在0.05的显著性水平下，我们能认为平均等待时间少于3分钟吗？

（答案：a. H_0：$\mu \geqslant 3$，H_1：$\mu < 3$ b.如果z<-1.645，拒绝 H_0 c.z=-1.77 d.拒绝 H_0 e.p-值=0.0384）

7.最近一项全国性调查显示，高中生平均每月看6.8小时的DVD影碟，总体标准差是0.5小时。随机抽取36名大学生组成一个样本，得到他们上个月看DVD影碟的平均时间是6.2小时。在0.05的显著性水平下，我们能认为大学生每个月看DVD影碟的时间少于高中生吗？

8.在受聘于Grumney Family Restaurant作服务员时，Beth Brigden被告知"你能获得的小费是平均每天80美元"。假定总体分布的标准差是3.24美元。在她刚开始工作的头35天，平均每天的小费数额为84.85美元。在0.01的显著性水平下，能认为她平均每天获得的小费多于80美元吗？

（答案：a. H_0：$\mu \leqslant 80$，H_1：$\mu > 80$ b.如果z>2.326，拒绝 c.z=8.86 d.拒绝 H_0 e.0.0000）

10.8 总体均值的检验：总体标准差未知

前面的例子中，我们已知总体标准差σ。然而，在多数情况下，总体标准差是未知的。因此必须事先研究σ或用样本标准差s来估计σ。在下面的例子中，总体标准差未知，所以样本标准差被用来估计σ。

为了计算检验统计量的值，我们使用t分布，并对公式（10-1）作如下修改：

均值的检验，σ未知 $t = \dfrac{\overline{X} - \mu}{s/\sqrt{n}}$ （10-2）

自由度为n-1，其中，

$\overline{X}$ 为样本均值。

μ为假设的总体均值。

s为样本标准差。

n为样本容量。

我们在第9章构造置信区间时遇到过同样的情况。我们在图9-3中总结了这个问题。在这些条件下，正确的统计程序是用t分布代替标准正态分布。作为复习，t分布的主要特性如下：

1.它是连续型分布。

2.它是对称的钟形分布。

3.存在一族t分布。自由度每变化一次，就产生一个新的分布。

4.随着自由度的增加，t分布的形状趋近于标准正态分布。

5.t分布比标准正态分布更扁平，离散程度更大。

下面的例题给出了详细说明。

举例：

McFarland保险公司理赔部报告，处理一件理赔的平均成本为60美元。在与同业比较时发现，此成本高于大多数其他保险公司。所以该公司实施了削减成本措施。为了评价削减成本措施的效果，理赔部主管从上个月处理的理赔案件中抽取了26件理赔个案组成一个随机样本，样本信息报告如下：

\$45	\$49	\$62	\$40	\$43	\$61
48	53	67	63	78	64
48	54	51	56	63	69
58	51	58	59	56	57
38	76				

在0.01的显著性水平下，可以有理由认为现在处理一件理赔的平均成本低于60美元吗？

解答：

我们利用假设检验的五步程序。

第1步：提出原假设和备择假设。原假设是总体均值至少为60美元。备择假设是总体均值小于60美元。我们可以表述原假设和备择假设如下：

H_0： $\mu \geq \$60$

H_1： $\mu < \$60$

因为我们想要确定成本是否减少了，所以检验是单侧的。备择假设中不等号指出拒绝区域在分布的左侧的尾部。

第2步：选择显著性水平。我们决定采用0.01的显著性水平。

第3步：确定检验统计量。本例中的检验统计量是t分布。为什么呢？首先，有理由认为每件理赔成本的分布服从正态分布。根据由Minitab输出的位于右边的直方图，我们可以证实此点。从直方图中观察到：正态分布与频数分布相重合。

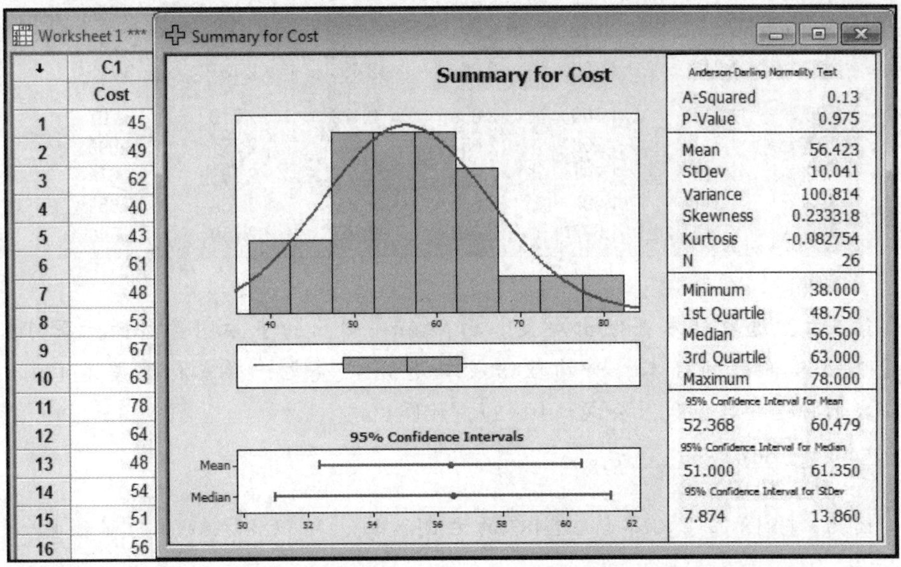

我们不知道总体标准差，所以我们以样本标准差替代。检验统计量的值按公式（10−2）计算：

$$t=\frac{\overline{X}-\mu}{s/\sqrt{n}}$$

第4步：建立决策准则。t分布的临界值见附录B.2，表10−1是附录B.2的一部分。表中最左边一列的列标为“df”，意为自由度。自由度等于样本中的观测值总数减去被抽样的总体个数，即n−1。在本例中，样本中的观测值总数为26，我们从一个总体中抽样，所以自由度为26−1=25。为了获得临界值，首先找到与自由度相对应的行。表中对该行加上了阴影。接下来，确定检验是单侧还是双侧。本例是单侧检验，因此找到表中标示“单侧”的部分。确定与选择的显著性水平相对应的列。本例的显著性水平为0.01，从标有“0.010”的列往下移动，直至与自由度为25的行相交。交点的值是2.458。因为是单侧检验且拒绝域位于左侧尾部，所以临界值是负数。决策准则是：如果t值小于−2.485，就拒绝 H_0。

表10−1　　　　t分布表的一部分

	置信区间					
	80%	**90%**	**95%**	**98%**	**99%**	**99.9%**
	单侧检验的显著性水平 α					
df	**0.10**	**0.05**	**0.025**	**0.01**	**0.005**	**0.0005**
	双侧检验的显著性水平 α					
	0.20	**0.10**	**0.05**	**0.02**	**0.01**	**0.001**
⋮	⋮	⋮	⋮	⋮	⋮	⋮
21	1.323	1.721	2.080	2.518	2.831	3.819
22	1.321	1.717	2.074	2.508	2.819	3.792
23	1.319	1.714	2.069	2.500	2.807	3.768
24	1.318	1.711	2.064	2.492	2.797	3.745
25	1.316	1.708	2.060	2.485	2.787	3.725
26	1.315	1.706	2.056	2.479	2.779	3.707
27	1.314	1.703	2.052	2.473	2.771	3.690
28	1.313	1.701	2.048	2.467	2.763	3.674
29	1.311	1.699	2.045	2.462	2.756	3.659
30	1.310	1.697	2.042	2.457	2.750	3.646

第5步：选取样本并做出决策。由Minitab输出的直方图旁边的结果可知，对于26个观测值的样本，平均理赔成本是56.42美元，样本标准差是10.04美元。我们将这些数值代入公式（10−2），计算t值：

$$t=\frac{\overline{X}-\mu}{s/\sqrt{n}}=\frac{56.42-60}{10.04/\sqrt{26}}=-1.818$$

因为−1.818位于临界值−2.485的右侧区域，所以，在0.01的显著性水平下，原假设不被拒绝。我们没能证实，削减成本措施使每件理赔的平均成本低于60美元。换句话说，样本均值与总体均值之间的差3.58美元（56.42美元−60美元）可能是由抽样误差导致的。t的计算值被显示在图10−6中，它位于原假设不被拒绝的区域。

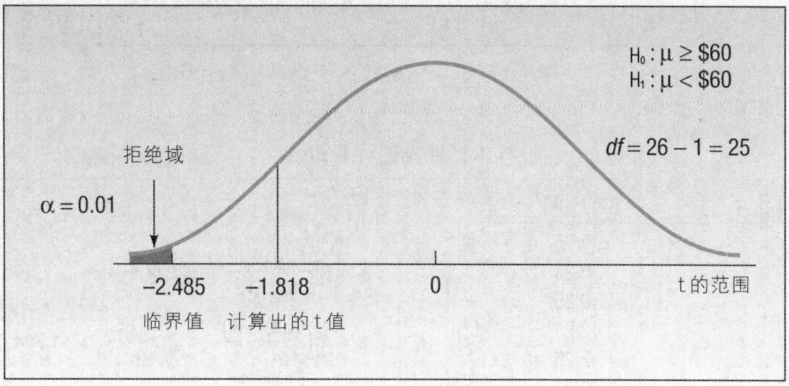

图10−6　显著性水平为0.01的t分布的拒绝域

前例中，使用Minitab来计算均值和标准差。下面的例题显示了由样本数据来计算样本均值和样本标准差的详细过程。

举例：

一种小平衡棍的平均长度是43毫米（mm）。生产监督人员注意到生产平衡棍的机器的调节器有所改变。他要求工程部进行调查。工程部随机抽取了12个样品进行测量，结果如下（单位：毫米）。

42	39	42	45	43	40	39	41	40	42	43	42

是否有理由认为小平衡棍的平均长度发生了变化？使用0.02的显著性水平。

解答：

首先，我们提出原假设和备择假设。

H_0： $\mu \leqslant 40$

H_1： $\mu > 40$

备择假设没有指明方向，因此这是一个双侧检验。由n−1=12−1=11，知自由度为11。根据双侧检验，0.02的显著性水平以及自由度为11，从附录B.2中查找到对应t值为1.796。决策准则是：如果计算出的t值大于1.796，就拒绝原假设。图10−7对此信息进行了总结。

我们利用公式（3−2）计算样本标准差，均值 $\bar{X}$ 为41.5毫米，标准差s为1.784毫米，计算过程见表10−2。

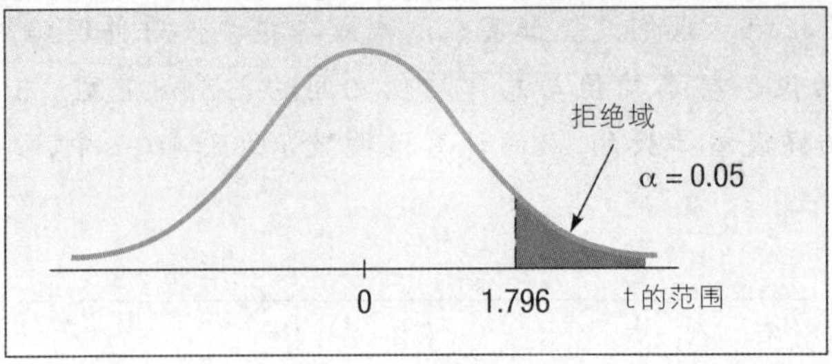

图10-7　学生t分布双侧检验的拒绝域（$\alpha = 0.02$）

表10-2　　样本标准差的计算过程

顾客	$(X-\bar{X})^2$
1	0.25
2	6.25
3	0.25
4	12.25
5	2.25
6	2.25
7	6.25
8	0.25
9	0.25
10	0.25
11	2.25
12	0.25
总计	35.00

$$\bar{X} = \frac{\Sigma X}{n} = \frac{498}{12} = 41.5$$

$$s = \sqrt{\frac{\Sigma(X-\bar{X})^2}{n-1}} = \sqrt{\frac{35}{12-1}} = 1.784$$

现在我们利用公式（10-2）计算t值。

$$t = \frac{\bar{X}-\mu}{s/\sqrt{n}} = \frac{41.5-40}{1.784/\sqrt{12}} = 2.913$$

因为计算出的2.913的t值位于1.796的右侧区域，所以总体均值为40毫米的原假设被拒绝。我们接受备择假设，并得出总体均值不是40毫米的结论。机器出了故障，需要进行调整。

自测题10-3

用于数字闹钟的电池的平均寿命为305天。电池寿命服从正态分布。最近对电池进行了改进以延长使用时间。抽取改进后的电池20个组成一个样本，其平均寿命为311天，标准差为12天。改进措施是否延长了电池的平均寿命？

（a）提出原假设和备择假设。

（b）用图表说明决策准则。使用0.05的显著性水平。

（c）计算t值。你关于原假设的决策是什么？简要总结你的结果。

练习题

9.已知下列假设：

H_0：$\mu \leqslant 10$

H_1：$\mu > 10$

由10个观测值组成一个随机样本，样本均值为12，样本标准差为3。使用0.05的显著性水平。

a.说明决策准则。

b.计算检验统计量的值。

c.你关于原假设的决策是什么？

10.已知下列假设：

H_0：$\mu = 400$

H_1：$\mu \neq 400$

由12个观测值组成一个随机样本，样本均值为407，样本标准差为6。使用0.01的显著性水平。

a.说明决策准则。

b.计算检验统计量的值。

c.你关于原假设的决策是什么？

（答案：a.$t<-3.106$或者$t>3.106$，拒绝 b.$t=4.042$ c.拒绝H_0）

11.Rath Publishing有限公司是一家大学教材出版社。其Rocky Mountain地区的销售经理声称，销售代表每周因业务与教授的平均通话次数为40次。一些销售代表则认为这个估计过于保守。为进行核实，随机选择28个销售代表作为样本，得到上周与教授的平均通话次数为42次，样本标准差为通话2.1次。在0.05的显著性水平下，我们能认为每个销售代表平均每周的业务通话次数大于40次吗？

12.White Industries的管理层正考虑采用一种新的方法组装高尔夫推车。用目前的方法组装一辆推车的平均时间为42.3分钟。使用新方法组装的24辆推车组成一个随机样本，其平均装配时间为40.6分钟，标准差为2.7分钟。在0.01的显著性水平下，我们能认为新装配方法更快吗？

（答案：H_0：$\mu \geqslant 42.3$ H_1：<42.3。如果$t<-1.319$，拒绝；$t=-3.084$，拒绝H_0）

13.一家火花塞制造商声称，其一套火花塞平均寿命超过22 100英里。假定火花塞的寿命服从正态分布。某车队老板购买了大量的火花塞，从中随机抽取18套组成一个样本，其样本均值为23 400英里，标准差为1 500英里。在0.05的显著性水平下，有足够的证据支持火花塞制造商的说法吗？

14.大多数航空旅行者现在使用电子机票。电子机票使顾客不用担心丢失机票，也让航空公司降低成本。然而，航空公司收到了顾客对电子机票的抱怨，特别是对联系航班和变换航空公司方面的抱怨。为了调查这个问题，一家独立监督机构抽取了20个机场的随机样本，收集到3月份涉及电子机票的抱怨的信息如下：

14	14	16	12	12	14	13	16	15	14
12	15	15	14	13	13	12	13	10	13

在0.05的显著性水平下，该监督机构能认为每个机场平均每月收到的抱怨数小于15吗？

a.在进行假设检验之前，什么假定是必备的？

b.绘出机场收到的抱怨数的频数分布或散点图，有理由认为它服从正态分布吗？

c.进行假设检验并解释其结果。

（答案：a.正态总体 b.正态预期是合理的 c. H_0： $\mu \geq 15$ H_1： $\mu < 15$， $\overline{X}=13.5$，S=1.504，t=-4.46，拒绝 H_0）

用软件解题

Minitab统计软件已用于前面几章，也在前一节中使用过。Minitab为进行单样本总体均值的假设检验提供了有效方法。产生下列结果的步骤见本章末尾的软件命令说明一节。

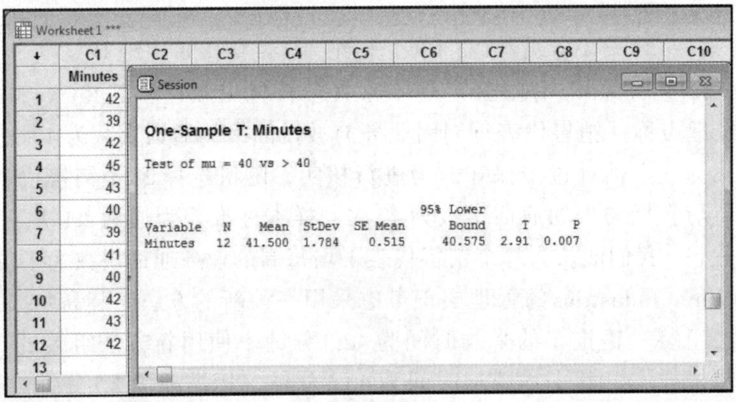

大多数统计软件包的另外一个特点是报告p-值，为原假设提供附加信息。p-值是在原假设为真的条件下，得到如计算出的t值同样极端的数值的概率。使用先前的平衡棍例子中的数据，p-值为0.007，它表示在总体均值等于40的条件下，t值大于等于2.91的概率。因此，用p-值与显著性水平相比较，我们可以知道原假设是否接近被拒绝还是几乎不被拒绝等。

为了进一步说明，参见下面的图示。0.007的p-值是更暗的阴影部分的面积，显著性水平是两部分阴影区域面积相加。因为0.007的p-值小于0.05的显著性水平，所以原假设被拒绝。如果p-值大于显著性水平——如0.06，0.19或0.57——那么原假设将不被拒绝。

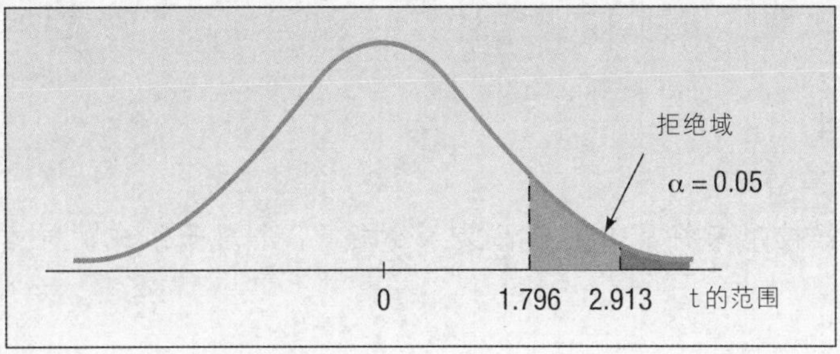

前面的例子中，备择假设是双侧的，所以拒绝域同时出现在下（左）侧和上（右）侧两个尾部。为了计算p-值，需要将自由度为11的t分布的位于-2.913左侧区域的面积和位于2.913右侧区域的面积相加。

如果我们正在进行单侧检验，以便整个拒绝域或者在上侧尾部或者在下侧尾部，那该怎么办？此时，我们仅从一侧尾部来确定面积。在平衡棍的例子中，如果 H_1 被表示为 $\mu \neq 40$，我们得到的p-值应是位于2.913右侧区域的面积。根据0.014/2计算，这个值为0.007。因此，单侧检验的p-值是0.007。

没有计算机时，我们如何估算p-值呢？为了说明，回忆一下平衡棍的例子，我们拒绝了 $\mu \leqslant 40$ 的原假设，而接受了 $\mu > 40$ 的备择假设。显著性水平为0.05，所以逻辑上p-值小于0.05。为了估计更精确的p-值，在附录B.2中查找到自由度为11的行，计算出的2.913的t值介于2.718与3.106之间（附录B.2的一部分被显示在表10-3中）。对应于2.718的双侧显著性水平为0.01，对应于3.106的双侧显著性水平为0.005。所以p-值在0.005与0.01之间。通常的习惯是说p-值小于两个显著性水平中较大的一个，即"p-值小于0.01"。

表10-3　　学生t分布表的一部分

	置信区间					
	80%	**90%**	**95%**	**98%**	**99%**	**99.9%**
	单侧检验的显著性水平 α					
df	**0.100**	**0.050**	**0.0025**	**0.010**	**0.005**	**0.0005**
	双侧检验的显著性水平 α					
	0.20	**0.10**	**0.05**	**0.02**	**0.01**	**0.001**
⋮	⋮	⋮	⋮	⋮	⋮	⋮
9	1.383	1.833	2.262	2.821	3.250	4.781
10	1.372	1.812	2.228	2.764	3.169	4.587
11	1.363	1.796	2.201	2.718	3.106	4.437
12	1.356	1.782	2.179	2.681	3.055	4.318
13	1.350	1.771	2.160	2.650	3.012	4.221
14	1.345	1.761	2.145	2.624	2.977	4.140
15	1.341	1.753	2.131	2.602	2.947	4.073

自测题10-4

一种机器被用来将9.0克药品装入小瓶。8个瓶子组成的样本的结果如下(单位:克):

9.2	8.7	8.9	8.6	8.8	8.5	8.7	9.0

在0.01的显著性水平下,我们能认为平均重量小于9.0克吗?

(a)提出原假设和备择假设。

(b)自由度是多少?

(c)给出决策准则。

(d)计算t值。你关于原假设的决策是什么?

(e)估计p-值。

练习题

15.已知下列假设:

H_0: $\mu \geqslant 20$

H_1: $\mu < 20$

一个随机样本的观测值为18,15,12,19和21。在0.01的显著性水平下,我们能认为总体均值小于20吗?

a.说明决策准则。

b.计算检验统计量的值。

c.你关于原假设的决策是什么?

d.估计p-值。

16.已知下列假设:

H_0: $\mu = 100$

H_1: $\mu \neq 100$

一个随机样本的观测值为118,105,112,119,105和111。在0.05的显著性水平下,我们能认为总体均值异于100吗?

a.说明决策准则。

b.计算检验统计量的值。

c.你关于原假设的决策是什么?

d.估计p-值。

(答案:a.如果$t<-2.571$或者$t>2.571$,拒绝 b.$t=4.72$ c.拒绝H_0 d.小于0.01)

17. 一个健康成年人每日的水摄入量服从以1.4升为均值的正态分布。一项健康活动每天至少增加2升水的消耗。下表是10位成年人在活动之后所消耗的水量组成的样本。

1.5	1.6	1.5	1.4	1.9	1.4	1.3	1.9	1.8	1.7

18. 向游泳池内加入液态氯以对抗藻类植物的有效期不长，过去的记录表明5加仑罐装氯的效力可持续2 160小时（90天）。作为一项试验，在氯气中加入Holdlonger，看其能否增加有效期。9罐氯组成的一个样本的数据如下（单位：小时）：

2 159	2 170	2 180	2 179	2 160	2 167	2 171	2 181	2 185

在0.025的显著性水平下，Holdlonger增加了液态氯的有效期吗？估计p-值。

（答案：H_0：$\mu \leq 2\ 160$ H_1：$\mu > 2\ 160$。如果$t > 2.306$，或$t = 3.98$，拒绝；p-值< 0.005，拒绝H_0）

19. 一家华盛顿的智囊机构宣称一位青少年在2011年平均每日发送50条短信。为了对此进行评估，你对一个青少年样本进行电话调查以确定每位受访青少年的平均每日短信发送总量，下表给出了受访青少年的回答结果：

51	175	47	49	44	54	145	203	21	59	42	100

在0.05的量著性水平下，你能得出结论平均数大于50吗？估计p-值，并说明其含义。

20. Hugger Polls认为平均每个代理每周完成入户深访53次。现在引入了一种流水线式的调查方式，该公司想估计其效率。随机抽取了一些代理，他们一周内完成的入户深访次数如下：

53	57	50	55	58	54	60	52	59	62	60	60	51	59	56

在0.05的显著性水平下，我们是否可以认为平均每个代理每周完成的入户深访次数大于53次？估计p-值。

（答案：H_0：$\mu \leq 53$ H_1：$\mu > 53$。如果$t > 1.761$，或$t = 3.52$，拒绝。p-值< 0.005，拒绝H_0）

10.9 关于比例的检验

在前一章我们讨论了比例的置信区间。我们同样可以对比例进行假设检验。回顾一下，比例是成功次数与观测次数的比值。我们用X表示成功次数，n表示观测次数，那么，对固定试验次数的成功比例是X/n。所以，计算样本比例p的公式是$p = X/n$。考虑下列可能的假设检验问题：

· General Motors报告称，从历史上看，租出汽车中的70%归还时的行驶里程少于36 000英里。由最近已满租期的200辆汽车组成一个样本，其中有158辆行驶里程少于36 000英里。该比例是否增加了？

· The American Association of Retired Persons（AARP）报告称，在65岁以下的退休人员中，60%的人在有合适的职位时会重新从事全职工作。一个由500名65岁以下的退休人员组成的样本中，315人表示愿意重返工作。我们是否可以说有超过60%的人愿意重返工作？

· Able Moving and Storage公司向远距离搬家的客户承诺，他们的家居用品从装车之日起，将会在3至5天送到。Able的记录表明90%的时候兑现了承诺。而最近的审核发现，200次观测中有190次兑现了承诺。公司可以说兑现率上升了吗？

在检验总体比例之前，需要先做一些假定。为对总体比例进行假设检验，需要从总体中抽取一个随机样本。首先，我们必须满足第6章中介绍的二项假定，这些假定是：（1）收集的样本数据是记数的结果；（2）试验结果被分为互斥的两类——“成功”或“失败”；（3）每次试验成功的概率相同；（4）各次试验相互独立，也就是说，一次试验的结果并不会影响其他次试验的结果。有关比例的检验要求$n\pi$和$n(1-\pi)$都至少等于5，这里，n是样本容量，π是总体比例。有关比例的检验利用了二项分布可由正态分布近似的优点。

举例：

假定某个州的预选表明，一个候选人要成为州长，必须得到该州北部地区至少80%的选票。现任州长感兴趣于估计自己连任的可能性，并且计划在该州北部地区调查2 000个登记选民。利用假设检验程序估计现任州长连任的可能性。

解答：

关于现任州长连任的问题满足二项条件：

· 仅有两种可能结果，即样本中的每个选民或者支持或者不支持州长连任。

· 每次试验成功的概率是一样的。此例中，每个选民支持州长连任的概率是0.80。

· 各次试验相互独立，这意味着，例如，第23号选民支持州长连任的可能性是不受第24号选民或第52号选民支持州长连任的可能性的影响的。

· 样本数据是记数的结果。我们将计算出样本的2 000个选民中支持州长连任的选民的数目。

当$n\pi$和$n(1-\pi)$都超过5时，我们可以使用正态分布来近似二项分布。本例中，n=2 000，π=0.80（π是竞选成功所需要的该州北部地区的得票比例，即80%）。因此，nπ=2 000×0.80=1 600和n（1−π）=2 000×（1−0.80）=400。1 600和400都大于5。

第1步：提出原假设和备择假设。原假设 H_0 是总体比例π大于等于0.80，备择假设 H_1 是总体比例小于0.80。从实际角度讲，现任州长只关心总体比例是否会小于0.80。若总体比例大于等于0.80，则现任州长连任没有问题，即样本数据表明现任州长可能会连任。以上假设用符号表示为：

H_0：$\pi \geq 0.80$

H_1：$\pi < 0.80$

H_1 指示了方向，所以，像前面所说的那样，检验是单侧的，不等号指向包含拒绝域的分布的一侧尾部。

第2步：选择显著性水平。显著性水平为0.05。它是原本为真的原假设被拒绝的概率。

第3步：确定检验统计量。z是合适的检验统计量。计算公式为：

单比例假设检验
$$z=\frac{\rho-\pi}{\sqrt{\frac{\pi(1-\pi)}{n}}} \quad (10\text{-}3)$$

其中，π是总体比例。

p是样本比例。

n是样本容量。

第4步：建立决策准则。临界值或z值是 H_0 被拒绝和 H_0 不能被拒绝的区域的分界点。因为备择假设指示了方向，所以是一个单侧检验。不等号朝左侧，所以只需利用曲线的左半部分（见图10−8）。在第2步给出的显著性水平为0.05，此概率放在左侧尾部来确定拒绝域。根据0.500−0.0500计算，得到介于0和临界值之间的面积是0.4500。查阅附录B.1找到数值0.4500，从而确定z的临界值为1.65。因此决策准则是：如果计算出的z值落在−1.65左侧，就拒绝原假设并接受备择假设；否则，不拒绝 H_0。

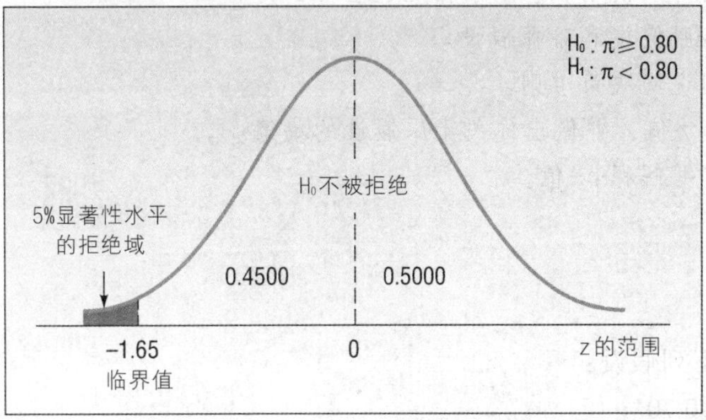

图10−8　0.05显著性水平的拒绝域，单侧检验

第5步：选出样本并做出决策。抽取一个样本并做出关于H_0的决策。对该州北部地区2 000个登记选民进行调查，得到其中1 550人打算支持现任州长连任。由足够接近0.80的样本比例0.775（根据1 550/2 000计算）是否可以推断出差异来自抽样误差呢？本例中：

p为0.775，是样本中打算支持现任州长连任的比例。

n为2 000，是被调查的选民的数量。

π为0.80，是假定的总体比例。

z是原假设为真，且其他假定均被满足时的正态分布的检验统计量。

依据公式（10–3）计算z值，得到：

$$z=\frac{\rho-\pi}{\sqrt{\frac{\pi(1-\pi)}{n}}}=\frac{\frac{1\,550}{2\,000}-0.80}{\sqrt{\frac{0.80(1-0.80)}{2\,000}}}=\frac{0.775-0.80}{\sqrt{0.00008}}=-2.80$$

计算出的z值（–2.80）落入了拒绝域，所以，在0.05的显著性水平下拒绝原假设。样本比例（77.5%）与假定的该州北部地区所需要的支持率（80%）之间的2.5个百分点的差异具有统计显著性，此差异不可能是由抽样误差造成的。换句话说，目前的证据并不支持现任州长再度住进州长官邸。

p–值是z值小于–2.80的概率。查阅附录B.1，介于0和–2.80的z值的概率为0.4974，所以p–值为0.0026，由0.5000–0.4974计算得到。因为p–值小于显著性水平，所以州长不能确信可以成功连任。

自测题10-5

最近的保险行业报告指出，今年发生轻微交通事故的人中，在过去5年中也曾发生过至少一次交通事故的比例为40%。一个咨询机构认为这个比例太高，决定对此说法进行调查。200名今年发生交通事故的人组成一个随机样本，其中有74人在过去5年中发生过交通事故。使用0.01的显著性水平。

（a）我们可以使用z作为检验统计量吗？为什么？

（b）提出原假设和备择假设。

（c）用图说明决策准则。

（d）计算z值，并做出你关于原假设的决策。

（e）确定并解释p–值。

练习题

21.已知下列假设：

H_0：$\pi \leqslant 0.70$

H_1：$\pi > 0.70$

由100个观测值组成的样本表明，p=0.75。在0.05的显著性水平下，原假设是否可以被拒绝？

a.说明决策准则。

b.计算检验统计量的值。

c.你关于原假设的决策是什么？

22.已知下列假设：

H_0： π =0.40

H_1： $\pi \neq$0.40

由120个观测值组成的样本表明，p=0.30。在0.05的显著性水平下，原假设是否可以被拒绝？

a.说明决策准则。

b.计算检验统计量的值。

c.你关于原假设的决策是什么？

（答案：a.如果 z<-1.96或z>1，96拒绝 H_0 b.z=-2.24 c.H_0被拒绝）

注：建议你应用假设检验五步程序来求解下列练习题。

23.国家安全委员会报告称，美国收费公路上的司机中有52%是男性。昨天，由新泽西收费公路上南向行驶的300辆汽车组成一个样本，其中170名司机是男性。在0.01的显著性水平下，是否可以说，在新泽西收费公路上开车的男性司机比例高于国家安全委员会统计的全国比例？

24.USA Today上的最近一篇文章指出，每三名大学毕业生仅有一个工作岗位。主要原因是大学毕业生数量很大而经济却不景气。对某高校200名毕业生进行的调查表明，80名学生找到了工作。在0.02的显著性水平下，是否可以说该高校有更高比例的学生找到了工作？

（答案：不拒绝 H_0，z=2.00）

25.Chicken Delight承诺，90%的订餐可以在订单被确认后的10分钟内送到。由100份订单组成一个样本，其中有82份订餐在承诺的时间内送到。在0.10的显著性水平下，我们是否可以说在10分钟内送到的订餐比例小于90%？

26.Toledo大学的一项研究表明，第一年课程之后，50%的学生转换了学习专业。在商学院抽取100名学生组成一个随机样本，其中48人在学完第一年课程后转换了专业。试问在学完第一年课程后转换专业的学生比例是否显著下降了？在0.05的显著性水平下进行假设检验。

（答案：不拒绝 H_0，z=-0.40）

本章总结

Ⅰ.假设检验的目的是核查一个有关总体参数的论述的合理性。

Ⅱ.进行假设检验的步骤是：

A.提出原假设和备择假设。

B.选择显著性水平。

1.显著性水平是拒绝一个真实原假设的概率。

2.最常用的显著性水平是0.01，0.05和0.10，但介于0与1之间的任何数值都是可能的。

C.选择检验统计量。

1.检验统计量是由样本信息计算出的、用于确定是否拒绝原假设的数值。

2.本章用到两个检验统计量：

a.当总体服从正态分布且总体标准差已知时，使用标准正态分布作为检验统计量。

b.当总体服从正态分布但总体标准差未知时，使用t分布作为检验统计量。

D.制定决策准则。

1.决策准则指明了原假设被拒绝的条件。

2.在双侧检验中，拒绝域被平均分配到上、下侧两个尾部。

3.在单侧检验中，拒绝域只在一侧尾部：或者左侧尾部或者右侧尾部。

E.抽取一个样本，计算检验统计量的值，做出关于原假设的决策并解释这个结果。

Ⅲ.p-值是在原假设为真时，检验统计量的值至少如计算得到的值同样极端的概率。

Ⅳ.当进行总体均值假设检验时：

A.如果总体标准差σ已知，则检验统计量是标准正态分布，计算公式为：

$$z=\frac{\overline{X}-\mu}{\sigma/\sqrt{n}} \tag{10-1}$$

B.如果总体标准差未知，则用s取代σ。

C.当σ未知时，检验统计量是t分布，其值根据下式计算：

$$t=\frac{\overline{X}-\mu}{s/\sqrt{n}} \tag{10-2}$$

D.t分布的主要特性有：

1.它是连续型分布。

2.它是对称的钟形分布。

3.它比标准正态分布更扁平，离散程度更大。

4.t分布是依赖于自由度数目的一族分布。

Ⅴ.当进行总体比例假设检验时：

A.二项条件必须被满足。

B.nπ和n（1－π）都至少要为5。

C.检验统计量是：

$$z=\frac{\rho-\pi}{\sqrt{\frac{\pi(1-\pi)}{n}}} \tag{10-3}$$

发音要领

符号	意义	读法
H_0	原假设	H sub zero
H_1	备择假设	H sub one

本章练习题

27.按照当地工会主席的说法，Salt Lake City地区管道工的平均总收入服从正态概率分布，其均值为45 000美元，标准差为3 000美元。KYAK TV调查记者最近发现，对于一个由120名管道工组成的样本，平均总收入为45 500美元。在0.10的显著性水平下，是否有理由认为平均总收入不等于45 000美元？确定p-值。

28.Rutter Nursery公司将松树皮打包成每袋50磅。生产部门的历史记录表明，每袋重量服从正态分布，标准差为每袋3磅。生产主管Jeff Rutter每天下班前都要抽取10袋称重，并计算样本均值。下面是今天抽取的10袋的重量：

45.6	47.7	47.6	46.3	46.2	47.4	49.2	55.8	47.5	48.5

a.Rutter先生是否可以认为平均重量少于50磅？使用0.01的显著性水平。

b.用一句话告诉Rutter先生，为什么可以采用z分布作为检验统计量。

c计算p-值。

（答案：a.z=-1.918 c.0.274）

29.Weight Reducers International是一家新成立的减肥公司。其广告称，参加减肥计划的人在头两周平均能减掉10磅，标准差为2.8磅。从参加减肥计划的人中抽取50人组成随机样本，发现他们的体重平均减轻了9磅。在0.05的显著性水平下，我们是否能说参加减肥计划的人平均减重少于10磅？确定p-值。

30.Dole Pineapple公司担心所生产的重量为16盎司的菠萝罐头会超重。假定生产过程的标准差为0.03盎司。质量控制部门抽取了50听罐头组成随机样本，得到平均重量是16.05盎司。在5%的显著性水平下，是否可以认为平均重量大于16盎司？确定p-值。

（答案：z=11.79；拒绝 H_0；p-值=0）

31.按照最近的一项调查的说法，美国人平均每晚有7个小时的睡眠时间。由50名West Virginia University学生组成的随机样本显示，他们昨晚的平均睡眠时间为6小时48分钟（6.8小时），样本标准差为0.9小时。是否可以认为West Virginia University学生的睡眠时间少于典型美国人的睡眠时间？确定p-值。

32.Farm Associates是一家不动产销售代理机构，专门从事农场销售。公司的历史记录表明，农场的平均销售时间是90天。由于最近的旱情，其估计平均销售时间会多于90天。对最近销售的100家农场进行调查，得到平均销售时间是94天，标准差是22天。在0.10的显著性水平下，平均销售时间是否确实增加了？

（答案：t=1.82；拒绝 H_0）

33.NBC TV在汽油价格的新闻报道中说，昨晚自助普通无铅汽油的全国平均价格为每加仑2.50美元。在威斯康星州的Milwaukee地区抽取35个加油站组成一个随机样本，发现平均价格是每加仑2.52美元，标准差是每加仑0.05美元。在0.05的显著性水平下，我们是否能说Milwaukee地区的汽油价格相对较高？确定p-值。

34.最近，Vatility杂志上的一篇文章指出，美国男性平均每周的休息时间为40小时。你认为这个数字太高，决定自己进行检验。你随机抽取了60名男性组成一个随机样本，得到平均每周的休息时间是37.8小时，样本标准差是12.2小时。你可以认为文章中的信息是错误的吗？使用0.05的显著性水平。确定p-值并解释其含义。

（答案：t=-1.40；不拒绝 H_0；p-值=0.0808）

35.近年来，住房贷款的利率已降到6%以下。然而，美国联邦储备委员会的一项研究却称，信用卡债务的利率高于14%。下表是10张信用卡样本的债务利率数据：

14.6	16.7	17.4	17.0	17.8	15.4	13.1	15.8	14.3	14.5

是否可以认为信用卡债务的平均利率高于14%？使用0.01的显著性水平。

36.最近，《华尔街日报》上的一篇文章指出，现在30年的贷款利率低于6%。从中西部地区抽取8家小银行组成一个样本，其现行的30年贷款利率如下（单位：%）：

4.8	5.3	6.5	4.8	6.1	5.8	6.2	5.6

（答案：t=-1.62；不拒绝 H_0；p-值位于0.05和0.10之间）

在0.01的显著性水平下，我们是否能说小银行的30年贷款利率低于6%？估计p-值。

37. 按照 Coffee Research Organization （http：//www.coffeeresearch.org） 的说法，一个普通的美国咖啡饮用者平均每天喝3.1杯咖啡。12位老年公民组成一个样本，他们昨天喝咖啡的数量记录如下（单位：杯）：

3.1	3.3	3.5	2.6	2.6	4.3	4.4	3.8	3.1	4.1	3.1	3.2

在0.05的显著性水平下，样本数据会支持全国平均值与老年公民的样本均值之间存在差异吗？

38.位于俄亥俄州的Maumee的St.Luke's Hospital的麻醉护理区（康复病房）最近进行了扩建，院方希望通过此次扩建，平均每天收治的病人数可以超过25人。随机抽取15天，记录每天病人数如下：

25	27	25	26	25	28	28	27	24	26	25	29	25	27	24

在0.01的显著性水平下，我们是否可以认为平均每天收治的病人数超过25人？估计p-值并解释其含义。

（答案：t=2.694；拒绝 H_0；p-值小于0.01）

39.eGolf.com每天收到的在线购物平均退货数为6.5件。随机抽取12天，每天收到的退货数如下：

0	4	3	4	9	4	5	9	1	6	7	10

在0.01的显著性水平下，我们是否可以说每天的平均退货数少于6.5件？

40.在最近的赛季期间，很多观众批评Major League Baseball的比赛时间太长。一项报告指出，平均每场比赛长达3小时30分钟。下表是随机抽取的17场比赛的耗时（注意：分钟均转换成小时的分数表示，因此，一场2小时24分钟的比赛就是2.40小时）。

2.98	2.40	2.70	2.25	3.23	3.17	2.93	3.18	2.80
2.38	3.75	3.20	3.27	2.52	2.58	4.45	2.45	

我们是否可以认为比赛的平均耗时少于3.5小时？使用0.05的显著性水平。

（答案：t=-4.013；拒绝 H_0）

41.Watch Corporation of Switzerland称，其制造的手表在一周内既不会快也不会慢。由18只手表组成了随机样本，得到每周的快（+）慢（-）数据如下（单位：秒）：

−0.38	−0.20	−0.38	−0.32	+0.32	−0.23	+0.30	+0.25	−0.10
−0.37	−0.61	−0.48	−0.47	−0.64	−0.04	−0.20	−0.68	+0.05

认为手表的平均快慢时间为0合理吗？使用0.05的显著性水平。估计p-值。

42.下面是货币市场基金中的12只互助基金的年收益率（单位：%）：

4.63	4.15	4.76	4.70	4.65	4.52	4.70	5.06	4.42	4.51	4.24	4.52

使用0.05的显著性水平，是否可以认为平均年收益率大于4.50%？

（答案：t=1.033；不拒绝）

43.许多像WalMart和Kmart这样的百货商店和大型零售商已经安装自主结账系统，以便顾客自己扫描他们的商品，并自己结账。顾客喜欢和经常使用这种系统的程度如何？下表是位于南卡罗来纳州的Surfside高速公路的544号的WalMart在15天中使用自主结账系统的顾客数记录：

120	108	120	114	118	91	118	92	104	104
112	97	118	108	117					

是否可以认为每天使用自主结账系统的平均顾客数多于100人？使用0.05的显著性水平。

44. 2015年从北卡罗莱纳州的Charlotte飞往华盛顿州的Seattle的打折机票的平均费用为370美元。上个月这条线路上的往返旅行打折机票费用的随机样本如下：

$421	$386	$390	$430	$410	$350	$370	$380	$399	$365	$391	$375	$381

在0.01的显著性水平下，我们能说平均费用上升了吗？p-值是多少？

（答案：t=2.939，p-值小于0.01）

45.Celebrity Living的出版商称，以报道像Angelina Jolie或Paris Hilton等名人为特色的杂志的平均销量是每周150万册。10本类似的刊物组成的样本显示，上周的平均销量是130万册，标准差是90万册。此数据与出版商的说法相矛盾吗？使用0.01的显著性水平。

46.一份联合国的报告称，到美国的墨西哥移民的平均家庭收入是每年27 000美元。FLOC（Farm Labor Organizing Committee）的关于25个墨西哥家庭的估计显示，样本均值为30 000美元，样本标准差为10 000美元。此信息与联合国的报告不相符吗？应用0.01的显著性水平。

（答案：t=1.50；不拒绝）

47.传统上，2%的美国公民生活在国外，因为他们对美国的政治和社会不再抱有幻想。为了检验自2001年“9·11”恐怖袭击后这个比例是否上升了，美国大使馆随机抽取400个移居国外的人组成一个随机样本，其中有12个人生活在国外是因为其对美国的政治和社会态度。你能说此数据表明因政治动机而移居国外的美国公民的比例增加了吗？使用0.05的显著性水平。

48. 按照 American Pet Food Dealers Association 的研究，63%的美国家庭拥有宠物。一篇报告是准备作为 San Francisco Chronicle 的社论的，该报告有一部分显示，随机抽取 300 个家庭，其中 210 个家庭拥有宠物。此数据与 American Pet Food Dealers Association 的数据不相符吗？使用 0.05 的显著性水平。

（答案：z=2.51；拒绝 H_0）

49.Tina Dennis 是 Meek Industries 的一名审计人员，她认为，目前出现现金周转问题主要是因为应收账款回收太慢。她认为超过 60%的应收账款拖欠不止 3 个月。随机抽取的 200 笔应收账款组成一个随机样本，其中 140 笔是超过 3 个月的欠款。在 0.01 的显著性水平下，她是否还认为超过 60%的应收账款拖欠时间超过 3 个月？

50.Suburban Transit Authority（STA）的政策是，如果潜在的乘坐公交车上下班的人中有超过 55%的人乘坐某条线路，就会增开一条公交线路。70 名顾客组成了一个随机样本，其中 42 人愿意按照设计线路往返于 Bowman Park 和市区。这种情况是否满足了 STA 的标准？使用 0.05 的显著性水平。

（答案：z=0.841；不拒绝）

51.Crowder Travel Agency 过去的经验表明，希望该旅行社安排休假计划的顾客中有 44%想前往欧洲。在上一个旅游旺季，随机调查了 1 000 名顾客的旅行计划，其中有 480 人打算去欧洲度假。检验打算去欧洲度假的比例是否有显著提高？使用 0.05 的显著性水平。

52. 根据过去的经验，一家电视机制造商的产品在使用头两年需要维修的比例不超过 10%。由两年前生产的 50 台电视机组成一个随机样本，其中有 9 台需要维修。在 0.05 的显著性水平下，需要维修的比例是否提高了？确定 p-值。

（答案：z=1.89；拒绝 H_0；p-值=0.0294）

53. 一个城市规划师声称，在全国范围内，有 20%居住在出租公寓的家庭会在某一年搬迁。由 Dallas Metroplex 的居住在出租公寓的 200 个家庭组成一个样本，其中有 56 个家庭在去年搬迁过。在 0.01 的显著性水平下，此证据是否支持在 Dallas 地区有更大比例的居住在出租公寓的家庭搬迁？确定 p-值。

54. 近年来美国的婚礼费用火箭式上升，因此许多新人选择在加勒比海举行婚礼。最近，加勒比海度假胜地在《新娘》杂志上做广告说，一场加勒比海婚礼费用少于 10 000 美元。随机抽取 8 场婚礼组成一个样本，其婚礼费用如下（单位：千美元）。

9.7	9.4	11.7	9.0	9.1	10.5	9.1	9.8

在 0.05 的显著性水平下，是否可以认为平均婚礼费用如广告所说少于 10 000

美元？

（答案：t=-0.655；不拒绝）

55. 根据ABC的一项调查，40%的美国人不吃早餐。对一个30位大学生的样本的调查发现当天有16位学生没有吃早餐，使用1%的显著性水平来检验大学生是否更不喜欢吃早餐。

56. 经过一个失败的赛季后，对足球主教练解聘的呼声越来越高。在一届200位大学校友组成的随机样本中，80位校友支持该教练。那么在5%的显著性水平下，支持该主教练的校友比例是否少于50%？

57. 在20世纪90年代，胃癌的致死率是十万分之八十。到21世纪初，随着更新治疗方法的问世及公共健康的宣传，一个1万人的随机样本中只有6人因胃癌死亡。在5%的显著性水平下，该数据是否能证实胃癌的致死率下降？

练习题网站

58.USA Today （http：//www.usatoday.com/sports/baseball/salaries/default.aspx）发布球员个人收入信息。登录这个网站，找到你喜欢的球队中的队员的收入。计算均值和标准差。认为你所喜欢的球队的平均收入不等于320万美元是合理的吗？如果你不止对足球、篮球或曲棍球感兴趣，那些球队的队员收入的信息同样可以在此网站找到。

（答案不固定）

59. 位于新泽西州的普林斯顿的the Gallup Organization是美国著名的民意调查机构之一。它经常就当前的热点问题与USA Today或CNN合作进行调查，其网址为http：//www.gallup.com/。登录网站，找到关于总统支持率的最近一次民意调查结果。你可能需要点击Gallup Poll，检验总统是否得到了超过50%的支持率。如果文章没有报告调查中回答者的数量，则假定为1 000，这是通常被采用的数字。

数据集练习题

60. 参见房地产数据，它报告去年在科罗拉多州的Denver地区的住房销售信息。

a. 最近，Denver Post上的一篇文章指出，该地区住房的平均售价高于220 000美元。我们是否可以认为Denver地区的平均房价高于220 000美元？使用0.01的显著性水平。p-值是多少？

b. 该文章还指出，房屋的平均面积超过2 100平方英尺。我们是否可以认为Denver地区销售的住房的平均面积超过了2 100平方英尺？使用0.01的显著性水平。p-值是多少？

c. 确定带车库的房屋的比例。在0.05的显著性水平下，我们是否可以说

Denver地区销售的住房中带车库的比例大于60%？p-值是多少？

d.确定带游泳池的房屋的比例。在0.05显著性水平下，是否可以说Denver地区销售的住房中带游泳池的比例小于40%？p-值是多少？

（答案：a.t=0.24，p-值=0.405 b.t=5.10，p-值=0 c.z=1.59，p-值=0.0559 d.z=0.80，p-值=0.2119）

61.参见棒球2010数据，它报道2006赛季30支Major League Baseball球队的信息。

a.通过假设检验确定球队的平均收入是否不等于8 000万美元。使用0.05的显著性水平。

b.通过假设检验确定球队的平均观众人数是否超过每队2 000 000人。

62.参见收入数据。它是一个由100个工人组成的样本，报告了他们所在的行业、受教育年限、性别和年收入的信息。

a.通过假设检验确定平均年收入是否大于30 000美元。使用0.05的显著性水平。确定p-值并解释结果。

b.通过假设检验确定平均工作年限是否不等于20年。使用0.05的显著性水平。确定p-值并解释结果。

c.通过假设检验确定平均年龄是否小于40岁。使用0.05的显著性水平。确定p-值并解释结果。

d.通过假设检验确定加入工会的工人的比例是否大于15%。使用0.05的显著性水平并报告p-值。

（答案：a.t=0.492；不拒绝原假设；p-值=0.312 b.t=0.280；不拒绝 H_0；p-值=0.780 c.t=-0.708；不拒绝 H_0；p-值=0.240 d.t=0.778；不拒绝 H_0；p-值=0.220）

63.参见CIA数据，它报告46个不同国家的人口和经济信息。

a.通过假设检验确定手机的平均数是否大于4。使用0.05的显著性水平。p-值是多少？

b.通过假设检验确定劳动力的平均年龄是否小于50。使用0.05的显著性水平。p-值是多少？

软件命令说明

1.前已述及的直方图和描述统计的Minitab命令是：

a.将26个样本观测数据输入C1列，变量名为Cost。

b.从菜单中选择Stat，Basic Statistics和Graphical Summary，在对话框中输入Cost作为变量，然后点击OK。

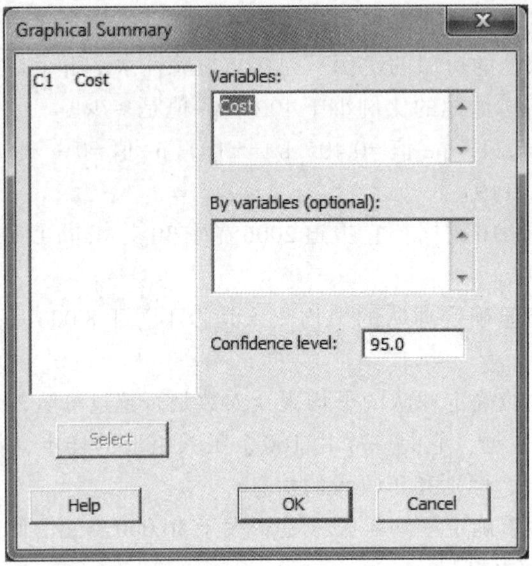

2.单样本t检验的Minitab命令是：

a.将样本数据输入C1列，变量名为Length。

b.从菜单中选择Stat，Basic Statistics 和1-Sample t，然后回车。

c.将Length作为变量，选择Test Mean，输入数值43，然后点击OK。

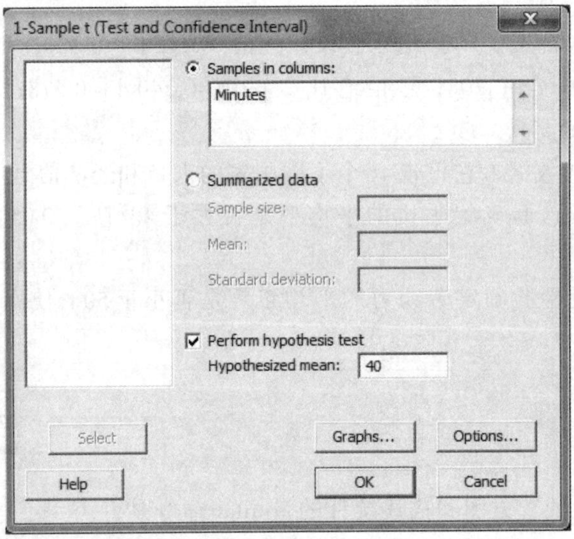

自测题答案

10-1　a. H_0： μ =16.0

H_1： $\mu \neq 16.0$

b.0.05

c. $z = \frac{\overline{X} - \mu}{\sigma / \sqrt{n}}$

d. 如果 $z < -1.96$ 或 $z > 1.96$，则拒绝 H_0。

e. $z = \frac{16.017 - 16.0}{0.15/\sqrt{50}} = \frac{0.0170}{0.0212} = 0.80$

f. 不拒绝 H_0。

g. 我们不能认为灌装番茄酱的均值与16盎司存在差异。

10-2 a. H_0： $\mu \leqslant 16.0$

H_1： $\mu > 16.0$

b. 如果 $z > 1.65$，则拒绝 H_0。

c. $z = \frac{16.040 - 16.0}{0.15/\sqrt{50}} = \frac{0.0400}{0.0212} = 1.89$

d. 拒绝 H_0。

e. 灌装番茄酱的均值大于16盎司。

f. p-值=0.5000-0.4706=0.0294。因为p-值小于 α （0.05），所以 H_0 被拒绝。此结论与（d）的结论相同。

10-3 a. H_0： $\mu \leqslant 305$

H_1： $\mu > 305$

b.df=n-1=20-1=19

决策准则是：如果 $t > 1.729$，则拒绝 H_0。

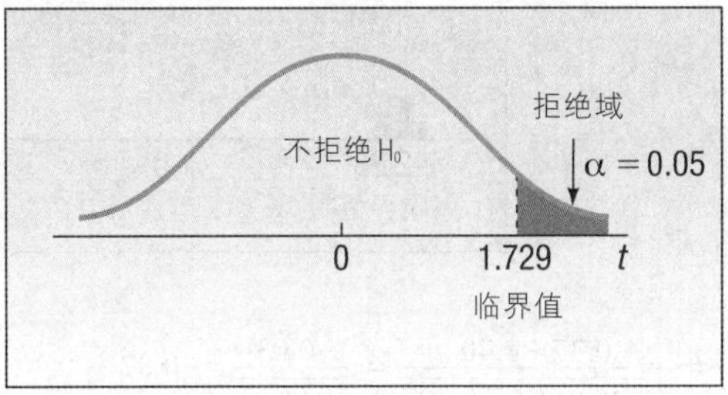

c. $z = \frac{\overline{X} - \mu}{s/\sqrt{n}} = \frac{311 - 305}{12/\sqrt{20}} = 2.236$

因为2.236>1.729，所以拒绝 H_0。

即改进措施使得电池的平均寿命超过305天。

10-4 a. H_0： $\mu \geqslant 9.0$

H_1： $\mu < 9.0$

b.7，由n-1=8-1=7得到。

c. 如果 $t < -2.998$，则拒绝 H_0。

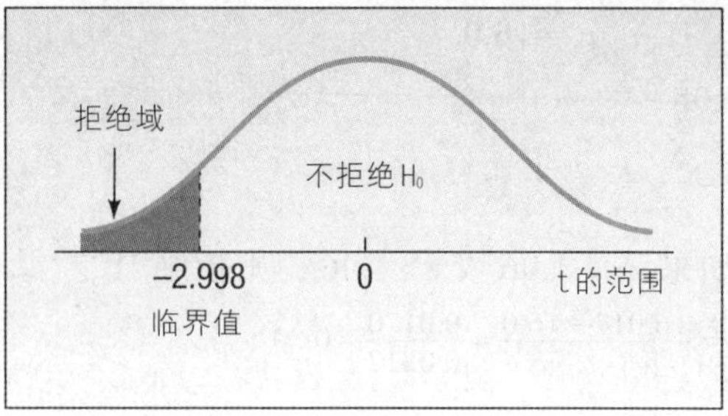

d. $\overline{X}=\frac{70.4}{8}=8.8$， $s=\sqrt{\frac{0.36}{8-1}}=0.2268$， $t=\frac{8.8-9.0}{0.2268/\sqrt{8}}=-2.494$

由于−2.494位于−2.998的右边，所以 H_0 不被拒绝。我们不能认为均值小于9.0。

e.p−值在0.025与0.10之间。

10−5 a.可以，因为 $n\pi$ 和 $n(1-\pi)$ 都超过5。

$n\pi=200\times0.40=80$ 和 $n(1-\pi)=200\times(1-0.40)=120$

b. H_0： $\pi\geqslant0.40$

H_1： $\pi<0.40$

如果 $z<-2.33$，则拒绝 H_0。

c.

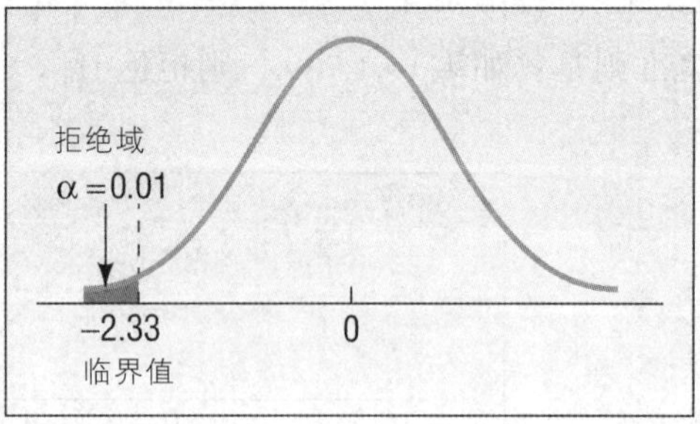

d. $z=\frac{0.37-0.40}{\sqrt{\frac{0.40\times(1-0.40)}{200}}}=\frac{-0.03}{\sqrt{0.0012}}=-0.87$

不拒绝 H_0。

e.p−值为0.1922。由于p−值大于0.01，所以 H_0 不被拒绝。

第11章 两样本假设检验

本章学习目标

当你学完本章内容，你应该能够：

1. 检验标准差已知的两个独立总体均值是否相等。
2. 对两个总体的比例是否相等进行检验。
3. 检验标准差未知但是相等的两个独立总体均值是否相等。
4. 理解相依样本与独立性样本之间的差别。
5. 进行关于成对或相依样本均值之差的检验。

实践中的统计学

2000年的美国总统大选可谓是历史上最激烈的一次。新闻媒体难以预测获胜者，包括重新计票和法律裁决在内的最后结果耗时超过5周。然而并非只有这次大选存在争议。在1936年总统大选前夕，《纽约时报》刊出头条："Literary Digest进行的民意调查显示，Landon在32个州获胜，Landon4-3领先"。然而，堪萨斯州的Alfred Landon并未当选总统。事实上，罗斯福获得了超过1 100万张选票和523张选举团票。《纽约时报》的头条怎么出现错误了呢？

*Literary Digest*是从电话号码、汽车登记和*Digest*的读者中抽取的选民样本。在1936年，还没有多少人有能力支付电话或汽车的费用，再说，Literary Digest的读者通常较富裕，且往往是共和党的支持者。因此，抽样总体并非选民总体。第二个问题就是不回答调查问卷。接受调查的人数超过1 000万，其中只有230多万人做了回答。然而，没有人去考察做了回答的人是否来自各个阶层。

利用现代计算机技术和调查方法，样本被非常仔细地选取并加以核查，以保证其具有代表性。*Literary Digest*后来怎么样呢？1936年大选后不久它就倒闭了。

11.1 导言

第10章开始学习假设检验。我们描述了假设检验的性质，并通过对单样本的统计量与总体均值进行比较来进行假设检验。即从总体中抽取一个随机样本，进而检验所提出的总体均值是否合理。在第10章，我们抽取Jamestown Steel公司每周组装的办公桌数组成一个样本，来确定生产率是否发生了变化。类似地，我们对某个州的某一个地区抽取选民组成一个样本，进而确定支持现任州长连任的总体比例是否小于0.80。在这两个例子中，我们用一个样本统计量的结果和总体参数进行比较。

本章，我们把这种假设检验的思想扩展到两个样本。即我们从两个不同的总体中抽取两个随机样本，来确定两个总体的均值或比例是否相等。我们想要检验的一些问题有：

1.在佛罗里达州的南部，男性代理人的住宅房地产平均销售额与女性代理人的住宅房地产平均销售额是否存在差异？

2.上个月CraftArt软件接到的技术支持电话上午是不是比下午多呢？

3.在快餐行业，21岁以下的青年工人和60岁以上的老年工人的平均请假天数是否存在差异？

4.俄亥俄州立大学毕业生和辛辛那提大学的毕业生第一次就能通过国家注册会计师考试的比例是否存在差异？

我们从两个独立的总体中抽取随机样本，并研究这两个总体是否有相同的均值来开始本章的学习。

11.2 两样本假设检验：独立样本

佛罗里达州的城市规划人员希望知道，在佛罗里达州的中部，管工和电工的平均小时工资率是否不同。金融会计师希望知道，高收益的共同基金的平均收益率是否与全球共同基金的平均收益率存在差异。每个例子中，都有两个独立总体。第一个例子中，管工是一个总体，电工是另一个总体；第二个例子中，高收益的共同基金是一个总体，全球共同基金是另一个总体。

在每个例子中，为了研究问题，我们应该从每一个总体中抽取一个随机样本，然后计算两个样本的均值。如果两个总体的均值相同，也就是说，管工和电工的平均小时工资率相等，我们会期望两个样本的均值之差为0。但是，如果我们的样本的均值之差不为0，我们该如何做出判断呢？这个差距是由于偶然性，还是因为平均小时工资率确实不同？两样本的均值检验会帮助我们回答这个问题。

我们确实需要回到第8章，那里我们提到样本均值的分布趋向于正态分布。我们需要再一次假定样本均值服从正态分布。这就从数学上证明了两个正态分布的样本均值的差仍服从正态分布。

我们用佛罗里达州的坦帕市的城市管工来说明这个理论。首先，让我们假定我们能得到实际中并不总能得到的一些信息。假定管工总体的平均小时工资为30.00美元，标准差为每小时5.00美元；电工总体的平均小时工资为29.00美元，标准差为每小时4.50美元。现在，从这个信息看，很明显两个总体的均值不相等，管工实际上比电工每小时多得1美元。然而，我们不能期望，我们每次从两个总体中抽取的样本都能反映这个差距。

假定我们选择一个包含40位管工的随机样本和一个包含35位电工的随机样本，并计算每一个样本的均值。然后，我们计算两个样本均值的差，这是我们真正感兴趣的东西。如果两个总体具有相同的均值，那么我们会期望两个样本的均值之差为0。如果两个总体的均值不相等，那么我们会期望两个样本的均值之差不为0。

为了理解这个理论，我们需要给出几对样本，分别计算每个样本的均值，然后计算每对样本均值的差，并且研究样本均值差的分布。由于第8章讨论了样本均值的分布，我们知道样本均值服从正态分布。如果两个样本均值都服从正态分布，那么我们可以推断它们的差也服从正态分布。这是要解决的第一个问题。

第二个问题指的是样本均值差的分布的均值。如果我们发现样本均值差的分布的均值为0，就意味着两个总体有相同的均值；从另一方面说，如果样本均值差的分布的均值不为0，或正或负，那么我们推断两个总体的均值是不相等的。

为了讲清楚一些具体的结果，让我们回到佛罗里达州的坦帕市的城市管工例子。表11-1给出了40位管工和35位电工的20个不同的随机样本。计算每个样本的均值，并且计算相应的两个样本均值的差。第一个样本中，40位管工的样本均值为29.80美元，35位电工的样本均值为28.76美元，这两个样本的均值差为1.04美元。这个计算过程再重复19次。在这20个不同的随机样本中，我们观察到有17次是管工的均值大于电工的均值。

我们最后要解决的问题是有关两个样本均值差的变异性，换句话说，即两个样本均值差的分布的标准差是多少？统计理论表明，如果是两个独立总体，如本例所示，两个样本均值差的分布的方差（标准差的平方）等于两个样本均值的方差的和。这意味着我们要把两个样本均值的方差相加。换句话说，两个样本的均值差（$\bar{X}_1 - \bar{X}_2$）的方差等于管工样本均值的方差与电工样本均值的方差的和。

表11-1　　　　　　　管工和电工的随机样本的均值

样本	管工	电工	差
1	\$29.80	\$28.76	\$1.04
2	30.32	29.40	0.92
3	30.57	29.94	0.63
4	30.04	28.93	1.11
5	30.09	29.78	0.31
6	30.02	28.66	1.36
7	29.60	29.13	0.47
8	29.63	29.42	0.21
9	30.17	29.29	0.88
10	30.81	29.75	1.06
11	30.09	28.05	2.04
12	29.35	29.07	0.28
13	29.42	28.79	0.63
14	29.78	29.54	0.24
15	29.60	29.60	0.00
16	30.60	30.19	0.41
17	30.79	28.65	2.14
18	29.14	29.95	−0.81
19	29.91	28.75	1.16
20	28.74	29.21	−0.47

两个样本均值差的分布的方差

$$\sigma^2_{\bar{X}_1-\bar{X}_2}=\frac{\sigma_1^2}{n_1}+\frac{\sigma_2^2}{n_2} \tag{11-1}$$

$\sigma^2_{\bar{X}_1-\bar{X}_2}$ 项看起来很复杂，但解释起来却不难。σ^2 告诉我们，它是样本方差，下标 $\bar{X}_1-\bar{X}_2$ 告诉我们，它是两个样本均值差的分布。

对上面的方程取平方根会更有用，这样我们得到两个样本均值差的分布的标准差或“标准误差”。最后，我们将两个样本均值差的分布标准化，结果是下列方程。

两个样本均值差的检验—— σ 已知:

$$z=\frac{\bar{X}_1-\bar{X}_2}{\sqrt{\dfrac{\sigma_1^2}{n_1}+\dfrac{\sigma_2^2}{n_2}}} \tag{11-2}$$

在我们举例子之前，让我们复习一下应用公式（11-2）所必要的假定。

1.两个总体服从正态分布。

2.两个样本必须是无关的，即独立的。

3.两个总体的标准差必须是已知的。

下面的例子说明了两样本均值假设检验的细节。

举例：

当购买食品杂货时，FoodTown Super Markets的顾客可以选择付款方法，或者使用Standard（即收银员结账方法）或者使用新的快速通道。在Standard方法中，一个FoodTown的员工扫描每一件商品，然后把它放在一条短的传送带上，而另一个员工再把传送带上的商品装进一个袋子中，再放入购物车中。在快速通道中，顾客自己扫描每一件商品，自己装袋并放进购物车中。快速通道是为了减少顾客在结账上花费的时间。

快速通道结账设施最近被安装在Byrne Road的FoodTown。商场经理想知道，使用Standard的平均结账时间是不是大于使用快速通道的平均结账时间。她收集了下列样本信息。所用时间是按照顾客进入结账线排队到其袋子放入购物车中来计算的。因此所用时间包括了结账排队和付款的等待时间。p-值是多少？

顾客类型	样本均值	总体标准差	样本量
标准	5.50分	0.40分	50
快速通道结账	5.30分	0.30分	100

解答：

我们利用假设检验的五个步骤来解答此问题。

第1步：提出原假设与备择假设。原假设是两组顾客的平均结账时间没有差异。换句话说，Standard的平均结账时间与U-Scan的平均结账时间之间的0.20分钟的差是由偶然性造成的。备择假设是Standard的平均结账时间比U-Scan的平均结账时间更长。我们用 μ_S 表示使用Standard的顾客总体的平均结账时间，用 μ_U 表示使用U-Scan的顾客总体的平均结账时间。原假设与备择假设是：

H_0：$\mu_S \leqslant \mu_U$

H_1：$\mu_S > \mu_U$

第2步：选择显著性水平。显著性水平是当原假设为真时，我们拒绝原假设的概率。这个概率在抽取样本和进行计算之前要被确定。0.05和0.01的显著性水平更常用，但像0.02和0.10的其他值也被使用。在理论上，我们可选择介于0和1之间的任何一个数作为显著性水平。本例中，我们选择0.01的显著性水平。

第3步：确定检验统计量。第10章中我们使用标准正态分布（即z）和t分布作为检验统计量。本例我们使用z分布作为检验统计量，这是因为两个总体的标准差是已知的。

第4步：建立决策准则。决策准则是基于原假设与备择假设（即检验是单侧检验还是双侧检验）、显著性水平和所使用的检验统计量来制定的。

实践中的统计学

你是为了工作而活着还是为了活着而工作？最近一项对802名美国公民的调查显示，在那些以工作为事业的人中，平均每天的工作时间为8.7小时。而对那些把工作当成职业的人来说，平均每天的工作时间为7.6小时。

我们选择0.01为显著性水平，z为检验统计量，我们希望确定使用Standard

的平均结账时间是否更长。我们设置备择假设来表示使用Standard的平均结账时间比使用U-Scan的平均结账时间更长，因此，拒绝域是标准正态分布的右侧尾部（单侧检验）。为了求出临界值，就要使右侧尾部的面积为0.01，这意味着，z值的0和临界值之间的面积为0.4900（0.5000−0.0100）。接下来，我们在附录B.1中查找最接近0.4900的值，它是2.326。所以我们的决策准则是：如果计算出的检验统计量的值大于2.326，就拒绝 H_0。图11-1表述了决策准则。

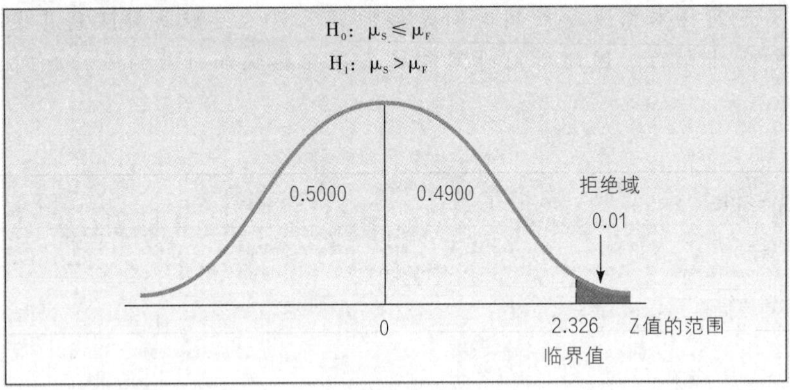

图11-1　0.01显著性水平下的单侧检验的决策准则

第5步：选取样本并做出决策。我们利用公式（11-2）来计算检验统计量的值。

$$z=\frac{\overline{X}_s-\overline{X}_F}{\sqrt{\frac{\sigma_s^2}{n_s}+\frac{\sigma_F^2}{n_F}}}=\frac{5.5-5.3}{\sqrt{\frac{0.40^2}{50}+\frac{0.30^2}{100}}}=\frac{0.2}{0.064031}=3.123$$

3.123的计算值大于临界值2.326。我们的决策是拒绝原假设并接受备择假设。使用Standard的平均结账时间与使用U-Scan的平均结账时间之间的0.20分钟的差太长了，这不是偶然发生的。换句话说，我们得出结论，使用U-Scan更快。

检验统计量的p-值是多少？复习一下，p-值是原假设为真时，正在计算的统计量的值达到同样极端的值的概率。为了计算p-值，我们需要计算z值大于3.123的概率。从附录B.1中我们不能查到与3.123相适合的概率，可得到的最大值是3.09，对应于3.09的面积是0.4990。本例中，可以推断p-值小于0.0010，由0.5000−0.4990得到。我们得出结论是原假设几乎不可能为真！

总结一下，使用公式（11-2）的准则是：

1.两个样本取自独立总体。这意味着，使用快速通道的顾客的结账时间与其他顾客的结账时间是不相关的。例如，Smith先生的结账时间不影响其他任何顾客的结账时间。

2.两个总体服从正态分布。在FoodTown例子中，使用Standard的结账时间和使用快速通道的结账时间都是服从正态分布的。

3.两个总体的标准差是已知的。在FoodTown例子中，使用快速通道的结账时间的标准差为0.30分钟，使用Standard的结账时间的标准差为0.40分钟。

自测题 11-1

Tom Sevits是Appliance Patch的老板。最近Tom观察到，所雇的销售人员中男性和女性的销售额存在差异。男性销售员的40天的销售样本显示，其每天的器械销售额平均为1 400美元。女性销售员的50天的销售样本显示，其每天的器械销售额平均为1 500美元。假设男销售员的总体标准差为200美元，女销售员的总体标准差为250美元。在0.05的显著性水平下，Sevits先生能做出女性销售员平均每天的销售额比男性销售员高的结论吗？

(a) 提出原假设和备择假设。

(b) 决策准则是什么？

(c) 检验统计量的值是多少？

(d) 你对于原假设的结论是什么？

(e) p-值是多少？

(f) 对结果进行解释。

练习题

1.从标准差为5的一个总体中抽取40个观测值组成一个样本，样本均值为102。从标准差为6的第二个总体中抽取50个观测值组成一个样本，样本均值为99。使用0.04的显著性水平进行下面的假设检验。

H_0: $\mu_1 = \mu_2$

H_1: $\mu_1 \neq \mu_2$

a.这是单侧检验还是双侧检验？

b.说明决策准则。

c.计算检验统计量的值。

d.你关于H_0的决策是什么？

e.p-值是多少？

2.从标准差为0.75的一个总体中抽取65个观测值组成一个样本，样本均值为2.67。从标准差为0.66的第二个总体中抽取50个观测值组成一个样本，样本均值为2.59。使用0.08的显著性水平进行下面的假设检验。

H_0: $\mu_1 \leq \mu_2$

H_1: $\mu_1 > \mu_2$

a.这是单侧检验还是双侧检验？

b.说明决策准则。

c.计算检验统计量的值。

d.你关于H_0的决策是什么？

e.p-值是多少？

注：使用假设检验的五个步骤来完成下列练习题。

（答案：a.单侧检验 b.如果 $z>1.41$，则拒绝 H_0 c. $z=0.61$ d.不拒绝 e.0.2709）

3.Gibbs Baby Food Company希望了解，婴儿食用它们的食品与食用其竞争对手的食品所增加体重的情况。随机抽取了食用Gibbs食品的40个婴儿作为一个样本，在出生后的前3个月，体重平均增加了7.6磅；总体标准差为2.3磅。食用竞争对手的食品的55个婴儿组成另一个样本，在出生后的前3个月，体重平均增加了8.1磅；总体标准差为2.9磅。在0.05的显著性水平下，我们能够说食用Gibbs食品的婴儿体重增加得更少吗？计算p-值并作解释。

4.作为公司雇员研究的一部分，PNC有限公司的人力资源经理想比较在辛辛那提市区办公的雇员的上班移动距离和在匹兹堡市区办公的雇员的上班移动距离。由35名在辛辛那提办公的雇员组成的样本显示，他们每月上班移动的平均距离为370英里。由40名在匹兹堡办公的雇员组成的样本显示，他们每月上班移动的平均距离为380英里。在辛辛那提办公的雇员和在匹兹堡办公的雇员的总体标准差分别为30英里和26英里。在0.05的显著性水平下，在辛辛那提办公的雇员与在匹兹堡办公的雇员每月上班的移动距离是否存在差异？

（答案：不拒绝 H_0。 $z=-1.53$，p-值=0.1260）

5.一名金融分析师想比较与石油有关的股票和其他股票，如GE或IBM的换手率。她抽取了32只与石油有关的股票和49只其他股票作为样本。与石油有关的股票的平均换手率为31.4%，总体标准差为5.1%。其他股票的平均换手率为34.9%，总体标准差为6.7%。两类股票的换手率是否存在显著差异？使用0.01的显著性水平。

6.Mary Jo Fitzpatrick是St.Luke's Memorial Hospital负责管理护理服务的副院长。最近她注意到，加入工会的护士的工资水平好像更高。她决定进行调查、收集到下列样本信息：

类型	平均工资	总体标准差	样本容量
加入工会	20.75美元	2.25美元	40
未加入工会	19.80美元	1.90美元	45

她能否认为加入工会的护士的工资水平更高？使用0.02的显著性水平。p-值是多少？

（答案：拒绝 H_0。 $z=2.09$，p-值=0.0183）

11.3 比例的两样本检验

在前一节，我们考虑了关于总体均值的检验。然而，我们经常感兴趣于来自两个总体的样本比例是否相等。下面是几个例子。

• 人力资源副主管想知道，亚特兰大工厂和休斯顿工厂每年缺勤超过5个工作日的小时工的比例是否有差异。

• General Motors正为考虑为Pontiac G6提供一个新的设计，该设计瞄准30岁以下和60岁以上的消费者为潜在购买群体。Pontiac希望知道，这两个群体喜欢新设计的比例是否有差异。

• 航空业的一位顾问正在调查成年人中害怕乘坐飞机的情况，具体地说，航空公司想知道，男性和女性成年人中害怕乘坐飞机的比例是否有差异。

在上面的例子中，每个被取样的项目或个体可以被归类为“成功”或“失败”。即在Pontiac G6的例子中，潜在购买者被分为“喜欢新设计”或“不喜欢新设计”两类，然后，我们在喜欢新设计的人中，比较30岁以下的群体的比例和60岁以上的群体的比例。我们能够推断此差异可归因于随机因素吗？在这里没有任何测量结果，仅仅是对个体或项目分类。于是，我们采用名义测量尺度。

为了进行假设检验，我们假定每一个样本的量足够大，以至于正态分布成为二项分布的一个好的近似。检验统计量服从标准正态分布。我们依据下列公式计算z值：

两样本比例的检验
$$z=\frac{p_1-p_2}{\sqrt{\frac{p_c(1-p_c)}{n_1}+\frac{p_c(1-p_c)}{n_2}}} \tag{11-3}$$

公式（11-3）是在公式（11-2）中用各自的样本比例代替样本均值，且用$p_c(1-p_c)$代替两个方差的结果。另外，

n_1是第一个样本中的观测值个数。

n_2是第二个样本中的观测值个数。

p_1是第一个样本中拥有某特征的样本比例。

p_2是第二个样本中拥有某特征的样本比例。

p_c是在合并样本中拥有某特征的样本合并比例，它被称作总体比例的合并估计量，并按下述公式进行计算：

合并比例
$$p_c=\frac{X_1+X_2}{n_1+n_2} \tag{11-4}$$

其中，X_1是第一个样本中拥有某特征的观测值个数。

X_2是第二个样本中拥有某特征的观测值个数。

下面的例子说明了如何进行两样本比例的检验。

举例：

Manelli Perfume Company最近开发了一种新香水，并打算用Heavenly作为品牌打入市场。一些市场研究表明，该品牌具有很好的市场潜力。Manelli的销售部门对年轻女性和年老女性购买该品牌的比例的差别很感兴趣。这里有两个独立总体：一个是年轻女性的总体，另一个是年老女性的总体。每个抽取到的女性被要求闻一闻Heavenly香水，并表明是否足够喜欢这个香味进而购买。

解答：

我们将使用通常的假设检验的五个步骤。

第1步：提出H_0和H_1。本例中，原假设是“年轻女性和年老女性喜欢Heavenly香水的比例没有差别”。我们用π_1表示年轻女性购买Heavenly香水的比例，π_2表示年老女性购买Heavenly香水的比例。备择假设是两个比例不相等。

H_0：$\pi_1 = \pi_2$

H_1：$\pi_1 \neq \pi_2$

第2步：选择显著性水平。本例中我们选择0.05的显著性水平。

第3步：确定检验统计量。检验统计量服从标准正态分布，检验统计量的值依据公式（11–3）来计算。

第4步：建立决策准则。注意到第1步的备择假设并不指向一个方向，所以这是一个双侧检验。为了确定临界值，我们把显著性水平二等分到z分布的两侧尾部。接下来，我们用0的右侧总面积减去显著性水平的1/2，即0.5000–0.0250=0.4750。最后，我们从z分布表（附录B.1）查找到最接近0.4750的值，该值为1.96。临界值为–1.96和1.96。和以前一样，如果计算出的z值落在–1.96与1.96之间，原假设则不被拒绝。如果确实如此，就认为两个样本比例之间的差异归因于偶然性变动。图11–2总结了这些信息。

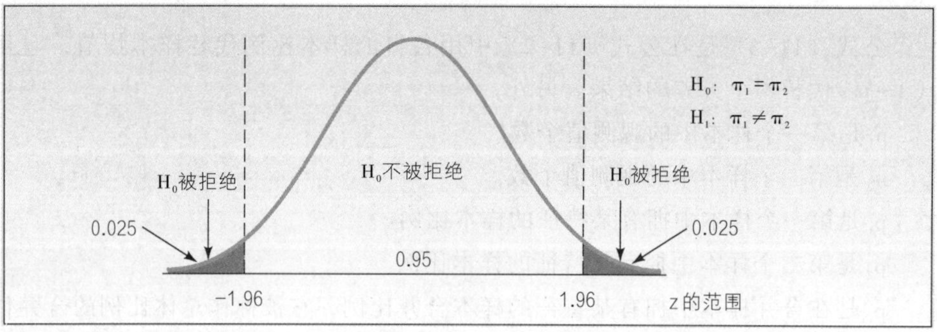

图11–2　显著性水平为0.05的Heavenly香水检验的决策准则

第5步：选取样本并做出决策。一个由100名年轻女性组成的随机样本显示，有19人足够喜欢该品牌香水会去购买。类似地，一个由200名年老女性组成的随机样本显示，有62人足够喜欢该品牌香水会去购买。我们令p_1表示年轻女性的购买比例，p_2表示年老女性的购买比例。

$$p_1 = \frac{X_1}{n_1} = \frac{19}{100} = 0.19, \quad p_2 = \frac{X_2}{n_2} = \frac{62}{200} = 0.31$$

要研究的问题是，两个样本比例的差0.12是由偶然性造成的，还是喜欢Heavenly香水的年轻女性与年老女性的比例之间确实存在差异。

接下来，我们合并样本比例，使用公式（11–4）。

$$p_c=\frac{X_1+X_2}{n_1+n_2}=\frac{19+62}{100+200}=\frac{81}{300}=0.27$$

注意到合并比例更接近0.31而不是0.19，这是因为被抽样的年老女性多于年轻女性。

我们用公式（11-3）来计算检验统计量的值。

$$z=\frac{p_1-p_2}{\sqrt{\frac{p_c(1-p_c)}{n_1}+\frac{p_c(1-p_c)}{n_2}}}=\frac{0.19-0.31}{\sqrt{\frac{0.27(1-0.27)}{100}+\frac{0.27(1-0.27)}{200}}}=-2.207$$

计算出的值−2.207落在拒绝域，即落在−1.96的左侧。因此，在0.05的显著性水平下拒绝原假设。换句话说，我们拒绝年轻女性和年老女性购买Heavenly香水的比例相同的原假设。两个样本比例的差不大可能是因为偶然性造成的。为了计算p−值，回到附录B.1，查到z值在−2.207和−2.21之间的概率。对应于z值为2.21的概率是0.4864，所以，检验统计量的值小于−2.21或大于2.21的概率为：

p−值=2×（0.5000−0.4864）=2×0.0136=0.0272

0.0272的p−值小于0.05的显著性水平，所以我们的决策是拒绝原假设。我们再一次得出结论：年轻女性和年老女性购买Heavenly香水的比例是不同的。

Minitab系统有一个快速确定检验统计量的值并计算p−值的程序。结果如下：

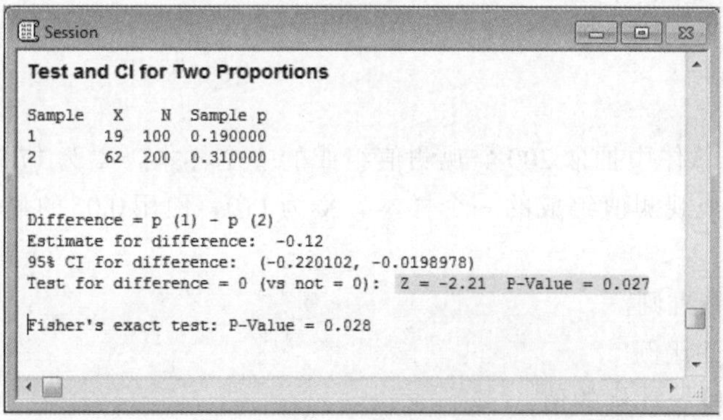
Session

Test and CI for Two Proportions

```
Sample   X    N  Sample p
1       19  100  0.190000
2       62  200  0.310000


Difference = p (1) - p (2)
Estimate for difference:  -0.12
95% CI for difference:  (-0.220102, -0.0198978)
Test for difference = 0 (vs not = 0):  Z = -2.21  P-Value = 0.027

Fisher's exact test: P-Value = 0.028
```

注意：Minitab的输出包括两个样本的比例、z值和p−值。

自测题 11-2

150个成年人品尝了胡桃味薄荷小馅饼后，有87人感觉味道好。在200个孩子组成的样本中，有123人感觉味道好。使用0.10的显著性水平，我们能否推断成年人和孩子对这种胡桃味薄荷小馅饼感觉味道好的比例显著不一样？

(a) 提出原假设和备择假设。

(b) 第Ⅰ类错误的概率是多少？

(c) 这是单侧检验还是双侧检验?

(d) 决策准则是什么?

(e) 检验统计量的值是多少?

(f) 你对于原假设的决策是什么?

(g) p-值是多少?解释在这个问题中它的含义。

练习题

7.原假设和备择假设为:

H_0: $\pi_1 \leq \pi_2$

H_1: $\pi_1 > \pi_2$

从第一个总体中抽取100个观测值组成的一个样本,X_1为70。从第二个总体中抽取150个观测值组成的一个样本,X_2为90。使用0.05的显著性水平检验上述假设。

a.说明决策准则。

b.计算合并比例。

c.计算检验统计量的值。

d.你对于原假设的决策是什么?

8.原假设和备择假设为:

H_0: $\pi_1 = \pi_2$

H_1: $\pi_1 \neq \pi_2$

从第一个总体中抽取200个观测值组成的一个样本,X_1为170。从第二个总体中抽取150个观测值组成的一个样本,X_2为110。使用0.05的显著性水平检验上述假设。

a.说明决策准则。

b.计算合并比例。

c.计算检验统计量的值。

d.你对于原假设的决策是什么?

注:使用假设检验的五个步骤来完成下列练习题。

(答案: a. 如果 $z>1.96$ 或 $z<-1.96$,则拒绝 H_0 b. $p_c = 0.8$ c. $z = 2.70$ d. 拒绝 H_0)

9.Damon家族在纽约西沿Erie湖拥有大片葡萄园。葡萄藤必须在开始生长的季节就喷洒农药,以预防病虫害。两种新杀虫剂Pernod 5和Action刚刚推向市场。为了检验它们的效力,有三排葡萄树被抽取出来喷洒Pernod 5,另有三排葡萄树被抽取出来喷洒Action。等到葡萄成熟时,从喷洒Pernod 5的葡萄藤中选取400株来检验病虫害情况;从喷洒Action的葡萄藤中选取400株来检验病虫害情况。结果见下表。

杀虫剂	被检测的葡萄藤数（样本容量）	有病虫害的葡萄藤数
Pernod 5	400	24
Action	400	40

在0.05的显著性水平下，我们能否推断喷洒Pernod 5和Action的葡萄藤中有病虫害的比例存在差异？

10.GfK Custom Research North America组织以5年为间隔进行相同的调查。询问女性的一个问题是："大部分男人是和善、文雅和体贴的吗？"较早的调查显示，在被调查的3 000名妇女中有2 010人回答是。稍后的调查显示，在被调查的3 000名妇女中有1 530人回答是。在0.05的显著性水平下，我们能否推断相比于较早的调查，稍后的调查中女人认为男人是不够和善、文雅和体贴的？

（答案：$z=-12.60$，拒绝H_0）

11.有影响力的民主党人和共和党人组成一个全国性的样本，作为综合调查的一部分。他们被问到的一个问题是，他们是否赞同降低环境标准以便高硫煤炭能在煤电厂使用。结果如下：

	共和党	民主党
样本容量	1 000	800
赞成数	200	168

在0.02的显著性水平下，我们能否推断民主党人有更高的比例赞同降低环境标准？确定p-值。

12.New Hampshire Insurance的研究部门调查汽车事故发生的原因，如司机的特点等。抽取400份单身个人保单组成一个随机样本，发现有120人在前3年内至少有过一次事故。类似地，抽取600份已婚个人保单组成一个随机样本，发现有150人至少有过一次事故。在0.05的显著性水平下，对于已婚个人和单身个人，在3年期间发生事故的比例是否有差异？确定p-值。

（答案：$z=1.74$，不拒绝，p-值=0.0818）

11.4 总体标准差未知时总体均值的比较

在前面两节，我们介绍了正态分布，即z分布，被用作检验统计量的情况。一种情况涉及变量（计算均值），第二种情况涉及属性（计算比例）。在第一个例子中，我们想比较来自两个独立总体的样本均值，以确定它们是否来自相同或相等的总体。在该例中，我们假定总体服从正态概率分布，且我们知道总体的标准差。在许多情况下，事实上在大多数情况下，我们并不知道总体标准差。我们能解决此问题，就像我们在前一章的单样本情形下做的那样，用样本标准差（s）替代总体标准差（σ）。见公式（10-2）。

双样本合并的t检验

这一节介绍通过比较两个独立总体的样本均值来确定所取样的总体是否有相同的均值的另一种方法。被介绍的方法并不要求我们知道总体的标准差。这在研究样本均值差异时给了我们更大的灵活性。这个检验与本章先前介绍的检验之间有两个主要的区别。

1.我们假设被取样的两个总体有相等但未知的标准差。因为这个假设，我们才能组合或“合并”样本标准差。

2.我们使用t分布作为检验统计量。

计算检验统计量t值的公式与公式（11-2）相类似，但需要额外的计算。需要把这两个样本标准差合并起来形成对未知的总体标准差的估计。本质上，我们计算的是两个样本标准差的加权平均数，并把它作为总体标准差的一个估计值。权重是每个样本的自由度。为什么我们需要把两个样本标准差合并起来呢？因为我们假定两个总体有相等的标准差，我们得到这个最佳估计值，组合或“合并”了我们拥有的有关总体标准差的所有样本信息。

下面的公式用于合并样本标准差。注意，公式中包含了两个因素：每个样本中观测值个数和样本标准差本身。

合并方差 $$s_p^2=\frac{(n_1-1)s_1^2+(n_2-1)s_2^2}{n_1+n_2-2} \tag{11-5}$$

其中，s_1^2 为第一个样本的方差（标准差的平方）。

s_2^2 为第二个样本的方差。

按下列方程计算t值：

两样本均值检验——σ未知 $$t=\frac{\overline{X}_1-\overline{X}_2}{\sqrt{s_p^2\left(\frac{1}{n_1}+\frac{1}{n_2}\right)}} \tag{11-6}$$

其中，$\overline{X}_1$ 是第一个样本的均值。

$\overline{X}_2$ 是第二个样本的均值。

n_1是第一个样本的观测值个数。

n_2是第二个样本的观测值个数。

s_p^2 是总体方差的合并估计量。

检验的自由度是被抽取的样本观测值的总个数减去样本的个数。因为有两个样本，所以有n_1+n_2-2个自由度。

总结一下，这个检验需要满足三个要求或假设。

1.被取样的两个总体均服从正态分布。

2.被取样的两个总体是独立的。

3.两个总体的标准差相等。

下面的例子及求解说明了该检验的一些细节。

举例：

Owens Lawn Care有限公司生产和组装割草机，这些割草机通过船只被运往美国和加拿大各地的经销商那里。有两种不同的将发动机装配到割草机框架上的方法。问题是：两种方法花费的平均时间是否不同？第一种方法由资深Owens员工Herb Welles所建立（设为方法1），另一种方法由工程部副主管William Atkins所创立（设为方法2）。

为了评价这两种方法，公司决定进行工业操作效率的研究。由5位员工组成的样本使用Welles方法，由6位员工组成的样本使用Atkins方法，计时结果（单位：分钟）如下：

Welles（分钟）	Atkins（分钟）
2	3
4	7
9	5
3	8
2	4
	3

两种方法的平均安装时间是否有差异？使用0.10的显著性水平。

解答：

利用假设检验的五个步骤。原假设为两种方法的平均安装时间没有差异，备择假设为两种方法的平均安装时间存在差异。

H_0：$\mu_1=\mu_2$

H_1：$\mu_1\neq\mu_2$

需要满足的假定为：

1.Welles样本的观测值和Atkins样本的观测值相互独立。

2.两个总体均服从正态分布。

3.两个总体的标准差相等。

使用Welles方法和Atkins方法的平均安装时间有差异吗？自由度等于总的观测值个数减去样本个数，本例为n_1+n_2-2。5位员工使用Welles方法，6位员工使用Atkins方法，这样一来，由5+6−2=9，得到自由度为9。根据df=9，双侧检验和0.10的显著性水平，从附录B.2中可以查到，t的临界值为−1.833和1.833。决策准则如图11−3所示，如果计算出的t值介于−1.833与1.833之间，则我们不拒绝原假设。

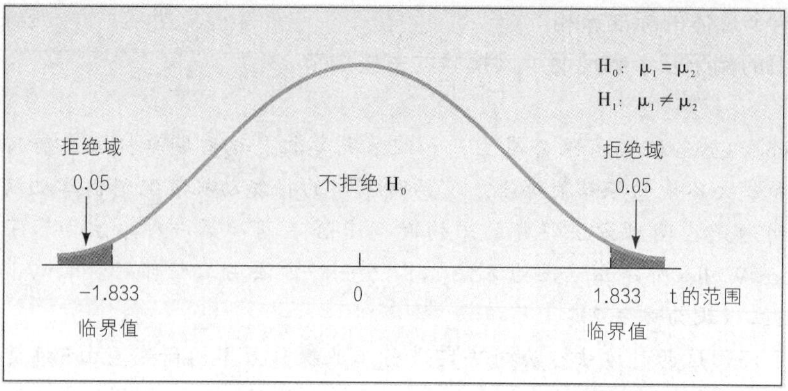

图11-3　显著性水平为0.10的双侧检验的拒绝域（df=9）

我们分三步计算t值。

第1步：计算样本标准差。详细过程如下。

Welles方法		Atkins方法	
X_1	$(X_1-\bar{X}_1)^2$	X_2	$(X_2-\bar{X}_2)^2$
2	$(2-4)^2=4$	3	$(3-5)^2=4$
4	$(4-4)^2=0$	7	$(7-5)^2=4$
9	$(9-4)^2=25$	5	$(5-5)^2=0$
3	$(3-4)^2=1$	8	$(8-5)^2=9$
2	$(2-4)^2=4$	4	$(4-5)^2=1$
20	34	3	$(3-5)^2=4$
		30	22

$$\bar{X}_1=\frac{\sum X_1}{n_1}=\frac{20}{5}=4,\quad \bar{X}_2=\frac{\sum X_2}{n_2}=\frac{30}{6}=5$$

$$s_1=\sqrt{\frac{\sum(X_1-\bar{X}_1)^2}{n_1-1}}=\sqrt{\frac{34}{5-1}}=2.9155,\quad s_2=\sqrt{\frac{\sum(X_2-\bar{X}_2)^2}{n_2-1}}=\sqrt{\frac{22}{6-1}}=2.0976$$

第2步：合并样本方差。我们使用公式（11-5）合并样本方差（标准差的平方）。

$$s_p^2=\frac{(n_1-1)s_1^2+(n_2-1)s_2^2}{n_1+n_2-2}=\frac{(5-1)\times2.9155^2+(6-1)\times2.0976^2}{5+6-2}=6.2222$$

第3步：确定t值。Welles方法的平均安装时间是4分钟，由$\bar{X}_1=20/5$计算得到。Atkins方法的平均安装时间是5分钟，由$\bar{X}_2=30/6$计算得到。我们使用公式（11-6）计算t值。

$$t=\frac{\bar{X}_1-\bar{X}_2}{\sqrt{s_p^2\left(\frac{1}{n_1}+\frac{1}{n_2}\right)}}=\frac{4-5}{\sqrt{6.2222\left(\frac{1}{5}+\frac{1}{6}\right)}}=-0.662$$

决策是不拒绝原假设，因为−0.662介于−1.833与1.833之间。我们的结论是，在割草机框架上安装发动机的两种方法所用的平均时间没有显著差异。

我们还能利用附录B.2来估计p–值。定位在自由度为9的行，且使用双侧检验的列。不考虑符号，找到最接近0.662的t值，它是1.383，其对应的显著性水平是0.20。于是，即使我们使用0.20的显著性水平，我们也不会拒绝均值相等的原假设。我们可以说p–值大于0.20。

Excel有一个称作“t检验：假设两个样本方差相等”的程序，它可以完成公式（11–5）和（11–6）的计算，也可以算出样本均值和样本方差。数据被输入Excel工作表的前两列中，列标题分别为“Welles”和“Atkins”。其输出如下。被称作“t Stat”的t值为−0.662，双侧的p–值为0.525。正如我们所期望的，p–值大于0.10的显著性水平，结论是不拒绝原假设。

welles and atkins

	A	B	C	D	E	F	G
1	Welles	Atkins		t-Test: Two-Sample Assuming Equal Variances			
2	2	3					
3	4	7			*Welles*	*Atkins*	
4	9	5		Mean	4.000	5.000	
5	3	8		Variance	8.500	4.400	
6	2	4		Observations	5.000	6.000	
7		3		Pooled Variance	6.222		
8				Hypothesized Mean Difference	0.000		
9				df	9.000		
10				t Stat	-0.662		
11				P(T<=t) one-tail	0.262		
12				t Critical one-tail	1.833		
13				P(T<=t) two-tail	0.525		
14				t Critical two-tail	2.262		
15							

自测题 11-3

Bellevue Steel是一家轮椅制造商，其生产经理想比较上午班和下午班生产的不合格轮椅的数量。抽取6个上午班和8个下午班生产的轮椅数组成样本，不合格轮椅数如下表：

上午班	5	8	7	6	9	7		
下午班	8	10	7	11	9	12	14	9

在0.05的显著性水平下，上午班和下午班的平均不合格轮椅数是否存在差异？

（a）提出原假设和备择假设。

（b）决策准则是什么？

(c) 检验统计量的值是多少？

(d) 你对于原假设的决策是什么？

(e) p-值是多少？

(f) 解释结果。

(g) 为了进行这个检验所需要的假定是什么？

练习题

对于练习题13和14：(a) 制定决策准则；(b) 计算总体方差的合并估计量；(c) 计算检验统计量；(d) 说明你对于原假设的决策；(e) 估计p-值。

13. 原假设和备择假设为：

H_0: $\mu_1 = \mu_2$

H_1: $\mu_1 \neq \mu_2$

从一个总体中抽取10个观测值组成一个随机样本，样本均值为23，样本标准差为4。从另一个总体中抽取8个观测值组成一个随机样本，样本均值为26，样本标准差为5。在0.05的显著性水平下，这两个总体的均值是否存在差异？

14. 原假设和备择假设为：

H_0: $\mu_1 = \mu_2$

H_1: $\mu_1 \neq \mu_2$

从一个总体中抽取15个观测值组成一个随机样本，样本均值为350，样本标准差为12。从另一个总体中抽取17个观测值组成一个随机样本，样本均值为342，样本标准差为15。在0.10的显著性水平下，这两个总体的均值是否存在差异？

注：使用假设检验的五个步骤来完成下列练习题。

（答案：a. 如果 $t = -1.697$ 或 $t > 1.697$，则拒绝 H_0　b. $s_p^2 = 187.20$　c. $t = 1.651$　d. 不拒绝　e. $0.1 < p < 0.2$）

15. 统计201班在一次测验中的得分样本如下：

男生	72	69	98	66	85	76	79	80	77
女生	81	67	90	78	81	80	76		

在0.01的显著性水平下，女生的平均得分是否高于男生的平均得分？

16. 最近有一项比较单职工和双职工家庭一起度过的时间的调查。按照妻子在这项调查中的报告，对于单职工家庭，平均共度的看电视的时间为每天61分钟，标准差为15.5分钟。对于双职工家庭，平均共度的看电视的时间为每天48.4分钟，标准差为18.1分钟。在0.01的显著性水平下，我们能否认为单职工家庭平均花在一起看电视的时间多于双职工家庭？样本中有15个单职工家庭和12个双职工家庭。

（答案：$s_p^2=278.69$，$t=1.949$，不拒绝）

17.Lisa Monnin女士是Nexus Media公司的预算主任，她想比较销售人员和审计人员每天的旅费支出情况。她收集到下列的样本信息（单位：美元）：

销售人员	131	135	146	165	136	142	
审计人员	130	102	129	143	149	120	139

在0.10的显著性水平下，我们能否认为销售人员每天的旅费支出大于审计人员？p-值是多少？

18.The Tampa Bay （Florida） Area Chamber of Commerce想知道护士的平均周工资是否高于中小学教师。为研究这个问题，他们收集了护士和中小学教师上周的工资信息（单位：美元）。

中小学教师（$）	845	826	827	875	784	809	802	820	829	830	842	832
护士（$）	841	890	821	771	850	859	825	829				

认为护士的平均周工资更高有道理吗？使用0.01的显著性水平。p-值为多少？

（答案：$s_p^2=777.88$，$t=0.707$，不拒绝，p-值>0.10）

11.5 两样本假设检验：相依样本

前面，我们检验了两个独立样本均值的差。我们比较了使用Welles方法和使用Atkins方法来安装发动机所需的平均时间。两个样本是独立的，这就意味着，使用Welles方法的安装时间的样本和使用Atkins方法的安装时间的样本相互没有关联。

然而，有时可能会有样本不独立的情况，换句话说，样本是相依的或相关的。例如，Nickel Savings and Loan雇用两家公司，Schadek Appraisals和Bowyer Real Estate，来评估作为抵押贷款的不动产价值。两个机构的评估值相近是很重要的。为了考察两家公司评估的一致性，Nickel Savings and Loan随机抽取了10套住宅，并由Schadek Appraisals和Bowyer Real Estate来评估它们的价值。对每套住宅，有一对评估值，即对每套住宅，既有Schadek Appraisals的评估值又有Bowyer Real Estate的评估值。评估值依赖于或相关于所选择的住宅。这也称为成对样本（paired sample）。

对于假设检验，我们对每套住宅的评估值之间的差的分布感兴趣。所以，这里仅有一个样本，说得规范一点，我们正在研究评估值之间的差的分布的均值是否为0。样本由Schadek Appraisals的评估值和Bowyer Real Estate的评估值之间的差组成。如果两家评估公司报告了相近的评估值，尽管有时Schadek Appraisals的评估值较高，有时Bowyer Real Estate的评估值较高，但是，差的分布的均值仍将为0。从另一方面说，如果其中一家公司的评估值总是较高，则差的分布的均值不会为0。

我们将使用符号 μ_d 表示差的总体分布的均值。我们假定差的总体分布服从正态分布。检验统计量服从t分布，我们用下述公式来计算t值：

成对t检验 $$t=\frac{\bar{d}}{s_d/\sqrt{n}} \quad (11\text{-}7)$$

自由度为n−1，且：

$\bar{d}$ 是成对或相关观测值之间的差的均值。

s_d 是成对或相关观测值之间的差的标准差。

n是成对观测值的个数。

差的标准差利用下列公式计算，它类似于标准差的计算公式，只是用d替代X。计算公式为：

$$s_d=\sqrt{\frac{\sum(d-\bar{d})^2}{n-1}}$$

下面的例子说明了这个检验。

举例：

回忆一下，Nickel Savings and Loan想比较它雇用的评估不动产价值的两家公司。Nickel Savings随机抽取10套住宅作为样本，得到两家公司的评估结果如下（单位：千美元）：

住宅	Schadek的评估值	Bowyer的评估值
1	235	228
2	210	205
3	231	219
4	242	240
5	205	198
6	230	223
7	231	227
8	210	215
9	225	222
10	249	245

在0.05的显著性水平下，我们能认为两家公司对住宅的平均评估值之间存在差异吗？

解答：

第1步是提出原假设和备择假设。本例采用双侧备择假设比较合理，因为我们感兴趣的是两家公司对住宅的平均评估值之间是否存在差异，至于到底哪家公司的评估值较高一些，我们并不关心。问题是：两家公司的样本评估值之间的差是否来自一个均值为0的总体？如果差的总体均值为0，那么我们可以认为两家公司对住宅的平均评估值之间没有差异。原假设和备择假设为：

H_0：$\mu_d=0$

H_1：$\mu_d\neq 0$

两家公司评估了10套住宅，所以n=10，df=n−1=10−1=9。我们使用双侧检验，显著性水平为0.05。为了确定临界值，在附录B.2中，找到自由度为9的行以及双侧检验和显著性水平为0.05的列，行与列交叉处的值为2.262。这个值在表11-2中用方框显示出来。决策准则是：如果计算出的t值小于−2.262或大于2.262，则拒绝原假设。下面是详细计算过程。

住宅	Schadek的评估值	Bowyer的评估值	差，d	$(d-\bar{d})$	$(d-\bar{d})^2$
1	235	228	7	2.4	5.76
2	210	205	5	0.4	0.16
3	231	219	12	7.4	54.76
4	242	240	2	−2.6	6.76
5	205	198	7	2.4	5.76
6	230	223	7	2.4	5.76
7	231	227	4	−0.6	0.36
8	210	215	−5	−9.6	92.16
9	225	222	3	−1.6	2.56
10	249	245	4	−0.6	0.36
			46	0	174.40

$$\bar{d}=\frac{\sum d}{n}=\frac{46}{10}=4.6\text{，}\quad s_d=\sqrt{\frac{\sum(d-\bar{d})^2}{n-1}}=\sqrt{\frac{174.4}{10-1}}=4.402$$

应用公式（11-7），通过计算得到检验统计量的值是3.305：

$$t=\frac{\bar{d}}{s_d/\sqrt{n}}=\frac{4.6}{4.402/\sqrt{10}}=\frac{4.6}{\sqrt{1.3920}}=3.305$$

因为计算出的t值落在拒绝域内，所以原假设被拒绝。差的总体分布的均值不为0，我们认为，两家公司对住宅的平均评估值之间存在差异。最大的差异是房屋3的12 000美元，那可能是开始更详细考察的一个合适的地方。

为了得到p-值，我们利用附录B.2和双侧检验部分。沿着自由度为9的行移动，找到与我们计算出的t值最接近的值。在0.01的显著性水平下，这个值为3.250。计算出的t值大于这个数值，但小于4.781，而4.781对应的显著性水平为0.001。所以p-值小于0.01，表11-2突出表示了这些信息。

Excel有一个称作“t检验：关于均值的成对两样本”的程序，它可以完成公式（11-7）的计算。该程序的输出如下。

计算出的t值为3.305，双侧检验的p-值为0.009。因为p-值小于0.05，所以我们拒绝“两家公司的评估值的差的分布的均值为0”的假设。事实上，这个p-值介于0.001与0.01之间，原假设为真的可能性很小。

表 11-2　　　　来自附录B.2的t分布表的一部分

	置信区间					
	80%	90%	95%	98%	99%	
	单侧检验的显著性水平					
自由度	0.10	0.05	0.025	0.01	0.005	
	双侧检验的显著性水平					
	0.20	0.10	0.05	0.02	0.01	0.001
1	3.078	6.314	12.706	31.821	63.657	636.619
2	1.886	2.920	4.303	6.965	9.925	31.599
3	1.638	2.353	3.182	4.541	5.841	12.924
[illegible]	[illegible]	2.132	2.776	3.747	4.604	8.610
[illegible]	[illegible]	2.015	2.571	3.365	4.032	6.869
6	1.440	1.943	2.447	3.143	3.707	5.959
7	1.415	[illegible]895	2.365	2.998	3.499	5.408
8	1.397	1.860	2.306	2.896	3.355	5.041
9	1.383	1.833	2.262	2.821	3.250	4.781
10	1.372	1.812	2.228	2.764	3.169	4.587

介于0.001与0.01间的p-值

0.05时的t值

paired t test

	A	B	C	D	E	F	G
1	Home	Schadek	Bowyer		t-Test: Paired Two-Sample for Means		
2	1	235	228				
3	2	210	205			*Schadek*	*Bowyer*
4	3	231	219		Mean	226.800	222.200
5	4	242	240		Variance	208.844	204.178
6	5	205	198		Observations	10.000	10.000
7	6	230	223		Pearson Correlation	0.953	
8	7	231	227		Hypothesized Mean Difference	0.000	
9	8	210	215		df	9.000	
10	9	225	222		t Stat	3.305	
11	10	249	245		P(T<=t) one-tail	0.005	
12					t Critical one-tail	1.833	
13					P(T<=t) two-tail	0.009	
14					t Critical two-tail	2.262	
15							

11.6　相依样本与独立样本的比较

初学时，学生常被独立样本检验［公式（11-6）］和相依样本检验［公式

(11-7)］之间的区别弄糊涂。我们如何讲清楚相依样本与独立样本之间的区别呢？有两种类型的相依样本：(1) 可以用一个度量来刻画样本的特征，在受到某种干预后，再采用另一个度量来刻画；(2) 匹配或成对的观测值。进一步的解释如下：

1.第一类相依样本具有的特征是用一个度量来刻画它们的特征，但受到某种干预后，再采用另一种度量来刻画。这可能就是所谓的“事前”和“事后”研究。两个例子会有助于我们弄清楚这个问题。假定我们想要说明，通过在生产区安装喇叭播放轻音乐能够增加产量。我们从抽取一个工人样本开始，在当前的条件下计量他们的产出；然后在生产区安装喇叭，再次计量相同工人的产出。这里有两个度量，一个度量在生产区安装喇叭之前，一个度量在生产区安装喇叭之后，干预是在生产区安装喇叭。

第二个例子涉及一家教育公司，该公司设计了专门致力于提高考试成绩和阅读能力的课程。假设这家公司想提供能帮助高中低年级学生提高他们SAT成绩的课程。开始，每个中学生记录他们在低年级的SAT成绩。然后，在低年级与高年级之间的夏季，他们参加了这个讲授考试技巧的课程。最后，在高中高年级的秋季，他们再次参加SAT。整个过程具有这样的特征：一个度量（低年级时参加SAT)、一个干预（夏季的培训）和另外一个度量（高年级时参加SAT)。

2.相依样本的第二种类型具有的特征是具有匹配或成对观测值。在前面的Nickel Savings and loan的例子中，就是这种类型的相依样本。为了考察，抽取了一个住宅的样本，然后对相同的住宅得到两个评估值。作为第二个例子，假设一位工业心理学家想研究新婚夫妇的智力相似性。她抽取了新婚夫妇的一个样本，接下来，她对夫妇二人分别进行标准智力测验，来确定两人得分的差。注意到发生了匹配：比较因婚姻而产生的成对或匹配的标准智力测验得分。

为什么我们更喜欢相依样本而非独立样本呢？因为通过利用依赖性样本，我们能够降低样本分布的变异性。为了说明，我们利用刚完成的Nickel Savings and Loan的例子。假设我们有两个不动产评估的独立样本，且使用公式（11-6）进行如下假设检验。原假设和备择假设为：

H_0：$\mu_1 = \mu_2$

H_1：$\mu_1 \neq \mu_2$

现在有两个独立的容量为10个观测值的样本。所以自由度为10+10-2=18。对于0.05的显著性水平，从附录B.2查到，如果t值小于-2.101或大于2.101，则拒绝H_0。

我们利用与第3章中相同的Excel命令，来求出两个独立样本的均值和标准差。我们利用本章的Excel命令，来求出合并方差和“t Stat”的值。这些值用黄色加以突出表示。

Independent t test

Home	Schadek	Bowyer
1	235	228
2	210	205
3	231	219
4	242	240
5	205	198
6	230	223
7	231	227
8	210	215
9	225	222
10	249	245
Mean =	226.80	222.20
S =	14.45	14.29

t-Test: Two-Sample Assuming Equal Variances

	Schadek	Bowyer
Mean	226.800	222.200
Variance	208.844	204.178
Observations	10.000	10.000
Pooled Variance	206.511	
Hypothesized Mean Difference	0.000	
df	18.000	
t Stat	0.716	
P(T<=t) one-tail	0.242	
t Critical one-tail	1.734	
P(T<=t) two-tail	0.483	
t Critical two-tail	2.101	

Schadek对10套住宅的平均评估值为226 800美元，标准差为14 500美元。Bowyer Real Estate对10套住宅的平均评估值为222 200美元，标准差为14 290美元。为了使计算容易些，我们使用千美元作为计量单位。由公式（11–5）得到合并的方差估计值为：

$$s_p^2=\frac{(n_1-1)s_1^2+(n_2-1)s_2^2}{n_1+n_2-2}=\frac{(10-1)\times 14.45^2+(10-1)\times 14.29^2}{10+10-2}=206.50$$

使用公式（11–6），t值为0.716。

$$t=\frac{\bar{X}_1-\bar{X}_2}{\sqrt{s_p^2(\frac{1}{n_1}+\frac{1}{n_2})}}=\frac{226.8-222.2}{\sqrt{206.50(\frac{1}{10}+\frac{1}{10})}}=\frac{4.6}{6.4265}=0.716$$

计算出的t值（0.716）小于2.101，所以原假设不被拒绝。我们不能证明，平均评估值之间存在差异。这和我们前面的结论不相同！为什么会发生这样的情况呢？此处t值计算式的分子（4.6）和成对观测值检验的t值计算式的分子相同，可此处t值计算式的分母却变小了。在成对观测值检验的t值计算式中，分母为1.3920，而在独立样本检验的t值计算式中，分母是6.4265，存在较大的变异性或不确定性。这就是产生t值和统计决策不同的原因。分母度量了统计量的标准误差。当样本不是成对的时候，存在两类变异性：两个评估公司之间的差和住宅价值之间的差，住宅4和住宅10有相对较高的价值，而住宅5有相对较低的价值。这些数据表明，这些住宅的价值是多么的不同。但我们真正感兴趣的是两个评估公司之间的不同。

诀窍是把评估值进行匹配能够减少住宅之间的变异性。成对检验仅仅利用了两家公司对相同住宅评估值之间的差。于是，成对的或相依的统计量关注的是Schadek Appraisals与Bowyer Real Estate之间的变异性，因此，它的标准差总是较小些。换言之，这就导致了一个较大的检验统计量的值和较大的拒绝原假设的可能性。所以，你应该尽可能地使数据成对。

这里也存在一些坏消息。在成对检验中，自由度是非成对检验的一半。对于住宅评估值例子，当观测值成对时，自由度从18下降到9。然而，在大多数情况下，作为一个更好的检验，这只是一个较小的代价。

自测题11-4

Sylph Fitness Center的广告说，完成它们的课程将会减轻体重。从最近的参加者中抽取8个个体组成一个随机样本，他们完成该课程前后的体重如下：

姓名	完成课程前	完成课程后
Hunter	155	154
Cashman	228	207
Mervine	141	147
Massa	162	157
Creola	211	196
Peterson	164	150
Redding	184	170
Poust	172	165

在0.01的显著性水平下，我们能够认为参加者减轻了体重吗？

(a) 提出原假设和备择假设。

(b) t的临界值是多少？

(c) 计算出的t值是多少？

(d) 解释结果。p-值是多少？

(e) 关于差的分布需要做哪些假定？

练习题

19.原假设和备择假设为：

H_0: $\mu_d \leq 0$

H_1: $\mu_d > 0$

下面的样本信息是上个月某4天的上午班和下午班生产的次品数。

	天			
	1	2	3	4
上午班	10	12	15	19
下午班	8	9	12	15

在0.05的显著性水平下，我们能否认为下午班生产的次品数更多？

20.原假设和备择假设为：

H_0：$\mu_d=0$

H_1：$\mu_d\neq 0$

下面的成对观测值显示了，在最近的5个月，由南卡罗莱纳州高速公路巡警Dhondt和Meredith发出的超速交通传票数。

	月份				
	5月份	6月份	7月份	8月份	9月份
Dhondt	30	22	25	19	26
Meredith	26	19	20	15	19

在0.05的显著性水平下，这两位巡警发出的传票的平均数是否有差异？

注：利用假设检验的五个步骤来完成下列练习题。

（答案：如果 $t<-2.776$ 或 $t>2.776$，则拒绝 H_0；$d=4.6$，$t=6.782$；拒绝 H_0，$0.001<p<0.01$）

21.Discount Furniture是美国东北部的折扣家具连锁店。其管理部门为销售人员设计了一项激励计划。为了评估这个激励计划，随机抽取12名销售人员组成一个随机样本，他们在实施激励计划前后每周的收入记录如下：

销售人员	激励计划实施前	激励计划实施后
Sid Mahone	$320	$340
Carol Quick	290	285
Tom Jackson	421	475
Andy Jones	510	510
Jean Sloan	210	210
Jack Walker	402	500
Peg Mancuso	625	631
Anita Loma	560	560
John Cuso	360	365
Carl Utz	431	431
A. S. Kushner	506	525
Fern Lawton	505	619

典型销售人员的周收入是否因为实施革新激励计划而有显著增加？使用0.05的显著性水平。估计p-值并加以解释。

22.联邦政府最近批准了一个特别项目以减少高犯罪地区的犯罪数量。项目在Florida的Miami地区的8个高犯罪区域的实施结果如下：

	地区的犯罪数目							
	A	B	C	D	E	F	G	H
特别项目实施前	14	7	4	5	17	12	8	9
特别项目实施后	2	7	3	6	8	13	3	5

实施该项目后，犯罪数目是否减少了？使用0.01的显著性水平。估计p-值。（答案：$\bar{d}=-3.625$，$s_d=4.8385$，如果$t<-2.998$或$t=-2.12$拒绝，不拒绝H_0，p-值=0.035）

本章总结

Ⅰ.在比较两个总体均值时，我们想知道它们是否相等。

A.我们研究了两个均值的差的分布是否具有0均值。

B.如果两个总体的标准差已知，则检验统计量服从标准正态分布。

1.不需要假定任一总体的分布形状。

2.两个样本均来自独立总体。

3.计算z值的公式为：

$$z=\frac{\bar{X}_1-\bar{X}_2}{\sqrt{\frac{\sigma_1^2}{n_1}+\frac{\sigma_2^2}{n_2}}} \tag{11-2}$$

Ⅱ.我们还能检验两个样本是否来自具有相同成功比例的两个总体。

A.使用下列公式来合并两个样本比例：

$$p_c=\frac{X_1+X_2}{n_1+n_2} \tag{11-3}$$

B.我们根据下列公式来计算检验统计量的值：

$$z=\frac{p_1-p_2}{\sqrt{\frac{p_c(1-p_c)}{n_1}+\frac{p_c(1-p_c)}{n_2}}} \tag{11-4}$$

Ⅲ.如果两个总体的标准差未知，比较两个均值的检验统计量的是t分布。

A.两个总体必须服从正态分布。

B.两个总体必须有相等的标准差。

C.两个样本是独立的。

D.计算t值需要两步。

1.第一步是按照下列公式合并标准差：

$$s_p^2=\frac{(n_1-1)s_1^2+(n_2-1)s_2^2}{n_1+n_2-2} \tag{11-5}$$

2.第二步是利用下列公式计算t值：

$$t=\frac{\bar{X}_1-\bar{X}_2}{\sqrt{s_p^2\left(\frac{1}{n_1}+\frac{1}{n_2}\right)}} \tag{11-6}$$

3.检验的自由度是n_1+n_2-2。

Ⅳ.对于相依样本，我们假设两个总体之间的成对差的分布的均值为0。

A.我们首先计算样本差的均值和标准差。

B.利用下列公式计算检验统计量的值：

$$t=\frac{\bar{d}}{s_d/\sqrt{n}} \tag{11-7}$$

发音要领

符号	意义	读法
p_c	合并比例	p sub c
s_p^2	合并样本方差	s sub p squared
$\overline{X}_1$	第一个样本均值	X bar sub 1
$\overline{X}_2$	第二个样本均值	X bar sub 2
$\bar{d}$	相依观测值的差的均值	d bar
s_d	相依观测值的差的标准差	s sub d

本章练习题

23.一项最近的研究关注的问题是，独居的男人和女人在一个月内订购外卖晚餐的次数。信息被汇总如下：

统计量	男人	女人
样本均值	24.51	22.69
总体标准差	4.48	3.86
样本容量	35	40

在0.01的显著性水平下，男人和女人在一个月内订购外卖晚餐的平均次数有差异吗？p-值是多少？

24.Clark Heter是Lyons Products的工业工程师。他想确定晚班是否比白班有更多的产量。假设白班产量的总体标准差为21，晚班产量的总体标准差为28。54个白班工人的样本显示，平均产量为345。60个晚班工人的样本显示，平均产量为351。在0.05的显著性水平下，晚班的产量是否要多一些？

（答案：$z=-1.30$，不拒绝H_0）

25.Fry Brothers Heating and Air Conditioning有限公司雇用Larry Clark和George Murnen负责拨打住宅暖气和空调维修的服务电话。公司老板Tom Fry想知道，他们每天拨打服务电话的平均次数是否有差异。假设Larry Clark的总体标准差为每天拨打1.05个电话，George Murnen的总体标准差为每天拨打1.23个电话。抽取Larry Clark去年的40天组成一个随机样本，平均每天拨打的电话次数是4.77次。抽取George Murnen去年的50天组成一个随机样本，平均每天拨打的电话次数是5.02次。在0.05的显著性水平下，这两个人的平均每天拨打的服务电话次数是否不同？p-值是多少？

26.一个咖啡制造商感兴趣于，普通咖啡饮用者的平均每天消费量是否小于不含咖啡因的咖啡饮用者的平均每天消费量。假设普通咖啡饮用者的总体标准差为每天1.20杯，不含咖啡因的咖啡饮用者的总体标准差为每天1.36杯。由50位普通咖啡饮用者组成的样本显示，平均每天4.35杯。由40位不含咖啡因的咖啡饮用者组成的样本显示，平均每天5.84杯。使用0.01的显著性水平。计算p-值。

（答案：$z=-5.44$，拒绝H_0，$p<0.001$）

27.一家手机公司向其用户提供2个计划。在新用户的注册时间，他们被要求提供一些个人信息。计划A的样本有40个用户，平均收入是57 000美元，标准差为9 200美元。计划B的样本有30个用户，平均收入是61 000美元，标准差为7 100美元。在0.05的显著性水平下检验计划B的平均收益是否更大？

28.计算机生产商提供了一个求助热线，消费者7天24小时可以拨打电话求助。及时解决求助电话的问题对公司形象很重要。在告知来电者解决问题的重要性后，来电者会被问到是与软件相关还是与硬件相关。技术人员解决软件问题的平均时间是18分钟，标准差为4.2分钟，这个信息是从35个样本数据中获得的；研究了45个硬件问题的样本，技术人员解决硬件问题的平均时间是15.5分钟，标准差为3.9分钟。在0.05的显著性水平下检验解决软件问题花的时间是否更长些？求p-值。

29.假设Advil是一个普通的头痛药制造商，它声称最近生产了一种更为有效的新药。为了评估这种新药，由200名目前药物使用者组成一个样本，并被要求尝试新药，一个月的试验后，有180人表示新药在减轻头痛上有更好的效果。与此同时，由300名目前药物使用者组成一个样本，并被要求仍服用目前药物，但告知他们服用的是新药，在此群体中有261人表示新药对治疗头痛有改进。在0.05的显著性水平下，我们能否推断新药有更好的效果？

30.National Association of Purchasing Managers每月都发布NAPM指数。调查中向购买者询问的一个问题是：你认为经济在扩张吗？上月的300位回答者中有160人的答案为“是”。本月的290位回答者中有170人说他们感到经济在扩张。在0.05的显著性水平下，我们能否推断本月有更大比例的购买者认为经济在扩张？

（答案：$z=-1.29$，不拒绝H_0）

31.作为双职工家庭最新调查的一部分，一个工业心理学家发现，在被调查的1 500名男性中有990人认为家务分工是公平的，在被调查的1 600名女性中有970人认为家务分工是公平的。在0.01的显著性水平下，我们能合理地推断认为家务分工是公平的认为比例更大吗？p-值是多少？

32.科罗拉多州的科泉市有两个主要的网络供应商：HTC与Mountain Communications。我们希望调查，客户能够进入这两个网络的次数比例是否有差异。在一周内，500个向HTC的呼叫分布在白天和晚上的随机时间内，其中有450个与网络相连。对Mountain Communications的相似的一周调查结果为，400个呼叫中有352个与网络相连。在0.01的显著性水平下，成功进入网络的次数比例是否存在差异？

（答案：$z=0.96$，不拒绝）

33. 消费者信心调查是美国经济中衡量消费者信心的一个月度评价，它是基于5 000个典型美国家庭的样本得到的。上个月9.1%的消费者认为条件是“好的”，在过去的一个月里，只有8.5%认为条件是“好的”。使用五步假设检验法，在0.05的显著性水平下检验是否可以认为条件是“好的”的比例增加了。计算p-值并解释含义。

34. 一项研究要确定英国和美国的商业杂志广告的幽默内容是否有差异。在一个包含270个美国商业杂志广告的独立的随机样本中，有56个是幽默的。而另一个包含203个英国商业杂志广告的独立的随机样本中，有52个是幽默的。在0.05的显著性水平下，此数据提供证据证实英国和美国商业杂志的幽默广告的比例存在差异吗？

（答案：$z=-1.25$，不拒绝 H_0）

35. AP-Petside.com调查了300位已婚女士和200位已婚男士，所有调查者都养宠物。女士中有100人，男士中有36人认为宠物是比伴侣更好的倾听者。在0.05的显著性水平下检验男士和女士的反应是否有差别？

36. 国家篮球协会（NBA）在其388名高级管理人员中有39位黑人（会长或副会长）。而棒球联盟在307个高级管理者中只有11个黑人。在0.05的显著性水平下检验在NBA的管理中是否有较高的黑人参与程度？

37. MP3制造商想知道，10%的降价是否足够增加其产品的销售量。为了研究，制造商随机选出8家经销店降价销售其MP3，另外随机选出7家经销店按原价销售其MP3。下面是上个月在上述经销店的销售量。在0.01的显著性水平下，制造商能否推断降价促进了销售量的增加？

原价	138	121	88	115	141	125	96	
降价	128	134	152	135	114	106	112	120

38. 在TetonCounty，尽管有红绿灯，但很多汽车事故还是发生在不同的高风险交叉路口。交通部门认为更改红绿灯的样式会降低事故，县政府同意进行试验。随机选出8个交叉路口并更改了其红绿灯的样式。在红绿灯样式更改前后的6个月期间的汽车事故次数如下：

	事故数							
	A	B	C	D	E	F	G	H
更改交通灯样式之前	5	7	6	4	8	9	8	10
更改交通灯样式之后	3	7	7	0	4	6	8	2

在0.01的显著性水平下，红绿灯样式更改后是否确实降低了汽车事故次数？（答案：t=-2.415，不拒绝）

39.Lester Hollar是一家大型制造公司的人力资源副主管，最近几年，他注意到缺勤人数不断上升，他认为这与员工的一般健康状况有关。4年前，他尝试改善这种状况，发起了一项员工在午饭时间进行锻炼的健身计划。为了评估这个计划，他抽取了参加健身计划的8名员工组成一个随机样本，并统计了每个员工在健身计划开展前后6个月期间的缺勤天数，结果如下：

员工	健身计划开展前	健身计划开展后
1	6	5
2	6	2
3	7	1
4	7	3
5	4	3
6	3	6
7	5	3
8	6	7

在0.05的显著性水平下，他能否推断健身计划使员工的缺勤天数得以下降？估计p-值。

40.American Insurance Institute总裁希望比较两家领头的公司每年的汽车险费用。他选择了15个家庭的样本，有些家庭只有一个买了保险的开车者，另外一些家庭有几个十几岁的开车者，对每个家庭支付一定的薪金，要求他们与两家保险公司进行讨价还价并签订合同。为了使数据具有可比性，一些保险单的特征，如免赔额和支付的最高额，被进行了标准化。样本信息如下：

家庭	Progressive的汽车险费用	GEICO的汽车险费用
Becker	$2 090	$1 610
Berry	1 683	1 247
Cobb	1 402	2 327
Debuck	1 830	1 367
DuBrul	930	1 461
Eckroate	697	1 789
German	1 741	1 621
Glasson	1 129	1 914
King	1 018	1 956
Kucic	1 881	1 772
Meredith	1 571	1 375
Obeid	874	1 527
Price	1 579	1 767
Phillips	1 577	1 636
Tresize	860	1 188

在0.10的显著性水平下，两家保险公司的汽车险费用是否存在差异？

（答案：$\bar{d}=246$，$s_d=547$，$t=-1.742$，不拒绝 H_0）

41.Fairfield Homes正在对田纳西州的Pigeon Fork附近的两块土地进行开发。为了检验不同的广告方法，其利用不同的媒体与潜在的顾客进行联系。第一家媒体调查了15人，其家庭年平均收入是150 000美元，标准差为40 000美元。第二家媒体调查了25人，其家庭年平均收入是180 000美元，标准差为30 000美元。假定总体的标准差相等。在0.05的显著性水平下，Fairfield能否推断总体均值存在差异？

42.下面的数据来自于对两种不同品牌巧克力的口感测试。第一个数字是口感的等级，范围是0~5，5代表人们喜欢这种口味；第二个数字表示是否有“秘方”，如果有“秘方”，则代码为1，否则为0。假定总体的标准差相等。在0.05的显著性水平下，此批数据能否说明口感等级上存在差异？

等级	有/无秘方	等级	有/无秘方
3	1	1	1
1	1	4	0
0	0	4	0
2	1	2	1
3	1	3	0
1	1	4	0

（答案：$s_p^2=1.683$，$t=1.50$，不拒绝 H_0）

43.有一项关于抗菌肥皂在降低手术室中手术台的细菌感染的有效性研究。由大西雅图地区的8间手术室组成一个样本，并在去年对抗菌肥皂的效果进行了测试。

	手术室							
	A	**B**	**C**	**D**	**E**	**F**	**G**	**H**
使用新皂之前	6.6	6.5	9.0	10.3	11.2	8.1	6.3	11.6
使用新皂之后	6.8	2.4	7.4	8.5	8.1	6.1	3.4	2.0

在0.05的显著性水平下，我们能否推断抗菌肥皂使感染情况得到了降低？

44.在纽约证券交易所（NYSE，即the big board）上市的5只股票和在NASDAQ上市的5只股票的年收益率如下：

NYSE	**NASDAQ**
17.16	15.80
17.08	16.28
15.51	16.21
8.43	17.97
25.15	7.77

假定总体的标准差相等。在0.10的显著性水平下，我们能否推断在the big board上市的股票的年收益率较高？

（答案：$s_p^2 = 25.78145$，$t = 0.58$，不拒绝 H_0）

45.Laguna Beach 市经营两个公共停车场。Ocean Drive 停车场能容纳125辆小汽车，Rio Rancho 停车场能容纳130辆小汽车。城市规划人员正在考虑增加停车场的规模和改变收费结构。首先，规划办公室想要知道，在一天的不同时间，停车场停放的汽车数量的信息。一个低级规划官员承担了在白天和晚上的随机时间考察停车场并记录停车场停放的汽车数量的任务。此项研究持续了一个月。下面是两个停车场停放的汽车数，其中对 Ocean Drive 停车场有25次考察，对 Rio Rancho 停车场有28次考察。假设总体标准差相等。可以合理地推断两个停车场停放的平均汽车数有差异吗？使用0.05的显著性水平。

Ocean Drive												
89	115	93	79	113	77	51	75	118	105	106	91	54
63	121	53	81	115	67	53	69	95	121	88	64	
Rio Rancho												
128	110	81	126	82	114	93	40	94	45	84	71	74
92	66	69	100	114	113	107	62	77	80	107	90	129
105	124											

46.花费在住房上的费用是生活成本一个重要组成部分。对于房主来说，住房的总成本可能包括贷款偿还、财产税和使用成本（水、热和电）。一个经济学家在新英格兰地区抽取了20个房主作为样本，然后分别计算5年前的和现在的住房总成本占月收入的百分比。信息如下。是否可以合理地推断现在的住房总成本占月收入的百分比低于5年前？

房主	5年前	现在	房主	5年前	现在
1	17%	10%	11	35%	32%
2	20	39	12	16	32
3	29	37	13	23	21
4	43	27	14	33	12
5	36	12	15	44	40
6	43	41	16	44	42
7	45	24	17	28	22
8	19	26	18	29	19
9	49	28	19	39	35
10	49	26	20	22	12

（答案：$t = 2.258$，拒绝 H_0 是合理的）

47.坐落在美国Murrells Inlet17号的CVS药房很多年以来是南卡罗来纳州最

繁忙的零售药房。为了抓住这个地区更多的商机，CVS的管理者决定在SC707以西6英里处再开一家店，几个月后，CVS的主管想比较一下两个店的业务量。度量业务量的一个方法是随机选取某些天和某些时刻计算商场停车场的汽车数量。今年过去3个月的调查结果如下。解释一下，第一个观测值是10月2号20：52（下午8：52），在这个时间US17的停车场有4辆车，SC707的停车场有9辆车。在0.05的显著性水平下，我们是否有理由认为基于汽车数量，US17的业务量多于SC707的业务量？

日期	时间	汽车数	
		US17	SC707
10.2	20:52	4	9
10.11	19:30	5	7
10.15	22:08	9	12
10.19	11:42	4	5
10.25	15:32	10	8
10.26	11:02	9	15
11.3	11:22	13	7
11.5	19:09	20	3
11.8	15:10	15	14
11.9	13:18	15	11
11.15	22:38	13	11
11.17	18:46	16	12
11.21	15:44	17	8
11.22	15:34	15	3
11.27	21:42	20	6
11.29	9:57	17	13
11.30	17:58	5	9
12.3	19:54	7	13
12.15	18:20	11	6
12.16	18:25	14	15
12.17	11:08	8	8
12.22	21:20	10	3
12.24	15:21	4	6
12.25	20:21	7	9
12.30	14:25	19	4

48.孩子学习金融知识的目标就是学会如何理财。一个问题是：小孩每个月应该有多少钱？Schnur Educational Research Associates最近的一项研究给出了每个月给孩子多少钱是可以接受的样本信息。认为11岁到14岁的孩子平均可容许数额比8到10岁孩子可容许数额高是否合理呢？使用0.01的显著性水平进行检验并求p-值。

8~10岁	11~14岁	8~10岁	11~14岁
6	19	6	11
13	14	5	8
10	12	7	14
6	8	9	9
14	9	14	20
6	11	12	19
7	9		11
7	8		12
10	8		20

（答案：$s_p^2 = 15.0452$；$t = 2.606$；拒绝 H_0）

数据集练习题

49.参见房地产数据，它报告去年在亚利桑那州的Goodyear的住房销售信息。

a.在0.05的显著性水平下，我们能认为带游泳池的房屋与不带游泳池的房屋的平均销售价格之间存在差异吗？

b.在0.05的显著性水平下，我们能认为带车库的房屋与不带车库的房屋的平均销售价格之间存在差异吗？

c.在0.05的显著性水平下，我们能认为1城区的房屋与2城区的房屋的平均销售价格之间存在差异吗？

d.求出房屋销售价格的中位数。把房屋分为两部分：售价高于（或等于）中位数的房屋为一类，售价低于中位数的房屋为一类。带游泳池的房屋的售价高于或等于中位数的比例与低于中位数的比例是否有差异？使用0.05的显著性水平。

e.把（a）（b）（c）（d）得到的结论整理成一个总结报告，邮寄给Goodyear所有的房地产经纪人。

50.参见棒球2010年数据，它报道2010赛季职业棒球大联盟30支球队的信息。

a.在0.05的显著性水平下，我们能认为the American League中的球队和the National League中的球队的平均收入存在差异吗？

b.在0.05的显著性水平下，我们能认为the American League中的球队和the National League中的球队的平均主场观众人数存在差异吗？

c.计算收入最高的10支球队的获胜场次的均值和标准差。计算收入最低的10支球队的获胜场次的均值和标准差。在0.05的显著性水平下，这两组球队的获胜场次的均值存在差异吗？

（答案：a. $t = 0.79$，不拒绝 b. $t = -0.99$，不拒绝 c. $t = -1.043$；不拒绝）

51.参考Buena学区公交车数据，在0.05的显著性水平下检验柴油汽车和汽油汽车的平均维护成本是否有差异？

实践测试

第一部分　填空题

1.被检验的两个总体均值之差是________。(0，不等于1，1，至少为1)

2.在两个独立总体均值之差的假设检验中，如果总体的标准差已知，检验统计量是________统计量。

3.如果从两个总体抽取的样本分成“成功”和“失败”两种取值，则这个假设检验是关于总体________进行检验。

4.对于两个独立的总体，合并的样本标准差是________的估计。(总体均值、总体标准差、总体比例、z值)

5.两个相依样本均值之差的检验是基于一个均值的________。(差值、总体、标准差、t值)。

6.检验两个相依总体均值之差的统计量服从________分布。

7.两个相依总体均值之差的假设检验中统计量的自由度是________。

8.对于相依样本，观测值是配对的或者________。

9.对于独立样本，两个样本是不同的或者________。

10.在统计学课上，每个学生测试1正确率减去测试2正确率，这是一个________样本的例子。

第二部分　问答题

每个问题使用五步假设检验方法。

1.Myrtle Beach市正在比较两个出租车公司每周的行驶里程是否有差异。数据整理为下表，在0.05的显著性水平下检验行驶的平均里程是否有差异。

	Yellow Cab	Horse and Buggy Cab
平均里程	837	797
标准差	30	40
样本量	14	12

2.Dial Soap公司准备推出一款新的男士香皂，现要检验产品在两个城市的营销情况。样本信息报告如下：

城市	喜欢的香皂	样本数量
Erie, PA	128	300
Tustin, CA	149	400

在0.05的显著性水平下，我们是否能得出结论在两个城市喜欢新香皂的比例

有差别?

软件命令说明

1.前述两样本检验的Minitab命令是:

a.从菜单中选择Stat, Basic Statistics和2 Proportions。

b.在接下来的对话框中选择Summarized data。然后,在标记为First的行中,输入100给Trials和19给Events;在标记为Second的行中,输入200给Trials和62给Events。再点击OK。

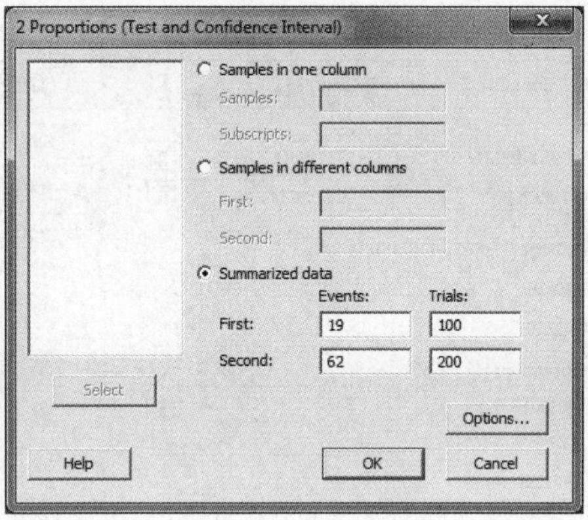

2.前述两样本t检验的Excel命令是:

a.将数据输入工作表的A列和B列(或任何其他列),把每列的第一行作为变量名。

b.从菜单中选择Tools和DataAnalysis,选择t-Test: Two-Sample Assuming Equal Variances,然后点击OK。

c.在对话框中指出,Variable1的范围是从A1到A6,Variable2的范围是从B1到B7,Hypothesized Mean Difference为0。点击Labels,Alpha为0.10,Output Range为D2。点击OK。

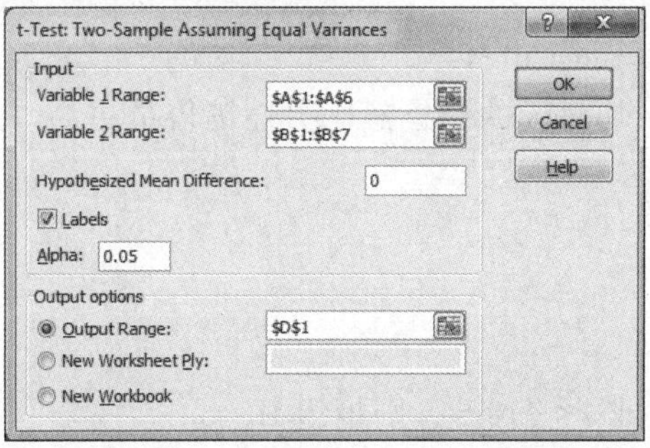

这些命令是基于Excel 2003；然而，为了建立Excel工作表，我们使用Vista和Excel 2007。命令是类似的。

3.前述配对t检验的Excel命令是：

a.将数据输入工作表的B列和C列（或任何其他两列），把每列的第一行作为变量名。

b.从菜单中选择Tools和Data Analysis，选择t-Test：Paired Two Sample for Means，然后点击OK。

c.在对话框中指出，Variable1的范围是从B1到B11，Variable2的范围是从C1到C11，Hypothesized Mean Difference为0。点击Labels，Alpha为0.05，Output Range为D2。点击OK。

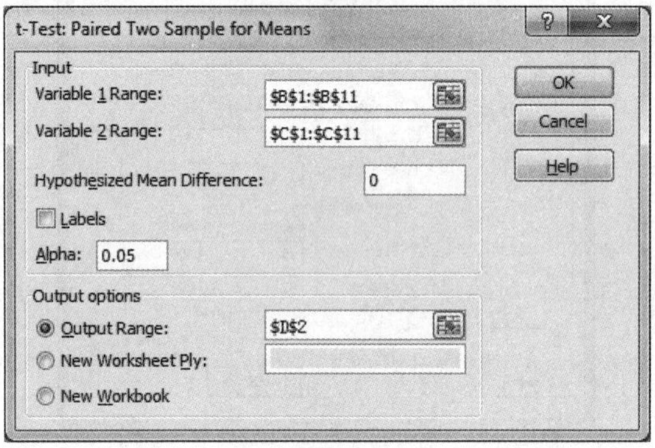

自测题答案

11-1 a.H_0：$\mu_W \leqslant \mu_M$

H_1：$\mu_W > \mu_M$

下标W表示女性销售员，下标M表示男性销售员。

b.如果 $z > 1.65$，则拒绝 H_0。

c. $z = \dfrac{1\,500 - 1\,400}{\sqrt{\dfrac{250^2}{50} + \dfrac{200^2}{40}}} = 2.11$

d.拒绝原假设。

e.p-值=0.5000-0.4826=0.0174

f.女性销售员平均每天的销售额比男性销售员更高。

11-2 a.H_0：$\pi_1 = \pi_2$

H_1：$\pi_1 \neq \pi_2$

b.0.10

c.双侧

d.如果 $z > 1.65$ 或 $z < -1.65$，则拒绝 H_0。

e. $p_c = \frac{87+123}{150+200} = \frac{210}{350} = 0.6$， $p_1 = \frac{87}{150} = 0.58$， $p_2 = \frac{123}{200} = 0.615$

$$z = \frac{0.58 - 0.615}{\sqrt{\frac{0.6 \times 0.4}{150} + \frac{0.6 \times 0.4}{200}}} = -0.66$$

f. 不拒绝 H_0。

g.p-值=2（0.5000-0.2454）=0.5092

成年人和孩子对这种胡桃味薄荷小馅饼感觉味道好的比例存在差异。

11-3 a. H_0： $\mu_d = \mu_a$

H_1： $\mu_d \neq \mu_a$

b.df=6+8-2=12

如果 $t > 2.179$ 或 $t < -2.179$，则拒绝 H_0。

c. $\overline{X}_1 = \frac{42}{6} = 7$， $s_1 = \sqrt{\frac{10}{6-1}} = 1.4142$

$\overline{X}_2 = \frac{80}{8} = 10$， $s_2 = \sqrt{\frac{36}{8-1}} = 2.2678$

$$s_p^2 = \frac{(6-1) \times 1.4142^2 + (8-1) \times 2.2678^2}{6+8-2} = 3.8333$$

$$t = \frac{7-10}{\sqrt{3.8333(\frac{1}{6} + \frac{1}{8})}} = -2.837$$

d. 因为-2.837 小于临界值，所以拒绝 H_0。

e.p-值小于 0.02。

f. 上午班和下午班的平均不合格轮椅数是不同的。

g. 独立总体，总体服从正态分布，总体有相同的标准差。

11-4 a. H_0： $\mu_d \leq 0$

H_1： $\mu_d > 0$

b. 如果 $t > 2.998$，则拒绝 H_0。

c.

姓名	完成课程前	完成课程后	d	$(d-\bar{d})$	$(d-\bar{d})^2$
Hunter	155	154	1	−7.875	62.0156
Cashman	228	207	21	12.125	147.0156
Mervine	141	147	−6	−14.875	221.2656
Massa	162	157	5	−3.875	15.0156
Creola	211	196	15	6.125	37.5156
Peterson	164	150	14	5.125	26.2656
Redding	184	170	14	5.125	26.2656
Poust	172	165	7	−1.875	3.5156
			71		538.8750

$\bar{d} = \frac{71}{8} = 8.875$， $s_d = \sqrt{\frac{538.875}{8-1}} = 8.774$

$$t=\frac{8.875}{8.774/\sqrt{8}}=2.861$$

d.不拒绝 H_0。我们不能认为参加者减轻了体重。p-值小于0.025但大于0.01。

e.差的分布必须服从正态分布。

第12章 方差分析

本章学习目标

当你学完本章内容，你应该能够：

1. 列举F分布的特性。
2. 通过假设检验来确定两个总体的方差是否相等。
3. 理解方差分析的一般思想。
4. 将数据整理成单因素ANOVA表。
5. 对三个或三个以上的处理均值进行假设检验。
6. 对处理均值的差建立置信区间。

12.1 导言

本章我们继续讨论假设检验问题。回忆一下，在第10章和第11章中，我们学习了假设检验的一般理论，描述了从总体中抽取样本的例子。我们利用z分布（标准正态分布）或t分布来确定总体均值等于某个特定值的结论是否是合理的。我们检验两个总体的均值是否相等。我们也利用标准正态分布作为检验统计量来对总体比例进行单样本和双样本检验。本章我们进一步推广假设检验的思想。我们将介绍方差检验，然后同时比较几个均值的检验，从而确定这些均值是否来自相同的总体。

12.2 F分布

本章所用的概率分布是F分布。F分布是为了纪念Ronald Fisher先生而命名的，Ronald Fisher是现代统计学的奠基人之一。这个概率分布被用作下列情况的检验统计量：检验两个样本是否来自具有相同方差的两个总体，以及同时比较几个总体的均值。同时比较几个总体的均值称为方差分析（analysis of variance，ANOVA）。在上述两种情况下，总体必须服从正态分布，数据必须至少是定距尺度数据。

F分布的特性是什么？

1.**F分布是一族分布**。此分布族中一个特定的分布由两个参数确定：分子的自由度和分母的自由度。下图描绘了F分布的形状。一条曲线是分子自由度（df）为29和分母自由度为28的F分布；另一条曲线是分子自由度为19和分母自由度为6的F分布；还有一条曲线是分子自由度为6和分母自由度为6的F分布。我们稍后将介绍自由度的概念。注意，F分布曲线的形状随着自由度的变化而变化。

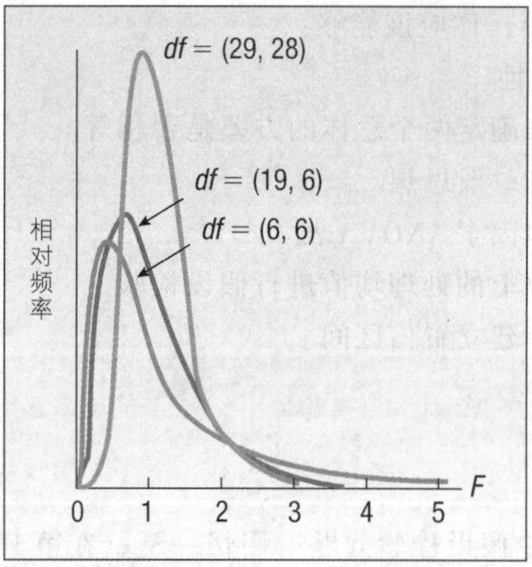

2.**F分布是连续的**。这意味着，F分布的取值可以是0到+∞之间的任意值。

3.**F分布是非负的**。F分布的最小值可以假定为0。

4.**F分布是正偏分布**。F分布的长尾在右侧。随着分子和分母自由度的同时增加，F分布趋近于一个正态分布。

5.**F分布是渐进分布**。随着X值的增加，F分布曲线趋近于X轴，但绝不与X轴相交。这与在第7章中描述过的正态分布的特性是类似的。

12.3 比较两个总体的方差

F分布用于一个正态总体方差是否等于另一个正态总体方差的假设检验问题。下面的例子显示了这种检验的应用。

• Knoxville Tennessee是一家健康服务公司管理两家医院：St. Mary's North 和 St. Mary's South。两家医院急诊的平均等候时间都是42分钟。医院管理者认为，St. Mary's North急诊的等候时间的波动要比St. Mary's South大。

• 两种类型的普通股票的平均回报率可能是相同的，但是一种类型的普通股票平均回报率的变异性可能比另一种类型的普通股票更大。10只科技类股票和10只公用事业类股票的样本显示，它们有相同的平均回报率，但科技类股票可能有更大的变异性。

• 市场部对一份大型报纸的研究发现，男人和女人每天用于上网的时间大致相当。但是，同一份研究报告指出，男人每天用于上网的时间的变异性几乎是女人的两倍。

在一些统计检验中，F分布也被用于检验假设。回忆一下，在前章中，我们使用t检验来检验两个独立总体的均值是否不同。为了进行该检验，我们有时假定两个正态总体的方差相同，假设条件列表见第11章11.4节。F分布为进行两个正态总体方差的检验提供了一种方法。

不管我们是要确定一个总体的变异性大于另一个总体的变异性，还是要验证一个统计检验的假设，我们必须首先提出原假设。原假设是一个正态总体方差 σ_1^2 等于另一个正态总体方差 σ_2^2，备择假设是方差不等。在这种情形下，原假设和备择假设为：

H_0: $\sigma_1^2 = \sigma_2^2$

H_1: $\sigma_1^2 \neq \sigma_2^2$

为了进行检验，我们从一个总体中抽取 n_1 个观测值组成一个随机样本，从另一个总体中抽取 n_2 个观测值组成一个随机样本。检验统计量的定义如下：

比较两方差的检验统计量 $F = \frac{s_1^2}{s_2^2}$ （12-1）

s_1^2 和 s_2^2 分别是样本方差。如果原假设为真，则检验统计量服从自由度为 n_1-1 和 n_2-1 的F分布。为了减少临界值表的大小，通常把较大的样本方差放在分子的位置上，因此F分布表的值总是大于1.00。因此，只需要右侧的临界值。双侧检验的F临界值可以在附录B.4中，通过将显著性水平除以2（$\alpha/2$）以及相应的自由度得到。下面举例说明。

举例：

Lammers Limos提供从俄亥俄州的Toledo市政厅到底特律的Metro机场的豪华轿车服务。公司总经理Sean Lammers正在考虑两条线路：一条经过U.S.25，另一条经过I-75。他想要研究每一条线路驾车到机场的时间并比较结果。他收集了下列样本数据（单位：分钟）。在0.10的显著性水平下，两条线路驾驶时间的变异性是否有差异？

经过U.S.25的线路	经过I-75的线路
52	59
67	60
56	61
45	51
70	56
54	63
64	57
	65

解答：

两条线路驾驶时间的均值几乎相等。经过U.S.25的线路的平均时间是58.29分钟，经过I-75的线路的平均时间是59.00分钟。然而，在评估平均驾驶时间的同时，Lammers先生还考虑了驾驶时间的变异性。第一步是计算两个样本的方差。我们使用公式（3-11）来计算样本的标准差，再将其平方就得到了样本的方差。

经过U.S.25的线路：

$$\overline{X}_1 = \frac{\sum X}{n_1} = \frac{408}{7} = 58.29$$

$$s_1 = \sqrt{\frac{\sum(X-\overline{X})^2}{n_1 - 1}} = \sqrt{\frac{485.43}{6}} = 8.9947$$

经过I-75的线路：

$$\overline{X}_2 = \frac{\sum X}{n_2} = \frac{472}{8} = 59.00$$

$$s_2 = \sqrt{\frac{\sum(X-\overline{X})^2}{n_2 - 1}} = \sqrt{\frac{134}{8-1}} = 4.3753$$

根据标准差的计算结果，经过U.S.25的线路的变异性大于经过I-75的线路，这与他对这两条线路的认识一致：经过U.S.25的线路的红绿灯比较多，虽然经过I-75的线路要比经过U.S.25的线路要长几英里，但I-75是一条有限进入的州际公路。提供及时和始终如一的服务是非常重要的，因此他决定用统计检验来判断两条线路的变异性是否真的存在差异。

使用通常的五步假设检验程序。

第1步：提出原假设与备择假设。因为我们要比较两条线路所需时间的变异性是否存在差异，所以检验是双侧检验。我们不是要比较某一条线路所需时间的变异性比另一条线路的变异性大。

H_0: $\sigma_1^2 = \sigma_2^2$

H_1: $\sigma_1^2 \neq \sigma_2^2$

第2步：我们选择0.10的显著性水平。

第3步：恰当的检验统计量服从F分布。

第4步：临界值从附录B.4中获得，附录B.4的一部分见表12−1。由于我们进行双侧检验，因此在表中选择的显著性水平为0.05，由$\alpha \div 2 = 0.10 \div /2 = 0.05$计算得出。分子的自由度为$n_1-1=7-1=6$，分母的自由度为$n_2-1=8-1=7$。为了查到临界值，在0.05的显著性水平的F分布临界值表（表12−1或附录B.4）中，从表的顶部横向移动到分子自由度为6的位置，然后往下移动到分母自由度为7的位置，临界值为3.87。因此，决策准则是：如果样本方差的比值大于3.87，则拒绝原假设。

表12−1　　F分布的临界值，$\alpha = 0.05$

分母自由度	分子自由度			
	5	**6**	**7**	**8**
1	230	234	237	239
2	19.3	19.3	19.4	19.4
3	9.01	8.94	8.89	8.85
4	6.26	6.16	6.09	6.04
5	5.05	4.95	4.88	4.82
6	4.39	4.28	4.21	4.15
7	3.97	3.87	3.79	3.73
8	3.69	3.58	3.50	3.44
9	3.48	3.37	3.29	3.23
10	3.33	3.22	3.14	3.07

第5步：计算两个样本的方差的比，得到检验统计量的值，从而做出关于原假设的决策。注意，公式（12−1）指的是样本的方差，但我们计算的是样本的标准差。我们必须将样本的标准差进行平方，以求出样本的方差。

$$F = \frac{s_1^2}{s_2^2} = \frac{(8.9947)^2}{(4.3753)^2} = 4.23$$

由于计算出的F值（4.23）大于临界值（3.87），因此拒绝原假设。我们得出结论：两条线路驾驶时间的变异性存在差异。

如上所述，在计算F值时，通常的做法是将两个样本中较大的方差作为分子，这将使F值至少为1.00。这就允许我们使用F分布的右侧，从而避免需要范围更大的F分布表。

一个合乎逻辑的问题是，可以进行单侧检验吗？例如，假设在上例中，我们怀疑经过U.S.25的线路所需时间的方差大于经过I−75的线路所需时间的方差。我们提出的原假设与备择假设就是：

H_0:　$\sigma_1^2 \leq \sigma_2^2$

H_1:　$\sigma_1^2 > \sigma_2^2$

要计算的检验统计量是s_1^2/s_2^2。注意，我们把怀疑有较大方差的总体作为总体

1，所以 s_1^2 出现在分子中。F值将大于1.00，因此我们能使用F分布的右侧。在这些条件下，显著性水平不必除以2。因为附录B.4仅仅给出了0.05和0.01两个显著性水平，所以单侧检验被限制在这两个显著性水平上，双侧检验也只能选0.10和0.02这两个显著性水平，除非我们查阅更完整的F分布表或应用统计软件来计算F统计量。

Excel软件系统具有进行方差检验的程序。下图为输出结果，计算出的F值与用公式（12-1）计算得到的结果是相同的。

Variance Test

	A	B	C	D	E	F	G
1	U.S. 25	Interstate 75		F-Test Two-Sample for Variances			
2	52	59			U.S. 25	Interstate 75	
3	67	60		Mean	58.29	59.00	
4	56	61		Variance	80.90	19.14	
5	45	51		Observations	7.00	8.00	
6	70	56		df	6.00	7.00	
7	54	63		F	4.23		
8	64	57		P(F<=f) one-tail	0.04		
9		65		F Critical one-tail	3.87		
10							

自测题 12-1

Steele Electric Products组装手机的电子元件。最近10天，Mark Nagy平均每天生产9件次品，标准差是2件次品。在相同时期，Debbie Richmond平均每天生产8.5件次品，标准差是1.5件次品。在0.05的显著性水平下，我们能否认为Mark每天生产的次品数具有更大的变异性？

练习题

1. 对于一个分子有6个观测值和分母有4个观测值的样本来说，其F分布的临界值为多少？使用双侧检验和0.10的显著性水平。

2. 对于一个分子有4个观测值和分母有7个观测值的样本来说，其F分布的临界值为多少？使用单侧检验和0.01的显著性水平。

（答案：9.78）

3. 已知下列假设：

$H_0: \sigma_1^2 = \sigma_2^2$

$H_1: \sigma_1^2 \neq \sigma_2^2$

从标准差为10的第一个总体中抽取8个观测值组成一个随机样本，从标准差为7的第二个总体中抽取6个观测值组成一个随机样本。在0.02的显著性水平下，两个总体的变异性有差异吗？

4.已知下列假设：

$H_0:\sigma_1^2 \leq \sigma_2^2$

$H_1:\sigma_1^2 > \sigma_2^2$

从标准差为12的第一个总体中抽取5个观测值组成一个随机样本，从标准差为7的第二个总体中抽取7个观测值组成一个随机样本。在0.01的显著性水平下，第一个总体具有更大的变异性吗？

（答案：F=2.94，不拒绝）

5.Arbitron Media Research进行了一项有关男生和女生收听iPod播放器习惯的研究，其中一项研究内容是平均收听时间。研究发现，由10名男生组成一个样本，他们平均每天收听时间为35分钟，样本标准差为每天10分钟；由12名女生组成一个样本，她们平均每天收听时间为35分钟，样本标准差为每天12分钟。在0.10的显著性水平下，我们能否推断男生和女生收听时间的变异性存在差异？

6.根据Critical Securities股票经纪人的报告，由10只石油类股票组成一个样本，其平均回报率为12.6%，标准差为3.9%；由8只公用事业类股票组成一个样本，其平均回报率为10.9%，标准差为3.5%。在0.05的显著性水平下，我们能否推断石油类股票有更大的变异性？

（答案：F=1.24，不拒绝）

12.4 ANOVA假设

F分布的另一个用途是方差分析（ANOVA）方法，用于比较3个或更多个总体的均值是否相等。为了使用ANOVA，我们作如下假设：

1.各总体服从正态分布。

2.各总体有相同的标准差（σ）。

3.各总体是相互独立的。

当满足上述条件时，F分布可被用作检验统计量。

我们为什么要学习ANOVA？为什么我们不能应用前面章节讨论的检验来比较总体均值的差异呢？我们可以同时比较两个总体的均值。主要原因是犯第I类错误的可能性会产生可怕的累加效应。进一步解释，假设我们采取4种不同的方法（A、B、C和D）来培训新进的消防人员。在今年的课程中，我们随机安排40名新进的消防人员接受一种方法的培训。在培训结束后，我们对4组消防人员进行一次普通的测试，以考察他们对消防技能的掌握情况。问题：4组之间的平均测试成绩有差异吗？对这个问题的回答是让我们比较4种培训方法。

利用t分布来比较4个总体的均值，我们就不得不进行6次不同的t检验，即我们需要按下列组合来比较4种方法的平均成绩：A与B、A与C、A与D、B与C、B与D和C与D。如果我们选择的显著性水平为0.05，那么一个正确的统计决策的概率为0.95，由1-0.05计算得到。因为我们单独（独立）进行6次检验，在任何6次独立检验中，我们没有由于抽样误差而做出错误决策的概率为：

P（6次决策全正确）= 0.95×0.95×0.95×0.95×0.95×0.95=0.735

为了计算由于抽样误差而至少一次检验做出错误决策的概率，我们用1减去这个值，因此，由于抽样误差而至少一次检验做出错误决策的概率是0.265（1-0.735）。综上所述，如果我们用t分布进行6次独立的检验，由于抽样误差，拒绝一个正确原假设的概率就从0.05增加到令人不安的0.265。很明显，我们需要更好的方法而非进行6次t检验。ANOVA将允许我们同时比较多个处理的均值并且避免增加犯第I类错误的概率。

ANOVA起源于农业上的应用，并且保留了许多这方面的术语，尤其是“处理(treatment)”这一术语被用来区分所研究的不同的总体。例如，“处理”指的是用一种特殊肥料来处理一块农田。下面将说明术语“处理”，并给出ANOVA的一个应用。

举例：

Joyce Kuhlman管理一个区域金融中心。她想依据服务的顾客数来比较3名员工的效率。她随机选取了4天，并记录了每名员工服务的顾客数，如下所示：

Wolfe	White	Korosa
55	66	47
54	76	51
59	67	46
56	71	48

解答：

3名员工服务的平均顾客数有差异吗？图12-1说明了各处理的均值不同时总体分布的形态。注意，所有总体均服从正态分布且各总体的方差相等，然而，它们的均值是不同的。

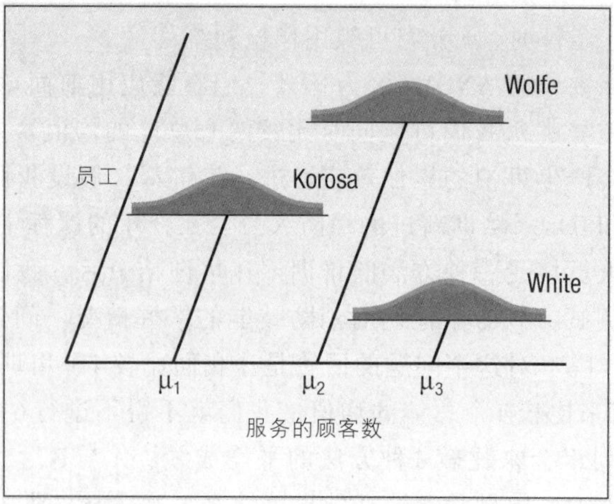

图12-1　处理均值不同的情形

假设总体是相同的，即（处理的）均值没有差异。这种情况如图12-2所示，该图表明总体均值是相同的。再次注意，所有总体均服从正态分布且各总体的方差相等。

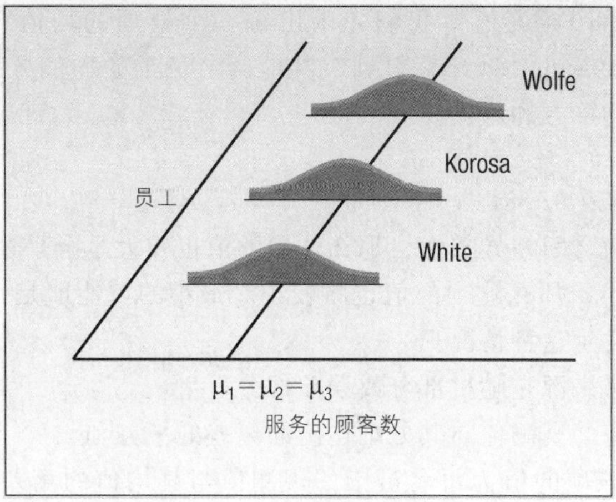

图12-2　处理均值相同的情形

12.5　ANOVA检验

如何进行ANOVA检验？回忆一下，我们想要确定不同的样本是来自同一个总体，还是来自均值不同的多个总体。实际上，我们是通过这些样本的方差来比较它们的样本均值的。为了解释，回忆一下12.4节刚开始我们列出的ANOVA所需要的假设条件，其中有一条是要求不同总体的标准差相等。我们将在ANOVA检验中利用这一要求，基本策略是用两种方法估计总体方差（标准差的平方），然后计算这两个估计量的比值。如果比值是1，那么从逻辑上讲，这两个估计量是相等的，于是我们得出总体均值相等的结论。如果比值不是1，那么我们就能得出总体均值不相等的结论。F分布可以用来判定，什么时候由于随机因素的影响而使样本方差的比值远大于1。

回到上节金融中心的例子。经理想知道每名员工服务的平均顾客数是否有差异。首先，计算出12个观测值的总平均值为58，由（55+54+…+48）÷12计算得到。接下来，对于每个观测值，计算其与总平均值的差，再将这些差平方并加总求和。这一项被称作**总变差**（total variation）。

总变差　每个观测值与总平均值的离差的平方和。

在我们的例子中，总变差是1 082，由 $(55-58)^2+(54-58)^2+\cdots+(48-58)^2$ 计算得到。

接下来，将总变差分解为两部分：由于**处理**（treatment）的变差和由于**随机**

(random）的变差。为了计算这两个变差，先计算每一个处理的均值。变差的第一个来源归因于处理。

处理变差 每一个处理的均值与总平均值的离差的平方和。

在本例中，归因于处理的变差是每名员工的均值与总平均值的离差平方和，其值为992。为了计算该值，我们先求出每一个处理的均值，Wolfe的均值是56，由（55+54+59+56）÷4计算得到；其他两名员工的均值分别是70和48。于是，来源于处理的平方和为：

$$(56-58)^2+(56-58)^2+\cdots+(48-58)^2$$
$$=4\times(56-58)^2+4\times(70-58)^2+4\times(48-58)^2=992$$

如果处理均值之间差异较大，那么这项的值也较大是合乎逻辑的。如果处理均值之间差异较小，那么这项的值也将较小。最小的可能值是0，当所有的处理均值相等时将会发生这种情况。

变差的另一个来源是随机部分或误差部分。

随机变差 每个观测值与其处理均值的离差的平方和。

在本例中，该项的值为每名员工的观测值与其均值的离差的平方和，结果是90。

$$(55-56)^2+(54-56)^2+\cdots+(48-48)^2=90$$

我们计算检验统计量，它是总体方差两个估计量的比，公式如下：

$$F=\frac{\text{基于样本均值之间的离差估计的总体方差}}{\text{基于样本内部的变差估计的总体方差}}$$

第一个总体方差的估计量是基于处理，也就是均值之间的差异，为992÷2。为什么要除以2？回忆一下第3章，为了计算样本方差（见公式（3-11）），我们要除以观测值个数减去1之后的值。此例中，有3个处理，所以我们要除以2。我们的总体方差的第一个估计量是992÷2。

处理内的方差估计量是随机变差除以观测值总个数减去处理个数之后的值，即为90÷（12-3）。因此，我们的总体方差的第二个估计量是90÷9。实际上，这是公式（11-5）的一般情形，而公式（11-5）只是把两个总体的样本方差合并在一起了。

最后一步是计算这两个估计量的比值。

$$F=\frac{992/2}{90/9}=49.6$$

因为这个比值远大于1，所以我们可以得出结论：处理均值不相同。3名员工服务的平均顾客数存在显著差异。

下面是另一个涉及不同样本容量的例子，其扩大了ANOVA的应用。

举例：

航空公司近来取消了一些服务项目，如飞行期间的餐饮和点心，开始对某些服务额外收费，如托运超重行李。但是，它们还是很关心服务情况的。最近，4家航空公司（为了保密，我们隐去真实的名称）联合聘请了Brunner Marketing Research调查顾客对它们最近一次飞行的满意度。调查的问题包括售票、登机、飞行中服务、行李处理和飞行员联络等25个问题，其可能的答复范围是：优秀、好、一般和差。答复优秀为4分，好为3分，一般为2分，差为1分，然后将这些答案汇总。加总的分数是飞行满意程度的一个指标：分数越高，对服务的满意程度越高。可能的最高分数为100。

Brunner从4家航空公司随机抽取和调查了一些乘客。下面是样本信息。4家航空公司的平均满意程度有差异吗？使用0.01的显著性水平。

Northern	WTA	Pocono	Branson
94	75	70	68
90	68	73	70
85	77	76	72
80	83	78	65
	88	80	74
		68	65
		65	

解答：

我们将使用统计假设检验的五个步骤。

第1步：提出原假设和备择假设。原假设是4家航空公司的平均分数相等。

$H_0:\mu_1=\mu_2=\mu_3=\mu_4$

备择假设为4家航空公司的平均分数不全相等。

H_1:平均分数不全相等

我们也可把备择假设提为“至少有2个平均分数是不相等的”。

如果原假设不被拒绝，则我们认为4家航空公司的平均分数没有差异。如果原假设被拒绝，则我们认为至少有两家航空公司的平均分数存在差异，但我们不知道哪两家或有多少家航空公司的平均分数是不同的。

第2步：选择显著性水平。我们选择0.01的显著性水平。

第3步：确定检验统计量。检验统计量服从F分布。

第4步：建立决策准则。为了确定决策准则，我们需要求出临界值。F统计量的临界值可以在附录B.4中查找。对应于0.05的显著性水平的临界值可在附录B.4的第1页中找到，对应于0.01的显著性水平的临界值可在附录B.4的第2页中找到。为了使用此表，我们需要知道分子和分母的自由度。分子的自由度等于被记为k的处理个数减去1，分母的自由度等于观测值的总个数n减去处理个数。本例中有4个处理和22个观测值。

分子的自由度=k−1=4−1=3

分母的自由度= n−k=22−4=18

查看附录B.4中0.01的显著性水平的F临界值表，在表的顶部横向移动到分子自由度为3的位置，然后向下移动到分母自由度为18的位置，交叉处的值为5.09。所以，决策准则是：如果计算出的F值大于5.09，就拒绝 H_0。

第5步：选取样本并做出决策。 用ANOVA表概括F统计量的计算是很方便的。ANOVA表的格式如下，统计软件包也使用这种格式。

ANOVA表

变差来源	平方和	自由度	均方	F
处理	SST	$k-1$	$SST/(k-1)=MST$	MST/MSE
误差	SSE	$n-k$	$SSE/(n-k)=MSE$	
总和	SS total	$n-1$		

有3个值，或者说有3个平方和被用于计算检验统计量F的值。我们先得到SS total和SSE，然后用SS total减去SSE得到SST。SS total是总变差，SST是起源于处理的变差，SSE是处理内的变差或随机误差。

我们通常从SS total开始计算过程，它是每个观测值与总平均值的离差的平方和。计算SS total的公式是：

$$\text{SS total}=\sum(X-\overline{X}_G)^2 \tag{12-2}$$

其中，X是每一个样本观测值；$\overline{X}_G$是总平均值。

接下来计算SSE或误差平方和，它是每个观测值与其处理均值的离差的平方和。计算SSE的公式是：

$$\text{SSE}=\sum(X-\overline{X}_c)^2 \tag{12-3}$$

其中，$\overline{X}_c$是处理c的样本均值。

本例的SS total和SSE的详细计算如下。为了计算SS total和SSE的值，我们先求总平均值。22个观测值的总和为1 664，所以总平均值为75.64。

$$\overline{X}_G=\frac{\sum X}{n}=\frac{94+90+\cdots+65}{22}=\frac{1\ 664}{22}=75.64$$

	Northern	WTA	Pocono	Branson	总和
	94	75	70	68	
	90	68	73	70	
	85	77	76	72	
	80	83	78	65	
		88	80	74	
			68	65	
			65		
列合计	349	391	510	414	1,664
n	4	5	7	6	22
均值	87.25	78.20	72.86	69.00	75.64

Grand Mean

接下来，我们求每个观测值与总平均值的离差，把这些离差平方后再加总。例如，第一位乘客的分数是94，总平均值为75.64，所以 $X-\overline{X}_G=94-75.64=$

18.36。对于最后一位乘客，$X-\overline{X}_G=65-75.64=-10.64$。所有乘客的计算结果如下。

Northern	WTA	Pocono	Branson
18.36	−0.64	−5.64	−7.64
14.36	−7.64	−2.64	−5.64
9.36	1.36	0.36	−3.64
4.36	7.36	2.36	−10.64
	12.36	4.36	−1.64
		−7.64	−10.64
		10.64	

然后平方每一个离差，对第一位乘客，

$$(X-\overline{X}_G)^2=(94-75.64)^2=(18.36)^2=337.09$$

最后，按公式（12−2）直接对所有的离差平方加总，得到SS total的值为1 485.10。

	Northern	WTA	Pocono	Branson	总和
	337.09	0.41	31.81	58.37	
	206.21	58.37	6.97	31.81	
	87.61	1.85	0.13	13.25	
	19.01	54.17	5.57	113.21	
		152.77	19.01	2.69	SS Total
			58.37	113.21	
			113.21		
总和	649.92	267.57	235.07	332.54	1 485.10

为了计算SSE，先求每个观测值与其处理均值的离差。本例中，第一个处理（即Northern航空公司的乘客）的均值为87.25，由$\overline{X}_N=394\div4$计算得到，下标N代表Northern航空公司。

Northern航空公司的第一位乘客的评分为94，所以$X-\overline{X}_N=94-87.25=6.75$。WTA航空公司的第一位乘客的评分为75，所以$X-\overline{X}_{WTA}=75-78.20=-3.20$。所有乘客的计算结果如下表：

Northern	WTA	Pocono	Branson
6.75	−3.2	−2.86	−1
2.75	−10.2	0.14	1
−2.25	−1.2	3.14	3
−7.25	4.8	5.14	−4
	9.8	7.14	5
		−4.86	−4
		−7.86	

对每一个离差进行平方，然后对所有22个观测值的离差平方加总求和。这些值被列在下表中：

	Northern	WTA	Pocono	Branson	总和
	45.5625	10.24	8.18	1	
	7.5625	104.04	0.02	1	
	5.0625	1.44	9.86	9	
	52.5625	23.04	26.42	16	
		96.04	50.98	25	
			23.62	16	SSE
			61.78		
总和	110.7500	234.80	180.86	68	594.41

所以，SSE的值为594.41，即 $\sum(X-\overline{X}_c)^2=594.41$。

最后，我们通过减法来求SST，SST是处理平方和。

SST = SS total − SSE　　(12-4)

对于这个举例：

SST = SS total − SSE = 1 485.10 − 594.41 = 890.69

把这些结果放在ANOVA表中来计算F值。当我们确定临界值时，分子自由度和分母自由度与该案例上述第4步中的内容相同。均方（mean square）是方差估计量的另一种表述方式。处理的均方是SST除以它的自由度，称为处理均方(mean square for treatments)，并记作MST。用类似的方法计算误差均方（mean square error)，确切地说，是用SSE除以它的自由度。用MST除以MSE，得到F值，这就完成了整个计算过程。

将得到的F值放在ANOVA表中，F值的计算过程见下表。

变差的来源	平方和	自由度	均方	F
处理	890.69	3	296.90	8.99
误差	594.41	18	33.02	
总和	1 485.10	21		

计算出的F值为8.99，大于临界值5.09，所以拒绝原假设。我们可以认为，4个总体的均值不全相等。对于4家航空公司来说，平均得分不全相同。很可能乘客的评分与具体的航空公司相关联。此时，我们只能得出处理的均值之间存在差异，但我们不知道，哪些处理或多少个处理之间存在差异。

实践中的统计学

当你排队等候公用电话时，是否觉得正在打电话的人说话时间过长？证据表明，当有人等候使用电话时，正在打电话的人说话时间的确更长。在最近的一项调查中，研究人员统计了56位顾客在商场打公用电话的时间的长短：(1) 独自一人；（2）旁边的电话有人使用；（3）旁边的电话有人使用，并且还有人正等着打电话。利用单因素ANOVA方法，研究结果表明，单独一人使用电话时所用平均时间明显较少。

在前面的例子中我们已经注意到，当每个处理的观测数目很大时，计算是繁杂的。有许多软件包能输出这些计算的结果，对于前面关于航空公司和乘客评分的例子，下图是以ANOVA表形式给出的Excel输出。该软件输出的结果与先前的计算结果之间有细微的差别，这是由于四舍五入造成的。

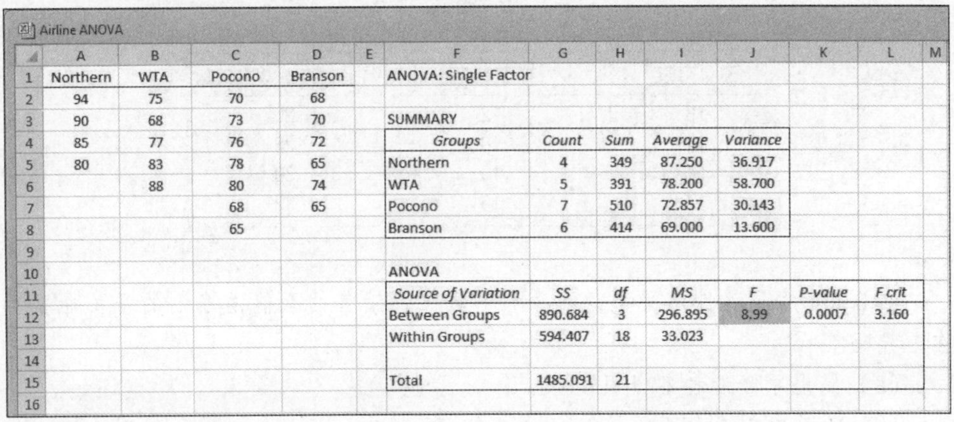
Airline ANOVA

	A	B	C	D	E	F	G	H	I	J	K	L
1	Northern	WTA	Pocono	Branson		ANOVA: Single Factor						
2	94	75	70	68								
3	90	68	73	70		SUMMARY						
4	85	77	76	72		Groups	Count	Sum	Average	Variance		
5	80	83	78	65		Northern	4	349	87.250	36.917		
6		88	80	74		WTA	5	391	78.200	58.700		
7			68	65		Pocono	7	510	72.857	30.143		
8			65			Branson	6	414	69.000	13.600		
9												
10						ANOVA						
11						Source of Variation	SS	df	MS	F	P-value	F crit
12						Between Groups	890.684	3	296.895	8.99	0.0007	3.160
13						Within Groups	594.407	18	33.023			
14												
15						Total	1485.091	21				
16												

注意，Excel使用术语“组间”代替处理，使用术语“组内”代替误差，但是它们具有一样的含义。p值是0.00074，这是当原假设为真时，得到这么大或更大的检验统计量的值的概率。换句话说，它是分子自由度为3和分母自由度为18的F分布大于8.99的概率。在这种情形下，当我们拒绝原假设时，犯第I类错误的概率很小！

下面是航空公司乘客评分例子的MINITAB输出，它与Excel的输出是相似的。MINITAB的输出也是按ANOVA表的形式给出。另外，MINITAB提供了均值之间的差的信息，下一节将讨论这一点。

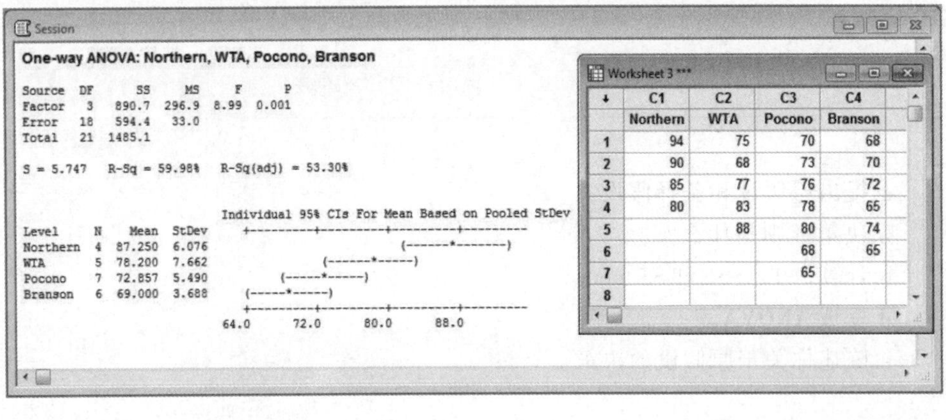
Session

One-way ANOVA: Northern, WTA, Pocono, Branson

```
Source  DF      SS     MS     F      P
Factor   3   890.7  296.9  8.99  0.001
Error   18   594.4   33.0
Total   21  1485.1

S = 5.747   R-Sq = 59.98%   R-Sq(adj) = 53.30%

                              Individual 95% CIs For Mean Based on Pooled StDev
Level     N    Mean  StDev   --------+---------+---------+---------+---------
Northern  4  87.250  6.076                            (-------*-------)
WTA       5  78.200  7.662               (------*-----)
Pocono    7  72.857  5.490         (-----*-----)
Branson   6  69.000  3.688   (-----*-----)
                             --------+---------+---------+---------+---------
                                  64.0      72.0      80.0      88.0
```

Worksheet 3 ***

↓	C1	C2	C3	C4
	Northern	WTA	Pocono	Branson
1	94	75	70	68
2	90	68	73	70
3	85	77	76	72
4	80	83	78	65
5		88	80	74
6			68	65
7			65	
8				

MINITAB系统使用“因子”代替处理，但其内在含义相同。

自测题12-2

Citrus Clean是一种新型的全能洁净剂，正在通过摆放在每家超市内的3个不同位置来检验位置对其市场销售的影响。超市内不同位置销售的12盎司一瓶的全能洁净剂的瓶数如下表：

面包附近	啤酒附近	与其他洁净剂放在一起
18	12	26
14	18	28
19	10	30
17	16	32

在0.05的显著性水平下，在3个不同位置销售的全能洁净剂的平均瓶数存在差异吗？

(a) 提出原假设和备择假设。

(b) 决策准则是什么？

(c) 计算SS total、SST和SSE的值。

(d) 建立ANOVA表。

(e) 你关于原假设的决策是什么？

练习题

7.下面是样本信息。检验处理均值相等的假设。使用0.05的显著性水平。

处理1	处理2	处理3
8	3	3
6	2	4
10	4	5
9	3	4

a.提出原假设和备择假设。

b.决策准则是什么？

c.计算SST、SSE和SS total。

d.完成ANOVA表。

e.陈述你关于原假设的决策。

8.下面是样本信息。在0.05的显著性水平下，检验处理均值相等的假设。

处理1	处理2	处理3
9	13	10
7	20	9
11	14	15
9	13	14
12		15
10		

a.提出原假设和备择假设。

b.决策准则是什么？

c.计算SST、SSE和SS total。

d.完成ANOVA表。

e.陈述你关于原假设的决策。

（答案：a. $H_0:\mu_1=\mu_2=\mu_3$，H_1:均值不全相等　b.如果 $F>3.89$，就拒绝 H_0　c. SST = 70.40，SSE = 82.53　d. F = 5.12　e.拒绝 H_0）

9.某房地产开发商打算在佐治亚州亚特兰大市郊区投资一个购物中心。要对3个地段进行评估。最重要的因素是周边地区居民的收入情况。在每个准备建购物中心的周边地区随机抽取4户家庭组成样本，下面是样本信息。在0.05的显著性水平下，开发商能否推断出3个地段周边地区居民的平均收入存在显著差异呢？运用假设检验的5个基本步骤。

Southwyck Area（千美元）	Franklin Park（千美元）	Old Orchard（千美元）
64	74	75
68	71	80
70	69	76
60	70	78

10.计算机软件公司经理想研究不同行业的高级行政人员花在台式电脑前的时间。经理分别在3个行业各选取5名高级行政人员组成样本。在0.05的显著性水平下，她能否推断出不同行业的高级行政人员每周花在台式电脑前的时间存在差异呢？

银行业	零售业	保险业
12	8	10
10	8	8
10	6	6
12	8	8
10	10	10

（答案：$F=5.73$；拒绝 H_0）

12.6 配对处理均值的统计推断

假定我们实施了ANOVA程序，且做出拒绝原假设的决策，这让我们得出结论：所有处理的均值不全相等。有时我们可能满足于这个结论，但在其他情形下，我们可能想要知道究竟是哪几个处理的均值不同。本节将详细介绍这种检验。

回忆一下，在Brunner Research调查的关于乘客对航空公司的评价的例子中，处理均值之间存在差异，即拒绝原假设而接受备择假设。如果乘客评分的确不同，接下来的问题是：哪几个处理的均值不同？

有些程序可以被用于回答这个问题。最简单的程序是使用置信区间，即公式（9-2）。从先前例子MINITAB的输出结果中我们注意到，乘客样本对Northern的服务的平均评分为87.25，乘客样本对Branson的服务的平均评分为69.00。这两个平均评分之间的差距是否足以证明这两家航空公司的乘客的平均满意度存在显著差异？

在第10章和第11章中介绍的t分布是这个检验的基础。回忆一下，ANOVA的假设之一是所有处理的总体方差相等，这个共同的总体方差就是均方误差（mean square error）或MSE，由SSE/（n-k）计算得来。两个总体的处理均值差的置信区间为：

处理均值差的置信区间 $$(\bar{X}_1-\bar{X}_2)\pm t\sqrt{MSE(\frac{1}{n_1}+\frac{1}{n_2})} \quad (12\text{-}5)$$

其中，$\bar{X}_1$ 是第一个样本的均值；$\bar{X}_2$ 是第二个样本的均值；t可从附录B.2中查到，自由度为n-k。MSE是均方误差，从ANOVA表中得到［SSE/（n-k）］；n_1 是第一个样本的观测值个数；n_2 是第二个样本的观测值个数。

我们如何确定处理均值之间是否存在差异呢？如果置信区间包含0，则处理均值之间没有差异。例如，如果置信区间的左端点是负号，而右端点是正号，置信区间包含0，那么两个处理均值无差异。因此，如果我们利用公式（12-5）来建立置信区间，并且计算出的样本均值差为5.00，即如果 $\bar{X}_1-\bar{X}_2=5$，且 $t\sqrt{MSE(\frac{1}{n_1}+\frac{1}{n_2})}=12$，那么，置信区间的范围为-7.00～17.00，用符号表示：

$$(\bar{X}_1-\bar{X}_2)\pm t\sqrt{MSE(\frac{1}{n_1}+\frac{1}{n_2})}=5.00\pm12.00=-7.00\sim17.00$$

注意：0被包含在置信区间中，因此，我们认为所选的两个处理的均值不存在显著差异。

反之，如果置信区间的两个端点有相同的符号，则说明两个处理的均值是不同的。例如，如果 $\bar{X}_1-\bar{X}_2=-0.35$，$t\sqrt{MSE(\frac{1}{n_1}+\frac{1}{n_2})}=0.25$，那么置信区间的范围为-0.60～-0.10。因为-0.60和-0.10有相同的符号，即负号，0不在置信区间中，因此，我们认为所选的两个处理的均值存在显著差异。

利用前面航空公司的例子，让我们来计算Northern和Branson航空公司的乘客的平均评分之间的差的置信区间。在95%的置信水平下，置信区间的两个端点是10.46和26.04。

$$(\overline{X}_1-\overline{X}_4)\pm t\sqrt{MSE(\frac{1}{n_1}+\frac{1}{n_4})}$$

$$=(87.25-69.00)\pm 2.101\sqrt{33.0(\frac{1}{4}+\frac{1}{6})}=18.25\pm 7.79$$

其中，$\overline{X}_1$为87.25；$\overline{X}_4$为69.00；t为2.101，从附录B.2中查到，自由度为n-k=22-4=18；MSE为33.0，从ANOVA表中得到，SSE/（n-k）=594.4/18；n_1为4；n_4为6。

95%的置信区间的范围为10.46～26.04。由于两个端点都是正号，因此，我们可以认为这两个处理的均值存在显著差异，即乘客对Northern航空公司服务的平均评分与乘客对Branson航空公司服务的平均评分之间存在显著差异。

类似结果也可直接从MINITAB的输出中得到。左边列出的是每个处理的观测值个数、均值和标准差。7名乘客对Pocono航空公司服务的评分的均值为72.875，标准差为5.490。

```
                                  Individual 95% CIs For Mean Based on Pooled StDev
Level       N    Mean    StDev     +---------+---------+---------+---------
Northern    4   87.250   6.076                          (------*-------)
WTA         5   78.200   7.662                 (------*-----)
Pocono      7   72.857   5.490          (-----*-----)
Branson     6   69.000   3.688     (-----*-----)
                                   +---------+---------+---------+---------
                                  64.0      72.0      80.0      88.0
```

输出的右边是每个处理均值的置信区间。星号（*）表示处理均值的位置，左圆括号与右圆括号分别是置信区间的两个端点。如果两个置信区间之间有重叠的区域，则两个处理的均值之间可能没有差异；如果两个置信区间之间没有重叠的区域，则这两个处理的均值之间存在差异。

对于Pocono航空公司，乘客平均评分的95%的置信区间的端点大约是69和77。对于Branson航空公司，乘客平均评分的95%的置信区间的端点大约是64和73。这两个置信区间有重叠的区域，所以我们认为这两个处理的均值没有差异。换句话说，乘客对Pocono航空公司的平均评分与对Branson航空公司的平均评分没有显著差异，两个平均评分之间的差可归因于偶然性。

有两对处理的均值之间存在差异。乘客对Northern航空公司的平均评分显著不同于乘客对Pocono航空公司和对Branson航空公司的平均评分，这两对置信区间之间没有重叠的区域。

我们应该强调，这种研究要按步骤进行。最开始的步骤是进行ANOVA检验，只有当所有处理的均值全相等的原假设被拒绝后，才对单个处理的均值进行分析。

自测题 12-3

下列数据是美国各地私立大学一学期学费（单位：千美元）的样本数据。在0.05的显著性水平下，我们能够认为不同地区的私立大学的平均学费存在差异吗？

东北部地区（千美元）	东南部地区（千美元）	西部地区（千美元）
15	13	12
16	14	13
17	15	11
15	13	12
17		11

(a) 提出原假设和备择假设。

(b) 决策准则是什么？

(c) 建立ANOVA表，检验统计量的值是多少。

(d) 你关于原假设的决策是什么？

(e) 东北部地区和西部地区私立大学的平均学费存在差异吗？如果存在的话，建立均值差的95%的置信区间。

练习题

11. 已知下列样本信息。在0.05的显著性水平下，检验处理均值相等的假设。

处理1	处理2	处理3
8	3	3
11	2	4
10	1	5
	3	4
	2	

a. 提出原假设和备择假设。

b. 决策准则是什么？

c. 计算SST、SSE和SS total。

d.完成ANOVA表。

e.陈述你关于原假设的决策。

f.如果H_0被拒绝，我们能认为处理1和处理2之间存在差异吗？使用95%的置信水平。

12.已知下列样本信息。在0.05的显著性水平下，检验处理均值相等的假设。

处理1	处理2	处理3
3	9	6
2	6	3
5	5	5
1	6	5
3	8	5
1	5	4
	4	1
	7	5
	6	
	4	

a.提出原假设和备择假设。

b.决策准则是什么？

c.计算SST、SSE和SS total。

d.完成ANOVA表。

e.陈述你关于原假设的决策。

f.如果H_0被拒绝，我们能认为处理2和处理3之间存在差异吗？使用95%的置信水平。

（答案：a. $H_0:\mu_1=\mu_2=\mu_3$，H_1:均值不全相等　b.如果$F>3.47$，拒绝H_0　c. SST = 46.96，SSE = 53.00，SS total = 99.96　d. F = 9.30　e.拒绝H_0　f.1.75±1.57；是的，处理2和处理3之间存在差异，因为置信区间没有包含0在内）

13.Midsouth州立大学一位会计专业大四学生从4家注册会计师事务所得到工作机会。为了进一步了解情况，她从最近的实习生中抽取了一个样本，并提出问题：在获得加薪前，你已经在事务所工作了多少个月？样本数据被输入MINITAB后，得到下列结果：

```
Analysis  of  Variance
Source     DF        SS         MS        F          P
Factor      3     32.33      10.78     2.36      0.133
Error      10     45.67       4.57
Total      13     78.00
```

在0.05的显著性水平下，4家注册会计师事务所的实习生在获得加薪前的平均工作月份数是否存在差异？

14.股票分析师想知道公用事业、零售和银行这3类股票的平均回报率是否存在差异。

```
Analysis of Variance
Source      DF        SS        MS         F        P
Factor       2     86.49     43.25     13.09    0.001
Error       13     42.95      3.30
Total       15    129.44
                                       Individual 95% CIs For Mean
                                       Based on Pooled StDev
Level        N      Mean     StDev     ----------+----------+----------+------
Utility      5    17.400     1.916                           (------*------)
Retail       5    11.620     0.356      (------*------)
Banking      6    15.400     2.356                       (------*------)
                                       ----------+----------+----------+------
Pooled StDev = 1.818                            12.0       15.0       18.0
```

a.在0.05的显著性水平下，这3类股票的平均回报率有差异吗？

b.假定原假设被拒绝，分析师能认为公用事业类股票和零售类股票的平均回报率有差异吗？做出解释。

（答案：a.是的，$F = 13.09$，p值<0.05 b.5.78±2.48；处理均值不相同）

本章总结

Ⅰ.F分布的特性有：

A.它是连续的。

B.它的值非负。

C.它是正偏的。

D.存在一个F分布族。分子自由度或分母自由度的每一次改变都产生一个新的F分布。

Ⅱ.F分布用于检验两个总体的方差是否相等。

A.抽样总体必须服从正态分布。

B.两个样本方差中较大的一个被放在分子上，使比值至少为1.00。

C.利用下列公式计算F的值：

$$F = \frac{s_1^2}{s_2^2} \quad (12-1)$$

Ⅲ.单因素ANOVA被用于比较几个处理的均值。

A.处理是变差的来源。

B.进行ANOVA的假设是：

1.各总体服从正态分布。

2.各总体有相同的标准差。

3.各总体是相互独立的。

C.计算F值的信息被概括在ANOVA表中。

1.总平方和SS total的计算公式为：

$$SS\ total = \sum (X - \overline{X}_G)^2 \tag{12-2}$$

2.误差平方和SSE的计算公式为：

$$SSE = \sum (X - \overline{X}_c)^2 \tag{12-3}$$

3.用减法计算处理平方和SST的公式为：

$$SST = SS\ total - SSE \tag{12-4}$$

4.这些信息被概括在下表中，且F值得以确定。

变差来源	平方和	自由度	均方	F
处理	SST	$k-1$	$SST/(k-1) = MST$	MST/MSE
误差	SSE	$n-k$	$SSE/(n-k) = MSE$	
总和	SS total	$n-1$		

Ⅳ.如果所有处理的均值全相等的假设被拒绝，我们可以利用下列置信区间来判断成对处理的均值是否不同。

$$(\overline{X}_1 - \overline{X}_2) \pm t\sqrt{MSE\left(\frac{1}{n_1}+\frac{1}{n_2}\right)} \tag{12-5}$$

发音要领

符号	意义	读法
SS total	总平方和	SS total
SST	处理平方和	SST
SSE	误差平方和	SSE
MSE	均方误差	MSE

本章练习题

15.佐治亚州沿海地区的一位房地产代理人想要比较坐落在海滨的住宅与离海边有3个街区的住宅的售价的变异性。由去年售出的21套坐落在海滨的住宅组成一个样本，售价的标准差为45 600美元。由去年售出的18套离海边有3个街区的住宅组成一个样本，售价的标准差为21 330美元。在0.01的显著性水平下，我们能否认为坐落在海滨的住宅的售价的变异性更大吗？

16.某电脑制造商想要推出一种新型的、速度较快的个人电脑。新型电脑的运行速度较快，但一开始的测试表明其运行时间的变异性更大。运行时间依赖于特定的程序、输入和输出的数据。在抽取了16台电脑组成样本，运行了一系列程序之后，结果表明新型电脑运行时间的标准差为22（百次/秒），而目前的电脑为12（百次/秒）。在0.05的显著性水平下，我们能认为新型电脑的运行时间有更大的变异性吗？

（答案：$F = 3.36$；拒绝 H_0）

17. 纽约州的 Jamestown 有两家 Chevrolet 经销商：Sharkey Chevy 和 Dave White。这两家经销商的月平均销售量基本相同。然而，Sharkey Chevy 的老板 Tom Sharkey 认为其销售量更稳定。下表是 Sharkey 店在过去7个月销售的新车数和 Dave White 店在过去8个月销售的新车数。你同意 Sharkey 先生的看法吗？使用0.01的显著性水平。

Sharkey	98	78	54	57	68	64	70	
Dave White	75	81	81	30	82	46	58	101

18. 分别从3个总体中各抽取5个随机样本，总平方和为100，处理平方和为40。

a. 提出原假设和备择假设。

b. 决策准则是什么？使用0.05的显著性水平。

c. 完成ANOVA表。F值是多少？

d. 你关于原假设的决策是什么？

（答案：a. 见教师手册　b. $F > 3.89$　c. $F = 4.0$　d. 拒绝 H_0）

19. 在ANOVA表中，MSE等于10。从4个总体中各抽取6个随机样本，总平方和为250。

a. 提出原假设和备择假设。

b. 决策准则是什么？使用0.05的显著性水平。

c. 完成ANOVA表。F值是多少？

d. 你关于原假设的决策是什么？

20. 下面是ANOVA表的一部分。

来源	平方和	df	均方	F
处理		2		
误差			20	
总和	500	11		

完成这个表并回答下列问题。使用0.05的显著性水平。

a. 有多少个处理？

b. 样本观测值的总个数是多少？

c. F的临界值是多少？

d.写出原假设和备择假设。

e.你关于原假设的结论是什么？

（答案：a.3 b.12 c.4.26 d.见教师手册 e.拒绝 H_0）

21.消费者组织想知道某种玩具在3个不同类型商店的价格是否有差异。由5家折扣商店、5家杂货商店和5家百货商店组成样本，并调查了该玩具的价格，结果如下。使用0.05的显著性水平。

折扣商店	杂货商店	百货商店
$12	$15	$19
13	17	17
14	14	16
12	18	20
15	17	19

22.Jacob Lee经常往返于洛杉机和旧金山，上个月他记下了3个不同航线的航班时间，结果如下：.

Goust	Jet Red	Cloudtran
51	50	52
51	53	55
52	52	60
42	62	64
51	53	61
57	49	49
47	50	49
47	49	
50	58	
60	54	
54	51	
49	49	
48	49	
48	50	

a.在0.05的显著性水平下，利用5步假设检验方法检验3条航线的平均飞行时间是否有差异。

b.对Goust和Cloudtran的均值之差，建立95%的置信区间。

（答案：a. F=3.04，不能拒绝原假设　b.因为没有拒绝原假设，所以无须构造置信区间）

23.Maumee市由4个区组成。警察局局长Andy North想知道4个区的平均犯罪数目是否有显著差异。对于一个由6天组成的样本，他记录了每个区报告的犯罪数目。在0.05的显著性水平下，警察局局长能否推断出4个区的平均犯罪数目存在显著差异？

犯罪数			
Rec Center	**Key Street**	**Monclova**	**Whitehouse**
13	21	12	16
15	13	14	17
14	18	15	18
15	19	13	15
14	18	12	20
15	19	15	18

24.一项关于电视商业广告对12岁儿童的影响的研究，是测定他们注意力的持续时间（单位：秒）。商业广告分为服装、食品和玩具3个类别。在0.05的显著性水平下，儿童对不同类别商业广告的注意力的平均持续时间有差异吗？儿童对哪几类商业广告的注意力的平均持续时间有显著差异？你会建议停止3类商业广告中的哪一类？

服装	食物	玩具
26	45	60
21	48	51
43	43	43
35	53	54
28	47	63
31	42	53
17	34	48
31	43	58
20	57	47
	47	51
	44	51
	54	

（答案：见教师手册）

25.当只有两个处理时，方差分析和t检验（第10章）的结果是一样的，并且 $t^2=F$ 。作为一个例子，假定将随机抽取的14名学生分成两组，一组有6名学生，另一组有8名学生。一组采取讲授和程序训练相结合的教学方法，另一组采取讲授和电视相结合的教学方法。在课程结束后，每组都进行50道题的测验。两组中每个学生答对的数目如下表。

讲授与程序训练相结合	讲授与电视相结合
19	32
17	28
23	31
22	26
17	23
16	24
	27
	25

a.H_0为两组的平均测验分数相等。利用方差分析方法检验这个假设。$\alpha = 0.05$。

b.利用第10章的t检验，计算t的值。

c.解释上述两步的结果。

26.缅因州的Bangor有4家汽车车身维修店，它们都声称向顾客提供及时的服务。为了检验它们的服务是否有差别，从每家汽车店随机抽取顾客，并记录他们的等待时间（单位：天）。统计软件包的输出结果如下：

概要				
组	数量	和	均值	方差
A店	3	15.4	5.133333	0.323333
B店	4	32	8	1.433333
C店	5	25.2	5.04	0.748
D店	4	25.9	6.475	0.595833

ANOVA					
变差来源	**SS**	***df***	**MS**	***F***	***p*-value**
组间	23.37321	3	7.791069	9.612506	0.001632
组内	9.726167	12	0.810514		
总和	33.09938	15			

能推断出顾客在4家汽车车身维修店的平均等待时间存在差异吗？使用0.05的显著性水平。

（答案：如果$F > 3.49$，则拒绝H_0）

27.由27辆小型、中型和大型汽车组成一个样本，它们的燃料效率被输入一个统计软件包中。利用方差分析研究3类汽车的平均行驶里程是否存在显著差异。你的结论是什么？使用0.01的显著性水平。

概要				
组	数量	和	均值	方差
小型汽车	12	268.3	22.35833	9.388106
中型汽车	9	172.4	19.15556	7.315278
大型汽车	6	100.5	16.75	7.303

另外的结果如下：

ANOVA					
变差来源	**SS**	***df***	**MS**	***F***	***p*-value**
组间	136.4803	2	68.24014	8.258752	0.001866
组内	198.3064	24	8.262766		
总和	334.7867	26			

28.3条装配线被用于生产客机的某个部件。为了检查生产效率，从每条装配线选择6个小时段作为随机样本，并记录它们在每个小时段所生产的部件数。统计软件包的输出结果如下：

概要				
组	数量	和	均值	方差
装配线A	6	250	41.66667	0.266667
装配线B	6	260	43.33333	0.666667
装配线C	6	249	41.5	0.7

ANOVA					
变差来源	**SS**	***df***	**MS**	***F***	***p*-value**
组间	12.33333	2	6.166667	11.32653	0.001005
组内	8.166667	15	0.544444		
总和	20.5	17			

a.使用0.01的显著性水平，检验3条装配线的平均产量是否有差异。

b.对装配线B和装配线C的平均产量的差，建立99%的置信区间。

（答案：a.如果 $F>6.36$，则拒绝 H_0； H_0 被拒绝 b. 1.833±1.255）

29.邮政服务将书信、卡片、小册子和包裹分为普通信件。每隔3个星期，每类信件会从一个邮政管理中心被寄出。整个传递的时间被记录了下来。使用统计软件进行分析的结果如下：

```
Source      DF        SS        MS        F          P
Factor       3      13.82      4.61     2.72     0.051
Error       68     115.17      1.69
Total       71     128.99

S  =  1.301      R-Sq  =  10.71%      R-Sq(adj)  =  6.77%

                                    Individual  95%  CIs  for  Mean  Based  on
                                    Pooled  StDev
Level       N     Mean    StDev     ------+---------+---------+---------+---
Letters    18    1.444    1.097     (---------*---------)
Cards      18    1.667    1.455         (---------*---------)
Flats      18    2.444    1.617                      (---------*---------)
Parcels    18    2.389    0.916                     (---------*---------)
                                    ------+---------+---------+---------+---
                                        1.20      1.80      2.40      3.00
```

在0.05的显著性水平下，检验4种类型信件的均值是否有差异。

30.对电子邮件，你可以使用过滤器来阻止垃圾邮件。一周内每天被阻止的邮件数量被记录了下来，利用统计软件进行分析的结果如下：

```
Source      DF       SS       MS       F       P
Factor       6   1367.8    228.0    5.72   0.000
Error       48   1913.2     39.9
Total       54   3281.0

S = 6.313   R-Sq = 41.69%    R-Sq(adj) = 34.40%

                                 Individual 95% CIs for Mean Based on
                                 Pooled StDev
Level       N    Mean   StDev   ----+---------+---------+---------+-----
Monday     10  74.000   6.164                        (-----*------)
Tuesday     9  66.111   7.288            (------*------)
Wednesday   7  74.143   2.268                       (-------*-------)
Thursday    8  62.375   5.041   (-------*------)
Friday      8  75.125   4.454                          (------*-------)
Saturday    5  63.200   7.259   (---------*---------)
Sunday      8  72.375   9.164                    (-------*------)
                                ----+---------+---------+---------+-----
                                  60.0      66.0      72.0      78.0
```

在 0.05 的显著性水平下，检验每天被阻止的邮件数量的均值是否有差异。

（答案：$F = 5.72$；拒绝 H_0）

31. 现在只要每笔交易不低于7美元，投资者就可以在线进行股票交易。有些人认为这将激发投资者在其投资组合中增加股票持有的份额。而且，股票在投资组合中所占的份额可能与投资者的年龄有关。为了进行调查，金融学教授Merenick选择了64个投资者的样本，确定他们投资组合中股票的份额，样本数据根据投资者的年龄进行了分组，报告如下：

20至35	35至50	50至65	65以上
39.2	10.6	29.0	58.9
32.4	64.5	88.2	35.6
50.8	80.0	29.2	26.1
73.6	59.2	81.5	64.8
46.3	65.8	61.4	30.4
40.0	69.5	79.3	71.0
44.8	72.3	73.9	46.1
69.3	78.4	40.8	70.1
45.3	68.6	57.5	91.8
38.8	67.9	55.2	67.2
33.5	40.1	46.9	63.2
34.0	46.7	62.8	59.6
42.7	66.4	62.8	50.2
68.0	71.7	62.5	49.0
42.1	60.1	26.1	
54.4	44.9		
60.2	59.9		
	71.3		

在0.05的显著性水平下，我们是否可以得出不同年龄组持有的股票份额的均值存在差异的结论？

32.Midland有4家广播电台，分别播放4种不同类型的音乐（摇滚、古典、乡村/西部和轻音乐），但每家电台都感兴趣于每小时播放音乐的分钟数。从每家电台抽取10个小时的样本，样本均值如下：

$\overline{X}_1=51.32$，$\overline{X}_2=44.64$，$\overline{X}_3=47.2$，$\overline{X}_4=50.85$，SS total = 650.75

a.计算SST。

b.计算SSE。

c.完成ANOVA表。

d.在0.05的显著性水平下，处理均值存在显著差异吗？

e.电台1和电台4每小时播放音乐的平均分钟数存在差异吗？使用0.05的显著性水平。

（答案：a. SST = 300.645　b. SSE = 350.105　c. F = 10.304　d.拒绝 H_0　e.播放音乐的平均分钟数存在差异）

数据集练习题

33.参见房地产数据，它报告去年在亚利桑那州Goodyear地区的住房销售信息。

a.在0.02的显著性水平下，带游泳池的房屋与不带游泳池的房屋的销售价格的变异性存在差异吗？

b.在0.02的显著性水平下，带车库的房屋与不带车库的房屋的销售价格的变异性存在差异吗？

c.在0.05的显著性水平下，5个城区的房屋平均销售价格存在差异吗？

34.参见2010年棒球比赛的数据，它列出了2010赛季30支职业棒球联盟球队的信息。

a.在0.10的显著性水平下，美国联盟中的球队和国家联盟中的球队的薪水的变异性有差异吗？

b.创建一个将球队的总观众人数分为3类的变量：小于200万、200万~300万和300万以上。在0.01的显著性水平下，3类球队之间的平均获胜场次有差异吗？

c.使用在（b）中建立的相同的观众人数变量，3类球队之间的平均回垒次数是否存在差异？使用0.01的显著性水平。

d.使用在（b）中建立的相同的观众人数变量，3类球队之间的平均薪水是否存在差异？使用0.01的显著性水平。

（答案：a. $F=43.7^2\div33.31^2=1.72$，不拒绝 H_0　b. F = 3.81，不拒绝 H_0　c. F = 0.38，不拒绝 H_0　d. F = 12.13，拒绝 H_0）

35.参见Buena School District公交车的数据。

a.通过假设检验，推断每辆公交车的生产商的平均维护成本是否相等。使用0.01的显著性水平。

b.通过假设检验，确定每辆公交车的平均行驶里程是否相等。使用0.05的显著性水平。

c.构建Bluebird和Thompson平均维护成本之差95%的置信区间 。

模拟测试

第一部分：填空题

1.比较两个总体方差的检验统计量服从________。（F分布、t分布、z分布）

2.F分布的分布形态是________。（对称、正偏、负偏、均匀）

3.F统计量的计算是________和________的比值。

4.方差分析（ANOVA）被用来比较两个或者多个总体的________。（均值、比例、样本容量、z值）

5.在方差分析中，假设有相等的________。（总体均值、总体标准差、样本容量、z值）

6.在单因素方差分析中，总的误差被分解成两部分，一部分称为处理变差，另一部分称为________。

7.在单因素方差分析中，原假设是总体均值为________。

8.均方误差是通过误差平方和除以________得到的。

9.在单因素方差分析中，处理组的均值之差是通过________作假设检验的。（置信区间、z值显著性水平、方差）

10.在单因素方差分析中，处理组必须________。（相等、独立、成比例、以上都不对）

第二部分：问答题

1.在Grand Strand地区有两家出租车公司，它们每周行驶里程的方差存在差异吗？一家当地报纸——《太阳报》调查并获取了样本信息。在0.10的显著性水平下，检验行驶里程的方差是否相等。

变量	Yellow 出租车公司	Horse and Buggy 出租车公司
平均里程数	837	797
标准差	30	40
样本容量	14	12

2.下面给出了单因素方差分析的结果：

ANOVA				
变差来源	*SS*	*df*	*MS*	*F*
组间	6.90	2	3.45	5.15
组内	12.04	18	0.67	
总和	19.34	20		

a.此研究中有多少个处理？

b.总共的样本容量是多少？

c.F分布的临界值是多少？

d.写出原假设和备择假设。

e.基于原假设给出你的决策。

f.我们是否可以得出任意两组的均值都不相等的结论？

软件命令说明

1.方差分析的Excel命令是：

a.在A列输入U.S.25的数据，在B列输入I-75的数据，并分别列示两列数据。

b.点击Tools，Data Analysis，选择F-Test Two-Sample for Variances，再点击OK。

c.第一个变量的区域为A1：A8，第二个变量的区域为B1：B9。点击Labels，输入0.05为Alpha的值，选择D1为Output Range，再点击OK。

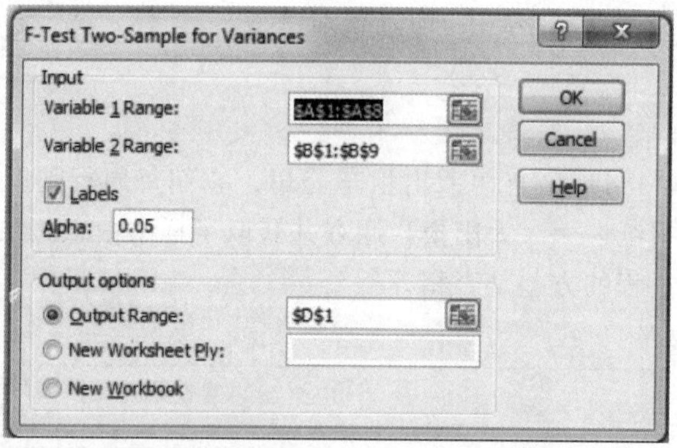

2.单因素ANOVA的Excel命令是：

a.输入四列数据，分别列示为Northern、WTA、Pocono和Branson。

b.点击Excel菜单中的Tools，选择Data Analysis。在对话框中选择ANOVA：Single Factor，然后点击OK。

c.在随后的对话框中规定输入区域为A1：D8，点击Grouped by：Columns，再点击 Labels in first row，Alpha 为 0.05，最后选择 Output Range 为 G1，并点击 OK。

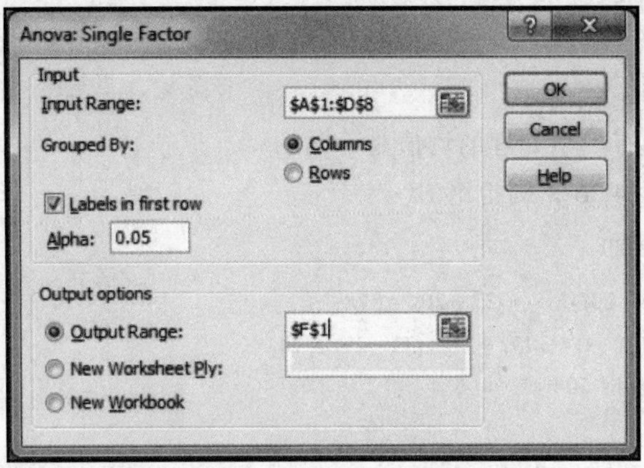

3. 单因素 ANOVA 的 MINITAB 命令是：

a. 输入四列数据，分别列示为 Northern、WTA、Pocono 和 Branson。

b. 选择 Stat，ANOVA，以及 One-Way（Unstacked），选择 C1 到 C4 列的数据，核查左边靠下方的 Select 是否正常，然后点击 OK。

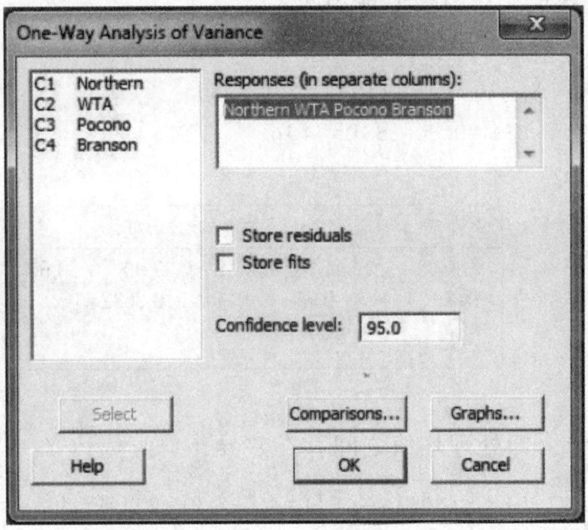

自测题答案

12-1 令 Mark 的组装数为总体 1。那么，

H_0: $\sigma_1^2 \leq \sigma_2^2$

H_1: $\sigma_1^2 > \sigma_2^2$

$df_1 = 10 - 1 = 9$，$df_2 = 10 - 1 = 9$

如果 $F > 3.18$，则 H_0 被拒绝。

由于 $F = \frac{2.0^2}{1.5^2} = 1.78$，所以，$H_0$ 不被拒绝，即两名员工每天生产的次品数的变异性相同。

12-2 a. $H_0: \mu_1 = \mu_2 = \mu_3$

H_1: 至少有一个处理的均值是不同的。

b. 如果 $F > 4.26$，则拒绝 H_0。

c. $\overline{X} = \frac{240}{12} = 20$

$SS\ total = (18 - 20)^2 + \cdots + (32 - 20)^2 = 578$

$SSE = (18 - 17)^2 + (14 - 17)^2 + \cdots + (32 - 29)^2 = 74$

$SST = 578 - 74 = 504$

d.

来源	平方和	自由度	均方	F
处理	504	2	252	30.65
误差	74	9	8.22	
总和	578	11		

e. H_0 被拒绝，即在3个不同位置销售的全能洁净剂的平均瓶数存在差异。

12-3 a. H_0: $\mu_1 = \mu_2 = \mu_3$

H_1: 不是所有处理的均值都相同。

b. 如果 $F > 3.98$，则 H_0 被拒绝。

c. $\overline{X_G} = 13.86$，$\overline{X_1} = 16$，$\overline{X_2} = 13.75$，$\overline{X_3} = 11.80$

$SS\ total = 53.71$，$SSE = 9.55$，$SST = 44.16$

来源	平方和	自由度	均方	F
处理	44.16	2	22.08	25.43
误差	9.55	11	0.8682	
总和	53.71	13		

d. H_0 被拒绝，即处理均值之间存在差异。

e. $(11.0 - 6.8) \pm 2.201 \times \sqrt{0.8682 \times (\frac{1}{5} + \frac{1}{5})} = 4.2 \pm 1.30 = 2.90$或$5.50$

由于置信区间的两个端点有相同的正号，所以这两个处理的均值存在差异。

第 13 章 线性回归与相关

本章学习目标

当你学完本章内容，你应该能够：

1. 给出因变量和自变量的定义。
2. 计算、检验和解释两个变量之间的相关系数。
3. 应用回归分析估计两个变量之间的线性关系。
4. 解释回归分析。
5. 评估回归分析斜率的显著性。
6. 评估回归方程对因变量的预测。
7. 计算和解释决定系数。
8. 构造和说明因变量的置信区间与预测区间。

实践中的统计学

1986年1月28日“挑战者”号航天飞机爆炸。事故原因的调查涉及4家承包商：负责机体和发动机的Rockwell International、负责地面支持的Lockheed Martin、负责外部燃料箱的Martin Marietta和负责固体燃料助推火箭的Morton Thiokol。几个月后，调查结果认为，爆炸的原因是Morton Thiokol生产的一个O形环有缺陷。

一项关于承包商股票价格的研究显示了有趣的巧合。在爆炸的当天，Morton Thiokol股票的价格下降了11.86%，而其他3家承包商的股票价格仅下降2%到3%。我们能否认为金融市场预见到了调查结果吗？

13.1 导言

第2章到第4章讨论了描述统计学的内容。我们先把原始数据整理为一个频率分布，然后计算出一些集中趋势和离散程度的测量指标，并用以描述这些数据的主要特征。第5章到第7章阐述了概率和概率分布。第8章讲述了统计推断，我们通过收集样本信息来估计总体的参数，如总体的均值和比例。另外，我们使用样本数据对总体均值和比例进行假设检验，检验两个总体或多个总体的均值之差，或者总体的均值是否相等。每个检验都是针对一个定距或者定比数据做出的，如汽车的销售利润、银行行长的收入或者每个月来某医院就诊的患者数量。

本章我们将学习重点转移到研究两个定距或者定比变量之间的关系上。在任何商业领域，识别和研究两个变量之间的关系能够提供如何提高利润、降低成本的信息，或者可以预测变量的需求。在产品营销中，许多公司通过优惠券和折扣定价来降低销售价格从而增加销售量。在这个例子中，我们感兴趣的是两个变量，即价格的降低与销售量之间的关系。为了收集数据，公司可以测试各种降低价格的方法并观测销售量。我们希望可以得出这样一种结论：价格降低可以带来销售量增加。在经济学中，你将发现许多这样的关系，它们是经济学的基础，如供给与需求以及需求与价格之间的关系。

另外一个比较熟悉的例子是，回忆一下第4章4.5节，我们利用苹果木汽车集团的数据给出的显示两个变量之间关系的散点图。我们用纵轴表示汽车销售价格，用横轴表示购买者的年龄。统计软件输出结果见第4章相关内容。通过图形我们观测到，随着购买者年龄的增长，每辆车的利润也在增加。

两个变量之间的关系的其他例子如下：

• Healthtex公司每月培训销售人员的费用影响其每月销售额吗？

• 我们能根据住宅的面积（平方英尺）来估计一月份该住宅的供暖费用吗？

• 在能源效率的研究中，每加仑燃料的行驶里程（英里）与汽车的重量之间存在联系吗？

• 学生学习的时间（小时）影响其考试分数吗？

我们在本章将进一步阐述此原理，即用数字度量来描述两个变量之间的关系。两个变量之间的关系是强还是弱？是正向还是反向？此外，我们建立一个方程来表示两个变量之间的关系，这使我们可以根据一个变量来估计另一个变量。

在开始学习两个变量的相关关系之前，我们先来探讨相关分析（correlation analysis）的意义和目的。接下来，我们将通过建立一个数学方程来继续我们的学习，该方程允许我们根据一个变量的取值估计另一个变量的值，这就是回归分析（regression analysis）。我们将评估方程的预测能力。

13.2 什么是相关分析

当我们研究两个定距或者定比变量的相关关系时，我们通常从散点图开始。这个过程能把两个变量的相关关系可视性地展示出来。下一步通常就是计算相关系数，相关系数定量地给出了两个变量相关关系的强度。举个例子，假定Copier Sales of America是在美国和加拿大拥有雄厚销售实力的复印机销售公司，其销售部经理想知道每月拨打的推销电话次数与当月的复印机销售数量之间是否存在某种关系。这位经理抽取了由10位销售代理商组成的随机样本，并确定每位销售代理商上月拨打推销电话的次数及其复印机销售数量。样本信息如表13-1所示。

表13-1　10位销售代理商拨打推销电话的次数及其复印机销售数量

销售代理商	拨打推销电话的次数	复印机销售数量
Tom Keller	20	30
Jeff Hall	40	60
Brian Virost	20	40
Greg Fish	30	60
Susan Welch	10	30
Carlos Ramirez	10	40
Rich Niles	20	40
Mike Kiel	20	50
Mark Reynolds	20	30
Soni Jones	30	70

通过考察数据我们注意到，拨打推销电话的次数与其复印机销售数量之间似乎存在着某种关系，即拨打推销电话次数最多的销售代理商，其销售的复印机数量也最多。然而，这种关系并不“完全”或精确，例如，Soni Jones拨打推销电话的次数比Jeff Hall少，但她却销售了更多的复印机。

除了第4章给出的图形技术外，我们将给出一些数值的测度来精确地描述拨打推销电话的次数与复印机销售数量这两个变量之间的关系。这种统计技术就叫作相关分析。

相关分析　用于度量两个变量之间联系的技术。

相关分析的基本思路就是反映两个变量之间的联系。通常，第一步是将数据绘制成散点图。下面的例子将说明如何应用散点图。

举例：

Copier Sales of America向遍布美国和加拿大的各种规模的商行销售复印机。Marcy Bancer女士最近被提拔为国内销售部经理。在即将召开的销售会议上，来自全国各地的销售代理商均会出席。她想要让代理商们牢记每天拨打额外推销电话的重要性。她决定收集一些关于拨打推销电话的次数与复印机销售数量之间的关系的信息。她抽取了由10位销售代理商组成的随机样本，并确定了每位销售代理商上月拨打推销电话的次数及其复印机销售数量。这些样本数据如表13-1所示。从这些数据中你能得出关于拨打推销电话的次数与复印机销售数量之间关系的什么结论呢？绘制散点图来描述这些信息。

解答：

基于表13-1中的信息，Bancer女士推测每月拨打推销电话的次数与复印机销售数量之间存在某种关系。Soni Jones上月销售的复印机数量最多，而她也是拨打推销电话次数达到或超过30次的3位代理商之一；同时，Susan Welch和Carlos Ramirez上月仅拨打了10次推销电话，而Welch女士和其他两位代理商在样本代理商中销售复印机的数量最少。

这意味着，复印机销售数量与拨打推销电话的次数是相关的，随着拨打推销电话次数的增加，其复印机销售数量也会增加。我们把拨打推销电话的次数称作自变量（independent variable），而把复印机销售数量称作因变量（dependent variable）。

自变量提供了估计的基础，是用来预测的变量。例如，我们想预测销售人员打了20个销售电话后卖出的复印机的数量。注意，我们选择了这个数值，自变量不是随机变量。

因变量是被预测或者被估计的变量。它可以被看成一个已知的自变量的结果，因变量是随机的。也就是说，对于一个给定的自变量的值，因变量有很多可能的结果。在这个例子中，我们注意到，5个打20个销售电话的销售人员对应3个不同的因变量的值。

按照惯例，通常用纵轴或Y轴来表示因变量（复印机销售数量），用横轴或X轴来表示自变量（拨打推销电话的次数）。为了绘制关于Copier Sales of America销售信息的散点图，我们从第一位销售代理商Tom Keller开始。Tom上个月拨打了20次推销电话，并销售了30台复印机，因此有X=20和Y=30。为了绘制这一个点，我们沿横轴移动至X=20处，再沿纵轴移动至Y=30处，并在交叉处画出一点。重复这一过程直到所有的成对数据都被绘制在图13-1中。

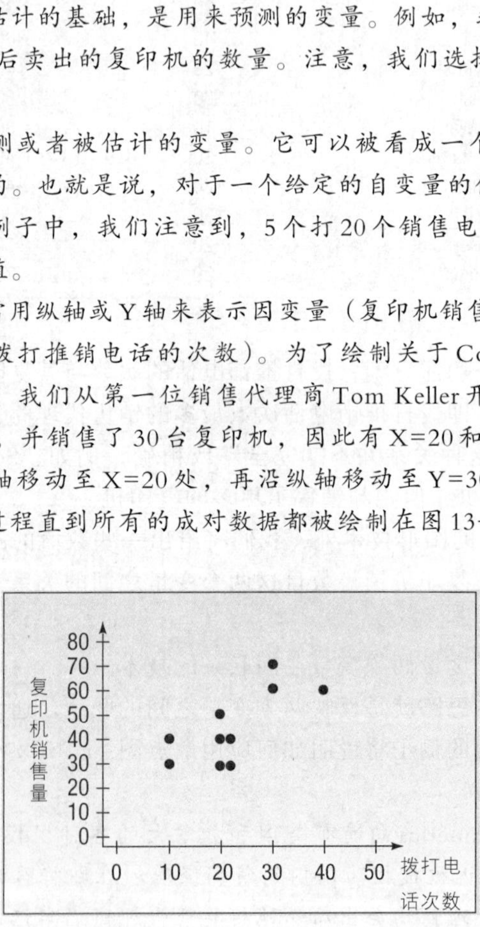

图13-1　拨打推销电话的次数和复印机销售数量的散点图

散点图直观地显示出，拨打推销电话次数较多的销售代理商可能会销售较多的复印机。作为Copier Sales of America的国内销售部经理，Bancer女士告诉她的销售代理商们，拨打推销电话次数较多就能期望销售较多的复印机是合乎情理的。注意，虽然这两个变量呈现出一种正向相关，但并非所有的点都落在一条直线上。在接下来的部分中，你将通过相关系数来度量两个变量之间相关关系的强度和方向。

13.3 相关系数

大约在1900年，Karl Pearson首次提出了相关系数（coefficient of correlation）的概念，它用于描述两组定距尺度变量或定比尺度变量之间的关联程度。符号r通常被用来表示相关系数，被称为皮尔逊相关系数（Pearson's correlation coefficient）或皮尔逊积矩相关系数（Pearson product-moment correlation coefficient）。它可以在［-1.00，+1.00］之间任意取值，相关系数为-1.00或+1.00表示完全相关。例如，在上一节的例子中，若所计算的相关系数为+1.00，则意味着拨打推销电话的次数与复印机销售数量之间是完全正的线性关系；若所计算的相关系数为-1.00，则意味着拨打推销电话的次数与复印机销售数量之间是完全负的线性关系。

图13-2给出了当两组数据之间的关系是线性的且完全相关时的散点图。

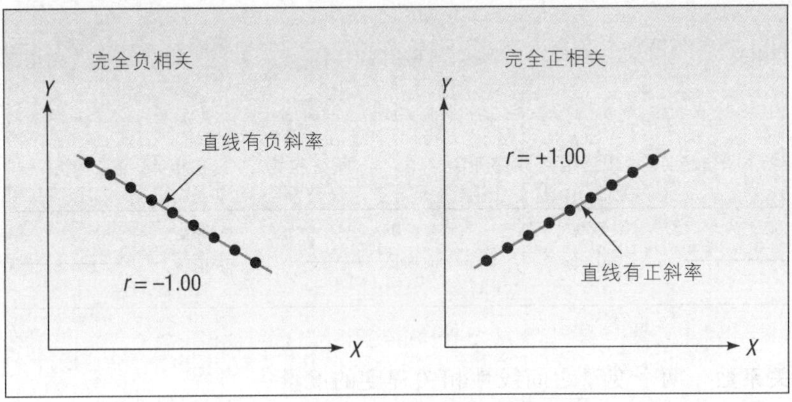

图13-2　完全负相关和完全正相关的散点图

如果两个变量之间绝对没有关联，皮尔逊相关系数r则为0。如果相关系数r的值接近于0（如0.08），则表示两个变量之间的线性关系很弱，当r=-0.08时，也有相同的结论。-0.91和+0.91有相同的相关程度，二者均表示两个变量之间存在很强的相关关系。因此，相关的强度不依赖于相关的方向（或者-或者+）。

图13-3分别给出了r=0，弱的r（如-0.23）和强的r（如+0.87）的散点图。注意，如果是弱相关，那么通过数据中间的直线的周围会有相当多的散点；如果

是强相关，那么通过数据中间的直线的周围会有较少的散点。图中给出的例子表明，学生的学习时间是其考试分数的一个好的预测变量。

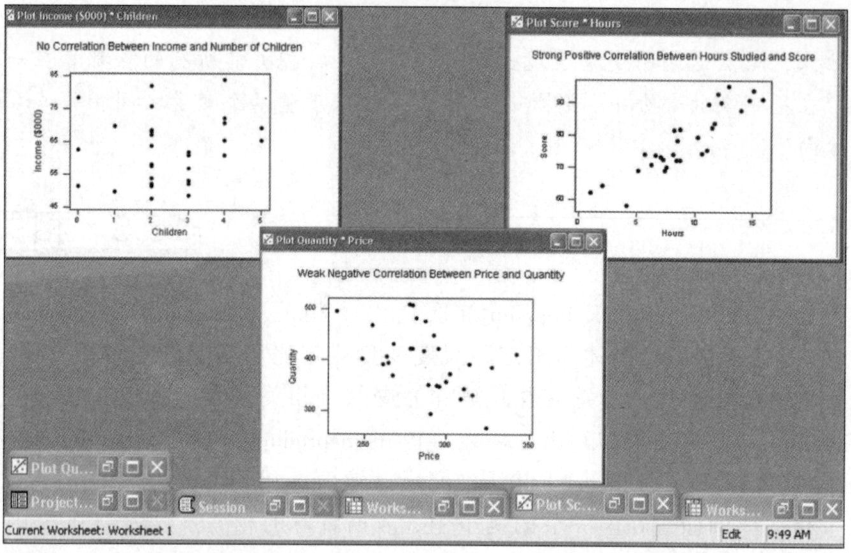

图 13-3　描述零相关、弱相关和强相关的散点图

下图总结了相关系数的强度和方向。

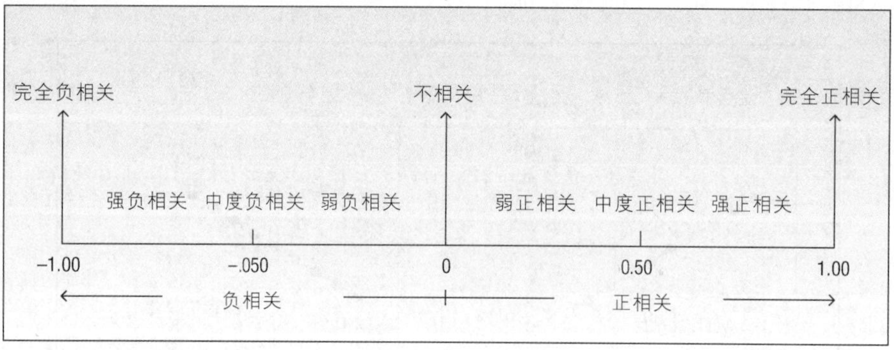

相关系数　两个变量之间线性相关程度的度量。

相关系数具有以下性质：

1. 样本的相关系数用小写字母 r 表示。

2. 相关系数表示两个定距尺度变量或定比尺度变量之间线性（直线）关系的方向和强度。

3. 相关系数可以在［−1，1］之间任意取值。

4. 相关系数的值接近于 0，则说明两个变量之间的关联很弱。

5. 相关系数的值接近于 1，则说明两个变量之间有正向的或正的关联。

6. 相关系数的值接近于−1，则说明两个变量之间有反向的或负的关联。

如何确定相关系数的值？我们以表13-2给出的Copier Sales of America的数据为例加以说明。我们从类似于图13-2的散点图开始，在X取值的均值点作一条垂线，在Y取值的均值点作一条水平线。

表13-2　10位销售代理商拨打推销电话的次数及复印机销售数量

销售代理商	拨打推销电话次数（X）	复印机销售量（Y）
Tom Keller	20	30
Jeff Hall	40	60
Brian Virost	20	40
Greg Fish	30	60
Susan Welch	10	30
Carlos Ramirez	10	40
Rich Niles	20	40
Mike Kiel	20	50
Mark Reynolds	20	30
Soni Jones	30	70
总和	220	450

在图13-4中，我们在拨打推销电话的次数为22次（$\bar{X}=\sum X/n = 220/10 = 22$）的地方画上一条垂线，在复印机销售数量为45台（$\bar{Y}=\sum Y/n = 450/10 = 45$）的地方画上一条水平线。这两条直线通过数据的“中心”，且将散点图分成四个象限，可以理解成将原点从（0，0）移动到（22，45）。

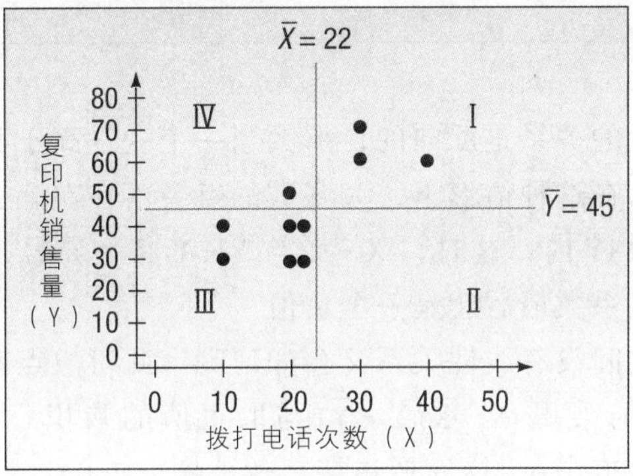

图13-4　相关系数的计算

当复印机销售数量超过其平均值时，拨打推销电话的次数也超过其平均值，这两个变量之间是正相关的，这些点都出现在图13-4的右上方象限（标记为象限I）内。类似地，当复印机销售数量低于其平均值时，拨打推销电话的次数也将低于其平均值，这些点都出现在图13-4的左下方象限（标记为象限III）内。例如，表13-2中最后一位销售代理商Soni Jones拨打了30次推销电话并售出了70台复印机，这两个数均超过了它们各自的均值，因此这一点落在象限I，即右上方象限。她拨打推销电话的次数比平均次数多8次（$X-\bar{X}=30-22$），销售的复印机数量比平均数多25台（$Y-\bar{Y}=70-45$）。表13-2中第一位销售代理商Tom Keller拨打了20次推销电话并销售了30台复印机，这两个数均低于它们各自的均值，因此这一点落在象限III，即左下方象限。Tom拨打推销电话的次数比平均次数少2次，销售的复印机数量比平均数少15台。表13-3汇总了10位销售代理商拨打推销电话的次数和复印机销售数量分别与其平均值的离差。各自离差乘积的总和为900，也就是说，$\sum(X-\bar{X})(Y-\bar{Y})=900$。

在右上方和左下方两个象限内，由于两个因子$X-\bar{X}$与$Y-\bar{Y}$是同号的，所以乘积$(X-\bar{X})(Y-\bar{Y})$是正的。在我们的例子中，除了Mike Kiel，这一结论对所有销售代理商都是成立的。因此，我们可以期望相关系数是一个正值。

表13-3　　　　与均值的离差及其乘积

销售代理商	电话次数，***X***	销售量，***Y***	$X-\bar{X}$	$Y-\bar{Y}$	$(X-\bar{X})(Y-\bar{Y})$
Tom Keller	20	30	−2	−15	30
Jeff Hall	40	60	18	15	270
Brian Virost	20	40	−2	−5	10
Greg Fish	30	60	8	15	120
Susan Welch	10	30	−12	−15	180
Carlos Ramirez	10	40	−12	−5	60
Rich Niles	20	40	−2	−5	10
Mike Kiel	20	50	−2	5	−10
Mark Reynolds	20	30	−2	−15	30
Soni Jones	30	70	8	25	200
					900

如果这两个变量的关系是反向的，那么当一个变量高于其均值时，另一个变量则会低于其均值。在这种情形下，大多数的点会落在左上方和右下方两个象限内，即象限II与象限IV内，这时，$X-\bar{X}$与$Y-\bar{Y}$将是异号，所以它们的乘积会是负号，从而使相关系数最后会是一个负值。

如果两个变量之间没有线性关系又会如何呢？此时散点图中的点将散落在各个象限内，取负值的乘积$(X-\bar{X})(Y-\bar{Y})$与取正值的乘积$(X-\bar{X})(Y-\bar{Y})$相抵消，因此，最后的总和接近于0，这导致相关系数也接近于0。

相关系数还需要不受两个变量度量单位的影响。例如，如果将复印机销售量的单位从以台计改为以百台计，相关系数应该不变。如果我们用$\sum(X-\bar{X})(Y-\bar{Y})$除以样本标准差，则相关系数就与所使用的度量单位无关。如果我们将得到的结果除以n−1，那么相关系数也将与样本容量无关，并被限定在［−1，1］的取值范围内 。

这一推理得到下面的公式：

相关系数　$$r=\frac{\sum(X-\bar{X})(Y-\bar{Y})}{(n-1)s_x s_y} \qquad (13\text{-}1)$$

我们利用10位销售代理商拨打推销电话的次数和复印机销售数量的样本标准差来

计算相关系数。我们可以使用公式（3-9）或者某种软件包来计算样本标准差。具体的Excel和MINITAB命令见第3章结尾软件命令说明一节。下面是Excel的输出结果，拨打推销电话次数的样本标准差为9.189，复印机销售数量的样本标准差为14.337。

Calls and Sales

	A	B	C	D	E	F	G	H
1	Calls	Sales		*Calls*			*Sales*	
2	20	30						
3	40	60		Mean	22.000		Mean	45.000
4	20	40		Standard Error	2.906		Standard Error	4.534
5	30	60		Median	20.000		Median	40.000
6	10	30		Mode	20.000		Mode	30.000
7	10	40		Standard Deviation	9.189		Standard Deviation	14.337
8	20	40		Sample Variance	84.444		Sample Variance	205.556
9	20	50		Kurtosis	0.396		Kurtosis	-1.001
10	20	30		Skewness	0.601		Skewness	0.566
11	30	70		Range	30.000		Range	40.000
12				Minimum	10.000		Minimum	30.000
13				Maximum	40.000		Maximum	70.000
14				Sum	220.000		Sum	450.000
15				Count	10.000		Count	10.000

现在我们将这些数值代入公式（13-1）中，得到相关系数：

$$r=\frac{\sum(X-\overline{X})(Y-\overline{Y})}{(n-1)s_x s_y}=\frac{900}{(10-1)\times 9.189\times 14.337}=0.759$$

我们应怎样解释0.759的相关程度呢？首先，它是正的，因此我们知道，拨打推销电话的次数与复印机销售数量之间是存在正相关的，这证实了我们从散点图13-4中得出的推断。数值0.759相当接近于1.00，所以我们认为两者的相关性很强。

我们必须谨慎解释相关系数。相关系数为0.759表明两个变量之间存在强的正相关。Bancer女士鼓励其销售代理商们拨打额外的推销电话是正确的，因为拨打推销电话的次数与复印机销售数量是相关的。然而，这就意味着拨打推销电话越多，其复印机销售数量就越多吗？不是。因为我们仅仅说明了两个变量——拨打推销电话的次数与复印机销售数量——是相关的，但我们并未证明它们之间存在因果关系。

如果两个变量之间有强的相关关系（如0.91），则我们会企图假设一个变量的增加或减少会引起另一个变量的变化。例如，可以证明，佐治亚州的花生消费量与阿斯匹林的消费量之间存在强的相关关系，但这并不意味着花生消费量的增长就能带来阿斯匹林消费量的增加。同样地，教授的收入与精神病医院病人的人数之间也成比例增长。此外，随着低智商人数的减少，获得博士学位的人数却在增加。诸如此类的相关关系被称为伪相关（spurious correlations）。当我们发现两个变量之间存在强的相关关系时，我们只能断定这两个变量之间存在着一种关系或联系，但不能认为一个变量的变化就会引起另一个变量的变化。

举例：

苹果木汽车集团营销部门相信，汽车购买者年龄越小销售利润越低，购买者年龄越大利润越高。该部门想在即将开展的广告宣传活动中利用这个信息，试图吸引年龄大的购买者从而获取较高的利润。绘制购买者年龄和利润之间的散点图，使用统计软件计算相关系数。这会是一个有用的广告特征吗？

解答：

根据苹果木汽车集团的例子，第一步是根据数据来绘制出散点图，如图13-5所示。

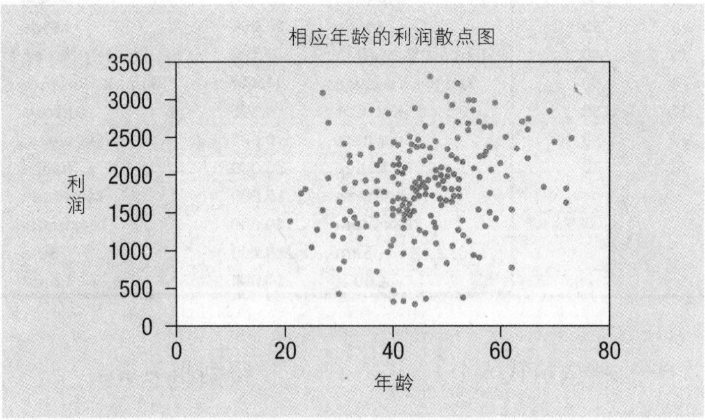

图13-5　苹果木汽车集团数据散点图

图13-5表明，年龄与利润之间存在正的相关关系，但是这种关系看起来不是很强。

第二步是通过计算相关系数来评估相关关系的强度。统计软件为计算相关系数提供了便捷的途径。Excel的输出结果如下：

H	I	J	K	L	M
年龄	利润		苹果木汽车集团利润和年龄间的相关系数		
21	1387				
23	1754				
24	1817				
25	1040				
26	1273			r = 0.262	
27	1529				

根据这些数据可以得出，r=0.262。对购买者年龄与汽车销售利润之间的关系的评价如下：

1.相关关系是正的或者直接的。为什么呢？因为相关系数的符号为正，这就更加明确了随着购买者年龄的增长，汽车销售利润也将增加。

2.两个变量的相关关系比较弱。对于正的相关关系，相关系数的值越接近于

1，表明相关关系越强。在这个例子中，r=0.262，更接近于0，所以我们观测到的相关关系较弱。

不推荐苹果木汽车集团使用此信息作为广告的一部分来吸引年龄较大的购买者，从而获取更多的利润。

自测题 13-1

Haverty's Furniture是一家多年在芝加哥地区向零售顾客出售商品的家族公司。其以强调产品的廉价和宽松的赊销付款条件为重点在广播、电视和网络上大做广告。老板想评判一下销售收入和广告支出之间的关系。下表是公司最近4个月的销售收入和广告支出的信息。

月份	广告支出（百万美元）	销售收入（百万美元）
7月	2	7
8月	1	3
9月	3	8
10月	4	10

（a）老板想根据广告支出来预测销售收入。哪一个变量是因变量？哪一个变量是自变量？

（b）绘制散点图。

（c）计算相关系数。

（d）解释相关系数的强度。

练习题

1.下面是随机抽取的样本观测值。

X	4	5	3	6	10
Y	4	6	5	7	7

计算相关系数，并解释X与Y之间的联系。

2.下面是随机抽取的样本观测值。

X	5	3	6	3	4	4	6	8
Y	13	15	7	12	13	11	9	5

计算相关系数，并解释X与Y之间的联系。

（答案：r=-0.89，强的负相关关系）

3.Bi-lo Appliance Super-Store在新英格兰地区的一些大城市都设有分店。销售总经理计划先在当地选择几家电视台，在周六、周日两天为数码相机做广告宣传。她打算收集各家分店数码相机在周六和周日的销售情况，并把数码相机的销售情况与当地电视台的广告播放次数相对应，目的在于弄清广告播放次数与数码相机销售收入之间是否存在某种关系。成对数据如下：

电视台的位置	广告播出次数	周六至周日销售收入（千美元）
Providence	4	15
Springfield	2	8
New Haven	5	21
Boston	6	24
Hartford	3	17

a.哪个变量是因变量？

b.绘制散点图。

c.计算相关系数。

d.解释这些统计度量。

4.Celltronics International的生产部门想对装配部门的员工人数与产量之间的关系进行研究。为了进行实验，2名员工被指派去装配部件，他们在1个小时内生产了15件产品，然而由4名员工来装配部件时，他们在1个小时内生产了25件产品。下面是全部的成对观测值。

装配人员数	一个小时的产量（件）
2	15
4	25
1	10
5	40
3	30

因变量是产量，即产量水平依赖于员工人数。

a.绘制散点图。

b.散点图是否显示出装配人员数与产量之间存在某种关系？请加以解释。

c.计算相关系数。

（答案：a.见教师手册　b.存在正向相关关系　c.r=0.927）

5.Pine Bluffs市议会正在考虑增加警察数量以减少犯罪。在做出最终决定之前，市议会要求警察局局长对其他同等规模城市进行调查，以确定警察数量与记录在案的犯罪数目之间的关系。警察局局长收集了以下样本信息：

城市	警察数量	犯罪数目	城市	警察数量	犯罪数目
Oxford	15	17	Holgate	17	7
Starksville	17	13	Carey	12	21
Danville	25	5	Whistler	11	19
Athens	27	7	Woodville	22	6

a. 如果我们想根据警察数量来估计犯罪数目，那么哪一个变量是因变量，哪一个变量是自变量？

b. 绘制散点图。

c. 计算相关系数。

d. 解释这些统计度量。负相关关系是否让你感到意外？

6.Maumee Ford-Mercury-Volvo的老板想要研究汽车的已使用时间与销售价格之间的关系。下面列出了汽车经销店去年出售的12辆汽车的样本信息。

汽车	已使用时间（年）	价格（千美元）	汽车	已使用时间（年）	价格（千美元）
1	9	8.1	7	8	7.6
2	7	6.0	8	11	8.0
3	11	3.6	9	10	8.0
4	12	4.0	10	12	6.0
5	8	5.0	11	6	8.6
6	7	10.0	12	6	8.0

a. 绘制散点图。

b. 计算相关系数。

c. 解释这些统计度量。负相关关系是否让你感到意外？

（答案：a. 见教师手册 b. r = −0.544 c. 一般的相关关系）

13.4 相关系数的显著性检验

回忆一下，Copier Sales of America的销售部经理发现，拨打推销电话的次数与复印机销售数量之间的相关系数为0.759，这表明两个变量之间有较强的联系。但是，该例子只抽取10位销售代理商组成了样本。总体的实际相关系数是否可能为0呢？如果是这样，那么就意味着0.759的相关系数纯属偶然。这一例子中的总体是被公司聘用的所有销售代理商。

要解决这个两难的问题，就需要通过检验来回答一个显而易见的问题：抽取样本所属的总体可能是零相关吗？换句话说，计算出的r是否来自一个由零相关的成对观测值组成的总体？按照用希腊字母表示总体参数的惯例，我们将用 ρ 表示总体的相关系数，它被读作“rho”。

我们将继续讨论关于拨打推销电话的次数与复印机销售数量的例子。我们使用在第10章中介绍的同样的假设检验步骤。原假设和备择假设为：

$H_0:\rho=0$（总体相关系数为0）

$H_1:\rho\neq0$（总体相关系数不为0）

根据 H_1 的表述方式，我们知道该检验是双侧检验。

t的公式为：

相关系数的t检验 $t=\frac{r\sqrt{n-2}}{\sqrt{1-r^2}}$，自由度为n-2 （13-2）

使用0.05的显著性水平，此例的决策准则是：如果计算出的t值落在-2.306与+2.306之间，则不拒绝原假设。为了确定2.306的临界值，参见附录B.2，其中，自由度为df=n-2=10-2=8，如图13-6所示。

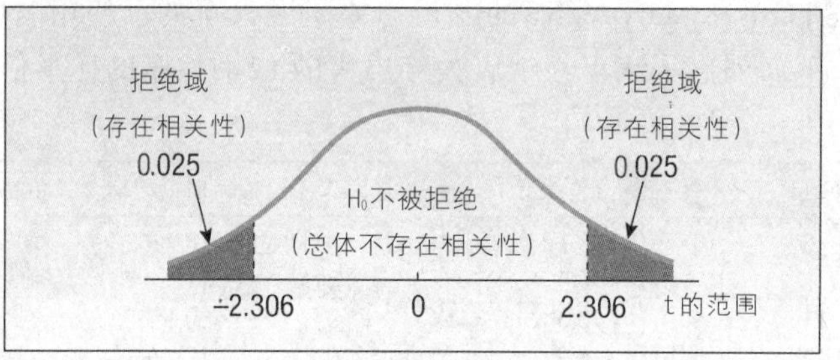

图13-6 显著性水平为0.05和自由度为8的假设检验的决策准则

将公式（13-2）应用于关于拨打推销电话的次数与复印机销售数量的例子中：

$$t=\frac{r\sqrt{n-2}}{\sqrt{1-r^2}}=\frac{0.759\sqrt{10-2}}{\sqrt{1-0.759^2}}=3.297$$

计算出的t值落在拒绝域中，因此，在0.05的显著性水平下拒绝 H_0。这意味着总体相关系数不是0。从实际应用的角度看，此结论告诉销售经理，对销售代理商总体而言，拨打推销电话的次数与复印机销售数量之间存在正的相关性。

我们也可以利用p值来解释假设检验。p值是指当 H_0 为真时，检验统计量的取值大于由样本计算得到的数值的概率。为了确定p值，参见附录B.2的t分布表，找到自由度为8的那一行。检验统计量的值是3.297，因此在双侧检验下，在自由度为8的行中查找最接近于3.297的值。对于显著性水平为0.02的双侧检验，其临界值为2.896；对于显著性水平为0.01的双侧检验，其临界值为3.355。因为3.297介于2.896和3.355之间，因此，我们确定p值在0.01和0.02之间。

MINITAB与Excel均会给出两个变量之间的相关性。除了相关性，对于两个变量之间总体相关系数为0的假设检验，MINITAB还会给出p值。MINITAB的输出结果如下，它们与先前的计算结果相同。

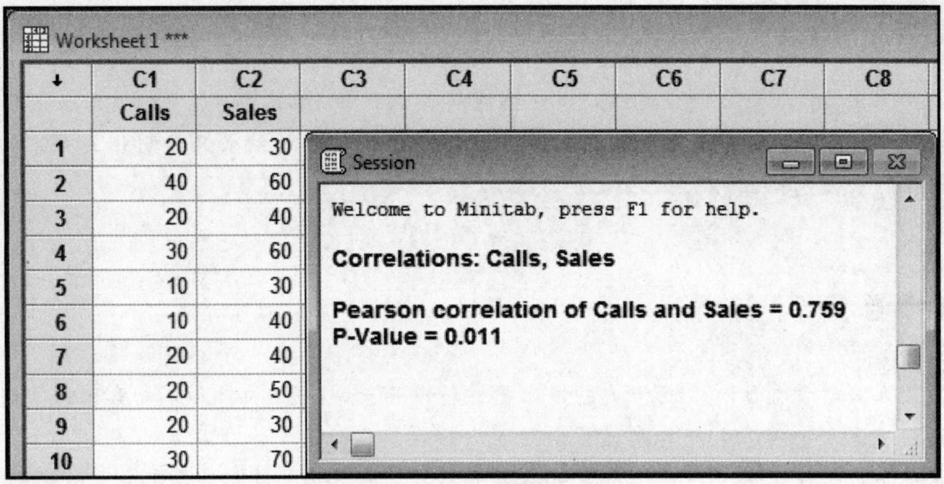

举例：

在之前苹果木汽车集团的例子中，我们发现汽车的销售利润与购买者年龄之间的相关系数是0.262。因为相关系数是正的，所以两个变量有正的相关关系。但由于相关系数比较小，接近于0，所以我们得出结论：针对年龄较大的人进行广告宣传活动以获取更大的利润是没有必要的。这是否意味着我们可以得出两个变量之间不相关的结论呢？使用0.05的显著性水平。

解答：

在回答上述问题之前，我们需要明确一下总体和样本。我们假定苹果木汽车集团180个汽车销售的数据是过去很多年所有汽车销售总体中的一个样本。希腊字母ρ代表总体相关系数，r是样本相关系数。

接下来就是建立原假设和备择假设。我们检验的原假设是相关系数小于或者等于0，备择假设是两个变量的相关系数是正的。

$H_0:\rho \leq 0$ （相关系数是0）

$H_1:\rho > 0$ （相关系数是正的）

这是一个单尾的假设检验，因为我们感兴趣的是两个变量是否有确定的正相关关系。检验统计量服从自由度为n−2的t分布，所以自由度是180−2=178，但是178的自由度在附录B.2中找不到，与它最接近的是180，所以我们使用这个值。我们的决策准则是，当检验统计量的值大于1.653时拒绝原假设。

我们使用公式（13−2）来计算检验统计量的值：

$$t=\frac{r\sqrt{n-2}}{\sqrt{1-r^2}}=\frac{0.262\sqrt{180-2}}{\sqrt{1-0.262^2}}=3.622$$

将统计量的值3.622与临界值1.653相比较，拒绝原假设，得出结论：样本的相关系数0.262太大了，不是来自不相关的总体。换种说法就是，总体的利润与年龄之间有正的相关关系。

这一结果是令人困惑的，且似乎是矛盾的。一方面，我们观测到的结果没有显示出很强的相关关系，苹果木汽车集团营销部不能使用这个信息进行促销和广告决策；另一方面，假设检验表明相关系数不等于0，年龄与利润之间有正的相关关系。这怎么可能呢?我们必须谨慎地解释假设检验的结论，即相关系数不等于0，销售利润和买家年龄有正的相关关系。假设检验的结果只表明相关关系的存在，并没有给出相关性的强弱。

自测题 13-2

人口数量在5万～25万人的城市要进行市长选举。25位参加市长竞选的候选人组成了一个样本，此样本显示，候选人的得票率与其竞选所花费的费用之间的相关系数为0.43。在0.05的显著性水平下，这两个变量之间是否存在正相关？

练习题

7.给出下列假设：

$H_0: \rho \leqslant 0$

$H_1: \rho > 0$

由12个成对观测值组成的随机样本显示的相关系数为0.32。我们能否认为总体相关系数大于0？使用0.05的显著性水平。

8.给出下列假设：

$H_0: \rho \geqslant 0$

$H_1: \rho < 0$

由15个成对观测值组成的随机样本显示的相关系数为-0.46。我们能否认为总体相关系数小于0？使用0.05的显著性水平。

（答案：$t = -1.868$；拒绝 H_0）

9.Pennsylvania Refining公司正在研究汽油泵的价格与汽油销售量之间的关系。上个星期二由20家加油站组成的样本的相关系数为0.78。在0.01的显著性水平下，总体相关系数是否大于0?

10.一项对20家全球金融机构的研究表明，它们的资产与税前利润之间的相关系数为0.86。在0.05的显著性水平下，我们能否推断总体相关系数为正数？

（答案：$t = 7.15$；拒绝 H_0）

11.The Airline Passenger Association研究特定航班的乘客人数与航班成本之间的关系。逻辑上似乎是，航班的乘客越多，就有更多的行李和更大的重量，而这会导致更高的燃油成本。由15个航班组成一个样本，得到航班的乘客人数与总燃油成本的相关系数为0.667。可以合理地认为总体的两个变量之间确实存在正相关吗？使用0.01的显著性水平。

12.Middle Carolina University 的 The Student Government Association 想阐明学生

所喝啤酒数量与他们血液中的酒精含量（BAC）之间的关系。随机抽取18名学生参加该项研究，每名学生被随机安排喝指定罐数的12盎司一罐的啤酒，在喝完指定数量啤酒30分钟后，由当地治安办公室的人员测量他们血液中的酒精含量。样本信息如下：

学生	饮用啤酒量	BAC值	学生	饮用啤酒量	BAC值
1	6	0.10	10	3	0.07
2	7	0.09	11	3	0.05
3	7	0.09	12	7	0.08
4	4	0.10	13	1	0.04
5	5	0.10	14	4	0.07
6	3	0.07	15	2	0.06
7	3	0.10	16	7	0.12
8	6	0.12	17	2	0.05
9	6	0.09	18	1	0.02

利用统计软件包回答下列问题：

a.绘制所喝啤酒数量与血液中酒精含量的散点图，并评论其关系。它们之间的关系是强还是弱？关系是正向的还是反向的？

b.计算相关系数。

c.在0.01的显著性水平下，可以合理地认为所喝啤酒数量与血液中酒精含量这两个总体变量确实存在相关性吗？p值是多少？

（答案：a.见教师手册　b. $r = 0.779$　c. $t = 4.97$；p值=0.000）

13.5　回归分析

在前一节中，我们建立了一些度量来表示两个变量之间线性关系的强度和方向。本节我们将建立一个方程，用于表示两个变量之间的线性（直线）关系。另外，我们还希望能根据自变量X的样本值来估计因变量Y的值。用于建立方程并提供估计值的技术就被称为回归分析（regression analysis）。

在表13-1中，我们列出了Copier Sales of America聘用的10位销售代理商每月拨打推销电话的次数与其复印机销售数量的样本数据。图13-1则用散点图显示了这些信息。现在我们想要建立一个线性方程来表示拨打推销电话的次数与复印机销售数量之间的关系。根据自变量X来估计因变量Y的直线方程被称为回归方程（regression equation）。

回归方程　表示两个变量之间的线性关系的方程。

最小二乘法

在回归分析中，我们的目标是利用数据来确定一条最能代表两个变量之间关系的直线。第一种方法是使用散点图直观地展示直线的位置。

图13-1的散点图被复制为图13-7，并用直尺画出通过这些散点的一条直线，用以说明直线也许能够拟合这些散点。但是，用直尺画线的缺点在于，直线的位置部分地取决于画线人的判断力。图13-8中的手画线代表了4个人的判断力。除了直线A，其他3条直线看起来都是合理的。但是，对特定的拨打推销电话的次数，每条直线将给出不同的复印机销售数量的估计结果。

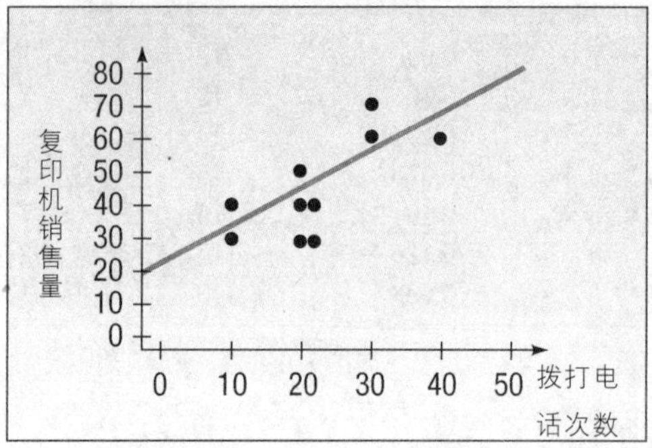

图13-7　10位销售代理商拨打推销电话的次数及其复印机销售数量

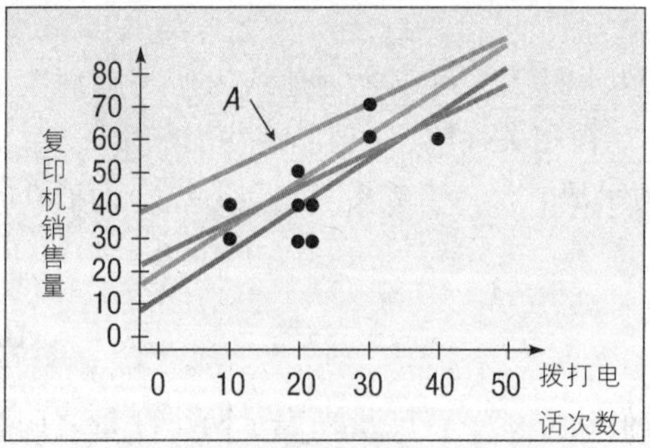

图13-8　叠加在散点图上的4条直线

但是我们更希望能找到一种方法来确定一条最好的回归直线。这种方法被称为最小二乘法准则（least squares principle）。这种方法给出了通常所说的“最佳拟合”直线。

最小二乘法　通过使Y的实际值与Y的预测值之间垂直离差的平方和达到最小所确定的回归方程。

为了说明这一概念，我们将相同数据绘制在如下3张图中。使用最小二乘法得到图13-9中的回归直线。由于直线周围垂直离差平方和达到最小，因此这条直线是最佳拟合直线。第一个点（X=3，Y=8）与直线的离差为2，由公式（10-8）计算得到，离差的平方为4；点（X=4，Y=18）的离差的平方为16；点（X=5，Y=16）的离差的平方为4。离差平方和为24，由4+16+4计算得到。

假设图13-10与图13-11中的直线是用直尺画出的。图13-10中垂直离差的平方和为44，图13-11中垂直离差平方和为132，两个离差平方和都大于图13-9中利用最小二乘法得到的直线的离差平方和。

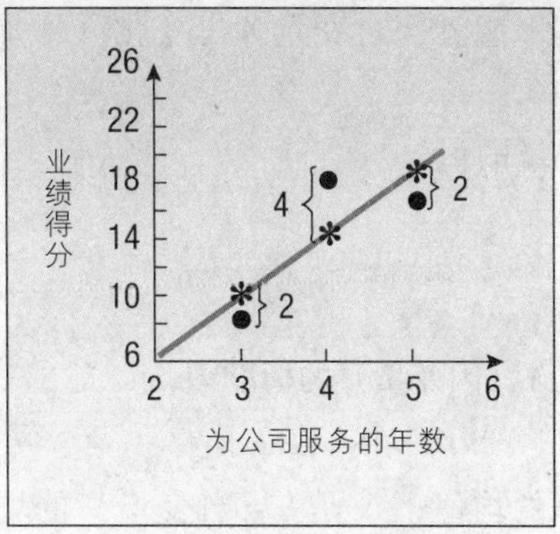

图13-9　最小二乘直线

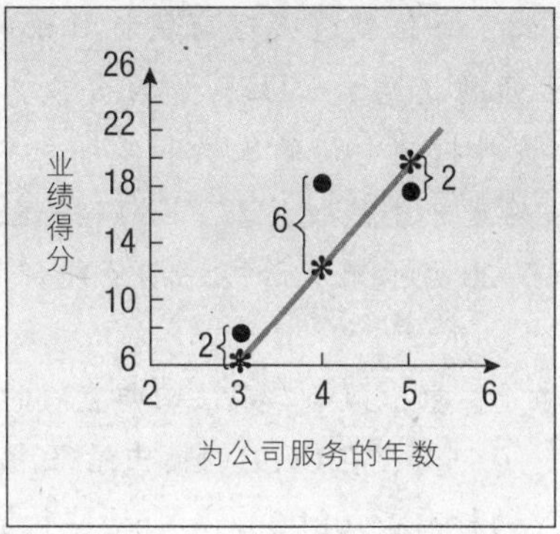

图13-10　用直尺画出的直线

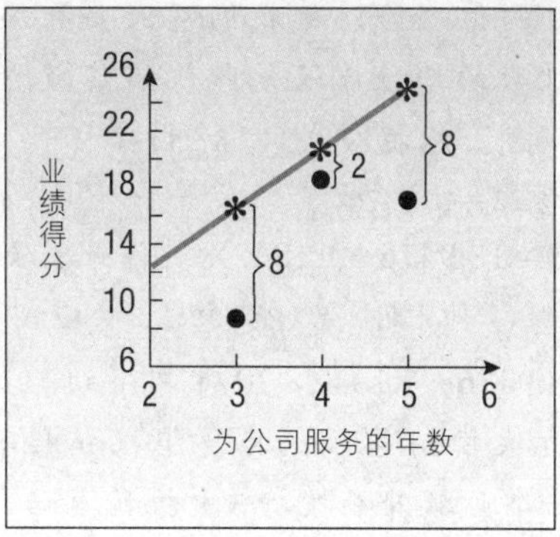

图13-11　用直尺画出的不同直线

直线方程的形式为：

线性回归方程的一般形式　$\hat{Y} = a + bX$　(13-3)

其中，$\hat{Y}$ 读作Y hat，是对应于一个选取的X值的变量Y的估计值。

a是Y-截距，它是X=0时Y的估计值。换个说法是：a是当X为0时回归直线与Y轴的交点处Y的数值。

b是回归直线的斜率，或者当自变量X每变化（增加或减少）一个单位所引起的 $\hat{Y}$ 的平均变化。

X是任意选取的自变量的值。

a和b的公式是：

回归直线的斜率　$b = r\frac{s_y}{s_x}$　(13-4)

其中，r是相关系数；s_y 是Y（因变量）的标准差；s_x 是X（自变量）的标准差。

Y-截距　$a = \overline{Y} - b\overline{X}$　(13-5)

其中，$\overline{Y}$ 是Y（因变量）的均值；$\overline{X}$ 是X（自变量）的均值。

举例：

回顾一下Copier Sales of America的例子。销售经理收集了由10位销售代理商组成的随机样本，并得到了每位销售代理商拨打推销电话的次数及其复印机销售数量的信息。在即将召开的销售会议上，作为会议内容的一部分，销售经理Bancer女士将要提供关于拨打推销电话的次数和复印机销售数量之间的关系的具体信息。利用最小二乘法确定一个线性方程，用以描述这两个变量之间的关系。如果一位销售代理商拨打了20次推销电话，他期望能销售多少台复印机？

解答：

确定回归方程的第一步是，求出最小二乘法回归直线的斜率，即我们要求出b的值。我们求出了相关系数r（0.759）；在Excel的输出结果中，我们得到了自变量X的标准差（9.189）和因变量Y的标准差（14.337）。将这些数值带入公式（13-4）：

$$b = r\frac{s_y}{s_x} = 0.759 \cdot \frac{14.337}{9.189} = 1.1842$$

接下来我们要求出a的值。为此，我们不仅要利用刚求出来的b值，而且还要求出拨打推销电话次数的均值以及复印机销售数量的均值。这两个均值在Excel的输出结果中也能得到。根据公式（13-5）：

$$a = \overline{Y} - b\overline{X} = 45 - 1.1842 \times 22 = 18.9476$$

于是，回归方程为 $\hat{Y} = 18.9476 + 1.1842X$。因此，如果一位销售代理商拨打了20次推销电话，他期望能售出42.6316台复印机，由 $\hat{Y} = 18.9476 + 1.1842X = 18.9476 + 1.1842 \times 20$ 计算得到。1.1842的b值意味着，销售代理商每额外多拨打1次推销电话，其复印机销售数量期望能增加大约1.2台。换句话说，如果他一个月额外多拨打5次推销电话，就可能多售出6台复印机，由1.1842×5=5.921计算得到。

18.9476的a值是回归方程与Y轴的交点。表面的解释是，如果没有拨打推销电话，即X=0，将售出18.9476台复印机。注意，X=0在样本数据的取值范围之外，因此不应被用于估计复印机销售数量。拨打推销电话次数的范围为10~

40次，所以应在这一范围内进行估计。

实践中的统计学

在金融市场中，投资者注重回报与风险之间的权衡。定量确定风险的一种方法是对公司股票价格（因变量）与股票市场的平均度量（自变量）进行回归分析。通常，标准普尔（S&P）500指数被用来估计市场。在金融市场，回归系数被称为β（读作beta），它表示当标准普尔指数（S&P Index）变化一个单位时，公司股票价格的变化。例如，如果一只股票的β值为1.5，则当标准普尔指数上涨1%时，该股票价格将上涨1.5%；反之亦然，如果标准普尔指数下降1%，该股票价格将下降1.5%。如果一只股票的β值为1.0，则标准普尔指数1%的变化将引起该股票价格也出现1%的变化。如果一只股票的β值小于1.0，则标准普尔指数1%的变化所引起的股票价格的变化小于1%。

绘制回归直线

最小二乘法回归方程 $\hat{Y}=18.9476+1.1842X$ 可以被绘制在散点图上。样本中的第一位销售代理商是Tom Keller，他拨打了20次推销电话，估计其复印机销售数量为 $\hat{Y}=18.9476+1.1842\times20=42.6316$ 台。在X轴上移动至20，然后垂直移动至42.6316，就可确定点（X=20，Y=42.6316）。回归直线中的其他点可以通过将X的具体数值代入回归方程来确定。

销售代理商	拨打推销电话次数 (X)	估计销售量 ($\hat{Y}$)	销售代理商	拨打推销电话次数 (X)	估计销售量 ($\hat{Y}$)
Tom Keller	20	42.6316	Carlos Ramirez	10	30.7896
Jeff Hall	40	66.3156	Rich Niles	20	42.6316
Brian Virost	20	42.6316	Mike Kiel	20	42.6316
Greg Fish	30	54.4736	Mark Reynolds	20	42.6316
Susan Welch	10	30.7896	Soni Jones	30	54.4736

连接所有的点就得到了回归直线，如图13-12所示。

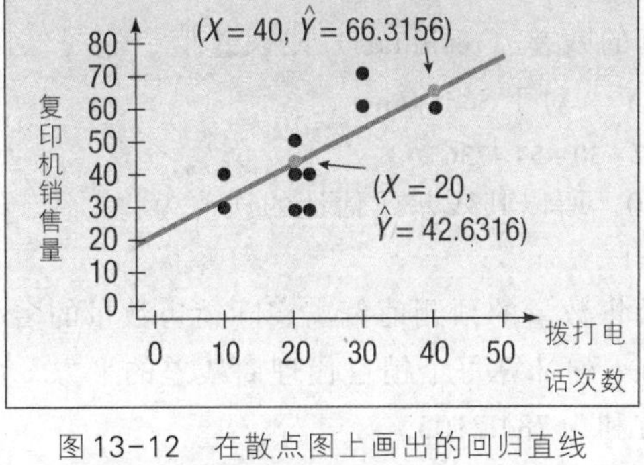

图13-12　在散点图上画出的回归直线

最小二乘法回归直线有一些有趣且独特的性质。首先，回归直线总是经过点 $(\overline{X}, \overline{Y})$ 。为了说明其真实性，我们利用拨打推销电话次数的均值来预测复印机销售数量。此例中，拨打推销电话次数的均值为22，由 $\overline{X}=220/10$ 计算得到。复印机销售数量的均值为45，由 $\overline{Y}=450/10=45$ 计算得到。如果我们设X=22，然后利用回归方程去求 $\hat{Y}$ 的估计值，结果为：

$$\hat{Y}=18.9476+1.1842\times 22=45$$

估计的复印机销售数量恰好等于复印机销售数量的均值。这个简单例子说明了回归直线将经过由两个均值表示的点。在此例中，回归方程将通过点（X=22，Y=45）。

其次，像我们在前面所讨论的那样，没有任何其他通过这些数据点的直线能使离差平方和更小。换句话说，最小二乘法回归方程与任何其他直线相比，其和项 $\sum(Y-\hat{Y})^2$ 最小。我们利用Excel系统来证明这个性质。

Residuals

	A	B	C	D	E	F	G	H	I	J
1	Sales	Calls	Sales	Estimated Sales						
2	Representative	(X)	(Y)	$\hat{Y}$	$(Y-\hat{Y})$	$(Y-\hat{Y})^2$	Y^*	$(Y-Y^*)^2$	Y^{**}	$(Y-Y^{**})^2$
3	Tom Keller	20	30	42.6316	-12.6316	159.5573	43	169	40	100
4	Jeff Hall	40	60	66.3156	-6.3156	39.8868	67	49	60	0
5	Brian Virost	20	40	42.6316	-2.6316	6.9253	43	9	40	0
6	Greg Fish	30	60	54.4736	5.5264	30.5411	55	25	50	100
7	Susan Welch	10	30	30.7896	-0.7896	0.6235	31	1	30	0
8	Carlos Ramirez	10	40	30.7896	9.2104	84.8315	31	81	30	100
9	Rich Niles	20	40	42.6316	-2.6316	6.9253	43	9	40	0
10	Mike Kiel	20	50	42.6316	7.3684	54.2933	43	49	40	100
11	Mark Reynolds	20	30	42.6316	-12.6316	159.5573	43	169	40	100
12	Soni Jones	30	70	54.4736	15.5264	241.0691	55	225	50	400
13					0.00	784.2105		786		900
14										
15										

Sum of Residuals

Least Squares Value

我们将表13-1中拨打推销电话的次数和复印机销售数量的样本信息复制到Excel工作表的A、B、C三列，D列是复印机销售数量的估计值，即上面计算出的 $\hat{Y}$ 值。

E列是我们计算的残差（residuals）或误差值，它是实际值与预测值之间的离差，即E列是 $Y-\hat{Y}$ 。对于Soni Jones，

$$\hat{Y}=18.9476+1.1842\times 30=54.4736$$

她的实际值是70，所以其残差或估计的误差为：

$$Y-\hat{Y}=70-54.4736=15.5264$$

这个值反映了销售数量的预测值偏离实际销售数量的多少。

接下来，我们在F列计算每个销售代理商残差的平方，再将这些残差的平方加总，总的残差平方和为784.2105。

$$\sum(Y-\hat{Y})^2=159.5573+39.8868+\cdots+241.0691=784.2105$$

这是实际值与预测值之间的离差平方和，或者是最小二乘法的残差平方和。没有任何其他通过这10个数据点的直线能使离差平方和更小。

我们可以通过选择两个接近于最小二乘法回归方程的方程并计算这些方程的离差平方和来阐述最小二乘法原理。G列是我们利用方程 $Y^* = 19 + 1.2X$ 求出的预测值。注意，这个方程非常相似于最小二乘法回归方程。H列是我们计算的残差和这些残差的平方。对于第1位销售代理商Tom Keller，

$$Y^* = 19 + 1.2 \times 20 = 43$$
$$(Y - Y^*)^2 = (43 - 30)^2 = 169$$

对其他9位销售代理商进行同样的计算，然后将这些残差的平方加总，结果是786，其大于最小二乘法回归方程的残差平方和（786对784.2105）。

我们也对另一个方程 $Y^{**} = 20 + X$ 重复上述计算过程，得到的结果在I列和J列。再次注意，这个方程非常相似于最小二乘法回归方程。对于Tom Keller，详细计算是：

$$Y^{**} = 20 + X = 20 + 20 = 40$$
$$(Y - Y^{**})^2 = (30 - 40)^2 = 100$$

对其他9位销售代理商进行同样的计算，然后将这些残差的平方加总，结果是900，它大于最小二乘法回归方程的残差平方和。

通过这个例子我们论证了什么？最小二乘法回归方程的残差平方和（$\sum(Y-\hat{Y})^2$）小于任何其他选择的直线的残差平方和。你不可能求出一条通过这些数据点而其残差平方和又小于最小二乘法回归方程的残差平方和的直线。

自测题 13-3

参见自测题13-1，Haverty's Furniture Company的老板研究了销售收入和广告支出之间的关系，最近4个月的销售信息如下：

月份	广告支出（百万美元）	销售收入（百万美元）
7月	2	7
8月	1	3
9月	3	8
10月	4	10

（a）建立回归方程。

（b）解释a值和b值的意义。

（c）估计广告支出为300万美元时的销售收入。

练习题

13.下面是随机抽取的样本观测值：

X	4	5	3	6	10
Y	4	6	5	7	7

a.建立回归方程。

b.当X=7时，确定 $\hat{Y}$ 的值。

14.下面是随机抽取的样本观测值：

X	5	3	6	3	4	4	6	8
Y	13	15	7	12	13	11	9	5

a.建立回归方程。

b.当X=7时，确定 $\hat{Y}$ 的值。

（答案：a. $\hat{Y}=19.1198-1.7425X$ b. 6.9223）

15.Bradford Electric Illuminating Company 正在研究用电量（单位：千瓦小时）与私人单身家庭住宅的房间数之间的关系。下面是10个家庭的随机样本资料：

房间数	用电量（千瓦小时）	房间数	用电量（千瓦小时）
12	9	8	6
9	7	10	8
14	10	10	10
6	5	5	4
10	8	7	7

a.建立回归方程。

b.当一处住宅有6个房间时，确定该住宅的用电量（单位：千瓦小时）。

16.Daniel-James Financial Services的董事长James McWhinney先生相信，与客户的联系次数同销售额之间存在某种关系。为了证明这一论断，McWhinney先生收集了如下样本信息，X列表示上个月与客户的联系次数，Y列表示上个月对每个被抽取到的客户的销售额（千美元）。

联系次数	销售额（千美元）	联系次数	销售额（千美元）
14	24	23	30
12	14	48	90
20	28	50	85
16	30	55	120
46	80	50	110

a. 建立回归方程。

b. 当与客户的联系次数为40次时，确定销售额的估计值。

（答案：a. $\hat{Y}=-12.201+2.1946X$ b. 75.583）

17. 最近《商业周刊》上有一篇文章——“最优秀的小公司”。我们对文章中有关公司的销售额和收益感兴趣。由12家被抽取到的公司组成一个随机样本，其销售额和收益如下：

公司	销售额（百万美元）	收益（百万美元）	公司	销售额（百万美元）	收益（百万美元）
Papa John's International	89.2	4.9	Checkmate Electronics	17.5	2.6
Applied Innovation	18.6	4.4	Royal Grip	11.9	1.7
Integracare	18.2	1.3	M-Wave	19.6	3.5
Wall Data	71.7	8.0	Serving-N-Slide	51.2	8.2
Davidson & Associates	58.6	6.6	Daig	28.6	6.0
Chico's FAS	46.8	4.1	Cobra Golf	69.2	12.8

设销售额为自变量，收益为因变量。

a. 绘制散点图。

b. 计算相关系数。

c. 建立回归方程。

d. 对于一家销售额为5 000万美元的小公司，估计其收益。

18. 为了对多种基金进行投资，我们正在研究共同债券基金。为了研究这一特殊问题，我们将关注基金的资产和它5年内的业绩。问题是：是否可以根据基金的资产来估计其5年的收益率？随机抽取9只基金，它们的资产和收益率如下：

基金	资产（百万美元）	收益率（%）	基金	资产（百万美元）	收益率（%）
AARP High Quality Bond	622.2	10.8	MFS Bond A	494.5	11.6
Babson Bond L	160.4	11.3	Nichols Income	158.3	9.5
Compass Capital Fixed Income	275.7	11.4	T. Rowe Price Short-term	681.0	8.2
Galaxy Bond Retail	433.2	9.1	Thompson Income B	241.3	6.8
Keystone Custodian B-1	437.9	9.2			

a.绘制散点图。

b.计算相关系数。

c.就（b）和（c）的计算结果写一份简要报告。

d.将资产作为自变量建立回归方程。

f.对于一只销售量为40 000万美元的基金，确定其5年收益率（%）。

（答案：a.见教师手册 b.−0.046 c.见教师手册 d. $\hat{Y}=9.9197-0.000393X$ e.9.7625）

19.参见练习题5。

a.建立回归方程。

b.对一个有20名警察的城市，估计其犯罪数量。

c.解释回归方程。

20.参见练习题6。

a.建立回归方程。

b.对使用时间为10年的汽车，估计其销售价格。

c.解释回归方程。

（答案：a. $\hat{Y}=11.179-0.479X$ b. 6.389 c.每年减少479美元）

13.6 检验斜率的显著性

在之前的章节中，我们给出了如何找到能最好拟合数据的直线的方法，这个确立方程的方法是基于最小二乘法准则。回归方程的目的就是量化两个变量之间的线性关系。

下一步将通过假设检验进一步分析回归方程，检验回归方程的斜率是否不等于0。为什么这个很重要呢？如果能够得出总体回归直线的斜率不等于0，就会增强使用回归方程基于自变量预测因变量的能力。如果不能确定斜率不等于0，使用自变量预测就没有优势了。换句话说，如果我们不能说明直线的斜率不等于0，那么我们应该用因变量的均值作为预测值，而不是使用回归方程。

根据第10章假设检验的程序，原假设和备择假设为：

$H_0:\beta=0$

$H_1:\beta\neq 0$

我们使用β（希腊字母beta）来代表总体回归方程的斜率，这与我们使用希腊字母表示总体参数的规则是一致的。我们假定表13-2中美国复印机销售和Applewood汽车集团例子中的信息是样本数据。注意，这里是单一样本。当选定某一个销售人员，我们需要识别两方面的信息，即他打了多少次的销售电话和卖了多少台复印机，但是仍然是单一样本。

我们记斜率的值为b，我们基于样本信息计算斜率b，它是总体斜率β的估值。原假设是总体回归方程的斜率为0。如果这个假设成立，回归直线是水平的，自变量X和因变量Y之间不相关。换句话说，不管自变量取什么值，因变量的值都是相同的，对估计因变量没有任何帮助。

如果原假设被拒绝会怎么样呢？如果原假设被拒绝接受备择假设，表明总体回归直线的斜率不等于0，也就是说，知道了自变量的值，我们可以给出一个比较好的因变量的估值，换句话说，就是两个变量显著相关。

在进行假设检验之前，我们使用统计软件来确定所需要的回归统计量。继续使用表13-2中给出的美国复印机销售数据，利用Excel进行计算。下面的工作表展示了样本数据右侧的三个表：

Calls and Sales Regression

	A	B	C	D	E	F	G	H	I	J
1	Sales Representative	Calls	Sales		SUMMARY OUTPUT					
2	Tom Keller	20	30							
3	Jeff Hall	40	60		*Regression Statistics*					
4	Brian Virost	20	40		Multiple R	0.759				
5	Greg Fish	30	60		R Square	0.576				
6	Susan Welch	10	30		Adjusted R Square	0.523				
7	Carlos Ramirez	10	40		Standard Error	9.901				
8	Rich Niles	20	40		Observations	10				
9	Mike Kiel	20	50							
10	Mark Reynolds	20	30		ANOVA					
11	Soni Jones	30	70			*df*	*SS*	*MS*	*F*	*Significance F*
12					Regression	1	1065.789	1065.789	10.872	0.011
13					Residual	8	784.211	98.026		
14					Total	9	1850.000			
15										
16						*Coefficients*	*Standard Error*	*t Stat*	*P-value*	
17					Intercept	18.9474	8.4988	2.2294	0.05635	
18					Calls	1.18421	0.35914	3.29734	0.01090	

1.最上边的是回归统计量，本章后续将使用这些信息。可以注意到，“Multiple R”的值似曾相识，0.759是在13.2节我们利用公式（13-1）计算的相关系数。

2.接下来是方差分析表（ANOVA）。这是一个归纳回归方程信息非常有用的表。在本章的后边将提到它，并且在下一章多元回归分析中被广泛使用。

3.在底部，用灰色标的是关于斜率假设检验的信息，包含了斜率的值1.18421和截距的值18.9474（注意截距和斜率的值与之前计算的略有不同，小的差距是由于四舍五入）。在回归系数右侧一列是“Standard Error”，和均值的标准误类似。回忆一下，均值的标准误代表了样本均值的变动，这里的标准误报告了截距和斜率的变动，斜率的标准误是0.35914.

我们利用下面的公式计算自由度为n-2的t分布：

斜率的检验 $$t=\frac{b-0}{s_b}$$，自由度为n-2 （13-6）

其中，b是根据样本信息计算的回归直线斜率的估计；s_b是斜率估计的标准误，也是根据样本信息计算的。

第一步是设定原假设和备择假设，如下：

$H_0:\beta\leq 0$

$H_1:\beta>0$

注意，这是单尾假设检验。如果我们不能拒绝原假设，则可以得出总体回归直线的斜率可能是0的结论，此时自变量对于因变量的预测来说是没有价值的。在这个例子里，就是拨打销售电话的次数不能帮助我们预测复印机的销售量。

如果拒绝原假设接受备择假设，则可以得出直线的斜率大于0的结论，因此自变量在因变量的预测中是有帮助的，拨打销售电话的次数可以用来预测销售量。我们也知道，确定了直线的斜率是大于0的——正的，意味着拨打销售电话的次数越多，复印机卖出的台数也越多。

检验的统计量是t分布，自由度为8，根据n−2=10−2计算得到。使用0.05的显著性水平，从附录B.2中查到临界值为1.860，决策准则为：由公式（13-6）计算得出的统计量的值大于1.860时拒绝原假设。根据公式（13-6）计算t统计量：

$$t = \frac{b - 0}{s_b} = \frac{1.18421 - 0}{0.35814} = 3.297$$

3.297超出了临界值1.860，所以拒绝原假设，接受备择假设，得出结论：直线的斜率大于0，自变量也就是拨打销售电话的次数有助于更好地预测销售量。

表中还给出了p值的检验信息。我们可以选择一个显著性水平，比如0.05，与p值进行比较。在这个例子中，计算的p值为0.01090，结论是拒绝原假设。一个需要注意的重要方面就是统计软件中给出的p值一般是双尾检验的p值。

在继续下面的内容之前，还有一个有趣的说明。当我们采用同样的数据使用公式（13-2）进行相关系数的假设检验时，得到了相同的t统计量值，t=3.297，实际上这两个检验是等价的，总会得到相同的t统计量的值和相同的p值。

自测题13-4

参考之前的自测题13-1，Haverty's Furniture的老板想研究一下当月广告支出与当月销售收入的关系。销售量是因变量，广告支出是自变量。在这项研究中，利用5个月的样本得到的回归方程为：$\hat{Y}=1.5+2.2X$。试在0.05的显著性水平下通过假设检验来验证广告支出与销售收入之间有正向的相关关系。从统计软件中得到，回归系数的标准误是0.42。

练习题

21. 参见练习题5。回归方程是 $\hat{Y}=29.29-0.96X$，样本容量是8，斜率的标准误是0.22。在0.05的显著性水平下，我们是否能得出回归方程的斜率小于0的结论？

22.参见练习题6。回归方程是 $\hat{Y}=11.18-0.49X$，样本容量是12，斜率的标准误差是0.23。在0.05的显著性水平下，我们是否能得出回归方程的斜率小于0的结论？

（答案：t=-2.130，拒绝原假设）

23.参见练习题17。回归方程是 $\hat{Y}=1.85+0.08X$，样本容量是12，斜率的标准误是0.03。在0.05的显著性水平下，我们是否能得出回归方程的斜率不等于0的结论？

24参见习题18。回归方程是 $\hat{Y}=9.9198-0.00039X$，样本容量是9，斜率的标准误是0.0032。在0.05的显著性水平下，我们是否能得出回归方程的斜率小于0的结论？

（答案：t=-0.122，不能拒绝原假设）

13.7 评估一个回归方程的预测能力

估计值的标准误差

在美国复印机销售的例子中，拨打销售电话的次数与复印机销售量之间具有显著的相关关系，将变量的名字代入回归方程得到：

复印机销售量=18.9476+1.1842（拨打销售电话的次数）

在给定的数据范围内，对于给定的拨打销售电话的次数，利用这个方程可以估计出复印机的销售量。例如，当拨打销售电话的次数是30次时，我们估计复印机的销售量是54.4736，通过18.9476+1.1842（30）计算得到。在样本数据中，Fish和Jones都打了30次的销售电话，但是他们没有卖出相同数量的复印机，Fisher卖了60台，而Jones卖了70台，那么拨打销售电话的次数是复印机销售量的一个好的预测变量吗？

要想在经济与商业中得到精确的预测是不可能的。例如：

一家生产设施遍布美国各地的大型电子公司计划给员工分配股票期权。假设员工的工作年限与其分得的份额是相关的。这种关系可能是，员工在公司工作的年限越长，分得的份额也越多。如果观测所有工作20年的员工，他们很可能拥有不同数量的股票期权。

一个美国西南部的房地产开发商研究买房者的收入与购买的房产的面积（平方英尺）之间的关系。开发商有理由认为，随着买家收入的增加，所购买的房产面积也将增加。然而，所有收入为70 000美元的买家不会购买大小完全相同的房子。

因此，我们需要一个测度，该测度用于衡量根据X得到的Y的预测值的精确程度，或者反过来说，这个估计值会有多么不精确。这一测度被称作**估计标准误差**（简称标准差）（standard error of estimate）。标准误差记作 $s_{y\cdot x}$，下标 $y\cdot x$ 表示在给定x值时y的标准误差。估计标准误差与第3章中讨论的标准差是同样的概念。标准差用于度量相对于均值的离散程度，而估计标准误差用于度量相对于回归直线的离散程度。

估计标准误差 观测值相对于回归直线的离散或分散程度的一个测度。

估计标准误差的计算公式如下：

估计标准误差 $$s_{Y\cdot X}=\sqrt{\frac{\sum(Y-\hat{Y})^2}{n-2}} \qquad (13\text{-}7)$$

为了计算估计标准误差，我们需要计算分子部分Y的观测值与预测值 $\hat{Y}$ 之间的离差平方和，这个值在之前已经给出。这是一个非常重要的值，是估计标准误差的分子部分。

$$s_{y\cdot x}=\sqrt{\frac{\sum(Y-\hat{Y})^2}{n-2}}=\sqrt{\frac{784.211}{10-2}}=9.901$$

这个计算可以通过统计软件如Excel完成。在上述例子中，估计标准误差在Excel的回归结果中已用黄色标出，值为9.901。

如果 $s_{y\cdot x}$ 的值小，则意味着数据比较接近回归直线，此时用回归方程来预测Y的误差较小。如果 $s_{y\cdot x}$ 的值大，则意味着数据广泛散布在回归直线周围，此时回归方程不能提供Y的精确估计。

决定系数

估计标准误差提供了一个回归方程预测能力的相对度量。在下一节中，我们将利用它给出更多关于预测的信息。这一节将解释另外一个统计量，一个更加易于解释方程预测能力的度量，即决定系数，或者 R^2。

决定系数 在因变量Y的变动中可以由自变量X解释或者归因于X的比例。

决定系数很容易计算，它是相关系数的平方，因此也称为 R^2。在前面美国复印机销售的例子中，拨打推销电话的次数与复印机销售数量之间的相关系数是0.759，计算 0.759^2，决定系数为0.576，见前面Excel表中标亮的蓝色单元格部分（Multiple R）和绿色单元格部分（R-square）。为了更好地解释决定系数，可以将其转换成百分数，因此可以说，打印机销售数量的变动中有57.6%可以由拨打推销电话的次数来解释或者说明。

这个回归方程是否能通过拨打推销电话的次数来很好地预测复印机的销售量？如果存在一个精确的预测，决定系数将是100%。这意味着因变量复印机销售量的变动可以全部由拨打推销电话的次数所解释。决定系数是100%，则对应的相关系数是+1或者-1。表13-2表明，精确的预测是与散点图中精确的线性关系相对应的。我们的分析表明，在复印机销售的变动中，只有57.6%可以由拨打推销电话的次数解释。显然，这组数据不是一个精确的线性关系，数据是散落在最小二乘法给出的最优拟合直线的周围，预测是有误差的。在下一节，估计标准误差将提供更多关于回归方程预测误差的信息。

自测题 13-5

参见自测题13-1，Haverty's Furniture的老板研究了当月广告支出与销售收入之间的关系，销售收入是因变量，广告支出是自变量。

(a) 计算估计标准误差。

(b) 计算决定系数。

(c) 解释决定系数。

练习题

注：可以使用Excel，Minitab，或者MegaStat辅助计算

25.参见练习题5，计算估计标准误差和决定系数并解释决定系数。

26.参见练习题6，计算估计标准误差和决定系数并解释决定系数。

27.参见练习题15，计算估计标准误差和决定系数并解释决定系数。

28.参见练习题16，计算估计标准误差和决定系数并解释决定系数。

相关系数、决定系数与估计标准误差之间的关系

在13.7.1节中，我们讨论了估计标准误差，其可用来度量实际值接近回归直线的程度。当估计标准误差较小时，说明两个变量之间密切相关。在计算估计标准误差时，关键项是：

$\sum(Y-\hat{Y})^2$

如果这一项较小，那么估计标准误差也会较小。

相关系数度量两个变量之间相关关系的强度。当散点图中的点看起来接近直线时，我们注意，相关系数也可能较大。因此，估计标准误差和相关系数显示出同样的信息，但使用不同的尺度来说明相关程度。然而，这两个测度都包括$\sum(Y-\hat{Y})^2$项。

我们也注意到，相关系数的平方就是决定系数，决定系数度量的是被X的变差所解释的Y的变差的百分比。

一个便捷的、可以用来显示三个测度之间关系的工具是ANOVA表。ANOVA表类似于在第12章中建立的方差分析表。在第12章，总变差被分解为两部分：归因于处理的部分和归因于随机误差的部分。在回归分析中也有类似的概念。总变差$\sum(Y-\hat{Y})^2$被分解为两部分：(1)被回归解释（被自变量解释）的变差；(2)误差或不可解释的变差。这两类变差将在下面的ANOVA表的第一列中加以区分。标题为“df”的那一列指每一类变差的自由度，自由度的总和为n-1。因为只有一个自变量，所以回归的自由度为1。与误差项相联系的自由度为n-2。

位于ANOVA表中间部分的“SS”项指的是变差的平方和。你将注意到总的自由度等于回归自由度和残差自由度之和，总的平方和等于回归平方和与残差平方和之和，这对于任何方差分析表都成立。

Regression Analysis

	B	C	D	E	F	G	H	I	J
1	Calls	Sales		SUMMARY OUTPUT					
2	20	30							
3	40	60		*Regression Statistics*					
4	20	40		Multiple R	0.759				
5	30	60		R Square	0.576				
6	10	30		Adjusted R Square	0.523				
7	10	40		Standard Error	9.901				
8	20	40		Observations	10				
9	20	50							
10	20	30		ANOVA					
11	30	70			*df*	*SS*	*MS*	*F*	*Significance F*
12				Regression	1	1065.789	1065.789	10.872	0.011
13				Residual	8	784.211	98.026		
14				Total	9	1850.000			
15									
16					*Coefficients*	*Standard Error*	*t Stat*	*P-value*	
17				Intercept	18.9474	8.4988	2.2294	0.05635	
18				Calls	1.18421	0.35914	3.29734	0.01090	

方差分析表中各项变差的计算如下：

回归平方和 $= \mathrm{SSR} = \sum(\hat{Y} - \bar{Y})^2$

残差平方和 $= \mathrm{SSE} = \sum(Y - \hat{Y})^2$

总平方和 $= \mathrm{SS\ total} = \sum(Y - \bar{Y})^2$

$\mathrm{SS\ total} = \mathrm{SSR} + \mathrm{SSE}$

再回忆一下，决定系数的定义是总变差（SS total）中由回归方程（SSR）所解释的比例，决定系数能从ANOVA表直接得到：

决定系数 $$r^2 = \frac{\mathrm{SSR}}{\mathrm{SS\ total}} = 1 - \frac{\mathrm{SSE}}{\mathrm{SS\ total}} \qquad (13\text{-}8)$$

根据上述的方差分析表，决定系数为1 065.789÷1 850=0.576，因此因变量的变动（SS total）中由自变量的变动（SSR）解释的比例越大，决定系数越大。

我们还可以利用误差或者说残差来计算决定系数：

$$r^2 = 1 - \frac{\mathrm{SSE}}{\mathrm{SS\ total}} = 1 - \frac{784.211}{1850.00} = 1 - 0.424 = 0.576$$

决定系数和残差平方和是反向的相关关系。在总变差中未被解释的比例或者说残差所占的比例越大，决定系数越小。此例中，在因变量的总变差中有42.4%是残差的变动。

最后关于相关系数、决定系数和估计标准误差之间关系的说明是要给出估计标准误差与SSE之间的关系。在估计标准误差公式中，将SSE替换进去（残差平方和=SSE=$\sum(Y - \hat{Y})^2$），得到：

估计标准误差 $$s_{y \cdot x} = \sqrt{\frac{\mathrm{SSE}}{n-2}} \qquad (13\text{-}9)$$

总结一下，回归分析提供了两个统计量来评价回归方程的预测能力，分别是估计标准误差和决定系数。当报告回归分析的结果时，这些结果必须被清楚地解释，尤其是在利用回归结果进行因变量的预测时。报告中必须给出决定系数以便读者能够了解预测的相对精度，客观的报告结果使读者可以做出决策。

练习题

29.已知ANOVA表如下：

Source	df	SS	MS	F
Regression	1	1 000.0	1 000.0	26.00
Error	13	500.0	38.46	
Total	14	1 500.0		

a.计算决定系数。

b.假定两个变量之间为正向关系，则相关系数是多少？

c.计算估计标准误差。

30.某个班有20名学生。在第一次统计学课程考试中，学习小时数与考试成绩之间的决定系数为80%，估计标准误差为10。建立ANOVA表。

答案：

Source	df	SS	MS
Regression	1	7 200	7 200
Error	18	1 800	100
Total	19	9 000	

13.8 区间估计的预测

估计标准误差和决定系数是两个全面评估回归方程对因变量预测能力的统计量。另外一种报告回归方程预测能力的方法是陈述某一个自变量的值。例如，给定拨打推销电话的次数（X），我们可以预测复印机销售的数量（Y）。事实上，给定一个自变量的值，我们可以计算出因变量预测值的置信区间。

线性回归的假设

在给出置信区间之前，首先要说明正确应用线性方程需要满足的一些假设条件。图13-13说明了这些假设条件。

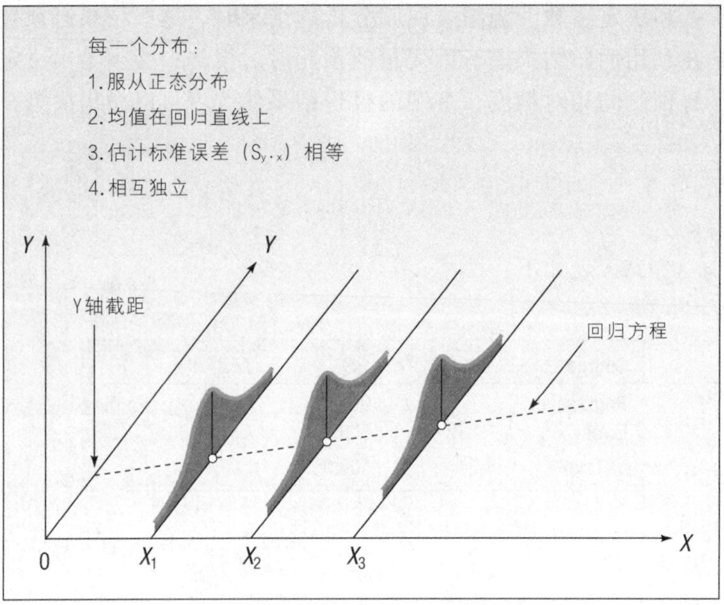

图13-13　回归假设的图示

1.每一个X值，都对应着多个Y值，这些Y值服从正态分布。

2.这些正态分布的均值都落在回归直线上。

3.这些正态分布的标准差全都相等。这一共同标准差的最佳估计是估计标准误差（$s_{y\cdot x}$）。

4.Y的值是统计独立的，这意味着抽取一个特定X的样本值不依赖于任何其他X对应的样本值。若数据是在一段时间内收集得到的，则这一假设特别重要。在此情形下，特定时期的误差往往会与其他时期的误差相关联。

实践中的统计学

研究表明，无论男女，长相好的人的工资高于长相一般的人的工资。另外，对于男性而言，身高与工资之间存在相关性。每额外高出1英寸，一个男性预期每年多收入250美元。因此，一个身高为6英尺6英寸的男性能比一个身高为5英尺6英寸的男性多获得3 000美元的“身高”奖金。体重过重或过轻也与收入相关，尤其对于女性更是如此。一项有关年轻女性的研究表明，在体重最重的女性里，有10%的人的收入要比体重轻于她们的人的收入少6%。

回忆一下第7章，如果变量的取值服从正态分布，那么均值加减一个标准差就能包含68%的观测值，均值加减两个标准差就能包含95%的观测值，均值加减三个标准差实际上就能包含全部观测值。预测值 $\hat{Y}$ 和估计标准误差（$s_{y\cdot x}$）之间也存在这样的关系。

1. $\hat{Y} \pm s_{y\cdot x}$ 将包含位于中间部分的68%的观测值。

2. $\hat{Y} \pm 2s_{y\cdot x}$ 将包含位于中间部分的95%的观测值。

3. $\hat{Y} \pm 3s_{y\cdot x}$ 实际上将包含全部观测值。

我们现在可以将这些假设与Copier Sales of America的例子联系起来。在这个例子中，我们研究了拨打推销电话的次数与复印机销售数量之间的关系，假定我们采用了比n=10更大的样本，但估计标准误差仍为9.901。如果我们在回归直线的上、下方各绘制一条与回归直线平行且垂直距离为9.901个单位的直线，那么有大约68%的观测数据点会落在这两条直线之间。类似地，在与回归直线的上、下方的垂直距离各为19.802（$2s_{y\cdot x}=2\times 9.901$）个单位的两条平行直线之间，将包括大约95%的观测数据点。

作为一个粗略的检验，参见13.5节Excel表E列。10个离差中有3个超出了一个估计标准误差，即第1行的离差-12.6316，第11行的离差-12.6316和第12行的离差15.5264，这3个离差都超过了与回归直线的距离为一个估计标准误差9.901的范围。换句话说，在样本的10个离差中，有7个在回归直线1倍的标准范围内，所有的都在2倍标准差范围内，这对于较小的样本是一个很好的结果。

置信区间与预测区间

在使用回归方程时，对给定的自变量的值可以做两个不同的预测。差别是微妙的，但是很重要，与上一节提到的假设有关。对于任何一个选定的自变量值（X），因变量（Y）是服从正态分布的随机变量，均值是 $\hat{Y}$，Y的每一个分布标准差都等于回归方程的估计标准误差。

第一类区间估计被称作置信区间（confidence interval），在回归方程中它被用于基于给定的X值预测Y的均值。例如，我们可以利用置信区间并根据零售业主管的工龄来估计他们的工资。

对于给定的X值，Y的均值的置信区间可通过下面的公式进行确定：

对于给定的X值，Y的均值的置信区间 $$\hat{Y} \pm t(s_{y\cdot x})\sqrt{\frac{1}{n}+\frac{(X-\bar{X})^2}{\sum(X-\bar{X})^2}} \qquad (13\text{-}10)$$

第二类区间估计被称作预测区间（prediction interval），被用于基于一个指定的X值，利用回归方程预测某一个单独的Y值（n=1）。例如，我们估计一个工作了20年的零售业主管的工资。当给定X值时，某个估计值的预测区间可通过下面的公式进行确定：

对应于给定X值的Y的预测区间 $$\hat{Y} \pm ts_{y\cdot x}\sqrt{1+\frac{1}{n}+\frac{(X-\bar{X})^2}{\sum(X-\bar{X})^2}} \qquad (13\text{-}11)$$

举例：

我们回到Copier Sales of America的例子。对所有拨打了25次推销电话的销售代理商，求95%的置信区间。对West Coast的一个拨打了25次推销电话的销售代理商Sheila Baker，求95%的预测区间。

解答：

我们用公式（13-10）来求置信区间。表13-4给出了计算所必需的加总值，并重复了表13-2中的信息。

表13-4 置信区间和预测区间的计算

销售代理商	拨打电话次数 (X)	复印机销售量 (Y)	$(X-\bar{X})$	$(X-\bar{X})^2$
Tom Keller	20	30	−2	4
Jeff Hall	40	60	18	324
Brian Virost	20	40	−2	4
Greg Fish	30	60	8	64
Susan Welch	10	30	−12	144
Carlos Ramirez	10	40	−12	144
Rich Niles	20	40	−2	4
Mike Kiel	20	50	−2	4
Mark Reynolds	20	30	−2	4
Soni Jones	30	70	8	64
			0	760

我们首先计算拨打了25次推销电话的销售代理商的复印机销售数量的估计值，即48.5526，根据 $\hat{Y}=18.9476+1.1842X=18.9476+1.1842\times25$ 计算得到。

为了得到t值，我们要先知道自由度。在此例中，自由度是8（n−2=10−2）。我们取95%的置信水平。为了查找t值，我们沿着附录B.2的左边列向下移动至自由度为8的位置，然后横向移动至置信水平为95%的那一列。t值为2.306。

在前面一节中，我们计算得到估计标准误差为9.901。我们令X=25，$\bar{X}=\sum X/n=220/10=22$，并从表13-4中得到 $\sum(X-\bar{X})^2=760$。把这些数值代入公式（13-10），我们可以确定置信区间。

$$置信区间=\hat{Y}\pm ts_{y\cdot x}\sqrt{\frac{1}{n}+\frac{(X-\bar{X})^2}{\sum(X-\bar{X})^2}}$$

$$=48.5526\pm2.306\times9.901\times\sqrt{\frac{1}{10}+\frac{(25-22)^2}{760}}$$

$$=48.5526\pm7.6356$$

于是，所有拨打了25次推销电话的销售代理商的95%的置信区间是40.9170～56.1882。为了便于解释，让我们对数值取近似值。如果一位销售代理商拨打了25次推销电话，那么他或她的期望销售量为48.6台复印机，其销售的复印机数量可能在40.9台与56.2台之间。

假定我们要估计拨打了25次推销电话的销售代理商Sheila Baker的复印机销售数量。95%的预测区间如下：

$$预测区间=\hat{Y}\pm t(s_{y\cdot x})\sqrt{1+\frac{1}{n}+\frac{(X-\bar{X})^2}{\sum(X-\bar{X})^2}}$$

$$=48.5526\pm2.306\times9.901\times\sqrt{1+\frac{1}{10}+\frac{(25-22)^2}{760}}$$

$$=48.5526\pm24.0746$$

于是，预测区间是24.478～72.627。我们认为，拨打了25次推销电话的某一位特定销售代理商的复印机销售数量大约在24.5~72.6台之间。这个区间很大。与所有拨打了25次推销电话的销售代理商的置信区间相比，它的范围大出许多。然而，这是合乎逻辑的，个体销售量估计的变异性应该大于群体销售量估计的变异性。

下面的MINITAB图显示了回归直线（位于中间）、置信区间（用深红色表示）和预测区间（用绿色表示）之间的关系。预测区间带总是比置信区间带更远离回归直线。另外，当X值无论是向正的方向还是向负的方向远离拨打推销电话次数的均值（22）时，置信区间与预测区间的带状区域都会变宽。这是由公式（13-10）和公式（13-11）中根号下右边那一项的分子所引起的，即随着$(X-\bar{X})^2$的增加，置信区间与预测区间的带状区域都会变宽。换句话说，无论X值向哪个方向远离自变量均值，估计的精度都会降低。

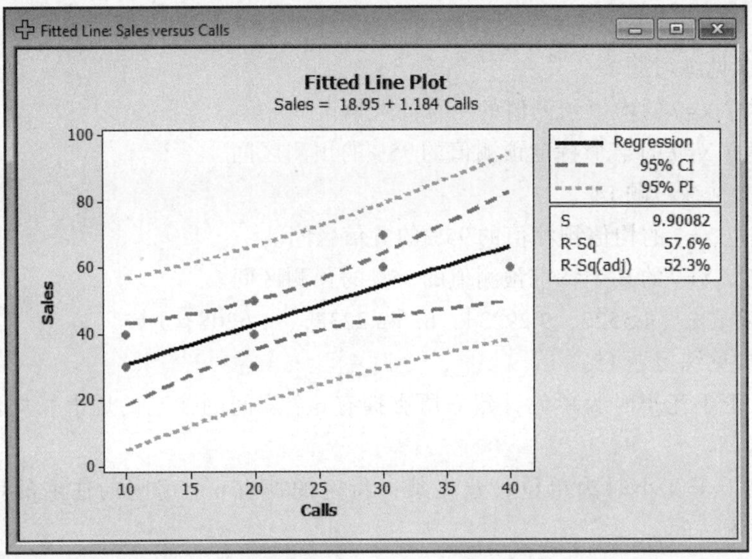

我们要再次强调置信区间与预测区间之间的区别：

置信区间是针对所有具有给定X值的对象建立的，并用公式（13-10）进行计算。

预测区间则是针对具有指定X值的某一特定对象建立的，并按公式（13-11）进行计算。由于第二个公式的根号内额外加上1，因此，预测区间总是要比置信区间宽。

自测题13-6

参见自测题13-1中的样本数据，Haverty's Furniture的老板研究了销售收入与广告支出之间的关系。过去4个月的销售信息如下：

月份	广告支出（百万美元）	销售收入（百万美元）
7月	2	7
8月	1	3
9月	3	8
10月	4	10

计算得到的回归方程为 $\hat{Y}=1.5+2.2X$，估计标准误差为0.9487。两个变量均以百万美元为单位。对一个广告支出为300万美元的典型月份，建立90%的置信区间。

练习题

31.参见练习题13。

a.建立X=7的均值预测值的95%的置信区间。

b.建立X=7的某个特定预测值的95%的预测区间。

32.参见练习题14。

a.建立X=7的均值预测值的95%的置信区间。

b.建立X=7的某个特定预测值的95%的预测区间。

（答案：a.［4.5522，9.2923］ b.［2.2238，11.6208］）

33.参见练习题15。

a.以千千瓦小时为单位，建立所有拥有6个房间的住宅的用电量均值的95%的置信区间。

b.以千千瓦小时为单位，建立某一特定的拥有6个房间的住宅的用电量的95%的预测区间。

34.参见练习题16。

a.以千美元为单位，建立与客户联系次数为40次的所有销售人员的销售额均值的95%的置信区间。

b.以千美元为单位，建立与客户联系次数为40次的某一特定销售人员的销售额的95%的预测区间。

（答案：a.［68.29，82.88］ b.［52.91，98.26］）

13.9 数据转换

回归分析描述了两个变量之间的关系，一个要求就是这种关系是线性的。相关系数也是同样的，它度量了两个变量线性关系的强弱。但是，如果相关关系不是线性的呢？一个补救的办法是改变一个或者两个变量使它们产生的新的关系是线性的。例如，不使用因变量Y的实际值，我们将Y取自然对数得到新的因变量，这种计算称为转换。其他常用的转换包括取平方根、倒数、一个变量或者两个变量的平方。

这样，两个变量密切相关，但不是线性关系。在解释相关系数和回归方程系数时要小心谨慎。某些统计量可能表明变量之间没有线性关系，但是可能存在其他的非线性或者曲线关系。下面的例子会给出比较详细的解释：

举例：

GroceryLand超市是位于美国中西部的拥有300家店的区域性连锁店。超市市场营销部的主管想研究2升装的自主品牌健怡可乐价格对周销售量的影响，研究目标是：

1. 确定周销售量和销售价格之间是否相关？相关关系是直接的还是间接的？相关关系是强还是弱？

2. 确定价格的上升或者下降对销售量的影响。我们是否能够基于价格有效地预测销售量？

解答：

为了开始这个项目，营销总监同销售副总裁以及公司其他人员进行了会面。他们认为，将2升装的自主品牌健怡可乐价格从0.5美元提高到2美元是合理的。为了收集能够用来分析价格和销售量之间的关系的数据，营销总监随机选择了20家店作为样本，然后在每家选定的店将2升装的自主品牌健怡可乐在0.5～2.0美元之间随机标价。营销总监同选定的20家店的管理人员接触后告诉他们可乐的价格，然后请他们在周末的时候报告销售量。结果报告如下，例如17号店以0.5美元卖了181瓶2升装的自主品牌健怡可乐：

GroceryLand销量和价格数据			GroceryLand销量和价格数据		
商场编号	价格	销售量	商场编号	价格	销售量
17	0.50	181	30	0.76	91
121	1.35	33	127	1.79	13
227	0.79	91	266	1.57	22
135	1.71	13	117	1.27	34
6	1.38	34	132	0.96	74
282	1.22	47	120	0.52	164
172	1.03	73	272	0.64	129
296	1.84	11	120	1.05	55
143	1.73	15	194	0.72	107
66	1.62	20	105	0.75	119

为了检验销售量与价格之间的关系，我们使用回归分析，将价格作为自变量，销售量作为因变量。这个分析将提供关于两个变量相关关系的重要信息，分析结果见下面的MINITAB输出结果。

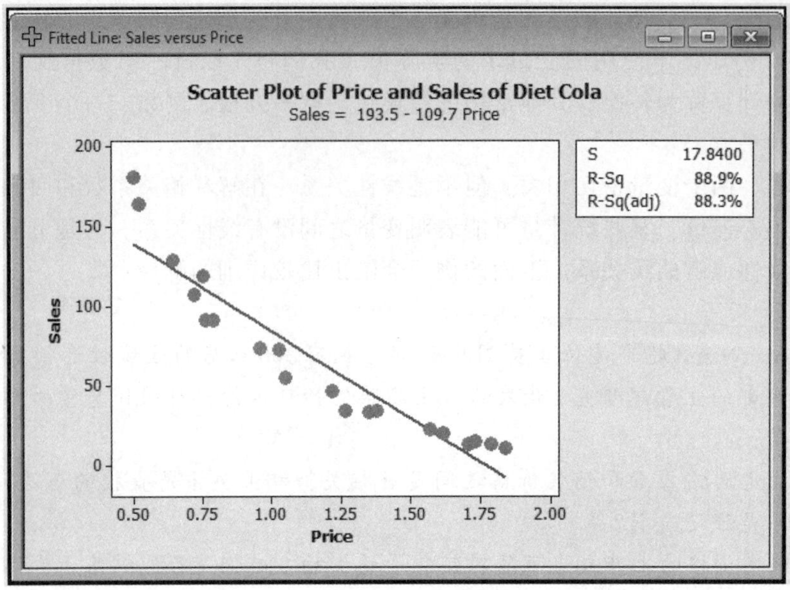

从结果中我们可以得出以下的结论：

1.两个变量的相关关系是反向的或者说是间接的。可乐价格上升，销售量将下降。根据基础经济学中价格与需求之间的关系，这个结果符合我们的预期。

2.两个变量有很强的相关关系。决定系数是88.9%，即在销售量的变动中有88.9%应归因于价格的变动。将决定系数开平方根我们可以得到相关系数，所以相关系数是0.943（0.889的平方根）。相关系数的符号是负的，因为销售量与价格负相关，因此相关系数是−0.943。

3.在继续总结结论之前，我们先仔细观察一下散点图和回归直线。线性相关性的假设有点牵强。如果线性关系成立，在整个自变量的变化范围内，数据点应该分布在直线的上方和下方，但是对于最低的价格和最高的价格来说，数据点都在回归直线的上方，对于中间的销售价格来说，大多数数据都在直线的下方。因此，线性回归方程不能有效地描述价格与销售量之间的关系，需要进行数据转换从而建立新的线性关系。

通过对一个变量进行转换，我们可能将变量之间的非线性关系转化为线性关系。作为其中的一种选择，营销总监决定转换因变量——销售量，对销售量取自然对数。在下面的分析中将使用新的变量即销售量的对数。现在使用销售量的对数作为因变量，价格作为自变量进行回归分析，报告结果如下：

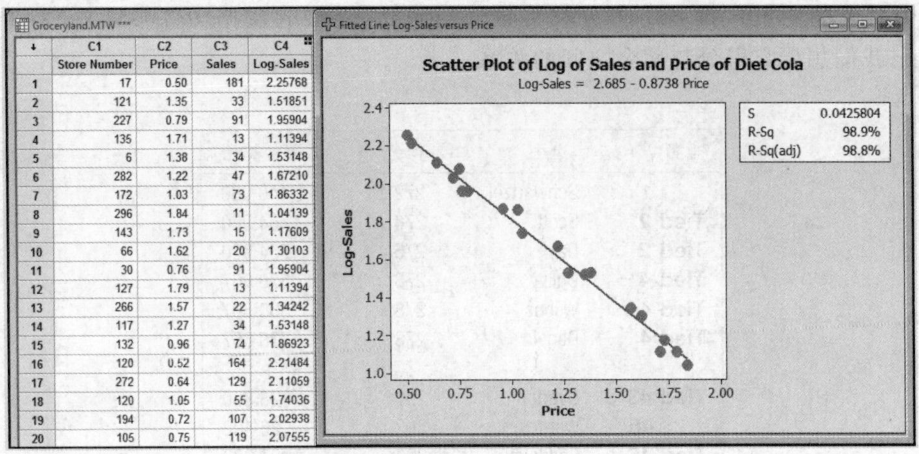

↓	C1	C2	C3	C4
	Store Number	Price	Sales	Log-Sales
1	17	0.50	181	2.25768
2	121	1.35	33	1.51851
3	227	0.79	91	1.95904
4	135	1.71	13	1.11394
5	6	1.38	34	1.53148
6	282	1.22	47	1.67210
7	172	1.03	73	1.86332
8	296	1.84	11	1.04139
9	143	1.73	15	1.17609
10	66	1.62	20	1.30103
11	30	0.76	91	1.95904
12	127	1.79	13	1.11394
13	266	1.57	22	1.34242
14	117	1.27	34	1.53148
15	132	0.96	74	1.86923
16	120	0.52	164	2.21484
17	272	0.64	129	2.11059
18	120	1.05	55	1.74036
19	194	0.72	107	2.02938
20	105	0.75	119	2.07555

使用因变量转换后的数据进行回归分析，我们可以得出什么结论呢？

1. 通过转变因变量Sales，决定系数从0.889提高到0.989，价格几乎解释了所有销售量对数的变动。

2. 对比这个结果的散点图和数据转换之前的散点图，转换后的数据看起来对线性关系拟合得更好。我们观察到，在价格变动的范围内，数据点分布在回归直线的上方和下方。

3. 回归方程是 $\hat{Y} = 2.685 - 0.8738X$，斜率的符号是负的，确定了两个变量的反向相关关系。我们可以使用新的方程来估计销售量和研究价格的变动对销售量的影响。例如，如果我们决定将2升装的健怡可乐的售价定为1.25美元，则销售量对数的预测值为：

$$\hat{Y} = 2.685 - 0.8738X = 2.685 - 0.8738 \times 1.25 = 1.593$$

记住，现在预测的是以10为底的销售量对数，因此我们必须对1.593进行反对数转换，即$10^{1.593}$等于39.174。所以，如果将2升装的健怡可乐的售价定为1.25美元，预测的周销售量为39瓶。如果将价格提高到2美元，回归方程的预测值是0.9374，进行反对数转换即$10^{0.9374}$，预测的销售量降到8.658瓶，四舍五入得到每周销售9瓶2升装的健怡可乐。很显然，价格上升，销售量下降。这种关系对GroceryLand超市做出商品价格决策是非常有帮助的。

练习题

35. 给定下面的样本观测值，以“X”为自变量，“Y”为因变量，画出散点图，计算相关系数。两个变量的相关关系看起来是线性的吗？试将X平方，然后画出散点图并计算相关系数。请总结你的分析。

36. Masters是PGA高尔夫巡回赛中最负盛名的赛事，计划4月份在格鲁吉亚的奥古斯坦举行。2011年48名选手得到了奖金。2011年的获胜者是南非的Charl Schwartzel，他赢得了1 440 000美元的奖金。Adam Scott和Jason Day打成平局，共获亚军，都取得704 000美元的奖金，简要的数据总结如下。每名球员有

3个对应的变量：排名、得分和奖金（美元）。完整的数据文件参见Ex13-36-8e。我们想研究得分与奖金之间的关系。

排名	选手	得分	奖金（美元）
1	Schwartzel	272	1 440 000
Tied 2	Scott	276	704 000
Tied 2	Day	276	704 000
Tied 4	Ogilvy	278	330 667
Tied 4	Woods	278	330 667
Tied 4	Donald	278	330 667
⋮	⋮	⋮	⋮
Tied 43	Overton	291	28 800
45	Watney	292	26 400
Tied 46	Baddeley	293	24 000
Tied 46	Els	293	24 000
48	Villegas	294	21 920

a.将得分作为自变量，奖金作为因变量，绘制散点图。相关关系看起来是线性的吗？认为得分增加、奖金下降合理吗？

b.在因变量奖金的变动中，有多大比例可以由自变量得分的变动解释？

c.计算新变量奖金对数，即以10为底的奖金对数。以奖金对数为因变量、得分为自变量绘制散点图。

d.建立以奖金对数为因变量的回归方程，计算决定系数。

e.比较（b）和（d）的决定系数，你能得出什么结论？

f.写出（d）的回归方程。如果一名选手四轮共得280分，则该选手得到的期望奖金是多少？

（答案：a不是线性关系，但二者存在负向相关关系，对于高尔夫而言，越低得分越好 b.64% c.见教师手册 d.见教师手册 e.对数转换提高了二者的线性关系，并将拟合优度增加至97.6% f.log-奖金=30.064-0.088×（得分），log-奖金=5.424，奖金=$10^{5.424}$=265 460（美元））

本章总结

Ⅰ.散点图是描述两个变量之间关系的一种直观工具。

A.因变量用Y轴表示，并且是被估计的变量。

B.自变量用X轴表示，并且基于这个变量我们可以预测另一个变量。

Ⅱ.相关系数度量两个变量之间线性关系的强度。

A.两个变量必须至少是定距尺度变量。

B.相关系数的范围为-1.00～1.00。

C.如果两个变量之间的相关系数为0，那么这两个变量之间不相关。

D.取值为1表示完全正相关，取值为-1表示完全负相关。

E.符号为正表示两个变量之间存在正向关系，而符号为负表示两个变量之间存在反向关系。

F.相关系数用字母r表示，并根据下列公式计算：

$$r=\frac{\sum(X-\overline{X})(Y-\overline{Y})}{(n-1)s_x s_y} \qquad (13\text{-}1)$$

G.下列公式被用于确定总体相关系数是否不等于0。

$$t=\frac{r\sqrt{n-2}}{\sqrt{1-r^2}}\text{，自由度为}n-2 \qquad (13\text{-}2)$$

Ⅲ.在回归分析中，我们根据一个变量来估计另一个变量。

A.被估计的变量是因变量。

B.用于估计的变量是自变量。

1.两个变量之间的关系必须是线性的。

2.因变量和自变量都必须是定距尺度或定比尺度变量。

3.用最小二乘法来确定回归方程。

Ⅳ.最小二乘法回归直线的形式为 $\hat{Y}=a+bX$ 。

A.对于一个选定的X值，$\hat{Y}$ 是Y的估计值。

B.a 是常数或截距。

1.它是X=0时的 $\hat{Y}$ 值。

2.用下列公式计算 a 。

$$a=\overline{Y}-b\overline{X} \qquad (13\text{-}5)$$

C.b 是拟合直线的斜率。

1.它表示X变动一个单位时 $\hat{Y}$ 的变动量。

2.正的b值表明两个变量之间存在正向关系，而负的b值表明两个变量之间存在反向关系。

3.b的符号与相关系数r的符号总是相同的。

4.用下列公式计算 b 。

$$b=r\frac{s_y}{s_x} \qquad (13\text{-}4)$$

D.X是自变量的值。

Ⅴ.对于一个回归方程进行斜率的显著性检验。

A.我们检验总体回归直线的斜率是否等于0。

1.如果不能拒绝原假设，我们得出结论：两个变量之间不相关。

2.这个检验与相关系数的检验等价。

B.当检验的原假设成立时，检验统计量是自由度为n-2的t统计量：

$$t=\frac{b-0}{s_b} \qquad (13\text{-}6)$$

Ⅵ.估计标准误差用于度量围绕回归直线的变差。

A.它与因变量具有相同的单位。

B.它以与回归直线的离差平方和为基础。

C.较小的估计标准误差的值表明数据点比较靠近回归直线。

D.用下列公式计算估计标准误差。

$$s_{y\cdot x}=\sqrt{\frac{\sum(Y-\hat{Y})^2}{n-2}} \quad (13\text{-}7)$$

Ⅶ.决定系数是一个变量的变差被另一个变量的变差所解释的百分比。

A.它的取值范围为0~1.0。

B.它是相关系数的平方。

C.它可由下式计算：

$$r^2=\frac{SSR}{SS\ total}=1-\frac{SSE}{SS\ total} \quad (13\text{-}8)$$

VIII.关于线性回归的推断是以下列假设为基础的：

A.对于一个给定的X值，Y的取值在回归直线周围呈正态分布。

B.对于所有的X值，每个正态分布的标准差相同，并且这一相同的标准差由估计标准误差来估计。

C.与回归直线的离差是独立的，与样本容量和方向无关。

IX.有两种类型的区间估计。

A.对于一个给定的X值，用置信区间来估计Y的均值。

1.用下列公式计算置信区间。

$$\hat{Y}\pm t(s_{y\cdot x})\sqrt{\frac{1}{n}+\frac{(X-\bar{X})^2}{\sum(X-\bar{X})^2}} \quad (13\text{-}10)$$

2.区间的宽度受置信水平、估计标准误差的大小、样本容量和自变量取值的影响。

B.对于一个给定的X值，用预测区间来估计一个单独的Y值。

1.用下列公式计算预测区间。

$$\hat{Y}\pm t(s_{y\cdot x})\sqrt{1+\frac{1}{n}+\frac{(X-\bar{X})^2}{\sum(X-\bar{X})^2}} \quad (13\text{-}11)$$

2.公式（13-10）和公式（13-11）的区别就在于根号内的1。

a.预测区间比置信区间更宽。

b.预测区间也以置信水平、估计标准误差的大小、样本容量和自变量的取值为基础。

发音要领

符号	意义	读法
$\sum XY$	X与Y乘积的和	Sum XY
ρ	总体相关系数	Rho
$\hat{Y}$	Y的估计值	Y hat
$s_{y\cdot x}$	估计标准误差	s sub y dot x
r^2	决定系数	r square

本章练习题

37. 在某一地区航线上随机抽取25次航班作为样本，发现乘客人数与存放在行李舱中的行李总重量（单位：磅）之间的相关系数为0.94。使用0.05的显著性水平，我们能断定这两个变量之间存在正向关系吗？

38. 一个社会学家声称，大学生的成功（用他们的GPA来衡量）与他们的家庭收入是有关的。对于一个由20个学生组成的样本，其相关系数为0.40。使用0.01的显著性水平，我们能断定这两个变量之间存在正向关系吗？

（答案：$t=1.852$；不拒绝 H_0。）

39. 一家环保机构研究了12辆汽车发现，发动机大小与排放的尾气之间的相关系数为0.47。在0.01的显著性水平下，我们能断定这两个变量之间存在正向关系吗？p值是多少？并加以解释。

40. 一家郊区旅馆根据其住宿和餐饮运行情况来推定总收入。老板感兴趣于每夜住宿的房间数与每天餐饮收入之间的关系。由去年的25天（从周一到周四）组成一个随机样本，下面是餐饮收入与住宿房间数的样本数据。

天	餐饮收入（美元）	住宿房间数	天	餐饮收入（美元）	住宿房间数
1	1 452	23	14	1 425	27
2	1 361	47	15	1 445	34
3	1 426	21	16	1 439	15
4	1 470	39	17	1 348	19
5	1 456	37	18	1 450	38
6	1 430	29	19	1 431	44
7	1 354	23	20	1 446	47
8	1 442	44	21	1 485	43
9	1 394	45	22	1 405	38
10	1 459	16	23	1 461	51
11	1 399	30	24	1 490	61
12	1 458	42	25	1 426	39
13	1 537	54			

应用统计软件包回答下列问题：

a. 餐饮收入是随着每夜住宿的房间数的增加而增加吗？绘制散点图来证明你的结论。

b. 计算这两个变量之间的相关系数并解释该结果。

c. 可以合理地认为餐饮收入与每夜住宿的房间数之间存在正向关系吗？使用0.10的显著性水平。

d. 每夜住宿的房间数能够在多大程度上解释餐饮收入变差的百分比？

（答案：a. 是的 b. 0.423 c. $t=2.24$ d. 17.9%）

41. 下表给出了美国各个年度汽车的销售总数（百万辆）和GM公司生产的

百分比。

年份	汽车销售量（百万辆）	GM 占比	年份	汽车销售量（百万辆）	GM 占比
1950	6.0	50.2	1985	15.4	40.1
1955	7.8	50.4	1990	13.5	36.0
1960	7.3	44.0	1995	15.5	31.7
1965	10.3	49.9	2000	-17.4	28.6
1970	10.1	39.5	2005	16.9	26.9
1975	10.8	43.1	2010	11.6	19.1
1980	11.5	44.0			

使用统计软件包回答下面的问题：

a.汽车销售数量与GM公司的市场占比是直接相关还是间接相关？绘制散点图验证你的结论。

b.计算两个变量的相关系数并给出解释。

c.两个变量负相关的结论合理吗？在0.01的显著性水平下检验。

d.GM公司市场份额的变动中有多大比例可以由汽车销售量的变动解释。

42.由32个美国大型城市组成一个样本，每位办公人员所占平均面积（单位：平方英尺）与商业中心地区每月的平均租借费用之间的相关系数为-0.363。在0.05的显著性水平下，我们能断定这两个变量之间存在负相关关系吗？

（答案：$t=-2.13$；拒绝 H_0）

43.下表的数据来源于2010年美国职业棒球联赛，该数据报告了32支职业棒球球队中每支球队的得分和积分：

球队	得分	积分	球队	得分	积分
Arizona	289	434	Miami	273	333
Atlanta	414	288	Minnesota	281	348
Baltimore	357	270	New England	518	313
Buffalo	283	425	New Orleans	384	307
Carolina	196	408	NY Giants	394	347
Chicago	334	286	NY Jets	367	304
Cincinnati	322	395	Oakland	410	371
Cleveland	271	332	Philadelphia	439	377
Dallas	394	436	Pittsburgh	375	232
Denver	344	471	San Diego	441	322
Detroit	362	369	San Francisco	305	346
Green Bay	388	240	Seattle	310	407
Houston	390	427	St. Louis	289	328
Indianapolis	435	388	Tampa Bay	341	318
Jacksonville	353	419	Tennessee	356	339
Kansas City	366	326	Washington	302	377

使用统计软件进行计算，假设这些数据是样本数据。

a.计算相关系数。你会惊讶于两个变量之间的负相关关系吗？解释得分和积分之间的相关关系。

b.计算决定系数。决定系数表明了相关关系的什么内容？

c.我们能认为得分和积分之间存在负相关关系吗？使用0.05的显著性水平。

44.Meryl服装店是一家高档的女装连锁店，主要位于美国西南部。由于最近发展顺利，Meryl最高管理层计划通过在该国其他地区开设新店以扩大规模。规划主管要研究年度销售额和店铺规模之间的关系。作为这项研究的一部分，主管选取了25家商店的样本，并确定了其商店规模（平方英尺）和去年的销售额，样本数据如下。建议使用统计软件。

商店规模（千平方英尺）	销售额（百万美元）	商店规模（千平方英尺）	销售额（百万美元）
3.7	9.18	0.4	0.55
2.0	4.58	4.2	7.56
5.0	8.22	3.1	2.23
0.7	1.45	2.6	4.49
2.6	6.51	5.2	9.90
2.9	2.82	3.3	8.93
5.2	10.45	3.2	7.60
5.9	9.94	4.9	3.71
3.0	4.43	5.5	5.47
2.4	4.75	2.9	8.22
2.4	7.30	2.2	7.17
0.5	3.33	2.3	4.35
5.0	6.76		

a.以商店规模为自变量绘制散点图。两个变量看起来是什么样的相关关系？正相关还是负相关？

b.计算相关系数和决定系数。相关关系是强还是弱？为什么？

c.我们能认为两个变量有正向关系吗？使用0.05的显著性水平。

（答案：a.似乎有正向的相关关系，商店规模越大，销售量越大。b. r=0.658，R^2=0.433，相关关系不强也不弱。销售量的变动中有43.3%可以由商店规模来解释。c.拒绝原假设 $\rho=0$，p值=0.000）

45.Cardio Glide训练设备制造商想要研究设备已购买的时间（单位：月）与上周训练中设备的使用时间之间的关系。

人员	已购买的时间（月）	上周使用时间（小时）	人员	已购买的时间（月）	上周使用时间（小时）
Rupple	12	4	Massa	2	8
Hall	2	10	Sass	8	3
Bennett	6	8	Karl	4	8
Longnecker	9	5	Malrooney	10	2
Phillips	7	5	Veights	5	5

a.以上周设备的使用时间为因变量，将这些信息绘制成散点图。评论该散点图。

b.计算相关系数并进行解释。

c.在0.01的显著性水平下，我们能认为这两个变量之间存在负相关关系吗？

46.下面的回归方程是由一个包含20个观测值的样本计算得到的。

$\hat{Y} = 15 - 5X$

SSE=100，SS total=400。

a.计算估计标准误差。

b.计算决定系数。

c.计算相关系数。(注意：区分符号！)

(答案：a.2.357 b.0.75 c.－0.866)

47.城市规划者相信，城市越大，城市居民的年龄就越大。为了调查相关关系，收集了10个大城市的人口数量和年龄中位数的数据。

城市	人口(百万人)	年龄中位数
Chicago, IL	2.833	31.5
Dallas, TX	1.233	30.5
Houston, TX	2.144	30.9
Los Angeles, CA	3.849	31.6
New York, NY	8.214	34.2
Philadelphia, PA	1.448	34.2
Phoenix, AZ	1.513	30.7
San Antonio, TX	1.297	31.7
San Diego, CA	1.257	32.5
San Jose, CA	0.930	32.6

a.以年龄中位数为因变量绘制散点图。

b.计算相关系数。

c.进行回归分析，得到回归方程的估计结果：年龄中位数＝31.34＋0.272×人口数量。解释斜率的含义。

d.估计人口数量为250万的城市的人口年龄中位数是多少？

e.下面是回归结果的一部分，你从中可以得到什么信息？

Predictor	Coef	SE Coef	T	P
Constant	31.3672	0.6158	50.94	0.000
Population	0.2722	0.1901	1.43	0.190

f.使用0.01的显著性水平检验斜率的显著性，并解释结果。两个变量的相关关系显著吗？

48.Emily Smith 决定买一辆低能耗汽车。下面是几款他正在考虑的汽车的预计购买成本与汽车已使用年数的数据：

汽车	预计购买成本（美元）	已使用年数
Honda Insight	5 555	8
Toyota Prius	17 888	3
Toyota Prius	9 963	6
Toyota Echo	6 793	5
Honda Civic Hybrid	10 774	5
Honda Civic Hybrid	16 310	2
Chevrolet Prizm	2 475	8
Mazda Protege	2 808	10
Toyota Corolla	7 073	9
Acura Integra	8 978	8
Scion xB	11 213	2
Scion xA	9 463	3
Mazda3	15 055	2
Mini Cooper	20 705	2

a. 以预计购买成本为因变量绘制散点图。

b. 计算相关系数。

c. 进行回归分析，得到回归方程的估计结果为：预计购买成本=18 358-1 534×已使用年数。解释斜率的含义。

d. 使用了5年的汽车的预计购买成本为多少钱？

e. 下面是回归结果的一部分，你从中可以得到什么信息？

```
Predictor      Coef    SE Coef       T       P
Constant      18358       1817   10.10   0.000
Age         -1533.6      306.3   -5.01   0.000
```

f. 使用0.01的显著性水平检验斜率的显著性，并解释结果。两个变量的相关关系显著吗？

（答案：见教师手册）

49.The National Highway Association 正在研究高速公路项目的投标人数与中标（最低标价）项目的投标价之间的关系。其特别感兴趣的是投标人数的多少是否会增加或减少中标项目的投标价。

项目	投标人数，X	中标价格（百万美元）Y	项目	投标人数，X	中标价格（百万美元）Y
1	9	5.1	9	6	10.3
2	9	8.0	10	6	8.0
3	3	9.7	11	4	8.8
4	10	7.8	12	7	9.4
5	5	7.7	13	7	8.6
6	10	5.5	14	7	8.1
7	7	8.3	15	6	7.8
8	11	5.5			

a.建立回归方程并解释这个回归方程。较多的投标人数是否会使中标项目的投标价有增加或减少的趋势?

b.如果有7位投标人，估计中标项目的投标价。

c.俄亥俄州的高速公路要建一条新的入口。这个项目有7位投标人，建立中标项目投标价95%的预测区间。

d.计算决定系数，解释其值。

50.William Profit先生正在研究首次公开上市的公司。他对发行规模与每股价格之间的关系特别感兴趣，最近公开披露的15家公司的样本显示以下信息：

公司	公司规模（百万美元）X	每股价格 Y	公司	公司规模（百万美元）X	每股价格 Y
1	9.0	10.8	9	160.7	11.3
2	94.4	11.3	10	96.5	10.6
3	27.3	11.2	11	83.0	10.5
4	179.2	11.1	12	23.5	10.3
5	71.9	11.1	13	58.7	10.7
6	97.9	11.2	14	93.8	11.0
7	93.5	11.0	15	34.4	10.8
8	70.0	10.7			

a.确定回归方程。

b.进行假设检验，检验回归直线的斜率是否为正。

c.计算决定系数。你认为William Profit先生使用发行规模作为自变量，其会满意吗?

（答案：a. $\hat{Y}=10.6678+0.003X$　b.t=1.90，拒绝原假设　c.0.2172）

51.Bardi货运有限公司位于俄亥俄州的Cleveland，在大湖、东南部、东北部等地区送货。公司经理Jim Bardi正在研究货运距离与货运时间的关系，时间用货物到达目的地的天数表示。在调查中，Bardi先生随机选取了20次上个月发货的情况作为样本。航运距离是因变量，运货时间是自变量，结果如下：

货运序号	距离（英里）	货运时间（天）	货运序号	距离（英里）	货运时间（天）
1	656	5	11	862	7
2	853	14	12	679	5
3	646	6	13	835	13
4	783	11	14	607	3
5	610	8	15	665	8
6	841	10	16	647	7
7	785	9	17	685	10
8	639	9	18	720	8
9	762	10	19	652	6
10	762	9	20	828	10

a.基于以上数据绘制散点图。货运距离与货运时间有相关关系吗？

b.计算相关系数。我们能够得出距离与时间之间正相关的结论吗？

c.计算和解释决定系数。

d.计算估计标准误差。

e.你推荐使用回归方程预测货运时间吗？为什么推荐或者为什么不推荐？

52.Super Markets公司正在考虑向亚利桑那州Scottsdale地区扩张。作为计划主管，你必须向公司董事会执行委员会提交一份关于扩张建议的分析报告。作为报告的一部分，你需要包括这一地区人们每月在杂货项目上的支出信息。你还希望提供杂货项目上的支出与收入之间的关系。你的助手收集了下列样本信息。数据在本教材提供的数据盘中可以获得。

家庭	支出（美元）	月收入（美元）
1	555	4 388
2	489	4 558
⋮	⋮	⋮
39	1 206	9 862
40	1 145	9 883

a.设支出为因变量，月收入为自变量。使用软件包绘制散点图。

b.计算回归方程，解释斜率的值。

c.计算相关系数。你能认为它大于0吗？

（答案：a.见教师手册 b. $\hat{Y}=-74.37+0.1339X$ c. $r=0.945$，$t=17.811$；相关系数大于0）

53.下面是30家公司的股票价格和红利信息。数据在本教材提供的数据盘中可以获得。

公司	每股价格（美元）	每股红利（美元）
1	20.00	3.14
2	22.01	3.36
⋮	⋮	⋮
29	77.91	17.65
30	80.00	17.36

a.建立股票价格对年度红利的回归方程。

b.检验斜率的显著性。

c.计算决定系数，并解释其值。

d.计算相关系数。你能认为它大于0吗？使用0.05的显著性水平。

54.一位高速公路员工对建筑施工作业区死亡人数与州失业人数两者之间的关系进行了回归分析。回归方程是：建筑施工作区死亡人数=12.7+0.00014×失业人数，其他输出结果如下：

Predictor	Coef	SE Coef	T	P
Constant	12.726	8.115	1.57	0.134
Unemp	0.00011386	0.00002896	3.93	0.001

Analysis of Variance

Source	DF	SS	MS	F	P
Regression	1	10354	10354	15.46	0.001
Residual Error	18	12054	670		
Total	19	22408			

a.样本中包含了多少个州？

b.计算估计标准误差。

c.计算决定系数。

d.计算相关系数。

e.在0.05的显著性水平下，有证据表明建筑施工作业区死亡人数与州失业人数之间存在正相关关系吗？

（答案：a.20 b.25.88 c.0.46 d.0.68 e. t = 3.93；拒绝 H_0）

55.在田纳西州的Greene County，一份关于住宅面积（单位：平方英尺）与其现行市场价值（单位：美元）的回归分析如下。回归方程是：

现行市场价值=−37 186+65.0×住宅面积

Predictor	Coef	SE Coef	T	P
Constant	−37186	4629	−8.03	0.000
Size	64.993	3.047	21.33	0.000

Analysis of Variance

Source	DF	SS	MS	F	P
Regression	1	13548662082	13548662082	454.98	0.000
Residual Error	33	982687392	29778406		
Total	34	14531349474			

a.样本中包含了多少套住宅？

b.计算估计标准误差。

c.计算决定系数。

d.计算相关系数。

e.在0.05的显著性水平下，有证据表明住宅的现行市场价值与其面积之间存在正相关关系吗？

56.下表显示了8家航空航天公司的年平均资产收益率（单位：%）与年平均销售增长率（单位：%）的有关数据。

公司	年收益率（%）	年销售增长率（%）
Alliant Techsystems	23.1	8.0
Boeing	13.2	15.6
General Dynamics	24.2	31.2
Honeywell	11.1	2.5
L-3 Communications	10.1	35.4
Northrop Grunmman	10.8	6.0
Rockwell Collins	27.3	8.7
United Technologies	20.1	3.2

a.计算相关系数。通过假设检验来确定是否可以合理地认为总体相关系数大于0。使用0.05的显著性水平。

b.计算年收益率对年销售增长率的回归方程。评论斜率的数值。

c.使用软件包计算每一个观测值的残差。哪家公司有最大的残差？

（答案：a. $r=-0.059$，$t=-0.145$；无显著相关关系 b. $\hat{Y}=17.9-0.032X$；斜率为负 c. Rockwell Collins有最大的残差）

57.下列数据显示了随机抽取的12种笔记本电脑的零售价格与其相应的处理器速度（单位：千兆赫）。

计算机	速度	售价（美元）	计算机	速度	售价（美元）
1	2.0	2 017	7	2.0	2 197
2	1.6	922	8	1.6	1 387
3	1.6	1 064	9	2.0	2 114
4	1.8	1 942	10	1.6	2 002
5	2.0	2 137	11	1.0	937
6	1.2	1 012	12	1.4	869

a.建立能够用来描述价格如何依赖于处理器速度的线性方程。

b.基于你的方程，是否有某种电脑的价格特别高或特别低？

c.计算这两个变量之间的相关系数。在0.05的显著性水平下进行假设检验，以确定总体相关系数是否大于0。

58.某个消费者检验了20个具有不同瓦数的电加热器的有效加热范围，结果如下：

加热器	瓦数	有效加热范围	加热器	瓦数	有效加热范围
1	1 500	205	11	1 250	116
2	750	70	12	500	72
3	1 500	199	13	500	82
4	1 250	151	14	1 500	206
5	1 250	181	15	2 000	245
6	1 250	217	16	1 500	219
7	1 000	94	17	750	63
8	2 000	298	18	1 500	200
9	1 000	135	19	1 250	151
10	1 500	211	20	500	44

a.计算瓦数与有效加热范围之间的相关系数。它们之间存在正向关系还是负向关系？

b.通过假设检验，确定是否可以合理地认为相关系数大于0。使用0.05的显著性水平。

c.建立有效加热面积关于瓦数的回归方程。

d.根据残差的大小，哪一种加热器是“最佳购买”？

（答案：a. $r=0.939$；正向关系 b. $t=11.584$；显著相关 c. $\hat{Y}=-22.6+0.149X$ d.第6种加热器是“最佳购买”）

59.一位训犬员正在探究狗的重量（单位：磅）与其每天的食物消费量（单位：标准杯）之间的关系。下面是由18个观测值组成的样本信息。

狗	重量	食物消费量	狗	重量	食物消费量
1	41	3	10	91	5
2	148	8	11	109	6
3	79	5	12	207	10
4	41	4	13	49	3
5	85	5	14	113	6
6	111	6	15	84	5
7	37	3	16	95	5
8	111	6	17	57	4
9	41	3	18	168	9

a.计算相关系数。是否可以合理地认为总体相关系数大于0？使用0.05的显著性水平。

b.根据狗的重量，建立关于标准杯的回归方程。每额外一杯食物会使狗的重量的估计值改变多少？

c.哪条是吃得过少或过多的狗？

60.Waterbury Insurance Company想要研究火灾损失额与起火房屋距离最近的消防站的距离之间的关系，该信息被用于建立保险费率。对于去年的30个样本，精算部门经理确定了距离消防站的距离（X）和以千美元为单位的火灾损失额（Y）。MegaStat的输出结果如下（你可以在数据集CD的prb13-56中找到真实数据）：

ANOVA table

Source	SS	df	MS	F
Regression	1,864.5782	1	1,864.5782	38.83
Residual	1,344.4934	28	48.0176	
Total	3,209.0716	29		

Regression output

Variables	Coefficients	Std. Error	t(df = 28)
Intercept	12.3601	3.2915	3.755
Distance–X	4.7956	0.7696	6.231

回答下列问题：

a.写出回归方程。距离最近的消防站的距离与火灾损失额之间存在正向关系还是负向关系？

b.对一起距离最近的消防站有5英里的火灾，你估计的损失额是多少？

c.计算和解释决定系数。

d.计算相关系数并解释其数值。你如何确定相关系数的符号？

e.通过假设检验，确定距离最近的消防站的距离与火灾损失额之间是否存在显著相关。使用0.01的显著性水平和双侧检验。

（答案：a. $\hat{Y} = 12.3601 + 4.7956X$，正向关系 b. 36.3381 c. $r^2 = 0.58$ d. $r = 0.76$，相关系数的符号与斜率的符号相同 e. $t = 6.188$，显著相关）

61.为了探索飞机票价与距离之间的关系，一个航空旅行服务部门抽取了国内航班的样本。服务部门想知道飞机票价与距离之间是否有相关关系。如果有相关关系，则票价的变动有多大比例可归因于距离？距离每增加1英里，票价变动多少？数据如下：

出发地	目的地	距离	票价（美元）
Detroit, MI	Myrtle Beach, SC	636	$109
Baltimore, MD	Sacramento, CA	2 395	252
Las Vegas, NV	Philadelphia, PA	2 176	221
Sacramento, CA	Seattle, WA	605	151
Atlanta, GA	Orlando, FL	403	138
Boston, MA	Miami, FL	1 258	209
Chicago, IL	Covington, KY	264	254
Columbus, OH	Minneapolis, MN	627	259
Fort Lauderdale, FL	Los Angeles, CA	2 342	215
Chicago, IL	Indianapolis, IN	177	128
Philadelphia, PA	San Francisco, CA	2 521	348
Houston, TX	Raleigh/Durham, NC	1 050	224
Houston, TX	Midland/Odessa, TX	441	175
Cleveland, OH	Dallas/Ft.Worth, TX	1 021	256
Baltimore, MD	Columbus, OH	336	121
Boston, MA	Covington, KY	752	252
Kansas City, MO	San Diego, CA	1 333	206
Milwaukee, WI	Phoenix, AZ	1 460	167
Portland, OR	Washington, DC	2 350	308
Phoenix, AZ	San Jose, CA	621	152
Baltimore, MD	St. Louis, MO	737	175
Houston, TX	Orlando, FL	853	191
Houston, TX	Seattle, WA	1 894	231
Burbank, CA	New York, NY	2 465	251
Atlanta, GA	San Diego, CA	1 891	291
Minneapolis, MN	New York, NY	1 028	260
Atlanta, GA	West Palm Beach, FL	545	123
Kansas City, MO	Seattle, WA	1 489	211
Baltimore, MD	Portland, ME	452	139
New Orleans, LA	Washington, DC	969	243

a.以距离为自变量、票价为因变量，绘制散点图。它们之间具有正向还是反向的相关关系？

b.计算相关系数。在0.05的显著性水平下，是否能得出相关系数大于0的结论？

c.票价的变动有多大比例归因于距离的变动？

d.确定回归方程。距离每增加1英里，票价变动多少？估计飞行距离为1 500英里时的票价。

e.一名乘客计划从亚特兰大机场飞往伦敦的希斯罗机场，距离是4 218英里，他想使用回归方程来估计票价，解释一下为什么对于这个国际航班来说，用回归方程来估计票价不是一个好的主意。

数据集练习题

62.参见房地产数据，它报告了去年在科罗拉多州Denver地区的住房销售信息。

a.以销售价格为因变量、房屋面积为自变量，建立回归方程。估计面积为2 200平方英尺的房屋的销售价格，并建立其95%的置信区间和预测区间。

b.以销售价格为因变量、离市中心的距离为自变量，建立回归方程。估计离市中心20英里的房屋的销售价格，并建立其95%的置信区间和预测区间。

c.你能推断出自变量“离市中心的距离”与“销售价格”之间负相关，而房屋面积与销售价格之间正相关吗？使用0.05的显著性水平。报告检验的p值，将你的结论总结为简要的报告。

（答案：a. $\hat{Y}=64.79+0.070X$，［210.30，227.39］，［131.57，306.12］ b. $\hat{Y}=270.17-3.35X$，［190.26，215.91］，［114.09，292.09］ c. $r=0.347$，$t=-3.755$，拒绝原假设；$r=0.380$，$t=4.055$，拒绝原假设）

63.参见2010赛季30支职业棒球联盟球队的信息。以获胜场数为因变量、球队总薪水（单位：百万美元）为自变量，确定回归方程并回答下面的问题：

a.绘制散点图，从散点图上可以看出两个变量的正向相关关系吗？

b.如果薪水为1亿美元，你估计应该赢多少场次？

c.额外增加500万美元的薪水会多赢几场比赛？

d.在0.05的显著性水平下，我们是否能得出回归直线斜率为正的结论？请进行合适的假设检验。

e.获胜场次的变动有多大比例可以由薪水的变动解释？

f.计算获胜场数与ERA之间的相关系数和获胜场数与球队平均击球次数之间的相关系数。哪一个有更强的相关性？对每组变量作合适的假设检验。

64.参考Buena School公交车的数据，建立回归方程表达汽车的使用年限与维修成本之间的关系，汽车的使用年限作为自变量。

a.绘制散点图。散点图表明两个变量是什么样的相关关系？是正向的还是反向的？是强还是弱？

b.建立回归方程。年限增加1年，维修成本增加多少？使用10年的汽车，维修成本的估计值是多少？

c.通过假设检验确定回归直线的斜率是否大于0，使用0.05的显著性水平。

整理一份简要的报告解释你在（a）（b）（c）部分的发现。

（答案：a.一个弱直接关系 b.维修成本=386.8+9.07（使用年限）；估计维修成本为477.50美元 c.t=4.64，拒绝原假设）

模拟测试

第一部分：填空题

1.相关分析的第一步是将数据作________。

2.相关系数的变化范围是在________和________之间。

3.在研究两个变量的相关关系时，如果一个变量的值随着另一个变量的值的升高而下降，那么相关系数________（填小于0，等于0，大于0）。

4.因变量的变动由自变量的变动所解释的比例由________来度量。

5.检验相关系数是否为0的统计量服从________分布。

6.最小二乘法估计是最小化因变量实际值与________之间的离差平方和。

7.对于给定的数据集，相关系数与直线的斜率具有相同的________（值，符号，单位，平方值）。

8.在回归分析中，估计标准误差较小意味着决定系数________（大，小，等于0）。

9.在回归分析中，置信区间和预测区间给出了________与因变量预测值之间的关系（误差，关联性，收敛性，样本容量）。

10.预测区间是基于________变量的某个特定值计算的（因变量，自变量，相关变量，预测变量）。

第二部分：问答题

1.在每年年末，G. G. Green制造公司的员工可以购买公司股票。选定一个员工样本，人力资源总监调查了员工在公司工作的年限与所拥有的股票数量之间的关系。用“工作年限”来估计“股票数量”，使用下面的分析结果回答问题：

ANOVA 表

来源	*SS*	*df*	*MS*	*F*
回归值	152 399.0211	1	152 399.0211	62.67
残差	55 934.1189	23	2 431.9182	
总计	208 333.1400	24		

回归输出值

变量	协方差	标准误差	***t*** **(*df* = 23)**
截距	197.9229	34.3047	5.770
年限	24.9145	3.1473	7.916

a.在这项研究中包含多少名员工？

b.“股票数量”和“工作年限”哪一个是因变量？

c.写出回归方程。

d.两个变量之间的相关关系是正向的还是反向的？

e.计算相关系数。

f.你认为一名工作10年的员工持有的股票数量是多少？

g.工作年限增加1年，持有的股票数量变化多少？

h.我们是否可以认为，随着工作年限的增加，持有的股票数量也会增加？对回归直线的斜率进行假设检验。

软件命令说明

1.相关系数输出的MINITAB命令是：

a.在C1列输入销售代理商的名称，在C2列输入拨打推销电话的次数，在C3列输入复印机的销售数量。

b.选择Stat、Basic Statistics和Correlation。

c.选择Calls和Sales作为变量，点击Display p-values，再点击OK。

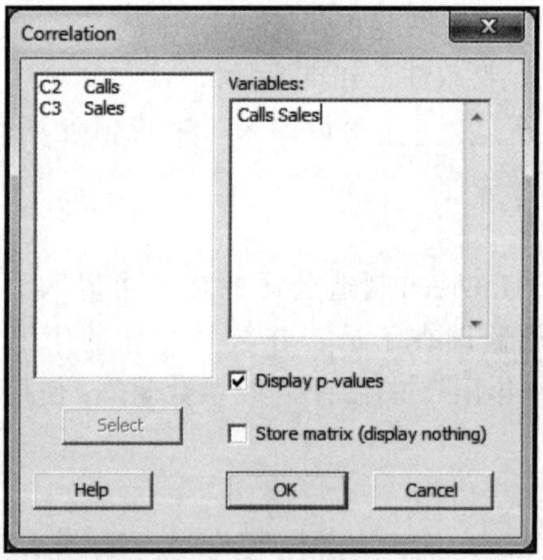

2.Excel输出的计算机命令是：

a.在A、B、C三列的第1行输入变量名称，在对应列的第2行到第11行输入数据。

b.选择Tools和Data Analysis，再选择Regression。

c.在工作表格中，我们将Calls放在B列，将Sales放在C列。Input Y-Range是从C1：C11，Input X-Range是从B1：B11，点击Labels，选择D2为Output Range，点击OK。

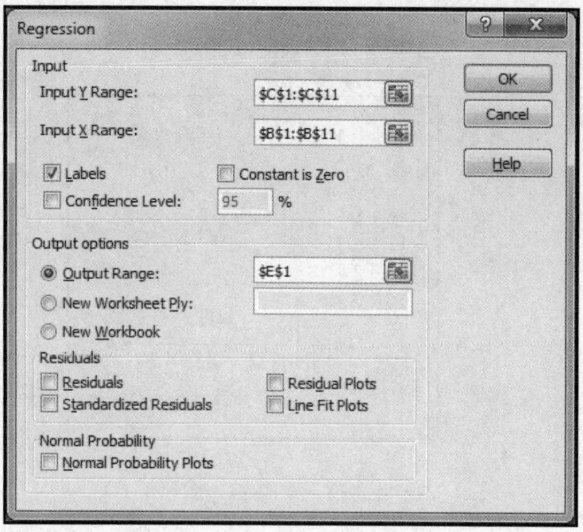

3. 置信区间与预测区间的MINITAB命令是：

a. 选择Stat、Regression和Fitted line plot。

b. 在接下来的对话框中，Response（Y）是Sales，Predictor（X）是Calls。选择Linear作为回归模型的类型，然后点击Options。

c. 在Options的对话框中，点击Display confidence and prediction bands，使用95.0作为confidence level，在Title框输入合适的标题，点击OK后，再点击OK。

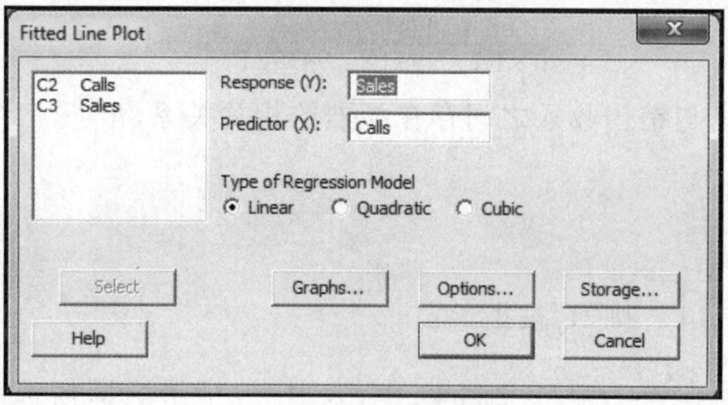

自测题答案

13-1

a. 广告支出是自变量，销售收入是因变量。

b.

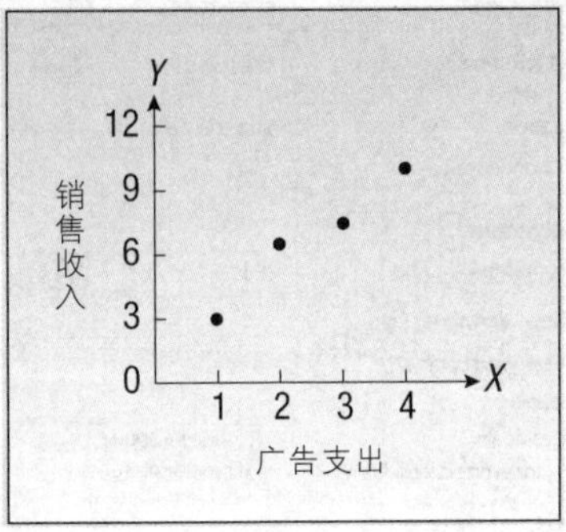

c.

X	Y	$(X-\bar{X})$	$(X-\bar{X})^2$	$(Y-\bar{Y})$	$(Y-\bar{Y})^2$	$(X-\bar{X})(Y-\bar{Y})$
2	7	−0.5	.25	0	0	0
1	3	−1.5	2.25	−4	16	6
3	8	0.5	.25	1	1	0.5
4	10	1.5	2.25	3	9	4.5
10	28		5.00		26	11.0

$\bar{X}=\frac{10}{4}=2.5$， $\bar{Y}=\frac{28}{4}=7$， $s_x=\sqrt{\frac{5}{3}}=1.2909944$， $s_y=\sqrt{\frac{26}{3}}=2.9439203$

$$r=\frac{\sum(X-\bar{X})(Y-\bar{Y})}{(n-1)s_x s_y}=\frac{11}{(4-1)\times 1.2909944\times 2.943923}=0.9648$$

d.广告支出与销售收入之间存在强烈的相关关系。

13-2

$H_0:\rho\leqslant 0$

$H_1:\rho>0$

如果 $t>1.714$，则 H_0 被拒绝。

由于 $t=\frac{0.43\times\sqrt{25-2}}{1-0.43^2}=2.284$，所以 H_0 被拒绝。即候选人的得票率与其竞选所花费的费用之间正相关。

13-3

a.参见自测题13-1（c）的计算。

$b=\frac{rs_y}{s_x}=\frac{0.9648\times 2.9439}{1.2910}=2.2$， $a=\frac{28}{4}-2.2\times\frac{10}{4}=7-5.5=1.5$

b.斜率为2.2，这表明广告支出每增加100万美元，销售收入会增加220万美元。截距为1.5，这表明如果没有广告支出，销售收入会是150万美元。

c. $\hat{Y}=1.5+2.2\times 3=8.1$

13-4

$H_0:\beta_1 \leqslant 0$

$H_1:\beta_1 > 0$

如果 $t > 3.182$，则拒绝原假设。

$$t = \frac{2.2 - 0}{0.42} = 5.238$$

拒绝原假设，该直线的斜率大于0。

13-5 a.

Y	$\hat{Y}$	$(Y-\hat{Y})$	$(Y-\hat{Y})^2$
7	5.9	1.1	1.21
3	3.7	−0.7	0.49
8	8.1	−0.1	0.01
10	10.3	−0.3	0.09
			1.80

$$s_{y\cdot x} = \sqrt{\frac{\sum(Y-\hat{Y})^2}{n-2}} = \sqrt{\frac{1.80}{4-2}} = 0.9487$$

b. $r^2 = 0.9648^2 = 0.9308$

c. 销售变量的93%可归因于广告费用的支出。

13-6 6.58 ~ 9.62。

因为 $X = 3$ 时，$\hat{Y} = 8.1$，即 $\hat{Y} = 1.5 + 2.2 \times 3 = 8.1$，

且 $\overline{X} = 2.5, \sum(X-\overline{X})^2 = 5$，

从附录B.2查到，在0.10的显著性水平下，自由度为2的t值为2.920。

$$\hat{Y} \pm t(s_{y\cdot x})\sqrt{\frac{1}{n} + \frac{(X-\overline{X})^2}{\sum(X-\overline{X})^2}}$$

$$= 8.1 \pm 2.920 \times 0.9487 \times \sqrt{\frac{1}{4} + \frac{(3-2.5)^2}{5}}$$

= 6.58~9.62(百万美元)

第14章

多元回归分析

本章学习目标

当你学完本章内容，你应该能够：

1.利用多元回归分析描述若干个自变量与一个因变量之间的关系。

2.建立和解释ANOVA表。

3.计算和解释多元回归的相关测度。

4.进行假设检验来确定回归系数是否异于0。

5.对每一个回归系数进行假设检验。

6.利用残差分析来评价多元回归分析的假定。

7.评价相关自变量的影响。

8.评价和使用定性自变量。

9.解释逐步回归。

14.1 导言

在第13章中，我们描述了两个定距或定比尺度变量之间的关系。我们从研究度量两个变量之间线性关系强度的相关系数开始。接近于±1（如-0.88或0.78）的相关系数表示很强的线性关系，而接近于0（如-0.12或0.18）的相关系数则意味着线性关系很弱。接着，我们用一个线性方程来表达两个变量间的关系，我们称此方程为回归方程（regression equation）。这个方程描述了变量之间的关系。

在多元线性相关与回归中，我们利用增加的自变量（记为X_1，X_2，…，等等）来帮助我们更好地解释或预测因变量（Y）。我们看到，简单线性相关与回归中几乎所有的概念都能被推广到多元线性相关与回归这个更一般的情形中。但是，增加的自变量确实导致一些需要考虑的新问题。多元回归分析可以被认为是一种描述方法，或者是一种推理方法。

14.2 多元回归分析[①]

多元线性回归方程的一般表现形式见公式（14-1）。我们用k表示自变量的个数，所以k可以是任意正整数。

一般多元回归方程 $\hat{Y}=a+b_1X_1+b_2X_2+b_3X_3+\cdots+b_kX_k$ （14-1）

其中，a为截距，即所有X的取值均为0时 $\hat{Y}$ 的取值。

b_j 是当特定的自变量 X_j 增加一个单位，其他自变量的取值保持不变时，$\hat{Y}$ 变化的量。下标j只是帮助识别每一个自变量的标记，不会用于任何计算中。通常下标是介于1到k之间的整数，k是自变量的个数。但是，下标也可能是一种简短的或缩写的标记，例如，年龄可以被用作下标。

在第13章中，回归分析描述和检验了一个因变量 $\hat{Y}$ 和单个自变量X之间的关系。$\hat{Y}$ 和X之间的关系在几何上是一条直线。当有两个自变量时，回归方程为：

$$\hat{Y}=a+b_1X_1+b_2X_2$$

由于有两个自变量，所以这种关系在几何上是一个平面，如图14-1所示。图中显示出作为实际观测值Y与在平面上的拟合值 $\hat{Y}$ 之差的残差。如果多元回归分析包括的自变量多于两个，那么我们不能从几何上加以解释，因为图形被限制在三维空间内。

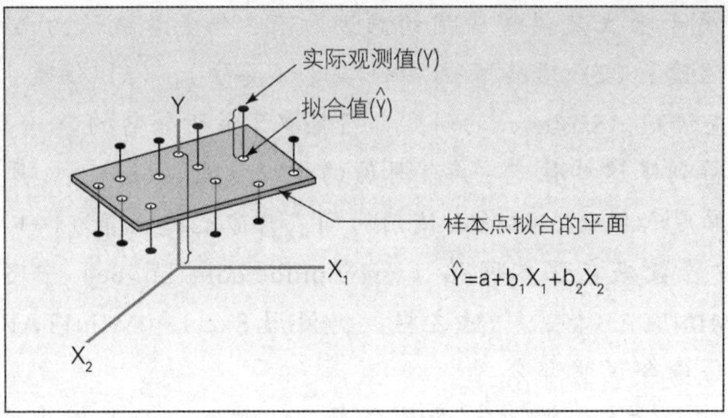

图14-1 10个样本点的回归平面

为了阐明截距和两个回归系数，假设一个房屋的售价与房间的数目（X_1）直接正相关，而与房龄（X_2）负相关。令 X_1 为房间数，X_2 为房龄（年），Y为

① LO 14-1用多元回归分析描述了多个自变量和一个因变量之间的关系。

房屋售价（千美元）。假定利用统计软件计算得到的回归方程为：

$$\hat{Y} = 21.2 + 18.7X_1 - 0.25X_2$$

截距为21.2表示回归方程（平面）与Y轴相交于21.2，即当房间数和房龄均为0时，我们可以说21 200美元是除房屋以外的资产平均值。

第一个回归系数18.7表明不管房龄，房屋每增加1个房间，售价将增加18.7（18 700美元）。第二个回归系数-0.25表明不管房间数，房龄每增加1年，售价将减少0.25（250美元）。举例来说，一个房龄为30年的7间屋的房子将卖144 600美元。

$$\hat{Y} = 21.2 + 18.7X_1 - 0.25X_2 = 21.2 + 18.7 \times 7 - 0.25 \times 30 = 144.6$$

多元线性方程中的系数通过最小二乘法来计算。回顾前一章，最小二乘法使Y的拟合值与Y的实际观测值之间的离差平方和尽可能地小，即最小化$\sum (Y - \hat{Y})^2$。计算非常单调乏味，所以通常使用如Excel或MINITAB这样的统计软件包来完成计算。

在下面的例子中，我们使用Excel和MINITAB来说明3个自变量的多元回归分析。两个统计软件包都给出了一组标准的统计输出报告。然而，MINITAB还为我们提供了将在本章稍后部分使用的高级回归分析方法。

实践中的统计学

许多研究表明，女性从事一项工作所获得的收入是从事同样工作的男性收入的70%。密歇根大学社会研究院的研究人员发现，大约1/3的差异可以用诸如教育、资历和工作中断这些社会因素来解释，剩下2/3的差异不能用这些社会因素来解释。

举例：

Salsberry Realty销售美国东海岸的住宅。准买家最常问的一个问题是：如果我们购买了这个住宅，冬天我们要花费多少钱来给住宅供暖？Salsberry的研究部门被要求设计一些关于独立屋供暖费用的准则。有3个变量被认为与供暖费用有关：(1) 室外平均温度；(2) 顶楼隔热层的厚度（英寸）；(3) 供暖火炉已使用时间（年）。为了调查研究，Salsberry的研究部门抽取了最近销售的20套住宅组成一个随机样本，然后得到了这些住宅去年1月份的供暖费用、该地区1月份的室外温度、顶楼隔热层的厚度和供暖火炉的已使用时间。样本信息如表14-1所示。

表14-1中的数据在课本网站（www.mhhe.com/lind8e）中可以获得，其格式是Excel和MINITAB格式。对这些数据使用Excel和MINITAB的基本指令见本章末尾的软件命令说明部分。

确定多元回归方程。哪些变量是自变量？哪个变量是因变量？讨论回归系数。如果有些回归系数是正的，有些回归系数是负的，它们说明了什么？截距是多少？如果室外平均温度为30℉、顶楼隔热层的厚度为5英寸、供暖火炉已使用10年，那么这套住宅的估计供暖费用是多少？

表14-1　　20套住宅组成的样本的1月份供暖费用的影响因素

家庭	供暖费用（美元）	室外平均温度（℉）	顶楼隔热层的厚度（英寸）	供暖火炉已使用时间（年）
1	250	35	3	6
2	360	29	4	10
3	165	36	7	3
4	43	60	6	9
5	92	65	5	6
6	200	30	5	5
7	355	10	6	7
8	290	7	10	10
9	230	21	9	11
10	120	55	2	5
11	73	54	12	4
12	205	48	5	1
13	400	20	5	15
14	320	39	4	7
15	72	60	8	6
16	272	20	5	8
17	94	58	7	3
18	190	40	8	11
19	235	27	9	8
20	139	30	7	5

解答：

我们从定义因变量和自变量来开始分析。因变量是1月份的供暖费用，记为Y。有3个自变量：

· 1月份的室外平均温度，记为 X_1；

· 顶楼隔热层的厚度，记为 X_2；

· 供暖火炉的已使用时间，记为 X_3。

基于这些定义，多元回归方程的一般形式如下，$\hat{Y}$ 是Y的估计值：

$$\hat{Y} = a + b_1X_1 + b_2X_2 + b_3X_3$$

现在我们定义回归方程，我们准备利用Excel或者MINITAB来计算分析中所需要的全部统计量。两个软件系统的输出结果如下所示。

为了利用回归方程来预测1月份的供暖费用，我们需要知道回归系数 b_j 的值。这些回归系数在软件包的输出报告中被标示出来。注意，软件使用了对应于每个自变量的变量名称或标记。回归方程的截距a在MINITAB输出结果中被标记为“constant”，而在Excel输出结果中被标记为“intercept”。

MINITAB回归结果：

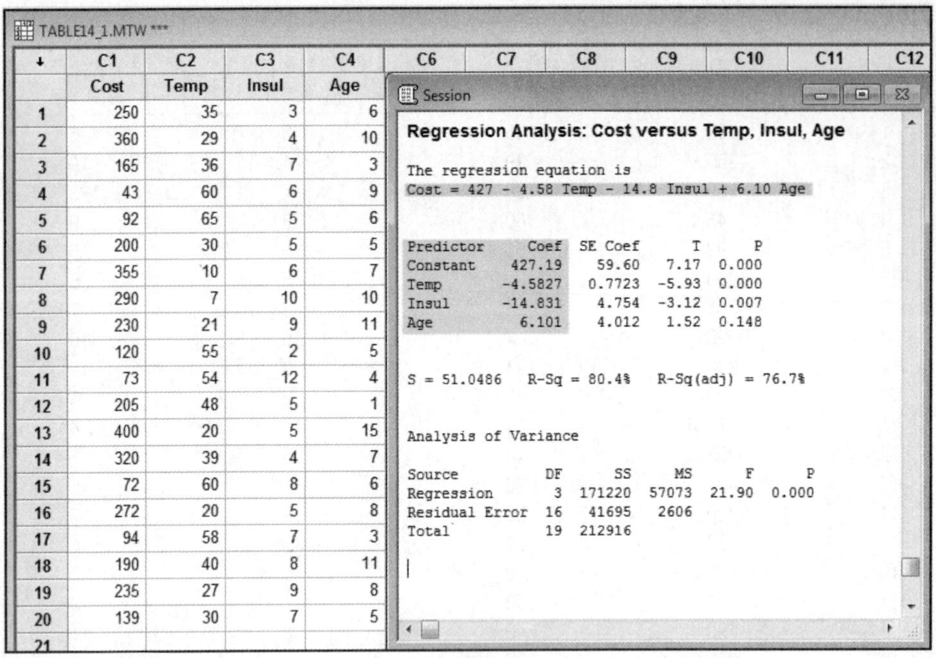

TABLE14_1.MTW ***

↓	C1 Cost	C2 Temp	C3 Insul	C4 Age
1	250	35	3	6
2	360	29	4	10
3	165	36	7	3
4	43	60	6	9
5	92	65	5	6
6	200	30	5	5
7	355	10	6	7
8	290	7	10	10
9	230	21	9	11
10	120	55	2	5
11	73	54	12	4
12	205	48	5	1
13	400	20	5	15
14	320	39	4	7
15	72	60	8	6
16	272	20	5	8
17	94	58	7	3
18	190	40	8	11
19	235	27	9	8
20	139	30	7	5
21				

Session

Regression Analysis: Cost versus Temp, Insul, Age

```
The regression equation is
Cost = 427 - 4.58 Temp - 14.8 Insul + 6.10 Age

Predictor     Coef  SE Coef      T      P
Constant    427.19    59.60   7.17  0.000
Temp       -4.5827   0.7723  -5.93  0.000
Insul      -14.831    4.754  -3.12  0.007
Age          6.101    4.012   1.52  0.148

S = 51.0486   R-Sq = 80.4%   R-Sq(adj) = 76.7%

Analysis of Variance

Source          DF      SS     MS      F      P
Regression       3  171220  57073  21.90  0.000
Residual Error  16   41695   2606
Total           19  212916
```

EXCEL回归结果：

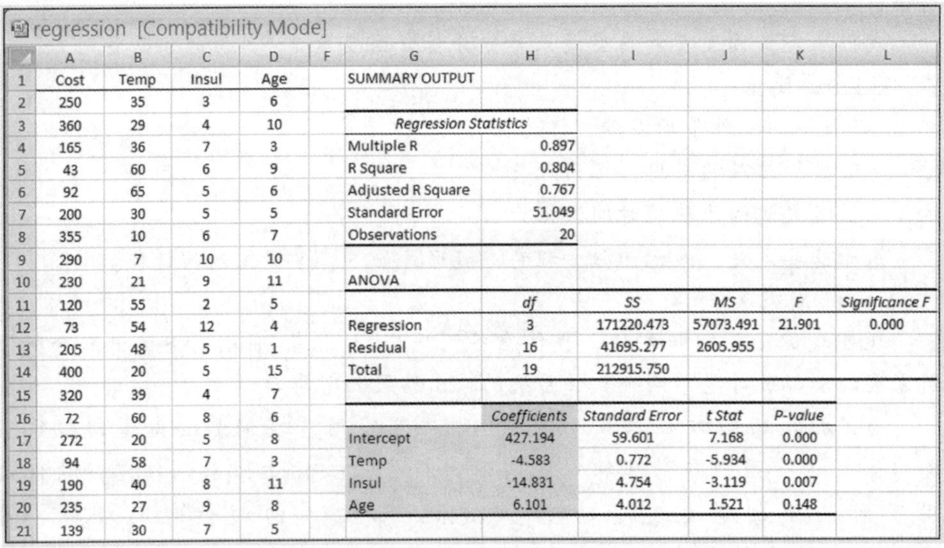

regression [Compatibility Mode]

	A	B	C	D
1	Cost	Temp	Insul	Age
2	250	35	3	6
3	360	29	4	10
4	165	36	7	3
5	43	60	6	9
6	92	65	5	6
7	200	30	5	5
8	355	10	6	7
9	290	7	10	10
10	230	21	9	11
11	120	55	2	5
12	73	54	12	4
13	205	48	5	1
14	400	20	5	15
15	320	39	4	7
16	72	60	8	6
17	272	20	5	8
18	94	58	7	3
19	190	40	8	11
20	235	27	9	8
21	139	30	7	5

	G	H	I	J	K	L
1	SUMMARY OUTPUT					
2						
3	*Regression Statistics*					
4	Multiple R	0.897				
5	R Square	0.804				
6	Adjusted R Square	0.767				
7	Standard Error	51.049				
8	Observations	20				
9						
10	ANOVA					
11		*df*	*SS*	*MS*	*F*	*Significance F*
12	Regression	3	171220.473	57073.491	21.901	0.000
13	Residual	16	41695.277	2605.955		
14	Total	19	212915.750			
15						
16		*Coefficients*	*Standard Error*	*t Stat*	*P-value*	
17	Intercept	427.194	59.601	7.168	0.000	
18	Temp	-4.583	0.772	-5.934	0.000	
19	Insul	-14.831	4.754	-3.119	0.007	
20	Age	6.101	4.012	1.521	0.148	

本例中，估计的回归方程为：

$\hat{Y}=427.194-4.583X_1-14.831X_2+6.101X_3$

如果我们知道了室外平均温度、顶楼隔热层的厚度和供暖火炉已使用时间，我们就可以估计或预测这套住宅1月份的供暖费用。对于例子中的住宅，室外平均温度为30℉（X_1）、顶楼隔热层的厚度为5英寸（X_2）、供暖火炉的已使用时间为10年（X_3），把这些数值代入自变量中：

$$\hat{Y} = 427.194 - 4.583 \times 30 - 14.831 \times 5 + 6.101 \times 10 = 276.56$$

估计的1月份供暖费用为276.56美元。

回归系数和它们的代数符号也提供了相应自变量与1月份供暖费用之间关系的信息。室外平均温度的回归系数为−4.583，该系数是负的，表明供暖费用与室外平均温度之间是反向关系。这并不意外，随着室外平均温度的上升，住宅的供暖费用将会下降。回归系数的数值告诉了我们更多信息。如果室外平均温度每上升1℉，而其他两个自变量保持不变，那么我们估计月供暖费用将减少4.583美元。因此，如果波士顿的室外平均温度是25℉，而费城的室外平均温度是35℉，同时其他条件（顶楼隔热层的厚度和供暖火炉的已使用时间）都相同，那么我们预计费城的供暖费用会少45.83美元。

顶楼隔热层的厚度这一变量也表现出反向关系：顶楼隔热层越厚，住宅的供暖费用越少。所以，该系数为负是合乎逻辑的。顶楼隔热层的厚度每增加1英寸，而保持室外平均温度和供暖火炉的已使用时间不变，我们预计每月供暖费用将下降14.83美元。

供暖火炉的已使用时间这一变量表现出正向关系。已使用时间较长的供暖火炉将导致住宅的供暖费用增加。具体地说，供暖火炉的已使用时间每增加1年，那么我们预计每月供暖费用将增加6.10美元。

自测题14-1

南卡罗来纳州的东北地区有许多餐馆。这些餐馆在夏季为海滩度假者服务，在春季和秋季为打高尔夫球的顾客服务，在冬季则为滑雪爱好者服务。Bill和Joyce Tuneall 在北泽西地区经营几家餐馆，正考虑到南卡罗来纳州的Myrtle Beach开设一家新餐馆。在做出最后决定之前，他们希望调查该地区现有餐馆的情况，搞清楚哪些变量与盈利有关。他们收集了样本信息，以利润（千美元）为因变量，自变量有：

X_1：餐馆附近的停车位数量。

X_2：餐馆每周的营业时间（小时）。

X_3：与SkyWheel（Myrtle Beach的界标）的距离。

X_4：聘用的服务人员数。

X_5：现有老板经营餐馆的时间（年）。

下面是使用统计软件包获得的输出结果的一部分。

Predictor	Coef	SE Coef	T
Constant	2.50	1.50	1.667
X_1	3.00	1.500	2.000
X_2	4.00	3.000	1.333
X_3	−3.00	0.20	−15.00
X_4	0.20	.05	4.00
X_5	1.00	1.50	0.667

(a) 对于一家有40个停车位、每周营业72个小时、距离SkyWheel10英里、聘用了20名服务人员，以及现有老板经营了5年的餐馆来说，其利润是多少？

(b) 解释多元回归方程中 b_2 和 b_3 的值。

练习题

1.Reeves Wholesale Products的市场部经理正在研究月销售情况。他选择了3个自变量来估计销售额：地区人口数、人均收入和地区失业率。计算得到回归方程为（单位：美元）：

$$\hat{Y} = 64\ 100 - 0.394X_1 + 9.6X_2 - 11\ 600X_3$$

a.此方程的全称是什么？

b.解释64 100这个值。

c.某地区人口数为796 000人，人均收入为6 940美元，失业率为6%，估计该地区的月销售额为多少？

2.Thompson Photo Works购置了一些新的高级机器，产品部门需要一些关于操作人员能力要求的说明。年龄是影响因素吗？从事机器操作的时间长短（年）重要吗？为了进一步探索用于估计操作人员操作新机器的表现所需要考虑的因素，列出了以下4个变量：

X_1：员工在该行业工作时间的长短

X_2：操作能力测试得分

X_3：先进工作等级

X_4：年龄

指定Y为操作人员操作新机器的表现。

随机挑选30名员工，对每一个人进行数据收集，他们操作新机器的表现也被记录下来。一些结果如下：

姓名	操作新机器的表现 Y	员工在该行业工作时间的长短 X_1	操作能力测试得分 X_2	先进工作等级 X_3	年龄 X_4
Mike Miraglia	112	12	312	121	52
Sue Trythall	113	2	380	123	27

方程是：$\hat{Y} = 11.6 + 0.4X_1 + 0.286X_2 + 0.112X_3 + 0.002X_4$

a.这个方程被称作什么？

b.有多少个因变量？有多少个自变量？

c.数值0.286被称作什么？

d.如果年龄增长1岁，操作新机器的表现估计将增加多少？

e.Carl Knox在Photo Works求职。他从事该工作6年，操作能力测试得分为280分，先进工作等级为97，年龄为35岁，估计其操作新机器的表现。

（答案：a.多元回归　b.1，4　c.回归系数　d.0.002　e.105.014）

3.一个咨询小组通过调查General Mills公司的员工来研究影响他们对目前生活满意度的因素，使用一个满意指数来度量满意度。考查了6个因素，即第一次结婚时的年龄（X_1）、年收入（X_2）、在世的子女数（X_3）、全部财产价值（X_4）、指数形式的健康状况（X_5）和每周参加社会活动——如保龄球和跳舞——的平均次数（X_6）。假定多元回归方程为：

$$\hat{Y} = 16.24 + 0.017X_1 + 0.0028X_2 + 42X_3 + 0.0012X_4 + 0.19X_5 + 26.8X_6$$

a.如果一个人在18岁时第一次结婚、年收入为26 500美元、有3个子女在世、全部财产价值156 000美元、健康状况指数为141和平均每周参加2.5次社会活动，请估计他的满意指数为多少。

b.年收入增加10 000美元与平均每周多参加2次社会活动相比，哪一个更能提高满意度？

4.房屋隔热层的制造商Cellulon想要为建筑者和消费者提供一些关于房屋顶楼隔热层的厚度及室外温度对天然气消耗的影响的指南。在实验室，他们改变隔热层厚度与室外温度，实验结果如下：

月消耗天然气(立方英尺) Y	隔热层厚度(英寸) X_1	室外温度(℉) X_2
30.3	6	40
26.9	12	40
22.1	8	49

基于样本结果，回归方程为：

$$\hat{Y} = 62.65 - 1.86X_1 - 0.52X_2$$

a.如果主人安装了6英寸厚的隔热层，室外温度为40℉，则他每月预计要消耗多少天然气？

b.如果主人安装了7英寸厚的隔热层而不是6英寸厚，对天然气的月消耗量会有什么影响（假定室外温度仍为40℉）？

c.为什么回归系数 b_1 和 b_2 是负的？这合乎逻辑吗？

（答案：a.30.69　b.1.86　c.见教师手册）

14.3 多元回归方程的评价

许多统计学和统计学方法被用于评价一个因变量和多个自变量的关系。第一步是用多元回归方程描述这个关系，第二步是使用第13章提到的ANOVA表中的信息来评价方程对数据的拟合效果。

ANOVA表①

正如第13章所述，多元回归的统计分析都被总结在ANOVA表中。回顾可知，因变量Y的总变异可分为两部分：（1）回归，或Y被所有自变量解释的变异；（2）误差，或残差，或Y未被解释的变异。下面的ANOVA表中的第一列识别了这两类变异。标题为"df"的那一列指的是每一类相应的自由度。总自由度为n-1。回归自由度等于多元回归方程中自变量的个数。我们令回归自由度为k。与误差项相关的自由度等于总自由度减去回归自由度。在多元回归中，其自由度为n-（k+1）。

来源	df	SS	MS	F
回归	k	SSR	MSR = SSR/k	MSR/MSE
残差	$n-(k+1)$	SSE	MSE = SSE/[$n-(k+1)$]	
合计	$n-1$	SS total		

ANOVA表中间的"SS"项指的是平方和。注意，每个变异来源都有平方和。平方和这一列表明每一因素所引起的变异量。因变量Y的总变异记作SS total。其是计算任一变异的公式中的分子——换句话说，偏离均值的偏差平方和，计算公式为：

$$\text{总平方和} = \text{SS total} = \sum (Y - \bar{Y})^2$$

可见，总平方和是回归平方和与残差平方和之和。回归平方和是估计或预测值$\hat{Y}$与Y的总平均值之差的平方和。回归平方和为：

$$\text{回归平方和} = \text{SSR} = \sum (\hat{Y} - \bar{Y})^2$$

残差平方和是因变量的观测值Y与它们相应的估计或预测值$\hat{Y}$之差的平方和。注意，这个差值是用多元回归方程估计或预测的因变量的误差。计算公式如下：

$$\text{残差或误差平方和} = \text{SSE} = \sum (Y - \hat{Y})^2$$

我们将使用前面例子中的ANOVA表中的信息来评价估计1月供暖费用的回归方程。

① LO 14-2 建立和解释ANOVA表。

	A	B	C	D	F	G	H	I	J	K	L
1	Cost	Temp	Insul	Age		SUMMARY OUTPUT					
2	250	35	3	6							
3	360	29	4	10		*Regression Statistics*					
4	165	36	7	3		Multiple R	0.897				
5	43	60	6	9		R Square	0.804				
6	92	65	5	6		Adjusted R Square	0.767				
7	200	30	5	5		Standard Error	51.049				
8	355	10	6	7		Observations	20				
9	290	7	10	10							
10	230	21	9	11		ANOVA					
11	120	55	2	5			*df*	*SS*	*MS*	*F*	*Significance F*
12	73	54	12	4		Regression	3	171220.473	57073.491	21.901	0.000
13	205	48	5	1		Residual	16	41695.277	2605.955		
14	400	20	5	15		Total	19	212915.750			
15	320	39	4	7							
16	72	60	8	6			*Coefficients*	*Standard Error*	*t Stat*	*P-value*	
17	272	20	5	8		Intercept	427.194	59.601	7.168	0.000	
18	94	58	7	3		Temp	-4.583	0.772	-5.934	0.000	
19	190	40	8	11		Insul	-14.831	4.754	-3.119	0.007	
20	235	27	9	8		Age	6.101	4.012	1.521	0.148	

多元估计标准误差①

我们从**多元估计标准误差**（multiple standard error of estimate）开始。回顾一下，估计标准误差可以和标准差相比较。为了详细说明估计标准误差，参见上述Excel表中第2行中所抽取的第一套住宅。对第一个观测值，实际的供暖费用Y为250美元，室外温度X_1为35℉，顶楼隔热层的厚度X_2为3英寸，供暖火炉的已使用时间X_3为6年。利用前一节建立的回归方程，估计这套住宅的供暖费用为：

$$\begin{aligned}\hat{Y} &= 427.194 - 4.583X_1 - 14.831X_2 + 6.101X_3 \\ &= 427.194 - 4.583\times 35 - 14.831\times 3 + 6.101\times 6 \\ &= 258.90\end{aligned}$$

所以，对于1月份平均室外温度为35℉、顶楼隔热层的厚度为3英寸、供暖火炉的已使用时间为6年的一套住宅来说，我们估计其供暖费用为258.90美元。实际的供暖费用为250美元，所以残差——实际值与估计值之间的差——是$Y - \hat{Y} = 250 - 258.90 = -8.90$。8.90美元的差是被抽取的第一个样本随机的或是不可解释的误差。我们的下一步是将这个差值平方，也就是$(Y - \hat{Y})^2 = (250 - 258.90)^2 = (-8.90)^2 = 79.21$。

如果我们对其他19个观测值重复这样的计算，并把所有20个平方加总，这个总和将是ANOVA表中的残差或误差平方和。利用这样的信息，我们可以计算多元估计标准误差。

多元估计标准误差 $$S_{Y.123...k} = \sqrt{\frac{\sum (Y - \hat{Y})^2}{n - (k+1)}} = \sqrt{\frac{SSR}{n-(k+1)}} \qquad (14\text{-}2)$$

其中，Y是实际观测值；$\hat{Y}$是通过回归方程计算得到的估计值；n是样本中观测值的个数；k是自变量的个数；SSR是ANOVA表中的残差平方和。

ANOVA表中有更多的信息可以被用来计算多元估计标准误差。标题为MS的

① LO 14-3 计算和解释多元回归的相关测度。

列报告了回归均方和来源于残差的变异。它们是用平方和除以相应的自由度计算所得的。多元估计标准误差等于残差的MS的平方根，也被称为均方误或MSE。

$$S_{Y.123...K}=\sqrt{MSE}=\sqrt{2605.995}=\$51.05$$

我们如何解释多元估计标准误差的值51.05呢？它是我们使用这一方程来预测供暖费用的典型“误差”。首先，其单位与因变量相同，所以多元估计标准误差以美元为单位，即51.05美元；其次，我们预期残差近似地服从正态分布，所以大约有68%的残差将在±51.05美元的范围之内，大约有95%的残差将在±102.10美元（±2×51.05）的范围之内。与前面离散的测度如第13章中估计标准误差相似，多元标准误差越小，表明预测方程更好或更有效。

多元决定系数

接下来，我们考虑一下多元决定系数。回顾前一章的内容，决定系数被定义为被自变量解释或说明的因变量变异的百分比。在多元回归情形下，我们将该定义推广如下：

多元决定系数 被一组自变量 $X_1, X_2, X_3, \cdots, X_k$ 解释的因变量Y的变异的百分比。

多元决定系数的特性有：

1. **它被表示为R的平方**。换句话说，因为它的作用如同相关系数的平方，所以它被记为R^2。

2. **它的取值范围介于0到1之间**。如果它的值接近于0，表明一组自变量与因变量之间几乎没有相关性；如果它的值接近于1，表明一组自变量与因变量之间的相关性很强。

3. **它不能取负值**。任何被平方或二次幂的数都不可能是负的。

4. **它容易解释**。因为R^2是介于0到1之间的一个数值，所以对它进行解释、比较和理解都很容易。

我们可以根据ANOVA表中的信息来计算多元决定系数。在Excel输出中，我们看到标题为SS的平方和列，用回归平方和SSR除以总平方和SS total。

多元决定系数 $$R^2=\frac{SSR}{SS\ total} \qquad (14\text{-}3)$$

我们使用Excel输出结果ANOVA表中标亮的残差平方和与总平方和及公式（14-3）来计算决定系数。

$$R^2=\frac{SSR}{SStotal}=\frac{171\,220.473}{212\,915.750}=0.804$$

我们如何解释这个数值？我们说一组自变量（室外平均温度、顶楼隔热层的厚度和供暖火炉的已使用时间）解释或说明了供暖费用的变异的80.4%。换句话说，19.6%的变异归因于其他来源，如随机误差或未包含在回归分析中的变量。利用ANOVA表，19.6%是误差平方和除以总平方和得到的。已知SSR+SSE=SS total，那么下列关系式是正确的：

$$1-R^2=1-\frac{SSR}{SS\ total}=\frac{SSE}{SS\ total}=\frac{41\,695}{212\,916}=0.196$$

修正多元决定系数

当更多的自变量加入多元回归模型中时，决定系数也会增大。每一个新增加的自变量都能使预测变得更准确，也就是说，使SSE变得更小而SSR变得更大。因此，R^2的增大仅仅是因为自变量个数的增加，而不是因为增加的自变量必然是因变量的一个好的预测变量。事实上，如果自变量个数k等于样本容量n，则决定系数为1。在实践中，这种情况是罕见的，且在道德上也是有问题的。为了消除自变量个数施加在多元决定系数上的影响，统计软件包使用了修正多元决定系数（adjusted coefficient of multiple determination）。

修正多元决定系数 $$R^2_{adj}=1-\frac{\frac{SSE}{n-(k+1)}}{\frac{SS\ total}{n-1}} \qquad (14\text{–}4)$$

误差平方和与总平方和分别除以它们的自由度。特别注意，误差平方和的自由度包含了自变量的个数k。对于供暖费用例子来说，修正多元决定系数为：

$$R^2_{adj}=1-\frac{\frac{41\,695.277}{20-(3+1)}}{\frac{212\,915.750}{20-1}}=1-\frac{2\,605.955}{11\,206.092}=1-0.233=0.767$$

如果我们将R^2（0.804）与修正多元决定系数R^2_{adj}（0.767）相比较，此例中两者的差别很小。

自测题14-2

参见关于Myrtle Beach餐馆问题的自测题14-1。回归输出的部分ANOVA表如下：

Source	DF	SS	MS
Regression	5	100	20
Residual Error	20	40	2
Total	25	140	

（a）样本容量是多少？

（b）有多少个自变量？

（c）有多少个因变量？

（d）计算估计标准误差。在哪两个数值之间有大约95%的残差？

（e）计算多元决定系数，并解释这个数值。

（f）计算用自由度调整的修正多元决定系数。

练习题

5.考虑下列ANOVA表：

Analysis of Variance

Source	DF	SS	MS	F	P
Regression	2	77.907	38.954	4.14	0.021
Residual Error	62	583.693	9.414		
Total	64	661.600			

a.计算估计标准误差。在哪两个数值之间有大约95%的残差？

b.计算多元决定系数，并解释这个数值。

c.计算用自由度调整的修正多元决定系数。

6.考虑下列ANOVA表：

Analysis of Variance

Source	DF	SS	MS	F
Regression	5	3710.00	742.00	12.89
Residual Error	46	2647.38	57.55	
Total	51	6357.38		

a.计算估计标准误差。在哪两个数值之间有大约95%的残差？

b.计算多元决定系数，并解释这个数值。

c.计算用自由度调整的修正多元决定系数。

（答案：a.7.59 b.0.584 c.0.538）

14.4 多元线性回归中的推断

到目前为止，多元回归分析仅仅被视为一种描述一个因变量与几个自变量之间关系的方法。然而，最小二乘法也可以将这种关系从样本到总体上进行推论或推广。回顾一下，作为推断统计学的一部分，当你建立置信区间或进行假设检验时，你把数据当作取自某些总体的一个随机样本。

在多元回归分析情形下，我们假定存在一个因变量关于k个自变量的未知的总体回归方程。有时它被称作关系模型，用符号表示为：

$$\hat{Y} = \alpha + \beta_1 X_1 + \beta_2 X_2 + \beta_3 X_3 + \cdots + \beta_k X_k$$

除了系数现在被写成希腊字母之外，这个方程类似于公式（14-1）。我们用希腊字母表示总体参数。于是，在一系列即将要讨论的某些假设下，计算出的a和b_j的值是样本统计量。这些样本统计量是相应总体参数α和β_j的点估计。例如，样本回归系数 b_2 是总体参数 β_2 的点估计。这些点估计的抽样分布服从正态概率分布。这些抽样分布的每一个都以它们各自的总体参数值为中心。换句话说，抽样分布的均值等于被估计的总体参数值。因此，通过使用这些统计量的抽样分布的性质，就可以得到有关总体参数的推论。

整体检验：检验多元回归模型[①]

我们可以对自变量 $X_1, X_2, X_3, \cdots, X_k$ 解释因变量Y的能力进行检验。将此表述成一个问题就是：可以不依赖于自变量来估计因变量吗？所使用的检验被称为整体检验（global test）。这主要是研究所有自变量的回归系数是否可能都为0。

将此问题与供暖费用例子联系起来，我们将检验自变量（顶楼隔热层的厚度、室外日平均温度和供暖火炉的已使用时间）是否能够有效地估计住宅的供暖费用。在检验一个假设时，我们首先提出原假设和备择假设。供暖费用例子有三个自变量。回顾一下，b_1、b_2 和 b_3 是样本回归系数，对应的总体系数用符号 β_1、β_2 和 β_3 表示。现在，我们检验总体回归系数是否全为0。原假设为：

$H_0: \beta_1 = \beta_2 = \beta_3 = 0$

备择假设为：

H_1: β_1、β_2、β_3 不全为0

如果原假设为真，则意味着回归系数全为0，并且从逻辑上说，这些回归系数对估计因变量（供暖费用）没有用处。如果真是这种情况，那么我们就不得不寻找一些其他自变量——或采取不同的方法——来预测住宅的供暖费用。

为了检验所有回归系数全为0的原假设，我们利用第12章中介绍的F分布。我们将使用0.05的显著性水平。回顾一下F分布的性质。

1.**F分布是一族分布**。分子自由度或分母自由度的每一次改变都产生一个新的F分布。

2.**F分布是非负的**。最小的可能值为0。

3.**F分布是连续的**。F分布的取值是在0到+∞之间的一个数值。

4.**F分布是正偏的**。F分布的长尾在右侧。随着分子和分母自由度的同时增加，F分布趋近于一个正态分布。也就是说，F分布将趋近于一个对称分布。

5.**F分布是渐近的**。随着X值的增加，F分布曲线趋近于X轴，但绝不与X轴相交。

下面用F统计量来检验整体假设。正如第12章中所述，它是两个变异之比。分子是回归平方和除以其自由度k，分母是残差平方和除以其自由度n-（k+1）。公式如下：

① LO 14-4 进行一个假设检验来确定一组回归系数是否不等于0。

整体检验 $F=\frac{SSRk}{SSE[n-(k+1)]}$ (14-5)

根据ANOVA表，F统计量为：

$$F=\frac{MSR}{MSE}=\frac{SSR/k}{SSE/[n-(k+1)]}=\frac{171\,220.473\div 3}{41\,695.277\div[20-(3+1)]}=21.901$$

记住，F统计量检验的基本原假设是两种变异或者本例中两种均方相等。在我们整体多元回归假设检验中，当回归均方大于残差均方时，我们将拒绝所有回归系数均为0的原假设 H_0。如果为真，F统计量将相对较大，且落于F分布较远的右尾中，P值较小，小于我们所选的0.05的显著性水平。因此，我们将拒绝原假设。

与其他假设检验方法一样，决策规则可以基于以下两种方法：（1）将检验统计量与临界值相比较；（2）基于检验统计量计算一个P值，将P值与显著性水平相比较。使用F统计量的临界值方法需要具有3个信息：（1）分子的自由度；（2）分母的自由度；（3）显著性水平。分子自由度和分母自由度可以在下面Excel中的ANOVA表中找到。ANOVA输出结果用淡灰色加以突出。在标题为“df”的那一列，最上面的数字为3，表示分子有3个自由度。这个数值对应于自变量的个数。“df”列的中间数字为16，表示分母有16个自由度。16这个数是通过n-（k+1）=20-（3+1）=16得到的。

regression [Compatibility Mode]

	A	B	C	D
1	Cost	Temp	Insul	Age
2	250	35	3	6
3	360	29	4	10
4	165	36	7	3
5	43	60	6	9
6	92	65	5	6
7	200	30	5	5
8	355	10	6	7
9	290	7	10	10
10	230	21	9	11
11	120	55	2	5
12	73	54	12	4
13	205	48	5	1
14	400	20	5	15
15	320	39	4	7
16	72	60	8	6
17	272	20	5	8
18	94	58	7	3
19	190	40	8	11
20	235	27	9	8
21	139	30	7	5

SUMMARY OUTPUT

Regression Statistics	
Multiple R	0.897
R Square	0.804
Adjusted R Square	0.767
Standard Error	51.049
Observations	20

ANOVA

	df	*SS*	*MS*	*F*	*Significance F*
Regression	3	171220.473	57073.491	21.901	0.000
Residual	16	41695.277	2605.955		
Total	19	212915.750			

	Coefficients	*Standard Error*	*t Stat*	*P-value*
Intercept	427.194	59.601	7.168	0.000
Temp	-4.583	0.772	-5.934	0.000
Insul	-14.831	4.754	-3.119	0.007
Age	6.101	4.012	1.521	0.148

F的临界值可在附录B.4中找到。使用显著性水平为0.05的表，水平移动到分子的自由度3，再向下移动到分母的自由度16，得出临界值为3.24。下图给出了 H_0 不被拒绝的区域和 H_0 被拒绝的区域。

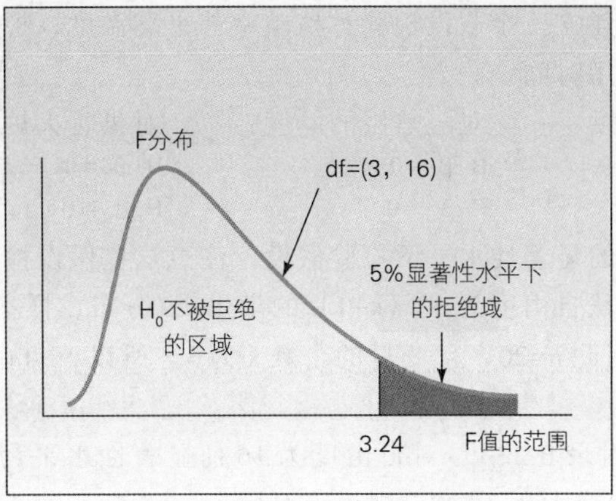

继续我们的整体检验，决策的准则是：如果计算得到的F值小于或等于3.24，则不拒绝所有回归系数全为0的原假设 H_0；如果计算得到的F值大于3.24，则拒绝 H_0 并接受备择假设 H_1。

计算出的F值为21.90，落在拒绝域中。因此，所有多元回归系数全为0的原假设被拒绝。这意味着，至少有一个自变量有能力解释因变量（供暖费用）的变异。我们期待这个结果。从逻辑上说，室外平均温度、隔热层的厚度和供暖火炉的已使用时间都会对供暖费用产生很大的影响。整体检验使我们确信，这三个因素确实对供暖费用有影响。

检验原假设也可以基于在所有统计软件输出结果中都会报告出来的P值。在F统计量的例子中，P值被定义为假设原假设为真，观测到的F值大于等于F检验统计值的概率。如果P值小于我们所选择的显著性水平，则拒绝原假设。ANOVA表表明，F统计量的P值为0.000，显然小于我们的显著性水平0.05。因此，我们拒绝整体检验的原假设，得到至少有一个回归系数不等于0的结论。

结论与我们使用临界值方法一致。使用P值方法的好处在于，P值给出了犯第一类错误的概率。计算所得的P值（0.000）远远小于我们的显著性水平（0.05）。我们拒绝了所有回归系数均为0的原假设，而且根据P值可知，该假设为真的概率几乎为0。

评价单个回归系数①

到目前为止，我们已经证明，某些回归系数不为0，但不一定是所有的回归系数均不为0，因此该方程对预测是有帮助的。下一步则是检验单个自变量，以确定哪些回归系数可能不为0，哪些回归系数可能为0。

为什么知道某个 β_j 值等于0是重要的？如果某个β的值等于0，这就意味着这个特定的自变量对解释因变量的变异是没有作用的。如果存在 H_0 不能被拒绝的系数，我们就可能把它们从回归方程中剔除。

① LO 14-5对每个回归系数进行假设检验。

我们的策略是建立三个假设检验：检验室外平均温度；检验隔热层厚度；检验供暖火炉的已使用时间。

对室外平均温度：	对隔热层的厚度：	对供暖火炉的已使用时间：
$H_0:\beta_1 = 0$	$H_0:\beta_2 = 0$	$H_0:\beta_3 = 0$
$H_1:\beta_1 \neq 0$	$H_1:\beta_2 \neq 0$	$H_1:\beta_3 \neq 0$

我们将在0.05的显著性水平下检验假设。注意这些假设检验都是双侧的。

检验统计量服从自由度为n-（k+1）的学生氏t分布，样本容量为n。此研究中有20套住宅，因此n=20。自变量的个数k为3。所以，自由度为n-（k+1）=20-（3+1）=16。

t的临界值在附录B.2中。对自由度为16且显著性水平为0.05的双侧检验，如果t值小于-2.120或大于2.120，则拒绝 H_0。

参见上节中Excel的输出结果。用灰色加以突出、标题为Coefficients的那一列给出的多元回归方程为：

$$\hat{Y} = 427.194 - 4.583X_1 - 14.831X_2 + 6.101X_3$$

对方程中 $-4.583X_1$ 这一项的解释是：保持隔热层厚度和供暖火炉的已使用时间不变，室外平均温度每上升1℉，预期供暖费用将减少大约4.58美元。

Excel输出结果中标题为Standard Error的那一列给出了样本回归系数的标准差。回顾一下，Salsberry Realty抽取了美国东海岸的20栋住宅组成一个随机样本。如果Salsberry Realty又抽取了第二个随机样本并计算该样本的回归系数，那么，这两个样本得到的回归系数不会是精确相等的。然而，如果多次重复这一取样过程，我们就可以得到这些回归系数的一个抽样分布。标题为Standard Error的那一列估计了这些回归系数的变异性。每个系数的抽样分布服从自由度为n-（k+1）的t分布。因此，我们可以检验单个自变量，以确定净回归系数是否区别于0。公式为：

检验单个回归系数 $$t = \frac{b_i - 0}{s_{b_i}} \qquad (14-6)$$

其中，b_i 为任一回归系数；s_{b_i} 为这个回归系数分布的标准差。因为原假设为 $\beta_j = 0$，所以，0被包括在此公式中。

为了阐明这个公式，请看室外平均温度自变量回归系数的检验。从计算机输出结果中得到其回归系数为-4.583。室外平均温度自变量回归系数的抽样分布的标准差为0.772。将这些数值代入公式（14-6）：

$$t = \frac{b_1 - 0}{s_{b_1}} = \frac{-4.583 - 0}{0.772} = -5.937$$

对于室外平均温度，计算出的t值为-5.937（由于四舍五入，计算出的值与Excel输出结果有些许差别）；对于隔热层的厚度，计算出的t值为-3.119。这两个t值均落在拒绝域的临界值-2.120的左边，因此，我们推断室外平均温度和隔热层的厚度这两个变量的回归系数不为0。对于供暖火炉的已使用时间，计算出的t值为1.521，因此，我们推断其等于0。自变量供暖火炉的已使用时间不是供暖费用的一个显著的预测变量，可以从分析中将它剔除出去。

我们也可以使用P值来检验单个回归系数。同样，在计算机软件的输出结果中都会报告出来。在Excel的输出结果中，室外平均温度的t值为-5.934，P值为0.000。由于该P值小于0.05，所以自变量室外平均温度的回归系数不等于0，该变量应该被包括在用于预测供暖费用的方程中。对于隔热层厚度，t值为-3.119，P值为0.007。与室外平均温度一样，该P值小于0.05，因此我们推断隔热层厚度的回归系数不等于0，也应该被包括在用于预测供暖费用的方程中。与室外平均温度及隔热层厚度相比，检验供暖火炉的已使用时间的回归系数的P值为0.148，显然大于0.05，因此我们推断供暖火炉的已使用时间的回归系数可能等于0。更进一步，作为一个自变量，它不是供暖费用显著的预测变量。因此，供暖火炉的已使用时间不应该被包括在用于预测供暖费用的方程中。

此时，我们需要制定一个剔除自变量的策略。在Salsberry Realty的例子中，存在3个自变量。对于变量供暖火炉的已使用时间，我们推断其回归系数等于0。很明显，我们应该剔除这个自变量并重新建立回归方程。下面是MINITAB的输出结果，其中供暖费用是因变量，室外平均温度和隔热层的厚度是自变量。

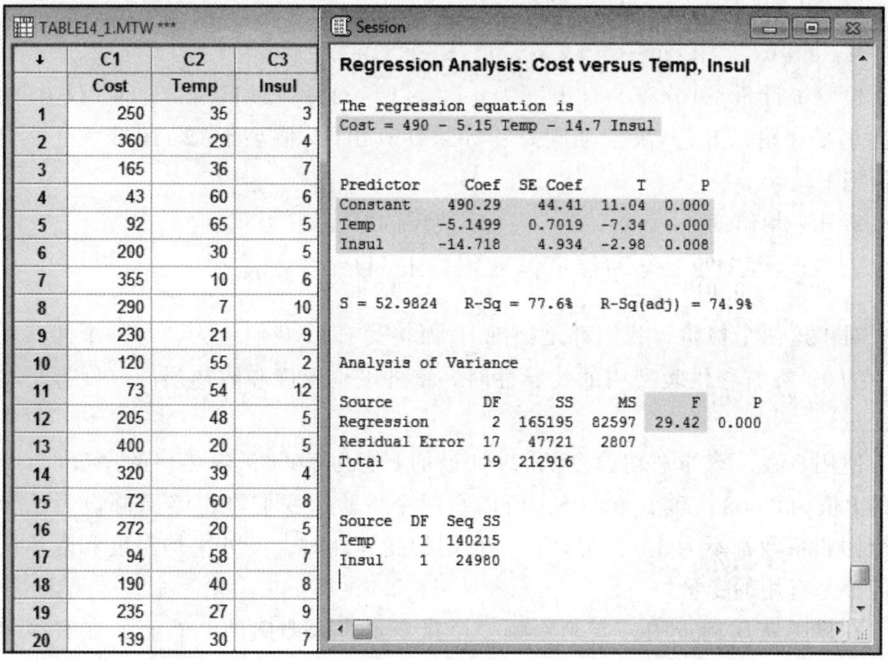
TABLE14_1.MTW ***

↓	C1 Cost	C2 Temp	C3 Insul
1	250	35	3
2	360	29	4
3	165	36	7
4	43	60	6
5	92	65	5
6	200	30	5
7	355	10	6
8	290	7	10
9	230	21	9
10	120	55	2
11	73	54	12
12	205	48	5
13	400	20	5
14	320	39	4
15	72	60	8
16	272	20	5
17	94	58	7
18	190	40	8
19	235	27	9
20	139	30	7

Session

Regression Analysis: Cost versus Temp, Insul

```
The regression equation is
Cost = 490 - 5.15 Temp - 14.7 Insul


Predictor      Coef  SE Coef       T      P
Constant     490.29    44.41   11.04  0.000
Temp        -5.1499   0.7019   -7.34  0.000
Insul       -14.718    4.934   -2.98  0.008


S = 52.9824   R-Sq = 77.6%   R-Sq(adj) = 74.9%


Analysis of Variance

Source          DF      SS     MS      F      P
Regression       2  165195  82597  29.42  0.000
Residual Error  17   47721   2807
Total           19  212916


Source  DF  Seq SS
Temp     1  140215
Insul    1   24980
```

从这个新的MINITAB输出结果中总结出以下几点：

1.新的回归方程为：

$\hat{Y} = 490.29 - 5.1499X_1 - 14.718X_2$

注意，室外平均温度（X_1）和隔热层的厚度（X_2）的回归系数与我们包括供暖火炉的已使用时间自变量时所得到的回归系数很接近，但不是完全相等。把上面的回归方程与Excel输出结果中的回归方程进行比较，与前面的方程一样，两个回归系数都为负。

2. 整体检验的详细过程如下：

H_0：$\beta_1 = \beta_2 = 0$

H_1：β_1、β_2不全为0

F分布是检验统计量，分子自由度为k =2，分母自由度为n-（k+1）=20-（2+1）=17。使用0.05的显著性水平和附录B.4，决策准则是：如果F的值大于3.59，则拒绝 H_0。我们计算F的值如下：

$$F = \frac{SSR/k}{SSE/[n-(k+1)]} = \frac{165\ 195 \div 2}{47\ 721 \div [20-(2+1)]} = 29.42$$

由于计算出的F值（29.42）大于临界值（3.59），所以拒绝原假设，并接受备择假设。我们认为，两个回归系数中至少有一个不为0。

使用P值，F检验统计值（29.42）的P值为0.000，显然小于0.05。因此，我们拒绝原假设，接受备择假设，认为两个回归系数中至少有一个不为0。

3. 下一步对单个回归系数进行检验。我们想要发现是否一个或两个回归系数不为0。对每一个回归系数，原假设和备择假设为：

室外平均温度	隔热层的厚度
H_0：$\beta_1 = 0$	H_0：$\beta_2 = 0$
H_1：$\beta_1 \neq 0$	H_1：$\beta_2 \neq 0$

检验统计量是t分布，自由度为n-（k+1）=20-（2+1）=17。使用0.05的显著性水平和附录B.2，决策准则是：如果计算出的t值小于-2.110或大于2.110，则拒绝 H_0。

室外平均温度

$$t = \frac{b_1 - 0}{s_{b_1}} = \frac{-5.1490-0}{0.7019} = -7.34$$

隔热层的厚度

$$t = \frac{b_2 - 0}{s_{b_2}} = \frac{-14.718-0}{4.934} = -2.98$$

对于这两个检验，我们都是拒绝 H_0 而接受 H_1。我们认为，每一个回归系数都不为0。在解释供暖费用的变异性时，室外平均温度和隔热层的厚度都是有用的变量。

使用P值，室外平均温度的t统计量的P值为0.000，隔热层的厚度的t统计量的P值为0.008，都小于0.05，所以在两个检验中我们都拒绝原假设，认为每一个回归系数都不为0。在解释供暖费用的变异性时，室外平均温度和隔热层的厚度都是有用的变量。

在供暖费用例子中，要剔除哪一个自变量是很明确的。然而，在有些案例中，应该剔除哪个变量可能不是那么明确。比如，假定我们建立了5个自变量的多元回归方程，我们先进行整体检验，并且发现有一些回归系数不为0。接下来，我们检验单个回归系数，并发现有3个是显著的而2个是不显著的。首选的程序是剔除t绝对值最小的或p值最大的那个自变量，并对保留下来的4个自变量重新建立回归方程，然后再对这个含有4个自变量的新回归方程进行单个回归系数的检验。如果仍然存在不显著的回归系数，再次把t绝对值最小的或p值最大的那个自变量加以剔除。换个说法，我们应该一次仅剔除一个变量。每次剔除了一个变量后，我们需要重新建立回归方程，并检验保留下来的变量。

通过使用Excel、MINITAB、MegaStat或其他统计软件，这种选择将变量保留在回归模型中的过程是可以自动完成的。多数软件系统包括依次剔除和（或）增加自变量的方法，也同时提供可被用于解释变异的百分比的估计（R-square项）。两个常用方法是逐步回归（stepwise regression）和最优子集回归（best subset regression）。这些方法可能要花很长时间，但在极端情形下，我们可以计算因变量与所有自变量任意可能的子集之间的每一个回归方程。

不幸的是，有时软件可能工作“太困难”了，以至于不能建立符合你的特定数据集特点的回归方程。提出的回归方程可能不能描述总体的关系。在统计软件给出的回归方程中进行选择需要你的判断能力，应考虑结果是否符合逻辑。应该有一个简单的解释，且与你掌握的应用方面的知识相符。

自测题14-3

关于Myrtle Beach餐馆选址问题的回归输出结果如下（见之前的自测题）：

Predictor	Coef	SE Coef	T	*p*-value
Constant	2.50	1.50	1.667	—
X_1	3.00	1.500	2.000	0.056
X_2	4.00	3.000	1.333	0.194
X_3	−3.00	0.20	−15.00	0.000
X_4	0.20	0.05	4.00	0.000
X_5	1.00	1.50	0.667	0.511

Analysis of Variance

Source	DF	SS	MS	F	*p*-value
Regression	5	100	20	10	0.000
Residual Error	20	40	2		
Total	25	140			

（a）进行整体检验以确定回归系数是否不全为0。你的决策是什么？使用0.05的显著性水平。

（b）检验单个回归系数。你认为应剔除哪一个变量？使用0.05的显著性水平。

（c）对可能剔除的自变量，提出一个方案。

练习题

7.已知下列回归输出结果。

Predictor	Coef	SE Coef	T	P
Constant	84.998	1.863	45.61	0.000
X_1	2.391	1.200	1.99	0.051
X_2	−0.4086	0.1717	−2.38	0.020

Analysis of Variance

Source	DF	SS	MS	F	P
Regression	2	77.907	38.954	4.14	0.021
Residual Error	62	583.693	9.414		
Total	64	661.600			

回答下列问题：

a.写出回归方程。

b.如果 X_1 为4，X_2 为11，因变量的值为多少？

c.样本容量为多少？有多少个自变量？

d.进行整体检验以确定回归系数是否不全为0。使用0.05的显著性水平。你的结论是什么？

e.进行单个自变量的假设检验，使用0.05的显著性水平。你认为应剔除哪一个变量？

f.概述此例中剔除自变量的策略。

8.下列回归输出结果来自对一家建筑公司的研究，因变量是费用总额（单位：百万美元）。

Predictor	Coef	SE Coef	T	*p*-value
Constant	7.987	2.967	2.69	—
X_1	0.12242	0.03121	3.92	0.000
X_2	−0.12166	0.05353	−2.27	0.028
X_3	−0.06281	0.03901	−1.61	0.114
X_4	0.5235	0.1420	3.69	0.001
X_5	−0.06472	0.03999	−1.62	0.112

Analysis of Variance

Source	DF	SS	MS	F	*p*-value
Regression	5	3 710.00	742.00	12.89	0.000
Residual Error	46	2 647.38	57.55		
Total	51	6 357.38			

X_1：公司聘用的建筑师人数。

X_2：公司聘用的工程师人数。

X_3：公司执行健康计划的年数。

X_4：公司业务涉及的州数。

X_5：公司涉及健康计划工作的百分比。

a.写出回归方程。

b.样本容量为多少？有多少个自变量？

c.进行整体检验以确定回归系数是否不全为0。使用0.05的显著性水平。你的结论是什么？

d.进行单个自变量的假设检验，使用0.05的显著性水平。你认为应剔除哪一个变量？

e.概述此例中剔除自变量的策略。

（答案：a. $\hat{Y}=7.987+0.12242X_1-0.12166X_2-0.06281X_3+0.5235X_4-0.06472X_5$ b. 52.5　c.拒绝 H_0　d. X_3　e.见教师手册）

14.5　评价多元回归分析的假设

在前面部分中，我们描述了对多元回归方程进行统计评价的方法。检验结果让我们知道，是否至少有一个系数不为0。我们还介绍了评价每一个回归系数的程序。此外，我们讨论了在多元回归方程中纳入和剔除自变量的决策制定程序。

知道整体检验和单个系数检验的有效性依赖于一些假设是很重要的，即如果这些假设不成立，那么检验的结果可能会出现偏差或误导。然而，在实践中，严格遵守这些假设是不可能的。幸运的是，当一个或多个假设被违背时，本章所讨论的统计方法依旧能起到有效的作用。即使多元回归方程中的数值出现了轻微“偏差”，我们利用多元回归方程得到的估计结果仍会比用别的方法得到的估计结果更接近。通常，对于违背一些假设的情况，统计方法有足够的能力来加以克服。

在第13章中，我们列出了只考虑一个自变量时回归分析的必要假设（见13.8节）。对于多元回归，假设是类似的。

1.**存在一个线性关系**。即因变量与多个自变量之间存在直线关系。

2.**无论 $\hat{Y}$ 值大小，其残差的变异均相同**。换句话说，不管 $\hat{Y}$ 的值是大还是小，（$Y-\hat{Y}$）与其无关。

3.**残差服从正态概率分布**。回顾一下，残差是实际值Y与估计值 $\hat{Y}$ 之间的差。所以，根据数据集中每一个观测值来计算 $Y-\hat{Y}$。这些残差应该近似服从一个正态分布。此外，残差的均值应为0。

4.**自变量应该是不相关的**。即我们希望选择一组彼此之间不相关的自变量。

5.**残差是独立的**。这意味着因变量的系列观测值是不相关的。当样本观测值涉及时间时，这个假设经常被违背。

本节我们将对每一个假设进行简单讨论。此外，我们还提供证实这些假设的方法，并指出这些假设未被满足的后果。如果对本书未涉及问题的论述感兴趣，可参见Kutner、Nachtscheim、Neter和Li所著的*Applied Linear Statistical Models* (5th ed.)。

线性关系

让我们从线性假设开始。思路是：因变量与一组自变量之间的关系是线性的。如果我们考虑两个自变量，我们能使此假设可视化。两个自变量和因变量构成一个三维空间，那么回归方程就可以表示为一个平面。我们可以利用散点图和残差图来评价此假设。

利用散点图 评价一个多元回归方程总是包括一个散点图，它是根据每个自变量来绘制因变量的。这些图帮助我们想象因变量与自变量之间的关系，且提供关于这一关系的方向（正或负）、线性和强度的一些初始信息。例如，住宅供暖费用例子的散点图如下。散点图表明，供暖费用与室外平均温度之间存在相当强的负线性关系，而供暖费用与隔热层的厚度之间存在弱的负线性关系。

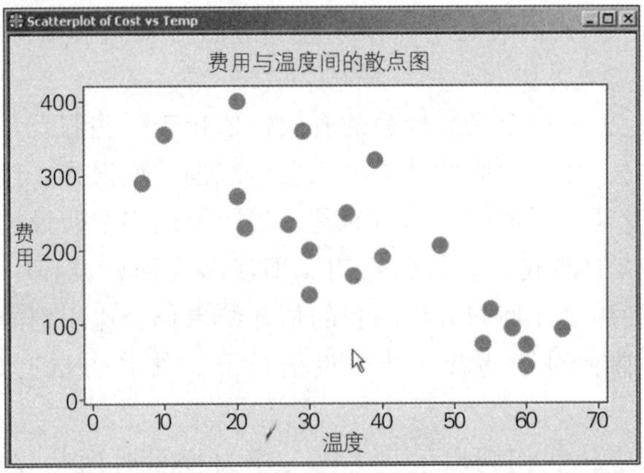

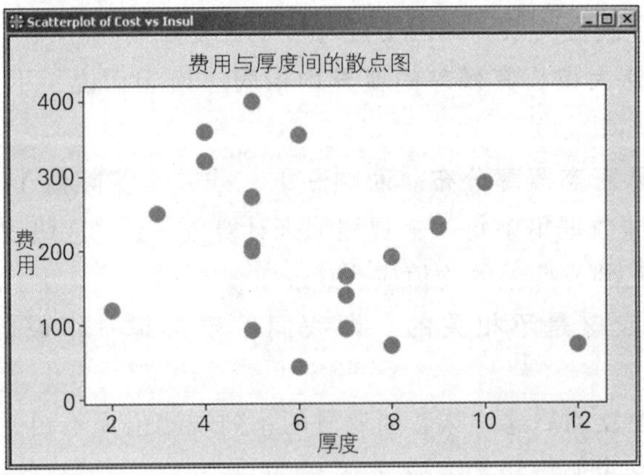

利用残差图[1] 回顾一下，对于数据集中每一个观测值，我们均能利用多元回归方程来计算残差 $Y-\hat{Y}$。在第13章中，我们讨论了在散点图上经过数据中心的最佳回归直线的概念。在这种情形下，你能得到位于回归直线上方确切的观测值（这些残差应该有正号）的个数和位于回归直线下方确切的观测值（这些残差

① LO 14-6利用残差分析来评价多元回归分析的假设。

应该有负号）的个数。另外，在自变量的整个取值范围内，观测值应该散布在回归直线的上方和下方。

同样的概念对于多元回归也是成立的，但我们不能在图形上描述多元回归。然而，残差图能帮助我们评价多元回归方程的线性。为了便于研究，残差被标示在纵轴上，预测变量 $\hat{Y}$ 被标示在横轴上。左下方的图显示了住宅供暖费用例子的残差图。注意下列问题：

- 残差被标示在纵轴上，且在以0为中心的上下方散布着，有正的残差也有负的残差。
- 在自变量的整个取值范围内，残差图显示了正的残差和负的残差是随机分布的。
- 残差点是分散的且没有明显的模式，所以没有理由怀疑线性的假设。

此残差图证实了线性的假设。

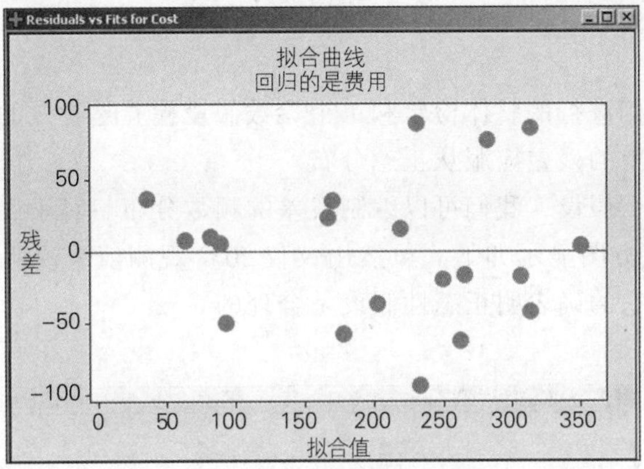

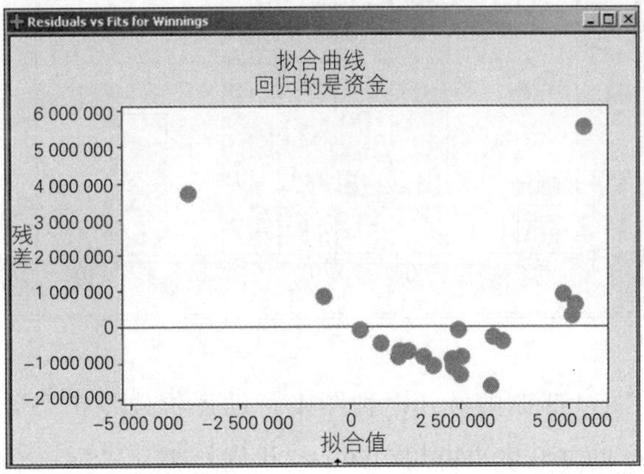

如果散点图显示了一种模式，那么进一步的研究是必要的。例如，右上方散点图上的点表示的残差是非随机残差。注意，在横轴自变量的整个取值范围内，正的残差和负的残差构成的残差图没有显示出随机分布。事实上，这个图表示了一个曲线模式的残差图。这就表明变量之间可能不是线性关系。此例中，我们对方程的不同转换进行评估，正如第13章中讨论的那样。

无论 $\hat{Y}$ 值大小，其残差的变异均相同

这个要求指出，不管预测值是大还是小，预测值的变异都是一个常数。举一个可能违背此假设的特殊例子，假定我们用单个自变量年龄来解释收入的变异。我们认为，随着年龄的增长，收入也在增加，但随着年龄的增长，回归直线周围的变异增大也是合理的。那么，很有可能50岁的人的收入比35岁的人的收入有更大的变异。回归直线周围有常数变异的要求被称为同方差性。

同方差性 对于自变量的所有取值，回归直线周围的变异是相同的。

为了检验同方差性，我们绘制残差关于Y的拟合值的图。此图与我们用于评价线性的图是相同的。基于软件输出的散点图，得出此假设未被违背的结论是合理的。

残差的分布

为了保证我们进行的整体检验和单个参数假设检验是有效的，我们要评价残差的分布。理想上的残差应服从正态分布。

为了评价这个假设，我们可以编制残差的频数分布。对于供暖费用例子，残差的MINITAB直方图显示如下。虽然用仅仅20个观测值来说明残差服从正态分布是困难的，但它的确表明正态性假设是合理的。

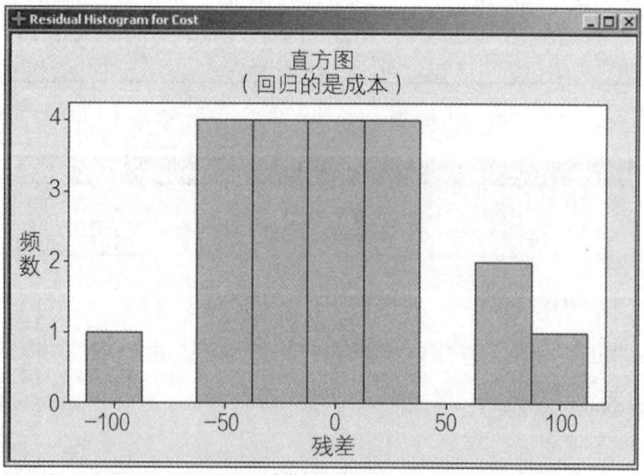

MINITAB和Excel都提供另外一种图来帮助评价残差正态分布的假设。它被称为**正态概率图**（normal probability plot），并被显示在下面。我们将在15.6节中进行具体描述。如果在正态概率图中标出的点相当接近于一条从左下方画到右上方的直线，那么就证实了残差服从正态分布的假设。

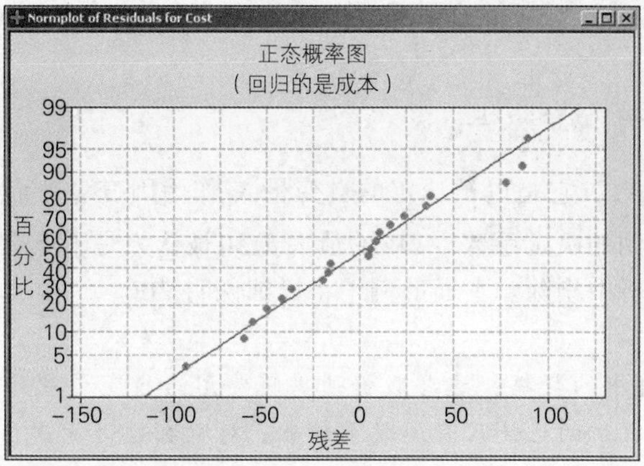

此例中，两个图都证实了残差服从正态概率分布的假设。因此，这一评价结果可以支持我们根据整体检验和单个参数假设检验所作的推断。

多重共线性①

当自变量相关时，就存在多重共线性。在对单个回归系数进行统计推断和估计单个自变量对因变量的作用时，相关的自变量会使这些工作难以进行。实践中，选择完全不相关的变量几乎是不可能的。换句话说，在某种程度上，要构造不相关的一组自变量几乎是不可能的。然而，对多重共线性这一问题具有基本的了解是很重要的。

首先，我们应该指出，多重共线性并不影响多元回归方程预测因变量的能力。但是，当我们感兴趣于评价单个自变量与因变量之间的关系时，多重共线性可能就会导致意想不到的结果。

例如，如果我们利用两个高度相关的变量——高中的GPA和高中班级排名——来预测大学新生的GPA（因变量），我们期望两个自变量与因变量都是正相关的。然而，因为自变量是高度相关的，一个自变量可能有一个意想不到的和无法解释的负号。本质上，由于这两个自变量解释了因变量相同的变异，所以它们就显得有些多余了。

避免相关自变量的第二个理由是，在对单个自变量进行假设检验时，相关自变量可能导致错误的结果。这归因于估计标准误差的不稳定性。几条线索表明，多重共线性问题包括以下几个方面：

1.已知一个重要预测变量的自变量的回归系数却不显著。

2.一个应该是正号的回归系数结果却为负号；反之亦然。

3.当增加或剔除一个自变量时，其余回归系数的数值有极大的改变。

当我们评价多元回归方程时，减轻多重共线性影响的一个方法是，谨慎选择包含在回归方程中的自变量。一般法则是：如果两个自变量之间的相关系数介于−0.70和0.70之间，那么使用这两个自变量可能不会是一个问题。更精确的检

① LO 14-7 评价相关自变量的影响。

验是使用方差膨胀因子（variance inflation factor），它通常写作VIF。VIF的值按下式计算：

方差膨胀因子 $$\text{VIF}=\frac{1}{1-R_j^2} \tag{14-7}$$

R_j^2 是决定系数，它是以被选定的自变量 X_j 作为因变量，而剩下的自变量仍作为自变量而得到的决定系数。VIF的值大于10被认为是不能令人满意的，表明该自变量应从分析中剔除。下面的例子将详细说明VIF。

举例：

参见表14-1中的数据，这些数据使供暖费用与自变量室外平均温度、隔热层的厚度和供暖火炉的已使用时间联系起来。对所有自变量建立相关矩阵。它表明存在多重共线性问题吗？计算和解释每一个自变量的方差膨胀因子。

解答：

我们先利用MINITAB系统计算4个变量（1个因变量和3个自变量）两两之间的相关矩阵。部分输出结果如下：

```
          Cost        Temp     Insul
Temp    -0.812
Insul   -0.257      -0.103
Age      0.537      -0.486     0.064
```

标亮的部分表明了自变量间的相关关系。由于所有相关系数都在−0.70与0.70之间，所以我们不觉得存在多重共线性问题。自变量之间最大的相关系数是−0.486，它是室外温度与供暖火炉的已使用时间之间的相关系数。

为了证实这个结论，我们计算每一个自变量的VIF。我们首先考虑自变量室外温度。我们以室外温度作为因变量，以隔热层的厚度和供暖火炉的已使用时间作为自变量，利用MINITAB计算其多元决定系数。有关的MINITAB输出结果如下：

```
Regression Analysis: Temp versus Insul, Age

The regression equation is
Temp = 58.0 - 0.51 Insul - 2.51 Age

Predictor       Coef    SE Coef       T       P
Constant       57.99      12.35    4.70   0.000
Insul         -0.509      1.488   -0.34   0.737
Age           -2.509      1.103   -2.27   0.036

S = 16.0311   R-Sq = 24.1%   R-Sq(adj) = 15.2%

Analysis of Variance
Source            DF        SS       MS      F       P
Regression         2   1 390.3    695.1   2.70   0.096
Residual Error    17   4 368.9    257.0
Total             19   5 759.2
```

决定系数是0.241，将此数值代入VIF的公式：

$$VIF=\frac{1}{1-R_j^2}=\frac{1}{1-0.241}=1.32$$

VIF的值为1.32，它小于上限10，这说明自变量室外温度与其他自变量之间不存在强相关。

同样，为了计算隔热层厚度的VIF，我们以隔热层的厚度作为因变量，而以室外温度和供暖火炉的已使用时间作为自变量，并建立回归方程。对于这个方程，我们计算其多元决定系数，即 R_2^2 的值，我们将这个数值代入方程（14-7）中，就能得到VIF的值。

很幸运的是，MINITAB将产生每一个自变量的VIF的值。这些值在下面MINITAB输出结果右边的标题为VIF的列中给出。所有的值都小于10，因此我们认为此例中不存在多重共线性问题。

```
The regression equation is
Cost = 427 - 4.58 Temp - 14.8 Insul + 6.10 Age

Predictor        Coef   SE Coef       T       P     VIF
Constant       427.19     59.60    7.17   0.000
Temp          -4.5827    0.7723   -5.93   0.000   1.318
Insul         -14.831     4.754   -3.12   0.007   1.011
Age            -6.101     4.012    1.52   0.148   1.310
```

独立观测值

回归和相关分析的第五个假设是相继出现的残差应是独立的。这意味着残差不存在一个模式，残差不是高度相关的，不可能出现一长串的正残差或负残差。当相继出现的残差相关时，我们称这种情况为自相关（autocorrelation）。

当数据是在一段时间内被收集时，就会频繁发生自相关。例如，我们想根据时间和广告费用来预测Ages Software公司的年销售额，因变量是年销售额，而自变量是时间和广告费用。很可能发生的情况是：在一段时间内，实际数据点在回归平面（记住这里有两个自变量）的上方，而在接下来的一段时间内，实际数据点又在回归平面的下方。下图显示了被标示在纵轴上的残差和被标示在横轴上的拟合值 $\hat{Y}$ 。注意，在一连串残差均值之上的残差之后，紧跟着一连串残差均值之下的残差。像这样的散点图表明可能存在正自相关。

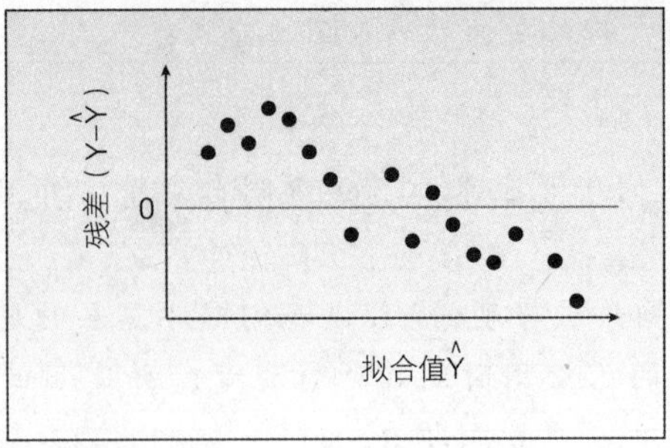

14.6 定性的自变量[①]

在前面关于供暖费用的例子中，两个自变量——室外平均温度和隔热层的厚度都是定量变量，即本质上它们是数值。然而，我们经常要在分析中使用名义尺度变量，如性别、住宅是否带有游泳池或运动队是主队还是客队。由于这些变量描述了一种诸如男性或女性这样特定的特性，所以，它们被称为**定性变量**（qualitative variables）。为了在回归分析中利用定性变量，我们使用**哑变量**（dummy variables）的组合，在该组合中有取0和取1两种情况。

哑变量 仅有两种可能结果的变量。在分析中，一种可能结果记为1，而另一种可能结果记为0。

例如，我们或许感兴趣于根据一位经营主管的工龄及其是否大学毕业来估计该主管的工资。"大学毕业"只能取两种结果中的一种：是或不是。因此，它被看作一个定性变量。

实践中的统计学

最近几年，多元回归已经在各种法律诉讼中得到应用，在有关性别或种族歧视的诉讼案例中尤其有用。例如，假定某位女士指控X公司的工资等级对女性是不公平的。为了支持这个指控，原告用数据加以说明，平均来说，女性比男性挣得少。作为回答，X公司争辩说，它的工资等级是以经验、培训和技能为基础的，并且它的女性员工平均来说比男性员工年轻且缺乏经验。事实上，这家公司还可以进一步辩解说，目前的情形实际上是由于公司近期成功地招聘到了较多的女性。

假定在Salsberry Realty的例子中增加自变量"车库"，对那些没有附带车库的住宅，用0表示；对那些附带车库的住宅，用1表示。我们将"车库"变量作为X_4。表14-2中的数据被输入MINITAB系统中。回顾一下，由于我们认为供暖火炉的已使用时间并不与供暖费用显著相关，所以该变量被剔除。

① LO 14-8评价和使用定性的自变量。

表 14-2　　供暖费用、室外平均温度、隔热层的厚度和是否附带车库（20套住宅样本）

供暖费用 Y	室外平均温度 X_1	隔热层的厚度 X_2	是否附带车库 X_4
$250	35	3	0
360	29	4	1
165	36	7	0
43	60	6	0
92	65	5	0
200	30	5	0
355	10	6	1
290	7	10	1
230	21	9	0
120	55	2	0
73	54	12	0
205	48	5	1
400	20	5	1
320	39	4	1
72	60	8	0
272	20	5	1
94	58	7	0
190	40	8	1
235	27	9	0
139	30	7	0

MINITAB的输出结果为：

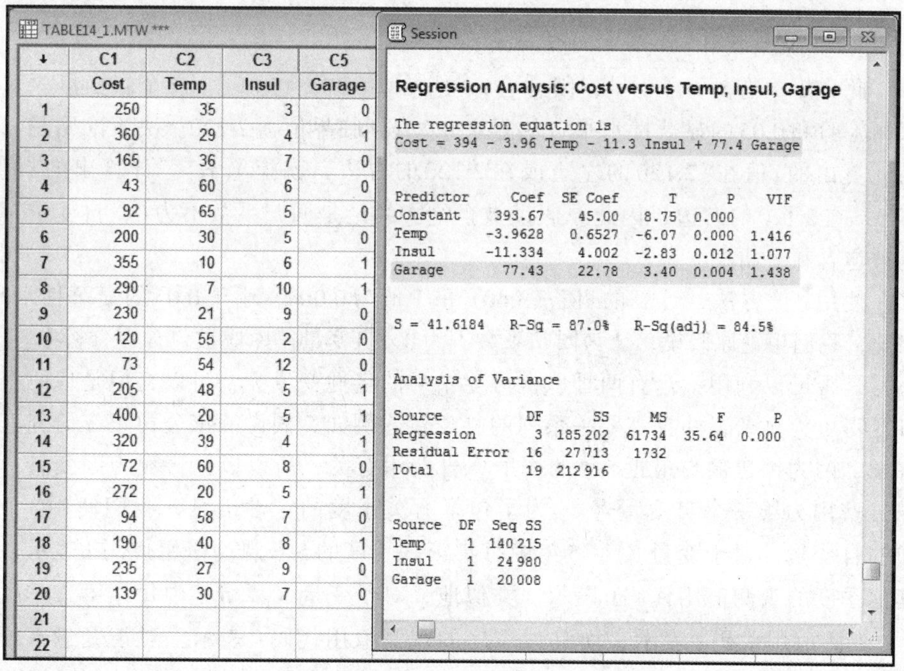

TABLE14_1.MTW ***

↓	C1 Cost	C2 Temp	C3 Insul	C5 Garage
1	250	35	3	0
2	360	29	4	1
3	165	36	7	0
4	43	60	6	0
5	92	65	5	0
6	200	30	5	0
7	355	10	6	1
8	290	7	10	1
9	230	21	9	0
10	120	55	2	0
11	73	54	12	0
12	205	48	5	1
13	400	20	5	1
14	320	39	4	1
15	72	60	8	0
16	272	20	5	1
17	94	58	7	0
18	190	40	8	1
19	235	27	9	0
20	139	30	7	0
21				
22				

Session

Regression Analysis: Cost versus Temp, Insul, Garage

```
The regression equation is
Cost = 394 - 3.96 Temp - 11.3 Insul + 77.4 Garage

Predictor      Coef  SE Coef      T      P    VIF
Constant     393.67    45.00   8.75  0.000
Temp        -3.9628   0.6527  -6.07  0.000  1.416
Insul       -11.334    4.002  -2.83  0.012  1.077
Garage        77.43    22.78   3.40  0.004  1.438

S = 41.6184   R-Sq = 87.0%   R-Sq(adj) = 84.5%

Analysis of Variance

Source          DF       SS     MS      F      P
Regression       3  185 202  61734  35.64  0.000
Residual Error  16   27 713   1732
Total           19  212 916

Source  DF   Seq SS
Temp     1  140 215
Insul    1   24 980
Garage   1   20 008
```

车库变量的影响如何？它是否应被包含在分析中？为了说明这一变量的影响，假设我们在纽约的Buffalo有两套彼此相邻的完全相似的住宅，一套附带车库，另一套没有车库。两套住宅都有3英寸厚的隔热层，Buffalo一月份的平均温度是20℉。

对于没有车库的住宅，用0代入回归方程中的 X_4，得到供暖费用的估计值为280.90美元，计算过程如下：

$$\hat{Y} = 394 - 3.96X_1 - 11.3X_2 + 77.4X_4$$
$$= 394 - 3.96 \times 20 - 11.3 \times 3 + 77.4 \times 0 = 280.90$$

对于附带车库的住宅，用1代入回归方程中的 X_4，得到供暖费用的估计值为358.30美元，计算过程如下：

$$\hat{Y} = 394 - 3.96X_1 - 11.3X_2 + 77.4X_4$$
$$= 394 - 3.96 \times 20 - 11.3 \times 3 + 77.4 \times 1 = 358.30$$

供暖费用的两个估计值之间的差为77.40美元（358.30 −280.90）。因此，我们可以预期，附带车库的住宅的供暖费用要比没有车库的同样住宅的供暖费用多77.40美元。

我们已经说明两种类型住宅的供暖费用之间的差为77.40美元，但是这一差值显著吗？我们进行下面的假设检验：

H_0: $\beta_4 = 0$

H_1: $\beta_4 \neq 0$

前面的MINITAB输出结果中给出了回答这个问题所必需的信息。自变量车库的净回归系数为77.43，抽样分布的标准差为22.78。我们将它作为第4个自变量，下标为4。最后，我们将这些数值代入公式（14-6）。

$$t = \frac{b_4 - 0}{s_{b_4}} = \frac{77.43 - 0}{22.78} = 3.40$$

此分析中有3个自变量，因此有n-（k+1）=20-（3+1）=16个自由度。对于双侧检验和0.05的显著性水平，从附录B.2查到临界值为2.120。决策准则是：如果计算出的t值在-2.120的左边或在2.120的右边，就拒绝 H_0。计算出的t值为3.40，在2.120的右边，因此原假设被拒绝。结论是回归系数不为0，自变量车库应被包含在分析中。

使用P值方法，计算的t值（3.40）的P值为0.004，小于0.05的显著性水平，因此，我们拒绝原假设，认为回归系数不为0，自变量车库应被包含在分析中。

是否可以利用一个有两种以上可能结果的定性变量呢？可以，但是代码组合将变得更为复杂，并且需要一系列的哑变量。例如，假设一家公司正在研究其销售额，因为销售额与最近5年的季度广告费用有关，所以以销售额为因变量，以广告费用为第一个自变量 X_1。为了包括有关季度的定性信息，我们使用3个附加的自变量。对于变量 X_2，5年中每年第一季度的5个观测值用代码1表示，而其他季度的观测值用代码0表示。类似地，对于变量 X_3，5年中每年第二季度的5个观测值用代码1表示，而其他季度的观测值用代码0表示。对于变量 X_4，5

年中每年第三季度的5个观测值用代码1表示，而其他季度的观测值用代码0表示。不是前三个季度的观测值必然是第四季度的观测值，因此不需要一个不同的自变量来指明这个季度。

自测题 14-4

American Realtors Association的一项研究调查了销售合伙人去年获得的佣金与其获得房地产经营执照以来的月数之间的关系。同时，这项研究也调查了销售合伙人的性别。下面是回归输出结果的一部分。因变量是佣金（千美元），自变量是获得执照以来的月数和性别（女性=1，男性=0）。

（a）写出回归方程。一位在30个月之前获得房地产经营执照的女性代理人，你预期她获得的佣金为多少？

（b）平均来说，女性代理人比男性代理人获得的佣金是更多还是更少？如果是更多，那么多了多少？

（c）进行假设检验确定自变量性别是否应被包含在分析中。使用0.05的显著性水平。你的结论是什么？

Regression Analysis

Regression Statistics

Multiple R	0.801
R Square	0.642
Adjusted R Square	0.600
Standard Error	3.219
Observations	20

ANOVA

	df	*SS*	*MS*	*F*	*p-value*
Regression	2	315.9291	157.9645	15.2468	0.0002
Residual	17	176.1284	10.36049		
Total	19	492.0575			

	Coefficients	*Standard Error*	*t Stat*	*p-value*
Intercept	15.7625	3.0782	5.121	0.0001
Months	0.4415	0.0839	5.262	0.0001
Gender	3.8598	1.4724	2.621	0.0179

14.7 逐步回归[①]

在我们供暖费用的例子中（见表14-1和表14-2中的样本信息），我们考虑了4个自变量：室外平均温度、房屋隔热层的厚度、供暖火炉的已使用时间和是否附带车库。为了得到方程，我们首先建立了整体检验或“同时”（all at once）

① LO 14-9解释逐步回归。

检验来确定是否所有回归系数都显著。当我们发现至少有一个系数是显著的时，我们检验单个回归系数来确认重要的回归变量。我们剔除了回归系数不显著的自变量，保留了其他自变量。通过根据显著系数保留自变量的方法，我们得到了使用最少自变量的回归方程。这使得回归方程很容易被解释，而且可以解释因变量变异中尽可能多的部分。

现在我们要描述一种被称为逐步回归（stepwise regression）的方法。对于建立只包含显著回归系数的自变量的方程来说，这个方法更加有效。

逐步回归 其是从一个自变量开始，一个接一个地增加或剔除自变量，最终确定回归方程的一种逐步方法。只有非零回归系数的自变量才被包含在回归方程中。

在逐步方法中，我们构建了一系列方程。第一个方程只包含一个自变量。这个自变量是一组自变量中解释因变量差异最多的一个。换言之，如果我们计算出每个自变量与因变量的简单相关系数，那么逐步方法首先选择与因变量有最强相关性的自变量。

紧接着，在剩余自变量中，逐步方法选择了能够解释未被解释的变异最大百分比的自变量。继续这个过程直到所有具有显著回归系数的自变量都被包含在回归方程中为止。逐步方法的好处在于：

1. 只有显著回归系数的自变量才能进入方程。
2. 建立回归方程的步骤很清晰。
3. 对于寻找只含有显著回归系数的回归方程很有效。
4. 多元估计标准误差和决定系数的变化可以被表现出来。

下面是供暖费用问题逐步 MINITAB 的输出结果。注意，最终的方程包含了自变量室外平均温度、车库和隔热层的厚度。这与使用整体检验和单个自变量检验得到的方程中应包含的自变量一致。由于自变量供暖火炉的已使用时间不是供暖费用的显著预测变量，因此不将其包含在内。

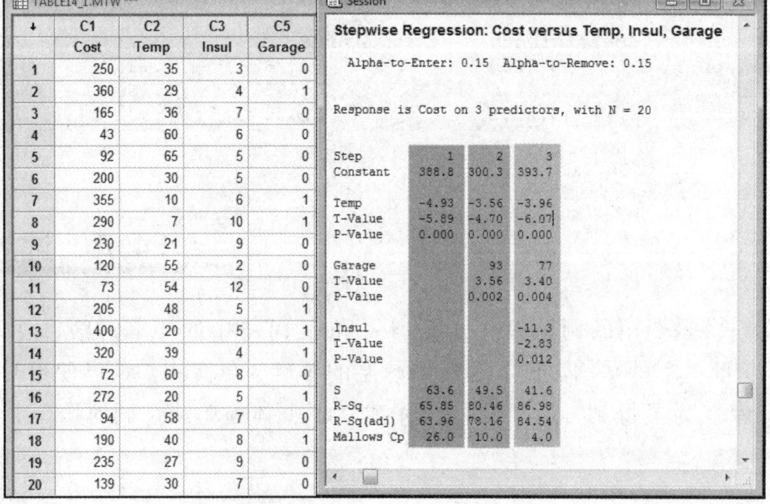
TABLE14_1.MTW ***

↓	C1 Cost	C2 Temp	C3 Insul	C5 Garage
1	250	35	3	0
2	360	29	4	1
3	165	36	7	0
4	43	60	6	0
5	92	65	5	0
6	200	30	5	0
7	355	10	6	1
8	290	7	10	1
9	230	21	9	0
10	120	55	2	0
11	73	54	12	0
12	205	48	5	1
13	400	20	5	1
14	320	39	4	1
15	72	60	8	0
16	272	20	5	1
17	94	58	7	0
18	190	40	8	1
19	235	27	9	0
20	139	30	7	0

Session

Stepwise Regression: Cost versus Temp, Insul, Garage

```
  Alpha-to-Enter: 0.15  Alpha-to-Remove: 0.15

Response is Cost on 3 predictors, with N = 20

Step             1       2       3
Constant     388.8   300.3   393.7

Temp         -4.93   -3.56   -3.96
T-Value      -5.89   -4.70   -6.07
P-Value      0.000   0.000   0.000

Garage                  93      77
T-Value               3.56    3.40
P-Value              0.002   0.004

Insul                        -11.3
T-Value                      -2.83
P-Value                      0.012

S             63.6    49.5    41.6
R-Sq         65.85   80.46   86.98
R-Sq(adj)    63.96   78.16   84.54
Mallows Cp    26.0    10.0     4.0
```

回顾步骤并解释输出结果：

1.逐步方法首先选择了室外平均温度这个自变量。其能够解释的供暖费用的变异比其他3个自变量的任意一个都多，它能解释供暖费用变异的65.85%。回归方程为：

$$\hat{Y} = 388.8 - 4.93X_1$$

室外平均温度与供暖费用呈负相关关系。温度每升高1°F，供暖费用将减少4.93美元。

2.加入方程的第二个自变量是车库。当此变量加入回归方程时，决定系数从65.85%提高到80.46%。也就是说，通过增加车库这个自变量，决定系数提高了14.61%。此时回归方程为：

$$\hat{Y} = 300.3 - 3.56X_1 + 93.0X_4$$

通常，从第一步到第二步，回归系数会有所改变。在本例中，温度的系数保留了其负向的符号，但是从-4.93变到-3.56。这一变化是增加自变量车库所导致的。为什么逐步方法选择了车库这个自变量而不是隔热层的厚度或者供暖火炉的已使用时间？加入车库导致决定系数R^2的增加比加入其他两个中任一变量导致的R^2的增加都要大。

3.此时还剩两个未使用的变量——隔热层的厚度和供暖火炉的已使用时间。注意，在第三步中选择了隔热层的厚度，然后停止了。这表明变量隔热层的厚度解释供暖费用剩余变异中的部分要多于供暖火炉已使用时间所能解释的。在第三步之后，回归方程为：

$$\hat{Y} = 393.7 - 3.96X_1 + 77.0X_4 - 11.3X_2$$

此时，供暖费用变异的86.98%可以用3个自变量，即室外平均温度、车库和隔热层的厚度来解释。除了四舍五入的差异，R^2值和回归方程与前述一致。

4.至此逐步过程停止。这就意味着自变量供暖火炉的已使用时间并不能显著增加决定系数。

与前面章节介绍的整体检验和单个检验一样，逐步方法构建了相同的回归方程，选择了相同的自变量，得到了相同的决定系数。其优势在于，相比于整体检验和单个检验的组合，逐步方法更加直接。

变量选取还可以使用其他方法。因为我们从无自变量开始，每一步迭代增加一个自变量到回归方程中，所以逐步方法也称**向前选择方法**（forward selection method）。也有**向后剔除方法**（backward elimination method），该方法从整组变量开始，每一步迭代剔除一个自变量。

到目前为止，所描述的方法都是一次考虑一个变量，然后决定是否包含或者剔除该变量。另一种方法是**最优子集回归**（best-subset regression）。使用该方法，我们可以用1个自变量来观测最优模型，用2个自变量来观测最优模型，用3个自变量来观测最优模型等。准则是不管自变量的个数，选择R^2最大的模型。同时，每个自变量无须具有非零回归系数。由于每个自变量要么被包含在模型中，要么不被包含在模型中，所以有2^k-1种可能的模型，其中k为自变量个数。

在供暖费用例子中，我们考虑了4个自变量，因此有15种（$2^4-1=16-1$）可能的模型。我们可以用1个自变量检验所有的回归模型，用2个自变量检验所有的组合，用3个变量检验所有的组合，以及用4个自变量检验回归模型。最优子集回归的优势在于，它可以检验逐步方法未考虑的自变量组合。该过程在MINITAB和MegaStat中可以进行。

练习题

9.一家坐落于南加州的大型家具制造商High Point Sofa and Chair的生产经理正在研究公司雇用的15名电修工人的工作绩效分数。人力部门需要一次能力倾向测试来挑选电修工人。生产经理能够得到样本中每名电修工人的分数。此外，他决定了哪名工人是工会成员（code=1），哪名不是（code=0）。下面是样本信息。

工人	工作绩效分数	能力倾向测试分数	工会成员
Abbott	58	5	0
Anderson	53	4	0
Bender	33	10	0
Bush	97	10	0
Center	36	2	0
Coombs	83	7	0
Eckstine	67	6	0
Gloss	84	9	0
Herd	98	9	1
Householder	45	2	1
Iori	97	8	1
Lindstrom	90	6	1
Mason	96	7	1
Pierse	66	3	1
Rohde	82	6	1

a.用统计软件包建立多元回归方程，工作绩效分数为因变量，能力倾向测试分数和工会成员为自变量。

b.评价回归方程。必须包含决定系数和工会成员的影响。这两个变量在解释工作绩效变异上是有效的吗？

c.通过假设检验，确定工会成员是否应该作为自变量被包含在模型中。

10.一个房地产开发商希望研究顾客期望购买的房屋规模（平方英尺）与其他变量的关系。可能的自变量有家庭收入、家庭规模、是否有年长的父母与其同住（有为1，没有为0），以及夫妻双方高中以上受教育的总年数。以下报告的是样本信息。

家庭	房屋规模（平方英尺）	家庭收入（千美元）	家庭规模	是否有年长的父母与其同住	受教育总年数
1	2 240	60.8	2	0	4
2	2 380	68.4	2	1	6
3	3 640	104.5	3	0	7
4	3 360	89.3	4	1	0
5	3 080	72.2	4	0	2
6	2 940	114	3	1	10
7	4 480	125.4	6	0	6
8	2 520	83.6	3	0	8
9	4 200	133	5	0	2
10	2 800	95	3	0	6

构建一个适当的多元回归方程。在最终的回归方程中，将包含哪些自变量？使用逐步回归。

（答案：$\hat{Y}=712.7+372X_3+12.1X_2$（不包括家庭规模和收入），$R^2$=89.82%）

14.8 多元回归的回顾

本章描述了多元回归的多方面内容。本节集中讨论一个例子及其解答，并对多元回归分析的应用做出指导。

举例：

新英格兰银行是服务新英格兰州、纽约和新泽西的一家大型金融机构。新英格兰银行的房屋抵押贷款部门在研究最新的贷款数据。特别感兴趣的是这些变量，如房屋被购买时的价值（千美元）、户主的文化程度（从1年级开始算起的受教育年数）、户主的年龄、目前每月的按揭付款（美元）、户主的性别（男=1，女=0）与家庭收入的关系。房屋抵押贷款部门想知道上述变量是否能够有效地预测家庭收入。

解答：

首先，考虑一个随机样本，该样本由上个月提交给新英格兰银行的贷款申请所组成，样本容量为25。部分样本信息见表14-3。整个数据集可从网站（www.mhhe.com/lind8e）获得，且被标识为新英格兰银行。

表14-3 新英格兰银行25个贷款的样本信息

贷款	收入（千美元）	价值（千美元）	教育	年龄	按揭付款	性别
1	100.7	190	14	53	230	1
2	99.0	121	15	49	370	1
3	102.0	161	14	44	397	1
⋮	⋮	⋮	⋮	⋮	⋮	⋮
23	102.3	163	14	46	142	1
24	100.2	150	15	50	343	0
25	96.3	139	14	45	373	0

接着，我们构建一个相关矩阵。它表明每个自变量与因变量之间的关系。该矩阵有助于找到与因变量（家庭收入）相关性更强的自变量，同时也可以揭露高度相关且可能多余的自变量。相关矩阵如下：

	收入（千美元）	价值（千美元）	教育	年龄	按揭付款	性别
收入（千美元）	1.0000					
价值（千美元）	0.7197	1.0000				
教育	0.1880	−0.1437	1.0000			
年龄	0.2426	0.2195	0.6209	1.0000		
按揭付款	0.1157	0.3579	−0.2103	−0.0379	1.0000	
性别	0.4856	0.1841	0.0619	0.1558	−0.1290	1.0000

从这个相关矩阵中我们可以知道什么？

1.家庭收入与房屋价值强相关。申请贷款人的性别和家庭收入也是中等相关。这两个相关系数在相关矩阵中用黑色标亮。

2.按揭付款与家庭收入弱相关，用深灰色方框标亮。

3.自变量间的所有可能相关系数都用浅秋色标记出。我们的标准是找出超过绝对值0.700的相关系数。根据这个标准，没有一个自变量和其他自变量具有强相关性。这说明不可能有多重共线性。

接着，我们用所有的自变量计算多元回归方程。软件结果如下：

	A	B	C	D	E	F
1	SUMMARY OUTPUT					
2						
3	*Regression Statistics*					
4	Multiple R	0.866				
5	R Square	0.750				
6	Adjusted R Square	0.684				
7	Standard Error	1.478				
8	Observations	25				
9						
10	ANOVA					
11		*df*	*SS*	*MS*	*F*	*P-value*
12	Regression	5	124.3215	24.8643	11.3854	0.0000
13	Residual	19	41.4936	2.1839		
14	Total	24	165.8151			
15						
16		*Coefficients*	*Standard Error*	*t Stat*	*P-value*	
17	Intercept	70.6061	7.4644	9.4591	0.0000	
18	Value ($000)	0.0717	0.0124	5.7686	0.0000	
19	Education	1.6242	0.6031	2.6930	0.0144	
20	Age	-0.1224	0.0781	-1.5661	0.1338	
21	Mortgage	-0.0010	0.0032	-0.3191	0.7531	
22	Gender	1.8066	0.6228	2.9007	0.0092	

决定系数R^2和修正R^2在回归结果摘要顶部报告出来。R^2值为0.750，因此5个自变量解释了家庭收入变异的3/4。修正R^2度量了这一组自变量和因变量之间关系的强度，也说明了回归方程中的变量个数。修正R^2表明5个变

量解释了家庭收入变异的68.4%。它们都说明所提出的自变量有助于预测家庭收入。

输出结果也包含回归方程。

$\hat{Y} = 70.61 + 0.07Value + 1.62Education - 0.12Age - 0.001Mortgage + 1.807Gender$

在进行解释时要谨慎。收入和房屋价值的单位都是千美元。总结如下：

1. 房屋价值每增加1 000美元，家庭收入增加70美元；受教育年限每增加1年，收入增加1 620美元；户主年龄每增长1岁，收入减少120美元；按揭付款每增加1 000美元，收入减少1美元。

2. 如果户主是男性，家庭收入将增加1 807美元。记住女性为0，男性为1，因此男性户主与家庭收入正相关。

3. 户主年龄和每月按揭付款与家庭收入负相关。因为回归系数符号为负，这个结论为真。

接着，我们进行整体检验，以检验是否回归系数全部区别于0。使用0.05的显著性水平。

H_0：$\beta_1 = \beta_2 = \beta_3 = \beta_4 = \beta_5 = 0$

H_1：β_1、β_2、β_3、β_4、β_5不全为0

表中的P值（F12单元）是0.000。因为P值小于显著性水平，所以我们拒绝原假设，认为至少有一个回归系数不等于0。

下面我们评价单个回归系数。参见软件输出结果中的P值（E18单元到E22单元），检验每个回归系数。原假设和备择假设为：

H_0：$\beta_i = 0$

H_1：$\beta_i \neq 0$

其中，i表示任一特定的自变量。

使用0.05的显著性水平，房屋价值、受教育年限和性别的回归系数的P值均小于0.05。我们认为这些回归系数不等于0，是家庭收入的显著预测变量。年龄和按揭付款的P值大于显著性水平0.05，因此我们不拒绝这两个变量的原假设。这些回归系数等于0，与家庭收入不相关。

基于每个回归系数的检验结果，我们认为变量年龄和按揭付款不是家庭收入的有效预测变量，因此应该将它们从多元回归方程中剔除。注意，我们一次只能剔除一个自变量，然后重新进行分析以评价剔除变量的总体影响。我们的策略是剔除有最小t值或最大P值的变量。该变量是按揭付款。没有按揭付款的回归分析结果如下：

我们观察到，没有按揭付款变量时，R^2和修正R^2变化很小。同时，与年龄相关的P值大于0.05的显著性水平。因此，我们剔除年龄变量并重新进行分析。剔除年龄和按揭付款变量的回归输出结果如下：

	A	B	C	D	E	F
1	SUMMARY OUTPUT					
2						
3	*Regression Statistics*					
4	Multiple R	0.865				
5	R Square	0.748				
6	Adjusted R Square	0.698				
7	Standard Error	1.444				
8	Observations	25				
9						
10	ANOVA					
11		*df*	*SS*	*MS*	*F*	*P-value*
12	Regression	4	124.0992	31.0248	14.8743	0.0000
13	Residual	20	41.7159	2.0858		
14	Total	24	165.8151			
15						
16		*Coefficients*	*Standard Error*	*t Stat*	*P-value*	
17	Intercept	70.1594	7.1654	9.7915	0.0000	
18	Value ($000)	0.0703	0.0114	6.1734	0.0000	
19	Education	1.6466	0.5854	2.8130	0.0107	
20	Age	-0.1224	0.0764	-1.6025	0.1247	
21	Gender	1.8464	0.5964	3.0959	0.0057	

	A	B	C	D	E	F
1	SUMMARY OUTPUT					
2						
3	*Regression Statistics*					
4	Multiple R	0.846				
5	R Square	0.716				
6	Adjusted R Square	0.676				
7	Standard Error	1.497				
8	Observations	25				
9						
10	ANOVA					
11		*df*	*SS*	*MS*	*F*	*P-value*
12	Regression	3	118.7429	39.5810	17.6580	0.0000
13	Residual	21	47.0722	2.2415		
14	Total	24	165.8151			
15						
16		*Coefficients*	*Standard Error*	*t Stat*	*P-value*	
17	Intercept	74.5273	6.8696	10.8488	0.0000	
18	Value ($000)	0.0634	0.0109	5.8032	0.0000	
19	Education	1.0158	0.4492	2.2617	0.0344	
20	Gender	1.7697	0.6163	2.8716	0.0091	

从这个结果可知：

1.R^2和修正R^2有小幅下降。使用所有5个变量的R^2值为0.750。剔除2个不显著变量后，R^2和修正R^2分别为0.716和0.676。我们倾向于具有更少自变量的方程，其更容易被解释。

2.在ANOVA部分（报告中第10行到第14行）中，整体检验的P值小于0.05。因此，回归系数中至少有一个不等于0。

3.从单个系数的显著性来看，每个剩余自变量对应的P值都小于0.05。我们认为，所有的回归系数都区别于0。对预测家庭收入来说，每一个自变量都很有用。

最后一步是检验第14.5节回归模型的回归假设。第一个假设是每个自变量和因变量间有线性关系。因为哑变量只有两种可能结果，所以不必检验哑变量性别。下面是家庭收入对房屋价值以及家庭收入对受教育年限的散点图。

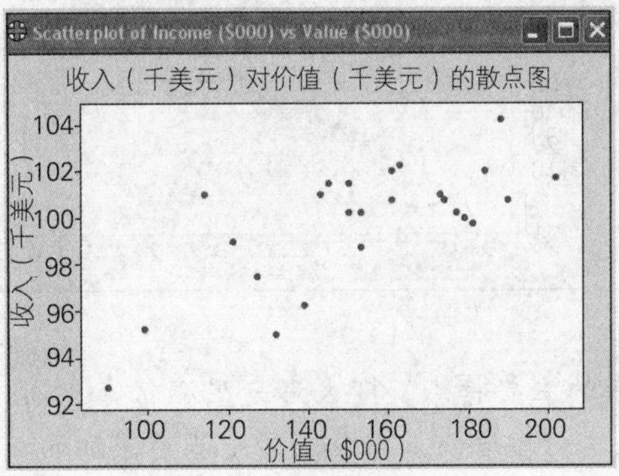

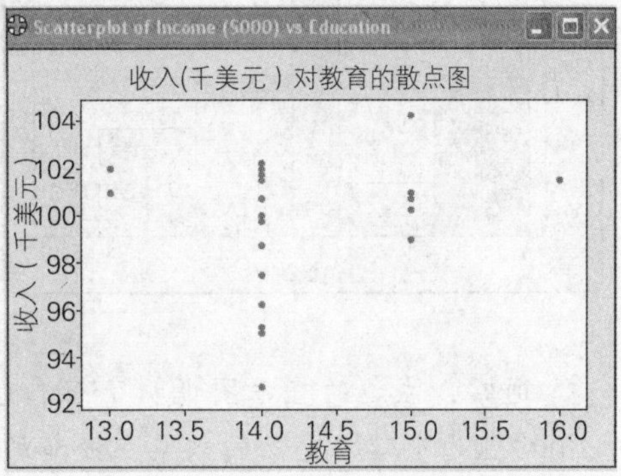

收入对房屋价值的散点图显示出一个增长趋势。当房屋价值增加时，家庭收入也增加。点似乎是线性的，也就是说，数据中没有可观测的非线性图案。右侧收入对受教育年限的散点图表明，数据度量到最近的年份且是个离散变量。考虑到测度方法，很难观测到该关系是线性的。

残差图也有助于评价线性的总体假设。回顾一下，残差是因变量的实际值 Y 和因变量的预测值 $\hat{Y}$ 之差，即 $(Y-\hat{Y})$。假设是线性关系，残差的分布应该表现出负残差（线上的点）和正残差（线下的点）以0为中心平均分布。图形中没有观测到图案。图形如下：

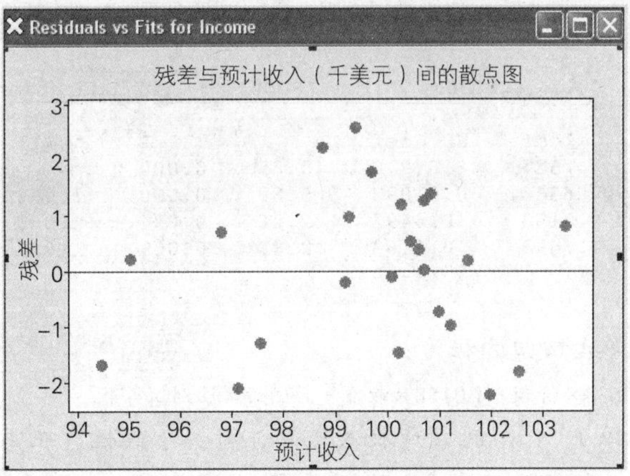

图形中没有可识别的图案，因此我们认为线性假设合理。

如果线性假设有效，那么残差的分布应该服从0均值的正态分布。我们使用直方图和正态概率图来评价该假设。

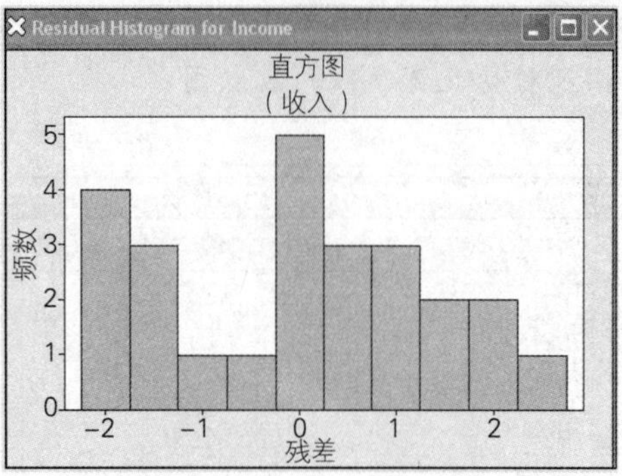

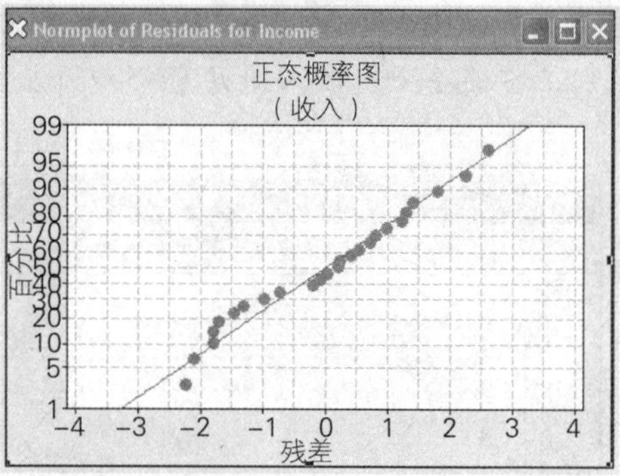

通常，左边的直方图说明了正态分布的主要特点，即大部分观测值在中间，以0均值为中心，更低的频率在分布的尾端。右边的正态分布图是基于累积的正态分布。红点表示残差的累积分布。为了证实残差的正态分布，灰点应该靠近黑线。图中大部分的灰点是这样的。然而，我们也应该注意到一些灰点并非如此，在图形中的下部，残差甚至可能出现非线性图案。与前面一样，我们在寻找一些更加偏离线性的点，图中并未将其标出。

最后的假设是多重共线性，也就是说自变量间不应该有高度相关性。我们建议使用经验法则：如果自变量间的相关系数接近于0.7或−0.7，那么就应该考虑多重共线性。该案例中没有违背此准则的变量。

有一个统计检验能够更精确地评价多重共线性，即方差膨胀因子（VIF）。我们使用MINITAB来计算下面的VIF。标准是VIF应该小于10。所有的VIF都明显小于10，因此不应该考虑多重共线性。

```
The regression equation is
Income ($000) = 74.5 + 0.0634 Value ($000) + 1.02 Education + 1.77 Gender

Predictor          Coef    SE Coef       T        P      VIF
Constant         74.527      6.870   10.85    0.000
Value ($000)    0.06336    0.01092    5.80    0.000    1.062
Education        1.0158     0.4492    2.26    0.034    1.030
Gender           1.7697     0.6163    2.87    0.009    1.044
```

简而言之，多元回归方程为：

$\hat{Y} = 74.527 + 0.0634 \times$ 价值 $+ 1.0158 \times$ 教育 $+ 1.7697 \times$ 性别

这个方程解释了71.6%的家庭收入变异，对关于线性、正态分布的残差和多重共线性的多元回归假设不存在较大的偏离。

本章总结

Ⅰ.多元回归方程的一般形式为：

$$\hat{Y} = a + b_1X_1 + b_2X_2 + b_3X_3 + \cdots + b_kX_k \tag{14-1}$$

其中，a为当所有X的取值均为0时的Y轴截距；b_j是样本回归系数；X_j是自变量的取值。

A.可以有任意多个自变量。

B.根据最小二乘法建立回归方程。

C.需要利用统计软件包来完成计算。

Ⅱ.多元回归分析被概括在ANOVA表中。

A.它报告了因变量的总变异，并将这个变异分为可被一组自变量解释的部分和不可被解释的部分。

B.它报告了自变量的自由度、误差变异的自由度和总变异的自由度。

Ⅲ.有两种测度回归方程有效性的方法。

A.类似于标准差的多元估计标准误差。

1.它具有与因变量相同的单位。

2.它是基于与回归方程的离差平方。

3.它的取值范围是0～+∞。

4.根据下列公式计算：

$$s_{Y.123...k} = \sqrt{\frac{\sum(Y-\hat{Y})^2}{n-(k+1)}} \tag{14-2}$$

B.多元决定系数是可以由一组自变量解释的因变量变异的百分比。

1.它的取值范围是从0到1。

2.它也是基于与回归方程的离差平方。

3.根据下列方程计算：

$$R^2 = \frac{SSR}{SS\ total} \tag{14-3}$$

4.当自变量的个数较多时，我们利用下面的自由度来调整决定系数：

$$R^2_{adj} = 1 - \frac{\frac{SSE}{n-(k+1)}}{\frac{SS\ total}{n-1}} \tag{14-4}$$

Ⅳ.整体检验被用于研究是否有任意一个自变量的回归系数是显著的。

A.原假设为：所有回归系数全为0。

B.备择假设为：至少有一个回归系数不为0。

C.检验统计量是分子自由度为k（自变量的个数）、分母自由度为n-（k+1）的F分布，其中n为样本容量。

D.对于整体检验，其检验统计量的计算公式为：

$$F=\frac{SSR/k}{SSE/[n-(k+1)]} \tag{14-5}$$

Ⅴ.单个变量的检验可以确定哪个自变量有非0的回归系数。

A.回归系数为0的变量通常要从分析中剔除。

B.检验统计量是自由度为n-（k+1）的t分布。

C.对于单个变量检验，其检验统计量的计算公式为：

$$t=\frac{b_i-0}{s_{b_i}} \tag{14-6}$$

Ⅵ.使用多元回归分析有5个假设。

A.因变量与一组自变量之间的关系必须是线性的。

1.为了证实这个假设，要绘制一个散点图，并且将残差绘制在纵轴上，将拟合值绘制在横轴上。

2.如果绘制的散点图表现出随机性，那么我们就推断关系是线性的。

B.无论 $\hat{Y}$ 值的大小，变异均相同。

1.同方差性意味着因变量的所有拟合值都有相同的变异。

2.这个条件可以通过绘制一个散点图加以证实，散点图中将残差绘制在纵轴上，将拟合值绘制在横轴上。

3.如果绘制的散点图不存在某种图案，即绘制的散点图表现出随机性，那么残差满足同方差性的要求。

C.残差服从正态概率分布。

1.证实这个条件的方法是建立残差的直方图，看残差是否服从正态分布。

2.残差分布的均值为0。

D.自变量是不相关的。

1.相关矩阵给出了自变量之间的所有可能的相关系数。如果相关系数大于0.70或小于-0.70，那么就出现了自变量相关的迹象。

2.自变量相关的其他迹象包括：当一个重要的预测变量被发现不显著时；当一个或更多自变量的符号出现明显颠倒时；当剔除一个自变量后回归系数出现极大改变时。

3.方差膨胀因子被用来识别相关的自变量。

$$VIF=\frac{1}{1-R_j^2} \tag{14-7}$$

E.每个残差是独立于其他残差的。

1.当相继出现的残差相关时，就出现了自相关。

2.当存在自相关时，估计标准误差是有偏的，并且会使回归系数的假设检验产生不好的结果。

Ⅶ.使用并解释回归模型中的定性变量。

一个哑变量或定性自变量可以假定可能的两种结果中的一个。

1.1表示一种结果，0表示另一种结果。

2.使用公式（14-6）来确定哑变量是否应该留在方程中。

Ⅷ.逐步回归是一个逐步地寻找回归方程的过程。

A.只有非零回归系数的自变量才能纳入方程。

B.一次只能将一个变量纳入回归方程。

发音要领

符号	意义	读法
b_1	第一个自变量的回归系数	b sub 1
b_k	任一自变量的回归系数	b sub k
$s_{Y.123...k}$	多元估计标准误差	s sub y dot 1，2，…，k

本章练习题

11.一个多元回归方程产生了以下部分结果：

来源	平方和	df
回归	750	4
方差	500	35

a.总的样本容量是多少？

b.考虑了多少个自变量？

c.计算决定系数。

d.计算估计标准误差。

e.对所有回归系数均不为0的假设进行检验。取 $\alpha = 0.05$ 。

12.一个多元回归方程中考虑了两个自变量，样本容量为25。回归系数和标准误差如下：

$b_1 = 2.676$, $s_{b_1} = 0.56$ ， $b_2 = -0.880$, $s_{b_2} = 0.71$

进行假设检验以确定是否有哪个自变量的系数为0。你是否会考虑从回归方程中剔除某个自变量？使用0.05的显著性水平。

（答案： $t_1 = 4.78$ ，没有哪个自变量的系数为0； $t_2 = -1.24$ ，会考虑从回归方程中剔除某个自变量）

13.某回归方程输出结果如下：

Analysis of variance

SOURCE	DF	SS	MS
Regression	5	100	20
Error	20	40	2
Total	25	140	

Predictor	Coef	StDev	t-ratio
Constant	3.00	1.50	2.00
X_1	4.00	3.00	1.33
X_2	3.00	0.20	15.00
X_3	0.20	0.05	4.00
X_4	−2.50	1.00	−2.50
X_5	3.00	4.00	0.75

a. 样本容量是多少？

b. 计算 R^2 的值。

c. 计算多元估计标准误差。

d. 进行整体检验以确定是否有回归系数是显著的。使用0.05的显著性水平。

e. 对回归系数进行单个检验。你是否会考虑剔除某个（些）自变量？如果会，剔除的是哪个（些）自变量？使用0.05的显著性水平。

14. 在一个多元回归方程中，k=5，n=20，MSE=5.10，SS total=519.68。在0.05的显著性水平下，我们能推断出所有回归系数全不等于0吗？

（答案：是的；F = 17.58）

15. 一家大型折扣电子连锁店的地区经理Jasons正在调查，为什么在她的地区中某些商店的经营业绩好于其他商店。她相信有3个因素与总销售额有关：区域内的竞争者数量、周边区域的人口数以及广告费用。她从她所管辖的包含了数百家商店的区域内选择了30家商店组成一个随机样本。对每一家商店她都收集了下列信息：

Y =去年的总销售额（千美元）。

X_1 =区域内的竞争者数量。

X_2 =区域内的人口数（百万）。

X_3 =广告费用（千美元）。

样本数据被输入MINITAB，得到下列结果：

Analysis of variance

SOURCE	DF	SS	MS
Regression	3	3 050.00	1 016.67
Error	26	2 200.00	84.62
Total	29	5 250.00	

Predictor	Coef	StDev	t-ratio
Constant	14.00	7.00	2.00
X_1	−1.00	0.70	−1.43
X_2	30.00	5.20	5.77
X_3	0.20	0.08	2.50

a.Bryne商店有4个竞争者，周边区域的人口为0.4（400 000人），广告费用30（30 000美元），那么它的销售额估计值是多少？

b.计算R^2的值。

c.计算多元估计标准误差。

d.进行整体检验以确定是否有一个回归系数是显著的。使用0.05的显著性水平。

e.进行假设检验以确定哪些自变量有显著的回归系数。你会考虑剔除哪个（些）变量？使用0.05的显著性水平。

16.假设某大型汽车零件批发商的销售经理想要在4月份估计地区年销售额。根据地区销售额，其还可以估计公司总销售额。根据以往的经验，如果4月份对年销售额的估计是合理且正确的，那么利用4月份的预测来修订生产计划就可以在零售店保持合理的库存。

以下几个因素似乎与销售额有关，包括地区内零售店数量、地区内4月1日前注册的汽车数量和该年第一季度的个人总收入。最后，销售经理确定了5个最重要的自变量，然后收集了最近一年的数据，还记录了每个地区的年度总销售额。注意，在下列表格中，地区1内有1 739个零售店储备公司零件，地区1内4月1日前注册的汽车数量为9 270 000辆等。地区1的年销售额为37 702 000美元。

年销售额（百万美元）Y	零售店数量 X_1	注册汽车数量（百万辆）X_2	个人总收入（10亿美元）X_3	汽车平均年龄（年）X_4	高级管理人员数量 X_5
37.702	1 739	9.27	85.4	3.5	9.0
24.196	1 221	5.86	60.7	5.0	5.0
32.055	1 846	8.81	68.1	4.4	7.0
3.611	120	3.81	20.2	4.0	5.0
17.625	1 096	10.31	33.8	3.5	7.0
45.919	2 290	11.62	95.1	4.1	13.0
29.600	1 687	8.96	69.3	4.1	15.0
8.114	241	6.28	16.3	5.9	11.0
20.116	649	7.77	34.9	5.5	16.0
12.994	1 427	10.92	15.1	4.1	10.0

a.考虑下列相关矩阵。哪个自变量与因变量的相关性最强？自变量零售店数量与收入之间以及注册的汽车数量与零售店数量之间有很强的相关性，这会成为一个问题吗？这种情况叫作什么？

	销售额	零售店数量	注册汽车数量	收入	年龄
零售店数量	0.899				
注册汽车数量	0.605	0.775			
收入	0.964	0.825	0.409		
汽车平均年龄	−0.323	−0.489	−0.447	−0.349	
高级管理人员数量	0.286	0.183	0.395	0.155	0.291

b.所有5个变量的输出结果如下。回归方程解释了变异的百分之多少？

```
The regression equation is
Sales = -19.7 - 0.00063 outlets + 1.74 cars + 0.410 income
        + 2.04 age - 0.034 bosses

         Predictor        Coef      SE Coef       T       P
         Constant      -19.672       5.422    -3.63   0.022
         outlets     -0.000629    0.002638    -0.24   0.823
         cars           1.7399      0.5530     3.15   0.035
         income        0.40994     0.04385     9.35   0.001
         age            2.0357      0.8779     2.32   0.081
         bosses        -0.0344      0.1880    -0.18   0.864

Analysis of Variance
         SOURCE            DF        SS        MS        F       P
         Regression         5   1 593.81   318.76   140.36   0.000
         Residual Error     4       9.08     2.27
         Total              9   1 602.89
```

c.进行整体检验以确定是否有一些回归系数不为0。使用0.05的显著性水平。

d.对每一个自变量进行假设检验。你会考虑剔除“零售店数量”和“高级管理人员数量”这两个自变量吗？使用0.05的显著性水平。

e.下面是剔除了“零售店数量”和“高级管理人员数量”两个自变量之后重新进行的回归结果。计算决定系数。相对于前面的分析，R^2改变了多少？

```
The regression equation is
Sales = -18.9 + 1.61 cars + 0.400 income + 1.96 age

         Predictor       Coef      SE Coef        T        P
         Constant     -18.924       3.636     -5.20    0.002
         cars          1.6129      0.1979      8.15    0.000
         income       0.40031     0.01569     25.52    0.000
         age           1.9637      0.5846      3.36    0.015

Analysis of Variance
         SOURCE            DF        SS        MS        F       P
         Regression         3   1 593.66   531.22   345.25   0.000
         Residual Error     6       9.23     1.54
         Total              9   1 602.89
```

f.下面是残差的直方图。正态性假设看上去是合理的吗？

```
Histogram of residual  N = 10

Midpoint  Count
   -1.5      1    *
   -1.0      1    *
   -0.5      2    **
   -0.0      2    **
    0.5      2    **
    1.0      1    *
    1.5      1    *
```

g. 下面是 Y 的拟合值（即 $\hat{Y}$）和残差的残差图。你能看出任何违背假设的迹象吗？

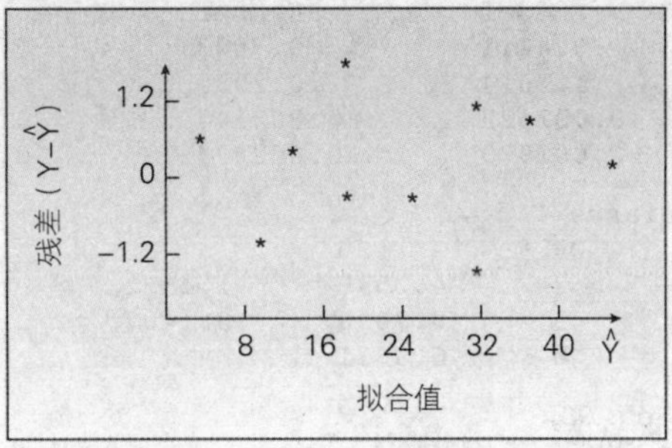

（答案：a. 收入与销售额有最强的相关性；可能有多重共线性问题　b. $R^2=0.994$　c. F = 140.42　d. 剔除这两个自变量　e. 几乎没有变化　f. 是的　g. 不能）

17.Seagate Technical College 律师助理课程的管理人员想要估计这一新课程的 GPA。他认为，中学 GPA、Scholastic Aptitude Test（SAT）口语成绩和 SAT 数学成绩是律师助理课程 GPA 的很好的预测变量。9 位学生的数据如下：

学生	中学 GPA	SAT 口语成绩	SAT 数学成绩	律师助理课程 GPA
1	3.25	480	410	3.21
2	1.80	290	270	1.68
3	2.89	420	410	3.58
4	3.81	500	600	3.92
5	3.13	500	490	3.00
6	2.81	430	460	2.82
7	2.20	320	490	1.65
8	2.14	530	480	2.30
9	2.63	469	440	2.33

a. 考虑下面的相关矩阵。哪个变量与因变量的相关性最强？一些自变量之间存在很强的相关性，这会成为一个问题吗？

	律师助理课程	中学GPA	口语成绩
中学GPA	0.911		
口语成绩	0.616	0.609	
数学成绩	0.487	0.636	0.599

b. 考虑下面的输出结果，计算多元决定系数。

```
The regression equation is
Legal = -0.411 + 1.20 GPA + 0.00163 Verbal - 0.00194 Math

Predictor         Coef       SE Coef         T        P
Constant       -0.4111        0.7823     -0.53    0.622
GPA             1.2014        0.2955      4.07    0.010
Verbal        0.001629      0.002147      0.76    0.482
Math         -0.001939      0.002074     -0.94    0.393

Analysis of Variance
SOURCE            DF        SS        MS        F        P
Regression         3    4.3595    1.4532    10.33    0.014
Residual Error     5    0.7036    0.1407
Total              8    5.0631

SOURCE    DF    Seq SS
GPA        1    4.2061
Verbal     1    0.0303
Math       1    0.1231
```

c.利用前面的输出结果进行整体检验，是否有一些回归系数不为0?

d.对每一个自变量进行假设检验。你会考虑剔除“SAT口语”和“SAT数学”这两个自变量吗？令 $\alpha=0.05$。

e.剔除“SAT口语”和“SAT数学”这两个自变量之后重新进行分析，结果见下面的输出。计算决定系数。相对于前面的分析，R^2改变了多少？

```
The regression equation is
Legal = -0.454 + 1.16 GPA

Predictor        Coef     SE Coef        T        P
Constant      -0.4542      0.5542    -0.82    0.439
GPA            1.1589      0.1977     5.86    0.001

Analysis of Variance
SOURCE            DF        SS        MS        F        P
Regression         1    4.2061    4.2061    34.35    0.001
Residual Error     7    0.8570    0.1224
Total              8    5.0631
```

f.下面是残差的直方图。残差的正态性假设看起来是合理的吗？

```
Histogram of residual N = 9

Midpoint        Count
   -0.4             1  *
   -0.2             3  ***
    0.0             3  ***
    0.2             1  *
    0.4             0
    0.6             1  *
```

g.下面是残差和 $\hat{Y}$ 值的残差图。你能看出违背了哪些假设吗？

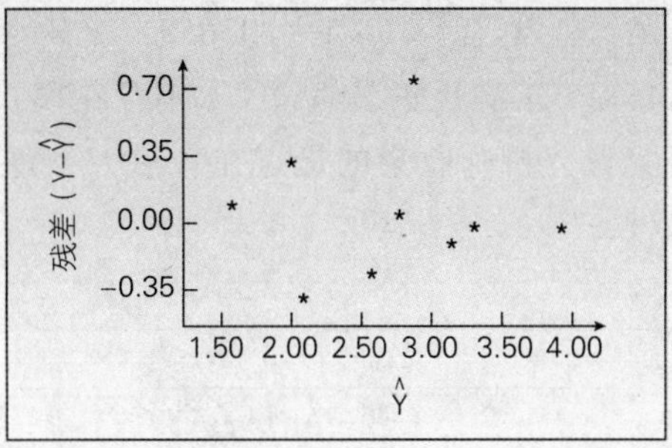

18.Mike Wilde是Otsego School District教师协会主席。他想要研究本地区教师的工资结构，以便为即将到来的谈判做准备。他相信有3个因素影响教师的工资：工龄、校长对教学效果的评分和是否有硕士学位。20位教师组成的一个随机样本产生了如下数据：

工资（千美元）Y	工龄 X_1	校长对教学效果的评分 X_2	是否有硕士学位* X_3
31.1	8	35	0
33.6	5	43	0
29.3	2	51	1
⋮	⋮	⋮	⋮
30.7	4	62	0
32.8	2	80	1
42.8	8	72	0

*1=有硕士学位，0=无硕士学位

a.建立相关矩阵。哪个自变量与因变量的相关性最强？是否显示出存在任何多重共线性问题？

b.确定回归方程。如果一位教师有5年工龄、校长对其教学效果的评分为60，并且没有硕士学位，那么估计他的工资是多少。

c.进行整体检验以确定是否有一些回归系数不为0。使用0.05的显著性水平。

d.对每一个回归系数进行假设检验。你会考虑剔除一个（些）自变量吗？使用0.05的显著性水平。

e.如果你在（d）中的结论是剔除一个或多个自变量，那么请在没有这些自变量的情况下再次进行回归分析。

f.计算（e）中方程的残差，利用直方图来验证残差的分布是近似正态的。

g.以残差为Y轴，以 $\hat{Y}$ 为X轴，根据（f）中得到的残差画出残差图。这一残差图是否显示出任何违背回归假设的迹象？

（答案：a. 工龄；没有　b. $\hat{Y}=\$33655$　c. $F=52.75$　d. 剔除 X_3　e. $\hat{Y}=20.1+0.893X_1+0.146X_2$　f. 满足正态假设　g. 不存在模式）

19. 下面是一个消费者分析师收集的最近在一家大型零售商店里销售的热门液晶电视的屏幕尺寸数据：

生产商	屏幕尺寸	价格
Sharp	46	1 473.00
Samsung	52	2 300.00
Samsung	46	1 790.00
Sony	40	1 250.00
Sharp	42	1 546.50
Samsung	46	1 922.50
Samsung	40	1 372.00
Sharp	37	1 149.50
Sharp	46	2 000.00
Sony	40	1 444.50
Sony	52	2 615.00
Samsung	32	747.50
Sharp	37	1 314.50
Sharp	32	853.50
Sharp	52	2 778.00
Samsung	40	1 749.50
Sharp	32	1 035.00
Samsung	52	2 950.00
Sony	40	1 908.50
Sony	52	3 103.00
Sony	46	2 606.00
Sony	46	2 861.00
Sony	52	3 434.00

a. 屏幕尺寸和价格是否呈线性关系？

b. 哪个变量是因变量？

c. 用统计软件确定回归方程，并解释回归方程中的斜率。

d. 用哑变量将生产商纳入多元线性回归分析。生产商能控制溢价吗？提示：需要使用一组指示变量。

e. 对每个系数检验其是否显著。

f. 绘制残差图并评价其是否服从正态分布。

g. 绘制残差关于拟合值的图。它们是否有相同的变异？

20. 一名区域规划者在研究一个特定州的一个区域的人口统计资料。她收集了以下9个县的数据：

县	中位数收入（美元）	中位数年龄	沿海
A	48 157	57.7	1
B	48 568	60.7	1
C	46 816	47.9	1
D	34 876	38.4	0
E	35 478	42.8	0
F	34 465	35.4	0
G	35 026	39.5	0
H	38 599	65.6	0
J	33 315	27.0	0

a.中位数收入和中位数年龄是直线关系吗？

b.哪个变量是因变量？

c.用统计软件确定回归方程，并解释简单回归方程中的斜率。

d.用哑变量将县是否为沿海的纳入多元线性回归分析。它对收入是否有显著影响？

e.对每个系数检验其是否显著。

f.绘制残差图，并评价其是否服从正态分布。

g.绘制残差关于拟合值的图。它们是否有相同的变异？

（答案：a.r=0.721　b.中位数收入　c. $\hat{Y} = 22\,805 + 362X_1$　d. $\hat{Y} = 29\,619 + 137X_1 + 10\,640X_2$　e.都显著　f.服从正态分布　g.有相同的变异）

21.Great Plains Roofing and Siding Company将盖房顶的材料和壁板产品销售给住宅维修零售商如Lowe' s and Home Depot和商务承包商。老板想要研究若干个变量对房顶材料和壁板产品销售额（千美元）的影响。尽管一位市场研究人员建议，公司应花更多精力做品牌，开发更多与其竞争对手不同的产品，但市场经理认为，公司应投入更多的钱做广告。

公司将美国划分为26个市场区域。在每一个区域收集了下列变量信息：销售额（千美元）、广告费用（千美元）、活期账户数、竞争品牌数和区域潜力等级。

销售额（千美元）	广告费用（千美元）	活期账户数	竞争品牌数	区域潜力等级
79.3	5.5	31	10	8
200.1	2.5	55	8	6
163.2	8.0	67	12	9
200.1	3.0	50	7	16
146.0	3.0	38	8	15
177.7	2.9	71	12	17
⋮	⋮	⋮	⋮	⋮
93.5	4.2	26	8	3
259.0	4.5	75	8	19
331.2	5.6	71	4	9

进行多元回归分析，以找到销售额的最佳预测变量。

a.画出能对销售额与每一个自变量进行比较的散点图并评价这些结果。

b.建立相关矩阵。你能看出任何问题吗？是否显现出存在多余的自变量？

c.建立回归方程。进行整体假设检验。我们能否推断出一些自变量对解释因变量的变异是有帮助的？

d.对每一个自变量进行假设检验。需要剔除一些自变量吗？

e.精简回归方程，以便保留下来的自变量都是显著的。

f.建立残差的直方图和正态概率图。存在什么问题吗？

g.计算每一个自变量的方差膨胀因子。存在什么问题吗？

22.Times-Observer 是 Metro City 的一家日报企业。与许多城市报刊企业一样，Times-Observer 正在经历财政困难时期。流通部经理正在研究美国和加拿大类似城市的其他报刊，她想要知道哪些变量与报刊订阅量有关。她能够获得下列类似城市中25家报刊的样本信息。下面的符号会被用到：

Paoer=第×家报刊

Sub=报刊订阅量（千份）

Popul=人口数（千人）

Adv=报刊广告费用预算（百美元）

Income=家庭收入中位数（千美元）

Paper	Sub	Popul	Adv	Income
1	37.95	588.9	13.2	35.1
2	37.66	585.3	13.2	34.7
3	37.55	566.3	19.8	34.8
⋮	⋮	⋮	⋮	⋮
23	38.83	629.6	22.0	35.3
24	38.33	680.0	24.2	34.7
25	40.24	651.2	33.0	35.8

a.确定回归方程。

b.进行整体假设检验以确定是否有一些回归系数不为0。

c.对每一个回归系数进行假设检验。你会考虑剔除一个（些）自变量吗？

d.计算残差并画出残差关于拟合值的残差图。你看出什么问题了吗？

e.建立残差的直方图。你认为正态性假设有问题吗？

（答案：a. $\hat{Y}=-5.7328+0.00754X_1+0.0509X_2+1.0974X_3$ b. F = 35.38 c.将3个自变量全部保留 d.见教师手册 e.见教师手册）

23.Fred G.Hire 是 Crescent Tool and Die 公司人力资源部经理。作为他呈给CEO年度报告中的一部分，他必须给出一份对受薪雇员的分析报告。因为公司有1 000名员工，他没有足够的工作人员来收集每一位受薪雇员的信息，所以他选择了一个容量为30的随机样本。对每个雇员，他记录了月工资、在Crescent的工作时间（以月为单位）、年龄、性别（1=男性，0=女性）以及雇员做的是技术工作还是文职工作（技术工作记为1，文职工作记为0）。

雇员样本	月工资（美元）	工作时间（以月为单位）	年龄	性别	工作性质
1	1 769	93	42	1	0
2	1 740	104	33	1	0
3	1 941	104	42	1	1
⋮	⋮	⋮	⋮	⋮	⋮
28	1 791	131	56	0	1
29	2 001	95	30	1	1
30	1 874	98	47	1	0

a.以月工资为因变量、其他4个为自变量建立回归方程。

b.R^2的值是多少？评价这个数值。

c.进行整体检验以确定是否有任意一个（些）自变量不为0。

d.进行单个检验以确定是否会剔除一个（些）自变量。

e.只用显著的自变量重新建立回归方程。男性每月比女性多赚多少钱？雇员做技术工作还是文职工作有区别吗？

24.北卡罗来纳州、南卡罗来纳州和佐治亚州的很多沿海地区在过去的10年里人口快速增长，预期在未来的10年里其人口将继续增长。这使得许多大型杂货连锁店在这些地区建立新的门店。Kelly's Super Crocery Stores公司也不例外。Kelly's Super Crocery Stores的规划主管希望在这一地区增加更多的门店。他认为有两个主要因素确保了家庭在杂货上的花费：一是收入；二是家庭人口数。该主管收集了以下样本信息：

家庭	食物（千美元）	收入（千美元）	规模
1	5.04	73.98	4
2	4.08	54.90	2
3	5.76	94.14	4
⋮	⋮	⋮	⋮
23	4.56	38.16	3
24	5.40	43.74	7
25	4.80	48.42	5

食物和收入的单位是千美元/年，变量“规模”指家庭人口数。

a.建立相关矩阵。你觉得存在多重共线性问题吗？

b.确定并讨论回归方程。一名额外的家庭成员会导致在食物上多花多少钱？

c.R^2的值是多少？我们可以断定它比0大吗？

d.你会考虑剔除一个（些）自变量吗？

e.画出残差的直方图。正态性假设存在问题吗？

f.画出拟合值关于残差的残差图。该图能否说明同方差性假设存在问题？

（答案：a.见教师手册　b. $\hat{Y} = 2.84 + 0.00613X_1 + 0.425X_2$　c. $R^2 = 82.6\%$　d.不会　e.见教师手册　f.见教师手册）

25.一位投资顾问正在研究普通股票的市盈率（P/E）与其认为的影响市盈率的因素之间的关系。她抽取了20只普通股票组成一个随机样本，并收集了每股收益（EPS）和股息百分比（收益率）的数据。

投票	市盈率	每股收益（美元）	收益率
1	20.79	2.46	1.42
2	3.03	2.69	4.05
3	44.46	−0.28	4.16
⋮	⋮	⋮	⋮
18	30.21	1.71	3.07
19	32.88	0.35	2.21
20	15.19	5.02	3.50

a.以市盈率作为因变量，建立多元线性回归方程。

b.两个自变量都是市盈率的有效预测变量吗？

c.解释回归系数。

d.哪些普通股票看起来被格外地低估了价值？

e.画出残差图以检验正态性假设。画出残差关于拟合值的残差图。

f.同方差性假设存在问题吗？

g.建立相关矩阵。哪些相关系数显示出存在多重共线性问题？

26.Conch Café位于阿拉巴马州的Gulf Shores。Conch Café的特色是，可以边欣赏Gulf of Mexico的优美风景边品尝休闲午餐。为了适应夏季业务量的增加，老板Fuzzy Conch聘用了大量的服务人员作为季节工。当他面试服务人员时，他想要向服务人员提供其能获得的小费的数据。他相信账单额和用餐人数与小费额相关联。他收集了下列样本信息：

顾客	小费额（美元）	账单额（美元）	用餐人数
1	7.00	48.97	5
2	4.50	28.23	4
3	1.00	10.65	1
⋮	⋮	⋮	⋮
28	2.50	26.25	2
29	9.25	56.81	5
30	8.25	50.65	5

a.以小费额作为因变量，以账单额和用餐人数作为自变量，建立多元回归方程，并写出回归方程。额外增加一人用餐，小费额会增加多少？

b.进行整体假设检验，以确定是否至少有一个自变量是显著的。你的结论是什么？

c.对每一个自变量进行个体检验。某个或某些自变量会被剔除吗？

d.利用（c）中的方程计算决定系数，并解释这个数值。

e.画出残差图。假设它们服从正态分布是合理的吗？

f.画出残差关于拟合值的残差图。认为它们是随机的是合理的吗？

（答案：a. $\hat{Y}=-0.586+0.0985X_1+0.598X_2$　b. $F=89.96$；拒绝 H_0　c.如果 $t>2.052$ 或 $t<-2.052$，就拒绝 H_0；$t_1=4.73$，$t_2=2.58$；保留两个自变量 d. $R^2=0.87$　e.见教师手册；残差服从正态分布　f.残差是随机的）

27.Blitz Sales Enterprises的总经理通过电视专题广告节目来出售厨房用品。他通过收集最近15周的销售数据来确定销售额与专题广告节目数之间的关系。

专题广告节目数	销售额（千美元）	专题广告节目数	销售额（千美元）
20	3.2	22	2.5
15	2.6	15	2.4
25	3.4	25	3.0
10	1.8	16	2.7
18	2.2	12	2.0
18	2.4	20	2.6
15	2.4	25	2.8
12	1.5		

a.确定回归方程。销售额可以根据专题广告节目数来预测吗？

b.计算残差并画出直方图。正态性假设看起来是合理的吗？

28.Sun City的特别事务部经理认为，7月4日的烟火表演费用可以预测10月份举行的Fall Festival的出席人数。为了检验其猜想，她收集了下列数据：

7月4日的烟火表演费用（千美元）	Fall Festival的出席人数（千人）	7月4日的烟火表演费用（千美元）	Fall Festival的出席人数（千人）
10.6	8.8	9.0	9.5
8.5	6.4	10.0	9.8
12.5	10.8	7.5	6.6
9.0	10.2	10.0	10.1
5.5	6.0	6.0	6.1
12.0	11.1	12.0	11.3
8.0	7.5	10.5	8.8
7.5	8.4		

确定回归方程。烟火表演费用与Fall Festival的出席人数有关联吗？进行假

设检验以确定是否存在自相关问题。

（答案：$\hat{Y}=1.72+0.762X$；$R^2=0.760$；$D-W=1.613$；不存在自相关问题）

数据集练习题

（该练习的数据可从课本网站 www.mhhe.com/lindbasic8e 中获得）

29. 参见房地产数据，它报告了在亚利桑那州 Goodyear 地区的住房销售信息。以房屋销售价格为因变量，以卧室数目、房屋面积、离市中心的距离和浴室数目为自变量，建立回归方程。

a. 使用统计软件包确定回归方程。讨论每一个变量。例如，对于距离市中心的距离这一变量的回归系数是负的这一情况，你感到意外吗？有游泳池或附带车库的房屋的销售价格会增加多少？

b. 确定截距项的值。

c. 建立相关矩阵。哪些自变量与因变量有较强或较弱的相关性？你看出存在多重共线性问题吗？

d. 对这组自变量进行整体检验并解释。

e. 对每一个自变量进行假设检验。你会考虑剔除某些自变量吗？如果是，你会剔除哪些自变量？

f. 重新进行分析直到保留下来的回归系数都是显著的。识别这些变量。

g. 根据（f）中建立的最终回归方程，画出残差的直方图。认为满足正态性假设是否合理？

h. 根据（f）中建立的最终回归方程，以残差为纵轴，以拟合值为横轴，画出残差关于 Y 的拟合值的散点图。

30. 参见棒球 2010 的数据，它报道了 2010 赛季 30 支职业棒球联盟球队的信息。以获胜场数为因变量，以下列变量为自变量：平均击球次数、偷垒次数、犯规次数、球队 ERA、回垒次数，以及球队是打美国联赛还是打国际联赛。用 0 表示国际联赛，1 表示美国联赛。

a. 用统计软件包建立多元回归方程。讨论每一个变量。例如，对于 ERA 这一变量的回归系数是负的这一结果，你感到意外吗？球队是打国际联赛还是打美国联赛对获胜场数有影响吗？

b. 求这组自变量的决定系数。

c. 建立相关矩阵。哪些自变量与因变量有较强或较弱的相关性？你看出存在多重共线性问题吗？

d. 对这组自变量进行整体检验并解释。

e. 对每一个自变量进行假设检验。你会考虑剔除某些自变量吗？如果是，你会剔除哪些自变量？

f.重新进行分析直到保留下来的回归系数都是显著的。识别这些变量。

g.根据（f）中建立的最终回归方程，画出残差的直方图。认为正态性假设被满足是否合理？

h.根据（f）中建立的最终回归方程，以残差为纵轴，以拟合值为横轴，画出残差关于Y的拟合值的散点图。

（答案：a. $\hat{Y}=39.71-16.98$（球队ERA）$+392.36$（平均击球次数）+0.12（回垒次数）+0.02（偷垒次数）−0.10（犯规次数）+0.071（联赛） b. $R^2=0.866$ c.不存在多重共线性问题，R=0.48 d.拒绝 H_0，P值=0.000，F=24.76 c.剔除偷垒次数、犯规次数和联赛 f. $\hat{Y}=36.16-19.30$（球队ERA）$+406.0$（平均击球次数）+0.125（回垒次数），$R^2=0.845$ g.见教师手册 h.见教师手册

31.参见Buena School地区公交的数据。首先，增加一个定性变量来改变公交的类型（柴油机或汽油机）。如果公交类型是柴油机，设定性变量为0；如果公交类型是汽油机，设定性变量为1。以维修作为因变量，以车龄、公里数和公交类型作为自变量，使用统计软件建立回归方程。

a.写出多元回归方程。讨论每一个变量。

b.求 R^2 的值并加以解释。

c.建立相关矩阵。哪些自变量与因变量有较强或较弱的相关性？你看出存在多重共线性问题吗？

d.对这组自变量进行整体检验并加以解释。

e.对每一个自变量进行假设检验。你会考虑剔除某些自变量吗？如果是，你会剔除哪些自变量？

f.重新进行分析直到分析中只含有显著的回归系数。识别出这些变量。

g.根据（f）中建立的最终回归方程，画出残差的直方图。认为满足正态性假设是否合理？

h.根据（f）中建立的最终回归方程，以残差为纵轴，以拟合值为横轴，画出残差关于Y的拟合值的散点图。

模拟测试

第一部分：目标

1.多元回归分析描述了一个因变量和两个或多个________的关系。

2.在多元回归分析中，回归系数使用________的方法计算所得。（残差、正态性、最小二乘法、标准化）

3.在多元回归分析中，多元估计标准误差是________的平方根。（均方误差、残差、残差平方、解释变异）

4.多元决定系数是被一组________解释的因变量变异的百分比。

5.修正决定系数弥补了________的个数。（因变量、误差、自变量）

6.在回归系数的整体检验中，当假设被拒绝时，至少有一个系数________。

7.对回归系数进行整体检验的检验统计量是________。

8.检验单个回归系数的检验统计量是________。

9.残差关于因变量拟合值的散点图检验的假设是________。

10.当自变量________时，存在多重共线性。

11.方差膨胀因子是用来检测________。

12.定性变量的另一术语是________变量。

第二部分：问题

1.给出下列ANOVA输出结果：

来源	平方和	DF	MS
回归	1 050.8	4	262.70
误差	83.8	20	4.19
总计	1 134.6	24	

预测值	斜方差	标准误差	t-ratio
常数	70.06	2.13	32.89
X_1	0.42	0.17	2.47
X_2	0.27	0.21	1.29
X_3	0.75	0.30	2.50
X_4	0.42	0.07	6.00

a.在回归方程中有多少个自变量？

b.写出回归方程。

c.计算多元决定系数。

d.计算多元估计标准误差。

e.进行假设检验以确定是否有回归系数不为0。

f.对每个回归系数进行假设检验。可以剔除其中的一个（些）吗？

软件命令说明

注意：我们不对本章中使用到的所有统计软件逐一进行介绍。下面是最开始提到的两个软件，在此只介绍它们的基本操作步骤。

1.多元回归输出的MINITAB命令是：

a.从网站中获得数据，文件名为Tbl14-1。

b.选择Stat，Regression，再点击Regression。

c.选择Cost作为Response变量，Temp，Insul和Age作为Predictors变量，然后点击OK。

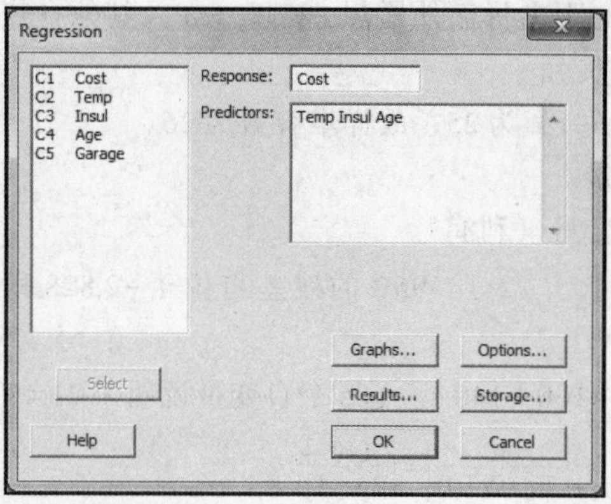

2. 多元回归输出的Excel命令是：

a. 从网站中获得数据，文件名为Tbl14。

b. 选择顶部菜单中的Data，然后在最右边选择Data Analysis，选择Regression，点击OK。

c. 选择A1：A21作为Input Y Range，选择B1：D21作为Input X Range，在Labels方框中打勾，选择G1作为Output Range，然后点击OK。

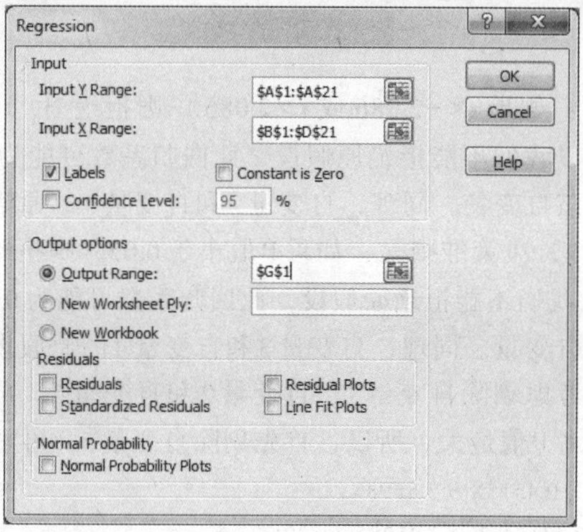

自测题答案

14-1 a. 389 500 美元或 389.5 千美元（$2.5+3\times40+4\times72-3\times10+0.2\times20+1\times5=389.5$）。

b. b_2 的值为4，它表明餐馆每周的营业时间每额外增加一个小时（如果其他自变量保持不变），利润将增加4 000美元。b_3 的值为-3，它表明餐馆与中心区的距离每额外增加1英里（如果其他自变量保持不变），利润将减少3 000美元。

14-2 a.总自由度（n−1）为25，故样本容量为26。

b.有5个自变量。

c.只有1个因变量（利润）。

d. $s_{Y.12345} = 1.414$ （$\sqrt{2}$）。95%的残差将位于−2.828和2.828（$\pm 2 \times 1.414$）之间。

e. $R^2 = 0.714$ （$100 \div 140$）。这5个自变量说明了71.4%的利润变差。

f. $R^2_{adj} = 0.643$ （$1 - \left[\frac{40}{26-(5+1)}\right] \div \left[\frac{140}{26-1}\right]$）

14-3 a. H_0：$\beta_1 = \beta_2 = \beta_3 = \beta_4 = \beta_5 = 0$

H_1：β_1、β_2、β_3、β_4、β_5不全为0

决策准则是：如果 $F > 2.71$，则拒绝 H_0。计算出的F值为10，所以拒绝 H_0，即认为至少有一个回归系数不为0。

基于P值，决策准则是：如果P值小于0.05，则拒绝原假设。计算出的F值是10，其P值为0.000。因此我们拒绝原假设，认为至少有一个回归系数不为0。

b.对自变量1，

H_0：$\beta_1 = 0$

H_1：$\beta_1 \neq 0$

决策准则是：如果 $t < -2.086$ 或 $t > 2.086$，则拒绝 H_0。由于2.000不在拒绝域内，所以我们不能拒绝原假设，此回归系数可能为0。因此，我们可以考虑剔除该自变量。同理，自变量3和自变量4的原假设被拒绝。

对于自变量1，决策准则是：如果P值小于0.05，则拒绝 H_0。由于P值为0.056，所以我们不能拒绝原假设，此回归系数可能为0。因此，我们可以考虑剔除该自变量。同理，自变量3和自变量4的原假设被拒绝。

c.我们应当考虑剔除自变量1、自变量2和自变量5。自变量5的t值的绝对值最小或者P值最大，所以，首先剔除自变量5，再重新进行回归分析。

14-4 a. $\hat{Y} = 15.7625 + 0.4415X_1 + 3.8598X_2$

$\hat{Y} = 15.7625 + 0.4415 \times 30 + 3.8598 \times 1 = 32.87$

b.女性代理人获得的佣金比男性代理人多3 860美元。

c. H_0：$\beta_3 = 0$

H_1：$\beta_3 \neq 0$

df=17，如果 $t < -2.110$ 或 $t > 2.110$，则拒绝 H_0。

由于 $t = \frac{3.8598 - 0}{1.4724} = 2.621$，t统计量的值大于临界值2.110。同时，P值为0.0179，小于0.05，所以拒绝 H_0。自变量性别应被包含在回归分析中。

第 15 章

非参数方法：拟合优度检验

本章学习目标

当你学完本章内容，你应该能够：

1. 通过将观测频数和期望分布进行比较来实施假设检验；

2. 列举卡方分布的特性；

3. 对期望频数不相同的情况进行拟合优度检验；

4. 构建用于验证分组数据的频率分布是正态分布总体的一个样本的假设检验；

5. 采用图表和统计方法确定样本数据集是否来自正态分布总体；

6. 在列联表的基础上采用卡方检验法进行独立性检验。

15.1 导言

第9章到第12章讨论了基于定距尺度数据和定比尺度数据——如铸块的重量、少数民族的收入和雇员的工龄——的统计推断。我们对单个总体均值、两个总体均值和三个或更多个总体均值进行了假设检验。对于这些检验，我们假设总体服从正态分布。然而，也有一些检验不需要对总体分布进行假设。这样的检验被称为非参数假设检验。在这种情形下，正态分布总体的假设不是必需的。

还有专门适用于定类尺度数据的检验。回忆一下第1章，定类尺度数据是

"级别最低"或者说是最初级的数据。对于这种度量类型，数据被分成没有自然顺序的若干类，比如国会议员的性别、学生的出生地或所购买的花生酱的品牌等。本章我们将介绍一个新的统计量，即卡方（χ^2）统计量。

15.2 拟合优度检验：相同的期望频数

拟合优度检验（goodness-of-fit test）是最常用的统计检验之一。它非常实用，只需要数据的定类尺度，便可以建立针对分类数据的假设检验。关于这个检验的第一个实例是当期望频数相等的时候。顾名思义，拟合优度检验的目的是将观测分布与期望分布进行比较。一个例子将说明假设检验的情况。

举例：

Bubba's Fish and Pasta 是坐落于佛罗里达州Gulf海岸的一家连锁餐馆。这家店的老板Bubba正打算将牛排加入其菜单中。在这之前，他决定雇用Magnolia研究公司实施一项关于成年人在外就餐时喜爱的菜肴的问卷调查。Magnolia分别对120名成年人询问了他们在外就餐时喜爱的菜肴，表15-1报告了上述结果。

表15-1　　120名成年人在外就餐时喜爱的菜肴（主菜）的统计

喜欢的菜肴	频数
鸡肉	32
鱼肉	24
猪肉	35
意大利面	29
总和	120

是否有理由认为人们对以上4个主菜不存在偏好差异？

解答：

如果以上4个主菜的受欢迎程度并无差异，我们则会预期它们的观测频数是相同的，或者是接近相同的。换句话说，我们将预期选择鸡肉和鱼肉的成年人一样多。因此，观测频数和期望频数间的任何差异都是由于样本误差和偶然性所致的。

那么在这个问题中，数据的计量尺度是什么？请注意，当某个成年人被选定时，我们只会依照他喜爱的主菜将其分类，并没有任何其他形式的解读或度量。所谓的"尺度"或"分类"完全取决于个人所喜爱的主菜。此外，喜爱的主菜间不存在顺序关系，不会认为其中一个主菜会比另一个更美味。所以定类尺度是合适的。

如果所有菜肴的受欢迎程度一样，我们预期每样主菜都会有30名成年人选择。为什么会如此呢？如果样本中的120名成年人来自4个类别，我们预期每类主菜都会有1/4的被调查者选择，也就是30人（120÷4），即在主菜的受欢迎程度相同的假设下每种类别或单元（cell）的期望频数。表15-2总结了以上信息。根据实际的调查数据，猪肉的被选次数最多（120人中有35人选择），鱼肉被选择的次数最少（120人中有24人选择）。那么这些主菜被选择次数的不同，是偶然产生的还是因为每样主菜的受欢迎程度本就不相同呢？

表15-2　关于120名成年人调查的测量频数和期望频数

喜欢的菜肴	观测频数 f_o	期望频数 f_e
鸡肉	32	30
鱼肉	24	30
猪肉	35	30
意大利面	29	30
总和	120	120

为了回答这个问题，我们将使用5步假设检验程序。

第1步：提出原假设和备择假设。原假设 H_0 是观测频数和期望频数间不存在差异，即两组频数之间的差异可以归因于抽样误差。备择假设 H_1 是观测频数和期望频数之间存在差异。如果原假设被拒绝，备择假设被接受，我们将认为4个类别（单元）的受欢迎程度不是等量分布的。

H_0：选择每一种主菜的人数均相同。

H_1：选择每一种主菜的人数不都相同。

第2步：选择显著性水平。我们选择0.05的显著性水平，即原假设为真时被拒绝的概率。

第3步：确定检验统计量。检验统计量服从卡方分布，记作 χ^2。

卡方统计量　$$\chi^2=\sum\left[\frac{(f_o-f_e)^2}{f_e}\right] \tag{15-1}$$

其自由度为k-1。

其中，k为类别的个数；f_o 为某类别的观测频数；f_e 为某类别的期望频数。

我们将稍后阐述卡方分布的特征。

第4步：建立决策准则。回顾一下假设检验的决策准则，它需要我们找到拒绝原假设和不拒绝原假设的区域分界点，而这个点的数值即临界值。正如我们将看到的，卡方分布实际上是一个分布族，其中每一个分布的形状因为其自由度的缘故而不尽相同。自由度的表达式是k-1，其中k为类别的个数。在本例中，4个不同的主菜代表有4个类别，因此自由度为k-1=4-1=3。如上文所述，一个“类”也叫作一个“单元”，即共4个单元。自由度为3的卡方分布在0.05的显著性水平下的临界值可以在附录B.3中找到。表15-3为附录B.3的一部分，通过左边栏找到自由度等于3的一行，再横向右移至0.05的显著性水平的纵列，确定临界值为7.815。

表 15-3　部分卡方分布表

自由度 df	右侧尾部区域 0.10	0.05	0.02	0.01
1	2.706	3.841	5.412	6.635
2	4.605	5.991	7.824	9.210
3	6.251	7.815	9.837	11.345
4	7.779	9.488	11.668	13.277
5	9.236	11.070	13.388	15.086

决策准则为：如果计算得出的卡方值大于7.815，则拒绝原假设；如果结果小于或等于7.815，则不能拒绝原假设。图15-1再次解释了上述决策准则。

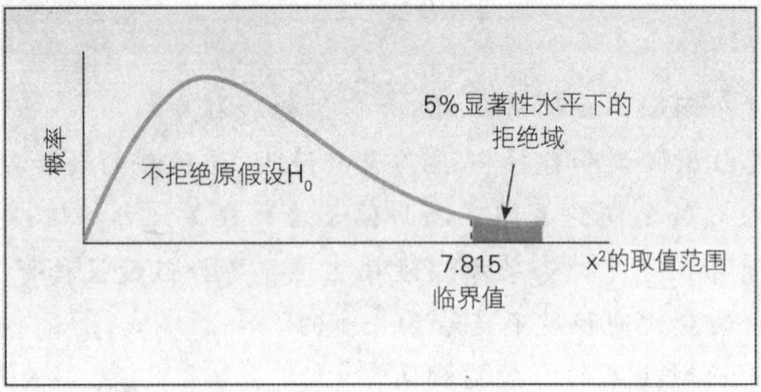

图15-1　0.05的显著性水平下自由度为3的卡方分布和拒绝域

第5步：计算卡方值并做出决策。在120名成年人组成的样本中，32人表示喜欢的主菜是鸡肉，其统计数据汇总在表15-1中。卡方值的计算如下（再次提醒：各个单元的期望频数是相同的）：

第1列：计算 f_o 和 f_e 的差值，即 $f_o - f_e$。所有单元的差值之和恒等于0。

第2列：对 f_o 和 f_e 的差值取平方，即 $(f_o - f_e)^2$。

第3列：用上一步中得到的结果除以 f_e，即 $(f_o - f_e)^2/f_e$。最后将不同单元所得的结果加总，得到卡方值，即 $\chi^2 = 2.20$。

喜欢的菜肴	f_o	f_e	(1) (f_o-f_e)	(2) $(f_o-f_e)^2$	(3) $(f_o-f_e)^2/f_e$
鸡肉	32	30	2	4	0.133
鱼肉	24	30	−6	36	1.200
猪肉	35	30	5	25	0.833
意大利面	29	30	−1	1	0.033
总和	120	120	0		2.200

所得卡方值2.20小于临界值7.815，不在拒绝域内，不能拒绝原假设。由

此，我们得出结论：例子中观测频数和期望频数的差异为偶然产生。这意味着人们对4类主菜抱有相同的喜好程度。

我们也可以使用统计软件来计算卡方值。利用Megastat得到的结果如下，其操作步骤将在本章末的软件命令说明小节中给出。由此计算得到的卡方值与我们之前得到的2.20相同，同时，得到的p值为0.5319，远大于0.05。

Goodness-of-Fit Test

observed	expected	O − E	(O − E)²/E	% of chisq
32	30.000	2.000	0.133	6.06
24	30.000	−6.000	1.200	54.55
35	30.000	5.000	0.833	37.88
29	30.000	−1.000	0.033	1.52
120	120.000	0.000	2.200	100.00

2.20	chi-square
3	df
0.5319	p-value

实践中的统计学

多年来，研究人员和统计学家相信所有的变量都服从正态分布。事实上，这通常被假定为普遍法则。然而，Karl Pearson观察到，实验数据并不总是呈正态分布，但是没有办法可以证明他的观测是正确的。为了解决这个问题，Karl Pearson发现了卡方统计量，这个卡方统计量主要是用来比较观测频数分布与假定的正态分布的。他的发现证明，并非所有的变量都服从正态分布。

本章中被用作检验统计量的卡方分布具有下列特性：

1.卡方的值是非负的。这是因为f_o与f_e之间的差被平方了，即$(f_o-f_e)^2$。

2.存在一个卡方分布族。自由度为1时得到一个卡方分布，自由度为2时得到另一个卡方分布，自由度为3时又得到一个卡方分布，等等。在此类问题中，自由度由k-1确定，其中k是类的数目。因此，卡方分布的形状不是依赖于样本容量，而是依赖于所利用的类的数目。例如，如果将航空公司的200名员工分成3类——飞行人员、地勤人员和行政人员——自由度就是k-1=3-1=2。

3.卡方分布是正偏的。然而，随着自由度的增加，该分布开始趋近于正态概率分布。图15-2显示了所选定的几个自由度的卡方分布。注意，自由度为10的卡方分布近似于正态分布。

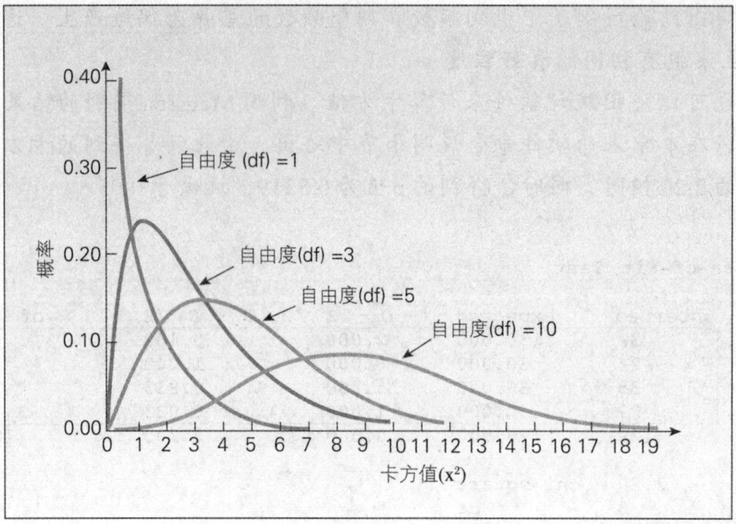

图 15-2　所选定的几个自由度的卡方分布

自测题 15-1

Georgetown Paper 公司的人力资源主管关注计时工人缺勤的问题。她决定从公司记录中随机抽样，以确定缺勤情况是否在每周的 6 个工作日内呈现均匀分布。假设为：

H_0：缺勤情况在一周的 6 个工作日内呈现均匀分布

H_1：缺勤情况在一周的 6 个工作日内不呈现均匀分布

抽样结果如下：

	缺勤人数		缺勤人数
星期一	12	星期四	10
星期二	9	星期五	9
星期三	11	星期六	9

(a) 数字 12、9、11、10、9 和 9 被称为什么？

(b) 有多少类（单元）？

(c) 每天的期望频数是多少？

(d) 自由度是多少？

(e) 在 1% 的显著性水平下，卡方分布的临界值是多少？

(f) 计算 χ^2 检验统计量。

(g) 关于原假设的决策是什么?

(h) 具体地说，此决策告诉了人力资源主管什么?

练习题

1. 在某个特定的卡方拟合优度检验中，有4个类和200个观测值。使用0.05的显著性水平。

a. 自由度是多少?

b. 卡方的临界值是多少?

2. 在某个特定的卡方拟合优度检验中，有6个类和500个观测值。使用0.01的显著性水平。

a. 自由度是多少?

b. 卡方的临界值是多少?

(答案：a.5 b.15.086)

3. 原假设和备择假设为：

H_0：各类的频数相等。

H_1：各类的频数不相等。

类	f_o
A	10
B	20
C	30

a. 制定决策准则，使用0.05的显著性水平。

b. 计算卡方的值。

c. 你关于 H_0 的决策是什么?

4. 原假设和备择假设为：

H_0：各类的频数相等。

H_1：各类的频数不相等。

类	f_o
A	10
B	20
C	30
D	20

a. 制定决策准则，使用0.05的显著性水平。

b. 计算卡方的值。

c.你关于 H_0 的决策是什么？

（答案：a.如果 $\chi^2>7.815$，就拒绝 H_0 b. 10 c.拒绝 H_0）

5.掷一个6面的骰子30次，出现数字1～6的频数分布如下。在0.10的显著性水平下，我们能认为该骰子是均匀的吗？

结果	频数	结果	频数
1	3	4	3
2	6	5	9
3	2	6	7

6.Classic Golf公司经营佛罗里达州Jacksonville地区的5个高尔夫球场。主管想要研究5个高尔夫球场在每个工作日打球的场次。他收集了下列样本信息：

工作日	打球场次
星期一	124
星期二	74
星期三	104
星期四	98
星期五	120

在0.05的显著性水平下，不同工作日的打球场次存在差异吗？

（答案：$\chi^2=15.308$，拒绝 H_0）

7.百货公司的顾客参观一条新的服装生产线，并对新款服装给出他们的评价意见，结果如下：

意见	顾客数	意见	顾客数
出色	47	好	39
优秀	45	一般	35
很好	40	不好	34

由于最大的数字（47）表明该新款服装是出色的，所以首席设计师认为这预示着新款服装可以批量生产。但首席清洁工（他在一定程度上参与到此事之中）相信，这不是一个可以批量生产的明显预示，他声称6类评价意见是均匀分布的。他进一步指出，各类数目之间的细微差异可能是由随机因素引起的。检验原假设：顾客的评价意见之间没有显著差异。在0.01的显著性水平下进行检验。按照常规的方法，即提出原假设和备择假设等。

8.Honda USA的安全部主管从公司的轻微生产事故记录中随机取样，并按照事故发生的时间段来分类。

时间段	事故的数量	时间段	事故的数量
上午8点到9点	6	下午1点到2点	7
上午9点到10点	6	下午2点到3点	8
上午10点到11点	20	下午3点到4点	19
上午11点到12点	8	下午4点到5点	6

使用拟合优度检验和0.01的显著性水平，确定事故在一天中是否均匀分布。对你的结论做出简要的解释。

（答案：$\chi^2 = 24.600$，拒绝 H_0）

15.3 拟合优度检验：不相同的期望频数

在前面的例子中，人们选择每类主菜的期望频数（f_e）是相同的。根据原假设，在120人的样本中，4类主菜的被选择次数将是相同的，也就是我们预期会有30人选择鸡肉，30人选择鱼肉，等等。当期望频数不相等时，也可以应用卡方检验统计量。

以下的例子说明了期望频数不相等的情形，也给出了卡方拟合优度检验的一个实际应用，即考察当地的情况是否不同于全国的情况。

实践中的统计学

许多州政府以发行彩票来筹集教育资金。很多彩票是通过机器将标有号码的球混合起来再进行抽取。在一个选3的玩法中，从标有0到9的3组球中随机抽取3个。随机性意味着每一个号码被抽出的机会是相等的。你如何证明用于选球的机器能够保证随机性呢？卡方拟合优度检验能被用来证实或推翻这种随机性。

举例：

The American Hospital Administrators Association（AHAA）公布了如下关于老年人在一年期间住院次数的信息。40%的老年人没有住过院，30%的老年人住院1次，20%的老年人住院2次，余下10%的老年人住院3次或3次以上。

Bartow社区是佛罗里达州中部的一个致力于服务老年人的社区。选择Bartow社区的150名常住居民进行调查。调查显示，在去年一年中，55人没有住过院，50人住院1次，32人住院2次，其他人住院3次或3次以上。我们能认为Bartow社区的调查结果与AHAA公布的信息是相符的吗？使用0.05的显著性水平。

解答：我们先将上述信息汇总在表15-4中。很显然，我们不能把在Hospital Administrators研究中得出的百分比与Bartow社区调查的频数相比较。但是，这些百分比可以转换成期望频数 f_e。按照Hospital Administrators的说法，在接受调查的Bartow社区居民中有40%的人没有住过院，因此，如果Bartow社区的情况与全国的情况没有差异的话，那么在接受调查的150名老年人中有40%的人（60人）

应该没有住过院。再进一步地，在接受调查的老年人中有30%的人（45人）住院1次，等等。Bartow社区居民的观测频数和基于全国研究的百分比得到的期望频数被列在表15-4中。

表15-4　　AHAA的研究结论和Bartow社区居民的调查情况

住院次数	AHAA的总百分比	Bartow社区居民人数(f_0)	居民的期望频数(f_e)
0	40	55	60
1	30	50	45
2	20	32	30
3及以上	10	13	15
合计	100	150	150

原假设和备择假设为：

H_0：Bartow社区调查的住院情况与全国住院情况没有差异

H_1：Bartow社区调查的住院情况与全国住院情况存在差异

为了制定决策准则，我们利用附录B.3和0.05的显著性水平。这里有4个类，所以自由度为df=4-1=3。临界值为7.815。因此，决策准则是：如果$\chi^2>7.815$，就拒绝原假设。图15-3描述了该决策准则。

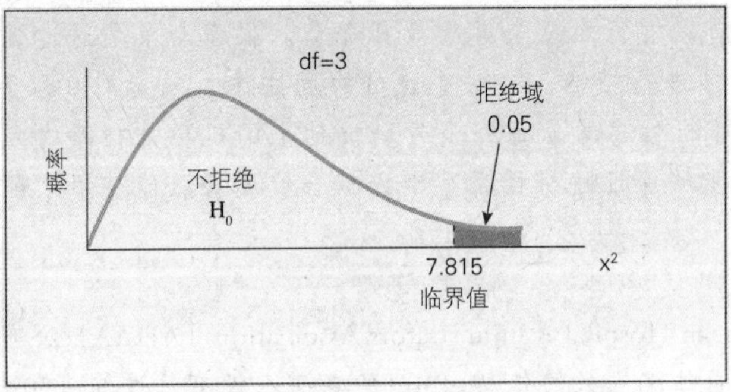

图15-3　Bartow社区调查研究的决策临界值

现在计算卡方检验统计量：

住院次数	(f_0)	(f_e)	(f_0-f_e)	$(f_0-f_e)^2/f_e$
0	55	60	−5	0.4167
1	50	45	5	0.5556
2	32	30	2	0.1333
3及以上	13	15	−2	0.2667
合计	150	150	0	1.3723

计算出的χ^2值（1.3723）位于7.815的左边，因此，我们不能拒绝原假设。

我们认为，没有关于当地的住院情况与全国情况存在差异的证据。

15.4 卡方检验的局限性

如果一个单元中的期望频数非常小的话，卡方（如果被应用的话）可能导致一个错误的结论。之所以会产生错误，是因为 f_e 出现在分母中，而除以一个非常小的数得到的商很大！针对单元格期望频数很小的情形，有两个通用的原则：

1. 如果仅有两个单元格，那么每个单元格中的期望频数应不小于5。在下面的问题中，最小的 f_e 为6，因此允许进行卡方计算。

个体	f_0	f_e
非文盲	641	642
文盲	7	6

2. 对于多于两个单元格的情形，如果超过20%的单元格的期望频数 f_e 小于5，就不能利用卡方。按照这个原则，下列数据就不适合进行拟合优度检验。7个单元格中有3个，或43%的期望频数（f_e）小于5。

管理层级	f_0	f_e
领班	30	32
主管	110	113
部门经理	86	87
中层管理人员	23	24
副总裁助理	5	2
副总裁	5	4
高级副总裁	4	1
合计	263	263

为了说明20%的原则，我们对上述的管理层级数据进行拟合优度检验。MegaStat的输出结果如下：

对于该检验，在0.05的显著性水平下，如果计算出的卡方值大于12.592，就拒绝 H_0。由于计算出的卡方值为14.01，因此我们拒绝观测频数是取自期望频数总体的一个随机样本的原假设。检验MegaStat的输出结果。3个副总裁类的卡方值（[4.500+0.250+9.000]/14.008=0.9815）占总卡方值的98%以上。从逻辑上讲，这几个类被赋予了太大的权重。

	A	B	C	D	E	F	G
1							
2	Goodness of Fit Test						
3							
4		observed	expected	O - E	(O - E)²/E	% of chisq	
5		30	32.000	-2.000	0.125	0.89	
6		110	113.000	-3.000	0.080	0.57	
7		86	87.000	-1.000	0.011	0.08	
8		23	24.000	-1.000	0.042	0.30	
9		5	2.000	3.000	4.500	32.12	
10		5	4.000	1.000	0.250	1.78	
11		4	1.000	3.000	9.000	64.25	
12		263	263.000	0.000	14.008	100.00	
13							
14		14.01	chi-square				
15		6	df				
16		.0295	p-value				
17							

在上面的例子中，我们将3个副总裁类加以合并，就可以满足20%原则。如果这么做符合逻辑，可以通过将类合并来解决这个两难问题。

管理层级	f_o	f_e
领班	30	32
主管	110	113
部门经理	86	87
中层管理人员	23	24
副总裁	14	7
合计	263	263

将类合并后计算出的卡方值为7.26，见下面的MegaStat输出结果。这个值小于0.05的显著性水平下的临界值9.488。因此，在0.05的显著性水平下不能拒绝原假设。这说明观测分布与期望分布之间没有显著差异。

	A	B	C	D	E	F	G
18	Goodness of Fit Test						
19							
20		observed	expected	O - E	(O - E)²/E	% of chisq	
21		30	32.000	-2.000	0.125	1.72	
22		110	113.000	-3.000	0.080	1.10	
23		86	87.000	-1.000	0.011	0.16	
24		23	24.000	-1.000	0.042	0.57	
25		14	7.000	7.000	7.000	96.45	
26		263	263.000	0.000	7.258	100.00	
27							
28		7.26	chi-square				
29		4	df				
30		0.1229	p-value				

自测题 15-2

The American Accounting Association把应收账款分为“当前的”、“推迟的”和“无法收回的”三类。行业数据显示，60%的应收账款为当前的应收账款，30%的应收账款为推迟的应收账款，10%的应收账款为无法收回的应收账款。Massa and Barr是俄亥俄州Greenville地区的一家律师事务所，它有500笔应收账款，其中320笔为当前的应收账款，120笔为推迟的应收账款，60笔为无法收回的应收账款。这些数字与行业分布一致吗？使用0.05的显著性水平。

练习题

9.给定如下假设：

H_0：观测值中有40%属于A类，40%属于B类，20%属于C类。

H_1：观测值的分布与 H_0 所描述的不符。

我们抽取容量为60的样本，结果如下：

类别	f_0
A	30
B	20
C	10

a.制定决策准则，使用0.01的显著性水平。

b.计算卡方的值。

c.你关于 H_0 的决策是什么？

10.Mall of the Dakotas的安全主管想要研究丢失货物问题。他抽取了100个丢失了裤子、鞋等的盒子，发现60%是顾客偷窃，30%是员工偷窃，余下10%是存货控制不善。在提交给购物中心管理层的报告中，他可以说，在丢失货物问题中，顾客偷窃的可能性是员工偷窃和存货控制不善的可能性的两倍，而员工偷窃的可能性和存货控制不善的可能性相等吗？使用0.02的显著性水平。

（答案：$\chi^2 = 12.00$；拒绝 H_0）

11.Carolina Bank信用卡部根据以往经验得出，5%的持卡人曾上过高中、15%的持卡人高中毕业、25%的持卡人曾上过大学、55%的持卡人大学毕业。在本月欠费的500名持卡人中，50人上过高中、100人高中毕业、190人上过大学、160人大学毕业。我们是否可以认为欠费的持卡人的分布与所有持卡人的分布是不同的？使用0.01的显著性水平。

12.多年来，电视主管使用一个原则：在工作日的晚上，三家传统大电视台各有30%的观众收看，另外10%的观众收看有线电视台。从佛罗里达州的Tampa-St.Petersburg地区周一晚上的电视收看者中随机抽取500位，调查表明，165个家庭收看ABC台，140个家庭收看CBS台，125个家庭收看NBC台，余下的家庭收看有线电视台。在0.05的显著性水平下，我们能推断上述原则仍然合理吗？

（答案：$\chi^2 = 14.333$；拒绝 H_0）

15.5 检验数据是否来自正态分布

在15.2节中，我们采用拟合优度检验将观测数据与预期数据进行比较。在Bubba's Fish and Pasta的例子中，观测频数为120名成年人所选择的不同主菜的次数。我们假设人们在4类主菜间并不存在偏好，期望频数则是120÷4，即预期每类主菜均被选择30次。在本节中，我们将检验分组频数的频率分布是否来自正态分布总体。为什么需要这个检验？回顾11.4节，我们是在假设了两个总体均来自正态分布的情况下才进行了均值间是否存在差异的检验。类似地，在12.4节的方差分析和13.6节的最小二乘法回归方程的残差项分布中，我们也做出了同样的正态分布假设。

下面的例子将详细说明如何使用拟合优度检验来判断正态性假设是否合理。

举例：

回忆在2.3节中我们使用频数分布表总结了Applewood汽车集团销售180辆机动车得到的利润情况。频数分布表如下：

表15-5　上个月Applewood汽车集团机动车销售利润的频数分布

利润（美元）	频数
200～600	8
600～1 000	11
1 000～1 400	23
1 400～1 800	38
1 800～2 200	45
2 200～2 600	32
2 600～3 000	19
3 000～3 400	4
总和	180

在3.8节中，我们使用统计软件得到Applewood汽车集团机动车销售利润的均值为1 843.17美元，标准差为643.63美元。由此认为机动车销售利润来自正态分布是合理的吗？我们采用0.05的显著性水平。

解答：

为了进行正态性检验，我们需要在期望分布服从正态分布的假设下，得到上述分布表中每一类的期望频数。具体来说，先从正态分布入手计算每一类的出现概率，然后使用这些概率得到每一类的期望频数。

在本例中，假设期望频数服从均值为1 843.17美元、标准差为643.63美元的正态分布，我们需要先得到表15-5中每一类的占比面积，或出现概率。为此，我们可以使用公式（7-1），将任意形式的正态分布转化为标准正态分布。公式（7-1）如下：

$$z=\frac{X-\mu}{\sigma}$$

在这里，z值服从标准正态分布，μ为1 843.17美元，σ为643.63美元。接下来，我们将使用表15-5中“200～600美元”这一类来演示如何在利润分布为正态分布的假设下计算其期望频数。首先，计算利润为200美元时的z值。

$$z=\frac{X-\mu}{\sigma}=\frac{200-1\,843.17}{643.63}=-2.55$$

计算结果表明，此类的下界值比均值小2.55个标准差。根据附录B.1可知，找到一个小于-2.55的z值的概率为0.5000-0.4946=0.0054。

同样，由“200～600美元”的上界600美元计算得到的z值如下：

$$z=\frac{X-\mu}{\sigma}=\frac{600-1\,843.17}{643.63}=-1.93$$

再次使用附录B.1可知，分布中600美元以左的面积，即z值小于-1.93的概率为0.500-0.4732=0.0268。

最后，计算分布中200美元与600美元之间的面积：

$$P(\$200<X<\$600)=P(-2.55<z<-1.93)=0.0268-0.0054=0.0214$$

由此可知，在所出售的机动车中，有2.14%的机动车产生的利润在200美元到600美元之间。

同时，也存在得到的利润小于200美元的可能性，其发生概率如下：

$$P(X<200)=P(z<-2.55)=0.5000-0.4946=0.0054$$

仿照上述计算步骤我们将得到其他类对应的z值、面积和期望频数。所有结果被列示在表15-6中（举例计算的两个概率值分别出现在表15-6第3列的第2行和第3行）。

表15-6　Applewood汽车集团销售利润及其对应的z值、正态分布下的面积和期望频数

利润（美元）	Z值	面积	计算方法	期望频数
小于200	小于 -2.55	0.0054	0.5000 - 0.4946	0.97
200～600	-2.55～-1.93	0.0214	0.4946 - 0.4732	3.85
600～1 000	-1.93～-1.31	0.0683	0.4732 - 0.4049	12.29
1 000～1 400	-1.31～-0.69	0.1500	0.4049 - 0.2549	27.00
1 400～1 800	-0.69～-0.07	0.2270	0.2549 - 0.0279	40.86
1 800～2 200	-0.07～0.55	0.2367	0.0279 + 0.2088	42.61
2 200～2 600	0.55～1.18	0.1722	0.3810 - 0.2088	31.00
2 600～3 000	1.18～1.80	0.0831	0.4641 - 0.3810	14.96
3 000～3 400	1.80～2.42	0.0281	0.4922 - 0.4641	5.06
大于等于3 400	大于等于 2.42	0.0078	0.5000 - 0.4922	1.40
合计		1.0000		180.00

理论上，每当我们有180辆机动车出售时，预期有3.85辆（180×0.0214）产生的利润会出现在200～600美元的区间内；有0.97辆（180×0.0054）产生的利润小于200美元。具体信息将在表15–7中总结，机动车的预期数量在表15–7中被整数化。

在往下继续之前，我们需要强调一下使用卡方检验统计量的局限性。回忆15.4节中阐述的第2个局限性：如果超过20%的单元的期望频数小于5，那么为了继续使用卡方检验统计量，一部分单元需要被合并。在表15–6中，有3个类期望频数小于5，因此我们需要将“低于200美元”和“200～600美元”，“3 000～3 400美元”和“高于3 400美元”两两合并，得到“低于600美元”的期望频数为4.82（0.97+3.85）以及“高于3 000美元”的期望频数为6.46（5.06+1.40）。上述结果都被列示在表15–7中。得到的卡方值为5.220。

表15–7 卡方统计量的计算

利润（美元）	f_0	f_e	(f_0-f_e)	$(f_0-f_e)^2$	$(f_0-f_e)^2/f_e$
小于600	8	4.82	3.18	10.1124	2.098
600~1 000	11	12.29	−1.29	1.6641	0.135
1 000~1 400	23	27.00	−4.00	16.0000	0.593
1 400~1 800	38	40.86	−2.86	8.1796	0.200
1 800~2 200	45	42.61	2.39	5.7121	0.134
2 200~2 600	32	31.00	1.00	1.0000	0.032
2 600~3 000	19	14.96	4.04	16.3216	1.091
大于等于3 000	4	6.46	−2.46	6.0516	0.937
总和	180	180.00	0		5.220

现在我们可以进入正式的假设检验步骤。原假设和备择假设的形式如下：

H_0：利润的总体服从正态分布。

H_1：利润的总体不服从正态分布。

要想确定卡方分布的临界值，我们需要知道自由度。在本例中，共有8类，因此自由度等于 $k-1=8-1=7$。此外，由于我们计算出的Applewood汽车集团的利润均值和标准差均来自样本，在用样本数据估计总体的均值和标准差的过程中，我们将丢失另外两个自由度，所以本例中自由度将等于 $k-2-1=8-2-1=5$。

根据附录B.3得到在0.05的显著性水平下卡方分布的临界值为11.070，所以我们的决策准则是：当计算出的卡方值大于11.070时，拒绝原假设。利用公式（15–1）计算卡方值的过程如下：

$$\chi^2=\sum\left[\frac{(f_o-f_e)^2}{f_e}\right]=\frac{(8-4.82)^2}{4.82}+\cdots+\frac{(4-6.46)^2}{6.46}=5.220$$

表15–7中最右列显示了每一类对应的数值，以及它们的加总值，即5.220。

由于5.220小于临界值11.707，所以不能拒绝原假设。由此，我们有理由认为利润的分布为正态分布。

在自由度的计算问题中，当我们已经知晓总体的均值和标准差时，验证样本数据是否呈正态分布所用到的自由度则等于k－1。在我们只拥有样本分组数据的频数分布、对总体均值和标准差并不知晓的情况下，自由度等于k－2－1。一般而言，当我们使用样本统计量估计总体参数时，我们将丢失所估参数个数的自由度。这与之前在14.4节中计算F统计量的情形十分类似（每多考虑一个独立变量，F统计量的自由度就减少一个）。

15.6 利用图形和统计方法检验正态性

拟合优度检验的缺点在于将分组数据的频数分布与期望的正态分布频数进行比较。当我们把数据组成频数分布时，我们就丢失了原始数据信息，即我们没有采用原始数据。现在存在的几种采用原始数据检验正态性的方法包括Kolmogorov-Smirinov、Lilliefors和Anderson-Darling正态分布检验。在这些统计检验中，图示法被用来形象化地评估分布的正态性，同时p值被用来检验正态性假设。

这里，我们重点介绍Anderson-Darling正态分布检验。它包括两个步骤：

1.建立两个累积分布，分别是原始数据的累积分布和累积正态分布。

2.比较两个累积分布。计算两个分布的最大数值差异的绝对值，并使用统计检验。如果差异过大，那么我们拒绝“数据服从正态分布”的原假设。

另外，我们可以绘制包含原始数据的累积分布以及累积正态分布的图形。累积正态分布的图形为一条直线，而原始数据的散点将分布在累积正态分布的直线的周围。如果散点非常接近累积正态分布的直线，则说明数据的分布为正态分布。

利用表2-4中Applewood汽车集团的利润数据，我们将具体阐述Anderson-Darling正态性检验方法。使用图示法分别绘制出利润数据的累积分布和累积正态分布的图形，并观察两者之间的差异。因为是累积分布，图形将呈从左向右上升的样式。在下图中，每个黑色的圆点分别代表了Applewood汽车集团出售的180辆机动车中每辆车带来的利润。它们紧密地排成了一条看似弯曲的线，而几乎被它们覆盖住的绿色直线则代表累积的正态分布。很容易看出，利润数据点紧密地围绕在绿色直线周围，因而可以认为利润的分布非常接近正态分布。

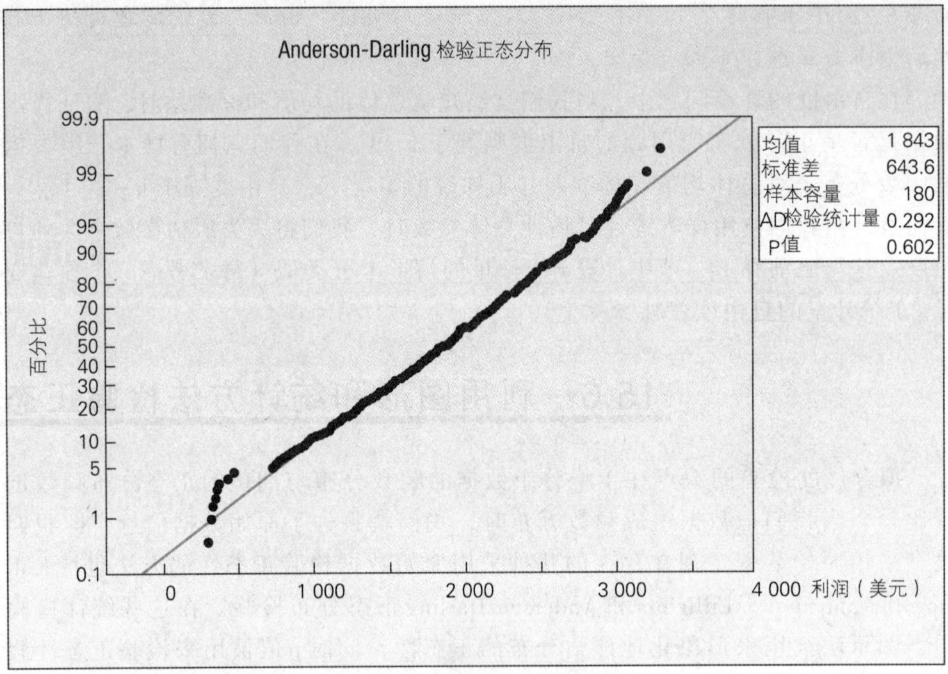

注意，利润分布的尾端似乎与正态分布有些分离，由此可以认为利润并不服从正态分布吗？我们采用Anderson-Darling检验来评估这些差异。建立原假设以及备择假设如下：

H_0：利润的总体服从正态分布。

H_1：利润的总体不服从正态分布。

Anderson-Darling检验的具体计算过程超出了本书的范围，不过只要利用计算机软件，便可以得到关于上图中右上角5个检验统计量的信息，包括均值、标准差、样本容量、AD检验统计量和对应的p值。其中，"AD"即用于检验原假设的Anderson-Darling统计量的数值，P-Value则是其对应的p值（在第10章中我们介绍过，每个检验统计量都对应一个用于判断是否拒绝原假设的p值）。使用0.05的显著性水平，决策准则为：当p值大于0.05时，不拒绝原假设。由于上例中p值等于0.602，我们不能拒绝原假设。因此，根据图示法以及p值的结果，我们有理由认为利润服从正态分布。

自测题 15-3

参见自测题10-4。一种机器被用来将9.0克的药品装入小瓶。由8个瓶子组成的样本的结果如下（单位：克）。为了进行总体均值的假设检验，假设样本数据来自一个正态分布。

9.2	8.7	8.9	8.6	8.8	8.5	8.7	9.0

下图显示了每瓶重量的累积频数点以及累积正态分布的图形。在0.01的显著性水平下分析正态性假设是否合理。阐述两个可以支持你的决策的理由。

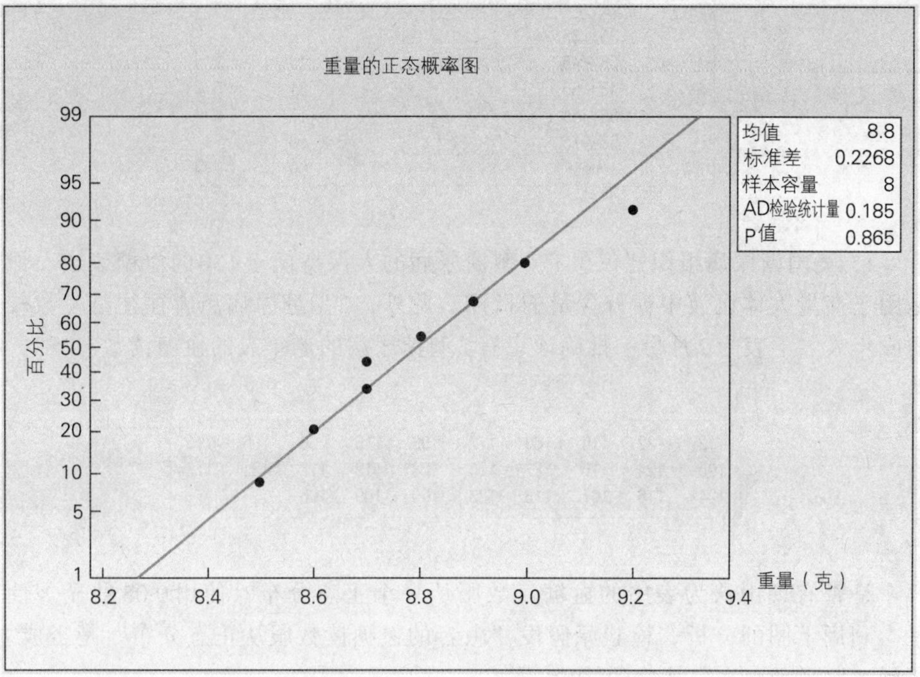

练习题

13.美国国税局对小型会计公司准备的个税单的数量（委托人数量）感兴趣。其在达拉斯-沃斯堡地区随机抽取了50家雇员小于等于10人的会计公司作为样本，并将得到的数据绘制于下表中。已知样本均值为44.8名委托人，标准差为9.37名委托人。是否有理由认为样本数据来自一个服从正态分布的总体？使用0.05的显著性水平。

雇员数量	频数
20～30	1
30～40	15
40～50	22
50～60	8
60～70	4

14. 广告费用是产品销售成本的一个重要组成部分。下表列示了来自美国西南部地区60家生产商广告费用的频数分布。已知平均费用为5 200万美元，标准差为1 132万美元。是否有理由认为样本数据来自一个服从正态分布的总体？使用0.05的显著性水平。

广告费用（百万美元）	生产商数量
25 ~ 35	5
35 ~ 45	10
45 ~ 55	21
55 ~ 65	16
65 ~ 75	8
总和	60

15. 美国糖尿病组织建议患有2型糖尿病的人保持低于130的血糖读数。血糖是用于衡量人体血液中糖分含量的指标。此外，2型糖尿病患者往往是岁数较大的成年人。下表为2月份一批确诊患有2型糖尿病的老年人的血糖读数。

112	122	116	103	112	96	115	98	106	111
106	124	116	127	116	108	112	112	121	115
124	116	107	118	123	109	109	106		

是否有理由认为表中的血糖读数服从一个正态分布？使用0.05的显著性水平。利用下图的分析，检验原假设“患者的血糖读数服从正态分布”是否成立，并阐述两个理由来支持你的结论。

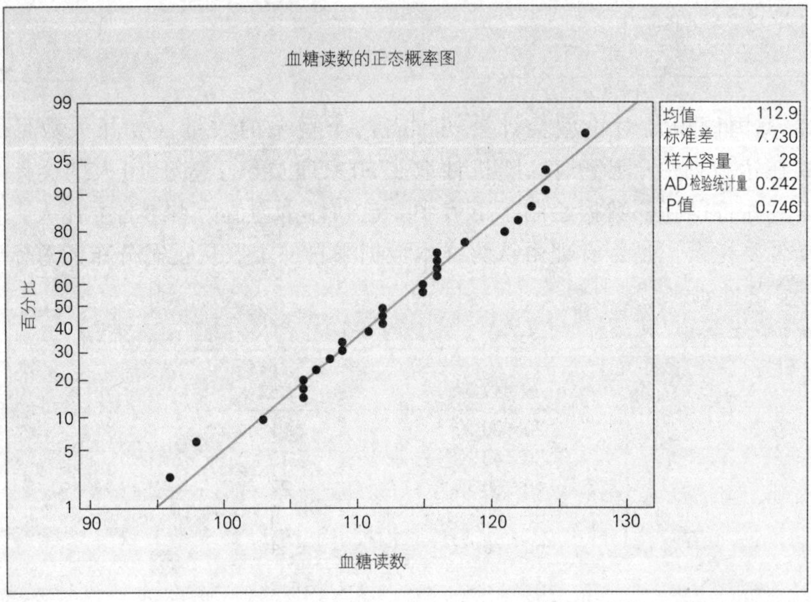

16.Creek Ratz是位于佛罗里达州北海岸的一家非常受欢迎的餐厅，其提供各式的牛排和海鲜餐点。在夏天沙滩季节里，餐厅不再提供预订或提前点餐的服务。CreekRatz的管理人员关心顾客从就座到用餐之间的等待时间是否过长，于是抽取了上个周日晚间25桌顾客的等餐时间作为研究样本，单位为分钟。

28	39	23	67	37	28	56	40	28	50	51	45	44	65	61
27	24	61	34	44	64	25	24	27	29					

是否有理由认为这些顾客的等餐时间服从正态分布？使用0.05的显著性水平。利用下图的分析，检验原假设“顾客的等餐时间服从正态分布”是否成立，并阐述两个理由来支持你的结论。

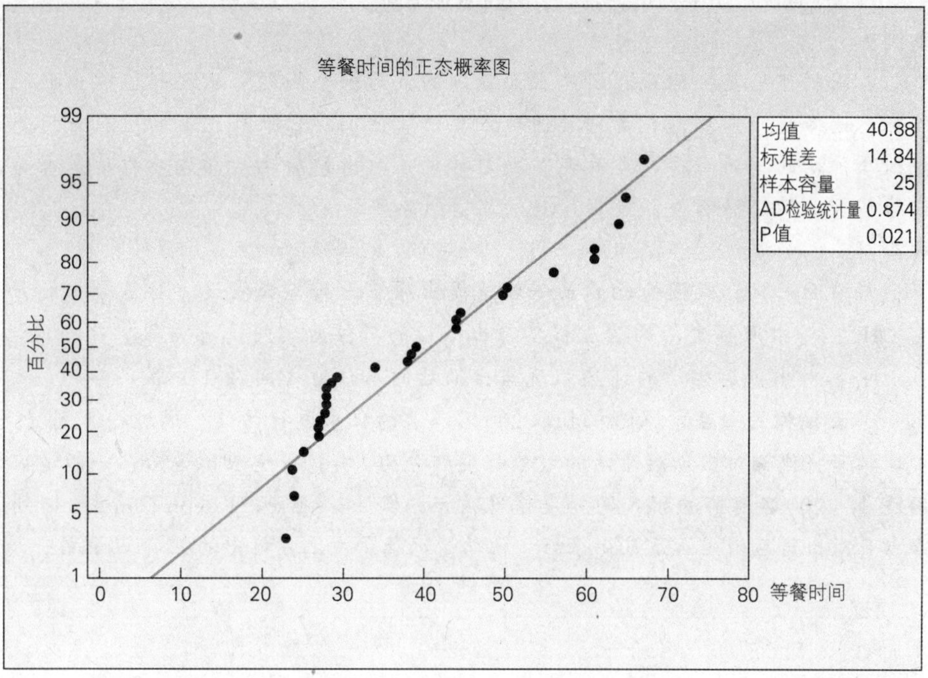

15.7 列联表分析

在第4章的4.5节中我们讨论了双变量数据，并研究了两个变量之间的关系。我们介绍了可以同时概括两个定类尺度变量的列联表。例如，一个在商学院注册的学生样本按照性别（男性或女性）和专业（会计、管理、金融、营销和数量方法）进行分类。因为这些分类没有自然顺序，所以该分类是基于定类尺度的。

我们在第5章的5.5节中讨论了列联表。我们阐述了对公司的忠诚度与雇用时间长短之间的关系，并考查了是否受雇时间越长的员工对公司的忠诚度越高。

我们可以利用卡方统计量来正式检验两个定类尺度变量之间的关系。换句话说，一个变量独立于另一个变量吗？在下面的一些例子中，我们对检验两个变量是否相关感兴趣。

• 福特汽车公司在密西根州的Dearborn地区开设了一家装配厂。工厂实行一天三班，一周工作五天的工作制度。质量控制经理想要比较三个班次的质量水平。车辆按照质量水平（可接受或不可接受）和班次（白班、中班和晚班）进行分类。三个班次的质量水平有差异吗？即产品质量与生产它们的班次有关联吗？或产品质量是否独立于生产它们的班次？

• 由100名因超速而被吊销驾照的司机组成一个样本，按照性别和是否系了安全带将他们进行分类。从这个样本看，系安全带与性别之间存在关联吗？

• 从联邦监狱出狱的男性可以选择返回家乡，或者到其他地方生活。他们对出狱后生活的适应程度是否会因居住地的不同而存在差异呢？两个变量分别为对出狱后生活的适应程度和出狱后的居住地。注意，这两个变量都是按照定类尺度被度量的。

举例：

美国联邦惩教机构正在研究上面提到的最后一个问题：从联邦监狱出狱的男性可以选择返回家乡，或者到其他地方生活。他们对出狱后生活的适应程度是否会因居住地的不同而存在差异呢？换句话说，对出狱后生活的适应程度是否与出狱后居住地的选择有关？使用0.01的显著性水平。

解答：

与前面一样，假设检验的第一步是提出原假设和备择假设。

H_0：对出狱后生活的适应程度与出狱后的居住地之间没有关联。

H_1：对出狱后生活的适应程度与出狱后的居住地之间存在关联。

惩教机构的心理学家随机抽取200名以前的犯人进行访谈。通过一系列提问，心理学家将他们对出狱后生活的适应程度划分为4类：很适应、适应、一般适应和不适应。200名以前的犯人的分类情况被记录如下。例如，Joseph Camden回到了家乡且对出狱后的生活适应得很好。他的情况属于左上方框中的27个记录之一。

从监狱出狱后的居住地	对生活的适应情况			
	很适应	适应	一般适应	不适应
家乡	卌 卌 卌 卌 卌 ǁ	卌 卌 卌 卌 卌 卌 卌	卌 卌 卌 卌 卌 卌 Ⅲ	卌 卌 卌 卌 卌
非家乡	卌 卌 Ⅲ	卌 卌 卌	卌 卌 卌 卌 卌 ǁ	卌 卌 卌 卌 卌

计算每个方框或单元中的记录。记数结果在下列的列联表中给出（见表15-8）。在此例中，联邦惩教机构想要知道罪犯出狱后对生活的适应程度是否取决于

他们出狱后的居住地。

表 15-8　　出狱后对生活的适应情况与居住地

从监狱出狱后的居住地	对生活的适应情况				
	很适应	适应	一般适应	不适应	合计
家乡	27	35	33	25	120
非家乡	13	15	27	25	80
合计	40	50	60	50	200

我们只要知道列联表的行数（2）与列数（4），就可以确定临界值和决策准则。对于列联表中有两类特征的显著性卡方检验，自由度按下列公式计算：

df =（行数−1）×（列数−1）=（r−1）·（c−1）

在本例中，

df =（r−1）·（c−1）=（2−1）×（4−1）=3

为了得到自由度为 3 和显著性水平为 0.01 的临界值，可以查阅附录 B.3，该临界值为 11.345。决策准则是：如果计算出的 χ^2 值大于 11.345，就拒绝原假设。图 15−4 将直观地展示这一点。

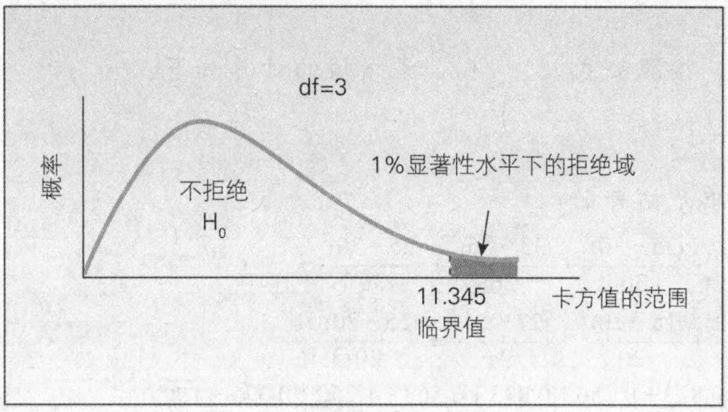

图 15−4　自由度为 3 的卡方分布

接下来我们将计算 χ^2 的值。表 15−8 给出了观测频数 f_o。如何确定相应的期望频数 f_e 呢？注意，表 15−8 的“合计”列表示，在 200 名以前的犯人中，有 120 人（60%）返回了家乡。如果认为出狱后对生活的适应程度与出狱后的居住地之间没有关系，我们期望在 40 名以前的犯人中有 60%的人在其家乡适应得很好。因此，左上方单元格的期望频数 f_e 为 0.60×40=24。同样，如果认为出狱后对生活的适应程度与出狱后的居住地之间没有关系，我们期望在 50 名以前的犯人中有 60%的人（30 人）在其家乡适应得很好。

进一步地，注意到在 200 名以前的犯人中，有 80 人（40%）没有返回家乡。因此，在心理学家认为的出狱后对生活的适应程度“一般”的 60 人中，有 24 人

（0.40×60）没有回到家乡。

每个单元的期望频数按下式计算：

$$\text{期望频数}\quad f_e=\frac{\text{行合计}\times\text{列合计}}{\text{总合计}} \tag{15-2}$$

根据这个公式，表15-8中左上方单元格的期望频数为：

$$\text{期望频数}\quad (f_e)=\frac{\text{行合计}\times\text{列合计}}{\text{总合计}}=\frac{120\times 40}{200}=24$$

表15-9中列出了列联表中所有单元格的观测频数 f_o 和期望频数 f_e。

表15-9　　观测频数与期望频数

从监狱出狱后的居住地	对生活的适应情况：很适应 f_o	很适应 f_e	适应 f_o	适应 f_e	一般适应 f_o	一般适应 f_e	不适应 f_o	不适应 f_e	合计 f_o	合计 f_e
家乡	27	24	35	30	33	36	25	30	120	120
非家乡	13	16	15	20	27	24	25	20	80	80
合计	40	40	50	50	60	60	50	50	200	200

必须相等　　$\frac{80\times 50}{200}$　　必须相等

回忆一下，按照公式（15-1），卡方值的计算如下：

$$\chi^2=\sum\left[\frac{(f_o-f_e)^2}{f_e}\right]$$

从左上方单元格开始：

$$\begin{aligned}\chi^2&=\frac{(27-24)^2}{24}+\frac{(35-30)^2}{30}+\frac{(33-36)^2}{36}+\frac{(25-30)^2}{30}+\\&\quad\frac{(13-16)^2}{16}+\frac{(15-20)^2}{20}+\frac{(27-24)^2}{24}+\frac{(25-20)^2}{20}\\&=0.375+0.833+0.250+0.833+0.563+1.250+0.375+1.250\\&=5.729\end{aligned}$$

因为计算出的卡方值（5.729）在11.345的左边区域，所以在0.01的显著性水平下，原假设不被拒绝。我们的结论是，没有出狱后对生活的适应程度与出狱后的居住地之间存在相关性的证据。对联邦惩教机构的建议计划来说，出狱后对生活的适应程度与出狱后的居住地没有关联。

实践中的统计学

一项对1 000名24岁以上的美国人的研究表明，有28%的人从未结婚。在这些未结婚的人中，有22%的人大学毕业。在这1 000人中，有23%的人已婚且大学毕业。我们能够由这些信息推断出结婚与大学毕业之间存在相关性吗？研究表明，这两个变量是相关的，计算出的卡方值为9.368，p值为0.002。你可以复制这些结果吗？

下列输出结果来自MINITAB系统。

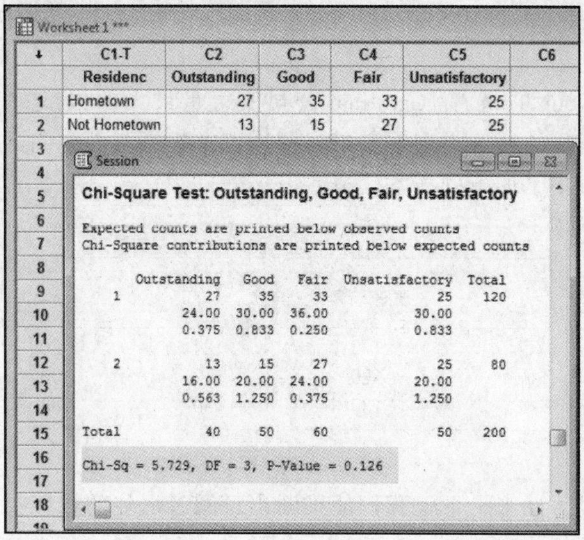

注意，卡方值与前面的计算结果相同。此外，p值为0.126，所以当原假设为真时，得到一个等于或大于检验统计量的值的概率为0.126。p值的计算结果同样得出不拒绝原假设的结论。

自测题 15-4

一名社会科学家随机抽取了140人，并把他们按照收入水平和上个月是否购买了国家彩票进行分类。样本信息如下。可以合理地推断出购买彩票与收入水平相关联吗？使用0.05的显著性水平。

	收入			
	低	中	高	合计
购买	46	28	21	95
不购买	14	12	19	45
合计	60	40	40	140

(a) 该表被称为什么？
(b) 提出原假设和备择假设。
(c) 决策准则是什么？
(d) 计算卡方的值。

（e）做出关于原假设的决策，并解释这个结果。

练习题

17.Carolina Sun Times是Carolinas公司发行量最大的报纸，其广告部经理正在研究订阅者居住的社区类型与其最先阅读哪个报纸版面之间的关系。对于一个读者样本，她收集了如下的样本信息：

	国家新闻	体育	漫画
城市	170	124	90
效区	120	112	100
乡村	130	90	88

在0.05的显著性水平下，我们能推断出订阅者居住的社区类型与其最先阅读报纸的哪个版面相关吗？

18.位于密歇根州Dearborn市的福特F-150型卡车制造厂正在考虑从4个电灯泡品牌中选出用于最后装配区的灯泡。采购主管从每一个生产厂家抽取了容量为100的样本，每一个生产厂家的可接受和不可接受的灯泡数目如下。在0.05的显著性水平下，灯泡的质量存在差异吗？

	生产厂家			
	A	B	C	D
不可接受的灯泡数	12	8	5	11
可接受的灯泡数	88	92	95	89
合计	100	100	100	100

（答案：$\chi^2 = 3.663$；不拒绝 H_0）

19.Food Town公司是纽约州北部的一家食品杂货连锁店，该公司的质量控制部门每月对扫描价格和标签价格进行一次核对。下表总结了上个月对500件商品抽样的结果。公司管理层想知道，常规定价商品的出错率与特殊定价商品的出错率之间是否存在关联。使用0.01的显著性水平。

	常规定价商品	常规定价商品
少收	20	10
多收	15	30
正确价格	200	225

20.在过去的几年里，移动电话在汽车中的使用急剧增长。移动电话厂商和

交通专家均关注移动电话对交通事故率的影响。使用移动电话的人更可能发生交通事故吗？从以下的样本信息中，你能得出什么结论？使用0.05的显著性水平。

	在去年发生了交通事故	在去年未发生交能事故
使用手机	25	300
不使用手机	50	400

（答案：$\chi^2 = 2.523$；不拒绝 H_0）

本章总结

Ⅰ.卡方分布的特性：

A.它的值是非负的。

B.它是右偏的。

C.存在一个卡方分布族。

1.自由度每改变一次，就得到一个新的卡方分布。

2.随着自由度的增加，该分布趋近于正态分布。

Ⅱ.拟合优度检验将证明一组观测频数是否来自一个假设的总体分布。

A.自由度为k-1，其中k为类的数目。

B.卡方值的计算公式为：

$$\chi^2 = \sum\left[\frac{(f_o - f_e)^2}{f_e}\right] \qquad (15\text{-}1)$$

Ⅲ.拟合优度检验也可以用于验证样本观测数据是否服从正态分布。

A.先得到样本数据的均值和标准差。

B.将数据分组，并得到分组频数分布。

C.使用每类上下界的数值计算对应的z值。

D.得到连续z值的占比面积或概率。

E.根据每类的观测频数和期望频数计算拟合优度检验卡方统计量。

F.每类的期望频数是通过将每类的占比面积或概率乘以总观测数得到的。

G.如果我们使用的是从样本数据中得出的均值和标准差，那么自由度是k-3。

Ⅳ.列联表用于检验两类或两种特征是否相关。

A.按照两种特征将每一个观测值分类。

B.期望频数按下列公式计算：

$$f_e = \frac{\text{行合计} \times \text{列合计}}{\text{总合计}} \qquad (15\text{-}2)$$

C.自由度的计算公式为：

$$df = (\text{行数}-1) \times (\text{列数}-1)$$

D.使用通常的假设检验五步程序。

发音要领

符号	意义	读法
χ^2	概率分布	ki square
f_o	观测频数	f sub oh
f_e	期望频数	f sub e

本章练习题

21.在Front Street上向西行驶的车辆可能右转、左转或一直开往Elm Street。城市交通工程师认为，一半的车辆会在通过十字路口后继续直行，余下的一半车辆会等概率地右转或左转。观测200辆汽车，得到以下结果。我们能认为交通工程师的说法是正确的吗？使用0.10的显著性水平。

	直行	右转	左转
频数	112	48	40

22.一个体育杂志的出版商计划送给新订阅户以下三种礼物之一：一件印有他们最喜欢的运动队的标记的运动衫、一个印有他们最喜欢的运动队的标记的咖啡杯，以及一对印有他们最喜欢的运动队的标记的耳环。在包含500名新订阅户的样本中，选择每种礼物的订阅户数量如下。在0.05的显著性水平下，三种礼物之间存在差异吗？或者我们能认为三种礼物同样受欢迎吗？

礼物	频数
运动衫	183
咖啡杯	175
耳环	142

（答案：$\chi^2 = 5.67$；不拒绝 H_0）

23.在某个特定电视市场上有3家商业电视台，每家电视台从下午6点到6点半都有其各自的晚间新闻节目。按照今早当地报纸的报道，在随机抽取的150位昨晚的收看者中，53人收看了WNAE（5频道）的晚间新闻，64人收看了WRRN（11频道）的晚间新闻，33人收看了WSPD（13频道）的晚间新闻。在0.05的显著性水平下，收看3个频道的晚间新闻的观众比例存在差异吗？

24.坐落于费城市中心的Government Center Building有4个入口，大厦维护主管想知道这些入口的使用率是否相同。为了调查，该主管观测了400名进入大厦的人，使用各个入口的人数如下。在0.01的显著性水平下，4个入口的使用率存在差异吗？

入口	频数
Main Street	140
Broad Street	120
Cherry Street	90
Walnut Street	50
合计	400

（答案：如果 $\chi^2 > 11.345$，就拒绝 H_0； $\chi^2 = 46.0$；拒绝 H_0）

25. 一个邮寄订购商品目录的老板想比较其销量和人口的地理分布。按照美国普查统计局的报告，21%的人居住在东北部，24%的人居住在中西部，35%的人居住在南部，20%的人居住在西部。下面是从上个月送货商品中随机抽取的400份订单的分类结果。在0.01的显著性水平下，这些订单的分布反映了人口的分布吗？

地区	频数
东北部	68
中西部	104
南部	155
西部	73
合计	400

26.Banner Mattress and Furniture Company想要研究最近300天里每天收到的信用申请数。相应的信息如下：

信用申请数	频数(天数)
0	50
1	77
2	81
3	48
4	31
5以及更多	13

解释一下，没有收到信用申请的天数是50天，收到一份信用申请的天数是77天，以此类推。可以推断出总体分布是均值为2的泊松分布吗？使用0.05的显著性水平。提示：用均值为2的泊松分布计算期望频数。计算均值为2的泊松分布中恰好有一次成功的概率，用该概率乘以300算出恰好有一份信用申请的期望天数。用类似的方法得到其他的期望天数。

（答案：如果 $\chi^2>9.488$，就拒绝 H_0；不拒绝 H_0，$\chi^2=4.1558$；认为总体分布是均值为2的泊松分布是合理的）

27.在抽奖活动中，每个数字出现的概率完全相同。下表显示了加利福尼亚州彩票在一次连续抽奖过程中各个数字的出现频数。在0.05的显著性水平下进行卡方检验，验证是否拒绝抽奖数字来自一个均匀分布的假设。

数字	频数	数字	频数
0	44	5	24
1	32	6	31
2	23	7	27
3	27	8	28
4	23	9	21

28.John Isaac有限公司提供工业标志的设计以及安装服务。公司对任职的60位员工最近一次访问的医生的种类进行了记录。一份国家评估报告显示，在2010年访问医生的群体中，有53%的人访问了儿科医生，有19%的人访问了医药专家，有17%的人访问了外科医生，剩余的人去了急救中心。在0.01的显著性水平下检验Isaac雇员的访医情况是否显著区别于国家评估报告的分布。以下为公司记录的数据：

访医类型	访医人数
儿科医生	29
医药专家	11
外科医生	16
急救中心	4

（答案：$\chi^2=4.583$，不拒绝原假设 H_0）

29.The Eckel生产公司认为其员工的时薪服从一个正态分布。为了进行验证，随机抽取270名员工作为样本，并将他们按下表进行分组整理。已知样本分布的均值为8.222美元，标准差为1.003美元。在0.01的显著性水平下，是否有理由认为员工的时薪服从正态分布？

时薪（美元）	频数
5.50 ~ 6.50	20
6.50 ~ 7.50	24
7.50 ~ 8.50	130
8.50 ~ 9.50	68
9.50~10.50	28
合计	270

30.NCTA最近公布美国每个家庭HDTV的平均安装数为2.30台，标准差为

1.474台。随机抽取爱达荷州博伊西市的100家住户作为样本，得到以下信息：

HDTV安装数	家庭数量
0	7
1	27
2	28
3	18
4	10
5以及更多	10
合计	100

在0.05的显著性水平下，是否有理由认为每个家庭的HDTV安装数服从一个正态分布？（提示：分组时可采用如“0.5个到1.5个”“1.5个到2.5个”等的类别）

（答案：χ^2=9.733，不拒绝原假设H_0）

31. 下表给出了俄亥俄州13所州立大学的新生入学情况。假设这是样本信息，在0.05的显著性水平下，是否有理由认为入学人数服从一个正态分布？

大学	入学人数
University of Akron	25 942
Bowling Green State University	18 989
Central State University	1 820
University of Cincinnati	36 415
Cleveland State University	15 664
Kent State University	34 056
Miami University	17 161
Ohio State University	59 091
Ohio University	20 437
Shawnee State University	4 300
University of Toledo	20 775
Wright State University	18 786
Youngstown State University	14 682

32. 阿波罗太空计划在1967—1972年间共执行了13次飞行任务。这些任务的持续时间从7 ~ 301小时不等，具体内容见下表。假设这是样本信息，在0.05的显著性水平下，是否有理由认为这些飞行任务的时长服从正态分布？

9	195	241	301	216	260	7	244	192	147	10	295	142

（答案：P值=0.077，不拒绝原假设，服从正态分布）

33. 由Houston Chronicle进行的一项调查研究了民众对待联邦赤字的态度。每一个被随机抽取到的公民按照认为政府应减少赤字、增加赤字或没有意见进行分类。按性别进行研究的样本结果如下：

性别	减少赤字	增加赤字	没有意见
女性	244	194	68
男性	305	114	25

在0.05的显著性水平下，认为性别与民众对待赤字的态度无关是合理的吗？

34. 关于销售人员在其工作中所感到的压力与其年龄的关系的研究揭示了如下样本信息。在0.01的显著性水平下，工作压力与年龄之间存在相关性吗？

	工作压力		
年龄（岁）	低	中	高
小于25岁	20	18	22
25岁到40岁	50	46	44
40岁到60岁	58	63	59
60岁及以上	34	43	43

（答案：$\chi^2 = 2.191$；不拒绝 H_0）

35.Wise Insurance Company的理赔部认为，越年轻的驾驶员越容易发生交通事故，因此要收取更高的保费。该公司调查了1 200名投保人，按照过去3年是否有索赔记录和投保人年龄得到如下信息。认为投保人的年龄与其是否有索赔记录相关是合理的吗？使用0.05的显著性水平。

年龄组	无索赔	有索赔
16岁到25岁	170	74
25岁到40岁	240	58
40岁到55岁	400	44
55岁及以上	190	24
合计	1 000	200

36. 从一家大型化工厂的员工中随机抽样，调查员工对3种年金计划的偏好。结果见下表。员工所选择的年金计划与其工种相关吗？使用0.01的显著性水平。

	年金计划		
工种	计划A	计划B	计划C
主管	10	13	29
办事员	19	80	19
工人	81	57	22

（答案：$\chi^2 = 84.04$；拒绝 H_0）

37. 你曾经购买过M&M糖果并吃惊于颜色的分布吗？对花生M&M糖果而言，12%是棕色，15%是黄色，12%是红色，23%是蓝色，23%是橙色，15%是绿色。在Coastal Carolina University的Book Store购买的一包6盎司重的M&M糖果里，有12颗蓝色，14颗棕色，13颗黄色，14颗红色，7颗橙色，12颗绿色。你认为真实分布与期望分布相符是合理的吗？使用0.05的显著性水平。进行你自己的实验。一定要和你的讲师分享。

数据集练习题

（以下练习题的数据可在www.mhhe.com/lindbasic8e中找到）

38. 参见房地产数据，它报告了去年在亚利桑那州Goodyear地区的住房销售信息。

a. 选择销售价格变量，使用图示法验证销售价格是否服从正态分布。使用0.05的显著性水平。

b. 建立一个列联表来说明房屋位于哪个城镇以及是否有游泳池。是否有游泳池与所在城镇之间有关联吗？使用0.05的显著性水平。

c. 建立一个列联表来说明房屋位于哪个城镇以及是否附带车库。是否附带车库与所在城镇之间有关联吗？使用0.05的显著性水平。

（答案：a.p值为0.12，拒绝 H_0，销售价格不服从正态分布　b. $\chi^2 = 6.68$，不拒绝 H_0，游泳池与所在城镇之间没有关联　c. $\chi^2 = 1.98$，不拒绝 H_0，附带车库与所在城镇之间没有关联）

39. 参见棒球2010数据，它报道了2010赛季30支职业棒球联盟球队的信息。

a. 设计一个变量将球队分成两组：赛季获胜球队与赛季未获胜球队。本赛季共有162场比赛，获胜81场及以上的球队归为赛季获胜球队。接下来，再把球队按照薪水分成两组，薪水最高的前15支球队归为一组，其他15支球队归为另一组。在0.05的显著性水平下，薪水与获胜之间相关吗？

b. 借助统计软件验证变量薪水和变量出场率是否服从正态分布。使用0.05的显著性水平。

40. 参见Buena校区公车数据。

a. 得到公车维护成本和使用年限的中位数，分别将位于这两个中位数两侧的数据分成两组，以此建立一个2×2的列联表。检验公车的使用年限是否与其维护成本相关。使用0.05的显著性水平。

b.公车维护成本与公车制造厂家是否存在关系？使用问题a中对公车维护成本中位数的分类以及公车不同的制造厂家来建立列联表。使用0.05的显著性水平。

c.借助统计软件的帮助，在0.05的显著性水平下，是否有理由认为公车的使用年限、维护成本以及上个月的行驶公里数服从正态分布？

（答案：a. χ^2=12.8，拒绝H_0，公车的使用年限与其维护成本有关　b. χ^2=8.89，拒绝H_0，公车维护成本与其制造厂家有关　c.公车使用年限的p值为0.01，行车公里数的p值为0.006，两者都小于0.05，所以二者都不服从正态分布；维护成本的p值为0.673，大于0.05，所以维护成本服从正态分布）

模拟测试

第一部分：客观题

1.为了使用卡方拟合优度检验，数据需满足的计量尺度为________。

2.为了使用卡方分布作为检验统计量，我们需要对总体分布做出何种假设？________（服从正态分布；服从二项分布；不需要对总体分布做出假设）

3.下列哪一项不是卡方分布的特征？________（形状右偏；取决于自由度；可取得负卡方值）

4.一个列联表中包含几个变量？________（2；4；50）

5.对于一个四列三行的列联表，它对应的自由度是________。

6.对于一个列联表，我们所检验的原假设是“变量________”。（不相关；相关；互斥；服从正态分布）

7.由100名商学院本科生组成的样本被分为5个专业。对于一个拟合优度检验，此时的自由度等于________。

8.观测频数之和与期望频数之和________（相等；必大于30；可为负值；至少等于5%）

9.对一个包含200个观测值、自由度为4的随机样本做拟合优度检验，在0.05的显著性水平下，卡方的临界值为________。

10.卡方分布的形状取决于________。（总体分布的形状；自由度；显著性水平；数据的测量尺度）

第二部分：问答题

1.一份近期的人口普查报告显示，有65%的家庭同时拥有父亲和母亲，20%的家庭只有母亲，10%的家庭只有父亲，剩余5%的家庭双亲均不在。随机抽取200名来自偏远学区的孩子组成样本，得到如下信息：

双亲都在	只有母亲	只有父亲	没有母亲或父亲	总和
120	40	30	10	200

是否有足够的理由认为偏远学区的家庭成员组成有别于人口普查报告的结果？使用0.05的显著水平。

2.一个书籍出版商想要调查男性和女性分别会选择什么类型的书籍作为娱乐性读物。一个随机样本给出以下信息：

性别	书籍类型			
	神秘类	浪漫类	治愈类	总和
男性	250	100	190	540
女性	130	170	200	500

在0.05的显著性水平下，是否可以认定娱乐性书籍的选择和性别有关？

软件命令说明

1.卡方拟合优度检验的MegaStat命令是：

a.将表15-2的信息输入下图所示的工作表中。

b.选择MegaStat、Chi-Square/Crosstabs和Goodness of Fit Test，并点击Enter。

c.在对话框中，选择B1：B4作为Observed values，选择C1：C4作为Expected values，输入0作为Number of parameters estimated from the data。点击OK。

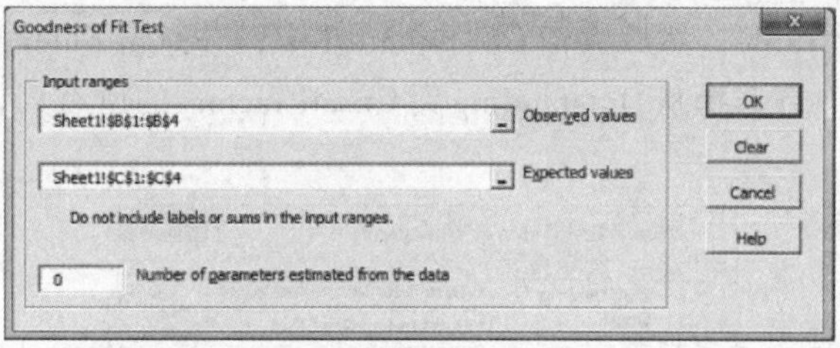

2.除了观测频数和期望频数这两列包含的项数不同外，其卡方拟合优度检验的MegaStat命令是相同的。仅一个对话框被显示。

a.将管理层信息输入工作表。

b.选择MegaStat，Chi-Square/Crosstabs和Goodness of Fit Test，并点击Enter。

c.在对话框中，选择B1：B7作为Observed values，选择C1：C7作为Expected values，输入0作为Number of parameters estimated from the data。点击OK。

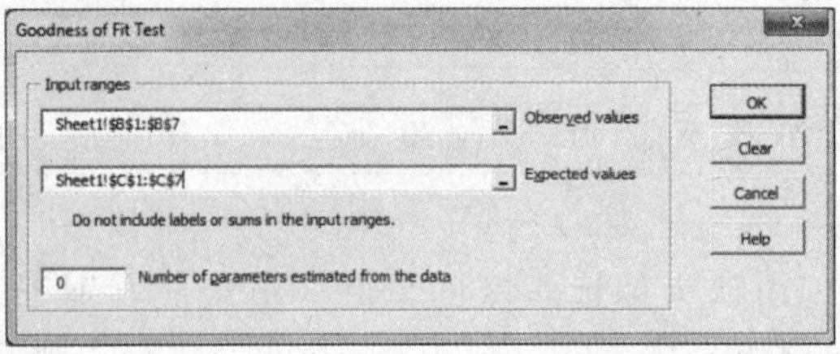

3.正态性检验的MINITAB命令是：

a.输入Applewood Auto Group文件下的数据。

b.选择Stat， Basic Statistics和Normality Test。

c.选择变量Profit，在Percentile Lines目录下选择None，在Test for Normality目录下选择Anderson-Darling。

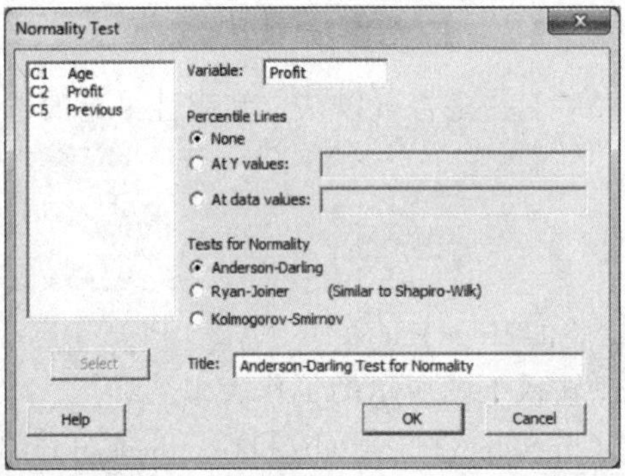

4.卡方分析的MINITAB命令是：

a.在第一行输入变量名，在接下来的两行输入数据。

b.选择Stat，Table，然后点击Chi-Square Test，并点击Enter。

c.在对话框中，选择从Outstanding到Unsatisfactory的所有列，并点击OK。

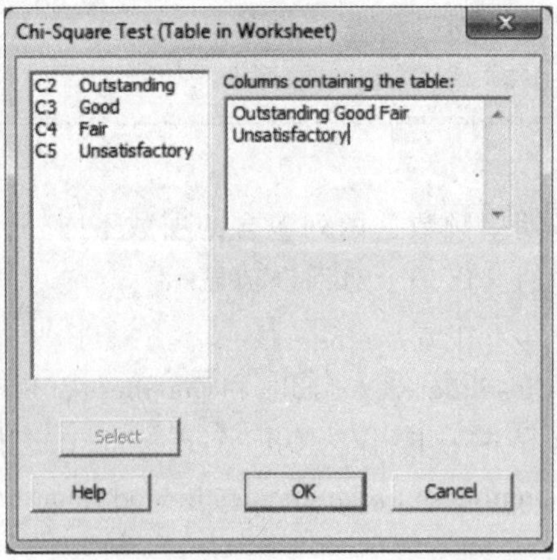

自测题答案

15-1 a.观测频数。

b.6。

c.10。总的观测频数÷6=60÷6=10。

d.5；k-1=6-1=5。

e.15.086（从附录B.3的卡方表中得出）

f. $\chi^2=\sum[\frac{(f_o-f_e)^2}{f_e}]=\frac{(12-10)^2}{10}+\cdots+\frac{(9-10)^2}{10}=0.8$

g.不拒绝 H_0。

h.缺勤情况在一周的6个工作日里呈均匀分布。观测差异归因于抽样变异性。

15-2 H_0： $P_C=0.60$， $P_L=0.3$， $P_U=0.10$

H_1：分布与 H_0 所描述的不符

如果 $\chi^2>5.991$，则拒绝 H_0。

类别	f_0	f_e	$\frac{(f_0-f_e)^2}{f_e}$
当前的应收账款	320	300	1.33
推迟的应收账款	120	150	6.00
无法收回的应收账款	60	50	2.00
	500	500	9.33

拒绝 H_0。这些账目的数据并不能反映全国平均水平。

15-3 p值等于0.865，大于0.01的显著性水平，不拒绝原假设。有理由认为总体分布呈正态分布。

15-4 a.列联表。

b. H_0：收入水平与其是否购买彩票之间没有关联。

H_1：收入水平与其是否购买彩票之间存在关联。

c.如果 $\chi^2>5.991$，则拒绝 H_0。

d. $$\chi^2=\frac{(46-40.71)^2}{40.71}+\frac{(28-27.14)^2}{27.14}+\frac{(21-27.14)^2}{27.14}+\frac{(14-19.29)^2}{19.29}+\frac{(12-12.86)^2}{12.86}+\frac{(19-12.86)^2}{12.86}=6.544$$

e.拒绝 H_0。收入水平与其是否购买彩票之间存在关联。

附录A

A.1 数据集1 ——Goodyear，美国亚利桑那州，房地产销售数据

变量：

X_1：销售价格（单位：千美元）

X_2：卧室的数量

X_3：房屋大小（单位：平方英尺）

X_4：游泳池（1=是，0=否）

X_5：距离市中心的距离（单位：英里）

X_6：城镇

X_7：附带车库（1=是，0=否）

X_8： 浴室数量

105个房屋出售

X_1	X_2	X_3	X_4	X_5	X_6	X_7	X_8
263.1	4	2 300	0	17	5	1	2.0
182.4	4	2 100	1	19	4	0	2.0
242.1	3	2 300	1	12	3	0	2.0
213.6	2	2 200	1	16	2	0	2.5
139.9	2	2 100	1	28	1	0	1.5
245.4	2	2 100	0	12	1	1	2.0
327.2	6	2 500	1	15	3	1	2.0
271.8	2	2 100	1	9	2	1	2.5
221.1	3	2 300	0	18	1	0	1.5
266.6	4	2 400	1	13	4	1	2.0
292.4	4	2 100	1	14	3	1	2.0
209.0	2	1 700	1	8	4	1	1.5
270.8	6	2 500	1	7	4	1	2.0
246.1	4	2 100	1	18	3	1	2.0
194.4	2	2 300	1	11	3	0	2.0
281.3	3	2 100	1	16	2	1	2.0
172.7	4	2 200	0	16	3	0	2.0
207.5	5	2 300	0	21	4	0	2.5
198.9	3	2 200	0	10	4	1	2.0
209.3	6	1 900	0	15	4	1	2.0
252.3	4	2 600	1	8	4	1	2.0
192.9	4	1 900	0	14	2	1	2.5
209.3	5	2 100	1	20	5	0	1.5
345.3	8	2 600	1	9	4	1	2.0
326.3	6	2 100	1	11	5	1	3.0
173.1	2	2 200	0	21	5	1	1.5
187.0	2	1 900	1	26	4	0	2.0
257.2	2	2 100	1	9	4	1	2.0
233.0	3	2 200	1	14	3	1	1.5
180.4	2	2 000	1	11	5	0	2.0
234.0	2	1 700	1	19	3	1	2.0
207.1	2	2 000	1	11	5	1	2.0
247.7	5	2 400	1	16	2	1	2.0
166.2	3	2 000	0	16	2	1	2.0
177.1	2	1 900	1	10	5	1	2.0

续表

x_1	x_2	x_3	x_4	x_5	x_6	x_7	x_8
182.7	4	2 000	0	14	4	0	2.5
216.0	4	2 300	1	19	2	0	2.0
312.1	6	2 600	1	7	5	1	2.5
199.8	3	2 100	1	19	3	1	2.0
273.2	5	2 200	1	16	2	1	3.0
206.0	3	2 100	0	9	3	0	1.5
232.2	3	1 900	0	16	1	1	1.5
198.3	4	2 100	0	19	1	1	1.5
205.1	3	2 000	0	20	4	0	2.0
175.6	4	2 300	0	24	4	1	2.0
307.8	3	2 400	0	21	2	1	3.0
269.2	5	2 200	1	8	5	1	3.0
224.8	3	2 200	1	17	1	1	2.5
171.6	3	2 000	0	16	4	0	2.0
216.8	3	2 200	1	15	1	1	2.0
192.6	6	2 200	0	14	1	0	2.0
236.4	5	2 200	1	20	3	1	2.0
172.4	3	2 200	1	23	3	0	2.0
251.4	3	1 900	1	12	2	1	2.0
246.0	6	2 300	1	7	3	1	3.0
147.4	6	1 700	0	12	1	0	2.0
176.0	4	2 200	1	15	1	1	2.0
228.4	3	2 300	1	17	5	1	1.5
166.5	3	1 600	0	19	3	0	2.5
189.4	4	2 200	1	24	1	1	2.0
312.1	7	2 400	1	13	3	1	3.0
289.8	6	2 000	1	21	3	1	3.0
269.9	5	2 200	0	11	4	1	2.5
154.3	2	2 000	1	13	2	0	2.0
222.1	2	2 100	1	9	5	1	2.0
209.7	5	2 200	0	13	2	1	2.0
190.9	3	2 200	0	18	3	1	2.0
254.3	4	2 500	0	15	3	1	2.0
207.5	3	2 100	0	10	2	0	2.0
209.7	4	2 200	0	19	2	1	2.0
294.0	2	2 100	1	13	2	1	2.5
176.3	2	2 000	0	17	3	0	2.0
294.3	7	2 400	1	8	4	1	2.0
224.0	3	1 900	0	6	1	1	2.0
125.0	2	1 900	1	18	4	0	1.5
236.8	4	2 600	0	17	5	1	2.0
164.1	4	2 300	1	19	4	0	2.0
217.8	3	2 500	1	12	3	0	2.0
192.2	2	2 400	1	16	2	0	2.5
125.9	2	2 400	1	28	1	0	1.5

续表

X_1	X_2	X_3	X_4	X_5	X_6	X_7	X_8
220.9	2	2 300	0	12	1	1	2.0
294.5	6	2 700	1	15	3	1	2.0
244.6	2	2 300	1	9	2	1	2.5
199.0	3	2 500	0	18	1	0	1.5
240.0	4	2 600	1	13	4	1	2.0
263.2	4	2 300	1	14	3	1	2.0
188.1	2	1 900	1	8	4	1	1.5
243.7	6	2 700	1	7	4	1	2.0
221.5	4	2 300	1	18	3	1	2.0
175.0	2	2 500	1	11	3	0	2.0
253.2	3	2 300	1	16	2	1	2.0
155.4	4	2 400	0	16	3	0	2.0
186.7	5	2 500	0	21	4	0	2.5
179.0	3	2 400	0	10	4	1	2.0
188.3	6	2 100	0	15	4	1	2.0
227.1	4	2 900	1	8	4	1	2.0
173.6	4	2 100	0	14	2	1	2.5
188.3	5	2 300	1	20	5	0	1.5
310.8	8	2 900	1	9	4	1	2.0
293.7	6	2 400	1	11	5	1	3.0
179.0	3	2 400	1	8	4	1	2.0
188.3	6	2 100	0	14	2	1	2.5
227.1	4	2 900	1	20	5	0	1.5
173.6	4	2 100	1	9	4	1	2.0
188.3	5	2 300	1	11	5	1	3.0

A.2 数据集 2——棒球统计数据，2010 赛季

变量：

X_1：球队

X_2：联盟（美国=1，国家=0）

X_3：建立的年份（体育场建立的年份）

X_4：大小（体育场容量）

X_5：薪水（整个球队，单位：百万美元）

X_6：获胜场数

X_7：观众人数（整个球队，单位：百万人）

X_8：BA（平均击球次数）

X_9：ERA（投手防击率）

X_{10}：HR（球队回垒次数）

X_{11}：犯规次数（球队）

X_{12}：SB（偷垒次数）

X_{13}：年

X_{14}：人员平均薪水（单位：美元）

Team, x_1	League, x_2	Built, x_3	Size, x_4	Payroll, x_5	Wins, x_6	Attendance, x_7	BA, x_8	ERA, x_9	HR, x_{10}	Errors, x_{11}	SB, x_{12}	Year, x_{13}	Average Player Salary, x_{14}
Arizona Diamondbacks	NL	1998	49 033	60.7	65	2.06	0.250	4.81	180	102	86	1989	512 930
Atlanta Braves	NL	1996	50 091	84.4	91	2.51	0.258	3.56	139	126	63	1990	578 930
Baltimore Orioles	AL	1992	48 876	81.6	66	1.73	0.259	4.59	133	105	76	1991	891 188
Boston Red Sox	AL	1912	39 928	162.7	89	3.05	0.268	4.20	211	111	68	1992	1 084 408
Chicago Cubs	NL	1914	41 118	146.9	75	3.06	0.257	4.18	149	126	55	1993	1 120 254
Chicago White Sox	AL	1991	40 615	108.3	88	2.19	0.268	4.09	177	103	160	1994	1 188 679
Cincinnati Reds	NL	2003	42 059	72.4	91	2.06	0.272	4.01	188	72	93	1995	1 071 029
Cleveland Indians	AL	1994	43 345	61.2	69	1.39	0.248	4.30	128	110	91	1996	1 176 967
Colorado Rockies	NL	1995	50 445	84.2	83	2.88	0.263	4.14	173	101	99	1997	1 383 578
Detroit Tigers	AL	2000	41 782	122.9	81	2.46	0.268	4.30	152	109	69	1998	1 441 406
Florida Marlins	NL	1987	36 331	55.6	80	1.54	0.254	4.08	152	123	92	1999	1 720 050
Houston Astros	NL	2000	40 950	92.4	76	2.33	0.247	4.09	108	103	100	2000	1 988 034
Kansas City Royals	AL	1973	40 793	72.3	67	1.62	0.274	4.97	121	121	115	2001	2 264 403
Los Angeles Angels	AL	1966	45 050	105.0	80	3.25	0.248	4.04	155	113	104	2002	2 383 235
Los Angeles Dodgers	NL	1962	56 000	94.9	80	3.56	0.252	4.01	120	98	92	2003	2 555 476
Milwaukee Brewers	NL	2001	42 200	81.1	77	2.78	0.262	4.58	182	101	81	2004	2 486 609
Minnesota Twins	AL	2010	40 000	97.6	94	3.22	0.273	3.95	142	78	68	2005	2 632 655
New York Mets	NL	2009	45 000	132.7	79	2.56	0.249	3.70	128	87	130	2006	2 866 544
New York Yankees	AL	2009	52 325	206.3	95	3.77	0.267	4.06	201	69	103	2007	2 944 556
Oakland Athletics	AL	1966	34 077	51.7	81	1.42	0.256	3.56	109	99	156	2008	3 154 845
Philadelphia Phillies	NL	2004	43 647	141.9	97	3.65	0.260	3.67	166	83	108	2009	3 240 206
Pittsburgh Pirates	NL	2001	38 496	34.9	57	1.61	0.242	5.00	126	127	87	2010	3 297 828
San Diego Padres	NL	2004	42 445	37.8	90	2.13	0.246	3.39	132	72	124		
San Francisco Giants	NL	2000	41 503	97.8	92	3.04	0.257	3.36	162	73	55		
Seattle Mariners	AL	1999	47 116	98.4	61	2.09	0.236	3.93	101	110	142		
St. Louis Cardinals	NL	2006	49 660	93.5	86	3.30	0.263	3.57	150	99	79		
Tampa Bay Rays	AL	1990	36 048	71.9	96	1.84	0.247	3.78	160	85	172		
Texas Rangers	AL	1994	49 115	55.3	90	2.51	0.276	3.93	162	105	123		
Toronto Blue Jays	AL	1989	50 516	62.7	85	1.63	0.248	4.22	257	92	58		
Washington Nationals	NL	2008	41 888	61.4	69	1.83	0.250	4.13	149	127	110		

A.3 数据集3——Buena 学区汽车数据

变量

X_1：汽车数量

X_2：维护成本（单位：美元）

X_3：年龄

X_4：公里数

X_5：汽车类型（柴油或汽油）

X_6：汽车制造商（Bluebird，Keiser，Thompson）

X_7：乘客

Bus Number, x_1	Maintenance Cost, x_2	Age, x_3	Miles, x_4	Bus Type, x_5	Bus Manufacturer, x_6	Passengers, x_7
135	329	7	853	Diesel	Bluebird	55
120	503	10	883	Diesel	Keiser	42
200	505	10	822	Diesel	Bluebird	55
40	466	10	865	Gasoline	Bluebird	55
427	359	7	751	Gasoline	Keiser	55
759	546	8	870	Diesel	Keiser	55
10	427	5	780	Gasoline	Keiser	14
880	474	9	857	Gasoline	Keiser	55
481	382	3	818	Gasoline	Keiser	6
387	422	8	869	Gasoline	Bluebird	55
326	433	9	848	Diesel	Bluebird	55
861	474	10	845	Gasoline	Bluebird	55
122	558	10	885	Gasoline	Bluebird	55
156	561	12	838	Diesel	Thompson	55
887	357	8	760	Diesel	Bluebird	6
686	329	3	741	Diesel	Bluebird	55
490	497	10	859	Gasoline	Bluebird	55
370	459	8	826	Gasoline	Keiser	55
464	355	3	806	Gasoline	Bluebird	55
875	489	9	858	Diesel	Bluebird	55
883	436	2	785	Gasoline	Bluebird	55
57	455	7	828	Diesel	Bluebird	55
482	514	11	980	Gasoline	Bluebird	55
704	503	8	857	Diesel	Bluebird	55
989	380	9	803	Diesel	Keiser	55
731	432	6	819	Diesel	Bluebird	42
75	478	6	821	Diesel	Bluebird	55
162	406	3	798	Gasoline	Keiser	55
732	471	9	815	Diesel	Keiser	42
751	444	2	757	Diesel	Keiser	14
600	493	10	1008	Diesel	Bluebird	55
948	452	9	831	Diesel	Keiser	42
358	461	6	849	Diesel	Bluebird	55
833	496	8	839	Diesel	Thompson	55
692	469	8	812	Diesel	Bluebird	55

续表

Bus Number, x_1	Maintenance Cost, x_2	Age, x_3	Miles, x_4	Bus Type, x_5	Bus Manufacturer, x_6	Passengers, x_7
61	442	9	809	Diesel	Keiser	55
9	414	4	864	Gasoline	Keiser	55
314	459	11	859	Diesel	Thompson	6
396	457	2	815	Diesel	Thompson	55
365	462	6	799	Diesel	Keiser	55
398	570	9	844	Diesel	Thompson	14
43	439	9	832	Gasoline	Bluebird	55
500	369	5	842	Gasoline	Bluebird	55
279	390	2	792	Diesel	Bluebird	55
693	469	9	775	Gasoline	Keiser	55
884	381	9	882	Diesel	Bluebird	55
977	501	7	874	Diesel	Bluebird	55
38	432	6	837	Gasoline	Keiser	14
725	392	5	774	Diesel	Bluebird	55
982	441	1	823	Diesel	Bluebird	55
724	448	8	790	Diesel	Keiser	42
603	468	4	800	Diesel	Keiser	14
168	467	7	827	Gasoline	Thompson	55
45	478	6	830	Diesel	Keiser	55
754	515	14	895	Diesel	Keiser	14
39	411	6	804	Gasoline	Bluebird	55
671	504	8	866	Gasoline	Thompson	55
418	504	9	842	Diesel	Bluebird	55
984	392	8	851	Diesel	Bluebird	55
953	423	10	835	Diesel	Bluebird	55
507	410	7	866	Diesel	Bluebird	55
540	529	4	846	Gasoline	Bluebird	55
695	477	2	802	Diesel	Bluebird	55
193	540	11	847	Diesel	Thompson	55
321	450	6	856	Diesel	Bluebird	6
918	390	5	799	Diesel	Bluebird	55
101	424	4	827	Diesel	Bluebird	55
714	433	7	817	Diesel	Bluebird	42
678	428	7	842	Diesel	Keiser	55
768	494	7	815	Diesel	Bluebird	42
29	396	6	784	Gasoline	Bluebird	55
554	458	4	817	Diesel	Bluebird	14
767	493	6	816	Diesel	Keiser	55
699	475	9	816	Gasoline	Bluebird	55
954	476	10	827	Diesel	Bluebird	42
705	403	4	806	Diesel	Keiser	42
660	337	6	819	Gasoline	Bluebird	55
520	492	10	836	Diesel	Bluebird	55
814	426	4	757	Diesel	Bluebird	55
353	449	4	817	Gasoline	Keiser	55

A.4 数据集 4——Applewood 汽车集团

变量

X_1：年龄——在购买时购买者的年龄

X_2：利润——每售出一辆车代理商所获得的收入

X_3：位置——售车代理商所在的地方

X_4：汽车类型（SUV，sedan，compact，hybrid，truck）

X_5：以前——消费者以前在4家Applewood代理商中的任意一家购买的汽车数量

Age x_1	Profit x_2	Location x_3	Vehicle-Type x_4	Previous x_5
21	1 387	Tionesta	Sedan	0
23	1 754	Sheffield	SUV	1
24	1 817	Sheffield	Hybrid	1
25	1 040	Sheffield	Compact	0
26	1 273	Kane	Sedan	1
27	1 529	Sheffield	Sedan	1
27	3 082	Kane	Truck	0
28	1 951	Kane	SUV	1
28	2 692	Tionesta	Compact	0
29	1 206	Sheffield	Sedan	0
29	1 342	Kane	Sedan	2
30	443	Kane	Sedan	3
30	754	Olean	Sedan	2
30	1 621	Sheffield	Truck	1
31	870	Tionesta	Sedan	1
31	1 174	Kane	Truck	0
31	1 412	Sheffield	Sedan	1
31	1 809	Tionesta	Sedan	1
31	2 415	Kane	Sedan	0
32	1 546	Sheffield	Truck	3
32	2 148	Tionesta	SUV	2
32	2 207	Sheffield	Compact	0
32	2 252	Tionesta	SUV	0
33	1 428	Kane	SUV	2
33	1 889	Olean	SUV	1
34	1 166	Olean	Sedan	1
34	1 320	Tionesta	Sedan	1
34	2 265	Olean	Sedan	0
35	1 323	Olean	Sedan	2
35	1 760	Kane	Sedan	1
35	1 919	Tionesta	SUV	1
36	2 357	Kane	SUV	2
36	2 866	Kane	Sedan	1
37	732	Olean	SUV	1
37	1 464	Olean	Sedan	3
37	1 626	Tionesta	Compact	4
37	1 762	Olean	SUV	1
37	1 915	Tionesta	SUV	2
37	2 119	Kane	Hybrid	1
38	1 766	Sheffield	SUV	0
38	2 201	Sheffield	Hybrid	2
39	996	Kane	Compact	2
39	2 813	Tionesta	SUV	0
40	323	Kane	Sedan	0
40	352	Sheffield	Compact	0
40	482	Olean	Sedan	1
40	1 144	Tionesta	Truck	0
40	1 485	Sheffield	Compact	0
40	1 509	Kane	SUV	2
40	1 638	Sheffield	Sedan	0
40	1 961	Sheffield	Sedan	1
40	2 127	Olean	Truck	0
40	2 430	Tionesta	Sedan	1
41	1 704	Sheffield	Sedan	1
41	1 876	Kane	Sedan	2
41	2 010	Tionesta	Sedan	1
41	2 165	Tionesta	SUV	0
41	2 231	Tionesta	SUV	2
41	2 389	Kane	Truck	1
42	335	Olean	SUV	1
42	963	Kane	Sedan	0
42	1 298	Tionesta	Sedan	1
42	1 410	Kane	SUV	2
42	1 553	Tionesta	Compact	0
42	1 648	Olean	SUV	0
42	2 071	Kane	SUV	0
42	2 116	Kane	Compact	2
43	1 500	Tionesta	Sedan	0
43	1 549	Kane	SUV	2
43	2 348	Tionesta	Sedan	0
43	2 498	Tionesta	SUV	1
44	294	Kane	SUV	1
44	1 115	Kane	Truck	0
44	1 124	Tionesta	Compact	2
44	1 532	Tionesta	SUV	3
44	1 688	Kane	Sedan	4
44	1 822	Kane	SUV	0
44	1 897	Sheffield	Compact	0
44	2 445	Kane	SUV	0
44	2 886	Olean	SUV	1
45	820	Kane	Compact	1
45	1 266	Olean	Sedan	0
45	1 741	Olean	Compact	2
45	1 772	Olean	Compact	1
45	1 932	Tionesta	Sedan	1
45	2 350	Sheffield	Compact	0
45	2 422	Kane	Sedan	1
45	2 446	Olean	Compact	1
46	369	Olean	Sedan	1
46	978	Kane	Sedan	1
46	1 238	Sheffield	Compact	1
46	1 818	Kane	SUV	0
46	1 824	Olean	Truck	0
46	1 907	Olean	Sedan	0

续表

Age x_1	Profit x_2	Location x_3	Vehicle-Type x_4	Previous x_5
46	1 938	Kane	Sedan	0
46	1 940	Kane	Truck	3
46	2 197	Sheffield	Sedan	1
46	2 646	Tionesta	Sedan	2
47	1 461	Kane	Sedan	0
47	1 731	Tionesta	Compact	0
47	2 230	Tionesta	Sedan	1
47	2 341	Sheffield	SUV	1
47	3 292	Olean	Sedan	2
48	1 108	Sheffield	Sedan	1
48	1 295	Sheffield	SUV	1
48	1 344	Sheffield	SUV	0
48	1 906	Kane	Sedan	1
48	1 952	Tionesta	Compact	1
48	2 070	Kane	SUV	1
48	2 454	Kane	Sedan	1
49	1 606	Olean	Compact	0
49	1 680	Kane	SUV	3
49	1 827	Tionesta	Truck	3
49	1 915	Tionesta	SUV	1
49	2 084	Tionesta	Sedan	0
49	2 639	Sheffield	SUV	0
50	842	Kane	SUV	0
50	1 963	Sheffield	Sedan	1
50	2 059	Sheffield	Sedan	1
50	2 338	Tionesta	SUV	0
50	3 043	Kane	Sedan	0
51	1 059	Kane	SUV	1
51	1 674	Sheffield	Sedan	1
51	1 807	Tionesta	Sedan	1
51	2 056	Sheffield	Hybrid	0
51	2 236	Tionesta	SUV	2
51	2 928	Kane	SUV	0
52	1 269	Tionesta	Sedan	1
52	1 717	Sheffield	SUV	3
52	1 797	Kane	Sedan	1
52	1 955	Olean	Hybrid	2
52	2 199	Tionesta	SUV	0
52	2 482	Olean	Compact	0
52	2 701	Sheffield	SUV	0
52	3 210	Olean	Truck	4
53	377	Olean	SUV	1
53	1 220	Olean	Sedan	0

续表

Age x_1	Profit x_2	Location x_3	Vehicle-Type x_4	Previous x_5
53	1 401	Tionesta	Sedan	2
53	2 175	Olean	Sedan	1
54	1 118	Sheffield	Compact	1
54	2 584	Olean	Compact	2
54	2 666	Tionesta	Truck	0
54	2 991	Tionesta	Sedan	0
55	934	Sheffield	Truck	1
55	2 063	Kane	SUV	1
55	2 083	Sheffield	Sedan	1
55	2 856	Olean	Hybrid	1
55	2 989	Tionesta	Compact	1
56	910	Sheffield	SUV	0
56	1 536	Kane	Sedan	0
56	1 957	Sheffield	SUV	1
56	2 240	Olean	Sedan	0
56	2 695	Kane	Sedan	2
57	1 325	Olean	Sedan	1
57	2 250	Sheffield	Sedan	2
57	2 279	Sheffield	Hybrid	1
57	2 626	Sheffield	Sedan	2
58	1 501	Sheffield	Hybrid	1
58	1 752	Kane	Sedan	3
58	2 058	Kane	SUV	1
58	2 370	Tionesta	Compact	0
58	2 637	Sheffield	SUV	1
59	1 426	Sheffield	Sedan	0
59	2 944	Olean	SUV	2
60	2 147	Olean	Sedan	2
61	1 973	Kane	SUV	3
61	2 502	Olean	Sedan	0
62	783	Sheffield	Hybrid	1
62	1 538	Olean	Truck	1
63	2 339	Olean	Compact	1
64	2 700	Kane	Truck	0
65	2 222	Kane	Truck	1
65	2 597	Sheffield	Truck	0
65	2 742	Tionesta	SUV	2
68	1 837	Sheffield	Sedan	1
69	2 842	Kane	SUV	0
70	2 434	Olean	Sedan	4
72	1 640	Olean	Sedan	1
72	1 821	Tionesta	SUV	1
73	2 487	Olean	Compact	4

附录B

B.1 正态曲线下的面积

例子：如果Z统计量的值为1.96，那么P(0≤X≤Z)=0.4750

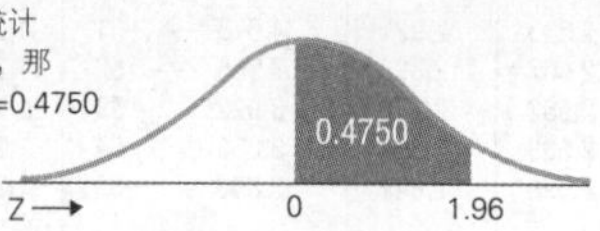

z	0.00	0.01	0.02	0.03	0.04	0.05	0.06	0.07	0.08	0.09
0.0	0.0000	0.0040	0.0080	0.0120	0.0160	0.0199	0.0239	0.0279	0.0319	0.0359
0.1	0.0398	0.0438	0.0478	0.0517	0.0557	0.0596	0.0636	0.0675	0.0714	0.0753
0.2	0.0793	0.0832	0.0871	0.0910	0.0948	0.0987	0.1026	0.1064	0.1103	0.1141
0.3	0.1179	0.1217	0.1255	0.1293	0.1331	0.1368	0.1406	0.1443	0.1480	0.1517
0.4	0.1554	0.1591	0.1628	0.1664	0.1700	0.1736	0.1772	0.1808	0.1844	0.1879
0.5	0.1915	0.1950	0.1985	0.2019	0.2054	0.2088	0.2123	0.2157	0.2190	0.2224
0.6	0.2257	0.2291	0.2324	0.2357	0.2389	0.2422	0.2454	0.2486	0.2517	0.2549
0.7	0.2580	0.2611	0.2642	0.2673	0.2704	0.2734	0.2764	0.2794	0.2823	0.2852
0.8	0.2881	0.2910	0.2939	0.2967	0.2995	0.3023	0.3051	0.3078	0.3106	0.3133
0.9	0.3159	0.3186	0.3212	0.3238	0.3264	0.3289	0.3315	0.3340	0.3365	0.3389
1.0	0.3413	0.3438	0.3461	0.3485	0.3508	0.3531	0.3554	0.3577	0.3599	0.3621
1.1	0.3643	0.3665	0.3686	0.3708	0.3729	0.3749	0.3770	0.3790	0.3810	0.3830
1.2	0.3849	0.3869	0.3888	0.3907	0.3925	0.3944	0.3962	0.3980	0.3997	0.4015
1.3	0.4032	0.4049	0.4066	0.4082	0.4099	0.4115	0.4131	0.4147	0.4162	0.4177
1.4	0.4192	0.4207	0.4222	0.4236	0.4251	0.4265	0.4279	0.4292	0.4306	0.4319
1.5	0.4332	0.4345	0.4357	0.4370	0.4382	0.4394	0.4406	0.4418	0.4429	0.4441
1.6	0.4452	0.4463	0.4474	0.4484	0.4495	0.4505	0.4515	0.4525	0.4535	0.4545
1.7	0.4554	0.4564	0.4573	0.4582	0.4591	0.4599	0.4608	0.4616	0.4625	0.4633
1.8	0.4641	0.4649	0.4656	0.4664	0.4671	0.4678	0.4686	0.4693	0.4699	0.4706
1.9	0.4713	0.4719	0.4726	0.4732	0.4738	0.4744	0.4750	0.4756	0.4761	0.4767
2.0	0.4772	0.4778	0.4783	0.4788	0.4793	0.4798	0.4803	0.4808	0.4812	0.4817
2.1	0.4821	0.4826	0.4830	0.4834	0.4838	0.4842	0.4846	0.4850	0.4854	0.4857
2.2	0.4861	0.4864	0.4868	0.4871	0.4875	0.4878	0.4881	0.4884	0.4887	0.4890
2.3	0.4893	0.4896	0.4898	0.4901	0.4904	0.4906	0.4909	0.4911	0.4913	0.4916
2.4	0.4918	0.4920	0.4922	0.4925	0.4927	0.4929	0.4931	0.4932	0.4934	0.4936
2.5	0.4938	0.4940	0.4941	0.4943	0.4945	0.4946	0.4948	0.4949	0.4951	0.4952
2.6	0.4953	0.4955	0.4956	0.4957	0.4959	0.4960	0.4961	0.4962	0.4963	0.4964
2.7	0.4965	0.4966	0.4967	0.4968	0.4969	0.4970	0.4971	0.4972	0.4973	0.4974
2.8	0.4974	0.4975	0.4976	0.4977	0.4977	0.4978	0.4979	0.4979	0.4980	0.4981
2.9	0.4981	0.4982	0.4982	0.4983	0.4984	0.4984	0.4985	0.4985	0.4986	0.4986
3.0	0.4987	0.4987	0.4987	0.4988	0.4988	0.4989	0.4989	0.4989	0.4990	0.4990

B.2t分布表

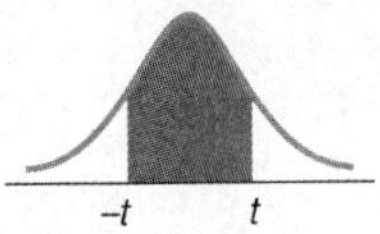

置信区间

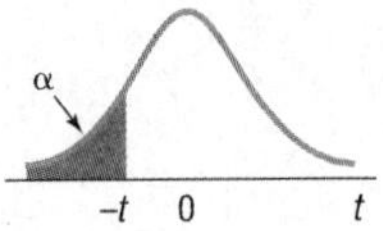

左边尾部检验

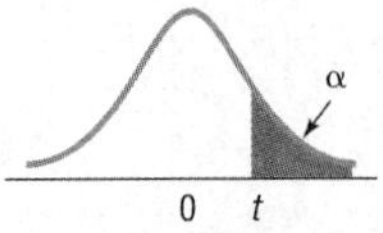

右边尾部检验

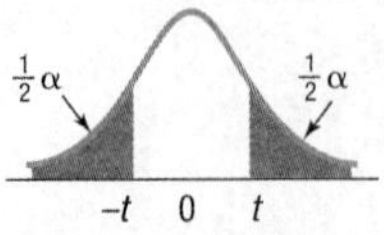

双边尾部检验

续表

自由度	置信区间					
	80%	**90%**	**95%**	**98%**	**99%**	**99.9%**
	单边α显著性水平检验					
	0.10	**0.05**	**0.025**	**0.01**	**0.005**	**0.0005**
	双边α显著性水平检验					
	0.20	**0.10**	**0.05**	**0.02**	**0.01**	**0.001**
1	3.078	6.314	12.706	31.821	63.657	636.619
2	1.886	2.920	4.303	6.965	9.925	31.599
3	1.638	2.353	3.182	4.541	5.841	12.924
4	1.533	2.132	2.776	3.747	4.604	8.610
5	1.476	2.015	2.571	3.365	4.032	6.869
6	1.440	1.943	2.447	3.143	3.707	5.959
7	1.415	1.895	2.365	2.998	3.499	5.408
8	1.397	1.860	2.306	2.896	3.355	5.041
9	1.383	1.833	2.262	2.821	3.250	4.781
10	1.372	1.812	2.228	2.764	3.169	4.587
11	1.363	1.796	2.201	2.718	3.106	4.437
12	1.356	1.782	2.179	2.681	3.055	4.318
13	1.350	1.771	2.160	2.650	3.012	4.221
14	1.345	1.761	2.145	2.624	2.977	4.140
15	1.341	1.753	2.131	2.602	2.947	4.073
16	1.337	1.746	2.120	2.583	2.921	4.015
17	1.333	1.740	2.110	2.567	2.898	3.965
18	1.330	1.734	2.101	2.552	2.878	3.922
19	1.328	1.729	2.093	2.539	2.861	3.883
20	1.325	1.725	2.086	2.528	2.845	3.850
21	1.323	1.721	2.080	2.518	2.831	3.819
22	1.321	1.717	2.074	2.508	2.819	3.792
23	1.319	1.714	2.069	2.500	2.807	3.768
24	1.318	1.711	2.064	2.492	2.797	3.745
25	1.316	1.708	2.060	2.485	2.787	3.725
26	1.315	1.706	2.056	2.479	2.779	3.707
27	1.314	1.703	2.052	2.473	2.771	3.690
28	1.313	1.701	2.048	2.467	2.763	3.674
29	1.311	1.699	2.045	2.462	2.756	3.659
30	1.310	1.697	2.042	2.457	2.750	3.646
31	1.309	1.696	2.040	2.453	2.744	3.633
32	1.309	1.694	2.037	2.449	2.738	3.622
33	1.308	1.692	2.035	2.445	2.733	3.611
34	1.307	1.691	2.032	2.441	2.728	3.601
35	1.306	1.690	2.030	2.438	2.724	3.591

续表

df	置信区间					
	80%	**90%**	**95%**	**98%**	**99%**	**99.9%**
	单边α显著性水平检验					
	0.10	**0.05**	**0.025**	**0.01**	**0.005**	**0.0005**
	双边α显著性水平检验					
	0.20	**0.10**	**0.05**	**0.02**	**0.01**	**0.001**
36	1.306	1.688	2.028	2.434	2.719	3.582
37	1.305	1.687	2.026	2.431	2.715	3.574
38	1.304	1.686	2.024	2.429	2.712	3.566
39	1.304	1.685	2.023	2.426	2.708	3.558
40	1.303	1.684	2.021	2.423	2.704	3.551
41	1.303	1.683	2.020	2.421	2.701	3.544
42	1.302	1.682	2.018	2.418	2.698	3.538
43	1.302	1.681	2.017	2.416	2.695	3.532
44	1.301	1.680	2.015	2.414	2.692	3.526
45	1.301	1.679	2.014	2.412	2.690	3.520
46	1.300	1.679	2.013	2.410	2.687	3.515
47	1.300	1.678	2.012	2.408	2.685	3.510
48	1.299	1.677	2.011	2.407	2.682	3.505
49	1.299	1.677	2.010	2.405	2.680	3.500
50	1.299	1.676	2.009	2.403	2.678	3.496
51	1.298	1.675	2.008	2.402	2.676	3.492
52	1.298	1.675	2.007	2.400	2.674	3.488
53	1.298	1.674	2.006	2.399	2.672	3.484
54	1.297	1.674	2.005	2.397	2.670	3.480
55	1.297	1.673	2.004	2.396	2.668	3.476
56	1.297	1.673	2.003	2.395	2.667	3.473
57	1.297	1.672	2.002	2.394	2.665	3.470
58	1.296	1.672	2.002	2.392	2.663	3.466
59	1.296	1.671	2.001	2.391	2.662	3.463
60	1.296	1.671	2.000	2.390	2.660	3.460
61	1.296	1.670	2.000	2.389	2.659	3.457
62	1.295	1.670	1.999	2.388	2.657	3.454
63	1.295	1.669	1.998	2.387	2.656	3.452
64	1.295	1.669	1.998	2.386	2.655	3.449
65	1.295	1.669	1.997	2.385	2.654	3.447
66	1.295	1.668	1.997	2.384	2.652	3.444
67	1.294	1.668	1.996	2.383	2.651	3.442
68	1.294	1.668	1.995	2.382	2.650	3.439
69	1.294	1.667	1.995	2.382	2.649	3.437
70	1.294	1.667	1.994	2.381	2.648	3.435

续表

自由度	置信区间 80%	90%	95%	98%	99%	99.9%
	单边α显著性水平检验					
	0.10	**0.05**	**0.025**	**0.01**	**0.005**	**0.0005**
	双边α显著性水平检验					
	0.20	**0.10**	**0.05**	**0.02**	**0.01**	**0.001**
71	1.294	1.667	1.994	2.380	2.647	3.433
72	1.293	1.666	1.993	2.379	2.646	3.431
73	1.293	1.666	1.993	2.379	2.645	3.429
74	1.293	1.666	1.993	2.378	2.644	3.427
75	1.293	1.665	1.992	2.377	2.643	3.425
76	1.293	1.665	1.992	2.376	2.642	3.423
77	1.293	1.665	1.991	2.376	2.641	3.421
78	1.292	1.665	1.991	2.375	2.640	3.420
79	1.292	1.664	1.990	2.374	2.640	3.418
80	1.292	1.664	1.990	2.374	2.639	3.416
81	1.292	1.664	1.990	2.373	2.638	3.415
82	1.292	1.664	1.989	2.373	2.637	3.413
83	1.292	1.663	1.989	2.372	2.636	3.412
84	1.292	1.663	1.989	2.372	2.636	3.410
85	1.292	1.663	1.988	2.371	2.635	3.409
86	1.291	1.663	1.988	2.370	2.634	3.407
87	1.291	1.663	1.988	2.370	2.634	3.406
88	1.291	1.662	1.987	2.369	2.633	3.405

续表

df	置信区间 80%	90%	95%	98%	99%	99.9%
	单边α显著性水平检验					
	0.10	**0.05**	**0.025**	**0.01**	**0.005**	**0.0005**
	双边α显著性水平检验					
	0.20	**0.10**	**0.05**	**0.02**	**0.01**	**0.001**
89	1.291	1.662	1.987	2.369	2.632	3.403
90	1.291	1.662	1.987	2.368	2.632	3.402
91	1.291	1.662	1.986	2.368	2.631	3.401
92	1.291	1.662	1.986	2.368	2.630	3.399
93	1.291	1.661	1.986	2.367	2.630	3.398
94	1.291	1.661	1.986	2.367	2.629	3.397
95	1.291	1.661	1.985	2.366	2.629	3.396
96	1.290	1.661	1.985	2.366	2.628	3.395
97	1.290	1.661	1.985	2.365	2.627	3.394
98	1.290	1.661	1.984	2.365	2.627	3.393
99	1.290	1.660	1.984	2.365	2.626	3.392
100	1.290	1.660	1.984	2.364	2.626	3.390
120	1.289	1.658	1.980	2.358	2.617	3.373
140	1.288	1.656	1.977	2.353	2.611	3.361
160	1.287	1.654	1.975	2.350	2.607	3.352
180	1.286	1.653	1.973	2.347	2.603	3.345
200	1.286	1.653	1.972	2.345	2.601	3.340
∞	1.282	1.645	1.960	2.326	2.576	3.291

B.3卡方分布的临界值

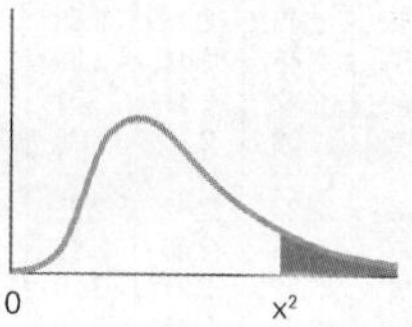

例子：当df=17, α = 2%时, x^2=30.995

自由度 df	右边尾部区域 0.10	0.05	0.02	0.01
1	2.706	3.841	5.412	6.635
2	4.605	5.991	7.824	9.210
3	6.251	7.815	9.837	11.345
4	7.779	9.488	11.668	13.277
5	9.236	11.070	13.388	15.086
6	10.645	12.592	15.033	16.812
7	12.017	14.067	16.622	18.475
8	13.362	15.507	18.168	20.090
9	14.684	16.919	19.679	21.666
10	15.987	18.307	21.161	23.209
11	17.275	19.675	22.618	24.725
12	18.549	21.026	24.054	26.217
13	19.812	22.362	25.472	27.688
14	21.064	23.685	26.873	29.141
15	22.307	24.996	28.259	30.578
16	23.542	26.296	29.633	32.000
17	24.769	27.587	30.995	33.409
18	25.989	28.869	32.346	34.805
19	27.204	30.144	33.687	36.191
20	28.412	31.410	35.020	37.566
21	29.615	32.671	36.343	38.932
22	30.813	33.924	37.659	40.289
23	32.007	35.172	38.968	41.638
24	33.196	36.415	40.270	42.980
25	34.382	37.652	41.566	44.314
26	35.563	38.885	42.856	45.642
27	36.741	40.113	44.140	46.963
28	37.916	41.337	45.419	48.278
29	39.087	42.557	46.693	49.588
30	40.256	43.773	47.962	50.892

这个表包含了卡方的数值，其对应的是右尾区域以及某些特定的自由度。

B.4 在显著性水平为5%的情况下，F分布的临界值

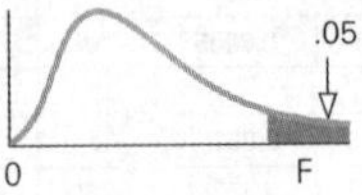

分子自由度	分母自由度 1	2	3	4	5	6	7	8	9	10	12	15	20	24	30	40
1	161	200	216	225	230	234	237	239	241	242	244	246	248	249	250	251
2	18.5	19.0	19.2	19.2	19.3	19.3	19.4	19.4	19.4	19.4	19.4	19.4	19.4	19.5	19.5	19.5
3	10.1	9.55	9.28	9.12	9.01	8.94	8.89	8.85	8.81	8.79	8.74	8.70	8.66	8.64	8.62	8.59
4	7.71	6.94	6.59	6.39	6.26	6.16	6.09	6.04	6.00	5.96	5.91	5.86	5.80	5.77	5.75	5.72
5	6.61	5.79	5.41	5.19	5.05	4.95	4.88	4.82	4.77	4.74	4.68	4.62	4.56	4.53	4.50	4.46
6	5.99	5.14	4.76	4.53	4.39	4.28	4.21	4.15	4.10	4.06	4.00	3.94	3.87	3.84	3.81	3.77
7	5.59	4.74	4.35	4.12	3.97	3.87	3.79	3.73	3.68	3.64	3.57	3.51	3.44	3.41	3.38	3.34
8	5.32	4.46	4.07	3.84	3.69	3.58	3.50	3.44	3.39	3.35	3.28	3.22	3.15	3.12	3.08	3.04
9	5.12	4.26	3.86	3.63	3.48	3.37	3.29	3.23	3.18	3.14	3.07	3.01	2.94	2.90	2.86	2.83
10	4.96	4.10	3.71	3.48	3.33	3.22	3.14	3.07	3.02	2.98	2.91	2.85	2.77	2.74	2.70	2.66
11	4.84	3.98	3.59	3.36	3.20	3.09	3.01	2.95	2.90	2.85	2.79	2.72	2.65	2.61	2.57	2.53
12	4.75	3.89	3.49	3.26	3.11	3.00	2.91	2.85	2.80	2.75	2.69	2.62	2.54	2.51	2.47	2.43
13	4.67	3.81	3.41	3.18	3.03	2.92	2.83	2.77	2.71	2.67	2.60	2.53	2.46	2.42	2.38	2.34
14	4.60	3.74	3.34	3.11	2.96	2.85	2.76	2.70	2.65	2.60	2.53	2.46	2.39	2.35	2.31	2.27
15	4.54	3.68	3.29	3.06	2.90	2.79	2.71	2.64	2.59	2.54	2.48	2.40	2.33	2.29	2.25	2.20
16	4.49	3.63	3.24	3.01	2.85	2.74	2.66	2.59	2.54	2.49	2.42	2.35	2.28	2.24	2.19	2.15
17	4.45	3.59	3.20	2.96	2.81	2.70	2.61	2.55	2.49	2.45	2.38	2.31	2.23	2.19	2.15	2.10
18	4.41	3.55	3.16	2.93	2.77	2.66	2.58	2.51	2.46	2.41	2.34	2.27	2.19	2.15	2.11	2.06
19	4.38	3.52	3.13	2.90	2.74	2.63	2.54	2.48	2.42	2.38	2.31	2.23	2.16	2.11	2.07	2.03
20	4.35	3.49	3.10	2.87	2.71	2.60	2.51	2.45	2.39	2.35	2.28	2.20	2.12	2.08	2.04	1.99
21	4.32	3.47	3.07	2.84	2.68	2.57	2.49	2.42	2.37	2.32	2.25	2.18	2.10	2.05	2.01	1.96
22	4.30	3.44	3.05	2.82	2.66	2.55	2.46	2.40	2.34	2.30	2.23	2.15	2.07	2.03	1.98	1.94
23	4.28	3.42	3.03	2.80	2.64	2.53	2.44	2.37	2.32	2.27	2.20	2.13	2.05	2.01	1.96	1.91
24	4.26	3.40	3.01	2.78	2.62	2.51	2.42	2.36	2.30	2.25	2.18	2.11	2.03	1.98	1.94	1.89
25	4.24	3.39	2.99	2.76	2.60	2.49	2.40	2.34	2.28	2.24	2.16	2.09	2.01	1.96	1.92	1.87
30	4.17	3.32	2.92	2.69	2.53	2.42	2.33	2.27	2.21	2.16	2.09	2.01	1.93	1.89	1.84	1.79
40	4.08	3.23	2.84	2.61	2.45	2.34	2.25	2.18	2.12	2.08	2.00	1.92	1.84	1.79	1.74	1.69
60	4.00	3.15	2.76	2.53	2.37	2.25	2.17	2.10	2.04	1.99	1.92	1.84	1.75	1.70	1.65	1.59
120	3.92	3.07	2.68	2.45	2.29	2.18	2.09	2.02	1.96	1.91	1.83	1.75	1.66	1.61	1.55	1.50
∞	3.84	3.00	2.60	2.37	2.21	2.10	2.01	1.94	1.88	1.83	1.75	1.67	1.57	1.52	1.46	1.39

B.4在显著性水平为1%的情况下，F分布的临界值

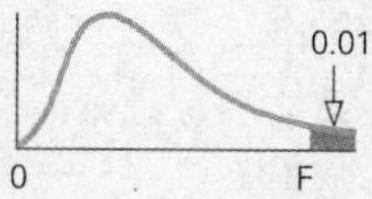

	分母自由度															
分子自由度	**1**	**2**	**3**	**4**	**5**	**6**	**7**	**8**	**9**	**10**	**12**	**15**	**20**	**24**	**30**	**40**
1	4 052	5 000	5 403	5 625	5 764	5 859	5 928	5 981	6 022	6 056	6 106	6 157	6 209	6 235	6 261	6 287
2	98.5	99.0	99.2	99.2	99.3	99.3	99.4	99.4	99.4	99.4	99.4	99.4	99.4	99.5	99.5	99.5
3	34.1	30.8	29.5	28.7	28.2	27.9	27.7	27.5	27.3	27.2	27.1	26.9	26.7	26.6	26.5	26.4
4	21.2	18.0	16.7	16.0	15.5	15.2	15.0	14.8	14.7	14.5	14.4	14.2	14.0	13.9	13.8	13.7
5	16.3	13.3	12.1	11.4	11.0	10.7	10.5	10.3	10.2	10.1	9.89	9.72	9.55	9.47	9.38	9.29
6	13.7	10.9	9.78	9.15	8.75	8.47	8.26	8.10	7.98	7.87	7.72	7.56	7.40	7.31	7.23	7.14
7	12.2	9.55	8.45	7.85	7.46	7.19	6.99	6.84	6.72	6.62	6.47	6.31	6.16	6.07	5.99	5.91
8	11.3	8.65	7.59	7.01	6.63	6.37	6.18	6.03	5.91	5.81	5.67	5.52	5.36	5.28	5.20	5.12
9	10.6	8.02	6.99	6.42	6.06	5.80	5.61	5.47	5.35	5.26	5.11	4.96	4.81	4.73	4.65	4.57
10	10.0	7.56	6.55	5.99	5.64	5.39	5.20	5.06	4.94	4.85	4.71	4.56	4.41	4.33	4.25	4.17
11	9.65	7.21	6.22	5.67	5.32	5.07	4.89	4.74	4.63	4.54	4.40	4.25	4.10	4.02	3.94	3.86
12	9.33	6.93	5.95	5.41	5.06	4.82	4.64	4.50	4.39	4.30	4.16	4.01	3.86	3.78	3.70	3.62
13	9.07	6.70	5.74	5.21	4.86	4.62	4.44	4.30	4.19	4.10	3.96	3.82	3.66	3.59	3.51	3.43
14	8.86	6.51	5.56	5.04	4.69	4.46	4.28	4.14	4.03	3.94	3.80	3.66	3.51	3.43	3.35	3.27
15	8.68	6.36	5.42	4.89	4.56	4.32	4.14	4.00	3.89	3.80	3.67	3.52	3.37	3.29	3.21	3.13
16	8.53	6.23	5.29	4.77	4.44	4.20	4.03	3.89	3.78	3.69	3.55	3.41	3.26	3.18	3.10	3.02
17	8.40	6.11	5.18	4.67	4.34	4.10	3.93	3.79	3.68	3.59	3.46	3.31	3.16	3.08	3.00	2.92
18	8.29	6.01	5.09	4.58	4.25	4.01	3.84	3.71	3.60	3.51	3.37	3.23	3.08	3.00	2.92	2.84
19	8.18	5.93	5.01	4.50	4.17	3.94	3.77	3.63	3.52	3.43	3.30	3.15	3.00	2.92	2.84	2.76
20	8.10	5.85	4.94	4.43	4.10	3.87	3.70	3.56	3.46	3.37	3.23	3.09	2.94	2.86	2.78	2.69
21	8.02	5.78	4.87	4.37	4.04	3.81	3.64	3.51	3.40	3.31	3.17	3.03	2.88	2.80	2.72	2.64
22	7.95	5.72	4.82	4.31	3.99	3.76	3.59	3.45	3.35	3.26	3.12	2.98	2.83	2.75	2.67	2.58
23	7.88	5.66	4.76	4.26	3.94	3.71	3.54	3.41	3.30	3.21	3.07	2.93	2.78	2.70	2.62	2.54
24	7.82	5.61	4.72	4.22	3.90	3.67	3.50	3.36	3.26	3.17	3.03	2.89	2.74	2.66	2.58	2.49
25	7.77	5.57	4.68	4.18	3.85	3.63	3.46	3.32	3.22	3.13	2.99	2.85	2.70	2.62	2.54	2.45
30	7.56	5.39	4.51	4.02	3.70	3.47	3.30	3.17	3.07	2.98	2.84	2.70	2.55	2.47	2.39	2.30
40	7.31	5.18	4.31	3.83	3.51	3.29	3.12	2.99	2.89	2.80	2.66	2.52	2.37	2.29	2.20	2.11
60	7.08	4.98	4.13	3.65	3.34	3.12	2.95	2.82	2.72	2.63	2.50	2.35	2.20	2.12	2.03	1.94
120	6.85	4.79	3.95	3.48	3.17	2.96	2.79	2.66	2.56	2.47	2.34	2.19	2.03	1.95	1.86	1.76
∞	6.63	4.61	3.78	3.32	3.02	2.80	2.64	2.51	2.41	2.32	2.18	2.04	1.88	1.79	1.70	1.59

B.5 泊松分布

x	μ 0.1	0.2	0.3	0.4	0.5	0.6	0.7	0.8	0.9
0	0.9048	0.8187	0.7408	0.6703	0.6065	0.5488	0.4966	0.4493	0.4066
1	0.0905	0.1637	0.2222	0.2681	0.3033	0.3293	0.3476	0.3595	0.3659
2	0.0045	0.0164	0.0333	0.0536	0.0758	0.0988	0.1217	0.1438	0.1647
3	0.0002	0.0011	0.0033	0.0072	0.0126	0.0198	0.0284	0.0383	0.0494
4	0.0000	0.0001	0.0003	0.0007	0.0016	0.0030	0.0050	0.0077	0.0111
5	0.0000	0.0000	0.0000	0.0001	0.0002	0.0004	0.0007	0.0012	0.0020
6	0.0000	0.0000	0.0000	0.0000	0.0000	0.0000	0.0001	0.0002	0.0003
7	0.0000	0.0000	0.0000	0.0000	0.0000	0.0000	0.0000	0.0000	0.0000

x	μ 1.0	2.0	3.0	4.0	5.0	6.0	7.0	8.0	9.0
0	0.3679	0.1353	0.0498	0.0183	0.0067	0.0025	0.0009	0.0003	0.0001
1	0.3679	0.2707	0.1494	0.0733	0.0337	0.0149	0.0064	0.0027	0.0011
2	0.1839	0.2707	0.2240	0.1465	0.0842	0.0446	0.0223	0.0107	0.0050
3	0.0613	0.1804	0.2240	0.1954	0.1404	0.0892	0.0521	0.0286	0.0150
4	0.0153	0.0902	0.1680	0.1954	0.1755	0.1339	0.0912	0.0573	0.0337
5	0.0031	0.0361	0.1008	0.1563	0.1755	0.1606	0.1277	0.0916	0.0607
6	0.0005	0.0120	0.0504	0.1042	0.1462	0.1606	0.1490	0.1221	0.0911
7	0.0001	0.0034	0.0216	0.0595	0.1044	0.1377	0.1490	0.1396	0.1171
8	0.0000	0.0009	0.0081	0.0298	0.0653	0.1033	0.1304	0.1396	0.1318
9	0.0000	0.0002	0.0027	0.0132	0.0363	0.0688	0.1014	0.1241	0.1318
10	0.0000	0.0000	0.0008	0.0053	0.0181	0.0413	0.0710	0.0993	0.1186
11	0.0000	0.0000	0.0002	0.0019	0.0082	0.0225	0.0452	0.0722	0.0970
12	0.0000	0.0000	0.0001	0.0006	0.0034	0.0113	0.0263	0.0481	0.0728
13	0.0000	0.0000	0.0000	0.0002	0.0013	0.0052	0.0142	0.0296	0.0504
14	0.0000	0.0000	0.0000	0.0001	0.0005	0.0022	0.0071	0.0169	0.0324
15	0.0000	0.0000	0.0000	0.0000	0.0002	0.0009	0.0033	0.0090	0.0194
16	0.0000	0.0000	0.0000	0.0000	0.0000	0.0003	0.0014	0.0045	0.0109
17	0.0000	0.0000	0.0000	0.0000	0.0000	0.0001	0.0006	0.0021	0.0058
18	0.0000	0.0000	0.0000	0.0000	0.0000	0.0000	0.0002	0.0009	0.0029
19	0.0000	0.0000	0.0000	0.0000	0.0000	0.0000	0.0001	0.0004	0.0014
20	0.0000	0.0000	0.0000	0.0000	0.0000	0.0000	0.0000	0.0002	0.0006
21	0.0000	0.0000	0.0000	0.0000	0.0000	0.0000	0.0000	0.0001	0.0003
22	0.0000	0.0000	0.0000	0.0000	0.0000	0.0000	0.0000	0.0000	0.0001

B.6 随机数表

02711	08182	75997	79866	58095	83319	80295	79741	74599	84379
94873	90935	31684	63952	09865	14491	99518	93394	34691	14985
54921	78680	06635	98689	17306	25170	65928	87709	30533	89736
77640	97636	37397	93379	56454	59818	45827	74164	71666	46977
61545	00835	93251	87203	36759	49197	85967	01704	19634	21898
17147	19519	22497	16857	42426	84822	92598	49186	88247	39967
13748	04742	92460	85801	53444	65626	58710	55406	17173	69776
87455	14813	50373	28037	91182	32786	65261	11173	34376	36408
08999	57409	91185	10200	61411	23392	47797	56377	71635	08601
78804	81333	53809	32471	46034	36306	22498	19239	85428	55721
82173	26921	28472	98958	07960	66124	89731	95069	18625	92405
97594	25168	89178	68190	05043	17407	48201	83917	11413	72920
73881	67176	93504	42636	38233	16154	96451	57925	29667	30859
46071	22912	90326	42453	88108	72064	58601	32357	90610	32921
44492	19686	12495	93135	95185	77799	52441	88272	22024	80631
31864	72170	37722	55794	14636	05148	54505	50113	21119	25228
51574	90692	43339	65689	76539	27909	05467	21727	51141	72949
35350	76132	92925	92124	92634	35681	43690	89136	35599	84138
46943	36502	01172	46045	46991	33804	80006	35542	61056	75666
22665	87226	33304	57975	03985	21566	65796	72915	81466	89205
39437	97957	11838	10433	21564	51570	73558	27495	34533	57808
77082	47784	40098	97962	89845	28392	78187	06112	08169	11261
24544	25649	43370	28007	06779	72402	62632	53956	24709	06978
27503	15558	37738	24849	70722	71859	83736	06016	94397	12529
24590	24545	06435	52758	45685	90151	46516	49644	92686	84870
48155	86226	40359	28723	15364	69125	12609	57171	86857	31702
20226	53752	90648	24362	83314	00014	19207	69413	97016	86290
70178	73444	38790	53626	93780	18629	68766	24371	74639	30782
10169	41465	51935	05711	09799	79077	88159	33437	68519	03040
81084	03701	28598	70013	63794	53169	97054	60303	23259	96196
69202	20777	21727	81511	51887	16175	53746	46516	70339	62727
80561	95787	89426	93325	86412	57479	54194	52153	19197	81877
08199	26703	95128	48599	09333	12584	24374	31232	61782	44032
98883	28220	39358	53720	80161	83371	15181	11131	12219	55920
84568	69286	76054	21615	80883	36797	82845	39139	90900	18172
04269	35173	95745	53893	86022	77722	52498	84193	22448	22571
10538	13124	36099	13140	37706	44562	57179	44693	67877	01549
77843	24955	25900	63843	95029	93859	93634	20205	66294	41218
12034	94636	49455	76362	83532	31062	69903	91186	65768	55949
10524	72829	47641	93315	80875	28090	97728	52560	34937	79548
68935	76632	46984	61772	92786	22651	07086	89754	44143	97687
89450	65665	29190	43709	11172	34481	95977	47535	25658	73898
90696	20451	24211	97310	60446	73530	62865	96574	13829	72226
49006	32047	93086	00112	20470	17136	28255	86328	07293	38809
74591	87025	52368	59416	34417	70557	86746	55809	53628	12000
06315	17012	77103	00968	07235	10728	42189	33292	51487	64443
62386	09184	62092	46617	99419	64230	95034	85481	07857	42510
86848	82122	04028	36959	87827	12813	08627	80699	13345	51695
65643	69480	46598	04501	40403	91408	32343	48130	49303	90689
11084	46534	78957	77353	39578	77868	22970	84349	09184	70603

B.7 Wilcoxon T 值

	2α						
	0.15	**0.10**	**0.05**	**0.04**	**0.03**	**0.02**	**0.01**
	α						
n	**0.075**	**0.050**	**0.025**	**0.020**	**0.015**	**0.010**	**0.005**
4	0						
5	1	0					
6	2	2	0	0			
7	4	3	2	1	0	0	
8	7	5	3	3	2	1	0
9	9	8	5	5	4	3	1
10	12	10	8	7	6	5	3
11	16	13	10	9	8	7	5
12	19	17	13	12	11	9	7
13	24	21	17	16	14	12	9
14	28	25	21	19	18	15	12
15	33	30	25	23	21	19	15
16	39	35	29	28	26	23	19
17	45	41	34	33	30	27	23
18	51	47	40	38	35	32	27
19	58	53	46	43	41	37	32
20	65	60	52	50	47	43	37
21	73	67	58	56	53	49	42
22	81	75	65	63	59	55	48
23	89	83	73	70	66	62	54
24	98	91	81	78	74	69	61
25	108	100	89	86	82	76	68
26	118	110	98	94	90	84	75
27	128	119	107	103	99	92	83
28	138	130	116	112	108	101	91
29	150	140	126	122	117	110	100
30	161	151	137	132	127	120	109
31	173	163	147	143	137	130	118
32	186	175	159	154	148	140	128
33	199	187	170	165	159	151	138
34	212	200	182	177	171	162	148
35	226	213	195	189	182	173	159
40	302	286	264	257	249	238	220
50	487	466	434	425	413	397	373
60	718	690	648	636	620	600	567
70	995	960	907	891	872	846	805
80	1 318	1 276	1 211	1 192	1 168	1 136	1 086
90	1 688	1 638	1 560	1 537	1 509	1 471	1 410
100	2 105	2 045	1 955	1 928	1 894	1 850	1 779

B.8 控制图系数

样本量 n	均值的系数	组距的系数		
	控制界限的系数	中心线的系数	控制界限的系数	
	A_2	d_2	D_3	D_4
2	1.880	1.128	0	3.267
3	1.023	1.693	0	2.575
4	0.729	2.059	0	2.282
5	0.577	2.326	0	2.115
6	0.483	2.534	0	2.004
7	0.419	2.704	0.076	1.924
8	0.373	2.847	0.136	1.864
9	0.337	2.970	0.184	1.816
10	0.308	3.078	0.223	1.777
11	0.285	3.173	0.256	1.744
12	0.266	3.258	0.284	1.716
13	0.249	3.336	0.308	1.692
14	0.235	3.407	0.329	1.671
15	0.223	3.472	0.348	1.652

来源：美国材料与试验协会在1951年出版的《材料质量控制手册》第115页表B2，更详细的表格和解释请参见：ACHESON J D. Quality control and Industrial statistics [M].3rd edtin.Homewocd,IL: ichard D.Irwin,1974.p.927.表M。

B.9 二项分布

n = 1

x	0.05	0.10	0.20	0.30	0.40	0.50	0.60	0.70	0.80	0.90	0.95
	Probability										
0	0.950	0.900	0.800	0.700	0.600	0.500	0.400	0.300	0.200	0.100	0.050
1	0.050	0.100	0.200	0.300	0.400	0.500	0.600	0.700	0.800	0.900	0.950

n = 2

x	0.05	0.10	0.20	0.30	0.40	0.50	0.60	0.70	0.80	0.90	0.95
	Probability										
0	0.903	0.810	0.640	0.490	0.360	0.250	0.160	0.090	0.040	0.010	0.003
1	0.095	0.180	0.320	0.420	0.480	0.500	0.480	0.420	0.320	0.180	0.095
2	0.003	0.010	0.040	0.090	0.160	0.250	0.360	0.490	0.640	0.810	0.903

n = 3

x	0.05	0.10	0.20	0.30	0.40	0.50	0.60	0.70	0.80	0.90	0.95
	Probability										
0	0.857	0.729	0.512	0.343	0.216	0.125	0.064	0.027	0.008	0.001	0.000
1	0.135	0.243	0.384	0.441	0.432	0.375	0.288	0.189	0.096	0.027	0.007
2	0.007	0.027	0.096	0.189	0.288	0.375	0.432	0.441	0.384	0.243	0.135
3	0.000	0.001	0.008	0.027	0.064	0.125	0.216	0.343	0.512	0.729	0.857

n = 4

x	0.05	0.10	0.20	0.30	0.40	0.50	0.60	0.70	0.80	0.90	0.95
	Probability										
0	0.815	0.656	0.410	0.240	0.130	0.063	0.026	0.008	0.002	0.000	0.000
1	0.171	0.292	0.410	0.412	0.346	0.250	0.154	0.076	0.026	0.004	0.000
2	0.014	0.049	0.154	0.265	0.346	0.375	0.346	0.265	0.154	0.049	0.014
3	0.000	0.004	0.026	0.076	0.154	0.250	0.346	0.412	0.410	0.292	0.171
4	0.000	0.000	0.002	0.008	0.026	0.063	0.130	0.240	0.410	0.656	0.815

n = 5

x	0.05	0.10	0.20	0.30	0.40	0.50	0.60	0.70	0.80	0.90	0.95
	Probability										
0	0.774	0.590	0.328	0.168	0.078	0.031	0.010	0.002	0.000	0.000	0.000
1	0.204	0.328	0.410	0.360	0.259	0.156	0.077	0.028	0.006	0.000	0.000
2	0.021	0.073	0.205	0.309	0.346	0.313	0.230	0.132	0.051	0.008	0.001
3	0.001	0.008	0.051	0.132	0.230	0.313	0.346	0.309	0.205	0.073	0.021
4	0.000	0.000	0.006	0.028	0.077	0.156	0.259	0.360	0.410	0.328	0.204
5	0.000	0.000	0.000	0.002	0.010	0.031	0.078	0.168	0.328	0.590	0.774

续表

$n = 6$

x	0.05	0.10	0.20	0.30	0.40	0.50	0.60	0.70	0.80	0.90	0.95
	Probability										
0	0.735	0.531	0.262	0.118	0.047	0.016	0.004	0.001	0.000	0.000	0.000
1	0.232	0.354	0.393	0.303	0.187	0.094	0.037	0.010	0.002	0.000	0.000
2	0.031	0.098	0.246	0.324	0.311	0.234	0.138	0.060	0.015	0.001	0.000
3	0.002	0.015	0.082	0.185	0.276	0.313	0.276	0.185	0.082	0.015	0.002
4	0.000	0.001	0.015	0.060	0.138	0.234	0.311	0.324	0.246	0.098	0.031
5	0.000	0.000	0.002	0.010	0.037	0.094	0.187	0.303	0.393	0.354	0.232
6	0.000	0.000	0.000	0.001	0.004	0.016	0.047	0.118	0.262	0.531	0.735

$n = 7$

x	0.05	0.10	0.20	0.30	0.40	0.50	0.60	0.70	0.80	0.90	0.95
	Probability										
0	0.698	0.478	0.210	0.082	0.028	0.008	0.002	0.000	0.000	0.000	0.000
1	0.257	0.372	0.367	0.247	0.131	0.055	0.017	0.004	0.000	0.000	0.000
2	0.041	0.124	0.275	0.318	0.261	0.164	0.077	0.025	0.004	0.000	0.000
3	0.004	0.023	0.115	0.227	0.290	0.273	0.194	0.097	0.029	0.003	0.000
4	0.000	0.003	0.029	0.097	0.194	0.273	0.290	0.227	0.115	0.023	0.004
5	0.000	0.000	0.004	0.025	0.077	0.164	0.261	0.318	0.275	0.124	0.041
6	0.000	0.000	0.000	0.004	0.017	0.055	0.131	0.247	0.367	0.372	0.257
7	0.000	0.000	0.000	0.000	0.002	0.008	0.028	0.082	0.210	0.478	0.698

$n = 8$

x	0.05	0.10	0.20	0.30	0.40	0.50	0.60	0.70	0.80	0.90	0.95
	Probability										
0	0.663	0.430	0.168	0.058	0.017	0.004	0.001	0.000	0.000	0.000	0.000
1	0.279	0.383	0.336	0.198	0.090	0.031	0.008	0.001	0.000	0.000	0.000
2	0.051	0.149	0.294	0.296	0.209	0.109	0.041	0.010	0.001	0.000	0.000
3	0.005	0.033	0.147	0.254	0.279	0.219	0.124	0.047	0.009	0.000	0.000
4	0.000	0.005	0.046	0.136	0.232	0.273	0.232	0.136	0.046	0.005	0.000
5	0.000	0.000	0.009	0.047	0.124	0.219	0.279	0.254	0.147	0.033	0.005
6	0.000	0.000	0.001	0.010	0.041	0.109	0.209	0.296	0.294	0.149	0.051
7	0.000	0.000	0.000	0.001	0.008	0.031	0.090	0.198	0.336	0.383	0.279
8	0.000	0.000	0.000	0.000	0.001	0.004	0.017	0.058	0.168	0.430	0.663

(continued)

续表

$n = 9$

Probability

x	0.05	0.10	0.20	0.30	0.40	0.50	0.60	0.70	0.80	0.90	0.95
0	0.630	0.387	0.134	0.040	0.010	0.002	0.000	0.000	0.000	0.000	0.000
1	0.299	0.387	0.302	0.156	0.060	0.018	0.004	0.000	0.000	0.000	0.000
2	0.063	0.172	0.302	0.267	0.161	0.070	0.021	0.004	0.000	0.000	0.000
3	0.008	0.045	0.176	0.267	0.251	0.164	0.074	0.021	0.003	0.000	0.000
4	0.001	0.007	0.066	0.172	0.251	0.246	0.167	0.074	0.017	0.001	0.000
5	0.000	0.001	0.017	0.074	0.167	0.246	0.251	0.172	0.066	0.007	0.001
6	0.000	0.000	0.003	0.021	0.074	0.164	0.251	0.267	0.176	0.045	0.008
7	0.000	0.000	0.000	0.004	0.021	0.070	0.161	0.267	0.302	0.172	0.063
8	0.000	0.000	0.000	0.000	0.004	0.018	0.060	0.156	0.302	0.387	0.299
9	0.000	0.000	0.000	0.000	0.000	0.002	0.010	0.040	0.134	0.387	0.630

$n = 10$

Probability

x	0.05	0.10	0.20	0.30	0.40	0.50	0.60	0.70	0.80	0.90	0.95
0	0.599	0.349	0.107	0.028	0.006	0.001	0.000	0.000	0.000	0.000	0.000
1	0.315	0.387	0.268	0.121	0.040	0.010	0.002	0.000	0.000	0.000	0.000
2	0.075	0.194	0.302	0.233	0.121	0.044	0.011	0.001	0.000	0.000	0.000
3	0.010	0.057	0.201	0.267	0.215	0.117	0.042	0.009	0.001	0.000	0.000
4	0.001	0.011	0.088	0.200	0.251	0.205	0.111	0.037	0.006	0.000	0.000
5	0.000	0.001	0.026	0.103	0.201	0.246	0.201	0.103	0.026	0.001	0.000
6	0.000	0.000	0.006	0.037	0.111	0.205	0.251	0.200	0.088	0.011	0.001
7	0.000	0.000	0.001	0.009	0.042	0.117	0.215	0.267	0.201	0.057	0.010
8	0.000	0.000	0.000	0.001	0.011	0.044	0.121	0.233	0.302	0.194	0.075
9	0.000	0.000	0.000	0.000	0.002	0.010	0.040	0.121	0.268	0.387	0.315
10	0.000	0.000	0.000	0.000	0.000	0.001	0.006	0.028	0.107	0.349	0.599

$n = 11$

Probability

x	0.05	0.10	0.20	0.30	0.40	0.50	0.60	0.70	0.80	0.90	0.95
0	0.569	0.314	0.086	0.020	0.004	0.000	0.000	0.000	0.000	0.000	0.000
1	0.329	0.384	0.236	0.093	0.027	0.005	0.001	0.000	0.000	0.000	0.000
2	0.087	0.213	0.295	0.200	0.089	0.027	0.005	0.001	0.000	0.000	0.000
3	0.014	0.071	0.221	0.257	0.177	0.081	0.023	0.004	0.000	0.000	0.000
4	0.001	0.016	0.111	0.220	0.236	0.161	0.070	0.017	0.002	0.000	0.000
5	0.000	0.002	0.039	0.132	0.221	0.226	0.147	0.057	0.010	0.000	0.000
6	0.000	0.000	0.010	0.057	0.147	0.226	0.221	0.132	0.039	0.002	0.000
7	0.000	0.000	0.002	0.017	0.070	0.161	0.236	0.220	0.111	0.016	0.001
8	0.000	0.000	0.000	0.004	0.023	0.081	0.177	0.257	0.221	0.071	0.014
9	0.000	0.000	0.000	0.001	0.005	0.027	0.089	0.200	0.295	0.213	0.087
10	0.000	0.000	0.000	0.000	0.001	0.005	0.027	0.093	0.236	0.384	0.329
11	0.000	0.000	0.000	0.000	0.000	0.000	0.004	0.020	0.086	0.314	0.569

续表

n = 12

Probability

x	0.05	0.10	0.20	0.30	0.40	0.50	0.60	0.70	0.80	0.90	0.95
0	0.540	0.282	0.069	0.014	0.002	0.000	0.000	0.000	0.000	0.000	0.000
1	0.341	0.377	0.206	0.071	0.017	0.003	0.000	0.000	0.000	0.000	0.000
2	0.099	0.230	0.283	0.168	0.064	0.016	0.002	0.000	0.000	0.000	0.000
3	0.017	0.085	0.236	0.240	0.142	0.054	0.012	0.001	0.000	0.000	0.000
4	0.002	0.021	0.133	0.231	0.213	0.121	0.042	0.008	0.001	0.000	0.000
5	0.000	0.004	0.053	0.158	0.227	0.193	0.101	0.029	0.003	0.000	0.000
6	0.000	0.000	0.016	0.079	0.177	0.226	0.177	0.079	0.016	0.000	0.000
7	0.000	0.000	0.003	0.029	0.101	0.193	0.227	0.158	0.053	0.004	0.000
8	0.000	0.000	0.001	0.008	0.042	0.121	0.213	0.231	0.133	0.021	0.002
9	0.000	0.000	0.000	0.001	0.012	0.054	0.142	0.240	0.236	0.085	0.017
10	0.000	0.000	0.000	0.000	0.002	0.016	0.064	0.168	0.283	0.230	0.099
11	0.000	0.000	0.000	0.000	0.000	0.003	0.017	0.071	0.206	0.377	0.341
12	0.000	0.000	0.000	0.000	0.000	0.000	0.002	0.014	0.069	0.282	0.540

n = 13

Probability

x	0.05	0.10	0.20	0.30	0.40	0.50	0.60	0.70	0.80	0.90	0.95
0	0.513	0.254	0.055	0.010	0.001	0.000	0.000	0.000	0.000	0.000	0.000
1	0.351	0.367	0.179	0.054	0.011	0.002	0.000	0.000	0.000	0.000	0.000
2	0.111	0.245	0.268	0.139	0.045	0.010	0.001	0.000	0.000	0.000	0.000
3	0.021	0.100	0.246	0.218	0.111	0.035	0.006	0.001	0.000	0.000	0.000
4	0.003	0.028	0.154	0.234	0.184	0.087	0.024	0.003	0.000	0.000	0.000
5	0.000	0.006	0.069	0.180	0.221	0.157	0.066	0.014	0.001	0.000	0.000
6	0.000	0.001	0.023	0.103	0.197	0.209	0.131	0.044	0.006	0.000	0.000
7	0.000	0.000	0.006	0.044	0.131	0.209	0.197	0.103	0.023	0.001	0.000
8	0.000	0.000	0.001	0.014	0.066	0.157	0.221	0.180	0.069	0.006	0.000
9	0.000	0.000	0.000	0.003	0.024	0.087	0.184	0.234	0.154	0.028	0.003
10	0.000	0.000	0.000	0.001	0.006	0.035	0.111	0.218	0.246	0.100	0.021
11	0.000	0.000	0.000	0.000	0.001	0.010	0.045	0.139	0.268	0.245	0.111
12	0.000	0.000	0.000	0.000	0.000	0.002	0.011	0.054	0.179	0.367	0.351
13	0.000	0.000	0.000	0.000	0.000	0.000	0.001	0.010	0.055	0.254	0.513

续表

$n = 14$

Probability

x	0.05	0.10	0.20	0.30	0.40	0.50	0.60	0.70	0.80	0.90	0.95
0	0.488	0.229	0.044	0.007	0.001	0.000	0.000	0.000	0.000	0.000	0.000
1	0.359	0.356	0.154	0.041	0.007	0.001	0.000	0.000	0.000	0.000	0.000
2	0.123	0.257	0.250	0.113	0.032	0.006	0.001	0.000	0.000	0.000	0.000
3	0.026	0.114	0.250	0.194	0.085	0.022	0.003	0.000	0.000	0.000	0.000
4	0.004	0.035	0.172	0.229	0.155	0.061	0.014	0.001	0.000	0.000	0.000
5	0.000	0.008	0.086	0.196	0.207	0.122	0.041	0.007	0.000	0.000	0.000
6	0.000	0.001	0.032	0.126	0.207	0.183	0.092	0.023	0.002	0.000	0.000
7	0.000	0.000	0.009	0.062	0.157	0.209	0.157	0.062	0.009	0.000	0.000
8	0.000	0.000	0.002	0.023	0.092	0.183	0.207	0.126	0.032	0.001	0.000
9	0.000	0.000	0.000	0.007	0.041	0.122	0.207	0.196	0.086	0.008	0.000
10	0.000	0.000	0.000	0.001	0.014	0.061	0.155	0.229	0.172	0.035	0.004
11	0.000	0.000	0.000	0.000	0.003	0.022	0.085	0.194	0.250	0.114	0.026
12	0.000	0.000	0.000	0.000	0.001	0.006	0.032	0.113	0.250	0.257	0.123
13	0.000	0.000	0.000	0.000	0.000	0.001	0.007	0.041	0.154	0.356	0.359
14	0.000	0.000	0.000	0.000	0.000	0.000	0.001	0.007	0.044	0.229	0.488

$n = 15$

Probability

x	0.05	0.10	0.20	0.30	0.40	0.50	0.60	0.70	0.80	0.90	0.95
0	0.463	0.206	0.035	0.005	0.000	0.000	0.000	0.000	0.000	0.000	0.000
1	0.366	0.343	0.132	0.031	0.005	0.000	0.000	0.000	0.000	0.000	0.000
2	0.135	0.267	0.231	0.092	0.022	0.003	0.000	0.000	0.000	0.000	0.000
3	0.031	0.129	0.250	0.170	0.063	0.014	0.002	0.000	0.000	0.000	0.000
4	0.005	0.043	0.188	0.219	0.127	0.042	0.007	0.001	0.000	0.000	0.000
5	0.001	0.010	0.103	0.206	0.186	0.092	0.024	0.003	0.000	0.000	0.000
6	0.000	0.002	0.043	0.147	0.207	0.153	0.061	0.012	0.001	0.000	0.000
7	0.000	0.000	0.014	0.081	0.177	0.196	0.118	0.035	0.003	0.000	0.000
8	0.000	0.000	0.003	0.035	0.118	0.196	0.177	0.081	0.014	0.000	0.000
9	0.000	0.000	0.001	0.012	0.061	0.153	0.207	0.147	0.043	0.002	0.000
10	0.000	0.000	0.000	0.003	0.024	0.092	0.186	0.206	0.103	0.010	0.001
11	0.000	0.000	0.000	0.001	0.007	0.042	0.127	0.219	0.188	0.043	0.005
12	0.000	0.000	0.000	0.000	0.002	0.014	0.063	0.170	0.250	0.129	0.031
13	0.000	0.000	0.000	0.000	0.000	0.003	0.022	0.092	0.231	0.267	0.135
14	0.000	0.000	0.000	0.000	0.000	0.000	0.005	0.031	0.132	0.343	0.366
15	0.000	0.000	0.000	0.000	0.000	0.000	0.000	0.005	0.035	0.206	0.463

译后记

由美国卡罗来纳海岸大学道格拉斯·A.林德博士等人编写的《商务与经济统计学》自1994年第一次出版以来，一直受到学生和老师的好评。作者对该教材不断进行更新与完善，现已修订到第8版。本版教材针对大数据时代的特点，采用循序渐进的方式，基于常用软件介绍和讲解统计学方法的思想及其在商务中的应用，配有丰富的习题供学生理解和掌握所学的理论和方法，因此这是一本非常优秀的统计学教材。

我很荣幸地收到东北财经大学出版社的委托来组织翻译该教材。本版教材的翻译是在第6版译稿的基础上进行的。东北财经大学孙玉环教授、江西财经大学袁捷敏副教授、大连交通大学戴晓鸣老师等参与了本书第6版的翻译工作。参与第8版翻译工作的老师有：东北财经大学孙玉环教授、颜敏副教授、费威副教授、王亚芬副教授、何曲琼博士，大连民族大学殷亮博士，以及我的博士生刘丰、薛景、丛佳获等。

东北财经大学出版社李季等编辑为此书的出版做了大量细致的工作，在此，我对她们的付出表示衷心的感谢。

当然，翻译过程中难免存在失误与遗漏，真诚希望广大读者及同行批评指正。

王维国

2016年10月

McGraw Hill Education | Higher Education

麦格劳-希尔教育教师服务表

尊敬的老师：您好！

感谢您对麦格劳-希尔教育的关注和支持！我们将尽力为您提供高效、周到的服务。与此同时，为帮助您及时了解我们的优秀图书，便捷地选择适合您课程的教材并获得相应的免费教学课件，请您协助填写此表，并欢迎您对我们工作提供宝贵的建议和意见！

教师服务中心
麦格劳-希尔教育

★ 基本信息					
姓		名		性别	
学校		院系			
职称		职务			
办公电话		家庭电话			
手机		电子邮箱			
省份		城市		邮编	
通信地址					

★ 课程信息			
主讲课程-1		课程性质	
学生年级		学生人数	
授课语言		学时数	
开课日期		学期数	
教材决策日期		教材决策者	
教材购买方式		共同授课教师	
现用教材 书名/作者/出版社			
主讲课程-2		课程性质	
学生年级		学生人数	
授课语言		学时数	
开课日期		学期数	
教材决策日期		教材决策者	
教材购买方式		共同授课教师	
现用教材 书名/作者/出版社			

★ 教师需求及建议			
提供配套教学课件 （请注明作者 / 书名 / 版次）			
推荐教材 （请注明感兴趣的领域或其他相关信息）			
其他需求			
意见和建议（图书和服务）			
是否需要最新图书信息	是/否	感兴趣领域	
是否有翻译意愿	是/否	感兴趣领域 或意向图书	

填妥后请选择电邮或传真的方式将此表返回，谢谢！

地址：北京市东城区北三环东路36号环球贸易中心A座702室，教师服务中心，100013
电话：010-5799 7600　　传真：010-5957 5582
邮箱：instructorchina@mheducation.com
网址：www.mheducation.com, www.mhhe.com

欢迎关注我们的微信公众号：MHHE0102